U0612444

黃國聲　李福標　著

張維屏先生年譜

嶺南文庫編輯委員會　廣東中華民族文化促進會　合編

南方傳媒　廣東人民出版社・廣州

圖書在版編目（CIP）數據

張維屏先生年譜 / 黃國聲，李福標著. —廣州：廣東人民出版社，2023.12
（嶺南文庫）
ISBN 978-7-218-16737-4

Ⅰ. ①張… Ⅱ. ①黃… ②李… Ⅲ. ①張維屏（1780—1859）—年譜
Ⅳ. ①K825.6

中國國家版本館 CIP 數據核字（2023）第 127195 號

Zhangweiping Xiansheng Nianpu
張維屏先生年譜
黃國聲　李福標　著

出 版 人：肖風華
叢書策劃：夏素玲
責任編輯：謝　尚　饒栩元
責任技編：吳彥斌　周星奎
裝幀設計：亦可文化

出版發行：廣東人民出版社
地　　址：廣州市越秀區大沙頭四馬路 10 號（郵政編碼：510199）
電　　話：（020）85716809（總編室）
傳　　真：（020）83289585
網　　址：http://www.gdpph.com
印　　刷：恒美印務（廣州）有限公司
開　　本：640mm×970mm　1/16
印　　張：42　插　頁：1　字　數：504 千
版　　次：2023 年 12 月第 1 版
印　　次：2023 年 12 月第 1 次印刷
定　　價：290.00 元

如發現印裝質量問題，影響閱讀，請與出版社（020-85716849）聯繫調換。
售書熱綫：（020）87716172

ISBN 978-7-218-16737-4

9 787218 167374 >

嶺南文庫編輯委員會

《嶺南文庫》前言

　　廣東一隅，史稱嶺南。嶺南文化，源遠流長。採中原之精粹，納四海之新風，融匯升華，自成宗系，在中華大文化之林獨樹一幟。千百年來，爲華夏文明的歷史長卷增添了絢麗多彩、凝重深厚的篇章。

　　進入 19 世紀的南粵，以其得天獨厚的地理環境和人文環境，成爲近代中國民族資本的搖籃和資産階級維新思想的啓蒙之地，繼而成爲資産階級民主革命和第一次國内革命戰爭的策源地和根據地。整個新民主主義革命時期，廣東人民在反對帝國主義、封建主義和官僚資本主義的殘酷鬥爭中前仆後繼，可歌可泣，用鮮血寫下了無數彪炳千秋的史詩。業績煌煌，理當鐫刻青史、流芳久遠。

　　新中國成立以來，廣東人民在中國共産黨的領導下，摧枯拉朽，奮發圖强，在社會主義物質文明建設和精神文明建設中卓有建樹。當中國社會跨進 20 世紀 80 年代這一全新的歷史階段，廣東作爲國家改革開放先行一步的試驗省區，被置於中國現代化經濟建設發展的前沿，沿改革、開放、探索之路突飛猛進；歷十年艱辛，轟轟烈烈，創造了中國經濟發展史上的空前偉績。嶺南大地，勃勃生機，繁花錦簇，碩果累累。

　　際此歷史嬗變的偉大時代，中國人民尤其是廣東人民，有必要進一步認識嶺南、研究嶺南，回顧嶺南的風雲變幻，探尋嶺南的歷史走向，從而更有利於建設嶺南。我們編輯出版

《嶺南文庫》的目的，就在於予學人以展示其研究成果之園地，并幫助廣大讀者系統地了解嶺南的歷史文化，認識其過去和現在，從而激發愛國愛鄉的熱情，增强民族自信心與自豪感；高瞻遠矚，繼往開來。

《嶺南文庫》涵蓋有關嶺南（廣東以及與廣東在歷史上、地理上有密切關係的一些嶺南地域）的人文學科和自然學科，包括歷史政治、經濟發展、社會文化、自然資源和人物傳記等方面。并從歷代有關嶺南之名著中選擇若干爲讀者所需的典籍，編校注釋，選粹重印。個別有重要參考價值的譯著，亦在選輯之列。

《嶺南文庫》書目爲350種左右，計劃在五至七年内將主要門類的重點書目基本出齊，以後陸續補充，使之逐漸成爲一套較爲齊全的地域性百科文庫，并作爲一份有價值的文化積累，在祖國文化寶庫中占一席之地。

嶺南文庫編輯委員會
一九九一年元旦

張南山先生像

《花甲閒談》書影

《桂游日記》書影

番禺　張維屏　子樹

白雲

白雲環北郭鐘梵晝沉沉海國蛟龍氣仙山鸞鶴音泉飛丹竈
冷苔積石壇深欲覓安期棗巖棲生道心

園居即事

幽窗風竹喧破夢起我早海霞媚朝暾飛光散林表露泫苦篔
明石壓松骨矯水廊綠陰淨蘿磴孤煙裊隔花間戲魚倚樹翫
飛鳥目澄清機發慮澹畏途少客來撥舊醅新筍可一飽

寒食感賦

鄉國山陰道風花寒食天提壺人出郭上塚客停船大母頭如

《聽松廬詩鈔》書影

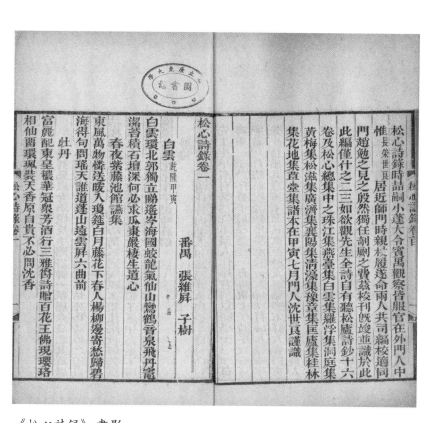

《松心詩錄》書影

《松心駢體文鈔》書影

《國朝詩人徵略》書影

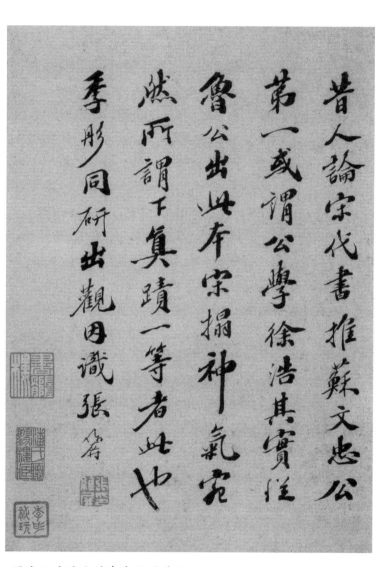

昔人論宋代書推蘇文忠公第一或謂公學徐浩其實從魯公出此本宋搨神氣宛然所謂下真蹟一等者此也季彤同研出觀因識張筌

張南山爲潘氏藏書畫題識手迹

得好友來如對月

有奇書讀勝看花

朗山年世講八兄雅屬

南山張岳崧

張南山行書聯

滋天下佳山水且少過客足稱高懷但怨賜環在迩不能久彼留耳常呑海岳帖

蘭府垂闊於宋室澤州考續於國朝道素相承世傳儒雅尚矣夫其果行修潔斯文影蔚魯公帖

古人翰墨間妙墨在隨意所如自成體勢字須奇宕瀟灑時出新致以奇為正不主故常此趙吳興所未嘗夢見惟米顛能會其趣耳董文敏書禊室隨筆松門二先生雅屬南山張心亭

張南山行書四屏（中山大學黃海章教授藏）

目　録

題　記

　　張維屏是近代的著名詩人，身歷乾、嘉、道、咸四朝，壽至八十，在當時的廣東詩壇上，可算得上是魯殿靈光般的人物了。可是他的年譜，卻只有同時人金菁茅編的《張南山先生年譜撮略》，區區一卷，字數不逾三千，所記亦只至其七十歲時止。對於張維屏這樣的人物，顯然是不相稱的。但這不能怪金菁茅，因爲其時撰作年譜的慣例，無論自訂或他人代撰，無不力求簡約，即使如封疆大吏蔣攸銛的《繩枻齋年譜》，僅有二卷；顯宦如潘世恩的《思補老人自訂年譜》，更只有一卷。而其内容大抵除縷述里貫、祖德之外，便是條舉科舉獲雋年份、出仕後的升遷時間等等，至於個人的社會活動以及生活細節，全付闕如。

　　我們撰作本書，是想盡量搜羅鉅細，以展現谱主的一生，於是據《張南山先生年譜撮略》及張氏本人的詩文著作作爲基本，再從其友人著作及其他文獻中搜尋，以推求張維屏的一生行跡。他在五十八歲前大抵都在科舉應考和做官的生涯中度過，特別是他以一介書生作風塵俗吏之後，所遇所經，詩文中都有较多自述，我們也易於著筆。倒是他在五十八歲辭官歸里後的賦閑歲月裏，那些平淡生活怎麽下筆，倒成了問題。這是因爲在此二十多年間，他除了讀書寫作以及在鴉片戰爭時期激於民族義憤寫出《三元里》、《海門》、《三將軍歌》等名詩外，大部分過的是平淡如水的生活，不是詩酒唱酬，便是友朋雅集。春天修禊賞花，秋日賞菊游樂，到了傳統節日、生日還有慶會，乃至所景仰的前賢如蘇軾、倪瓚的生日也來一番設像拜祭。這些活動，並没有什麼深刻具體的内容可記，曾因爲這類活動過於頻繁，甚至引起友人以"吟詠耗心，宴游損德"爲諫。如此内容，似乎無需加入譜内，徒增篇幅。可轉念一想，這畢竟是他晚年生活與心境的寫真，倘缺了這一塊，他的人生將會出現一大片空白。我們還是覺得照實直書，還原事實，似無不可。況且與他往還唱酬的人士，大多爲當時的名人賢俊，從中適足以一窺當時的文化氣氛與文人的活動。其實這樣做也有先例可循，與張維屏約略同時的張穆，編撰過顧炎武的《顧亭林先生年譜》和閻若璩的《閻潛丘先生年譜》，凡與譜主往還的人士，他都不憚其煩地注明其人的里貫出身以及仕履，用意即在反映二人周圍的同調者之多，友朋之盛。我們對張維屏晚年這段生活的譜寫，也正本於這樣的認識。

編撰年譜，其事煩難而瑣細，費力自不待言，且亦未必能盡得譜主一生的真實。在清代，最有特色而且較爲翔實的無如羅思舉的《羅壯勇公年譜》，羅是行伍出身，以軍功積升至湖北提督。晚年不假手他人，自撰這本年譜。令人驚異的是他在譜中毫不諱言自己的少年劣跡，讀書時即膽敢欺侮老師，及長，所作多無賴凶狠行徑，偷盜，搶劫，殺人，坐牢，逃獄，乃至賣妻求生，種種不法的醜事，都詳説始末及過程，毫無諱飾。他自認"余自幼運途偃蹇，所作所爲，不敢自諱"，但這是極爲罕有的例子，此後再無第二人能有此坦蕩胸懷了。張維屏恂恂儒者，性情真率，胸次浩然，雖無自述，而著作中多自我剖露，可容資借，這給我們的工作帶來很大便利。我與李福標博士合作撰寫此書，歷有年所，其間或作或輟，反覆修改。但事遠難追，有些年份或事蹟蒙昧不清，則循意推考以定，无可考的闕如。其有懸揣之失，訛脱之誤，自知不免，尚祈讀者不吝匡正爲幸。最後，本書承沈展雲先生推薦，夏素玲主任、謝尚、饒栩元編輯審校，獲益良多。謹在此致以衷心的感謝。

二〇二三年六月黄國聲書於康樂園中之參半齋

凡　例

一、本譜敘譜主清中期著名詩人張維屏先生一生行跡，自清乾隆四十五年庚子起，迄咸豐九年己未，歷八十年。維屏號南山，居恒以此自稱，而朋儕亦俱以此稱之而不名。用是本譜從之，以南山稱譜主，庶便觀覽。其他相關人物則一律稱名，間有稱字、號者，以其名失不可考故也。

二、譜中所錄譜主所撰詩文，以《松心詩集》、《聽松廬詩鈔》、《聽松廬文鈔》本爲準，而參以其他各本。各本或多異文，凡遇關涉事實者則説明之，無關之虛文則否。

三、本譜資料收集，持細大不捐之旨，期能反映譜主生平全貌。

四、譜文依慣例，首標大綱，次列詳細内容。庶得主次之分，而便讀者閱覽與擇取。

五、有關譜主著述主旨、撰作心得，與夫朋儕交往大事之資料，或全錄，或節錄，以明其詩文創作及學術發展進程。

六、於前人相關研究撰述文字，竊有異同，或竟有訂正譌誤、疏通隱曲者，間加按語。

七、每年譜前均略敘當年時事，譜中亦稍及友朋之行止、生卒，以爲知人論世之助。

八、譜主一生著述流傳甚夥，未刊、未成者亦不少。謹爲另編《張南山先生著述考録》，附於譜後，藉供參考。

九、譜中引用文獻，凡古籍僅標卷次，而於附録“引用書目”欄中列其版本。

十、人物僅在"時事"、附録中出現者，一般不入人名索引。

張維屏先生年譜

番禺張先生名維屏，字子樹，又字子曙。

張維屏《松心詩集》各子集、《聽松廬詞鈔》卷端自署。
號南山。

張維屏《國朝詩人徵略》卷四八"惲敬"條。

此條記云："余應童子試，邑侯吳象川先生得余卷，異
之。試竣，因書扇及楹帖見贈。時余年十三，未有字，先
生署款曰'南山友臺'。後余入都，見翁覃谿先生，先生
贈詩有云：'南山舊墨緣，韶石響鳴弦。'蓋韶州有南山，
其峰曰鳴弦，而余先世系本曲江，故即以南山爲號也。自
是凡交於余者，皆號余曰南山。獨惲子居不然，其集中
《黃太孺人墓表》及《香石詩序》、《聽雲樓詩序》皆稱
余字。而《同遊海幢寺記》則稱余曰枏山，凡書來皆稱
枏山，不稱南山。"

又號松廬、松心子、白雲外史，早年又號唱霞漁者，
晚號珠海老漁。晚年自刻一印曰"乾隆秀才嘉慶舉人
道光進士咸豐老漁"。

黃玉階編《粵東三子詩鈔》黃喬松《聽松廬詩鈔題辭》、
南山《愛松歌》，《松心詩集‧花地集》卷二《花竹煙波
村舍偶成》詩自注，張維屏輯《新春宴遊唱和詩》錄金
菁茅《再疊前韻》詩其二自注。

按，黃喬松《聽松廬詩鈔題辭》云："南山癖愛松，一號

松廬。""又一號白雲外史。"《愛松歌》自序云:"余癖愛松,自號松心子。"《花竹煙波村舍偶成》詩自注:"近號珠海老漁。"《新春宴遊唱和詩》錄沈維祺《再疊前韻》詩原注:"郡人蕭子奇植松千株於大通寺旁,號千松公。先生號松心子。"唱霞漁者號,見《聽松廬詞鈔·海天霞唱》卷首湯貽汾《百字令》原注、《新春宴遊唱和詩》錄李鼎《春遊次南山年伯韻》原注。又,《新春宴遊唱和詩》錄陳其錕和詩原注:"先生近號珠海老漁。"人相稱率曰南山,晚歲則多自稱珠海老漁。

自述系出唐曲江文獻公弟九皋後,宋時由粵遷蜀。明由蜀遷浙江山陰(今紹興市)。清康熙時曾祖廷望由浙遷粵。祖元、祖母王氏皆早卒。繼祖母黃氏。父炳文,字虎臣,號繡山,生於乾隆十八年十一月十三日。

《國朝詩人徵略》卷五五"張炳文"條。黃安濤《真有益齋文編》卷九《四會縣訓導張君墓表》。

母耿氏。湘門公諱國藩之女也。

《國朝詩人徵略》卷三三"耿國藩"條。張維屛《藝談錄》卷下"耿國藩"條。

耿國藩,字介夫,號湘門,湖南長沙人。太學生。雖湘籍而長居粵垣,多交耆宿。有《素舫齋詩鈔》。

附番禺張氏世系表

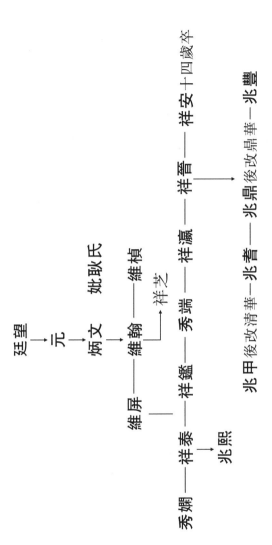

清高宗乾隆四十五年庚子（一七八〇）　一歲

　　［**時事**］高宗第五次南巡，五月還京。　被高宗譽爲“公正體國之賢臣”、“在總督中最爲出色”之雲貴總督李侍堯以收受屬員銀兩多起，處斬監候。　四庫館開出應銷燬或抽燬書目三百二十五種。　命纂《歷代職官表》。　英東印度公司獨佔對華鴉片貿易，每年進口大增至四千餘箱。　廣州行商抽收行用攤還積欠外人銀款。　禁紋銀出洋。　在粵殺害葡人之法國兇犯被中國正法。　李湖調任廣東巡撫，大力肅清番禺及鄰近匪盜。　錢大昕撰《二十二史考異》成。

九月三十日，南山生於廣東番禺（今廣州市）新城清水濠。

　　張維屏《松心詩録》卷九《九月三十日，余七十初度。前三日，何子貞太史紹基典試還朝，使舟將發，攜“延年益壽”漢瓦篆過聽松園屬題。爲題四十字》詩。《松心詩集·清濠集》之《清濠詩》。倪鴻《桐陰清話》卷八。李長榮《柳堂師友詩録》之“聽松廬詩鈔”條。

時繼祖母黃氏年五十四。父二十八歲。

　　《國朝詩人徵略》卷五五“張炳文”條。黃安濤《真有益齋文編》卷九《四會縣訓導張君墓表》。

上距清入關一百三十七年，下距第一次鴉片戰爭爆發六十年。

袁枚六十五歲。

紀昀五十七歲。

蔣士銓五十六歲。

翁方綱四十八歲。

洪亮吉三十五歲。

馮敏昌三十四歲。

宋湘三十三歲。

李秉禮三十三歲。

黃景仁三十二歲。

法式善二十八歲。

伊秉綬二十七歲。

吳鼐二十五歲。

惲敬二十四歲。

阮元十七歲。

張問陶十七歲。

吳榮光八歲。

黃培芳二歲。

徐松生。

凌湘衡生。

乾隆四十六年辛丑（一七八一）　二歲

[**時事**] 紀昀等撰《四庫全書總目》成書。　原大理寺卿尹嘉銓爲父故巡撫尹會一請謚，不准。查出所著書"妄自尊崇，毀謗時事"。上諭：尹氏所著書稱大學士爲相國，"若以國家治亂專倚宰相"，"使爲宰相者，居然以天下之治亂爲己任，目無其君，此尤大不可也"。斬決。　廣東巡撫李湖條奏《安輯事宜

十款》，下部議行。自是番禺沙茭等地治安帖然。
供事內廷之西洋教士艾啟蒙、傅作霖相繼物故。諭令
兩廣總督巴延三，凡有洋人願來京當差者，即行奏聞
送京。　暹羅國王鄭昭貢船抵廣州，請官爲給照。

張深生。
朱筠卒。

乾隆四十七年壬寅（一七八二）　三歲

[**時事**] 第一分《四庫全書》編成，藏文淵閣。
又命續繕六部，分藏文溯閣、文源閣、文津閣、文匯
閣、文宗閣、文瀾閣。　卓長齡以《憶鳴詩集》案，
父子戮尸，孫斬決。　兩廣總督巴延三奏西洋人羅機
淑、麥守德二人通曉天文、醫理，已派員伴送來京。
廣東十三公行自乾隆三十六年解散後，今年明令恢復。
印度總督 Hastings 鼓勵英商偷運鴉片來華。

弟維翰生。
　《松心詩集·清濠集》之《哭弟二首》詩。
　按，《哭弟二首》詩作於道光十年，詩有"弟歿已兩載"，
　知維翰歿於道光八年。又詩有"四十六年事"句，逆推
　之，計當生於本年。參見"道光八年"條。
卓秉恬生。
徐謙生。
金甡卒。

乾隆四十八年癸卯（一七八三）　四歲

[**時事**] 正月，開鎮江河道。命黃河沿堤植柳。本年文字獄有馮炎注解《易》、《詩》案，喬廷英、李一互詰詩句案等。　英國第二次派遣入藏之代表 Turner 到日喀則。　澳門士兵殺死中國民人，兩廣總督、巡撫派員赴澳查挐該兵，依律絞決。　命福建將軍永德赴粵，重審譚達元控總商沈冀川勒索伊弟監商譚體元案。《續通典》一百四十四卷纂成。　南海、番禺等縣春旱。　調存泰爲廣州將軍。

周三燮生。
錢儀吉生。
陳在謙生。
黃景仁卒。
查禮卒。
孔繼涵卒。

乾隆四十九年甲辰（一七八四）　五歲

[**時事**] 高宗第六次南巡，四月還京。　第一艘美船 Empress of China 經好望角始至廣州。其水手誤斃華人二命。粵督勒令交出兇犯（明年絞決）。　再禁洋人來內地傳教。　福康安、永德審理譚體元案，查明廣東官員勒派公費，以供采買貢品，爲數巨大。着令繳出，兩廣總督巴延三革職，巡撫尚安革任。　英

船休斯夫人號礮手轟斃中國民人一案，廣東巡撫孫士毅辦理不當，朝命孫士毅將該兵處絞。　五月，珠江水大漲，廣屬桑園圍崩決，傷人害稼甚重。

劉開生。
陳曇生。
潘正綱生。
鄭虎文卒。

乾隆五十年乙巳（一七八五）　六歲

　　[**時事**]再舉千叟宴。　調閩浙總督富勒渾爲兩廣總督。飭粵督嚴查廣東沿海口岸，偵捕不法。　上諭不准廣州經營外貿洋商進呈鐘表洋貨等物。　英人爲華人所殺，即爲緝兇正法。　四川、湖廣捕西洋教士，旋釋。　命修《大清一統志》。

林則徐生。
姚瑩生。
張祥河生。
程恩澤生。
陳沆生。
蔣士銓卒。

乾隆五十一年丙午（一七八六）　七歲

　　[**時事**]盤查浙江倉庫虧空情形。　御史曹錫寶

劾和珅家奴非法取富，高宗曲爲和珅辯護，曹以所言"無實證"被革職。　臺灣天地會林爽文起事，克彰化，稱大元帥，年號順天。　廣府屬縣饑，薪米騰貴，盜賊四起。　十月十一日，廣東省鄉試，年屆九十以上者三人，一人中式，其餘二人俱著賞給舉人，准其一體會試，俾得遂窮經素願。

清廷令建坊旌表繼祖母黃氏節孝。

張維屏《花甲閒談》卷一《禱神顯應記》。

梅曾亮生。

潘正綿生。

倪濟遠生。

金菁茅生。

姚柬之生。

陳奐生。

孔廣森卒。

乾隆五十二年丁未（一七八七）　八歲

[**時事**] 二月，林爽文率衆十餘萬攻福建。命總督常青爲將軍督師，調李侍堯爲閩浙總督。　鄉、會試原例分經中式，自戊申科起，改爲五經。　廣東仍饑饉。　命閩浙及兩廣總督嚴密訪查天地會。　查違礙書籍。命將李清、吳其貞、周亮工等人有關著作禁毀。　澳門葡萄牙政府拆毀中國人居屋，毆殺居民。廣東督撫下令封鎖澳門。　續行撤毀、抽毀、刪削

《四庫全書》中違礙著作凡十二種。　三通館纂成《清通典》、《清通志》、《清文獻通考》。

黃釗生。
段佩蘭生。
艾暢生。
潘正常生。

乾隆五十三年戊申（一七八八）　　九歲

　　[時事] 安南阮、黎爭位。兩廣總督孫士毅率兵出鎮南關，入安南國都，宣詔冊封黎維祁爲安南國王。　林爽文、莊大田先後被擒，臺灣天地會反清起義失敗。　命江蘇、江西、浙江等省查辦禁書，勿得久而生懈。　廣東學政關槐奏請於取進童生覆試，加經文一篇。至府州縣考覆試，亦一律增入。禮部從其請。　廣東冬旱。

溫訓生。

乾隆五十四年己酉（一七八九）　　十歲

　　[時事] 以明年八旬萬壽，封皇六子永瑢爲質親王，十一子永瑆爲成親王，十五子永琰爲嘉親王，十七子永璘爲貝勒。　諭令廣東嚴禁向俄羅斯私販大黃出洋，關閉中俄恰克圖互市。　英船至黃埔江者達八十六艘。　福康安調補兩廣總督。　廣州府屬春旱，

斗米銀三錢。

張應秋生。
吳彌光生。
吳蘭修生。
招子庸生。
任大椿卒。

乾隆五十五年庚戌（一七九〇）　十一歲

　　[時事] 正月初一日，以皇上年屆八旬萬壽，頒詔將本年各省應征錢糧蠲免。是爲乾隆朝第四次全國普免。　內閣學士尹壯圖奏陳吏治腐敗，謂："督撫聲名狼藉，官員逢迎上司"，"商民蹙額興歎"。高宗斥責爲不實。　十月十三日，兩粵鹽商以皇上八旬萬壽，欲敬輸銀三十萬兩。上諭以粵東商務疲乏，商力未能充裕，詔止。

徐寶善生。
曾釗生。
曾望顔生。
彭泰來生。
林國枌生。
錢塘卒。

乾隆五十六年辛亥（一七九一）　十二歲

　　[時事] 是時和珅貪橫於內，福康安豪縱於外，

督撫習爲奢侈，致庫藏空虛。尹壯圖以整飭吏事入奏，
坤忿甚，下壯圖獄。　俄使來清，商談貿易事。　廣
東崖州洋面海盜猖獗，兩廣總督福康安照會越南國王
協緝海盜。　各省繳到違礙書籍五千三百七十二本。
改定西藏管理章程，規定西藏事務由辦事大臣與達賴
喇嘛、班禪額爾德尼會商辦理，事無大小均須稟明駐
藏大臣，不得專擅。　本年西洋各國來廣州貿易船隻
共計三十五艘。　廣州大水，各屬基圍多決。

潘有度聘南山尊人炳文館於廣州河南潘氏南墅雙桐書
屋，授其子正亨、正煒讀。南山隨入館就學，始讀經
書。時與金菁莪、陳廷揚、吳格、邱珙、張思齊諸人
課餘聚樂。

　　《花甲閒談》卷一《述德》詩、卷二三圖錄題詞。
　　按，《述德》詩云："憶昔十二齡，我父授我經。館於河
　　之陽，河南潘氏。屋外雙桐青。"
　　《藝談錄》卷下"潘正亨"條引《聽松盧詩話》云："南
　　墅者，潘園也。園在漱珠橋之南，有亭臺水木之勝。主人
　　容谷都轉，延先君訓課伯臨兄弟。余年十二，侍先君讀書
　　南墅者九年。主人又延金藝圃兵部課其諸姪。課業之暇，
　　輒與藝圃、伯臨諸君游息其間，月午花辰，每多觸詠。今
　　追思之，事隔六十餘年，昔在南墅中人，無一存者。"
　　《聽松盧詞鈔》附《玉香亭詞》卷一《回波樂》序云：
　　"曩讀書潘氏南墅，窗前老梧，碧覆檐際，風枝雨葉，涼
　　入心脾。室外數武，一橋見山，萬綠飲水。與金七、潘大
　　相羊其間，讀畫絃詩，吞花臥酒。紅日暫別，呼白月而即
　　來；朱夏既迎，留青春而不去。尤可愉者，四序惟秋最

清，百花惟菊最壽，五柳不作，一籬可束。依花傳觴，選石安硯，吟毫偶輟，逸趣橫生。黃菊壓肩，紅芙在手。飄飄白裌，行歌道中。村人笑迎，巷犬怒吠，溪風吹面，殘醉頓失。人生行樂，亶其然乎?”足見其少年讀書朋游之樂。

潘有度，字憲臣，號容谷。廣東番禺人。官候選員外郎，議敘加鹽運使司銜。

潘正亨，字伯臨，號荷衢。有度子。貢生，捐刑部員外郎。善書工詩。有《萬松山房詩鈔》。

潘正煒，字榆庭，號季彤、聽颿樓主人。有度子。貢生。官郎中。有《聽颿樓詩鈔》、《聽颿樓書畫記》。

金菁莪，字藝圃，號蘿香。廣東番禺人。嘉慶七年進士。官兵部主事。有《軒于詩鈔》、《文鈔》。

陳廷揚，號對墀，廣東順德人。官御史。

張思齊，字無山，號朋峰，廣東順德人，詩人錦芳子。諸生。有《吟秋館詩草》。父子皆工畫。

吳格，號石磴，其人未詳。

邱玳，其人未詳。

初成吟詠，有《春晴》詩。

杜游《洛川詩略》卷一《長歌行贈張南山》詩。

詩云：“行年甫十二，能成紅杏詩。”詩中原注：“先生十二歲《春晴》詩，有‘鳥聲紅杏塢，人影綠秧田’之句。”

熊景星生。

吳家懋生。

屠倬生。

周永年卒。

乾隆五十七年壬子（一七九二）　十三歲

[**時事**] 四月，福康安率兵入廓爾喀，盡復西藏失地。　高宗撰《十全記》，稱"十全武功"。　放寬貧民出關禁令。　豁免廣東全省未完民欠銀近三萬兩。英國馬嘎爾尼使團啟程來華。　熱河避暑山莊建成。

七月，廣州颶風大作，江水漫入城中，受災嚴重。

應縣童子試。縣令吳政達面試諸童，獨稱南山"奇童"，爲之誦《毛詩序》曰："南山有臺，樂得賢也。"字之曰南山。并即書楹聯以贈云："品超鳳閣鸞臺上，筆濯冰壺玉椀中。"欵曰"南山友臺"。

金菁茅《張南山先生年譜撮略》。《國朝詩人徵略》卷四八"惲敬"條。

又，《花甲閒談》卷一《述德》詩云："未冠學爲文，吾父日善誘。出應童子試，汗顏冠儕偶。"

按，吳政達乾隆五十一年任番禺縣知縣，五十五年調任高明縣知縣，五十六年回任番禺。南山應縣試當在本年。

吳政達，字象川，貴州麻哈人，拔貢。

同里方秉仁深賞南山才情，許以幼女十姑妻之。遂定聘。

《松心詩集·珠江集》卷一《紫藤篇》。《花甲閒談》卷七。張維屏《聽松廬駢體文鈔》卷一《復程春海侍郎書》。

按，南山議婚之年，其自述稍有參差。《國朝詩人徵略》卷五六"方秉仁"條云"余年十四，翁以幼女字余"，而集中《紫藤篇》序謂"余年十三聘方氏女",《復程春海侍郎書》亦謂舞勺之年議婚,則《國朝詩人徵略》之言,或一時誤記。

又,倪鴻《桐陰清話》卷一云:"山陰方靜園秉仁,心田姑丈之尊甫也。家有園亭絲竹之勝。一日設宴紫藤池館,會者數十人。時張南山師年方十三,於座中爲最少,適白蓮盛開,援筆賦《浣溪紗》詞,有'銀塘風定玉生香'句。方歎曰:'此子清才,他日必以文章名。'遂字以幼女,且擬構亭池上,顏曰'玉香',亦韻事也。"

方秉仁,字靜園。廣東番禺人。太學生。候選布政司理問。有《活潑圓機亭稿》。

龔自珍生。

石家紹生。

彭蘊章生。

馮詢生。

翁心存生。

陳其錕生。

徐榮生。

張錦芳卒。

嵇璜卒。

乾隆五十八年癸丑(一七九三)　十四歲

[**時事**]正月,定西藏善後章程。　二月,淮西鹽運使柴楨侵鹽課二十二萬兩被誅。　英使馬嘎爾尼來華,提出開埠、佔地、減稅、駐使諸要求,均遭拒。八月,詔普免天下漕糧一次。　長麟任兩廣總督。

十一月，詔永停捐納例。　馬嘎爾尼經廣州回國。
本年西洋各國來廣州貿易船隻共五十一艘。

時造方翁之園，與十姑相處，頗饒青梅竹馬之樂。
　　《聽松廬詞鈔》卷四《秋波媚·有見》詞。
　　詞云："婷婷裊裊好花枝，肩際髮初齊。黃梅時節，綠陰
　　庭院，香霧迷離。　檀奴兩小何須避，鏘珮去遲遲。今朝
　　花底，來宵心裏，有箇人兒。"
秦瀛生。
裕謙生。
駱秉章生。
祁寯藻生。
黃爵滋生。
韓榮光生。
梁履繩卒。

乾隆五十九年甲寅（一七九四）　十五歲

　　[**時事**] 裁革兩淮鹽政衙門所有商人日費供給，
原例每年供應四萬三千餘兩，遠較總督養廉等項最高
二萬兩爲多。　八月，以福康安調補四川總督，兩廣
總督由浙江巡撫長麟調補。　造廣東水師戰船。　四
川、湖北、河南等地搜捕傳習白蓮教之人。　廣東出
口土布五十九萬匹。　五月，大水。廣州府桑園圍潰，
害稼，傷人壞屋。秋九月，水乃退。

《珠江集》中詩始於是年。有《珠江》、《白雲》、《月

下飲酒》諸詩。

　　金菁茅《張南山先生年譜撮略》。《松心詩集·珠江集》
　　卷一。

　　按，以上詩爲《珠江集》中甲寅至丁巳間詩。姑繫於
　　本年。

魏源生。

黃子高生。

杜游生。

何曰愈生。

汪中卒。

乾隆六十年乙卯（一七九五）　十六歲

　　[**時事**]高宗退位。立皇十五子顒琰爲皇太子。
《四庫全書總目》二百卷刻竣。　趙翼《廿二史札
記》三十六卷成。　廣州府屬饑饉，各縣或水或旱。

有《青松篇》、《珠江春泛，同潘伯臨正亨》、《暮春江
樓曉望，同金藝圃菁莪》諸詩。

　　《松心詩集·珠江集》卷一。

　　按，以上爲集中甲寅至丁巳間詩。據詩中時序，姑繫於本
　　年春。

寒食日，聽大母憶舊，有《寒食感賦》詩。又有《與
仲弟維翰夜話，追憶季弟維楨，泫然有作》詩。

　　《松心詩集·珠江集》卷一。

　　前詩云："鄉國山陰道，風花寒食天。"詩中原注："祖墓
　　在山陰。"

後詩云："卯角團圞笑語真，尋思往事幻微塵。可憐瓦屋同聽雨，大被今宵只兩人。"

按，維楨早卒，然年月無考。《國朝詩人徵略》卷五五"張炳文"條載："時方官四會學官，三弟隨侍在署。"光緒《四會縣志》卷五《張炳文傳》云："嘉慶二十五年任訓導。"則維楨之卒，當在此後。

又撰《春夜紫藤池館讌集》、《春寒》、《春寒曲》、《傾城》、《園居即事》諸詩。

《松心詩集·珠江集》卷一。《聽松廬詩鈔》卷一。

按，此爲集中甲寅至丁巳間詩。蓋皆少年之作，難定年月，姑繫於本年秋。紫藤池館，方秉仁園亭。《春夜紫藤池館讌集》詩有"誰道蓬山遠，雲屏六曲前"，謂方十姑也，念念斯人，慕少艾之情可見。

江開生。

張玉堂生。

盧文弨卒。

清仁宗嘉慶元年丙辰（一七九六）　十七歲

[時事] 春，湖北白蓮教起事。　皇太子顒琰即皇帝位。高宗命和珅宣旨：朕雖然歸政，大事還是我辦。　二月，北京乞丐凍死者八千餘人。　朱珪卸任兩廣總督，由吉慶接任。另調張誠基爲廣東巡撫。清廷詔令禁止鴉片入口及栽種罌粟。鴉片走私由是日益嚴重。　二月十六日，從大學士福康安請，廣東調陸路兵一萬名對苗人用兵。

春，有《珠江曉望》、《春村》、《越臺》諸詩。

　　《松心詩集·珠江集》卷一。

　　按，《珠江集》所編爲集甲寅至丁巳間詩。三詩寫春日景
　　物，當作於本年春。

夏，有《草痕》、《花氣》、《病愈得句》詩，是爲
"消夏"第一集。

　　《松心詩集·珠江集》卷一。

　　按，本集所編爲甲寅至丁巳間詩。《草痕》詩題下注"消
　　夏第一集"，則約於本年夏爲詩社作也。

又有《松花》、《大通寺》詩，是爲消夏第二集。

　　《松心詩集·珠江集》卷一。《花甲閒談》卷五。

　　按，大通寺之游，偕行有漆修綸。漆亦有同作，見《花
　　甲閒談》卷五。漆修綸，江西南昌人。見下。

嗣後有《甘泉宮瓦歌》、《荔支灣》、《綠陰》二首、
《華清出浴圖》、《荷》、《素馨花》諸詩。

　　《松心詩集·珠江集》卷一。

　　按，本集所編爲甲寅至丁巳間詩。詩題下分別注"消夏
　　第三集"、"消夏第四集"、"消夏第五集"、"消夏第六
　　集"、"消夏第七集"、"消夏第八集"，皆當作於本年夏。

秋，同漆修綸、丘晪、吳格、馮德筠、陳廷揚、張思
齊集潘正亨南墅，有詩。

　　《松心詩集·珠江集》卷一《秋日同漆丈雲窩修綸、丘曙
　　巖晪、吳石磴格、馮猗村德筠、陳對墀廷揚、家無山思齊集
　　潘伯臨正亨南墅》詩。

　　按，本集所編爲甲寅至丁巳間詩。詩題下注"延秋第一
　　集"，當作於本年秋。

　　漆修綸，《松心文鈔》卷六、《花甲閒談》卷五《二高
　　傳》之二記云："漆先生，諱修綸，字漢青，江西南昌

人。讀書廬山，雲滿窗牖，因號雲窩。補縣學生，肄業豫章書院。”“既而省親至粵東，親病，先生侍左右，數載未赴試。親殁，遂棄舉子業。相國戴文端公衢亨未達時，與先生莫逆，既貴盛，以書招先生，親友皆勸駕，先生曰：‘吾性情不耐拘束，文字不喜應酬，安能爲宰相賓客耶！’卒不往。先生寡嗜好，旦夕手一卷，時或出遊，每遇泉石清幽、林木茂密處，輒徘徊久之。先生布衣疏食，居陋室，故交富者過之，問先生：‘有所需乎？’先生曰：‘無所需也！’年七十餘，一夕，夢道士邀往匡廬，既寤，賦詩有云：‘爲語同行姑少待，即抛書劍踏雲來。’未幾病卒。無子，以兄子嗣。”又云：“余弱冠時，自顧無以異於人，而兩先生特異之，引爲忘年交，不見輒思，見輒喜形於色，談竟日不倦。”“兩先生”者，謂徐本義、漆修綸也。後南山撰《國朝詩人徵略》卷五三“漆修綸”條，亦備致推重。

丘晄，號曙巖，其人未詳。

馮德筠，號猗村，其人未詳。

又賦《仇實父十八羅漢圖》詩，題下注“延秋第二集”。賦《秋海棠》、《同劉三山華東過六榕寺訪漆龍淵璘》詩，題下注“延秋第三集”。

《松心詩集·珠江集》卷一。

按，本集所編爲甲寅至丁巳間詩。計當作於本年秋。

劉華東，字子旭，號三山，廣東番禺人。嘉慶六年舉人。有《拾翠軒詩鈔》。

漆璘，字仲琛，一字龍淵，號東樵。廣東番禺人。嘉慶三年舉人。有《三禮舉義》、《思古堂詩鈔》。

賦《落葉》三首、《月》、《秋夜懷徐丈薌圃本義》詩，

《松心詩集·珠江集》卷一。《花甲閒談》卷三。

按，本集所編爲甲寅至丁巳間詩，《落葉》詩題下注"延秋第四集"。計當作於本年秋。

徐本義，字申之，號薌圃，浙江仁和人。諸生。貧有高致，與南山爲忘年交。有《申椒詩草》。

又有《種菜》、《消寒四詠》（《寒蝶》、《寒蟲》、《寒雁》、《寒鴉》）、《題范蠡扁舟圖》、《題蘇子卿持節牧羊圖》、《題趙普傳後》諸詩。

《聽松廬詩鈔》卷一四。《松心詩集·珠江集》卷一。

按，本集所編爲甲寅至丁巳間詩。詩題下分別注"銷寒第一集"、"銷寒第二集"、"銷寒第三集"、"銷寒第四集"、"銷寒第五集"，當作於本年冬。

方十姑已長成，南山將卜吉請期迎娶。乃十姑以母歿，哀毀過度，一病不起。南山先後爲作《小閣》、《紫藤篇》、《懷仙八首》、《天上謠》、《龍王嫁女詞》、《自題空山雲臥圖》、《感舊》七首諸詩痛悼。情辭哀切，不能自已。

《松心詩録》卷一。《聽松廬詩鈔》卷一。《花甲閒談》卷七。

按，《紫藤篇》序云："余年十三聘方氏女，越五載，將卜吉請期，而女以哭母病歿。其兄以女小像及手臨《洛神》一紙屬余藏之。女所居小閣前有紫藤一株，女歿，紫藤亦枯死。爲詩悼之，遂以'紫藤'名篇。"古人計算年歲，例多自出生當年起，故應屬本年十七歲時事。又，《紫藤篇》原題作《紫藤曲二首》，載《聽松廬詩鈔》卷一，編《松心詩集》時改題，並僅録一首。

南山與方氏髫年相悅，情感綦深。及其逝也，愍傷不能去懷。此數詩之外，又有《古香亭詞》一卷，另於《花甲閒談》中專闢《古香亭樂府》一卷，均爲方氏而作。哀切情深，於此可見。

梁廷枏生。

儀克中生。

石經生。

陳世慶生。

邵晉涵卒。

馮承修卒。

嘉慶二年丁巳（一七九七）　十八歲

[**時事**] 以閩粵洋盜甚熾，伺劫商旅，詔命於粵、閩、浙江三省洋面，會擒辦之。　襄陽教軍擾河南，入四川。又在陝西告示，提出"興漢滅滿"口號。英屬印度政府給予東印度公司以製造鴉片之特權。　王引之《經義述聞》三十二卷成。　彭元瑞等編《天祿琳琅書目後編》二十卷成。　阮元撰《經籍籑詁》一百六卷成。

以第一名入番禺縣學。時學使爲恭泰。吳榮光亦本年入南海縣學。

金菁茅《張南山先生年譜撮略》。《吳荷屋自訂年譜》。《國朝詩人徵略》二編卷五一"吳榮光"條。《粵秀書院志》卷一三。

恭泰，字伯震，滿洲鑲黃旗人。乾隆四十三年進士。官至內閣學士兼禮部侍郎。有《蘭巖詩草》。

吳榮光，字伯榮，號荷屋。廣東南海人。嘉慶四年進士。官至湖南巡撫。有《石雲山人詩集》。

有《春寒》、《五仙觀》詩。

> 《松心詩集·珠江集》卷一。
>
> 按，本集所編爲甲寅至丁巳間詩，《春寒》詩次於《題趙普傳後銷寒第五集》詩之後。《五仙觀》詩題下注"冶春第一集"。二詩當作於本年春。

鮑俊生。

侯康生。

李能定生。

王鳴盛卒。

阿桂卒。

畢沅卒。

袁枚卒。

嘉慶三年戊午（一七九八）　十九歲

[**時事**] 三月初六日，白蓮教軍王聰兒、姚之富部被殲，王、姚二人赴崖死。　五月二十日，以翰林院編修吳烜爲廣東鄉試正考官，内閣中書趙良澍爲副考官。　六月初二日，申明禁止長隨等捐納定例，令詳查，違者重治其罪。　八月，白蓮教軍王三槐部由冷天禄率領，重創清兵。　八月，黄河於河南睢州決口。　十二月，四川教軍羅其清部被消滅。　王引之《經傳釋詞》十卷成。　廣東春旱，饑。　九月十九日，從巡撫陳大文請，袁崇焕入祀廣東地方鄉賢祠。

自清水濠故居遷至賢樂里新居。

> 《松心詩録》卷六《清濠》詩。

與吳榮光、徐智超同受業於粵秀書院，師從院長蔡之
定，頗蒙青睞。

《國朝詩人徵略》二編卷五一"吳榮光"條。《藝談錄》
卷下"徐啟昌"條。

《藝談錄》卷下"徐啟昌"條云："余年十九在粵秀書院
肄業，與徐定山茂才智超同受業於蔡生甫先生之定之門，
作課之日，先生輒召余二人入堂後作文，並賜以飲食。後
定山懷才未遇，而令嗣錦臺茂才祥光亦積學待時，今定翁
之孫奎垣來問學於余，因追思六十年前事，而論交不覺二
世矣。奎垣業擅申韓，久居幕府，然淵源有自，家本儒
風，固知詩書夙好，堂構克承，必欲世守夫先業也。"

蔡之定，字生甫，浙江德清人。乾隆五十八年進士，官翰
林院編修。曾任廣州粵秀書院講席。

徐智超，號定山，廣東番禺人。諸生。

九月，與金菁莪、潘正亨、潘正綱、潘正常諸人集南
墅聯句，張思齊爲寫《南園話別圖》，送金菁莪北上
應試。

《松心詩集·珠江集》卷一、《花甲閒談》卷五《秋晚集
南墅聯句送金藝圃孝廉菁莪北上》詩中原注。

按，《藝談錄》卷下"潘正亨"條節錄此詩，題下注：
"嘉慶三年秋九月。"

潘正綱，字正持，廣東番禺人，正亨弟。候選同知。有
《漱石山房賸稿》。

潘正常，字棣敷，廣東番禺人。嘉慶十四年進士，選庶吉
士，改吏部主事。有《麗澤軒詩鈔》。

蔡錦泉生。

蔣啟敭生。

馮錫鏞生。

嘉慶四年己未（一七九九） 二十歲

[**時事**] 高宗崩。 正月，王念孫等彈劾和珅等人。下大學士和珅、户部尚書福長安於獄，旋賜和珅死。 五月初四日，西江、北江水漲，南海等七縣圍基爲水毁損，民田廬舍猝遭淹没。省發司庫銀修築。得旨，修築銀兩免令歸還。 六月十五日，以大學士董誥爲國史館總裁官。 八月，翰林院編修洪亮吉上疏極言吏治腐敗，又上書成親王等言時事，得罪遣戍伊犁。 十二月，國子監祭酒法式善因春間條奏事宜，得罪，解任。旋賞給編修。 阮元《疇人傳》四十六卷成。錢大昕《十駕齋養新録》二十卷成。 十二月二十六日，應兩廣總督吉慶請，於廣東電白、虎門海口增設礮臺。

歲考一等三名，補廪。時學使爲萬承風。

> 金菁茅《張南山先生年譜撮略》。宣統《番禺縣續志》卷三八《金石志》六《廣東學政續增題名記》。
> 萬承風，字卜東，一字和圃，江西寧州人。乾隆四十六年進士。官兵部侍郎，充經筵講官。有《賡颺集》、《思不辱齋文集》。

南山以讀書過勞，突患血痢，纏綿逾年。

> 《花甲閒談》卷一《禱神顯應記》。《桂游日記》卷三五月八日記。

有《紫藤曲》二首、《懷仙》、《遣恨》、《感舊》諸組詩，皆追懷方十姑之作。

《聽松廬詩鈔》卷一。

按，《感舊》詩共九首。其九有句云："我住人間已廿年"，則當作於本年。

徐本義與漆修綸均引南山爲忘年交，徐贈詩有"我愛詩人南山子，文章膠漆一知己。我詩因子一吐出，隱然方寸五嶽起"，期許甚至。

《國朝詩人徵略》卷五三"徐本義"條、"漆修綸"條。

《花甲閒談》卷五《二高傳》。

按，《花甲閒談》卷五《二高傳》云："徐先生諱本義。……父遊粵，生三子，先生其仲也。兄本仁，孝廉；弟本禮，神童。時稱'三徐'。先生爲諸生，喜博覽，尤熟史事。古文學柳子厚，詩學漢、魏、六朝、三唐，書學顏魯公。貌清癯，性狷介，非義不取。廣州太守欲延先生課子，先生曰：'士豈可出入有司衙署耶?'卻之。平侍郎恕與先生善，侍郎視學粵東，邀先生襄校，先生曰：'吾當避嫌!'卒不往。家貧課徒，主人禮稍懈，先生辭去，曰：'身可窮餓，道不可貶損也!'先生事親孝，兄弟相友愛。本禮卒，先生哭之慟。晚歲得一子，忽殤，遂恍惚有心疾，一夕飲酒，醉且哭，取生平所爲詩文摧燒之，家人趨止之，僅存詩數十篇。先生工制義，門弟子得其指授，多取科第，先生竟以諸生終。金兵部菁莪，性伉爽，嘗醉後大言曰：'吾生平止服兩人，萬卷羅胸，功深《四庫》，其惟吾師紀文達公乎! 千仞壁立，不染一塵，其惟吾師徐薌圃先生乎!'"又云："余弱冠時，自顧無以異於人，而兩先生特異之，引爲忘年交，不見輒思，見輒喜形於色，談竟日不倦。"《二高傳》之另一人漆修綸，已見前嘉慶元年條。

有《懷吳象川先生政達》詩。

《松心詩集·珠江集》卷一。《聽松廬詩鈔》卷一。

詩云：“番禺一都會，宰官吳隱之。鳴琴獲清暇，結習耽文辭。賤子方丱角，操觚等兒嬉。試士千餘人，公曰此子奇。蕭然罷官去，執手珠海湄。勗我勤灌溉，養此干霄姿。別來五六載，齒髮想就衰。寄書未易達，再見應無期。童時得知己，耿耿緘心脾。”

按，吳政達番禺任内曾修治學宫，有《重修番禺學宫碑記》，内言乾隆五十八年來任斯邑，倡修學宫。乾隆五十八年爲作碑記，見宣統《番禺縣續志》卷三七《金石志》五。南山詩有“蕭然罷官去，執手珠海湄”、“別來五六載，齒髮想就衰”語，則詩約作於本年。

初識馮敏昌，一見即索觀近詩，大加稱許。

《國朝詩人徵略》卷四五“馮敏昌”條。

該條述云：“先生以憂歸，前後主講端溪、越華、粤秀三書院。時余方弱冠，先生一見即索觀近詩，因録數十首就正。先生評云：‘詩才清逸，自是空群之彦。及此盛年，精進不已，方當扶輪大雅，豈但横絶一時。’又書楹帖見贈，云：‘聲華日下苟鳴鶴，志節琅邪邴曼容。’今懸齋壁間，猶令人想見老成典刑也。”

馮敏昌，字伯求，號魚山。廣東欽州人。年十九，翁方綱按試廉州，見其文章，大加獎勉，譽爲“南海明珠”。乾隆四十三年進士。官翰林院編修，刑部主事。有《小羅浮草堂詩鈔》。

應及門黄鯨文之請，爲黄芝《瑞谷詩鈔》題辭。

黄芝《瑞谷詩鈔》卷首。

題辭云：“瑞谷先生爲香石同年之兄，及門漢石秀才之父。鍵門讀書，慎言語，寡交游。其詩古近體多宗法大蘇，而於劍南、樂天爲尤近。”

黃芝，字子皓，號瑞谷。廣東香山人，黃培芳兄。布衣。

黃鯨文，字漢石，諸生。黃芝子。

張際亮生。

何紹基生。

胡斯錞生。

王柏心生。

侯度生。

莫雲梯生。

江聲卒。

羅聘卒。

武億卒。

黎簡卒。

嘉慶五年庚申（一八〇〇）　二十一歲

[**時事**]釋洪亮吉還籍，諭謂自洪遣戍後，言事者日少。　五月初十日，以翰林院修撰姚文田爲廣東鄉試正考官，內閣中書湯謙爲副考官。　五月二十八日，命各省頒布《聖諭廣訓》。　清廷重申煙禁。十三公行與東印度公司停止在廣州公開交易。　浙江學政阮元於杭州創詁經精舍。

上年患血痢，至是疾甚。

　　《花甲閒談》卷一《禱神顯應記》。

始撰《松心日錄》。

　　金菁茅《張南山先生年譜撮略》。

同邑金菁茅始受業於南山。

《新春宴遊唱和詩》録金菁茅《春遊次南山師韻》詩其二原注。

金菁茅，字醴香。廣東番禺人。嘉慶十三年舉人。

賦《春寒曲》、《苔》詩。

《松心詩集·珠江集》卷一。

按，此二首爲集中戊午至庚申間詩。《苔》詩見《聽松廬詩鈔》卷六，題爲《積雨》。

於方十姑之逝愴恨多年，依然未釋，有《遣恨四首》《紫藤曲》、《感舊》諸詩之作。

《聽松廬詩鈔》卷一。

冶春社集凡九集，皆有詩。

《松心詩集·珠江集》卷一《五仙觀》、《浴日亭觀日》、《花埭》、《翠林園賞牡丹》、《風簾堂》、《海幢寺》、《聽歌》二首、《劉阮遇仙子》、《文簫遇彩鸞》。

按，此九首題下注"冶春"第一至第九集。爲《集》中戊午至庚申間詩。姑統繫於此。

與潘正亨、金菁莪諸人唱和，有《余喜苔，偶見石苔，率成絶句》、《夜來香》、《江亭月夜》、《木棉十首》、《木棉》、《雨中觀山》、《積雨偶成》諸詩。

《松心詩集·珠江集》卷一。《花甲閒談》卷五。

蘇廷魁生。

譚瑩生。

嘉慶六年辛酉（一八〇一）　二十二歲

[時事] 先是湖北、四川教民起事，額勒登保等移征苗之師而北。夏四月，乃有貴州石峴苗變，并糾

合楚苗。知府傅鼐平之。 五月十二日，以翰林院編修帥承瀛爲廣東鄉試正考官，户部主事李林松爲副考官。 六月二十三日，准王公大臣捐俸米賑恤災民。

章學誠《文史通義》成。 九月，命續修《大清會典》。 五月，廣州府龍門等地大水，蝗。

父炳文舉於鄉。

《國朝詩人徵略》卷五五"張炳文"條。《花甲閒談》卷一《禱神顯應記》、《述德》詩。

病下血三載，疾至不可爲，食不下咽。後賴《幼幼集成》藥方，一服而瘳。

《花甲閒談》卷一《禱神顯應記》、《述德》詩。

賦《病愈得句》、《獨坐》、《登樓》諸詩。

《松心詩集·珠江集》卷一。

《短歌行》、《傷歌行》、《善哉行》、《巫山高》、《野鷹來》、《將進酒二首》、《俠客行》、《一卷》、《漁翁引》諸詩什亦作於本年。

《松心詩集·珠江集》卷二。《松心詩録》卷一。

是年四月，馮敏昌任粵秀書院院長。秋，招南山至書院飲宴，席上南山賦呈詩二首，備致欽仰。

馮士鑣《先君子太史公年譜》。梁廷枏《粵秀書院志》卷一五《馮敏昌傳》。《聽松廬詩鈔》卷一《馮比部魚山先生敏昌招飲粵秀講院，席上賦呈二首》詩。

詩其一云："坐向春風裏，都忘秋氣深。登龍多士志，墨卿太守榜其門曰登龍門。相馬古人心。先生題拙稿，有空群之語。湛湛天中月，冥冥海上琴。十年繞清夢，一夕豁塵襟。"

其二云："蓬島神仙侣，蒿廬孝子身。白雲連畫省，青史待詩人。五嶽蟠胸峻，千篇出語真。南國壇坫在，好爲辟荊榛。"

戴熙生。

鄭獻甫生。

鄭菜生。

伍元華生。

章學誠卒。

黃易卒。

嘉慶七年壬戌（一八〇二）　二十三歲

[**時事**] 春，英船數艘泊留廣州洋面，至六月始離去。　英人侵澳門。　九月五日，廣東博羅縣天地會衆反清起事。首領陳爛屐四、張錦秀四佔羅浮山，聚衆萬餘。旋敗。　九月二十六日，廣東永安縣天地會反清起事，十月間敗。

作《感懷》、《讀書二首》，以詠懷抱。

《聽松廬詩鈔》卷二。

時會黨陳爛屐四據博羅羊矢坑爲亂，惠州震動。賦《野鷹來》、《羊矢坑》、《有感四首》等詩，以志憂虞。

《聽松廬詩鈔》卷二。

授館城西。秋，有《法駕導引》詞三十闋以述懷。

《聽松廬詞鈔·海天霞唱》。《花甲閒談》卷一六。

前有序云："遊仙發詠，肇自陳思。溯厥權輿，則皇娥白帝之歌，太乙東君之語，實飈辭之星宿，霞構之岷峨。逮郭璞沿夫古波，曹唐摘其新藻，自時厥後，代有偉篇，莫

不驅海入壺，裁雲作紙。顧詩多嗣響，而詞少繼聲。歲在
元黓，館於西城，時方養痾，經月不出。心每遊乎碧落，
身易入於黑甜。上清童子，願贈銖衣；太極夫人，許披瑤
笈。銀河漱齒，吞星斗於懷中；絳闕揮毫，瀉波濤於腕
底。應接則東華南嶽，馳驅則赤豹黃螭。眷彼瑰觀，攄兹
孤抱。在昔龍女行歌市中，所謂水府真人法駕導引者，節
奏天成，人間罕覯。爰譜其逸調，填以新詞，爲夢遊仙曲
三十闋。僕家傳辟穀，身愧伐毛。繡襦甲帳，難尋跨虎之
蹤；鐵板銅琶，敢笑雕蟲之技。況百年一瞬，並處華胥；
三島十洲，本羅丹府。浮生若夢，但須綠醑頻斟；噬肯來
遊，莫待黃粱已熟。”

又，詞末有附記：“遊仙詞三十闋，作於壬戌之秋。時館
城西藕花榭，半郭半村，有水有竹。卷簾隱几，白雲山若
圖畫，朝霞夕靄，紫綠萬狀。余時命酒獨酌，酌已輒臥，
臥輒有夢，夢輒有見，見輒有作。蓋以心造夢，以夢造
境，境無定方，語無詮次，栩栩然不知周之爲蝶，蝶之爲
周。吾友璜谿梁子，過而見之，歎曰：‘此詞中謫仙也。
盍公諸同好乎？’余曰：‘夢囈語，何可示人？’梁子曰：
‘不然，大千世界，誰非夢者？人之夢富貴止矣，然富貴
可樂，亦多可憂，曷若夢仙者有樂無憂乎？且以身遊者有
盡，以心遊者無盡。然則富貴夢短，遊仙夢長，子之所得
不又多乎！’今梁子墓草宿矣，余偶於敝簏中檢得此稿，
因憶梁子語，并書於此，以誌牙期之感云。梁子名殿珍，
番禺人。幼穎悟，目十行下。壯好遊，喜讀兵書，工詩古
文，竟以明經終。辛未臘月，番禺張維屏記。”

《花甲閒談》詞末有跋云：“此本少作，稿已散棄。三十
年來，見有畫入扇頭、繪上屏障者，聊復存之。自古神仙
家言，多屬空中樓閣，流傳日久，遂成故事耳。唱霞漁者

自識。"

梁殿珍，字符章，號璜谿。廣東番禺人。貢生。有《璜
谿詩文集》。

兵事連綿，作《秋懷》詩八首、《有感四首》，深以時
局爲慮。

《松心詩集·珠江集》卷二。

詩其六懷廣東總兵黃標，時正統兵進剿粵西海寇。

黃標，廣東香山人。任右鎮總兵。

《秋懷》詩八首爲伊秉綬所賞，來札訂交，遂往謁見。

《聽松廬詩鈔》卷六《哭墨卿先生》詩自注。

按，自注云："壬戌，先生見屏《秋懷詩》，即枉札訂
交。"又，同卷《西園雜詩》之七自注云："贈伊銘谷明
經。憶壬戌過尊甫墨卿先生寓齋時，君纔總角也。"

伊秉綬，字組似，號墨卿，福建寧化人。乾隆五十四年進
士。時任廣東惠州府知府。有《留春草堂詩草》。

在惠州。十二月十九日宋蘇軾誕辰，伊秉綬招同宋湘、
張思齊、陳曇、陰東林諸人及南山設祀寒玉齋，有詩。

《松心詩集·珠江集》卷二《十二月十九日，蘇文忠公生
日。伊墨卿太守秉綬招同宋芷灣庶常湘、家無山思齊、陳
仲卿曇兩茂才設祀寒玉齋》詩。《花甲閒談》卷五并錄陳
曇《蘇文忠公生日同人拜像賦詩追和墨卿師韻》詩。宋
湘《紅杏山房集·豐湖詩草》之《十二月十九日，同陰
青原、張賢仲、張南山、陳仲卿至歸去來草堂拜東坡先
生》詩。

宋湘，字焕襄，號芷灣。廣東嘉應州人。嘉慶四年進士。
官湖北糧道。有《不易居齋集》、《豐湖漫草》諸集。時
任惠州豐湖書院山長。

陳曇，字仲卿，廣東番禺人。諸生。官揭陽縣教諭。有

《海騷》、《鄘齋雜記》。

陰東林，字青原，福建寧化人。監生。工畫。

張惠言卒。

馬宗璉卒。

嘉慶八年癸亥（一八〇三）　二十四歲

[**時事**] 正月，命伊犁廣開屯田，無耕牛者官給之。　五月初二日，禁直隷等處貧民携眷出關。　六月二十六日，改安南爲越南，遣使往封阮福映爲國王。廣東天地會起義遭鎮壓。　海盜鄭一、烏石二等在廣州灣洋面擊敗廣東水師。　西班牙人傳入西洋種痘法。

娶金恭人。撰《松心日録》。

金菁茅《張南山先生年譜撮略》。

金菁莪里居，有《春日述懷》詩相贈，南山次韻報之。

《聽松廬詩鈔》卷一、《花甲閒談》卷五《金藝圃駕部菁莪有詩見懷，次韻奉報》詩。

按，詩自注："君方里居課徒。"金菁莪嘉慶七年成進士，嗣任兵部車駕司主事。未久，以丁外艱歸。其"里居授徒"或在此時。

與邵詠相見於陳曇齋中。

《芝房詩存》書首張維屏序。光緒《電白縣志》卷二八。

序云："高州邵君芝房有詩名，知詩者謂其詩可傳，知人者謂其人尤可傳。嘉慶癸亥君來羊城，相遇於陳子仲卿齋中，既而往還談讌，相得甚歡。未幾君別去，自是不復相見。"

按，四十年後南山爲《芝房詩存》序。見道光二十四年條。

邵詠，字子言，號芝房。廣東電白人。官韶州訓導。有《種芝山房文集》、《芝房詩鈔》。

林昌彝生。

朱琦生。

黃玉階生。

彭元瑞卒。

張九鉞卒。

嘉慶九年甲子（一八〇四）　二十五歲

[**時事**] 六月，蔡牽攻臺灣鹿耳門，於溫州大敗官兵。　九月初六日，從軍機處議復倭什布等奏防剿洋盜事宜八條。　九月，教軍起義結束。首尾九年，清廷共耗軍費二萬萬兩。　那彥成調任兩廣總督。宣南詩社前身"消寒詩社"在京初次舉辦，成員有陶澍同科六人。

春，馮壎偕呂堅來訪南山，并贈佳什。

《國朝詩人徵略》卷五三"馮壎"條。

馮壎，字穎中。廣東南海人。太學生。有《銳亭詩草》。

呂堅，字介卿，號石帆，廣東番禺人。貢生。有《遲刪集》。

秋，鄉試中式，得第三十四名。主考陳嵩慶、陳壽祺。

金菁茅《張南山先生年譜撮略》。梁廷枏《粵秀書院志》卷一三。

《花甲閒談》卷一《禱神顯應記》云："甲子,屏忝鄉舉。"

陳嵩慶,字復盒,號荔峰,浙江錢塘人。嘉慶六年進士。官禮部侍郎。本年爲廣東鄉試主考官。

陳壽祺,字恭甫,號左海,晚號隱屏山人,福建侯官人。嘉慶四年進士,官翰林院編修。本年爲廣東鄉試副主考。有《左海全集》。

以祖母年老,不赴會試而肆力於詩。撰《松心日録》。

金菁茅《張南山先生年譜撮略》。

長子祥泰生。

《花甲閒談》卷一《禱神顯應記》。

記云:"甲子屏忝鄉舉,太恭人康疆逢吉,喜見曾孫。"

賦《黃總戎行》詩,頌總兵黃標勇略,有"萬口爭傳黃總戎,廣東老將今黃忠"之句。

《聽松盧詩鈔》卷一。

按,前有《羊矢坑》諸詩,深憂陸寇爲患,此則憂海賊縱橫,頌黃標之勇略。據《廣東通志》卷二九五黃標傳:嘉慶七年九月,博羅會匪陳爛屐展滋事,總督吉慶檄標領兵會提督孫全謀進攻羊矢坑、羅溪等隘,直搗賊巢,一晝夜斬馘無算。方將迅掃餘孽,條奉檄退兵。八年,復與孫全謀出海捕賊,賊望風遁廣州灣,灣險兵不可進,標欲合兵守隘口,半月賊糧必盡,可殲滅。孫以相持久有風濤患,不如分兵。標遂獨守,船少勢孤,賊偵知之,衝突出,眾寡不敵,標引師退,歎曰:"此機一失,海氛殊未已也!"憤懣成疾,卒於電白營,年六十有二。瀕卒,猶躍起大呼曰:"縱船!縱船!"至今沿海居民思之不置云。《清仁宗睿皇帝實録》卷一二一嘉慶八年條亦載其因出兵失機,下部議處,是年憂憤而卒。青城子《亦復如是》

卷八《黄鎮臺》條云"嘉慶八年公以壽終"，則南山詩作於本年，當無疑也。

潘正亨在都中以《九家注杜詩》見寄，有詩紀之。

《聽松廬詩鈔》卷一《伯臨在都中以九家注杜詩見寄，率成一絶》、《西園》詩。

九月，李遐齡爲南山詩畫册題詩。

李遐齡《勺園詩鈔》卷二《題張南山詩畫册》詩。

詩有云："南山作畫師造物，破古藩籬獨超軼。老蓮無人苦瓜没，二百年來見此筆。筆力横空眼光闊，矯矯生氣乃遠出。五羊客舍秋九月，竹孫朝起罷盟櫛。"

按，南山於詩文外，兼工繪事，并參與畫社。宣統《番禺縣續志》卷四〇云："石園畫社，在城北大石街。咸豐初，漢軍秀琨約葉英華、張維屏、黄培芳、宋光寶、李秉綬諸名流共結畫社。"而嘉慶二十四年在京時，即曾應吳嵩之請爲作小幅，見陳曇《師友集》中伊念曾《秋日過友石齋葉伯年秀才以其師張南山大令畫索題》詩，原注云："吳山尊祝鼇來京，索寫小楨，余與南山合作。"

李遐齡，字芳健，號菊水。廣東香山人。貢生。有《勺園詩草》。

同伊秉綬遊粤秀山，有《越王臺》詩。

《松心詩集·珠江集》卷二。《花甲閒談》卷五。

按，此與伊秉綬唱和之作，《花甲閒談》卷五録有伊氏原作。

十一月，與黄喬松、譚敬昭集白雲山，餞敬昭歸陽春。

劉彬華《嶺南群雅》二集黄喬松《集雲泉山館同譚康侯、張南山、家香石即送康侯歸陽春》詩。譚敬昭《聽雲樓詩鈔》卷八《去歲十一月蒼崖招集雲泉山館，飲梅花下，醉歌贈行。今夏書來，得詩見寄，作此奉答》詩。

按，譚又有《二十四至家》詩，中有句云："維時歸敝
廬，臘月下弦後。其日二十四，寅春歲乙丑。"蓋歸後旬
日即立春也。知歸時爲嘉慶九年甲子歲。然雲泉山館成於
嘉慶十七年，詩題"集雲泉山館"云者，疑莫能明，姑
存之備考。

譚敬昭，字子晉，一字康侯。廣東陽春人。嘉慶十二年舉
人。嘉慶二十二年進士。官主事。有《聽雲樓詩集》、
《續集》、《詞鈔》。

黃喬松，字蒼厓。廣東番禺人。貢生。官鹽課提舉司提
舉。有《鯨碧樓詩鈔》。

潘恕生。

劉墉卒。

錢大昕卒。

王昶卒。

嘉慶十年乙丑（一八〇五）　二十六歲

[**時事**] 美國始由土耳其向華盜運鴉片。　閏六
月二十六日，江西生員歐陽恕全因詩作被指爲"逆
詩"而處死。　漕運不濟，試辦海運。　禁西洋人刻
書傳教及私立學校。　十月，賜英吉利王書。　十一
月，翰林院纂輯《皇朝詞林典故》成。　增設廣東水
師提督。　剿捕廣東海盜。　崔述《考信錄》三十二
卷成。　段玉裁撰《說文解字注》成。　阮元《十三
經注疏校勘記》二百四十八卷成。

正月初七日，同胡豹文、汪鳴謙、金菁英、金菁茅、

金菁藻諸人登粤秀山，飯融公和尚房，有詩。

    《松心詩集·珠江集》卷二《人日同胡蔚巖豹文、
汪益齋鳴謙、金鍾山菁英、醴香菁茅、裳繡菁藻登粤秀山，
飯融公房》詩。

    胡豹文，字蔚巖。廣東番禺人。嘉慶十三年舉人。

    汪鳴謙，後改名銘謙，字益齋，廣東番禺人。嘉慶十六
年進士。官山西太原府知府。

    金菁英，號鍾山，廣東番禺人，菁藻從兄。諸生。

    金菁藻，號裳繡，廣東番禺人。候選同知。

    融公，僧人。粤秀山紅棉寺住持。

十八日，同金菁藜、胡豹文、汪鳴謙過妹婿馮贊颺森
竹園，有詩。

    《松心詩集·珠江集》卷二《上元後三日同金茂園菁藜、
胡蔚巖、汪益齋買舟過馮子皋妹婿贊颺森竹園》詩。

    金菁藜，號茂園，廣東番禺人。金菁蘭兄。貢生。

    馮贊颺，字子皋，號拙園。廣東南海人。嘉慶二十二年進
士。翰林院庶吉士，官山東黃縣知縣。南山妹婿。有
《拙園草》。

春日同金菁蘭、顏應芳、潘正亨、張思齊、潘正常諸
人登山小飲，有詩。

    《松心詩集·珠江集》卷二《春日山行，同金春汀菁蘭、顏
蘅皋應芳、潘伯臨、家無山思齊、潘棣甹正常小飲有作》詩。

    金菁蘭，字春汀。廣東番禺人。嘉慶五年舉人。官河北盧
龍縣知縣。

    顏應芳，字蘅皋，其人未詳。

此時前後，又有《漫興》、《落花詩畫卷爲家顯斯秀才
廷臣題》詩。

    《聽松廬詩鈔》卷一。

張廷臣，字顯斯。其人未詳。

鄭士超歸陽山前過訪，賦詩贈別。

> 《松心詩集·珠江集》卷二《鄭貫亭侍御士超枉過，談至薄暮。賦此奉贈，即送歸陽山》詩。
>
> 鄭士超，字卓仁，號貫亭，廣東陽山人。乾隆六十年進士。官監察御史。

夏，病小瘥，與譚敬昭遙相唱和。

> 譚敬昭《聽雲樓詩鈔》卷八《去歲十一月蒼崖招集雲泉山館，飲梅花下，醉歌贈行。今夏書來，得詩見寄，作此奉答》詩及自注。
>
> 按，南山寄書及詩，今集中未見。

七月，廣東按察使秦瀛升授浙江布政使，卸任離粵。馮敏昌、劉彬華招同南山、吳應逵、黃培芳餞送於花田，秦爲賦詩志別。

> 《清史列傳》卷三二秦瀛傳。《國朝詩人徵略》卷四三“秦瀛”條。秦瀛《小峴山人集》卷一七《七月八日，魚山、樸石招同順德張孝廉維屏、張秀才思齊、香山黃明經培芳、鶴山吳孝廉應逵、番禺劉秀才廣利、靈山梁秀才炅、欽州馮秀才士履，餞予於花田，復賦此志別》詩。
>
> 按，《廣東通志》卷四四“職官表三五”，秦瀛嘉慶九年任按察使，本年離粵，吳俊繼任。
>
> 秦瀛，字凌滄，號小峴。江南無錫人。乾隆三十九年舉人。官刑部侍郎。有《小峴山人集》。
>
> 吳應逵，字鴻來、雁山。廣東鶴山人。乾隆六十年舉人。學海堂學長。有《雁山文集》、《詩集》。
>
> 黃培芳，字子實，又字香石，自號粵嶽山人。廣東香山人。嘉慶副貢生。官教諭。有《粵嶽山人集》。

葉夢龍、夢麟兄弟聘南山爲家塾師。前後共三年。

《藝談録》卷下"葉廷勳"條。《聽松盧詩鈔》卷八《送
子皋之任黃縣》詩自注。

葉夢龍，號雲谷，廣東南海人。官户部郎中。有《風滿
樓書畫録》。

葉夢麟，字文園，廣東南海人。夢龍兄。官刑部郎中。

譚敬昭來廣州就塾，館於城西，因偕黃培芳往訪南山，
自是時相填詞唱和。黃培芳又偕南山、譚敬昭過訪李
遐齡廣州寓齋，并索觀近作。

李遐齡《勺園詩鈔》卷三《譚康侯、張南山、黃香石過
余寓齋，索觀近稿。方竹孫亦偕羅堯山至。率占一律呈諸
君子》、《柬吳雁山》詩。

時高士釗以古文稿屬爲點定，因與論作文之旨。

《國朝詩人徵略》卷五一"高士釗"條。

此條載："乙丑，余館城西，酉山以古文稿屬爲點定，謂
予曰：'子視吾文若何?'余曰：'君進而不已，將追步歸
震川，汪堯峰其庶乎。'酉山笑曰：'如是足矣。'余曰：
'古文難言也。聰明人取唐宋八家文熟復之，學其聲貌，
不難哀然成集，但恐皆古人所已言，無勞疊牀架屋耳。且
古人負盛名者，其文集尚未易流傳，況後人耶?'酉山
曰：'如是，則心力不虛耗乎?'余曰：'不然。文人之
思，如春蠶之絲，必吐而後快，斯吐之耳，他何計焉。'
酉山笑而去。"

高士釗，字酉山，廣東順德人。乾隆五十七年舉人。有
《北游草》。

賦《閒居雜詩》四首。

《聽松盧詩鈔》卷一。

按，詩其二云："二十六年彈指過，海鷗同夢水雲深。"
則作於本年生日前後。

羅天池生。

李文瀚生。

紀昀卒。

桂馥卒。

劉台拱卒。

嘉慶十一年丙寅（一八〇六）　二十七歲

〔時事〕再禁浙江販米出洋。　俄船兩艘違例入廣州貿易。　六月，查出安徽省虧空銀一百三十四萬兩，命八年內追補完畢。　寧陝新兵因停發鹽米銀嘩變。　九月，黃河於蘇北決口。　三月，香山、新會饑。　廣東海盜鄭一、烏石二頻擾沿海，朝諭兩廣總督悉心防剿。

平居有暇，興至爲《詠史》組詩。

《松心詩集・珠江集》卷二。

此組詩分題有《許由瓢》、《夏中興》、《兩至德》、《鄭莊惡》、《采藥行》、《曲沃肉》、《綿上田》、《三晉篇》、《傾國謠》、《祖龍死》、《亡祖龍》、《赤帝子》、《悲人彘》、《走狗烹》、《永巷春》、《陸大中》、《灌夫怒》、《飛將軍》、《牧羝行》、《蟲食葉》、《臣朔長》、《枕中寶》、《漸臺行》、《五丈原》、《馬食槽》、《峴山碑》、《五馬渡》、《桃花源》、《八公山》、《紫宮謠》、《南陽樹》、《三蕭曲》、《草肅肅》、《悲臺城》、《奈何帝》、《真君歡》、《崔司徒》、《和士開》、《玉珽擊》、《獨孤誤》、《二紅篇》、《玄武門》、《唐宮鼠》、《桑條歌》、《睢陽城》、《郎當曲》、《白衣客》、《甘露行》、《紇干雀》、《王鐵槍》、《一尺面》、《陳橋行》、《金匱書》、《希夷睡》、《澶淵行》、《新法行》、《岳家軍》、《文山歌》、《賣卜行》、《頭魚宴》、《瑟瑟吟》、《汴州謠》、《冬青樹》、《兩承旨》、《犁眉公》、《莫逐燕》、《和尚誤》、《覓魚嗛》、《新建伯》、《鈐山堂》、《委鬼謠》、《梅花嶺》、《史閣部》，凡七十三首。詩序云："言詠史樂府者，輒舉鐵崖、西涯。然四千餘年，事備簡册，前人後人，讀之詠之，人心如面，弗相肖也。閒居掩關，坐臥一卷，意興所至，託之毫素，豈曰希古，聊以自娛。每當月午風辰，酒香茶熟，童子發唱，傾耳莞然。若夫樂體樂心，源同派別，雖有篇製，無詔伶人，方諸徒歌，未遑協律，是以不名'樂府'，概命曰'詠史'云爾。"《松心詩録》卷一亦有此詠史組詩，題下注云："有序。百一首，録二十五首。"序云："樂府音律久已失傳，雖用樂府體格，而不名樂府，但曰詠史者，從其實也。"

按，此一組詩，非撰於一時一地者，各集所載亦多寡不一，而以今年所作爲多，姑統繫於此。

陳壽祺自京致書南山，勗以詞章之外應通經史以爲根柢，并期早日來京應試。

陳壽祺《左海文集》卷四下《與張南山書》。

書云："南山年兄足下：去春奉手翰，情詞斐亹，備荷注存，藉悉動靜宣豫爲慰。比惟著作日富，有以自娛，第有志乎古者當以經義爲根柢，詞章爲華葉。且通經則立言有物，固本末兼賅之事。群經注疏中，《毛詩》、《三禮》尤博贍。秦漢諸子及《史記》、兩《漢書》、《三國志》等，古經義往往散見其中，而典章文字亦無不如肉貫串，此讀書精要也。摛文之士，患在浮夸，綴學之士，患在迂固，惟質有其文者美焉，足下勉之。如可計偕，早來都門為望。承索及鄙作，緘石享帚，向來不欲示人，且性疏懶，不常操筆，故未敢以應也。生每觀漢之文人如司馬相如、揚雄、班固、蔡邕等，所以成不朽盛業者，蓋皆明經法故耳。是以比來從事於此，頗不喜獵浮華，間有撰述，亦務去雕飾，惟才力不逮古人，安能自信耶。海天迢遞，痌念實勞，惟自愛不具。"

按，陳壽祺嘉慶九年為廣東鄉試主考，年末還京。書中有"去春奉手翰"語，知此書為本年作。又，《松心詩集·燕臺二集》之《南昌舟次書懷一百韻》詩作於嘉慶十六年下第南歸途次，云："立言奚敢望，懷土詎無慁。"自注云："陳恭甫師嘗以古立言者相勖。"當是回憶此時事。

陳嵩慶來粵任廣東學政，南山分屬門生，例當晉謁，嵩慶命題其"紅燭校書圖"。

《聽松廬詩鈔》卷一《荔峰師命題紅燭校書圖》詩。法式善《清秘述聞續》卷九。宣統《番禺縣續志》卷三八《金石志》六翁心存《廣東學政續增題名記》。

按，荔峰，即陳嵩慶。陳嵩慶嘉慶九年任廣東鄉試主考，十一年復來任廣東學政，故南山詩有"兩番冰鑒懸南粵"句。又，陳氏本年四月受命，並非立即動身，加以旅程遙遠，抵粵時大抵已在六七月間。

彙錄自乾隆甲寅至本年間所作詩為《珠江集》，都二卷。編入《松心詩集》內。

鄭珍生。

朱珪卒。

錢坫卒。

馮敏昌卒。

趙希璜卒。

嘉慶十二年丁卯（一八〇七）　二十八歲

[**時事**]四月，廷旨密諭廣東督撫，聞粵東水師，全不得力，兵驕將玩，實堪痛恨。　十月，粵籍御史鄭士超上奏廣東吏治廢弛情形。　冬十二月，浙江提督李長庚追擊海盜蔡牽于粵海，長庚中礮死。牽走安南。　令廣東、福建等省嚴查私售鴉片者。　基督教始由英國牧士瑪理遜傳入中國。

吳慈鶴隨父宦游粵東，獲交南山。贈南山詩有"賤子聊爲嶺外遊，每騎竹杖訪張侯。攜將一卷驚人句，歸與東陽作蹇修"之句。本年冬，吳返里，攜南山詩卷歸。

《聽松廬詩鈔》卷八附録吳慈鶴《丁卯冬，余自粵攜南山孝廉詩卷歸吳中，沈闓生茂才見而賦詩欣賞。余因和之，并寄南山》詩。

吳慈鶴，字巢松，江蘇吳縣人。嘉慶十四年進士。官翰林院侍講。有《岑華居士蘭鯨録》、《鳳巢山樵求是録》。

二月，將北上會試，黃培芳有詩贈行，南山酬以七絶一首。

張維屏手跡詩箋。

詩云："副車偶爾滯驊騮，留與今年領解頭。我在燕臺定南望，看君衝雪到皇州。"詩末注云："丁卯二月，奉酬香石道兄贈行之什。時將之都門，倚裝草此，維屏并記。"

按，此詩未見入集。

春，將由沙井入都會試，途中有《客路》、《胥江》、
《雨泊波羅坑》、《長亭》諸詩。

  《松心詩集·燕臺集》卷一。《聽松廬詩鈔》卷二。

  按，《雨泊波羅坑》詩《燕臺集》題作《舟夜》，詩句稍
  有改動。《長亭》詩，《聽松廬詩鈔》題作《古意》，題
  下自注："嘉慶丁卯。"

過庾嶺後，取道江西，途中多有詩詞以抒客懷。

  《松心詩集·燕臺集》卷一《庾嶺》、《睡熟過惶恐灘》、
  《滕王閣》、《驛南舖曉發遇雨》、《廬山》、《東林寺》、
  《舟中望廬山作歌》諸詩。《聽松廬詞鈔·海天霞唱》卷
  一《醜奴兒令·度庾嶺》、《賀新涼·望廬山》、《闌干萬
  里心·九江阻風賦此撥悶》等詞。

  按，《廬秀錄》卷一錄《舟中望廬山作歌》詩附注云：
  "嘉慶丁卯春北上過廬山，賦此詩。"

此行與潘正亨偕，過九江。多年後猶有詩憶述此行，
並柬正亨。

  《聽松廬詩鈔》卷一〇、《松心詩集·黃梅集》之《癸未
  二月，于役九江。憶丁卯春同潘伯臨比部北上過此，今十
  七年矣。感而賦詩，即寄伯臨》詩。

夏，入黃梅縣境，有《黃梅旅次偶感》、《二郎河》、
《垂柳》、《楓香驛》諸詩。

  《松心詩集·燕臺集》卷一。《松心詩錄》卷二。

道經安徽潛山。訪二喬故居弗得，有詩。過周瑜祠，
有詞題壁。

  《松心詩錄》卷二《潛山客舍訪二喬故居弗得，悵然題壁
  而去》詩。《聽松廬詞鈔·海天霞唱》卷一《大江東
  去》詞。

  詞序云："過周瑜祠，酹以濁醪，以酒濡墨，書此詞

於壁。"

按，乾隆《江南通志》卷四一，周瑜祠在潛山縣西北二十里。味詞意，當作於首次入潛山所撰。金菁茅《聽松廬詞鈔序》云："集中《過周瑜祠》，及《揚州》兩闋，傳唱一時。"

前行道山東、河北，沿途有詩紀行。

《松心詩集·燕臺集》卷一《早發北峽關》、《護城驛》、《利國驛曉發》、《南沙河》、《早發滕縣》、《河間早行》詩。《聽松廬詩鈔》卷二《滹沱河》詩。

四月至都，始寓吳榮光宅，數月後遷入潘正亨寓所，兩宅相距咫尺。時吳榮光官翰林，得晨夕過從。

《國朝詩人徵略》初編卷三四"翁方綱"條、二編卷五一"吳榮光"條。

五月十日，秦瀛招同張問陶、鮑勳茂、吳嵩梁、潘正亨、張延年集寓齋，有詩。

《聽松廬詩鈔》卷二《五月十日，少寇秦小峴先生招同家船山侍御問陶、鮑樹堂侍御勳茂、吳蘭雪國博嵩梁、潘伯臨比部、家孟平孝廉延年集寓齋，賦呈一首》詩。《花甲閒談》卷六。

詩云："記從珠水送揚舲，又向京華仰德星。百粵民情深望歲，九重天眷慎明刑。但知報國心常赤，祇爲憐才眼易青。把酒勞公問桑梓，海門風黑浪猶腥。"

按，《聽松廬詩鈔》、《花甲閒談》附錄秦瀛《贈南山》詩。

張問陶，字仲冶，號船山，四川遂寧人。乾隆五十五年進士。官知府。有《船山詩草》。

鮑勳茂，原名鐘茂，字根實，一字樹棠。安徽歙縣人。官軍機處行走。工書善鑒。

吳嵩梁,字子山,號蘭雪。江西東鄉人。嘉慶五年舉人。
官黔西州知州。有《香蘇山館詩鈔》。

張延年,字孟平,其人未詳。

秋日,陳壽祺招同南山、王引之、程同文、陳用光、
吳嵩梁、查揆諸人集寓齋小飲。醉後賦呈長詩。

《松心詩集·燕臺集》卷一《秋日恭甫師招同王伯申宮庶
引之、程春廬兵部同文、陳石士編修用光、吳蘭雪國博嵩
梁、查梅史孝廉揆,集寓齋小飲,醉後賦呈二百四十字》
詩。《松心詩集·燕臺二集》之《南昌舟次書懷一百
韻》詩。

王引之,字伯申,江蘇高郵人。嘉慶四年進士。官工部尚
書。有《經義述聞》、《經傳釋辭》。

程同文,字春廬,安徽桐鄉人。嘉慶四年進士。官會典館
提調,承修《大清會典》。

陳用光,字碩士、石士,江西新城人。嘉慶六年進士。官
翰林院編修、禮部侍郎。有《太乙舟詩集》、《文集》。

查揆,字伯葵,一字梅史,浙江海寧人。嘉慶九年舉人。
官知州。有《筱原堂初集》。

鄭士超假滿入都,將具摺奏粵省事宜。時秦瀛官刑部
侍郎,屬南山代索奏草一閱。

陳在謙《國朝嶺南文鈔》卷六。吳應逵《雁山文集》卷
三《監察御史鄭公傳》傳後有南山附識。

附識云:“張南山曰:嚴整平實,傳之正體。嘉慶丁卯,
先生入都,具摺上之。時余在都中,秦小峴侍郎知先生與
余善,屬余向先生取奏稿觀之。蓋侍郎於數月前曾奏粵東
事宜,故函欲觀先生所言有無異同。先生曰:'吾非慕避
人焚諫草之名,況此摺但為條陳本省事宜,無不可共觀
者,惟現在尚留中未發,故不敢出稿示人,子為我婉言復

之.'余以告侍郎,侍郎亦歎息,謂先生誠小心謹慎也。
讀先生奏疏,追憶廿年前事,不勝老成典型之思云。”

按,此文未見入集。

又因鄭士超獲交方元鵾。

《國朝詩人徵略》卷五五“方元鵾”條。

此條述云:“嘉慶丁卯,余寓都門,因鄭貫亭侍御識鐵
船,其貌冷,其心冷,其室冷,其官非冷而自冷。以其冷
眼觀書,每能抉剔古義;以其冷眼觀世,復善宣達今情。
戊辰余出都後,聞其告歸不復出。”

方元鵾,字海槎,號鐵船。浙江金華人。嘉慶六年進士。
官户部主事。有《鐵船詩鈔》。

秦瀛招同南山、法式善諸人拜秦觀像。嗣後公餘輒招
南山過寓齋,評詩論畫,有《贈南山》詩。

《國朝詩人徵略》卷四三“秦瀛”條。《松心詩集·燕臺
集》卷一《秦小峴少司寇招同法時帆宮庶式善、陶季壽大
令章潙、吳蘭雪國博、潘伯臨比部,集寓齋,拜淮海先生
像》詩。

《徵略》“秦瀛”條云:“丁卯余在都中,先生招同法時帆
宮庶、吳蘭雪國博、陶季壽大令、潘伯臨比部拜淮海先生
像,談讌極歡。後公餘輒招過寓齋,評詩讀畫。先生論及
古人詩文,或自出所作,每琅琅吟誦,或談古今事,意所
不可,輒振袂離席,甚且匕箸落於地。其真性坦率,令人
想見老輩天懷,猶是書生本色也。”

法式善,本名運昌,奉旨改式善,字開文,號時帆。蒙古
人。乾隆四十五年進士。官侍讀。有《存素堂稿》。

陶章潙,字季壽,湖南寧鄉人。官知縣。

在都與法式善往還甚契。式善擬作《詩龕及見録》,
欲索南山詩入選。遂以一帙報之。

《國朝詩人徵略》卷四七"法式善"條。

此條述其事云:"丁卯,余寓都門,秦小峴侍郎招同時帆學士暨諸詞人拜淮海先生像。越日,學士過余寓齋,茶話良久,且曰:'朋好多在城南,吾常出城,子勿拘往還之禮,吾所居甚遠也。'其待人溫厚如此。旬餘余乃報謁,主人出城,余入其室,庭户翛然,新綠侵簾,古書插架,爲褒褒久之。歸途過李公橋,望積水漣漪,令人想見西涯之流風焉。"又云:"時帆先生索余詩,欲選入《詩龕及見録》。余方欲改定數十篇,覓人寫正與之,會偕友南旋,匆促未果。後因便寄去一帙,未幾聞先生歸道山,令嗣亦下世,所寄詩不知入目否。《及見録》一書聞未刊行,今不知歸於何所也。"

九月,翁方綱聞南山已到京,促往相見,見時多蒙獎藉,顧謂坐客曰:詩壇大敵至矣。并追話馮敏昌、張錦芳在都時事,又詳詢黎簡生平,而於馮敏昌之殁,尤嗟悼不已。

《松心詩集·燕臺四集》之《哭覃谿先生四首》詩自注。《聽松廬詩鈔》卷二、《花甲閒談》卷五附録翁方綱《贈南山孝廉》詩。《國朝詩人徵略》卷三四引《聽松廬詩話》。翁方綱《復初齋詩集·石畫軒草四》之《贈張南山孝廉三首》詩。金菁茅《張南山先生年譜撮略》。

《國朝詩人徵略》初編卷三四"翁方綱"條南山述其事云:"嘉慶丁卯四月,屏入都,時翁覃谿方綱學士罷官家居,海內騷壇歸然魯靈光也。顧朋輩中每言先生持論太嚴,門牆太峻,是以屏於先生門下,雖有淵源,未往請見。九月一日,先生嗣君宜泉太史忽見訪,言:'家君知子來已數月,曷爲不往相見?今日特命僕來奉約,明晨便往,勿遲也。'屏諾之。翼日往見,覃谿顏色甚歡,大稱

賞，驚呼：'詩壇大敵至矣！'又謂南山曰：'前年伊墨卿
攜子詩一册示余，余意中早有一張南山，乃今始得握手於
蘇齋耶！'於是共几對談，辱承獎藉，并追話魚山、藥房
在都時事，又詳詢二樵生平，而於魚山之殁，則尤嗟悼
不已。"

又，《國朝詩人徵略》卷四五"馮敏昌"條述云："魚山
先生弱冠時即爲學使北平翁公方綱所賞拔，且命隨至省垣
節署讀書。後先生官都中，亦追隨最久，受知最深，故朋
輩中每語及翁公，先生輒肅然動容，且爲叙述師訓，娓娓
不倦。先生既殁之明年，余入都見翁公，語及先生，公輒
欷歔嗚咽，蓋師弟之誼篤摯如此。"

按，南山於詩學爲馮敏昌所賞拔，又於嘉慶九年鄉試爲陳
嵩慶所舉，嵩慶爲翁氏門人，南山則小門生耳。雖具淵
源，其未敢造次晉謁者，以翁資望高也。及有命，乃往。
宜泉，方綱子樹培字。

翁方綱，字正三，號覃谿。順天大興人。乾隆十七年進
士。官内閣學士。有《復初齋集》。

張錦芳，字粲夫，號藥房。廣東順德人。乾隆五十四年進
士。官翰林院編修。有《逃虛閣詩鈔》、《南雪軒文鈔》。

黎簡，字簡民，號二樵，廣東順德人。乾隆五十四年拔
貢。詩、畫、書稱三絕，與張如芝、謝蘭生、羅天池並稱
爲粵東四大家。有《五百四峰草堂詩、文鈔》、《藥煙閣
詞鈔》。

越日，南山賦詩呈翁方綱。

《聽松廬詩鈔》卷二《呈翁覃谿先生》詩。《花甲閒談》
卷五。

詩云："公昔使粵東，三任歲凡八。搜羅皆瑰材，提倡具
慧力。辛卯秋九月，役竣舟將發。九曜結古緣，韻事載詩

跋。公去又十秋，賤子嗟晚出。思公二十年，緒論者舊述。馮唐老爲郎，魚山比部。皋比坐鄉國。有時共一樽，半酣語汨汨。云師闡詩教，務使真髓得。勸之培松筠，督之埽䑐苗。子行偕計吏，晉謁會有日。我師夙宏獎，愛士若飢渴。况子在鯉庭，亦繼桃李列。子如質所疑，師必示以則。歲月成奔蛇，酸辛憶捫蝨。大樹何蕭條，靈光尚嶻嵂。燕臺北風厲，霜寺曉鐘歇。摳衣來蘇齋，春氣溫一室。獎許鮦生詩，仿佛馮子筆。聞言增忸怩，感舊轉切怛。爨桐賞音慚，墓草餘涕澀。死生既靡常，聚散亦難測。往者西湖長，攜我詩一帙。公爲題數行，節制表師律。我來太守去，三度易鵾蟀。近得一紙書，素冠返鄉邑。假如亡者存，復使散者集。同時登公堂，先後拜笠屐。意公於斯時，喜必動顏色。公懷自浩浩，小草亦噓植。諄諄勉力學，法古毋貌襲。詩髓參微茫，得失究纖悉。漢魏唐宋元，萬法歸一穴。本朝推漁洋，著録徵定識。先生以所著《小石帆亭著録》見贈。尊宿言詎忘，下走説請畢。少陵美多師，昌黎重解惑。學海千派殊，靈臺衆妙集。徒抽獨繭緰，終遜百花蜜。公示一指禪，我乞諸天食。頗思窮垓埏，未敢守阡陌。秋心凌崆峒，歸夢跨溟渤。"

方綱贈詩三首，并勗以由蘇窺杜詩法，詩境乃可升堂。

《復初齋詩集》卷六一《贈張南山孝廉三首》詩。

詩其一云："南山舊墨緣，韶石響鳴弦。鳴弦峰，英德南山也。江碧深流鏡，榕陰記泊船。詩盟圓似夢，易説了非禪。石汝礪與坡公談《易》，見《韶郡志》。紹聖前題字，重拈四十年。"其二云："山志陶貞白，松濤李少溫。鶴銘笙籟答，慧麓篆煙痕。瀹乳來參味，清蒼許對論。多生耳根業，訊爾妙之門。爲臨陽冰聽松篆。"其三云："風抗南園後，魚山又藥房。何區五家派，莫誤二樵狂。酣放精微處，崇深黍尺量。於蘇窺杜法，詩境乃升堂。”

嗣是，每清曉詣方綱蘇齋，翁輒爲論古人詩源流異同，亹亹不倦。

翁方綱《石洲詩話》張維屏跋。

方綱以臨李陽冰惠山聽松篆相贈，適南山方以松石圖卷請題，翁乃爲賦二詩。

翁方綱《復初齋詩集·石畫軒草四》之《予臨惠山聽松篆以贈南山，而南山適以松石卷屬題，因感聽松篆後題云“松石相望於十步外，不知幾何時合而相從”，此語若爲之緣者，賦此二詩》詩。

詩其一云：“松石本無意，苔岑成凤期。竟憑真氣合，不恨淡交遲。萬谷笙鐘起，千峰雨雪時。琅然鸞鶴語，卷外許誰知。”其二云：“以爾松廬境，參予石畫軒。研屏相澹對，濤籟即清言。雪乳香浮琖，菖蒲绿結盆。琅玕芝艸長，息息見深根。”

按，松石卷，即南山“松石讀書圖”。

南山獲贈詩後，有《奉酬覃谿先生見贈即次原韻》詩。

《松心詩集·燕臺二集》卷一。《花甲閒談》卷六。

詩中原注：“公視學粤東，後四十年而屏始入都。”

下第後，留滯京塵，不覺入秋，賦《都門秋思》詩四首，備見客中情懷。

《松心詩集·燕臺集》卷一。《花甲閒談》卷六。

詩其一云：“崑崙中脈遠崢嶸，翼翼山河拱帝京。雙闕雲盤龍虎氣，九關風肅鸛鵝聲。玉虹跨石飛泉淨，金爵騰空旭日明。何暇崆峒談道訣，至尊宵旰念蒼生。”其二云：“天半清霜壓怒雕，嵯峨樓觀倚丹霄。白河雁去傳秋信，

紫禁人歸賦早朝。夢裏蓬蒿蝸舍遠，眼中塵土馬蹄驕。思
鄉懷古愁如海，轉覺名心似落潮。”其三云：“百年六合
一郵亭，多少飛蓬與斷萍。南海月華今夜白，西山雲氣古
時青。好奇漫逞談天技，望遠思繙縮地經。丘壑高深隨處
有，世間難得少微星。”其四云：“刀翦能傷獨客心，授
衣時節怕登臨。千林葉脫群鴉舞，五夜風來萬馬吟。種地
幾人收白璧，築臺從古重黃金。哀絲豪竹朱門裏，秋老都
成變徵音。”

按，此題潘正亨有唱和之作，見《花甲閒談》卷六。黃
培芳《粵嶽草堂詩話》卷一謂南山此作爲“鯨魚碧海、
翡翠蘭苕合爲一手”，稱許甚至。

《愛松歌》或作於此時。

錢仲聯《清詩紀事》道光朝卷“張維屏”條。

自序云：“余癖愛松，自號松心子。家墨池孝廉爲作‘松
石把卷圖’，翁覃谿學士爲臨李陽冰‘聽松篆’，余自爲
《愛松歌》。”詩云：“松心子，癖愛松，米顛愛石將毋同。
米見石文拜必恭，我對蒼官肅爾容。有如偉丈夫，岸然道
貌鬚眉雄。有如奇傑士，崎崟歷落披心胸。有如古高人，
珊珊骨節扶孤筇。此叟支離甘寂寞，百卉相看殊落落。寧
愛高僧勝友呼，恥受秦皇大夫爵。巨任由來充棟梁，幽意
平生樂邱壑。有時天風來，咫尺波濤起。夜闌人梁風轉
高，鳳嘯鸞吟半空裏。有時皓月至，掩映光璅碎。何人妙
書工折釵，筆勢縱橫滿平地。有時松花開，紛紛蜂蝶不敢
來。空山無人自開落，老鶴下啄青莓苔。有時結松子，山
中老僧大歡喜。食之異香滿牙齒，白髮鬖鬖顏色美。吾家
墨池子，贈我松石圖。披圖颯若風雨至，畢宏韋偃今豈
無。北平翁學士，好古意無已。千年陽冰慧山篆，爲我呵
凍摹一紙。琥珀何用求，松肪不必服。我欲結廬傍山麓，

種松百本繞我屋。冬寒色青青，夏暑陰謖謖。上有青猿垂臂之瘦藤，下有白龍噴沫之飛瀑。我來科頭把卷讀，松陰大石白如玉。倚松坐石睡易熟，醒來素琴歌一曲。松風灑然遍巖谷，招赤松兮跨蒼鹿。世間萬事不寓目，吾終老焉意亦足。"

按，《清詩紀事》未知據何書引録。此詩不見於《松心詩集》，亦不知作於何時。以其作於翁方綱爲臨聽松篆之後，姑繫於此。

十二月十九日，翁方綱招同法式善、宋湘、洪占銓、顧蒪、吳嵩梁諸人集蘇齋拜東坡生日，觀李委吹笛圖，各有題詠。又觀《天際烏雲詩》墨蹟。翁有詩，南山及同人亦皆有作。

《松心詩集·燕臺集》卷一、《花甲閒談》卷六《十二月十九日坡公生日，翁覃溪先生招同法時帆宮庶式善、宋芷灣湘、洪介亭占銓、顧南雅蒪三編修、吳蘭雪國博嵩梁集蘇齋題李委吹笛圖》詩。

按，《花甲閒談》並録翁方綱《十二月十九日拜坡公生日，題李委吹笛圖》詩、吳嵩梁《東坡生日，題李委吹笛圖，爲覃谿師作》詩。

洪占銓，號介亭，江西宜黃人。嘉慶七年進士，官翰林院編修。有《小容齋詩集》。

顧蒪，字吳羹，江蘇吳縣人。嘉慶七年進士，官翰林院編修。

在京與齊鯤、王鼎、吳嵩梁、吳榮光諸名士晤聚，賦詩酬贈。

《聽松廬詩鈔》卷二《送齊北溟編修鯤奉命册封琉球，便道歸省》、《海鶴篇呈學士王定九先生》、《贈蘭雪國博》詩，卷一六《送吳荷屋方伯入覲二首》詩自注。

齊鯤，字北溟，福建侯官人。清嘉慶六年進士，官翰林院編修。有《東瀛百詠》。

王鼎，字定九，號省厓，陝西蒲城人。嘉慶元年進士，官翰林院編修，至東閣大學士。

在京歲餘，一時名流相與過從酬唱，所爲詩結爲《燕臺集》，後收入《松心詩集》。

金菁茅《張南山先生年譜撮略》。

桂文燿生。

楊榮緒生。

黎耀宗生。

朱次琦生。

何翀生。

嘉慶十三年戊辰（一八〇八）　　二十九歲

［**時事**］正月，定誣告加等治罪例。　命於本年八月舉行恩科鄉試，來年三月舉行會試。　是年，河工要求撥銀三百數十萬兩。上諭財政困難，不可因河工停止天下經費。　五月，英船至黃埔。　七月，英艦泊澳門，佔據砲臺及各要隘。清廷諭兩廣總督嚴令退出。英人不從，並派艦進入廣州黃埔，嗣因清兵雲集，乃退。　洋匪張保仔大掠番禺各村。

春寓都門，鄭士超過南山夜話，談及生平直諒之友，推牟昌裕爲最。

《國朝詩人徵略》卷五一"牟昌裕"條。

牟昌裕，字啟昆，號松巖。山東棲霞人。乾隆五十七年進士。官御史。

其寓所在保安寺街。清初王士禎嘗寓此，施閏章、邵
長蘅時過訪夜談者也。離京在邇，遐思前輩風流，油
然興詠。

《松心詩集·燕臺集》卷一《保安寺街寓齋有懷》詩。

詩云："鴻爪當年聚異才，保安寺外幾徘徊。至今月白風
清夜，如見諸賢步屧來。"詩中原注："康熙間，王漁洋
寓保安寺街，施愚山、邵青門諸公時過訪夜談。"

四月，下第南還。倪孟華、金菁莪、潘正亨、漆璘、
劉華東、蘇獻琛、張衍基諸人送行，有詩紀之，句云：
"交到忘形真骨肉，事當適意即神仙。"蓋感諸友相契
之深。又"觸熱長途非得已，高堂書到有當歸。""萊
衣未受緇塵染，舞向重闈亦粲然。"蓋諸友相留在京
過夏，而南山慮祖母年高多病，有不測之憂，不能不
歸也。

《松心詩集·燕臺集》卷一《戊辰四月出都，倪素之比部
孟華、金藝圃駕部菁莪、潘伯臨比部正亨、漆龍淵孝廉璘、
劉三山孝廉華東俱有詩送行，留別二首》。

按，詩題《聽松廬詩鈔》卷二作《將出都，倪素之比部
孟華、金藝圃駕部、漆龍淵、劉三山華東兩孝廉、蘇韞石
獻琛、家椒園衍基兩明府、潘伯臨比部俱有詩贈別，奉酬
二首》，題中多出蘇獻琛、張衍基二人，詩中字句亦頗有
異同，或一原本，一改本也。

倪世華，初名孟華，字素之。廣東番禺人。嘉慶六年進
士。官刑部員外郎。

蘇獻琛，字韞石，廣東順德人。嘉慶十三年進士。官江蘇
婁縣知縣。

張衍基，號椒園，廣東新會人。夢熊子。嘉慶十三年進

士，官廣西天河縣知縣。後辭官歸廣州授徒爲業。

離京日，鄭士超方奉命巡城，晝詣粥廠，夜過南山寓
所送行，期勉諄切而別。

《國朝詩人徵略》卷五二"鄭士超"條。

有贈吳嵩梁詩。及南山將行，嵩梁次韻贈別。

《松心詩集·燕臺集》卷一、《花甲閒談》卷六《贈蘭雪
國博》詩。

與查揆先後相次出都。

《花甲閒談》卷一一錄查揆《嘉慶戊辰與南山同年先後出
都，今年復見於京師，別已二十二年矣。南山出黃梅拯溺
圖索題，成五言四首》詩。

查揆，浙江海寧州人。嘉慶九年舉人。嘉慶十八年四月署
任安徽懷遠縣知縣。

南歸途中，多有吟哦。過趙北口，經雄縣，過山東，
與汪大源、黃元章諸人唱和，有詩。

《松心詩集·燕臺集》卷一《趙北口》、《雄縣曉發，同汪
心泉大源、黃文園元章兩孝廉》、《茌平旅次題壁》、《過劉
伶墓》、《黃河舟次》，《聽松廬詩鈔》卷二《舊縣道
中》詩。

汪大源，字星注，號心泉，廣東南海人。舉人。嘉慶十八
年任樂昌縣學教授。

黃元章，號文園。廣東南海人。嘉慶十二年舉人。道光二
年任曲江縣學訓導。

道入江南，游杭州、蘇州，皆有詩詠。

《松心詩集·燕臺集》卷一《曉望太湖作歌》、《同人泛舟
山塘，遂遊虎丘，歸途遇韓夢香秀才燦》、《五月廿一日泛
舟西湖》、《湖心望孤山遇雨》、《冒雨至小有天園，由幽
居洞上，觀司馬溫公摩崖石刻》、《岳忠武王墓》詩。

韓燦,號夢香,其人未詳。

六月初六日,夜泊梁口遇盜,有詩書其事,感慨滋多。

《聽松廬詩鈔》卷四《六月初六夜泊梁口書事》詩。

詩云:"遠行疲萬里,毒熱困三伏。及此殘夜凉,欲把短夢續。蘧然化蝴蝶,猝爾鬭蠻觸。偷兒遁已遠,脱兔未易捉。虛驚動心魄,無衣惱僮僕。長年前致詞,欲語頸先縮:'往者楊梅磯,强劫弄刀稍。同舟孰敢禦,斂手惟所欲。邇來弗慮此,富歲多米粟。'聞言謂我僕:'事過勿顰蹙。須知窮人飽,便是旅人福。不然苦飢餓,未暇畏刑戮。逞其肱篋技,搜索到書簏。'僕亦俯首笑,發火且炊粥。我有芻蕘言,竊願告民牧。水懦固不可,火烈無乃酷。嗟哉崔蒲輩,冒死爲口腹。請登豐年黍,早備荒年穀。"

按,詩云"須知窮人飽,便是旅人福",純乎仁人之言,而"水懦固不可,火烈無乃酷",則其異日歷宰黃梅等縣爲政之風旨也。

過十八灘遇險,有《舟夜遣懷》詩,中云:"醉後形骸一蟲臂,倦來道路幾蠻叢。單衫破帽粗豪在,背向樽前賦惱公。"

《松心詩集·燕臺集》卷一。

過梅嶺,謁張九齡祠,有詩。

《松心詩集·燕臺集》卷一、《花甲閒談》卷二《謁文獻公祠二十四韻》詩。

按,張祠有二,一在梅嶺南側,一在南雄城内。以詩有"山巔七寶雄"云,可證南山一越嶺入粵即恭謁也。

七月初七日,舟泊石門,賦《七夕舟泊石門》詩,有"家園咫尺仍千里,獨倚篷窗望女牛"之句。又撰《憶王孫·七夕舟泊石門》詞,云:"今夕孤篷水一

方，兩相望，銀漢何如珠海長。”見歸心之切。

《松心詩集·燕臺集》卷一。《聽松盧詞鈔·海天霞唱》
卷一。

初識莫元伯，互以詩稿切磋審定。此後過從益密。

《國朝詩人徵略》卷四五“莫元伯”條。

此條云：“歲戊辰，先生秉鐸吾邑。余歸自都中，始相見
於省垣。先生出舊稿屬點勘，余就鄙見爲刪存，先生不以
爲謬。余以詩質先生，先生亦直言無隱。其後過從
益密。”

莫元伯，字台可，號改山、善齋。廣東高要人。乾隆四十
四年舉人。時任番禺縣學訓導。有《柏香書屋詩鈔》。

潘曾瑩生。

鄭士超卒。

黃丹書卒。

嘉慶十四年己巳（一八〇九）　三十歲

[**時事**] 加鹽價每斤三釐，每年得銀四百萬兩，
以備河工。　調百齡爲兩廣總督，以辦理英艦侵入澳
門事。百齡抵任即赴澳門，傳諭英、葡官員今後謹遵
天朝法度。　徐松從《永樂大典》輯出《宋會要輯
稿》三百六十卷成。　五月，定廣東互市章程。　總
督百齡封海港，改鹽船爲陸運，於是商舶不通。賊撲
岸覓食，香山、東莞、新會諸縣濱海村落，多遭焚劫，
而番禺、順德爲甚。百齡令沿海州縣設團練爲守御計。

清明郊遊，小憩僧盧，與漆璘有詩唱和。

《花甲閒談》卷五《清明郊行同漆龍淵》并録漆璘原詩。

八月，撰《大洲火》、《新造墟》詩，以紀海盜張保仔之劫掠。

《聽松廬詩鈔》卷一。

前詩有云："大洲火，鹽艚燒，海賊如虎群咆哮。鹽艚已據索錢贖，無錢難贖徒哀號。巨艚堅固供賊用，其餘一炬成枯焦。三庚之際蒸炎熇，火雲四舉如山高，猛然煙燄騰空霄。祝融赫怒火勢驕，直欲煮海煎狂濤。"

後詩有云："出城路人喧，聽者或變色。昨日新造墟，破曉海賊入。鄉人早料此，各自備矛戟。相持成一鬨，倉猝勢不敵。婦女遭生虜，火燄尤慘烈。有客揮短刀，殺賊計六七。賊怒齊奮呼，長槍洞客腋。民心本非怯，賊實恃死力。"

按，此二詩痛海賊之肆毒也。同治《番禺縣志》卷二二《前事三》：嘉慶十三年七月洋匪張保仔大掠番禺三善諸鄉。八月，劫掠新造等村。大洲在三善之北，當亦波及。

齋前老梅作花，邀昔年北上同行諸君金菁藜、金菁華、胡豹文、汪鳴謙、金菁茅小飲，互爲唱和。

《松心詩集·燕臺集》卷一《齋前老梅作花，邀金茂園菁藜、殿選菁華、胡蔚巖豹文、汪益齋鳴謙、金醴香菁茅小飲》詩。

按，《聽松廬詩鈔》題作《齋前老梅作花，邀茂園、鍾山、蔚巖、攝中、醴香小飲》，《花甲閒談》題作《齋前老梅作花，邀蔚巖、益齋小飲》。《花甲閒談》録胡豹文《同作》、汪銘謙《同作》詩。

金菁華，字殿選，號鍾山，廣東番禺人。嘉慶九年副貢。官教諭。

賦詩贈莫元伯。

《花甲閒談》卷五《贈莫善齋丈》詩。

按，《花甲閒談》録莫元伯《題南山松石卷，即送入都》詩。

同黄培芳集孔繼勳宅，讌請許乃來。

黄培芳《香石詩鈔》卷五《許菊船刺史重遊羊城，集爨庭孔生家。席間刺史和南山詩，即次其韻》詩。

按，詩有“十載行旌欣再駐”句，乃來嘉慶四年官香山縣知縣，此度重來，恰合十年之數。

許乃來，字菊傳、菊船，浙江錢塘人。乾隆四十八年舉人。官知州。

月夜，偕謝蘭生、黎應鍾、黄培芳登越山樓并留宿。

黄培芳《香石詩鈔》卷五《月夜同理圃、楷屏、南山登越山樓留宿，次理圃韻》詩。

謝蘭生，字里甫、理圃，廣東南海人。嘉慶七年進士，翰林院庶吉士。時爲越華書院院長。

黎應鍾，字楷屏，廣東順德人。貢生，官江西鄱陽縣知縣。晚好神仙，入居羅浮山。

子祥鑑生。

丁熙生。

馮桂芬生。

楊榮緒生。

陳喬森生。

洪亮吉卒。

淩廷堪卒。

嘉慶十五年庚午（一八一〇）　三十一歲

[時事] 二月，命試辦海運，旋罷。　重申禁食鴉

片與販賣鴉片。　重申禁止投遞匿名揭帖例。　四月，
敕令嚴密推行保甲制與門牌。　五月二十日，以編修史
譜爲廣東鄉試正考官，胡承珙爲副考官。　廣州英人殺
華人，拒不交兇。　英人司當東（G. T. Staunton）譯
《大清律例》成。　粵洋盜張保仔降。擒洋盜烏石二
等，粵省洋面得靖。　錢儀吉、劉芙初等八人在京結
"消寒詩社"。

開春以來，伊秉綬與南山、樂鈞、金學蓮日以論詩爲
樂。南山與金學蓮同致書翁方綱，叩以爲詩由蘇入杜
之義。蓋翁於詩推杜甫爲宗，主由蘇軾入手，以上窺
杜甫境界。方綱乃復書南山以申其旨趣。

　　翁方綱《復初齋詩集》卷六〇《石畫軒草五》之《墨卿
　　書來，云先生春來日與蓮裳、南山論詩，可羨也。是日適
　　得南山手書，而蓮裳將歸矣》詩。
　　翁詩云："千里金張叩筏津，一源蘇杜孰推論。杜惟質厚
　　元無訣，蘇取雄奇恐不真。故紙何關拈笑處，焚香要共會
　　心人。樂吳隔巷精微訊，但卓錐來未是貧。"詩中原注：
　　"手山、南山皆有札，商由蘇入杜之義。""昨與蓮裳、蘭
　　雪論詩，未盡所懷。"
　　按，《國朝詩人徵略》卷三四"翁方綱"條云：此詩"末
　　句望屏北上勷拳之意，溢於楮墨"。
　　樂鈞，字元淑，號蓮裳，江西臨川人。嘉慶六年舉人。有
　　《青芝山館詩文集》。
　　金學蓮，字子青，號手山，江蘇吳縣人。諸生。有《三
　　李堂詩集》。
得翁方綱詩後，南山次韻奉答。

《松心詩集·白雲集》卷二《覃谿先生有詩見懷，次韻奉答》詩。

詩云："江海茫然欲問津，探源星宿渺難論。千家過眼心防雜，萬卷羅胸意要真。便到古賢須有我，獨開生面肯依人。卓錐立壁貧非病，但乞奇方療腹貧。"

按，《聽松廬詩鈔》題作《次韻奉酬覃溪先生見寄》，文字稍有異同。"千家過眼心防雜，萬卷羅胸意要真"二句，《聽松廬詩鈔》、《松心詩錄》皆作"水當入海千條合，詩可呈天一字真"。

遇劉華東、周懷棠諸友，飲於羊城西南月城太平門內酒樓，既醉賦詩並書以代酒券。

《松心詩集·白雲集》卷一《太平酒樓歌》詩。

按，詩有"卅年歲月堂堂去"句，知作於本年。

九月朔，吳榮光自京南歸省親，途次雙江，作《懷人詩十二首》，序有"篷窗無事，憶平日所心契者，得十有二人，各系數語"。其中懷南山之《張孝廉維屏》詩云："南山古詩人，吟詩見風節。賦愁鬼曾泣，舒憤石可裂。故鄉粳稻多，騷客衣裳潔。欲往從之遊，江月澹于雪。"推許甚至。

吳榮光《石雲山人集》卷七。

秋，楊振麟過訪。南山將首程赴辛未科會試，因與振麟話別，有詩。

《聽松廬詩鈔》卷四《楊桂山同年振麟見過，時余將入都，口占誌別》詩。

詩云："相逢燕市醉披裘，珠水鄰鄰忽繫舟。君正南飛吾北向，燕鴻分手海天秋。"

按，楊振麟，號桂山，順天宛平人。嘉慶九年舉人。官至陝西布政使。時官廣東鹽運使。詩云"珠水鄰鄰忽繫舟"

者，正謂此也。

莫元伯亦賦詩贈行。

> 《國朝詩人徵略》卷四五"莫元伯"條。
>
> 按，此條記云："辛未余北上，善齋學博賦五言古詩三章贈行。其詩樸老遒健，循覽詩中之言，惟增感愧，録之以志不忘。"

十一月，與林伯桐、汪銘謙、金菁茅同舟北上，經清遠峽山，同賦詩，南山有《清遠峽》、《帝子讀書臺》詩。

> 《松心詩集·燕臺二集》之《南昌舟次書懷一百韻》詩自注。《國朝詩人徵略》二編卷五四"林伯桐"條。
>
> 林伯桐，號月亭。廣東番禺人。嘉慶六年舉人。官德慶州學正。有《修本堂稿》。

途次始興，有《始興舟次》詩。時得吳榮光寄到《懷張南山》詩箋，乃作《舟中酬吳荷屋侍御_{榮光}見懷》詩以報。

> 《聽松廬詩鈔》卷四。《花甲閒談》卷五。
>
> 按，吳榮光南歸省親，寄詩南山，詩中稱許其詠史諸作。又注云"君愛潔，苦灰土"，蓋傷其京華不得遂志也。南山讀後乃作《始興舟次》詩抒感，嗣又即舟中賦酬此首。

北上過庾嶺，泊贛關，至萬安，均賦詩紀行。

> 《松心詩集·燕臺二集》之《庾嶺》、《長至泊贛關》、《萬安》詩。

至南昌，訪陶堯臣不值，賦詩紀之，兼寄金菁莪、金菁蘭。

> 《聽松廬詩鈔》卷四《南昌訪陶菊坪大令堯臣不值，兼寄金藝圃駕部菁莪、春汀大令菁蘭》詩。
>
> 詩云："宣南坊裏一樽同，先後分飛似塞鴻。聞説素車辭

薊北，藝圃。憶曾匹馬向遼東。春汀。我思情話尋彭澤，人道書生有武功。菊坪宰信豐，莠民將爲亂，計擒其渠，餘黨散去。明發片帆天際去，匡廬煙樹望微濛。"

陶堯臣，號菊坪，廣東番禺人。嘉慶三年舉人。嘉慶十三年署任江西信豐縣知縣。

十二月，行次江南，因時興感，多有賦詠。

《松心詩集·燕臺二集》之《舟夜聞雨》、《十二月十日，過睢陽廟，舟中讀昌黎〈張中丞傳後序〉有作》、《夜聞灘聲》、《蘭石》、《小除夜旅宿》、《嚴陵釣臺》詩，《聽松廬詞鈔·海天霞唱》卷二《白雪詞》。

《白雪詞》序云："庚午嘉平月廿四日，天將改歲，人方就途。風來似冰，雲暗於墨，微霰既集，急雪遂繁。樹先春而著花，山未暝而吐月。飛鴻有爪，凍雀無聲。是日也，余偕林月亭、汪撝中、金醴香，由玉山抵常山，朗朗而行，霏霏不已。豈挐舟於剡水，孰覓句於灞橋。冰天雪岸，英雄鍊骨之時；玉宇瓊樓，仙客置身之地。熱腸已換，冷語何妨。詎宜低唱，板欲按夫紅牙；聊代高吟，歌敢稱夫白雪。"

歲末，舟至錢塘江。經徐本義作介，謁江南河道總督蔣攸銛。

《聽松廬詩鈔》卷五附録蔣攸銛《奉題南山孝廉聽松廬詩集，即次其見題竹深荷淨圖元韻》詩。

按，蔣詩作於嘉慶十七年，有"前年訪我浙水濆"句，知初識於本年也。攸銛於嘉慶十五年十一月短暫任江南河道總督，十二月改回浙江巡撫任。南山即於是時由蔣之幕友徐秉埏紹介與攸銛相識。見蔣攸銛《繩枻齋年譜》及蔣氏該詩自注。餘參見嘉慶十七年條。

蔣攸銛，字穎芳，號礪堂。漢軍人。乾隆四十九年進士。

官大學士。有《繩枻齋詩鈔》。

陳澧生。

邵懿辰生。

徐灝生。

伍崇曜生。

潘曾綬生。

翁同書生。

翁咸封卒。

蔡上翔卒。

嘉慶十六年辛未（一八一一）　三十二歲

[**時事**] 三月，仁宗巡幸五臺山。　兩廣總督百
齡因病解職，以松筠繼任。　五月二十九日，嚴定
《西洋人傳教治罪專條》。　諭令各省，凡西洋人居
處，應留心管束，無任私行傳教。遣留在北京之十一
西洋人中之四人回國，并令各地方官查挈在境之西洋
人，遞交廣東。　南河工費銀達四千餘萬兩。　江藩
《國朝漢學師承記》八卷成。

旅次杭州。宿淨慈寺，方丈主雲和尚工詩善畫，齋廚
素饌既精美，禪房几榻亦雅潔，頗安之。五鼓聞南屏
曉鐘，四山皆響。有詩紀之。同游四人，南山外則林
伯桐、汪銘謙、金菁茅也。

《花甲閒談》卷三《雪夜宿西湖淨慈寺，聞南屏曉鐘》
詩。《國朝詩人徵略》二編卷五四 "林伯桐" 條。

按，詩後有小識云："此遊爲嘉慶辛未正月初八日。同遊

者四人，尚有汪益齋銘謙。益齋即於是科成進士，入詞
垣。後改官刑部，總辦秋審。由郎中出守，官至太原府知
府。爲人精明渾厚，有守有爲。中道云亡，衆論惜之。同
遊亦有詩，覓其稿弗得，附記于此。屏識。"是遊林伯
桐、金菁茅有同作，汪銘謙亦當有詩，惜未見録。

登望湖樓賞雪，有詩。

《松心詩集·燕臺二集》之《雪後登望湖樓》詩。

正月初八日，與林伯桐、金菁茅、汪銘謙重游西湖。
是晚遇大雪，有《初春游西湖記》及《行香子詞》詳
記遊蹤之樂。

《聽松廬駢體文鈔》卷一。《聽松廬詞鈔·海天霞唱》卷
二。《國朝詩人徵略》二編卷"林伯桐"條。

《記》曰："嘉慶辛未正月八日，北上過浙，重遊西湖。
絮帽披風，筍輿踏石。是時朝暾方沐，遥山乍醒，樹瘦雲
肥，水寒沙淨，春態尚淺，遊蹤未濃。於是招鵁舮，具殽
核，惟意所適，放乎中流。冰面初裂，玻璃有聲，艐腰并
搖，嘔啞相答。水氣浣臟，林霏著衣，選樹維舟，攀花登
岸。眺葛嶺，瞻琴臺，夷猶蘇堤，蹢躅岳墓，睹靈旗而
古憤若結，聽梵唄而羈愁頓空。佛佛低眉，僧僧合掌，龕
燈欲上，湖光忽沈，急雪撒鹽，敝裘化水，淨慈方丈主雲
上人乃爲客拂繩牀，設蔬膳。寂參半偈，微聞妙香，聆松
籟而愛吾廬，禪堂名聽松，與敝齋適合。繙貝葉而悅禪味。
跌坐不寐，苦吟轉清。俄而鐘發南屏，星橫北斗。山門一
宿，證老佛於西來；水驛千重，覽大江之東去。同遊四
人：林月亭伯桐、張南山維屏、汪撝中銘謙、金醴香菁
茅。人各有詩，詩不拘體。是日也，有意於遊，無意于
宿。款客者僧，留客者雪也。維屏記。"

初十日，與林、汪、金再遊西湖。勝賞湖山，沈吟往

古，感而作《錢塘懷古》詩。

《松心詩集・燕臺二集》。

按，此詩原題爲《西湖六首》，見劉彬華《嶺南群雅》二
集卷二“張維屛”卷，詩前有小序云：“辛未正月初十
日，同林月亭、汪攝中、金醴香泛舟西湖，叙佳辰之勝
遊，緬往古之陳跡，拉雜成詠，得詩六章。”其中“長虹
雨道望縱橫”一首爲《聽松廬詩鈔》、《松心詩集》所未
載。而《嶺南群雅》及兩集所録詩參差不一，或彼有而
此無。綜而計之，實共撰詩八首，晚年編輯《松心詩集》
時，僅選録其中五首，改題爲《錢唐懷古》，而抽出“一
舸衝寒蕩曉煙”一首另立，題作《西湖》。

遊湖至再，將繼行程，期以異日再來一賞秋景，有
《湖上四首》詩。

《松心詩集・燕臺集》卷二。

按，原爲五首，題作《湖上雜書五首》，載見《聽松廬詩
鈔》卷四。晚年編訂《松心詩集》，爲改今題，並刪去
“高低靈隱峰”一首。

途至吳門，有《姑蘇懷古》詩四首、《青玉案》詞。

《松心詩集・燕臺二集》。《聽松廬詞鈔・海天霞唱》卷
二。《花甲閒談》卷三。

按，此組詩原題爲《旅懷雜感》，盛大士《粵東七子詩
鈔》“張維屛”卷收録五首，《聽松廬詩鈔》卷四所録同。
劉彬華《嶺南群雅》二集卷二“張南山”卷則有八首之
多，其中“嶺雲迴首渺天涯”、“老翁扶杖古城邊”、“六
朝淘盡大江橫”三首爲上述兩集及《松心詩集》所未載。
各本所録損益參差，或此有而彼無者。去其所同，則共得
十首。南山晚歲編輯《松心詩集》時，僅録取其中四首，
並改題爲《姑蘇懷古》。

道經揚州，作二三日遊，有《滿江紅》詞。遊平山堂，遙企歐陽修爲政風流、王士禎修禊雅事，有《遊平山堂》詩志感。

　　《聽松廬詞鈔・海天霞唱》卷二。《聽松廬詩鈔》卷四。

　　序云："道經廣陵，維舟信宿。昔號佳麗之地，今逢艷陽之天。春思渺綿，古懷骯髒。數舤以往，黯然有詞。"

前行過黃河、琉璃河，經雄縣，賦詩填詞，以遣旅懷。

　　《聽松廬詞鈔・海天霞唱》卷二《水龍吟・大風渡黃河》、《洞仙歌・曉渡琉璃河望積雪》詞，《松心詩集・燕臺二集》之《雄縣》詩。

　　按，本年詞作大體按寫作時間先後編次。此二闋次於端午日所作《西地錦・舟中午日》前，當作於春二月左右。

抵京，春日過翁方綱蘇齋，方綱出明黎美周芳草卷共賞，屬賦詩，後匆匆出都，未有以應。

　　《聽松廬詞鈔》卷二《菩薩蠻》詞小序。

又屬賦《萬柳堂補柳詩》，後亦以出都不果作。

　　《松心詩集・燕臺二集》之《南昌舟次書懷一百韻》詩自注。

謁秦瀛。秦瀛與南山有遊西湖之約。

　　《松心詩集・燕臺二集》之《南昌舟次書懷一百韻》詩自注。

三月二十五日，繼祖母耿氏去世，壽八十五。

　　《花甲閒談》卷一《禱神顯應記》。惲敬《大雲山房文稿》二集卷四《耿太孺人墓表》。金菁茅《張南山先生年譜撮略》。

　　按，南山母耿氏卒於嘉慶十八年。《松心詩集・白雲集》卷一《先慈諱日述哀》詩云："前年我歸自京師，不見祖母涕泗垂。"則祖母卒於本年。

粵人黃喬松將合譚敬昭、黃培芳、張維屏三家詩刻爲《粵東三子詩鈔》，藉南山求序於翁方綱。閏三月十七日，方綱爲之序。

> 翁方綱《復初齋外集》文集卷一。《聽松廬詩鈔》卷首。黃玉階編刻《粵東三子詩鈔》卷首。金菁茅《張南山先生年譜撮略》。
>
> 序曰："昔朱竹垞論粵東詩派，惟蘭汀小變，而歐楨伯、黎瑤石、區海目皆仍南園五先生之遺音，此蓋爲有明一代'前、後七子'遞變而爲'公安'、'竟陵'發也。予之論粵東詩則不然。我國朝經學考訂之精，什倍於前明，詩文之盛亦倍之。居今日而言風雅通途，豈得執屈、梁、陳三家以區流派乎！予昔於藥洲草堂與諸賢論詩，大旨以杜爲宗，而所得士如馮魚山、張藥房輩，亦皆不專以三家自限也。厥後藥房歸里，已刻其詩，而魚山猶未有專集。近日其門弟子輩始爲抄撮刻之，究之非其心也。然而涉河海者，必溯諸崑崙發源之處。當魚山向學之初，予與陸耳山、李南澗擊節推賞於羊城，又與錢籜石把卷欣歎於都門，皆魚山早歲詩也。今又三十餘年，而吾門陳荔峰於粵得張南山、黃香石二詩人，又因南山得見譚康侯之作。三子詩各有所就，粵中將刊此三集，而問序於予。予方日與南山論詩，又得見《香石詩話》，持論皆正，惡可無一言？所勖吾學侶宜博精經史，而後其詩大醇。詩必精研杜、韓、蘇、黃以厚根柢，而後其詞不囿於一偏。此則於士習人心，皆重有賴焉，豈僅不執三家流派而已也！嘉慶十六年辛未閏三月望後二日，北平翁方綱。"
>
> 按，翁氏《復初齋外集》文集卷一《粵東三子詩序》，與此有增減之異，蓋屬初稿也。

撰《松心日録》。

金菁茅《張南山先生年譜撮略》。

四月，偕林伯桐、汪銘謙、金菁茅諸人游極樂寺。

《聽松廬詩鈔》卷八《游極樂寺，復由西頂至繡綺橋望昆明湖，得詩四首》詩自注。

春闈再次失利，賦《銅馬篇》詩志感。

《松心詩集·燕臺二集》。

時樂鈞亦赴會試，報罷後訪南山於萬明寺寓。

《國朝詩人徵略》卷五五"樂鈞"條。

夏日南還。將出都時，集翁方綱蘇齋，觀蘇東坡《偃松屏贊》真蹟及烏雲紅日研屏，有詩。

《松心詩集·燕臺二集》之《集蘇齋呈覃溪先生，同用蘇韻》詩。

按，《燕臺集》、《聽松廬詩鈔》附録翁方綱《南山雪夜宿西湖淨慈寺聽松禪院，與余舊題"聽松"不謀而合，亦一異也。同用蘇韻，即送南歸》詩，有云："夢到陽冰篆惠山，故來借榻晚鐘間。"詩中原注："昔爲南山臨李陽冰'聽松'篆。"

汪銘謙是科中進士，選庶吉士。南山將離京，與之話別，有詩。

《聽松廬詩鈔》卷四《將出都留別汪撝中》，《松心詩集·燕臺二集》之《辛未下第出都，留別汪益齋庶常銘謙》詩。

按，同一事而二題，内容亦異。前者爲七律，後者乃七絕。當係暮年編定《松心詩集》時改换。

將行，賦《萬明寺槐樹》詩志別。

《聽松廬詩鈔》卷四。

詩有云："爾槐亦何爲，枝葉空葳蕤。曷不爲桃李，公門有光輝。曷不爲樗櫟，臃腫甘棄遺。我行與此别，樹亦爲依依。"

按，南山在京，寓米市胡同古槐禪院。見黃鉞《讀白華草堂詩集》初集卷五《鄉愁一首簡南山》詩自注。殆即萬明寺也。

五月，至雄縣，有《雄縣曉發》詩。

《聽松廬詩鈔》卷二。

歸途渡黃河，覯河上翁對談河防事，有《黃河》詩。

《松心詩集·燕臺二集》。《花甲閒談》卷九。

詩有云："源高聞自星宿出，氣盛欲與江潮通。天使太行折而北，龍門底柱當其衝。有如衙勒控驕馬，又若節制麾英雄。大哉禹力疏作九，稍殺厥勢分其鋒。齊桓時已非故道，八支亡失迷所從。可知泥多易淤澱，水流泥在河身崇。賈讓賈魯策稱善，今昔異勢難爲功。河性剽急屢變易，自古由北趨於東。七百年來轉南徙，黃淮濟運功何窮。治河言殊孰可法，河防一覽推潘公。明潘季馴著《河防一覽》。築堤束水使水合，水合力猛將沙攻。新沙不停舊沙刷，水得就下無橫潨。我朝靳輔屢奏績，用陳潢言其聰聰。潢字天一，錢塘人。籌河十疏次第上，大意亦推潘是宗。方今聖皇御六合，百神効職皆寅恭。河流順軌河伯靖，宵旰尚復勞宸衷。水衡屢發不惜費，堤防埽壩時鳩工。安瀾奚用問沈馬，中澤不復嗟嗷鴻。浮槎上可達銀漢，客倘有意追前蹤。"

夏至日前後，途次江南，多有詩什以紀事遣悶。

《松心詩集·燕臺二集》之《淮陰釣臺》、《關吏索查艙錢，戲成絕句》、《維揚舟次》、《曉渡揚子江》、《夏日重遊西湖》詩。

又，《聽松廬詩鈔》卷四《途中雜詩》之二詩云："冬至南贛泊，夏至西泠宿。"

舟過南昌，冒雨登岸，欲購樂鈞詩文集，未得。

《國朝詩人徵略》卷五五"樂鈞"條。

賦《南昌舟次書懷一百韻》詩，備述赴試此行所遇所感。

《松心詩集·燕臺二集》。

詩云："舟檝鄱湖外，鄉關粵嶠邊。客行逾萬里，世味逼中年。來往山川熟，飛騰歲序遷。嶺梅催破臘，岸柳送開船。夙抱苔岑契，相期金石堅。燈前杯數舉，篷底榻常聯。盥櫛同看鏡，謳吟互擘箋。何殊姜被大，共著祖鞭先。去冬偕月亭、益齋、醴香同舟北上。朗朗峰如玉，霏霏雪似綿。句拈冰柱健，寒壓玉樓偏。玉山遇雪。一夕西湖宿，三生古佛緣。……天塹誠飛渡，淮流復泝沿。平山足登眺，賢守昔流連。再拜廬陵像，新嘗六一泉。園林工結構，水石助清妍。平山堂之遊。冒險深溝側，六安溝。衝寒古驛前。馬頭塵漠漠，河畔草芊芊。沽酒頻停轄，看碑屢駐鞭。夜深時見蝎，春半不聞鵑。荒店糠爲麨，疲驢草作韉。川原曠齊魯，宮闕壯幽燕。劍氣爭凌漢，珠光併出淵。天門開跌蕩，雲路企聯翩。楮慣三年刻，楊誰百步穿。平時思貫革，臨敵轉空拳。遇合原關數，蹉跎只自憐。慚非千里馬，豈乏九方歂。快睹同袍捷，汪益齋。真操命中權。詞源傾峽水，文燄射魁躔。江夏聲名久，黃小舟。青春羽翮騫。乘時俱衮衮，失意敢惛惛。退避應三舍，琴書可一肩。殷勤囑加飯，惻愴向離筵。指點來時路，陰晴別後天。雙亭還隻堠，南陌更東阡。蒼狗經時變，明蟾幾度圓。新題瞻寺柳，翁覃溪先生屬賦《萬柳堂補柳詩》。佳約負湖蓮。秦小峴先生有同遊西湖之約。漸喜鄉閭近，還憂潦暑煎。火雲燒紫翠，沙水漾淪漣。露冷鳴孤鶴，風高咽亂蟬。中懷忽根觸，百感頓牽纏。易覓千頭

橘，難謀二頃田。室中繁食指，堂上已華顛。辛苦籌甘
旨，艱難具粥饘。松楸千里隔，蘋藻四時虔。護惜書千
卷，經營屋數椽。老親方黽勉，賤子敢安便。習俗崇奢
靡，儒風輒棄捐。臺池日開闢，歌吹夜喧闐。喝雉貲傾
萬，開樽費累千。兒童曳紈綺，臧獲厭蔬鮮。貧富心相
耀，澆漓俗易遷。孤寒彌踽踽，輕薄益褊褼。物力勞難
繼，人情險愈儇。蚩氓爭附蟻，小醜邈飛蜎。吹角荒祠
畔，揚旗野廟壖。煙沈宵擊碾，電掣曉鳴弦。駭浪時翻
颶，妖氛竟犯嬋。賊頭目鄭石氏。島盤增虎勢，濤沸攪驪
眠。聖主恩威播，邊隅雨露全。先聲奸宄懾，大府節旄
專。制府百公齡。米粟嚴偷漏，硝磺禁接延。祥風驅鱷氣，
暖日化蛟涎。談笑函犀解，從容采鷁還。盧循猶鼠竄，王
則已蝸跧。安堵豐年祝，貞珉異日鐫。夜眠息鼙鼓，秋賽
奉牲牷。澤國魚鹽富，清時瘴癘蠲。雲屯夷貨列，風利海
艘駢。飯煮桃花米，魚烹楓葉鯿。離支千樹火，薜荔萬家
煙。康阜今如此，凶頑或未悛。尚須防草竊，詎肯受拘
攣。兔狡常多穴，魚枯莫棄筌。丞宜肅貔虎，勿使肆鷹
鸇。桑梓誠安矣，芻蕘試采焉。席豐殊坦坦，保泰在乾
乾。去索東方米，歸尋子敬氈。立言奚敢望，陳恭甫師嘗
以古立言者相勖。懷土詎無愆。師友多留過夏，屏訣意南旋。
徑擬栽松菊，居仍近市廛。自能歡菽水，奚必慕腥羶。弱
弟腰圍瘦，嬌兒丱髮鬈。紙同蕉葉展，墨帶露華研。蔣詡
頻開徑，鍾期慣聽絃。幾曾三絕擅，庶免四愁牽。望遠心
先赴，言歸喜式遄。岡巒飛翠爽，浦溆落霞鮮。彭蠡雲帆
渺，匡廬雪瀑濺。滕王何闃寂，蛺蝶尚翩翾。客夢依蘆
荻，鄉心挂木棉。未持修月斧，空費辦裝錢。小泊仍浮
梗，高歌且扣舷。江湖真浩蕩，造物任陶甄。"

抵贛縣儲潭，舟中米罄，得舟子貸助。

《聽松廬詩鈔》卷四《途中雜詩》之四。

詩云："淵明歸去來，薄田尚可耕。飢驅乃乞食，冥報詞丁寧。巍然杜陵老，力挈碧海鯨。天寒拾橡栗，四壁呻吟聲。東坡謀二頃，歸計終難成。去喫惠州飯，未敢思蓴羹。昔賢有千古，一飽須經營。吾曹但坐食，愧此負耒氓。路長米易罄，一笑思黃精。舟子肯貸我，白粲忽已盈。緬惟古之人，舂聚然後行。萬里不裹糧，此景真太平。舟子豈索報，報亦非瑤瓊。今宵抵儲潭，村酒餉數瓶。"

有《途中雜詩》四首、《舟中見螢火》、《舟中夜起有作》詩，備言旅途艱苦。

《聽松廬詩鈔》卷四。

按，《松心詩集·燕臺二集》將《途中雜詩》之第四首抽出，另立一篇，題作《舟中米罄率爾成篇》，蓋別有感寓存焉。

端午前後入嶺，有《西地錦·舟中午日》、《清平樂·歸途有感》、《菩薩蠻》詞。

《聽松廬詞鈔·海天霞唱》卷二。

按，《西地錦》詞云："曾歷燕齊鄒魯，有滿身塵土。""萬里此行何補。惹離愁千縷。清明過了，端陽到了，聽異鄉簫鼓。"《清平樂》詞云："北燕南粵，銷盡輪蹄鐵。萬里往來看皓月，已見九番圓缺。"蓋自去年秋晚至今年五月，已蟾圓九度矣。

爲黃喬松題《珠江春泛圖》。

《聽松廬詩鈔》卷五《珠江春泛圖爲黃蒼厓司馬喬松題》詩。

與同人入住白雲山雲泉山館。布政使曾燠有《簡南山》詩以寄意，南山次韻奉答。

《松心詩集・白雲集》卷一《次韻奉酬賓谷先生見懷》詩。

按：雲泉山館明年方得事竣，時或在建中。參見下年條。曾燠，號賓谷。江西南城人。乾隆四十六年進士。官至貴州巡撫。時爲廣東布政使。有《賞雨茅屋詩集》、《文集》。

九月，伊秉綬自閩來粵，過訪南山，舊雨重逢，暢談至夜，有詩紀之。秉綬并爲題《松石讀書圖》。

《松心詩集・白雲集》卷一《九月廿一夜墨卿太守枉過，適黃香石同年、朱文學文溥在座，談至二鼓》詩。伊秉綬《留春草堂詩鈔》陳曇跋。

按，詩云：“路人猶識舊使君，坐客願聞新著作。”“笠屐重披嶺嶠雲，敦槃尚憶揚州郭。郵筒曾寄尺素書，邀賦梅花款東閣。”“久別相逢看鬢鬚，佳節登高健腰腳。”又，《白雲集》、《聽松廬詩鈔》附錄伊秉綬《夜過南山孝廉聽松廬，即題其〈松石讀書圖〉，用昌黎〈山石〉韻》詩，中有“萊彩昨浣京塵衣”之句，則是南山自京歸粵時也。

是月，伊秉綬偕謝蘭生、劉彬華、葉夢龍、呂翔遊白雲山。呂翔作《蒲澗坐石圖》，南山爲題詩一首。

潘飛聲《在山泉詩話》卷三“蒲澗坐石圖”條。

此條載云：“白雲山最幽邃處，爲濂泉、蒲澗，東坡題詩所謂‘百尺飛濤瀉漏天’也。雲泉山館即在泉邊，林木翳石，天日皆碧。伊墨卿太守秉綬《蒲澗坐石圖》，合之謝里甫庶常蘭生、劉樸石編修彬華、葉雲谷户部夢龍、呂子羽布衣翔共五人。子羽繪圖，墨卿題其軸端云：‘辛未九月，白雲登高，主者雲谷僧。隨里甫直躋摩星之崖。主揖墨卿并坐蒲澗之石，子羽鶴瘦，樸石玉豐，以次列焉。於時，雲氣落澗，泉聲洗心，居士之禪三乘，仙人之杖九

節，遠懷坡老，近憶魚山，茲游樂哉，顧我老矣。子羽寫
照，墨卿記之。嘉慶十有六年也。'又題一詩云：'泉聲遙
應海潮風，小坐聊參入定功。踏澗躡雲渾似壯，不知圖出
已成翁。'旁題者復有十人，只錄張南山一首云：'白雲山，
多白雲，九日登高來五人。四人踏雲撥雲坐，一人躡嶺尋
雲根。今我披圖覓題句，詩心忽入雲深處。人生離合總如
雲，一人又學雲飛去。自注：題時，墨卿別去數日矣。'"
按，南山題詩，今集中失載。

劉彬華，字藻林，號樸石。廣東番禺人。嘉慶六年進士。
官翰林院編修。時爲越華書院院長。有《玉壺山房詩文
集》。

呂翔，字騰羽、子羽，號隱嵐。廣東順德人。畫家。

曾燠於光孝寺內重建虞翻祠。九月二十八日，曾燠招
同伊秉綬、邱先德、劉彬華、謝蘭生、江之紀、葉蘭
成及南山諸人集光孝寺，爲一時勝事。南山賦《訶林
虞仲翔祠》詩紀其盛。

道光《廣東通志》卷一四五《建置略二十一》。宣統《番
禺縣續志》卷三七《金石志五》曾燠《光孝寺新建虞仲
翔先生祠碑》。《松心詩集·白雲集》卷一。《花甲閒談》
卷五。陳曇《海騷》卷四《九月二十八日，曾賓谷方伯
招陪伊墨卿夫子、邱太守先德、劉編修彬華、謝吉士蘭
生、江文學之紀、葉蘭成、張維屛二孝廉集光孝寺》詩。
按，南山《訶林虞仲翔祠》詩乃與曾燠、陳曇諸人同爲
紀盛之作，《花甲閒談》題作《賓谷方伯建虞仲翔先生祠
於訶林，招同諸詞人設祀賦詩》。

邱先德，字滋畬，廣東番禺人。乾隆五十二年進士。官知
府。時任粵秀書院院長。有《學殖草堂未定稿》。

江之紀，字石生，安徽婺源人。道光六年進士，官金匱縣

知縣。有《白圭堂詩鈔》、《太極圖説解》。

葉蘭成，字秋嵐，廣東嘉應州人。嘉慶九年舉人。官訓導。有《聽泉小草》。

伊秉綬過訪道別，南山以《最高樓》詞一闋題其近詩。

《聽松廬詞鈔·海天霞唱》卷二。

序云："墨卿先生見過，並示近詩，且云行有日矣。黯然于懷，率爾有作，即題其《宿倚山樓與雲谷農部話別》詩後。"

劉彬華早歲爲翰林院編修，請假歸省。至是欲入都復職，而久未成行，南山賦詩促之。彬華有詩以報。

《聽松廬詩鈔》卷四、《花甲閒談》卷五《樸石太史欲入都，久未成行，賦此奉寄》詩。

按，彬華以母老，不欲出山，時先後主越華、端溪二書院院長。

賦詩寄懷金菁蘭。

《松心詩集·白雲集》卷一《懷金春汀大令菁蘭》詩。

按，時金菁蘭知河北盧龍縣，故詩云："五日盧龍縣，三秋山海關。"

贈曾燠梅花並繫以詩。燠奉長句奉報。

曾燠《賞雨茅屋詩集》卷九《張南山貺梅花並繫以詩，長句奉報》詩。

按，南山詩未見於集中。

曾燠見梅花，有詩簡南山，南山次韻奉答。

《松心詩集》卷一、《花甲閒談》卷五《賓谷先生見梅花，有詩見懷，次韻奉答》詩。

十一月，患左耳痛。曾燠使人問疾，並示近詩。南山有詩奉謝。

《松心詩集‧白雲集》卷一《賓谷方伯使人問耳疾並示近詩，賦此奉謝》詩。

十二月，作《法駕導引》詞補記。

《聽松廬詞鈔‧海天霞唱》卷一《法駕導引》詞末。

姚瑩就廣東學使程國仁幕，獲交南山。嘗以所爲文相示。南山能道其爲文之旨，姚喜識見契合，乃爲撰《張南山詩序》，以申己之詩學見解。

姚瑩《東溟文集外集》卷一。

序云："詩有可以學而至者，有不可以學而至者，有可以悟而得者，有不可以悟而得者。格律之精深，聲響之雄切，筆力之沈勁，藻飾之工麗，此可以學而至也。意趣之沖淡，興象之高超，神境之奇變，情韻之緜邈，此不可以學而至也。學而至者，不待妙悟，不可學者，非悟不能。若夫忠孝之懷、溫厚之思、卓越之旨、奇邁之氣，忽而沈摯，忽而激烈，作之者歌泣無端，讀之者哀樂並至，是則天趣天籟，又豈可以悟得者乎！漢魏以前是矣。盛唐作者，妙悟爲多，李杜二公可悟不可悟之間者也，天與學兩至之矣。昌黎、眉山，則其詩也，即其文也，去風騷、漢魏之音遠矣。雖然，性情正、胸懷曠、才力峻、學問博，得之于心，應之于手，舉人世可驚可喜、可哭可笑之事，一于詩發之，千載以下，讀其詩如見其人，如見其世，此則天與人合，不學焉不至，不悟焉不得，而實不關乎學與悟者也。夫如是，則其文也，皆其詩也，所以並稱于李杜也。世之爲詩者，其以學至耶？以悟得耶？抑不由學與悟而得之天也？明何、李之論詩，以學至也。學之失，則有形合神異者矣。王阮亭之言悟，救其失也，而非廢學也。悟之失，則又有以不至爲至、不得爲得者矣，沈歸愚是也。于是錢籜石、翁覃溪輩思有以振之，取杜與蘇，日伐其毛而洗其髓，于杜、蘇則有功矣，要亦言其詞句體製耳，有不得而言者，二君末由及之也。故二君之詩，雖異俗學之浮聲，實亦古人之游魄，天趣天籟，吾未之見也，真氣不存焉耳。近一二名賢，取材六朝而借徑于少陵、眉山，其家法吾莫能非也，然而有翦綵爲花、范土爲人者矣。門下從而和之，出入攀援，自以爲工，吾讀其詩泛泛然不能得其人也，與其世也。不得已而强指之，則曰某者六朝、某者杜、某者蘇而已。噫！是亦異矣。嶺南言詩自馮魚山而一變，彼誦法覃溪者也，三五年來稍雜以他説，而莫有悟其失者。吾讀南山詩有感焉。南山之爲人，忠孝温厚人也。其得于天者既優，而又能盡力于學，充其至，吾無以量之。今所見已度越時輩如此矣，而所謂天人合焉者，乃時于集中見之，南山其賢矣哉！比吾以文示南山，能道吾之所以爲文，不覺喜而更以説詩之旨進，南山祕之，勿語人可也。”

按，姚此前有《酬張南山孝廉見贈》詩，詩云：“煙水蒼茫趙尉城，春風喨鳥正嚶嚶。求才我信同飢渴，相士君堪託死生。文到漢秦方論氣，詩如李杜未忘名。他時短榻青鐙裏，乞與匏樽仔細評。”見《後湘詩集》卷七。嗣乃爲作詩序，即“乞與匏樽仔細評”之意。

姚瑩，字石甫，號明叔，晚號展和，安徽桐城人。姚鼐從孫。嘉慶十三年進士。時爲程國仁幕客，後官湖南按察使。有《中復堂全集》。

程國仁，字濟棠，號鶴樵，河南商城人。嘉慶四年進士，官翰林院編修。時任廣東學政。

冬間，爲丁聶《左右修竹軒吟本》題辭。

丁聶《左右修竹軒吟本》。

辭曰：“共説青雲器，俄驚逝水流。才華工落魄，衰病益窮愁。野史冥搜力，謂所著《南漢宮詞》四十首。仙梯汗漫遊。風前展遺卷，蕭颯白楊秋。”

按，其吟本凡二卷，張岳崧序稱其“俯仰舊聞，捃摭逸乘，騷雅之遺，考鏡是資”，汀州伊秉綬題其端曰“詩史”。張岳崧《丁晙山詩集序》署年月爲嘉慶十六年除歲前二日。時晙山已卒，十七年弟丁果爲刻其遺集成，則南山題辭當在十六年冬日。

丁晸，字晙山。廣東番禺人。優貢。

爲林伯桐《月亭詩鈔》撰序。

同治《番禺縣志》卷二七《藝文略》三。

序云：“屏應童子試時，即獲交月亭丈。始知其工制舉業，繼知其專研注疏，深於經學，繼又知其内行醇篤，處事井井有條理。屏嘗語一二執友曰：‘今人喜華藻，工詞賦不乏其人。如月亭專務根柢，樸學君子也，吾黨所難能者。’聞者咸以爲然，然未知其能詩也。前歲聞其舊詩已盈帙，未獲盡讀。去冬北上同行，始索觀而盡讀之。一路舟車風雪，靡不與俱，迨往返萬餘里，而篇什又富矣。今披此集，舊遊歷歷如在目前。其爲詩也，氣清而腴，味雋而永，意篤而婉，能運卷軸而不掩其性靈，蓋於此道三折肱矣。夫交垂二十年，可謂久矣，居不隔數里，可謂近矣，而欲知其人，猶必以漸而不能驟。至積以歲月，而猶有不能盡知者，則夫懷才績學，伏處岩穴，而不求人知而人亦卒無知之者，不知凡幾也。月亭之詩曰：‘名士用皮相，所見皆毛錐。’‘汪汪千頃波，安得一望知。’深有味乎其言之矣。”

按，序有“去冬北上同行”語，則序當作於本年。

友人出素册爲暹羅國賈人求書，既書數則，又戲作詩一首示之。

《松心詩集・珠江集》卷二《友人出素册爲暹羅國賈人求
　　書，既書數則，率成絶句示之》詩。
　　按，《聽松廬詩鈔》題作《余不善書，索書者踵至。有友
　　人介暹羅國賈人求書，戲成絶句示之》。詩有"廿年費紙
　　恣塗鴉"句，以南山十二歲受學習字讀書始，至是年乃
　　廿年矣。故繫於本年。

諸名士爲南山《松廬把卷圖》題詩。入京前，高要莫
元伯題詩圖上以贈行；入京後，翁方綱、伊秉綬、譚
敬昭亦相繼題詩圖上。
　　《花甲閒談》卷一録翁方綱《題南山松石卷》、伊秉綬
　　《題南山孝廉松廬讀書圖用昌黎山石韻》、譚敬昭《南山
　　松石把卷圖》詩，卷五録莫元伯《題南山松石卷，即送
　　入都》詩。

自嘉慶庚午至辛未六月所作詩結爲《燕臺二集》，后
收入《松心詩集》。
　　金菁茅《張南山先生年譜撮略》。

曾國藩生。

葉名澧生。

莫友芝生。

楊懋建生。

居巢生。

何仁山生。

石衡生。

李光廷生。

戴衢亨卒。

臧庸卒。

嘉慶十七年壬申（一八一二）　三十三歲

[**時事**]七月，申諭各省督撫嚴禁所屬私造非刑。
八月，户部奏報各省虧欠正賦銀達一千九百餘萬兩，
安徽、山東、江蘇等省積欠尤多。　張保仔在省城行
爲驕縱，調往他省任職。　計田七百九十一萬餘頃，
人三億六千餘萬口。　王念孫《讀書雜志》八十二卷
陸續刊行。

正月十八日，劉彬華招同謝蘭生、吕翔、漆璘、高士
釗、葉夢龍，載酒遊花埭，飲於翠林園，有詩。時牡
丹初放。

> 《松心詩集・白雲集》卷一《上元後三日，劉樸石編修彬
> 華招同謝澧浦庶常蘭生、吕子羽上舍翔、漆龍淵璘、高酉
> 山士釗兩孝廉、葉雲谷農部夢龍，載酒遊花埭，飲於翠林
> 園，席上醉歌》詩。

先是與林伯桐、黄喬松、段佩蘭、黄培芳、孔繼勳、
譚敬昭諸人築雲泉山館於廣州城北白雲山麓，館據蒲
澗、廉泉之勝，爲吟詠雅集之所，秋間落成。太守伊
秉綬作記，以創館者七人，故有“七子詩壇”之語。

> 《松心詩集・白雲集》卷二《雲泉歌》。《藝談録》卷下
> “段佩蘭”條。宣統《番禺縣續志》卷三七《金石志五》
> 伊秉綬《雲泉山館記》。
> 《藝談録》引《松軒隨筆》云：“幼秋性情蕭曠，家僅中
> 人產，而能出二千金建造雲泉山館，非世之斤斤守錢虜所
> 能及也。雲泉山館在白雲山之麓，濂泉、蒲澗之間。余與

香石、紉秋品題勝處，分爲二十境。最勝爲清湍修竹軒，前臨小池，後枕深澗，萬綠環繞，三伏中幾不知有赤日。阮雲臺師督粵時，常減騶從，攜書卷至軒中，坐至薄暮乃返。嘉慶、道光數十年來，探勝者無不知有雲泉山館。七月安期生誕，九月登高，遊人尤盛。年來疊遭兵燹，勝境摧殘，然雲泉山館之名，已入《廣東通志》，則亦可不朽矣。"

> 按，金菁茅《張南山先生年譜撮略》云：嘉慶十三年"先生與林月亭、黃香石諸君築雲泉山館於白雲山"，時或在建中。
>
> 段佩蘭，字紉秋，廣東番禺人。諸生。
>
> 孔繼勳，字熾庭，廣東南海人。道光十三年進士，官翰林院編修。有《嶽雪樓詩存》。

雲泉山館新闢，南山多賦詩以誌慶。黃培芳適遊羅浮歸，邀南山同宿館中，各有詩。曾燠聞之，有《簡南山》詩致意，南山即次韻奉酬。

> 《松心詩集・白雲集》卷一《雲泉山館》、《夜坐聞松聲》，《聽松廬詩鈔》卷五《白雲山新闢雲泉山館。賓谷先生有詩見寄，次韻奉答》詩。

母耿氏卒。

> 金菁茅《張南山先生年譜撮略》。《松心詩集・白雲集》卷一《先慈諱日述哀》詩。
>
> 按，詩有"三十三載如風馳"、"豈知兩年憂患罹"句，蓋祖母逝後母亦隨歿也。

譚敬昭至羊城，時久病初愈。南山賦詩約遊白雲山雲泉山館，並寄林伯桐、黃培芳、黃喬松、段佩蘭、孔繼勳諸人。

《松心詩集·白雲集》卷一《喜康侯至，約遊白雲並簡月亭、香石、蒼厓、紉秋、熾庭諸君》詩。

詩有云："望書眼欲穿，誦詩鼻屢嚏。衡門百剥啄，不意君一至。才人有道根，溫柔變剛鋭。"

按，早年所刻之《聽松廬詩鈔》中此詩"衡門百剥啄，不意君一至"句下，有"三載入我夢，孱軀苦踦躄。一朝排我闥，爽氣豁露瞳。喜極翻瞠眙，坐定復審諦。得非秦越人，杬熨勝湯劑"八句，並注："君久病獲痊。"而後刻之《松心詩集》無之。其爲作者後來删落，抑刻漏所致，俱無考。

曾燠招同顧日新、胡森、周儀暐、李述來、江之紀、周三燮、王至蘭及南山粤秀山登高，有詩紀之。

《松心詩集·白雲集》卷一《九日粤秀山登高》詩。

詩題下自注："同集者顧劍峰、胡香海、周伯恬、李紹仔、江石生、周南卿、王香谷，主人方伯曾公。"詩有云："我時幅抑伏閭里，公來挈我翠微裏。坐我越岡之側，楚庭之巔。吹我以五仙觀上之靈風，滌我以鮑姑井中之甘泉。酌我以鵝黃鴨綠之美酒，示我以瑤繩金檢之奇篇。使我沈憂得釋，煩疴得蠲。左把稚川袖，右拍安期肩。飛觥脱帽銀海眩，斗覺南溟雲氣浮樽前。五羊城中十萬户，下視漠漠蒼蒼然。有人山下一矯首，望見酒龍詩虎皆神仙。不知今日海内名山百千億，幾人高會羅群賢。"

按，曾燠《賞雨茅屋詩集》卷一〇有《九日越秀山宴客醉歌》，詩中原注云："是日客爲周伯恬、李紹仔、顧劍峰、江石生、張南山、王香谷、周肖生、胡香海，僕爲主人，恰九人也。"

顧日新，字劍峰，江蘇蘇州人。貢生。有《寸心樓詩集》。

胡森，字香海，江西南城人。乾隆五十四年進士，官知縣，主講端溪書院凡十二年。

周儀暐，字伯恬，浙江陽湖人。嘉慶九年舉人，大挑選安徽宣城訓導。其未仕時，嘗客遊廣東。

李述來，字少仔、紹仔，江蘇武進人。工書畫。有《陳渡草堂集》。

周三燮，字南卿、肖生，浙江錢塘人。諸生。時爲粵藩曾燠幕客。有《抱玉堂詩集》。

王至蘭，字香谷，江蘇上元人。候補主簿。

爲粵督蔣攸銛題"竹深留客荷淨納涼圖"詩，蔣題《聽松廬詩集》爲報。

《聽松廬詩鈔》卷五《奉題制府蔣礪堂先生竹深留客荷淨納涼圖》詩、附錄蔣攸銛《奉題南山孝廉聽松廬詩集，即次其見題竹深荷淨圖元韻》詩。

南山詩有云："聞公弱冠登玉堂，蘭臺秘籍披琳瑯。金蓮光裏翔鵷鷺，嶰竹聲中叶鳳凰。偉材豈合文章老，授鉞建旄威望早。旌節原從東觀來，山川況是西湖好。我曾艤櫂湖之濆，荷花十里波沄沄。居人圍坐竹陰下，愛向遊人談使君。使君再度來開府，兩浙閭閻樂安堵。李及曾無湖上杯，乖崖自聽軍中鼓。"

按，南山嘉慶十五年曾游浙江。蔣詩有云："前年訪我浙水濆，短櫂重湖浮素沄。一疏薦衡少文舉，幾回説項有徐君。"詩中原注："謂醇夫。"詩又云："續□君今息北轅。"則當是本年事。詩又云："萬石門風惟孝友，一家圖史足清娛。"詩中原注："尊甫孝廉以母老，久不上公車。"

蔣攸銛嘉慶十七年任兩廣總督。見蔣氏《繩枻齋年譜》。

賦詩題胡紹寧"羅浮遇仙圖"。

《松心詩集·白雲集》卷一《題胡栗堂紹寧羅浮遇仙
圖》詩。

詩題下自注："羅浮黃仙，相傳至今尚存，時有遇之者。"
胡紹寧，號栗堂，其人未詳。

又有《題鄭板橋畫蘭》、《元人秋原出獵圖》、《白雲探
梅，緣濂泉至蒲澗寺，得詩三首》詩。

《松心詩集·白雲集》卷一。

按，《白雲探梅，緣濂泉至蒲澗寺，得詩三首》詩有云：
"好花如故人，隔歲相思積。"當爲今年之作。

宿白雲山雲泉山館，有《白雲山館》、《夜坐聞松聲》、
《自題松廬把卷圖》詩。

《松心詩集·白雲集》卷一。

在山館日，曾燠來詩寄意，南山次韻報謝。

《松心詩集·白雲集》卷一《次韻奉酬賓谷先生見
懷》詩。

秋夜獨坐，有詩酬曾燠並簡顧日新、江之紀。

《松心詩集·白雲集》卷一《奉酬賓谷先生並簡顧劍鋒日
新、江石生之紀》詩。

詩中原注："劍峰數遊白雲。""石生有'粵秀山偏青到
骨'之句。"

賦詩寄懷樂鈞、吳嵩梁、查揆、屠倬及金學蓮，總爲
《五懷詩》。

《聽松廬詩鈔》卷五。

按，時南山丁內艱回粵，聞吳嵩梁喪母，故詩云"夜來
聽烏啼，我亦淚如霰"，蓋有同戚也。又，時樂鈞僑居揚
州，屠倬正由翰林外任爲江蘇儀徵知縣，故致相念之意。
據樂鈞《青芝山房詩集》卷二十有《蘭雪國博奔嫡母之
喪攜家南歸過邗上，月餘乃行，作短律三章送之》及

《六月廿六日移家揚州題南柳巷新居二首》詩，在詩集卷二十中，該卷自注爲庚午辛未（嘉慶十五至十六年）之作。

屠倬，字孟昭，號琴塢，晚號潛園老人，浙江諸暨人。嘉慶十三年進士。官九江知府。有《是程堂詩文集》。

左宗棠生。

胡林翼生。

楊翰生。

沈史雲生。

黎如瑋生。

嘉慶十八年癸酉（一八一三）　　三十四歲

[**時事**] 天理教起義，教主林清率衆攻入紫禁城。命沿海海關嚴緝鴉片煙。　清廷議定官民吸食販賣鴉片之罪。　五月初八日，以翰林院編修張鑑爲廣東鄉試正考官，蘇繹爲副考官。　廣州正式設置總商，總辦洋行事務。　彭邦疇任提督廣東學政。　英教士米憐（William Milne）到廣州。　五月，廣東大水傷稼。八月，水乃退。

去秋雲泉山館成，南山馳書翁方綱乞爲題詩。正月，方綱作《雲泉山館爲張南山賦》詩以應。繼又爲該館題"清湍修竹"扁。

《聽松廬詩鈔》卷六《雲泉歌》詩序。翁方綱《復初齋詩集·石畫軒草八》。

翁詩云："廣州城北雲泉館，張子索我雲泉詩。白雲瀁泉

我未到，八年吟望恒於斯。遠追坡公訪信老，自尋雲外泉
出時。近憶漁洋贈範衲，聽泉來叩安期祠。百年前記蘇詩
石，石題亦勒崔公詞。我剔粵東金石遍，竟未訪得蘇崔
碑。臨別白雲若迴盼，又四十載詩夢馳。詩翁逸客今選
勝，買地一攬雲泉奇。倚山臨磵結亭閣，衆綠飛起珠江
漪。環碧之樓拜往喆，得非菊坡書室基。蘇崔精靈尚來
徃，且莫遠問秦安期。菖蒲笀竹雜磵翠，木棉花風交荔
枝。他年蒲磵補山志，月坡雲逕連軒池。重立蘇崔題刻
石，漁洋詩或鑴並垂。八年未到俗客耳，我詩焉用疥壁
爲。磵香正發紫含笑，愧答優鉢曇花師。"

按，此詩曾勒碑。宣統《番禺縣續志》卷三七《金石志
五》載之，末署"癸酉上春題雲泉山館作。北平翁方綱，
時年八十有一"。

時病初愈，伊秉綬來訪，南山喜而作《墨卿太守枉駕
草堂喜晤》詩，并乞爲作《雲泉山館記》；又蒙湯貽
汾作雲泉山館圖，南山乃賦《雲泉歌》詩以紀顛末。

《聽松廬詩鈔》卷六《哭墨卿先生》詩自注。《松心詩
集·白雲集》卷二。宣統《番禺縣續志》卷三七《金石
志五》翁方綱《雲泉山館詩刻》、伊秉綬《雲泉山館記》。
潘飛聲《在山泉詩話》卷一。

《雲泉歌》詩序云："白雲之麓，濂泉之濱，安期仙焉，
東坡客焉，菊坡、泰泉廬焉。流風已遥，靈境無恙，同人
于野，黃明經培芳、段秀才佩蘭。版築乃興。地據泉勝，余
以'雲泉'名之，標奇品幽，得二十境。嘉慶十七年秋
落成。其明年，北平翁學士方綱自京師郵詩至，汀州伊太
守秉綬爲之記，武進湯都尉貽汾爲之圖。斯陶斯詠，以遨
以遊。緬懷古人，用諗來者。"

按，此詠雲泉山館云："雲泉室非廣，四季遊人可容膝，

雲泉卜宅善卜鄰。左有安期生，右有呂洞賓。雲泉主祀爲何神，宋明兩代三名臣。"自注："祀蘇文忠公、崔清獻公、黃文裕公。"此即所謂三賢祠。《廣東通志》卷一四五據採訪册載："三賢祠，在白雲山蒲澗之左。嘉慶十七年，香山黃培芳、番禺段佩蘭等七人築雲泉山館，中爲堂，祀宋蘇軾、崔與之，明黃佐。"又録伊秉綬《雲泉山館記》云："白雲濂泉之間有宋蘇文忠公之游蹟焉。嘉慶十七年，香山黃培芳、番禺張維屏、黃喬松、林伯桐、陽春譚敬昭、番禺段佩蘭、南海孔繼光修復故蹟，道士江本源、黃明熏董其役。拓隣境二十，靡金錢若干。次年閩人伊秉綬適來觀成，迺爲之記。"

又，潘飛聲《在山泉詩話》卷一"伊墨卿"條載此會云："伍意莊贈余名家詩册一本。……此册乃諸名家爲葉雲谷農部夢龍作，中有張南山一律《墨卿太守枉駕草堂喜晤》云：'我更多故似哀鴻，公亦頻年類轉蓬。心血漸衰憂患後，鬢鬚渾老道途中。蒼虬雨過鱗宜戢，雛鳳天高羽易豐。謂令嗣少沂明經。一笑山靈正翹首，要看椽筆氣如虹。時先生方作《雲泉山館記》，并書勒石。'南山復自題其後云：'今年見先生，鬚微白矣，故有第四語。先生曰：此真詩也，此詩必存稿中。'然考《松心十録》與《聽松廬詩鈔》均不載，不知何故也。"

湯貽汾，字雨生，江蘇武進人。蔭官。時任廣東撫標守備。官至副總兵。能詩畫，有《琴隱園詩集》。

又有《白雲山梅花下醉後得句》、《聽雲樓歌贈譚康侯》、《題雨生畫梅》、《松臺晚眺》諸詩。

《松心詩集·白雲集》卷一。《花甲閒談》卷五。

按，《花甲閒談》卷五録《松臺晚眺》乃與黃培芳酬唱之作。又録黃氏《松臺》詩，題下原注："在雲山館。"

潘正衡倡常陰軒詩社，社題爲羊城古蹟之五羊石、九龍泉、六榕寺、百花塚。南山與焉，爲賦五題，得詩八首。同人各有所作，匯延潘有爲評閱。潘取南山《五羊石》、《九龍泉》、《六榕寺》、《百花塚》諸詩爲卷首。

潘正衡《常蔭軒詩社萃雅》。潘飛聲《在山泉詩話》卷三"百花塚"條。

《在山泉詩話》述其事云："先曾祖分轉公曾結常蔭軒詩社，以廣州古蹟命題。其《百花塚》一首，限'情'韻，頗難出色。高伯祖毅堂中翰公第甲乙，張南山太守冠軍，次之則劉三山孝廉華東也。張作云：'芳塚人來弔落英，鮑家詩唱白楊聲。鶯花黄土埋香骨，槃敦青樓享盛名。空裏素琴風惻惻，夢中羅韈水盈盈。江南亦有傷心侶，鐘梵難消未了情。'劉作云：'哭花纔罷咒花生，圍住春風不了情。含笑九原方是色，無言終日更憐卿。素馨斜共深埋玉，虞美人偏死得名。猶負銅臺依翠燭，凄涼琴韻與棋聲。'"

按，《常蔭軒詩社萃雅》載南山所作四題，題各二首，除上引《百花塚》一首，《聽松廬詩鈔》卷七收《六榕寺》、《九龍泉》各一首，餘四首《松心詩集》未載，兹迻録於下：《五羊石得仙字》詩："曾幻修羊華嶽巔，又傳化石楚庭邊。追來客漫憂歧路，鍊去誰曾補漏天。主簿濫膺章五宋，先生何術飽千年。朝臺望氣衣冠盛，華蓋騰騰擁列仙。"《九龍泉得簾字》詩："血戰元黄象漫占，嶄然頭角了無嫌。勢能破壁罡風動，氣欲噓雲猛雨兼。童子何知身是幻，亢龍有悔德宜潛。天紳千尺難收拾，留與仙巖作水簾。"《五羊石》詩："蠻方瘴癘蛟蛇窟，天爲開荒降列仙。自古神人愛遊戲，秖今頑石亦雲煙。千秋丹觀崇明祀,十郡蒼生祝有年。回首紅羊塵劫換,摩挲星斗藥洲前。"《六榕寺》詩:"六榕古寺尋常有,肇錫嘉名始大蘇。海國鴻飛曾墮爪,梵天龍去尚留珠。六朝劫後餘孤塔,雙樹參來現寶趺。擬駕颶輪追玉局,桄榔月黑夢模糊。"《百花塚》詩:"明珠三斛漫相爭,空谷幽芳殉此生。塚上有香同薄命,鏡中留影亦多情。西泠松柏埋蘇小,南苑煙花葬玉京。一樣穠華一坏土,落紅成陣雨縱橫。"

潘正衡,字鈞石,廣東番禺人。有爲姪。諸生。官運同。有《黎齋詩鈔》。

潘有爲,字卓臣,號毅堂,廣東番禺人。乾隆三十五年舉人。官內閣中書。有《南雪巢詩》。

父炳文主講連州南軒書院,院內列秀亭中有宋張浚題名碑,乃作拓本寄至家,命南山賦詩。

《松心詩集·白雲集》卷一《連州列秀亭有先魏公題名碑,露立荊榛中。癸酉春,大人主講南軒書院,移碑亭內,寄示拓本命賦詩》詩。

詩云:"鎮江忽有張樞密,變色金人宵遁急。嶺南忽來張魏公,朝廷不復思兩宮。長星天怒不可測,奸相主和方柄國。擊檝難消祖逖悲,投荒翻類昌黎謫。一亭列秀環諸山,周覽風物時躋攀。懷親卻憶斧鉞語,敢以遷徙摧心顏。有子趨庭着萊服,萱公侍行。弱齡早著希顏錄。八詠題成古蘚斑,九疑望斷寒雲綠。六百餘年碑碣荒,二十七世宗譜詳。裔孫來觀敬拂拭,煙榛露草廻光芒。千里鱸堂書一紙,兩字平安色先喜。開函鬱律走蛟螭,墨氣如兼土花紫。移碑勒記高亭邊,韶連相望聯星躔。家聲文獻還忠獻,百世雲仍共勉旃。"

按,張浚,字德遠,四川綿竹人。張九齡弟九皋之後。爲

宋抗金名將，以事貶廣東連州。後封魏國公。南山父子謹
重如斯，蓋崇先德也。

與湯貽汾等集粵秀山麓玉山草堂，食火麻腐，湯作畫、
南山賦詩贈主人嚴公。

《松心詩集·白雲集》卷一《集玉山草堂食火麻腐》詩。
詩云："東風一醉臥十日，綺饌雕盤易生疾。……道人下
筆須防錯，莫把胡麻當火麻。"詩中自注："湯雨生都尉
作畫贈嚴公，欲易麻腐。"又，"雨生自號錯道人"。

賦詩寄舊遊潘正亨及呂培。

《聽松廬詩鈔》卷五《舊遊一首，簡潘伯臨兼寄呂荔帷
培》詩。
詩云："曉度匡廬雲撲面。"詩中自注："同伯臨登廬阜。"
詩又云："夜眠燕市雪圍腰。"詩中自注："謂荔帷。"
呂培，字荔帷，廣東順德人，呂翔弟。嘉慶二十四年
舉人。

從粵督蔣攸銛處得翁方綱書函，又適得翁寄示曹振鏞
所書《銅尺詩》，有詩奉答。時南山方擬遊羅浮山。

《聽松廬詩鈔》卷五《奉答覃溪先生》詩。
詩云："蘇齋杖履近如何，詩境深來鬢易皤。老學庵中耆
舊少，河汾門下重臣多。從礪堂制府得先生書，適以曹儷笙尚
書《銅尺詩》寄示。鳳凰得髓神膠合，先生有《詩髓論》。金
石押胸列宿羅。萬里報公須壯語，飛雲頂上日嵯峨。擬遊
羅浮。"
曹振鏞，字儷笙，號懌嘉，安徽歙縣人。乾隆四十六年進
士，翰林院編修。累官至體仁閣大學士兼工部尚書。有
《綸閣廷輝集》、《話雲軒詠史詩》。

賦詩題曾燠"賞雨茅屋圖"，又爲其"西谿圖"撰
《西谿曲》诗。

《聽松廬詩鈔》卷五《題賓谷方伯賞雨茅屋圖》、《西谿曲爲賓谷先生賦》诗。

十一月十六日，謝蘭生招同人集其常惺惺齋，觀湯貽汾作畫。十七日復集，觀張如芝作畫。且擬往集李秉綬處。賦詩紀之，並寄謝蘭生、湯貽汾、張如芝。

《聽松廬詩鈔》卷五《十一月十六日，謝里甫太史招同人集常惺惺齋，觀湯雨生騎尉貽汾作畫。明日復集，觀家墨池孝廉如芝作畫。賦詩紀之，並簡里甫、雨生、墨池》詩。

詩云："一笑相逢錯道人，丘壑羅胸各捫腹。"自注："雨生自號錯道人。"詩又云："還須寄語李龍眠，早晚安排雞黍局。"自注："謂芸甫。"

按，自注云此前一日曾集葉夢龍風滿樓，會者十餘人。

張如芝，字墨池、默遲，號默道人。廣東順德人，錦芳子。乾隆五十三年舉人，官海防同知。擅書畫，與黎簡、謝蘭生、羅天池並稱爲"粵東四大家"。

李秉綬，字佩之，號芸甫，江西臨川人。監生。官工部郎中。

又賦詩爲鄭灝若題"榕屋橫琴圖"。

《聽松廬詩鈔》卷五《榕屋橫琴圖爲鄭萱坪明經灝若題》詩。

鄭灝若，字萱坪，廣東番禺人。貢生。有《榕屋詩抄》、《四書文源流考》。

傷時感事，有《感懷》諸詩。

《松心詩集·白雲集》卷一《感懷四首》、《松心詩錄》卷一《感懷》詩。

按，四詩乃感懷國之大事而作。《松心詩集》所錄四首其一云："王師破賊如摧朽，應爲瘡痍策萬全。"其二云：

"地控中原厭甲兵，驚聞笳鼓大河橫。"其三云："卦名未許妖徒竊，利用行師易義該。"其四云："慚愧書生無報稱，願將鐃曲當衢謳。"《松心詩錄》所錄一首云："風聞河北竄萑苻，警報烽煙犯直沽。"時天理教林青糾衆起事，涉及直隸，河南震動，後竟入北京攻打皇宮。事平，仁宗下罪己詔。南山蓋緣此事而深致喟嘆也。

黃喬松屢索詩而無以應。乃忽有清興，爲賦《放歌贈蒼崖》詩。

《松心詩集·白雲集》卷一。

孟覲乙、湯貽汾、李秉綬合作畫障長丈餘，施與海幢寺作供養。南山爲贊以詩。

《聽松廬詩鈔》卷五《孟麗堂上舍覲乙、湯雨生守戎貽汾、李芸甫水部秉綬合作畫障，施海幢作供養。爲贊以詩》詩。

孟覲乙，字麗堂，號雲溪外史，江蘇陽湖人。監生。工畫。

母耿氏諱日，賦詩述哀。

《松心詩集·白雲集》卷一《先慈諱日述哀》詩。

詩云："嗚呼我是無母兒，我母育兒心力衰。病起倉卒無良醫，呼天搶地母不回。母憂兒寒慮兒飢，母在兒樂兒不知。一朝棄我不可追，三十三載如風馳。我姊早寡爲孀雌，我妹家在珠海湄。我弟自幼瘦不肥，母憂其弱常皺眉。我於世拙於書癡，夜深一卷手自披。母言心神勿過疲，積勞成病不易治。時或姊妹皆來歸，內孫外孫相娛嬉。或歌或讀聲嚶咿，我母顧之顏色怡。眼前此樂本不奇，如何一旦成夢思。前年我歸自京師，不見祖母涕泗垂。我母謂兒且莫哀，崎嶇失意方歸來。寬我慰我言如飴，豈知兩年憂患罹。祖母一去我母隨，堂前我父時歔

歑。朝來有淚不敢揮，自從失恃心慚灰。癡蠹之癖堅不
移，挑燈展卷轉歎噫。追維母訓安忍違，今晨百感如亂
絲。几筵在堂酒在卮，哀哉不見慈顏慈。天陰黯黮雲迷
離，庭樹颯颯酸風吹。老烏啞啞歸高枝，昏燈閃閃搖虛
帷。恍兮惚兮母在斯，不覺涕下如縆縻。此紙血淚非歌
詩，我姊弟妹共覽之。三人與我同一悲，嗚呼俱是無
母兒。"

十二月十九日東坡生日，同人集葉夢龍風滿樓，拜像
賦詩，南山分韻得石字。

《聽松廬詩鈔》卷五《東坡先生生日，同人集葉雲谷農部
風滿樓，拜像賦詩，分韻得石字》詩。

黎應鍾於羅浮山闢艮泉靈境凡十有二，並圖繪之。南
山爲賦浮山艮泉詩。

《聽松廬詩鈔》卷六《浮山艮泉詩，爲黎楷屏大令應鍾
賦》詩。

詩云："癸酉之冬十二月，丘壑寒盡廻春姿。"

黃培芳五遊羅浮山，南山有詩寄懷。

《聽松廬詩鈔》卷四《懷香石羅浮》詩。黃培芳《香石詩
鈔》卷四《癸酉臘月五遊羅浮，溪上阻風，舍舟步行入
山，晚宿九天觀》詩。

按，《花甲閒談》卷二題作《懷香石羅浮》，並附錄黃培
芳《癸酉五遊羅浮至橫雲谷》詩。南山詩云："誰能冒風
雪，歲暮入羅浮。"

繼有《滿江紅》詞，於羅浮勝境，備致欽慕。

《聽松廬詞鈔·海天霞唱》卷二。

按，詞題云："羅浮高三千餘丈，周三百餘里。浮山，蓬
萊左股也，洞天福地，浮勝於羅。吾友黃君香石，嘗五遊
羅浮，撰《浮山小志》。黎君楷屏又於浮山深處闢艮泉，

得十二境；余既賦《艮泉詩》紀之，楷屏復言小蓬萊之勝，可以結廬，聞之欣然。葛、鮑之緣未慳，向、禽之願有待，先爲此解，用告列仙。”

歲將盡，作《歲暮偶成》詩。

《松心詩集·白雲集》卷一。

孔繼勳以樂昌鹽埠訟累，請籌百金以濟急。爲籌應之。

《藝談錄》卷下“孔繼勳”條。

按，此條引《松軒隨筆》云：“嘉慶癸酉歲暮，熾庭過余，請籌百金以濟急需，余即籌與之；次年二月，如約歸款。蓋其時樂昌埠方受訟累也。”孔家營鹽業，而樂昌有鹽埠也。

本年冬劉開來粵，入粵督蔣攸銛幕。翌年乃獲交南山。

劉開《劉孟塗集》卷五《贛州口占示張效三》詩。劉開《劉孟塗集》後集卷五《上蔣礪堂尚書》詩。

按，詩云：“歲暮輕寒尚早秋。”乃由贛州入粵時也。

劉開，字明東，號孟塗。江南桐城人。諸生。有《孟塗前集》、《後集》。

魏成憲受蔣攸銛之聘來粵，任粵華書院院長。與南山交契。

《藝談錄》卷上“魏成憲”條。

《藝談錄》述云：“春松來粵，主講粵秀書院，每賦詩屬予刪訂。其虛受如此。”

魏成憲，字春松，仁和人。乾隆甲辰進士，官御史。有《清愛堂集》。

鄭績生。

李長榮生。

劉熙載生。

陳良玉生。

吳騫卒。

錢大昭卒。

法式善卒。

吕堅卒。

嘉慶十九年甲戌（一八一四）　三十五歲

　　[**時事**] 再禁偷運紋銀出洋。　英兵船在粤洋捕美船（時英美戰爭），粤督責其無禮，調兵防範。

　　纂輯《全唐文》告成。　重申專禁内地民人傳習天主教，謂其貽害尤甚於白蓮教。　新教士馬禮遜翻譯之《新約全書》出版，其所編之《英華字典》開始印刷。七月，馬禮遜爲第一個中國教徒施洗。　秋，英艦入侵虎門。

　　正月十六日，粤督蔣攸銛招同魏成憲、周理、李威諸人及南山集其繩枅齋談藝敲詩。

　　《松心詩集·白雲集》卷二《正月十六日，制府蔣公招同魏春松觀察成憲、周性涵理、李鳳岡威兩太守集繩枅齋》詩。魏成憲《清愛堂集》卷一六。

　　詩云：“天風吹到碧琅玕，仙饌還分沆瀣餐。下士疎慵忘禮數，重臣風味愛清寒。無聲詩句三終樂，有用文章九轉丹。裳帶雍容賓客醉，依旬膏雨萬家歡。”詩中自注：“公昨惠詩。”

　　按，《聽松廬詩鈔》題作“正月廿六”，詩中自注：“公昨惠手書。”

　　周理，字性涵，河南祥符人。乾隆四十六年進士。時官嘉應州知州。

李威，字畏吾，號鳳岡，福建龍溪人。乾隆四十三年進士。時官廣州府知府。有《無名子詩存》、《嶺雲軒瑣記》。

廿四日，同林伯桐、黃培芳、黃玉衡、汪銘謙、吳家樹、吳家懋、江瀛濤諸人遊白雲山。是夕宿雲泉山館，得詩四首。

《松心詩集·白雲集》卷二《正月廿四日，同林月亭孝廉伯桐、黃香石明經培芳、黃小舟庶常玉衡、汪益齋比部銘謙、吳石屏家樹、菊湖家懋兩孝廉遊白雲。是夕宿雲泉山館，得詩四首》詩。

按，詩其一自注：“香石及道人江瀛濤先在山館。”

黃玉衡，字在庵，號小舟，廣東順德人。丹書子。嘉慶十六年進士，翰林院編修。有《安心竟齋詩集》。

江本源，字瀛濤，廣東番禺人。羅浮山酥醪觀主持。

吳家樹，字石屏，廣東番禺人。嘉慶二十一年舉人。官瓊山縣學訓導。有《遊瓊草》。

吳家懋，字菊湖，廣東番禺人。家樹弟。嘉慶二十五年進士。官順州知州。後主講端溪書院。有《欣所遇齋詩存》。

獲識劉開於曾燠座上。越日，劉開來訪南山。數日後，南山回訪之於西關劉氏園，適姚瑩在坐，談宴極歡。劉作《喜遇張南山孝廉》詩。

《國朝詩人徵略》卷六〇“劉開”條。《劉孟塗集》後集卷六。

劉詩云：“嶺南二月天寒微，嶺南游子初言歸。東風不送客愁去，一任飛花紅滿衣。城西年少昨相識，痛飲狂歌傾倒極。歌罷暮寒生紫瀾，海雲為我變顏色。”

按，時劉開爲粵督蔣攸銛幕客，故得與曾燠、姚瑩交好，
見《清史列傳》卷三四《蔣攸銛傳》、方宗誠《劉孟塗先
生墓表》。時姚瑩館於從化縣知縣王洲署中，授其子
弟讀。

二月，魏成憲將隨粵督蔣攸銛赴廣西公幹，葉夢龍招
同潘有爲、李威集其風滿樓餞行。

魏成憲《清愛堂集》卷一七《將之桂林，葉雲谷農部夢
龍招同潘毅堂觀察、李鳳岡太守、張南山孝廉小集風滿樓
餞別》詩。

三月，劉開將離粵，姚瑩招同南山置酒餞別，南山有
贈別詩。此後十餘日，劉開復來與南山話別贈詩，頗
有惓惓難別之意。

《松心詩集·白雲集》卷一《贈劉孟塗秀才開，即送歸桐
城》詩。《聽松廬詩鈔》。姚瑩《後湘詩集》卷五《送劉
孟塗歸里》詩。劉開《劉孟塗集後集》卷六《酬南山孝
廉即以誌別》詩。

劉詩云："展我碧瑤箋，書君白雪篇。孤花艷春色，空翠
點晴煙。此筆自今古，有人來海天。相逢無限意，留記暮
雲邊。""痛飲不知醉，新交轉易愁。行藏看一別，邂逅
足千秋。有志矢天日，高文齊斗牛。遲迴江上路，卻是爲
君留。"

按，《國朝詩人徵略》卷六〇"劉開"條記二人交往云：
"孟塗集中有《喜遇張南山孝廉》詩，後四句云：'城西
少年昨相識，痛飲狂歌傾倒極。歌罷暮寒生紫瀾，海雲爲
我變顏色。'即詠是日事也。又十餘日復來話別，余賦詩
送之。孟塗見贈詩云：'展我碧瑤箋，書君白雪篇。孤花
艷春色，空翠點晴煙。此筆自今古，有人來海天。相逢無
限意，留記暮雲邊。'次章結云：'遲迴江上路，卻是爲

君留。'似有惓惓難別之意。然當時年華甚富，方謂後會有期，豈意遂成永訣。今君没已十載，而余鬢亦蕭蕭二毛。嗟乎！異才難得，逝川不回，三復遺篇，惘然終日。"

黃玉衡丁外憂，回籍守制，至是服闋，將入都復職，南山有詩贈行。

《松心詩集·白雲集》卷二《送黃小舟太史入都》詩。

按，《聽松廬詩鈔》題作《送黃在庵太史入都》，《花甲閒談》題作《送在庵太史入都》。詩有云："春去況多病，病中頻送人。開帆復何事，展卷定思親。"詩中自注："時方校尊甫虛舟先生詩。"虛舟，黃丹書號。

守節之金氏女亡，趙氏迎其棺合葬。南山感而賦詩以歌之。

《聽松廬詩鈔》卷六《金貞女詩》。

偕同人入白雲山尋花溪詩叟墓，有《雨夜》、《倚山樓三首》詩。

《松心詩集·白雲集》卷二《倚山樓三首》其三自注。

與劉華東往還酬唱。

《松心詩集·白雲集》卷二《贈劉三山華東》詩。

詩云："兀傲如公幹，酣嬉類伯倫。……心同蹤跡異，未礙德爲鄰。"

按，《花甲閒談》卷五録劉華東《答南山先生見贈之作》詩。南山與華東雖性行各異，而心意則同。華東報詩亦以南山知心爲深情可感。

賦詩題魏成憲"讀書人家圖"。

《松心詩集·白雲集》卷二《讀書人家圖，爲魏春松觀察題》詩。

詩序云："嘉慶三年二月，仁和魏公成憲由刑部郎出守揚州。上召見於養心殿，垂詢家世，上謂：‘汝是讀書人家！’公敬謹奏對。因寫《讀書人家圖》以志恩遇。十九年遊嶺南，主講粵秀書院，出示此圖，屬維屏賦詩。”

詩云：“朝讀書，暮讀書。讀書慕周孔，讀書樂唐虞。處爲良士，出爲良臣。臣官則秋，聖澤如春。入司白雲，出作霖雨。良二千石，百姓是撫。維我聖皇，德邁虞唐。養心殿前，近天子之光。讀書人家，天語煌煌，臣心藏之不敢忘。臣心不敢忘，臣身不敢康。臣守維揚，維清維慎維勤，以報我君王。言歸西湖，乃作斯圖。子孫寶諸，子孫寶諸，世世讀書遵聖謨。今來海隅，乃披斯圖。生徒勉諸，生徒勉諸，家家讀書遵聖謨。”

五月二十七日，爲丁玉藻《西神山人詩鈔》題辭。

原書卷首。李長榮《柳堂師友詩録》“簡士良”條。

題辭曰：“采之詩，準古樹骨，酌今運才，豪而不麤，清而不弱。始而嗣音韋柳，節短韻長，繼而宗法杜韓，句奇語重。聞書記之暇，手不釋卷，由是虛其心，實其腹，將不懈而及於古，方當扶輪大雅，豈惟掉鞅騷壇，率書數言，用識欣賞。道光己亥五月廿七日，番禺張維屏書於寶安書院。”

按，時南山掌教東莞寶安書院。見李長榮《柳堂師友詩録》“簡士良”條。

丁玉藻，字采之，江蘇無錫人。時游幕在粵。

黃喬松出資助刻《聽松廬詩鈔》成，並爲題辭。

《聽松廬詩鈔》卷首。

題辭云：“南山尊人孝廉，事節母以孝聞。南山稟庭訓，幼穎悟。年十三，邑令吳公奇其文，製句贈之，欸曰‘南山人’，遂以‘南山’稱之。喜博覽，著《經訓謀心》、《讀史求義》二書。恒手一編，至夜分不輟。爲古

文井井有法度，亦間爲駢體、詞曲，而尤肆力於詩。論者
謂其詩清而能雄，沉而復麗，殆欲鎔鑄古人而自成面目。
弱冠後入都，往返萬里，詩亦屢變而愈上。大興翁覃谿先
生見其詩，激賞之，並有取於康侯、香石之詩合而序之，
題曰‘粵東三子’。南山癖愛松，一號松廬，白雲山雲泉
山館有松臺，春秋佳日，與雲泉諸子攜壺登眺，顧而樂
之。又號白雲外史。白雲故多梅花，花時，嘯詠山中。曾
賓谷方伯見梅花，以詩柬之，有‘山深宜處士，花發爲
夫君’之句，亦可想見其志趣之清遠矣。南山自處介然，
而接人藹然，知交譚藝輒不倦，否則樂於簡默。嘗曰：修
辭如種花，修德如種穀，至樂在於無求，諸苦生於多欲。
皆味道之言。汀州伊秉綬太守嘗踏月造其廬，贈以詩，有
云‘西銘有砭吾黨重，南園以降斯人稀’。聞者以爲非溢
美云。南山詩甚富，今方少壯，篇什盈千，茲編所録，猶
未及其半也。”

按，喬松風雅好客，樂於出資助友刻書，即謝蘭生所稱
“喜與寒士鐫詩稿”者也。與南山交厚，可於南山《放歌
贈蒼崖》詩中見之。除助南山刻此書外，又曾助刻《粵
東三子詩鈔》。

以《聽松廬詩鈔》贈李遐齡，遐齡報以《聽松廬歌贈
張南山孝廉》詩。

李遐齡《勺園詩鈔》卷三。

宋葆醇爲作“聽松圖”，南山以詩奉報。

《松心詩集·白雲集》卷二《宋芝山廣文葆醇爲余作聽松
圖，長句奉報》詩。

按，詩云：“耕霞溪畔酒如泉，友石齋頭琴在焉。”自注：
“葉文園比部耕霞溪館。”“雲谷農部友石齋。”葉應暘，
字蔗田，號文園，廣東南海縣人。葉夢龍姪。官户部主

事。有《耕霞溪館詩》。雲谷，即葉夢龍，見前。詩又
云："吁嗟奚黎不可見，溪山要子開生面。"自注："鐵
生、二樵。"奚岡，字純章，號鐵生，別號鶴渚生、蒙泉
外史。浙江錢塘人。工書畫，精篆刻，爲"西泠八家"。
二樵，即黎簡。即以宋與奚、黎爲比也。時南山方爲葉氏
館師。

宋葆醇，字帥初，號芝山。山西安邑人。乾隆四十八年舉
人。善畫。

六月七日，與劉彬華、謝蘭生、孟觀乙、張如芝、湯
貽汾集李秉綬借綠山房，觀李秉綬、湯貽汾合作畫册。
因撰文賦詩以紀其盛。

《聽松廬駢體文鈔》卷一《借綠山房消夏合作畫册記》。
《松心詩集·白雲集》卷二《觀李芸甫水部、湯雨生都尉
合作畫障歌》詩。

記云："嘉慶甲戌六月七日，會于借綠山房。長日如年，
清風速客。履綦既集，手腕不閒，荷香入簾，竹翠滴硯。
披縑而丹素雜進，握管則煙雲並驅。身坐香國，頃刻開四
時之花；神遊洞天，咫尺羅一品之石。蒼官青士，孰爲主
賓？攀弟梅兄，都成眷屬。水墨俱化，町畦悉融。類彼莊
惠，相視而莫逆於心；方諸燕環，盡態而皆悅於目。昔黃
筌十三人，合畫花竹泉石十二幅，當時內府珍爲祕玩。以
今視昔，未知何如？恨不獲起前人而共品之耳！墨緣眼
福，不可無述，罷酒燒燭，遂爲記之。是日會者凡七人：
番禺劉樸石編修彬華、南海謝里甫庶常蘭生、陽湖孟麗堂
上舍觀乙、順德張墨池孝廉如芝、武進湯雨生都尉貽汾、
主人臨川李芸甫水部秉綬也。番禺張維屏記。"

爲邱熙賦《天花歌》詩，盛贊其推行種痘法，收濟世
之功。

《松心詩集·白雲集》卷二《天花歌爲邱浩川上舍熙賦》詩。

詩有云："天花權輿自何時，談秦說漢多無稽。""異哉爾牛亦患痘，新方海外傳島夷。""天花嘉種肯散布，何異甘露分楊枝。乃知人事補天憾，一手可活千嬰兒。邱君習此思濟世，誠求保赤心實慈。衆人之母君克任，豈獨十全爲上醫。"

邱熙，又名熺，字浩川，廣東南海人。荔枝灣唐荔園主人。有《引痘略》，爲中土引入西法種牛痘之第一人。

白雲山探梅，與葉夢龍攜酒飲於倚山樓。有詩紀之，并寄懷伊秉綬。

《聽松廬詩鈔》卷六《白雲山探梅，葉雲谷農部攜酒飲於倚山樓》詩。

詩云："去年花發我未來，今年我來花始開。""壁間重讀幾行詩，天外忽懷千里客。"自注："伊墨卿太守。"

秋，爲鄉試同年林聯桂《見星廬詩集》撰序。冬，復爲《見星廬詩稿》題詩。

《松心文鈔》卷四《林辛山同年見星廬詩集序》。林聯桂《見星廬詩稿》卷首。《見星廬詩稿》十集《甲戌冬，張南山以題見星廬詩見贈，竟爲好事者竊去，欲和之而忘其韻也。舟中念及，書此自解兼寄南山》詩。

序曰："海其歸墟乎？其以虛而成其大乎？日月沐焉，百寶育焉，萬怪伏焉，衆流族焉，天下虛受者孰有過於海乎？其靜也，瀲灩沆瀁，莫知所止；其動也，砰磅歕灂，聲越百里。其又虛而善鳴者乎？惟樂亦然，大而鐘鏞，細而笙竽，其器皆虛而善鳴，使有物焉室其中，則暗矣。惟詩亦然，人心觸於物而情生焉，發於情而詩作焉，當其物未至之先，則必使其心廓乎如太虛而無所滯。俟其物之既至，情之既發，然後肖物而出之，順情而達之，要以鳴吾意之所欲言而止。夫是以詩爲心聲，而誦其詩，可以知其人也。吾友林君辛山，歲甲子同舉於鄉。吾始見其文，繼而見其詩。其長篇浩浩乎如百川之赴海而必達也，其短章澹澹乎如迴洲曲澳，可以蕩漾而容與也。繼而見其人，則又溫乎其容，呐乎其言，其性情淵乎其潛，而冲乎其恬也。其出詩文示人，惟恐人之不言，言之而善從之，惟恐不及也。辛山殆學於海者耶？何其心之虛受若是也！今秋自都中歸，取其見星廬詩，而屬爲序。余不欲泛爲揄揚之辭，而惟鳴吾意所欲言而止。辛山行矣，言歸吳川。吳川濱大海，秋高水清，一碧萬里，攜琴刺船往，鼓天風海濤之曲，或有成連、方子春其人出焉，則試以吾所云‘海通於樂，樂通於詩’者質之。”

按，《見星廬詩稿》書前序文字與《松心文鈔》略有異同，其末亦署“嘉慶十九年歲在甲戌仲秋月十有二日，番禺張維屏序”。

林聯桂，字辛山，廣東吳川人。道光六年進士。官知縣。有《見星廬文集》。

爲李遐齡《十國雜事詩》題辭。

原書卷首。

題辭云：“菊水詞兄先生出示所著《十國雜事詩》，論人則懸鏡程物，記事則挈領振裘。典必徵實，如聽鼓而得聲；詞或搜奇，譬然犀而睹怪。篇自爲其首尾，義惟取乎勸懲。豈特穿穴吳書，淘足笙簧歐史。第思《十國春秋》，其妙尤在自注。是篇亦當倣其例爲之，俾展卷者誦詩考史，儲然旷然，不尤善歟。弟張維屏南山題。”

十一月十一日長至日，爲潘正煒所藏《明王陽明倪鴻寶手札合卷》題識。

潘正煒《聽颿樓書畫記》續編卷下。

文曰："正德五年庚午，先生三十九歲，由龍場赴廬陵
任。書云'即日舟抵鎮遠'，則此書蓋作於去龍場後，故
於諸生致惓惓之意。書院，即龍岡書院。集中有《西園》
及《寄徐掌教》詩，似可爲書中'西麓'及'徐老先
生'之證也。先生自云：'始摹古帖，止得字形。後舉筆
不輕落紙。'今觀此蹟，於健氣中每饒波折之致，知大賢
作字甚敬，尋常簡牘亦不苟耳。嘉慶甲戌長至，後學番禺
張維屏謹識。"

按，光緒十五年刊孔廣陶《嶽雪樓書畫録》卷四亦載此
識，但多一再識曰："倪文正時家居。今讀兩札，拳拳國
事，忠愛之氣，溢於行墨矣。同日敬觀，屏再識。"

十一月，姚瑩離粵還桐城，有詩送之，并寄贈劉開。

《花甲閒談》卷五、《松心詩録》卷三《答劉孟塗秀才，
兼寄姚石甫進士》詩二首。姚濬昌《姚石甫先生年譜》。

詩其二云："去歲城西酒，歡筵是別筵。美人千里外，春
思百花前。環珮天風遠，容華海日鮮。豈宜修竹畔，空谷
老嬋娟。"

按，《花甲閒談》題作《送姚石甫進士還桐城兼寄劉孟塗
秀才》，并録姚瑩《贈南山孝廉》、劉開《贈南山孝廉》
詩。題意參差，未知孰是。

冬，同魏成憲過訪張如芝。又會同劉彬華、張如芝、
葉夢龍游白雲山，經雲泉山館，至濂泉寺探梅。

魏成憲《清愛堂集》卷一八《同南山過墨池荷香館》、
《同樸石、墨池、雲谷上白雲山，自雲泉山館步入濂泉寺
探梅》詩。

歲末，吳蘭修將歸梅州，適有廉州之行，南山與湯貽
汾、周三燮、陳曇、葉省吾諸子送之。吳蘭修乃填

《金縷曲》詞一闋留別。南山又爲之題"風雪度關圖"。

> 吳蘭修《桐花閣詞》之《金縷曲・甲戌歲末將歸梅州，適有廉州之行，留別雨生、南卿、張南山維屏、陳仲卿曇、葉藥三省吾、子春、棠湖、蒙山諸子》詞。《聽松廬詩鈔》卷六《題吳石華孝廉蘭修風雪度關圖》詩。

> 吳蘭修，字石華，廣東嘉應州人。嘉慶十三年舉人。官信宜縣學訓導，曾任粵秀書院監院、學海堂學長。有《桐華閣詞鈔》、《荔村吟草》。

> 梁梅，字子春，廣東順德人。貢生。有《寒木齋集》。

> 陳備來，字金門，號棠湖，江西九江人。

> 葉省吾，其人未詳。

早歲與陳曇相知，近少過從。陳曇有詩寄懷。

> 陳曇《海騷》卷五《懷人絕句五十首》之懷張維屏詩。

> 句云："曲江風度自雍容，早歲相知數過從。近日陳平車轍少，憶君前事尚縈胸。"

周壽昌生。

龍啟瑞生。

羅惇衍生。

樂鈞卒。

趙翼卒。

程瑤田卒。

鮑廷博卒。

張問陶卒。

嘉慶二十年乙亥（一八一五）　三十六歲

[**時事**]三月，依兩廣總督蔣攸銛等奏，定《查

禁鴉片煙章程》，如查出夷商夾帶，不准貿易。整理
廣州洋行，重申交易章程。　六月二十九日，御史胡
承珙奏請嚴查胥吏壞政。　命各省學政行教化之責，
勸民摒斥邪教煽惑。　禁買洋人輸入奇貨。　孫星衍
《尚書今古文注疏》三十卷成。

初春，有《水仙四首》詩。

　　《聽松廬詩鈔》卷六。

與謝蘭生出遊，有詩唱和。

　　《花甲閒談》卷五《春遊同澧浦太史作》詩。

　　按，詩中自注：“前日之遊，君爲作圖。”又，謝蘭生有
　　《春遊南山孝廉有詩見示，即次其韻》詩以贈。

赴惠州府博羅縣登峰書院講學，並謀一遊羅浮山。

　　《復初齋詩集》卷六六《答錢梅谿寄所刻坡公偃松屏贊，
　　兼寄墨卿、南山二首》詩。

　　詩云：“老守年前憶惠州，南山結伴問羅浮。書來似説錢
　　翁軸，袖有松濤萬壑秋。”詩中原注：“張南山主講惠州，
　　作羅浮之遊。適得伊墨卿書語此。”

　　按，《花甲閒談》卷二又録翁方綱《伊墨卿書來，言張南
　　山主講惠州，爲羅浮之遊。適答錢梅谿寄所刻坡公〈偃
　　松屏贊〉，兼寄墨卿、南山二首》詩，亦及此。

將遊羅浮，泊舟浴日亭下，有詩。

　　《松心詩集·羅浮集》之《將遊羅浮，泊舟浴日亭
　　下》詩。

　　詩云：“抽得閒身我欲東，天雞高唱破鴻濛。布帆忽染春
　　山碧，彩筆先分海日紅。此水韓蘇曾照影，還丹葛鮑已成
　　功。長風且緩吹噓力，要寫新詩獻祝融。”

登峰書院講學畢，賦詩留別諸生，多有勗勉。

《松心詩集‧羅浮集》之《登峰書院留別諸生》。

詩有云：“勗哉崇令德，砥礪追前修。君看四百峰，鐵橋橫石樓。上有升天雲，下有入海流。”

登峰書院，即延壽寺舊址，在博羅縣城北二里許。乾隆十年知縣康基田建，嘉慶間知縣李澐修。

遊羅浮山，探幽訪勝，飲酒採藥，不亦樂乎。每有詩什，以紀遊蹤。後將諸詩結爲《羅浮集》。

《松心詩集‧羅浮集》之《入羅浮，宿九天觀》、《繇九天觀訪劉仙壇》、《佛子嶴》、《黃仙觀》、《出茶山洞，望小蓬萊諸峰》、《晚入酥醪洞懷黃香石》、《宿酥醪觀夜登斗臺》、《洗夢軒夜坐》、《有酒》、《浮山最深處》、《斗臺古松》、《浮山採藥途中有述》、《登分霞嶺望上界三峰》、《羅浮》、《羅浮歌》、《鐵橋》、《出酥醪洞，復抵九仙觀。路經一處，山林幽坱，水石明瑟，人曰觀源洞也。率爾得句》、《飛雲頂》、《華首臺》、《合掌巖》、《洗衲石上有飛瀑隱泉道人飯我雙瀑下》、《黃龍洞》、《黃龍洞老人》、《五龍潭》、《卓錫泉》、《丹竈》、《東坡山房》、《羅浮雜詩》八首、《尋蝴蝶洞不得》、《山中得藤杖一枝，杖頭有蝠名曰福杖，紀之以詩》、《浮山第一樓題壁》詩。

按，《佛子嶴》詩中自注：“壬戌土匪之亂，駐兵於此。”“余易其名曰分霞嶺。”《有酒》詩序云：“三月一日，分霞樵客宿於稚川北庵。酥醪一杯，不覺竟醉。酒醒夜半，開戶出視。雲氣離合，妙香徐來。偶爾會心，欣然操翰。豈謂性海情塵，頓歸般若；亦欲青肝蒼腎，同葆谷神。”《卓錫泉》詩自注：“南昌漆丈修綸，嘗讀書此山，屏幼時每聞談羅浮之勝。”《山中得藤杖一枝，杖頭有蝠名曰福杖，紀之以詩》詩末自注：“擬來歲侍家嚴北上。”《浮山第一樓題壁》詩云：“拍肩又被洪崖笑，我墮塵寰六六年。"

羅山與浮山之交名佛子嶴，南山易其名曰分霞嶺，湯
貽汾大書勒石其上。南山又撰文以紀之。

> 《松心詩集·白雲集》卷二《西園雜詩》其五自注。《聽
> 松廬駢體文鈔》卷一《羅浮分霞嶺記》。

> 詩自注云："余由羅入浮，題其界曰分霞嶺，雨生大書
> 勒石。"

> 文曰："遊羅浮者，羅盡而得浮，浮爲蓬萊左股，不可驟
> 得，得必由其户。分霞嶺者，浮之門户也。距嶺數里，踏
> 犖确，穿丰容，造乎嶺根，於是躡衣而登，磴道數百丈，
> 蛇盤螺旋，乃躋其巔，嶺形旁高中凹，舊名佛子嶴。余思
> 羅浮爲第七洞天，是嶺又爲二山之交，東西霞彩，朝暮迭
> 見，金支翠旗，靈飈送迎，因易其名曰'分霞嶺'。逾嶺
> 而北，爲酥醪洞，此洞無麻雀，而多五色鳥，異哉！蓬萊
> 老仙之靈聚於是，而特設兹嶺以爲界耶？羅浮之巔，是爲
> '飛雲'；羅浮之交，是爲'分霞'。江瀛濤鍊師依山構
> 亭，鑿石引泉，俾勞者得息，渴者得釋，孰謂深山蕭寥，
> 無利物事哉！并書之，以告來者。"

南山入浮山，見古松輒下拜，道人江瀛濤因爲立石，
刻"南山拜松處"五字。

> 金菁茅《張南山先生年譜撮略》。

因胡紹寧遊羅浮山而遇黃野人，感而作《遇仙説》。

> 陳銘珪《浮山志》卷三。

> 文曰："仙不可得而見也，然可得而遇。今使果有所謂仙
> 人者於此，雖深山窮谷，道里遼遠，人必將攜糧負薪，不
> 憚冒涉險阻，往求一見爲快。往果得見，則往者將不止千
> 百人，而所謂仙人者，日與此千百人周旋酬對，則其勞擾
> 與凡人等，故曰仙不可得而見也。其可得而遇，奈何？蓋

所謂仙人者，立於不貸之圃，食於苟簡之田，遊於逍遙之虛，其於世俗之勞擾，固厭絕之矣，而於人或不能忘情也。故視其人可與見者，則時託於遊戲，使人遇之於有意無意之間。仙人其始亦人耳，其不能忘情於人也固宜，而或者謂人於神仙好之深，慕之篤，則仙人必將感其誠意而許之見。是不然，今夫秦皇漢武，其於神仙非不好之深也，非不慕之篤也，其勢力可無所欲而不遂，無所求而不得也；徐市、盧生、五利將軍、公孫卿之徒，非不役其心志，疲其筋力也，而卒未聞真有仙人者顯然出其間，即所聞於古者，大都荒誕不足信。夫以萬乘之尊，殫畢生之志慮，求一見而不可得，而山林巖壑之士時或一遇之，則其人必能超然脫於泥滓者可知。譬之一鶴也，衛懿公好之而亡其國，林逋好之而後人流連愛慕，以爲美談，夫神仙之事亦若是而已矣。然執是説而山林巖壑之士以爲仙人不我遐棄，於是挾一冀幸之心以往，而仙人並不可得而遇，何者？凡人稍存冀幸之念，則其心已膠擾，其氣已昏濁，是仙人所厭絕者也。故夫遇者，其胸中本無有仙人之見存也。武林胡栗堂先生性好山水，聞佳山水必欣然往，往必窮攬其勝，殆所謂超然脫於泥滓者耶？其遊羅浮也，好山水也，非冀仙之可遇也。其遇黃野人也，不知其爲黃野人也。至謁其像，而後知向所遇者乃黃野人也。使其遊羅浮而先攜一冀幸之心以往，並無此一遇矣。惟其超然脫於泥滓，胸中惟知山水之可好，不憚數千里，冒涉險阻而造其境，是人也，固仙人所不能忘情而樂與之一見者也。故曰仙不可得而見，可得而遇也。諺曰：有約不到羅浮。夫羅浮且不可以約而到，而況乎仙人，其可以有心遇之也哉？栗堂之遇，吾爲栗堂幸，而因爲《遇仙説》，以質諸世之好言神仙者。”

按，黃野人，羅浮山神。傳説爲葛洪弟子，能幻化各式人
等及動物，人遇之輒有奇事。屈大均《廣東新語》卷二
八詳其事。此文《松心文鈔》未載。

別羅浮山，出山至九子潭登舟，賦詩留別酥醪觀住持
江瀛濤。

《松心詩集·羅浮集》之《出山四十里，至九子潭登舟，
留別瀛濤》詩。

忽有所感，賦《達人》詩以寄所悟。

《聽松廬詩鈔》卷六。

又代羅浮山道士乞方綱撰分霞嶺詩，將以刻石。

翁方綱《復初齋詩集》卷六八《石畫軒草十》之《張南
山書來，云羅浮道士乞分霞嶺詩刻石》詩。

譚敬昭有《聞南山遊羅浮，賦寄二首》詩。

《花甲閒談》卷二。

按，《聽雲樓詩鈔》卷八題作《簡張南山》，題下自注：
"時南山返自羅浮。"

年初上巳日，曾燠集諸詞人長壽寺後池修禊，繪圖紀
盛。南山適遊羅浮，未與其會，及歸，見圖補詩。

《松心詩集·羅浮集》之《上巳日，賓谷方伯集諸詞人長
壽寺後池修禊。屏遊羅浮歸，見圖補詩》詩。

詩中自注："適以卓錫泉餉公。"

三月，曾燠自廣東布政使任上擢升貴州巡撫。將離粵，
諸士紳於長壽寺修禊兼餞別，南山賦詩贈行。曾則爲
南山"松石把卷圖"題詩，兼以志別。

《清史列傳》卷三三《曾燠傳》。民國《貴州通志》卷六
四《職官表》。《國朝詩人徵略》二編卷四一"曾燠"
條。《聽松廬詩鈔》卷六、《松心詩集·白雲集》卷二
《送曾公撫黔》詩及附録曾燠《松石把卷圖歌，爲南山孝

廉作，即以志別》詩。

按，道光《貴陽府志》卷三："二十年六月巡撫慶保去任，以曾燠爲貴州巡撫。"南山詩云："昨持八功水，洗此炎海塵。今乘八騶車，去作柱石臣。"自注："謂長壽寺修禊。"黃培芳《香石詩鈔》卷五《暮春送曾賓谷方伯述職北行》詩。

四月，翁方綱以《石洲詩話》稿八卷寄門人時任兩廣總督蔣攸銛，屬爲開雕。蔣命南山董校勘之役。刻成，南山爲作《石洲詩話跋》。

翁方綱《石洲詩話》張維屏跋。

跋云："《石洲詩話》八卷，大興翁覃谿先生視學粵東，與學侶論詩所條記也。前五卷草稿久已失去，葉雲素農部忽於都中書肆購得之，持歸求先生作跋。先生因命人鈔存，又增《評杜》一卷，及附說元遺山、王漁洋《論詩絕句》兩卷，共成八卷。會先生門人襄平蔣公來督兩粵，因寄至節署，屬爲開雕。公命維屏董校勘之役。維屏既以詩辱知於先生，憶乙卯、戊辰寓京師，每清曉過蘇齋，先生輒爲論古人詩源流異同，亹亹不倦。一日詢及是編，遍檢弗獲。不意是書失去，遲之又久復還，而維屏於七千里外，乃得取而細讀之，且距先生視學時已四十餘年矣。今展卷坐對，不啻追侍杖履於古榕曜石間，文字之緣，抑何紆而愜也！至先生聞見之博，考訂之精，用心之勤，持論之正，是編特全鼎之一臠耳。比年同人築雲泉山館於白雲、蒲澗之麓，先生作《雲泉》詩見寄。適是書剞劂甫竣，而《雲泉》詩亦已上石，此又一重翰墨緣，因連綴及之。嘉慶二十年四月八日，番禺後學張維屏謹跋。"

五六月間，南山馳書翁方綱，請爲論次粵東詩派。翁氏覆詩二首，爲約略言之。

翁方綱《復初齋詩集》卷六七《石畫軒草十》之《張南山書來，勸我論次粵東詩派，奉答二首》詩。

詩其一云：“曲江鶴立矯雲霞，風度樓仍照海涯。直亘千秋鳴九奏，誰論五子又三家。長洲楷隸摹瑤石，碧玉裝函酹白沙。可借楚騷香艸賦，影園高唱洛陽花。”自注：“予篋藏黎美周《芳艸賦》墨蹟卷。”

其二云：“莊渠紅豆遞經師，四十年前鑒古時。未及二樵評畫理，與盟九曜孰心知。重開藥渚燈窗語，萬里蘇齋臘雪期。官閣春深懷我共，人和歲稔是真詩。”自注：“時礪堂刻我《石洲詩話》，屬南山爲讐校。”

離開南園附近之清水濠宅，移館於城西獅山葉公祠。葉公祠之左爲西園，蓋館於葉夢龍家也。閒中賦《西園》詩八首，憶舊懷人，兼而有之。

《聽松廬詩鈔》、《松心詩集·白雲集》卷二《西園雜詩》及自注。《國朝詩人徵略》卷四八“惲敬”條。

按，《白雲集》題作《西園》，詩凡八首，而《聽松廬詩鈔》則爲九首，題下自注：“時館獅山葉公祠。”殆非一時之作。而自注則詳略不一。詩其四注云：“康侯有《珠江柳枝詞》，比年同客西城，多倚聲唱和。”詩其七云：“標格真如玉局仙，清才應不愧斜川。酒邊拈得漁洋句，公子重逢又十年。”自注：“贈伊銘谷明經。憶壬戌過尊甫墨卿先生寓齋時，君繞總角也。”其八云：“廉吏兒孫吐鳳才，思鄉吟上粵王臺。酸辛一紙南遊序，似聽秋聲萬壑來。”自注：“金雲詩秀才見示《南遊序》，即題其後。”其七自注：“過吳園追憶峙亭姊壻。”其九自注：“曩館吳氏園，距此數武。今館葉園，皆在城西。”

伊銘谷，伊秉綬子。生平未詳。

金雲詩，其人未詳。

六月，惲敬南遊至廣州。一日葛衣葵扇訪南山於城西，一見如舊相識。然南山時館西關外，相隔重城，未能數數把晤。

《國朝詩人徵略》卷四八"惲敬"條。

惲敬，字子居，號簡堂。江蘇武進縣人。乾隆四十八年舉人。官知縣。有《大雲山房文稿》。

八月望後三日，與惲敬、黃香石諸人遊廣州河南海幢寺。惲敬作《同遊海幢寺記》。

《大雲山房文稿》二集卷三。《花甲閒談》卷五。

惲敬記云："順德黎仲廷善琴而嗜於詩，與海幢寺沙門江月爲方外之交。海幢寺者，長慶空隱和尚經行道塲也，在珠江南壖，西引花田，北東環萬松嶺，爲粵東諸君子吟賞之地。敬至廣州，樂其幽曠，嘗獨往焉。八月之望，與仲廷飲於靖海門之南樓，隔江望海幢，如在天際，意爲之灑然。仲廷遂邀同志於後三日集於海幢。是日，至者皆單衫青鞵，蒲葵扇，其齊纨畫水墨，數人而已。南村麥學博鼓大琴，爲《關雎》、《塞上鴻》之操，鳳石鍾孝廉以樂書吹笛，定其弦。敬獨臥江月房。仲廷起之，與蒼厓黃提舉、聽雲譚孝廉聽焉。而青厓梁中翰與隱嵐呂明經碁於側，若不聞者。人心之用固如是歟。澧浦謝庶常創意畫元人六君子圖，立大石主之。其仲退谷上舍及東坪伍觀察、墨池張孝廉、小樵何上舍、香石黃明經爲點筆渲墨。隱嵐某罷，亦有事焉。澧浦謂石庳不足主六君子，退谷增之及尋丈。文園葉比部與其仲雲谷農部謂宜歌以詩，於是在坐者皆爲六君子詩，且侑之以酒。何衢潘比部後至，亦爲詩，皆性之所近也。仲廷、香石遂訊子居爲遊記，枏山張孝廉書之幀首，期後日刻石於方丈之壁間。江月，空隱下第九世也。空隱一傳爲雷峰褆，再傳爲海幢無。海幢無整

齊如百丈，靈雋如趙州，汪洋如徑山，國初龔芝麓、王漁
洋諸人俱共吟賞焉。夫士大夫登朝之後，大都爲世事牽
挽，一二有性情者方能以文采風流、友朋意氣相尚。至枯
槁寂滅之士，無所將迎搖憾，故嘗有超世之量、拔群之
識，如海幢無者，蓋佛氏上流。敬爲儒家言數十年，惜乎
未得生及其時，與之掃榻危坐，各盡其所至也。”
按，《花甲閒談》摘録其文，并附小識云：“右記乃節録，
其全文見《大雲山房文集》集中，凡稱余皆云栢山，或
云子樹。是歲爲嘉慶乙亥，記漏書，今補之。屏識。”
又，斯會爲一時之盛，參與者衆，計有：
鍾啟韶，字鳳石，廣東新會人。乾隆五十七年舉人。有
《讀書樓詩鈔》。
梁藹如，字青厓，廣東順德人。嘉慶十九年進士。官内閣
中書。有《無懈怠齋詩集》。
伍秉鏞，字序之，又字東坪，廣東南海人。貢生。官湖南
岳常灃道。有《淵雲墨妙山房詩鈔》。
何琛，字海門，號小樵山人，廣東順德人。畫家。
謝觀生，字退谷，廣東南海人。蘭生弟。工畫。
其餘黃蒼崖喬松、吕隱嵐翔、謝澧甫蘭生、譚聽雲敬昭、
張墨池如芝、黃香石培芳、葉文園夢麟、葉雲谷夢龍，里
籍著作介紹已見前。麥學博、黎仲廷，其人俱未詳。

惲敬在廣州日，每有過從，頗相推挹。一日，惲敬過
南山談至日暮，留宿齋中，固索南山古文稿觀之，稱
賞不置，許爲嶺外柳仲塗，且勸併力爲之。
《國朝詩人徵略》卷四八“惲敬”條。
此條述云：“將行，執余手曰：‘子嶺外柳仲塗也。他日
文集編成作序者，其惲子居乎！’孰意別後曾不二年，遽
聞微疾辭世。古文一道失此良友，每一念及，輒令人意沮

心孤，不禁太息歔欷而不能自已也。至《柳仲塗集》雖曾瀏覽，實非所好，且生平性情亦與之不類，不知子居曷爲舉以相況。惜當時匆匆握別，不暇詳矣。”“一日與子居飲酒酣，余曰：‘子之文必傳於後世無疑，惟集中有牽引釋氏之言，此種最爲可厭。余他日爲子別刊一本，當盡刪之。’子居曰：‘《佛遺敎經》云：若有人來，節節支解，當自攝心，無令嗔恨。支解且不恨，況刪文字耶？’余曰：‘子欲以酒解酒耶？’相與大笑。”

按，柳開字仲塗，北宋古文家。

時譚敬昭亦館於西城謝氏，與南山時相晤聚。秋，敬昭將北上會試，南山爲填《齊天樂》詞“秋夕簡康侯”、“疊前韻答康侯”二題以致意。繼又疊韻互爲酬唱。

《聽松廬詞鈔·海天霞唱》卷三。許玉彬、沈世良輯《粵東詞鈔》譚康侯詞。

按，敬昭嘉慶十七年至廣州，故南山《齊天樂》“秋夕簡康侯”有“三年爲客”句。又，《疊前韻答康侯》詞末有注：“康侯時將北上。”據《藝談錄》卷下“譚敬昭”條引《松軒隨筆》云：“康侯少到省垣，惟嘉慶乙亥，館於謝氏，時相晤聚。此後君宦京華，我官楚北，遂不復相見。”

湯貽汾奉命護暹羅國貢入都，有詩送之。

《聽松廬詩鈔》卷六《送湯雨生都尉護暹羅國貢入都》詩。

秋，有詩寄林伯桐。

《聽松廬詩鈔》卷六《束林月亭》詩。

詩云：“竹榻臥秋月，石田耕古雲。”自注：“君治《虞氏易》。”

伊秉綬卒於揚州府知府任上。訃至，葉夢龍招同人集
廣州長壽寺爲位以哭。南山恭作祭文，續又作《哭墨
卿先生》詩致悼。

> 《聽松廬詩鈔》卷六。趙懷玉《揚州府知府伊君秉綬墓
> 表》。《國朝詩人徵略》卷五〇"伊秉綬"條。
> 詩其一云："秋水園新築，春堂集乍編。先生《留春草堂詩》
> 刻甫竣。伊人忽終古，騎鶴竟升天。瘴海風濤夢，仙山翰
> 墨緣。羅浮、白雲，皆有題詠。道腴知有得，老去不逃禪。"
> 其二云："往歲高軒過，憐余病欲扶。癸酉春，先生過敝廬，
> 時屏病初愈。十年三握手，青眼白髭鬚。運腕平原筆，關
> 心鄭俠圖。古賢真克配，宦跡似髯蘇。聞先生入祀揚州三賢
> 祠。"其三云："耆舊彫馮鄭，魚山、貫亭兩先生。知交失莫
> 善齋金藝圃。如何廣陵散，更斷海天琴。獎善心常渴，耽
> 吟癖共深。秋懷篇什在，重展淚盈襟。壬戌，先生見屏《秋
> 懷詩》，即枉札訂交。"

翁方綱書來並寄題羅浮分霞嶺詩。

> 《復初齋詩集》卷六八《石畫軒草十》之《張南山書來，
> 云羅浮山道士乞分霞嶺詩刻石》詩。
> 翁詩云："羅浮二山界，舊名佛子凹。蓬萊之左股，鵬羽
> 掣六鼇。到此蒼翠間，風雨氣乃交。分霞名初勒，五色鳥
> 所巢。遠寄五字題，墨湧千峰高。笑酬張子意，補昔伊守
> 勞。昔伊墨卿守惠州，來書云羅浮山中未有罾溪詩。今此補之。
> 琅然少霞銘，聲接大海潮。"

方綱來書及詩，多有訓勉，南山賦詩作書報謝，並陳
己見。

> 《聽松廬詩鈔》卷六《得罾溪先生書並寄題羅浮分霞嶺
> 詩，次韻奉報》詩。《聽松廬駢體文鈔》卷一《復翁罾谿
> 先生》書。

詩云："蘇齋夢羅浮,墨灑古硯凹。飛來北平筆,掣起南溟鼇。豈惟結仙緣,乃復念素交。昔寄白雪篇,雲泉山館詩。曾鐫白雲巢。今來少霞銘,法曲唱愈高。惜哉秋水逝,蓬萊魂夢勞。墨卿太守書"蓬萊門徑"四字,去歲勒於分霞嶺。巋然魯靈光,光射萬里潮。"

翁來書有訓勉語,南山復書以述己見。書云："維屏頓首夫子函丈,惠書及詩,感荷無量。長者訓辭,敢不敬聽,蓬心欲飛,橘性無定。豎一指禪,不能無疑,意之所至,請縱言之。春夏秋冬,天有四時,青黎赤白,土有五色。箕則好風,畢則好雨,壁則主文,奎則主武。氣從天來,橫亘太空,爲虹爲霓,有雌有雄。氣從地出,鼓以大力,爲潮爲汐,有呼有吸。五嶽雖高,不能限山,匡廬天台,巖岫迴環。四海雖大,不能限水,彭蠡洞庭,灝漾無涘。神龍之而,騰天躍淵,縮而成寸,妙又能潛。丹鳳九苞,不得而見,羅浮彩蝶,見者稱善。眠蠶食桑,吐而爲絲,桑何以絲,蠶不自知。游蜂采花,釀而爲蜜,花何以蜜,蜂亦不識。橫目直鼻,同此位置,如何人貌,絕少相似?虞舜重瞳,項羽重瞳,目同心異,仁暴不同。重耳駢脅,廷湊駢脅,使生同時,必不相協。環肥燕瘦,鳧短鶴長,強此就彼,必至兩傷。千門萬戶,宮號建章,若求安神,深閨洞房。三牲五鼎,方丈羅列,但欲適口,殽溫飯熱。甘辛酸鹹,味調乃精,金石絲竹,音諧乃成。漢魏唐宋,遞嬗遞更,中有不更,至性至情。李杜韓蘇,面目各異,中有不異,真意真氣。素絢悟禮,磋磨悟詩,無固無執,有信有疑。規矩繩墨,先學古人,後貴有我,萬法一身。盍各夙聞,率爾應恕,敬問起居,伏惟崇護。"

有詩題蔡元芳"秋江觀釣圖"。

《松心詩集·白雲集》卷二《蔡芸圃秋江觀釣圖》詩。

蔡元芳，字芸圃。籍里未詳。官郎中。

十月，請惲敬爲祖母黃太孺人志墓。

《國朝詩人徵略》卷四八"惲敬"條。《藝談録》卷上"惲敬"條。惲敬《大雲山房文稿二集》卷四。

《徵略》述云："一日謂余曰：'吾將爲文贈君，以誌永好。'余曰：'微先生言，屏亦願有請也。先大母苦節數十年，既蒙朝廷旌，屏欲得賢而工文者爲文表諸墓，以示後嗣。敢以爲請。'子居曰：'敬諾不敢辭。'越日，屏具衣冠、奉行狀詣寓齋再拜，子居於是爲撰黃太孺人墓表，今載集中。"

《藝談録》引《松心隨筆》云："子居來粵見訪論文，余請撰先祖母黃太孺人墓表，已刻文集中。數月別去，年餘遽歸道山，悲夫。"

是月，爲葉夢龍所藏"元王元章墨梅"軸題識。

潘正煒《聽颿樓書畫記》卷一。

題識曰："煮石猶餘古雪痕，江神未許老蛟吞。逃虛閣上春無恙，曾爇名香爲返魂。家藥房太史得此畫，寶逾璠璵。失去復還，因攜以自隨。舟過鄱陽，遇風幾覆，持此畫登岸。其癖愛如此。此亦六法家一段雅譚也。乙亥小春，雲谷農部屬題。番禺張維屏並記。"

撰《松心日録》。是歲服闋。

金菁茅《張南山先生年譜撮略》。

王拯生。

方濬頤生。

姚鼐卒。

伊秉綬卒。

段玉裁卒。

祁韻士卒。

錢侗卒。

梁同書卒。

舒位卒。

高鶚卒。

莫元伯卒。

金菁莪卒。

嘉慶二十一年丙子（一八一六） 三十七歲

[**時事**] 三月初四日，可百齡奏，禁止鬻妻溺女。　英使阿美士德（Lord Amherst）到北京，以不肯跪拜，被拒。　英貢使到粵，上諭此後貢船只許在粵收泊，毋得逕往天津。　燒毀鴉片三千二百箱。　戶部奏各省積欠達一千七百二十萬兩銀，因勒限催追。校刊《全唐文》告成。　傅棠任提督廣東學政。

春初，陳曇北遊入都，有《送陳仲卿入都》詩。

《聽松廬詩鈔》卷六。陳曇《海騷》卷七。

按，陳曇自《草茅坐論》風波後，抑鬱難平。《海騷》卷七有《將之京師留別四首》詩，淒苦其言。南山與曇爲總角之交，頗傷之，爲詩送別，有“交從總角安能忘，贈言苦口君須詳。餐和且自養鶴性，出險慎勿輕羊腸。我狷君狂懷抱異，古人相見期無愧。身後聲名付渺茫，眼前風月供遊戲”語，蓋有披瀝敦勸之意。

又，陳曇入京途中嗣有詩寄懷南山，其《海騷》卷七《里中五子詩》其一“張孝廉維屏”詩，詩述二人交情及往事，中有句云：“與君結曾在文字，總角有作成一囊。

汀洲使君善宏獎，青松白鶴相頡頏。”句下自注：“墨卿
師有《青松白鶴篇，贈張、陳二生》之作。”

春，惲敬北歸。此前以嶺外柳仲塗相許，瀕行，又舉
蔣山禪師語相示。南山以《送惲子居還常州》四詩
贈別。

《國朝詩人徵略》卷四八“惲敬”條。《聽松廬詩鈔》卷
六。《花甲閒談》卷五。

《花甲閒談》卷五錄詩其四云：“嶺猿少歡聲，山木多勁
枝。孤心抱峭骨，於世百不宜。黽勉逐時趨，寸步生險
巇。感君砭我頑，導我於坦夷。西齋對木榻，燈盡言忘
疲。温厚仲塗許，殷勤蔣山規。君以古文相勖，目屏爲嶺外
柳仲塗。瀕行，復舉蔣山禪師語相示。勸君韜其光，霧豹藏陸
離。歸去潔蘭膳，和樂鳴壎箎。孝友政在家，閉戶娛
春暉。”

按，惲敬索閱南山文稿，許爲“嶺外柳仲塗”。仲塗爲宋
古文家柳開。南山自謂生平不好柳文，所作亦不類似，頗
以所許爲疑。見《國朝詩人徵略》卷四八“惲敬”條。

五月，與李威、湯貽汾、謝蘭生、葉夢龍、李秉綬集
城南海珠寺消夏，賦詩作畫。

《松心詩集·白雲集》卷二《五月十六日，海珠寺得月臺
消夏，同李鳳岡太守威、湯雨生都尉貽汾、謝里甫庶常蘭
生、葉雲谷農部夢龍、李芸甫水部秉綬。湯、謝、李三君
作畫，余賦詩》詩。湯貽汾《琴隱園詩集》卷八。

謝蘭生、張如芝、呂翔、謝退谷諸人作畫贈南山。賦
詩酬之。

《松心詩集·白雲集》卷二《里甫、墨池、隱嵐、退谷皆
贈余畫，作詩奉酬》詩。

詩云：“九還丹成石鼎折，無恙溪山畫禪列。”自注：“謂

二樵。”

又有《梧溪石室詩爲温伊初秀才_訓賦》、《新月》、《厓山宋三大忠祠》諸詩。

《聽松廬詩鈔》卷六。《松心詩集・白雲集》卷二。

温訓，字宗德，號伊初，廣東五華人。道光十二年舉人。有《梧溪石屋詩鈔》、《登雲山房文稿》。

秋日感懷，兼傷故交零落，賦《感秋》詩。

《松心詩集・白雲集》卷二。

詩云：“新墨有情親大石。”自注：“余書《羅浮分霞嶺記》，瀛濤爲勒石。”詩又云：“舊沙回首散恒河。”自注：“故交如漆雲窩、徐薌圃兩明經，莫善齋廣文，金藝圃兵部，春汀大令，顏蘅皋秀才，潘棣勇吏部，皆先後下世。”

按，詩中自注，《聽松廬詩鈔》作“故交如金春汀明府，潘棣勇吏部，徐醇夫、王靜山兩孝廉，顏蘅皋、梁荇洲兩秀才，莫善齋廣文，金藝圃駕部，數年以來，相繼下世”。

漆雲窩，即漆修綸。徐薌圃，即徐本義。莫善齋，即莫元伯。金藝圃，即金菁莪。金春汀，即金菁蘭。顏蘅皋，即顏應芳。潘棣勇，即潘正常。徐醇夫，即徐秉墫。王靜山、梁荇洲，其人俱未詳。

深秋，有《西齋秋霽》、《白雲登高》、《餐菊二十韻》詩。

《松心詩集・白雲集》卷二。

按，《餐菊二十韻》詩云：“賓客喜餐英，主人善耘菊。”自注：“雲谷，一號耘菊。”雲谷，即葉夢龍。

送李秉綬入都，有詩。

《聽松廬詩鈔》卷六《送李芸甫水部入都》詩。

詩云："功名及早追馮鄧，山水終期嗣向禽。"

又賦贈丘士超詩以相勉。

《聽松廬詩鈔》卷六《贈丘與凡秀才士超》詩。

丘士超，字秀楠，號與凡，廣東順德人。諸生。有《唐人賦鈔》、《倫常模楷》。

蔣攸銛爲兩廣總督期間，公餘嘗邀南山談藝，賓主對坐，相與酬和，形跡胥忘。

《國朝詩人徵略》二編卷四三"蔣攸銛"條。

按，《松心詩集·白雲集》卷二《奉酬制府蔣公見贈之作，即題〈高雷道中〉詩後》詩云："書生癡蠢成何用，幸未身肩民社重。敢言雲鶴有清聲，且伴梅花耐幽凍。"

自注："公贈詩有云：'大小雅材凡百五，清聲一鶴上雲間。'"詩又云："砥柱中流意念深，新詩傳出即官箴。"

自注："公詩有'盜已革心皆赤子，吏能勤職即青天'之句。"

冬，父炳文北上會試，南山隨侍同往。過梅關，度庾嶺，有詩。

《國朝詩人徵略》卷五十五"張炳文"條。伍長青輯《梅關步武圖詠》之張維屏《奉題東坪觀察姻伯梅關立馬遺照，應竹樓世講屬》二首詩末自注。《花甲閒談》卷二《度庾嶺》詩。

本年吳應昌有《寄懷張南山》詩，南山有詩和酬。

《花甲閒談》卷五《奉酬醴泉丈寄懷之作》詩。

南山詩云："官閣同聽宓子絃，名場先著祖生鞭。烏皮几擁三千卷，雁翅堂開二百年。日取苡人充藥石，歲勤秧馬治書田。果然教出雙雛鳳，桂榜齊登眾口傳。"詩中原注："余與君同受知於邑侯吳象川先生。""君家'雁翅堂'扁，梁藥亭先生書。""君嗜薏米，即《說文》'苡人’。”“哲嗣石屏、菊湖，鄉舉同榜。”

按，林伯桐《修本堂稿》卷四《醴泉吳君墓銘》云：“丙子科二子同舉於鄉。”與南山詩自注“哲嗣石屏、菊湖，鄉舉同榜”正合。丙子即爲嘉慶二十一年。石屏，吳家樹；菊湖，則家懋也。《花甲閒談》録應昌《寄懷南山詩》有“怪君今尚滯文場”句，指南山嘉慶十六年再次失意京試事。南山作此詩酬之。

吳應昌，字其升，號醴泉，廣東番禺人。家樹、家懋父。嘉慶六年舉人。後以大挑一等，分發江西試用知縣，甫至遂歸不復出。

自嘉慶辛未七月至丙子十月所作詩，結爲《白雲集》。其中乙亥二月至三月詩收入《羅浮集》。後并入《松心詩集》。

彭玉麐生。

梁九圖生。

鄧大林生。

百齡卒。

崔述卒。

莊述祖卒。

喻文鏊卒。

嘉慶二十二年丁丑（一八一七）　三十八歲

［時事］搜驗進口船隻，有無夾帶鴉片。　兩廣總督蔣攸銛調任四川總督，繼任者阮元。廣東巡撫董教增調閩浙總督，遺缺由陳若霖調任。　廣東捕天地會衆五千餘人。　五月，美船一艘載鴉片至廣東海面

兜售，漁民疍戶毆斃煙販五人。清廷竟處死李奉廣等數人。　五月，廣東大水害稼。八月，水乃退。

入都途中，與妹婿馮賡颺同行。馮是科會試獲中進士。

> 《聽松廬詩鈔》卷八《送子皋之任黃縣》詩自注。《國朝詩人徵略》二編卷五九"馮賡颺"條。

會試報罷，參加大挑一等。四月初七日引見，以知縣用。南山自揆乏吏才，呈請改就教職，選臨高縣學教諭。未赴任。父炳文大挑二等，選教諭，補四會縣學訓導。

> 《花甲閒談》卷八《嘉慶丁丑大挑一等。四月初七日勤政殿引見，蒙恩以知縣用。恭紀》詩。《國朝詩人徵略》卷五五"張炳文"條。

下第南還，翁方綱賦詩送別。

> 金菁茅《張南山先生年譜撮略》。翁方綱《復初齋詩集·石畫軒草十二》之《送張南山還粵東，兼寄黃香石》詩。詩云："惠寫蘇齋壁，遙題嶺海樓。緘懷香石子，書到穗城秋。北上重袪執，南園一氣酬。儻因蘇問杜，不負藥名洲。"
>
> 按，黃培芳曾爲翁方綱題"蘇齋"名，翁則報題黃氏嶺海樓，故詩前半及此。後半則於南山諄諄以詩法相勉。其所屬望者亦至矣。

南歸途中，賦詩述懷。

> 《聽松廬詩鈔》卷六《南歸途中述懷四首》詩。
>
> 按，詩其三云："賦就凌雲變子虛，文章憎命復何如。謬叨卿相憐才意，許讀生平未見書。花欲落時遲墮地，路當歧處暫停車。歸心笑指扶胥水，中有滄溟跋浪魚。"自注："薦卷取謄録，總裁云：'可先補玉牒館謄録。'"又

注：“姚秋農師云屏卷已取中，十餘日後，以額滿見遺。”
詩其四云：“金盡不愁行色減，贈詩還有魯靈光。”自注：
“翁覃谿先生有詩送出都。”

有《歸來》詩，以祖母與母俱逝，追維慈愛，言外有
無限哀痛。

《松心詩集·燕臺四集》。

詩云：“昔年下第歸來日，慈母偏憐失意人。今日歸來逢
弟妹，酒邊惟有淚盈巾。”自注：“憶戊辰、辛未下第歸，
先慈每以好言撫慰，命置酒與弟妹共飲。”

以舉人、大挑二等資格獲委廣東粵秀書院監院。

梁廷柟《粵秀書院志》卷一〇《教職表》。

又，《粵秀書院志》卷一六云：“先生以聰穎之資，幼承
庭訓，稍長而耽嗜群籍，凡文章所有諸體，各能涉其流而
溯其源，不復可以一藝之長名之。院中諸生故以八比文、
試律詩爲當務之急，而先生已居然突冠時髦，又事必開誠
相與，持以和平，於是肄業之士賴有先生，義稍歧疑，率
舉以質，無不各得其意以去。”

按，金菁茅《張南山先生年譜撮略》誤繫於嘉慶二十三
年。粵秀書院教職表載南山二十二年任監院，二十三年由
楊薌、吳徽光接替。

本年曾有大小便兩晝夜急迫不通之癥，幾死。服黑牽
牛而愈。

《桂游日記》卷三。

九月，兩廣總督蔣攸銛調四川總督，自言：“余督粵
六載，公餘邀南山論文談藝，而南山從未干以私，余
益重之。”

《花甲閒談》卷一四《書張南山黃梅拯溺圖後》。《清史列
傳》卷三四《蔣攸銛傳》。

爲蔣攸銛題其尊人《臨皋先生詩集》。

　　《聽松廬詩鈔》卷七《礦堂制府見示贈公〈臨皋先生詩
　　集〉，謹題卷後》詩。

　　贈公，即蔣紹年，攸銛父。官知州。

爲廣東巡撫陳若霖撰奏稿，有《睡起》詩。

　　《聽松廬詩鈔》卷七。

　　詩云：“生計仍飄泊，孤懷易慨慷。我憐張子野，人比馬
　　賓王。警露鶴聲遠，飲風蟬影涼。門前無剝啄，穩住黑甜
　　鄉。”詩中自注：“時望坡中丞屬撰奏稿。”

　　按，時南山爲粵秀書院監院，詩有“人比馬賓王”句，
　　乃以唐貞觀時名相馬周曾任博州助教爲比，亦隱含待時之
　　意也。

　　陳若霖，字宗覲，號望坡，福建閩縣人。乾隆五十二年進
　　士。嘉慶二十二年三月至二十三年四月任廣東巡撫。

叔子祥晉生。

　　張維屏《松心十録》癸集《雜陳録》卷一“列子”條。
　　陳澧《東塾集》卷五《張賓峴墓碑銘》。

惲敬卒。

王曇卒。

嘉慶二十三年戊寅（一八一八）　三十九歲

[**時事**] 五月初八日，以翰林院編修邱家煒爲廣東
鄉試正考官，内閣中書魏茂林爲副考官。　禁匿名告
訐。　禁於田間通路。　九月，阮元就任兩廣總督。阮
元再陳預防英吉利事宜，仁宗諭：懷遠之道，先以理
性，斷不開孟浪從事。　廣東巡撫陳若霖離粵，繼任者
爲李鴻賓。　十一月十五日，阮元奏纂《廣東通志》。

二月清明時節，賦《柳色》四首詩。潘正亨有和作。

　　《聽松廬詩鈔》卷七。《花甲閒談》卷五。

次韻和廿年前所見葉廷勳《新柳》詩。

　　《聽松廬詩鈔》卷七《新柳三首，次葉丈花谿韻》詩。

　　《新柳》詩云："廿年傳唱陽關曲，回首春光似馬蹄。"自
　　注："廿年前見原唱。"

　　葉廷勳，字光常，號花谿。廣東南海人。官候選員外郎，
　　議叙加鹽運使司銜。有《梅花書屋詩鈔》。

畫家張寶漫遊至廣州，南山爲其《泛槎圖》題詩。

　　張寶《泛槎圖》。《聽松廬詩鈔》卷七《題張仙槎寶舊遊
　　畫册》詩。

　　張寶，字仙槎，江蘇上元人。畫家，布衣。喜漫遊，至則
　　臨摹其勝景爲"泛槎圖"，倩人題詠之。翁方綱、阮元及
　　粤人劉彬華、謝蘭生等均有題詠。

賦《陸大夫祠》詩。《陸大夫祠碑》亦當作於此時。

　　《聽松廬詩鈔》卷七。《松心文鈔》卷八。《花甲閒談》
　　卷一。

　　碑序云："廣州城南有陸大夫祠，祀漢大中大夫陸生，禮
　　也。祠不聞有碑，爰補以文，將刊諸石。"

同潘正亨過海幅寺，有詩紀之。

　　《聽松廬詩鈔》卷七《同伯臨過海幅寺》詩。

賦詩題蔣士銓曾孫志伊《小紅雪樓圖》。

　　《聽松廬詩鈔》卷七《題蔣耕侶志伊小紅雪樓圖》二
　　首詩。

　　詩題下自注："君爲心餘先生曾孫。"

　　蔣士銓，字心餘，江西鉛山人。乾隆二十二年進士，官翰

林院編修。著《忠雅堂詩集》、《紅雪樓九種曲》。曾孫志
伊，字耕侶，號小榭。

張如芝弟子徐良琛問詩於南山，賦詩以答。

《聽松廬詩鈔》卷七《答徐生夢秋問詩》詩。

詩云："此語詩禪亦畫禪，請問堂前墨居士。"自注："夢
秋爲家墨池弟子。"

徐良琛，號夢秋，廣東南海人。諸生。有《搴芙蓉館
集》。

夏，兩廣總督阮元招同許乃濟、劉彬華、謝蘭生諸人，
集節署之東齋，談及刻《皇清經解》、修《廣東通志》
并擬建學海堂諸事。有詩紀之。

《聽松廬詩鈔》卷七《戊寅夏日，制府阮雲臺先生招同許
青士乃濟、劉樸石彬華、謝澧浦蘭生三太史，集節署之東
齋》詩。

詩云："北來旌節斗奎明，南望滄溟水鏡清。武庫新臨杜
元凱，經師兼得鄭康成。千編煥發圖書府，十郡歡騰雅頌
聲。學海百川同至海，教思無盡見堂名。"自注："公欲
建堂，以古學課士，名堂曰'學海'。"

許乃濟，字叔舟，號青士，浙江錢塘人。嘉慶十四年進
士，官翰林院編修、太常寺少卿。時官廣東按察使。道光
十八年秋，因主張弛禁鴉片而被降職。有《求己齋詩
集》、《許太常奏稿》等。

金雲詩還錢唐，有詩送別。

《聽松廬詩鈔》卷七《送金雲詩還錢唐》詩。

胡豹文卒，詩以哭之。

《聽松廬詩鈔》卷七《哭胡蔚巖四首》詩。

詩其三云："昔者徐高士，蕘圃。與我比膠漆。暮年復交
君，向我屢稱述。更憶金藝圃，其性頗真率。於人多所

否,獨謂君篤實。十年去如風,二子倏已歿。今年又哭君,故交逝何疾。君本嗜吟詠,興至輒走筆。後來漸知難,過慎不敢出。我欲輯君詩,選擇存十一。徐金共一編,心血庶無失。"

賦詩贈吳慈鶴,并題其《蘭鯨録》。

《聽松廬詩鈔》卷七《贈吳巢松編修,即題其〈蘭鯨録〉》詩。

詩云:"岑華太史騷壇雄,筆扛巨鼎鏗華鐘。聆音十載今識面,蘭鯨示我光熊熊。我時氄毿返鄉里,有若病鳥投寒叢。得君詩卷比藥石,能起屛懨扶衰癃。詩家流派各有別,或爲厚實爲清空。清防失剽厚失滯,甘辛丹素時交攻。如君大氣鼓積軸,一鑪自鑄金銀銅。藐姑肌膚冰雪白,織女裳佩雲霞紅。身居錦繡萬花谷,心遊礧砢孤松峰。昨者片言抉真髓,絢極返素神內充。驕投千百倦遊戲,要豎一指參天龍。知君威鳳思閟彩,嗟余方類寒號蟲。藹然溫語慰蹭蹬,雲逵望我毛羽豐。豈知冷官百念冷,只有幽興如春濃。白雲是君舊遊地,我請載酒君攜筇。雲泉新闢二十境,仙山樓閣開玲瓏。丹崖正好鐫緑字,健句一和覃溪翁。"

吳慈鶴攜南山詩卷歸吳中,沈傳桂見之,翫玩不置,賦詩以貽慈鶴。慈鶴因和沈以長句,并以此壽南山。南山得慈鶴寄詩,即賦酬詩兼寄沈傳桂。

吳慈鶴《鳳巢山樵求是録》卷五《余在粵得張南山廣文維屏詩卷以歸,沈閏生見之,翫玩不置,賦詩見貽,余輒和壽張》詩。《花甲閒談》卷五《酬吳巢松太史兼寄沈閏生茂才》詩。

沈傳桂,字隱之,號閏生,江蘇吳縣人。道光十二年舉人。工詞,與朱綬、沈彥曾等稱吳中七子。有《清夢盦二白詞》、《東雲草堂詩文集》。

潘正衡癖愛黎簡詩畫，顔其齋曰黎齋，乞南山爲之
賦詩。

> 《聽松廬詩鈔》卷七《潘鈞石正衡癖愛黎二樵詩畫，顔其
> 齋曰黎齋，乞余賦詩》詩。

> 詩云：“同時數子騒壇盛，馮魚山、張藥房、黄虛舟、吕石帆。
> 君詩自闢蟲叢徑。”

七月六日，同許乃濟遊長壽寺，小飲池上，賦詩有
“勞生無逸骸，一靜抵百藥”之句。

> 《聽松廬詩鈔》卷七《七月六日，同許青士編修乃濟遊長
> 壽寺小飲池上》詩。

秋社日，劉華東招同人集粵秀山歡醵，席上傳花賦詩
爲樂。

> 《聽松廬詩鈔》卷七《秋社日劉三山招同人集粵秀
> 山》詩。

> 詩云：“吾宗儒將舊詩豪，一串驪珠先落紙。”自注：“家
> 靜山參戎詩先成。”

賦詩送門生胡念修返山陰。

> 《聽松廬詩鈔》卷七《送胡念修返山陰》詩。

> 詩中自注：“念修從余學。”

> 胡念修，字靈和，號右階，浙江建德人。貢生。有《向
> 湘樓駢文初稿》、《靈芝仙館詩鈔》。

葉鍾進工畫，請題“月夜聽歌圖”。

> 《聽松廬詩鈔》卷七《葉蓉塘鍾進月夜聽歌圖》詩。

> 葉鍾進，號蓉塘，安徽歙縣人。著《英吉利國夷情紀
> 略》、《南田畫跋》。

與何治運同預修《廣東通志》，嗣何以撫署幕友傲慢
同事，意不懌而辭將去，南山有詩贈之。

《聽松廬詩鈔》卷七《贈何郊海孝廉治運》詩。

詩中自注："君藏書數萬卷，著有《何氏學》及《公羊精義》等書，凡數十卷。"又注："時修《廣東通志》，余與君俱在志局，有爲節署賓而傲慢同事者，君意不懌，將辭去。"

何治運，號郊海，福建閩縣人。嘉慶十二年舉人。

觀物而悟世情，賦《觀物二首》、《小坐》諸詩。

《聽松廬詩鈔》卷七。

李宗瀚自桂林來粵，南山招之與吳嵩梁同集雲泉山館，有詩。吳嵩梁云欲爲羅浮之遊，乃作詩贈行，南山時將由楚入都。

《松心詩集·洞庭集》之《贈李春湖副憲宗瀚，時同吳蘭雪遊白雲山》、《吳蘭雪國博嵩梁見訪，云欲爲羅浮之遊，作歌贈之。時余將由楚入都》詩。吳嵩梁《香蘇山館詩集》卷一二《張南山廣文招同李春湖副憲集雲泉山館》詩。

南山贈吳詩云："祥雲護室唐碑古，駭浪圍舟使節閒。"自注："君藏《廟堂碑》，爲人間第一本。覃谿先生跋云：'當有吉祥雲護之。'"又注："君奉使渡錢塘江遇潮，舟人惶懼，君神色自若。"

按，《洞庭集》附錄吳《南山廣文招同春湖副憲遊白雲山集雲泉山館，得詩四首》詩，其四自注云："春湖自粵西來。""南山將入都，其所製詞名《海天霞唱》。"則《海天霞唱》本年已編成。

李宗瀚，字北溟，一字公博，號春湖。江西臨川人。乾隆五十八年進士，翰林院編修，官至工部侍郎。

賦《仙才歌》答姚東之，兼寄吳嵩梁、劉開。

《松心詩集·洞庭集》之《仙才歌答姚伯山東之，兼寄吳蘭雪、劉孟塗》詩。姚柬之《伯山詩集》卷五《將至太和卻寄張南山司馬，即用其戊寅年投贈元韻奉題聽松廬詩集》詩。

> 詩云："昨聞君論足驚詫，黃生而外朱劉張。"自注："君謂近時詩人足當仙才者，黃仲則、朱子穎、劉孟塗，并謬及於余。"

> 詩又云："君將束裝度大庾，我亦鼓櫂浮三湘。海濱萍梗偶一聚，後會當在金臺旁。"

> 姚柬之，字佑之、伯山，安徽桐城人。道光二年進士，官貴州大定府知府。有《伯山詩集》、《文集》。時客廣東。

賦詩答李遐齡，有"吟袂重聯珠海邊"之句。又賦詩寄桂林李秉禮。

> 《聽松廬詩鈔》卷七《答李菊水》、《奉寄李松甫郎中》詩。

> 李秉禮，字敬之，號松甫。江西臨川人。官刑部郎中。有《韋廬詩內集》、《外集》。南山姻親李秉綬，乃其弟也。

賦詩題張喬《蓮香集》後。

> 《聽松廬詩鈔》卷七《書蓮香集後》詩。

> 詩云："紅粉幾人逃薄命，丹心從古重多情。"詩中自注："謂陳、黎諸公。"

> 按，明末妓張喬，與陳邦彥、黎遂球、彭孟陽諸人往還。能詩，有《蓮香集》。

偶檢故篋，見馮敏昌手書贈詩，期許甚殷。因賦詩志感，云："荀邴俱爲一代賢，昔人名句至今傳。馮唐已逝留遺墨，重感牙期一泫然。"

> 《松心詩錄》卷三《偶檢故篋，見馮魚山先生敏昌手書見贈，有"聲華日下荀鳴鶴，志節琅琊邴曼容"之句，期許甚殷。賦詩志感》詩。

九月，爲姚東之《伯山詩集》題識。

姚東之《伯山詩集》卷末。

題識云："騷情楚思，俠骨仙心。豪驅廣陵之濤，清挹峨嵋之雪。戊寅秋九月張維屏識。"又云："五律得少陵之神，非同貌似。維屏讀。"

赵慎畛赴廣西巡撫任，南山爲賦《留石篇》詩。

《聽松廬詩鈔》卷七《留石篇，爲趙笛樓方伯賦》詩。

《清史列傳》卷三三《趙慎畛傳》。

詩云："坡公獲仇池，本自嶠南去。到公寶奇礧，忽向華林住。石丈夙通靈，離合信有數。九曜在藥洲，燦若列星布。不知何年移，其一在薇署。曾來米顛拜，敢效贊皇踞。翛然覃溪翁，嗜古癖有素。郵書八千里，敦請復故處。趙公今清獻，介節比貞固。與石爲主人，築亭力持護。山骨凝古雲，苔花滴清露。緬思蓬萊峰，浮來與羅附。既靜不復動，石亦點頭悟。一士此無雙，八公彼已具。奚煩趙璧還，合受楚金鑄。況乎得所主，千秋感知遇。懷哉春熙亭，佳話備典故。他時思召公，石即甘棠樹。"

趙慎畛，字遵路，號笛樓，湖南武陵人。嘉慶元年進士，授編修。二十年任廣東布政使，本年十月命調廣西巡撫任，後擢閩浙總督、雲貴總督。有《榆巢雜識》、《讀書日記》。

按，廣州城內藥洲，有宋九曜石名蹟。後其中一石被移置廣東布政使司署內，翁方綱屢欲令人移還原處，未果。趙慎畛時爲廣東巡撫，爰重此石，爲建亭以蔭護，故南山賦詩美之。

十一月八日，爲洪頤煊題"小停雲山館圖"。

《聽松廬詩鈔》卷七《洪筠軒別駕頤煊小停雲山館

圖》詩。

詩曰："天台一片雲，飛入珠江渚。四言陶令詩，半畝衡
山墅。君圖曰停雲，二者必有取。屋中詁經人，筆邁容齋
祖。遠懷溯贏劉，奧義析鄭許。上下四千年，前後廿四
部。考史費鉤稽，遺文混魚魯。其間有闕疑，每賴金石
補。讀碑君有記，搜討細羅縷。君才儗籍湜，師承得韓
愈。往者西湖濆，精舍實翹楚。今來南海濱，春風坐堂
廡。從來經術深，可必政術舉。知君雲暫停，終當作霖
雨。"款識："奉題筠軒詞長先生小停雲山館圖，即請是
正。嘉慶戊寅十一月八日禪山舟次，弟維屏並識。"

按，此詩爲南山存世手跡詩箋，然與《聽松盧詩鈔》所
載有詳略之異。

洪頤煊，字旌賢，號筠軒，室名小停雲館，浙江臨海人。
嘉慶六年拔貢生，官廣東羅定州州判。有《筠軒詩文
鈔》、《尚書古文叙録》。

是年又有《贈儒醫傅雨蒼》、《吳植亭丈溪山行樂圖》、
《陶母節孝詩》、《羅浮雲歌，贈黃山僧澹庵》、《紅棉
書屋圖，友人求詩》、《百花香裏看春耕圖，爲蔣公子
沛畬霖遠題》諸詩。

《聽松盧詩鈔》卷七。

《贈儒醫傅雨蒼》詩自注云："余患腹痛，君投以黑牽牛，
乃痊。"

吳槐炳，字耀垣，別字植亭，廣東鶴山人。乾隆三十五年
舉人，官知縣，後改任新會縣學教諭。有《晚香堂詩
稿》。

蔣霖遠，字沛畬。攸銛之子。官戶部員外郎。

傅雨蒼、澹庵，其人俱未詳。

集自嘉慶丙子十一月至戊寅十月所作詩爲《燕臺三

集》，後收入《松心詩集》。

金菁茅《張南山先生年譜撮略》。

按，《松心詩集》傳本有《燕臺三集》之目而集内并無其
詩，未知何故。

郭嵩濤生。

翁方綱卒。

董誥卒。

吳錫麒卒。

孫星衍卒。

凌湘蘅卒。

嘉慶二十四年己卯（一八一九）　四十歲

[**時事**] 諭天主教實爲人心風俗之害，惟應嚴禁
傳徒。　洋船帶運鴉片入境，每賄海關監督家人放行。
准撥銀九百六十萬兩，用於黃河工程。　廣東巡撫李
鴻賓卸任，繼之者康紹鏞。　三合會在粵活動於清遠、
從化、英德及廣西之梧州、北流等地。　焦循《孟子
正義》三十卷成。　吳其濬《植物名實圖考》三十八
卷成。　馬禮遜（Robert Morrison）、米憐（Willian
Milne）譯畢《舊約全書》。

門人徐榮就塾館於聽松廬，爲南山子弟授讀。

徐榮《懷古田舍詩鈔》卷二《松芥集》自注。《藝談録》
卷下"徐榮"條。

徐榮，原名鑒，字鐵孫，廣州駐防漢軍正黃旗人。道光十
六年進士。學海堂學長。官浙江玉環同知，與太平軍戰，

死之。有《懷古田舍詩鈔》。

春初，啟程入京赴試，葉夢龍挐舟餞送至清遠，并賦詩贈行。南山次韻酬之。

> 《松心詩集·洞庭集》、《花甲閒談》卷五《次韻答雲谷農部》詩。

> 詩云："北行往京華，南去返鄉里。君夢燕山雲，我夢珠海水。"

> 按，《花甲閒談》錄葉氏《清遠舟中餞送南山先生入都，席上口占二十字》詩，詩云："交君三十年，送君八千里。欲知別後心，請看長江水。"

過飛來峽，十年來七度經此，感而賦《峽山飛來寺》詩。

> 《松心詩集·洞庭集》。

> 詩云："十年我愧知津客，一葉舟迎度嶺春。"自注："戊辰至戊寅，凡七經此。"

途中記程抒感，有《上瀧》、《韓瀧》、《出瀧》、《湘江寫望》、《浮湘四首》、《寄內》、《舟夜》、《大風泊洞庭湖》、《洞庭湖大風雪放歌》諸篇。

> 《松心詩集·洞庭集》。

遇三日大雪，時舟中米罄。爲詩歎行旅之苦，并簡吳家樹。

> 《松心詩集·洞庭集》之《積雪寒甚，戲簡吳石屏》詩。

> 按，詩題下注："時同北上。"詩云："笑余冷澹吟虛白，有客溫柔夢小紅。"自注："石屏新納姬。"

入楚境，有《雪後登岳陽樓》、《岳陽樓》、《楚中懷古》四首、《岳州道中》、《祭風臺》、《黃鶴樓》諸詩。

《聽松廬詩鈔》卷七。《松心詩集·洞庭集》。

《祭風臺》詩題下自注："相傳爲武侯祭風處。"

自漢陽北上，途中不乘高車而乘獨輪車，爲安穩故也。
有詩。

《松心詩集·洞庭集》之《獨輪車》詩。

詩末云："漢陽至京國，計日纔三旬。高車易顛覆，甚或
傷其身。何必侈美觀，適意斯足珍。"

賦《去年》詩一首，寄懷林伯桐、汪鳴謙、金菁茅。

《花甲閒談》卷五《去年一首，寄懷月亭、益齋、醴
香》詩。

詩云："去年鴻爪四人同，客路迢迢畫意中。山寺湖船三
日雪，古淮新柳五更風。"自注："自高郵雇手車至青
浦。"詩又云："今日枌榆鄉社近，伯勞飛燕轉西東。"詩
云"去年"，殆昔年之意也。

抵都，借僧舍暫住。有《抵都日口占》詩。

《松心詩集·燕臺四集》。

按，僧舍即米市胡同古槐禪院。見黄釗《讀白華草堂詩
集》卷五《鄉愁一首簡南山》詩自注。

賦詩哭悼翁方綱。

《松心詩集·燕臺四集》之《哭覃谿先生四首》詩。

詩其一云："騷壇竟失魯靈光，不信喬松易折傷。先生善攝
生。鶴髮瓊林尊杖履，重宴瓊林。鴻文海島購琳瑯。朝鮮使
者入都，必購求先生翰墨。賓朋入座多耆宿，金石羅胸鬱古
香。金石之學，二百年來無出先生之右者。心血有人勤護惜，
一時房杜在門牆。謂曹、蔣兩相國。"

其二云："龍馬精神耄未衰，縹緗鉛槧日忘疲。養心不藉
神農藥，拜手常賡帝舜詩。純廟命廷臣和詩，先生詩每奏進，
輒荷嘉獎。東觀寶書三篋熟，四庫館纂修。南溟使節八年持。

三任廣東學政。同朝碩輔多鴻駿，桑梓衡文遇獨奇。乾隆癸卯科，先生以順天人主順天試，洵異數也。"

其三云："玉堂清望儗髯坡，況有斜川和嘯歌。正仰高名齊北斗，不禁老淚湧西河。嗣君宜泉太史下世。新阡碑碣誰封樹，古軸煙雲孰網羅。所藏書畫，聞有散失。三十六鱗無恙在，見寄書札。摩挲遺墨悵如何。"

其四云："保安寺近曉鐘沈，通德門高曙色侵。先生黎明見客。學淺每慚稱敵手，諸詞人集蘇齋，先生聞屏至，顧座客曰："詩壇大敵至矣！"談深彌見愛才心。曲終忍更聞鄰笛，絃廢誰能賞爨琴。共有老成凋謝感，羊曇何止涕盈襟。"

按，詩中自注《聽松廬詩鈔》本稍有異同。翁氏上年已逝世，南山至京乃爲詩追悼，嗣又擬撰翁覃谿年譜，以未獲見家傳、墓誌，乃先就翁氏詩集中舉其生平大略，即《國朝詩人徵略》卷三四"翁方綱"條中文字。

會試下第，有詩遣懷年華輕擲，得失無端，此際惟安心處之矣已。

《聽松廬詩鈔》卷八、《松心詩集·燕臺四集》、《花甲閒談》卷七《己卯下第遣懷二首》詩。

欲南旋，吳俊民、吳葆晉兩君固留過夏。

《松心詩集·松滋集》之《得吳嵩少水部俊民、紅生孝廉葆晉書，以詩答之》詩自注。

按，葆晉爲南山知交金菁蘭婿，交誼本篤，故殷殷挽留也。

吳俊民，號嵩少，河南光州人。舉人。官浙江紹興府知府。

吳葆晉，字紅生。俊民弟。道光九年進士。官江蘇淮海道。

寓米市胡同，劉嗣綰寓橫街，時過從唱和。

《國朝詩人徵略》卷五七"劉嗣綰"條。

此條記云："己卯，余下第，寓米市衚衕，芙初太史寓橫街，時相過從唱和。"

劉嗣綰，字醇甫，號芙初。江蘇陽湖人。嘉慶十三年會試第一。官翰林院編修。有《尚絅堂集》。

與盛大士往還，頗相契洽，每有詩作，互相賞識。南山賦《掩關》詩，中有"浩蕩乾坤寄此身，悔將詩句役心神"之句。盛次韻相酬，引爲文章氣誼知己。

《松心詩集·燕臺四集》。

按，此詩《花甲閒談》卷六録之，題作《遣懷》，附録盛大士《遣懷次南山韻》詩。

盛大士，字子履，號逸雲，又號蘭簃道人，江蘇鎮洋人。嘉慶五年舉人，官山陽縣學教諭。有《蘊素閣集》、《溪山臥遊録》、《泉史》。

又與黃玉衡、黃香石諸人唱和交游。輯成《國朝詩人徵略》□十□卷。

《國朝詩人徵略》書前自序。

序云："國朝文治昌明，人材輩出，名臣名儒，後先相繼，即以詩論，自朝廷以逮閭巷，其間揚風扢雅，鼓吹休明，或爲有德之言，或擅專家之業，雲蒸霞蔚，富有日新，彬彬乎稱依永和聲之盛焉。屏賦性顓愚，寡所嗜好，暇日輒喜誦古人詩，誦其詩，欲知其人，而其人生平事跡，大都散見於諸家文集及志乘、説部諸書，爰即瀏覽所及，隨意録之，篇幅稍繁者節録之，或見其事未見其詩，或偶見其詩而未遇會心者，姑闕之。歲月既積，卷帙遂增，思於纂述之餘，用廣興觀之助，因釐爲□十□卷，名爲《國朝詩人徵略》。一日，有客過余，覽之，曰：'書中所載多名臣、名儒，而槩以詩人稱之，可乎？'余瞿然

曰：'微子言，余亦疑之。雖然，嘗徵諸古矣。《毛詩》
孔疏云：詩人覽一國之意，以爲己心，所言者諸侯之政，
故謂之《風》。詩人總天下之心，以爲己意，所言者天子
之政，故謂之《雅》。觀孔疏所稱詩人，則周公、召公、
衛武公、尹吉甫皆在其中矣。蓋以人言，則智愚賢否，等
有不齊；以詩言，則凡作詩之人，皆得謂之詩人。詩以人
而重，人不以詩而輕也。'客曰：'善。'越日，客復過
余，曰：'《文心雕龍》言：'賦者，受命於詩人。'又言：
'《離騷》，軒翥詩人之後。'是皆合《風》、《雅》、《頌》
之詩人而通稱之。亦可爲是編之一證也。客既去，余并書
于卷端，以質諸博雅君子。嘉慶二十有四年，歲次己卯夏
四月，番禺張維屏。"

按，《國朝詩人徵略》全書共六十卷，序稱"因釐爲口十
口卷"者，蓋此爲初撰部分，仍待日後續撰，故留空也。

初夏，與何瑞熊、馮賡颺郊遊，出南西門，飲於餘芳
亭子，復至豐臺尋花，有詩紀之。

《松心詩集·燕臺四集》之《夏日同何夢溪常博瑞熊、馮
子皋庶常賡颺出南西門，飲餘芳亭子，復至豐臺尋花，得
四絶句》詩。

何瑞熊，字振緒，號夢溪，廣東順德人。官光禄寺署正。
以畫名。

與盛大士、黃釗游金園小憩。四月二十九日，又應黃
玉衡招同盛大士、譚敬昭、黃釗、吳梯諸人集古藤書
屋，有詩。

《松心詩集·燕臺四集》之《集古藤書屋，分韻得集字》
詩。黃培芳《粵嶽草堂詩話》。黃釗《讀白華草堂詩集》
卷五《同子履、南山出右安門至金園小憩》、《首夏家在
庵編修招盛子履廣文大士、譚康侯農部敬昭、吳秋航解元

梯、林辛山聯桂、張南山維屏兩孝廉、家香石明經培芳同
集古藤書屋，分得同字》詩。

南山詩云："老藤三百年，夭矯古秀出。花隨絳霞飛，根
學怪石立。當年竹垞翁，日下富著述。王查時叩門，湯蔣
數促膝。一朝餞藥亭，離筵感蕭瑟。吾曹聞而知，老藤見
猶及。古屋傳至今，粵人此焉集。今爲順德會館。相逢操土
音，彷彿返鄉邑。坐中江南客，謂予履。轉覺歸想急。此
身忘去留，此會喜真率。所憂膏尚屯，未睹月離畢。何時
淰淰雲，暫緩杲杲日。九重軫黎元，虔禱意專壹。天心至
仁愛，甘澍沛可必。吾鄉亦苦旱，家書說未悉。夜來有歸
夢，夢輒荷蓑笠。茫茫人海中，一粟等蟣蝨。生平所結
念，不在求口實。蹉跎百無補，漸欲守蓬蓽。浩歌破羈
愁，古懷付新什。回頭望老藤，蒼虯懶猶蟄。"

按，黃釗詩序云："同集者盛子履孝廉大士，吳秋航解元
梯，黃小舟編修玉衡，譚康侯農部敬昭，林辛山聯桂、黃香
石培芳兩同年，黃香鐵孝廉釗，時嘉慶己卯四月二十九
日。"古藤書屋，清初詩人朱彝尊故居。

黃釗，字香鐵，廣東蕉嶺人。嘉慶二十四年舉人。官中
書。有《讀白華草堂詩集》。

吳梯，字秋航，廣東順德人。嘉慶六年舉人。官山東蒙陰
等縣知縣。有《岱雲編》、《讀杜姑妄》。

在京度夏，有《消夏八詠》詩，即《涼棚》、《冷
布》、《賞雨》、《買冰》、《浮瓜》、《憶荔》、《驅蠅》、
《照蝎》也。

《松心詩集·燕臺四集》。

與程恩澤始晤於西涯酒樓。夜讀其詩集，甚快。即成
二律賦贈。

《松心詩集·燕臺四集》附載程恩澤《南山同年見示大

集，燈下讀之甚快。兼憶畫間情話，率成二律奉贈》詩
其二自注。

程恩澤，字雲芬，號春海。安徽歙縣人。嘉慶十六年進
士。官户部侍郎。有《程侍郎遺集》。

遊京南西門外，與吳慈鶴諸吟侣唱和。

《松心詩集·燕臺四集》之《南西門外野望，次巢松韻》、
《疊前韻簡諸吟侣》詩。

林聯桂有“當遊羅浮圖”，盛大士《溪山臥遊録》曾
載入。南山爲之題詩。

《聽松廬詩鈔》卷八《當遊羅浮圖爲林辛山同年題》詩及
自注。

榴村女史毛周善畫蘭，南山爲之題詩。

《松心詩集·燕臺四集》之《題榴村女史毛周畫蘭》詩。
毛周，字榴村。善繪事，工花草。

賦詩贈王捷南，即送出都。

《松心詩集·燕臺四集》之《贈王懷佩孝廉捷南，即送出
都》詩。

詩云：“十載重逢鬢有霜，依然潦倒向名場。澆愁我覓壚
頭酒，濟世君懸肘後方。學海淵深秋水靜，師門迢遞暮雲
長。驪駒欲發留難住，病鶴禇褷益自傷。”詩中自注：
“余與君同出陳恭甫師門。”又，“余病，服君藥而愈”。
王捷南，字懷佩，福建仙遊人。治《詩》、《禮》、《春
秋》、諸史、輿地之學。

六月二十四日，黄安濤始交南山，并邀南山與京中諸
詩人集會。有《黄霽青太史招二十四詩人集李公橋酒
樓，爲荷花賀生日有作》詩。

《松心詩集·燕臺四集》。《花甲閒談》卷一四《春海祭酒
典試粤東，使竣北旋，過泰和見訪，同登快閣，枉贈嘉

篇，奉酬四首》自注。《藝談録》卷上"黄安濤"條。

黄安濤，字凝輿，號霽青，浙江嘉善人。嘉慶十四年進
士，翰林院編修。後任廣東高州府知府。

是日張祥河、周凱在二十四詩人之座，始與南山訂交。
多年後南山因事入都，與張祥河談詩甚洽，別後頗有
唱酬。

《藝談録》卷上"張祥河"條引《聽松廬詩話》。《松心
詩集·花地集》卷四《詩龕方伯自粵西寄示詩集，中有
見贈長篇，蓋庚寅所作也。賦此奉報》詩自注。《花甲閒
談》卷一〇周凱《松廬歌贈張南山大令》詩中自注。

張祥河，字元卿，號詩龕，江蘇華亭人。嘉慶二十五年進
士，官至工部尚書。有《小重山房全集》。

周凱，字仲禮，號芸皋，浙江富陽人。嘉慶十六年進士。
官翰林院編修，調湖北漢黄德道。有《内自訟齋詩文
鈔》。

程恩澤、邢五峰亦在二十四人之列。

《松心詩集·豫章集》之《程春海祭酒典試粵東，使竣北
旋，過泰和見訪，同登快閣，枉贈嘉篇，奉酬四首》詩
其一自注。

邢五峰，其人未詳。

秋，盛大士歸江南，有詩贈行。別前，與黄釗、盛大
士同集餘芳亭子，亦有詩紀之。

《松心詩集·燕臺四集》、《花甲閒談》卷六《送盛子履學
博歸江南》詩、《餘芳亭子同盛子履大士、黄香鐵釗》詩
四首。盛大士輯《粵東七子詩》卷四"張維屏卷"題識。
盛大士輯《粵東七子詩》卷四"張維屏卷"題識述其交
誼云："南山詩沈雄跌宕，直趨少陵。弱冠負盛名，及游
京師，才望騰茂，性格耿介，不妄應求。與儕輩論文，多
否少可。余在京邸距南山寓不數步，每有所作，互相賞

析，門外有他客至，南山即扃秘詩篋，不露一字，其孤寂
如此。而余與俗士遇，亦絕口不談詩，故兩人性情尤相合
也。己卯余歸江南，諸同人餞飲古藤書屋，南山本不善
飲，是日滿座皆素心人，豪飲至醉。翌日，南山復偕香鐵
餞余於小餘芳亭子，嘗語余曰：此後天涯萬里，郵書或不
能盡達，必各存其稿於詩文集中，毋散棄也。相與揮涕而
別。輯録舊詩，蓋不勝聚散之感矣。"
《送盛子履學博歸江南》詩云："千里神交纔握手，一帆
風利不回頭。""自笑黃粱猶未醒，東華塵土尚勾留。"
《餘芳亭子同盛子履大士、黃香鐵釗》詩其三自注："過吳
巢松太史，見示新詩，有'鬢絲雖換風情在'之句。"其
四自注："子履將出都。"此與盛大士、黃釗唱和之作，
《聽松廬詩鈔》止録其三首，《花甲閒談》題作《南西門
外小餘芳亭子同盛子履、黃香鐵分體得七言絕句》，所録
詩作有異同。又，詩其一載于《花甲閒談》，爲《詩集》
所無。《花甲閒談》録盛大士《同南山、香鐵集小餘芳亭
子分得五言古體》詩、黃釗《同子履、南山出南西門即
事賦詩分得七律》詩。

遊極樂寺，得詩四首。

《聽松廬詩鈔》卷八《遊極樂寺，復由西頂至繡漪橋望昆
明湖，得詩四首》詩。

吳慈鶴以昔年沈傳桂詩暨己之和作示南山。南山感而
賦詩酬報慈鶴兼寄沈傳桂，道相賞之情。

《松心詩集·燕臺四集》、《花甲閒談》卷五《酬吳巢松編
修兼寄沈闓生茂才傳桂》詩。

按，嘉慶十二年，吳慈鶴自粵還吳縣，攜南山詩卷歸。沈
傳桂見而深賞，嘗賦詩述傾慕之意，慈鶴因而和作。乃
張、沈二人神交已久，未能謀面，慈鶴因以昔年二人之作

相示。南山遂賦詩相酬，兼寄傳桂，道相惜相期之意。
《聽松廬詩鈔》、《燕臺四集》附録吴慈鶴原作，題作《丁
卯冬，余自粤攜南山孝廉詩卷歸吴中，沈闈生茂才見而賦
詩欣賞。余因和之，并寄南山》。

八月十六日，爲丁宗洛輯《陳清端公詩集》撰序。

《松心文鈔》卷四《陳清端公詩集序》。《海康陳清端公詩
集》。

文曰："明瓊山海忠介公以直聲清節震耀宇内，後百餘
年，而國朝海康陳清端公繼之。人皆謂公之清足配忠介，
而吾以爲二公之清有同有不同。其有守同也，其有爲亦同
也。其接於人也，忠介每有凌厲峭激之氣，而清端則易直
慈良之意爲多。其發於言也，忠介之文勁爽而直達，清端
之文寬舒而有餘。其施於政事也，推忠介之意必欲事事復
古，而清端則相時度地，惟期實政足以利民。蓋忠介之清
主乎肅，清端之清兼乎温。清如冰霜，足以殺物；清如雨
露，足以生物。故學忠介而不至，其弊恐流於刻；學清端
而不至，猶不失温厚之意。顧忠介當日目睹紀綱廢弛，憸
壬横行，本其憤時嫉俗之心，發爲凌厲峭激之氣。而清端
則遭遇盛時，受特達之知，際明良之會，則二公之同而不
同者，時爲之也。公不以詩名，然昔賢手澤所存，後之人
猶寶愛之，而况詩固出於性情者哉！公文集鑴於乾隆乙
酉，附詩僅一卷，今丁君瑶泉輯公遺詩多至十卷，且編次
公生平行實，撰爲年譜。丁君客數千里之外，而於鄉先哲
之事業文章，勤勤焉蒐羅而紬繹之，得其先後之次第而手
自録之，其用心於文獻，勵志於典型，可謂勤矣。余之服
膺公不以詩，故置詩不論，而特論夫公之所以異於忠介
者。夫仁，一而已，乃有好仁者焉，有惡不仁者焉。忠介
清而肅，其近於惡不仁者與？清端清而温，其近於好仁者

與？君子亦仁而已矣，何必同！"

按，《海康陳清端公詩集》收錄此序，末署"嘉慶二十四年歲次己卯秋八月既望，番禺後學張維屏敬序"。

丁宗洛，字瑤泉，廣東海康人。舉人。

陳璸，字文煥，號眉川，廣東海康人。康熙三十三年進士。翰林院編修。官至巡撫。謚清端。有《海康陳清端公詩集》、《文集》。

九月，清仁宗六旬萬壽，四川總督蔣攸銛入都祝嘏，邀南山至直廬，以文牘事相託。此後數旬中，凡攸銛所有奏御、緊要筆札等文字均出南山之手，且蒙獎許甚至。

《國朝詩人徵略》二編卷四三"蔣攸銛"條。金菁茅《張南山先生年譜撮略》。

《徵略》述云："嘉慶己卯九月，四川總督襄平蔣公入都，時方帶領四川土司大頭目諸人恭祝萬壽，其頭目之先世有以捍禦積功恩賞至二三品頂戴者。公出巨帙，屬余撮其事略，書於白摺子，攜入朝以備顧問云。公自入都至出都，數旬中凡奏御文字及緊要筆札多出屏手。一日共飯，舉酒向余曰：'朝廷若開宏博科，老夫薦士，君其稱首矣。'雖疇昔之閒談，亦牙期之夙契，附筆於此，用識弗諼。"

時陳嵩慶入直南書房，例應進祝壽詩冊。南山爲代賦百章奏進，大獲嘉許。

《藝談錄》卷上"陳嵩慶"條引《松軒隨筆》。

此條述云："嘉慶己卯余下第留京。是年恭逢萬壽慶典，荔峰師曾在南齋供奉，例進詩冊，屬余撰頌百章。力辭不獲，因爲分章命意，前後總叙，中間每一首詠一事。師大喜，不易一字，即書冊奏進。惠余文綺文房諸物，蓋潤筆之意，在師之意甚見重，然耗費心血，則名之爲累也。"

南山又賦《陽春》詩，以誌其事。

《松心詩集・燕臺四集》。

詩云："小儒未解鋪鴻藻，擬祝升恒學頌揚。"自注："代閣部師撰頌百章，又爲蔣、陳兩制府撰奏御文字。"

按，閣部師指陳嵩慶，蔣爲攸銛。惟陳不知所指，蓋其時各省總督無陳姓者，或誤記也。

張岳崧前因修史被議革職，此時逢萬壽慶典，獲咎諸臣皆獻詩册。張岳崧作全韻詩，至仄聲內有韻窄而極難押者，請南山助之。南山因與其同鄉同年，不得已爲作十數首，於是全韻詩乃成。

《藝談録》卷下引《聽松廬詩話》。

張岳崧，字翰山、瀚山，海南定安人。嘉慶十四年進士，官翰林院編修、湖北布政使。有《筠心堂集》。

吳鼐入都祝嘏，將出都，偶於友人處見南山代陳嵩慶所撰《萬壽頌》百章，謂友人曰："此手筆大近孟堅《典引》、中郎《釋誨》。"既而知爲南山作，因訪南山於米市衚衕廟中，適見案頭近作一卷，即攜去。越日，南山往報謁，吳鼐無他語，即朗吟"南海月華今夜白，西山雲氣古時青"、"一生不幸稱詞客，萬古能豪是酒人"之句，遂同過雲谷農部寓齋，劇談夜飲，夜分乃別。

《國朝詩人徵略》卷五四"吳鼐"條。

按，法式善《梧門詩話》云："山尊睥睨一世，善持議論，口如懸河。工駢體文，援筆立就。"乃於南山青眼相加，蓋亦同氣相求之意也。

吳鼐，字山尊，號抑庵。安徽全椒人。嘉慶四年進士。官翰林院侍講學士。有《吳學士詩集》。

雲谷，謂葉夢龍。時供職戶部。

吳嵩連日過訪，南山賦二律相贈，吳嵩次韻奉答，次章云："弱冠曾充上國賓，文章未老鬢毛新。千秋自我無窮事，四海如君有數人。古義濯磨如矢直，歧塗面目與山真。嶺南諸老何曾死，高下川陵大可因。"南山得之甚感，謂："詩中獎藉甚至，且以嶺南前哲相期，意尤可感。"

《國朝詩人徵略》卷五四"吳嵩"條。《松心詩集·燕臺四集》、《花甲閒談》卷六《山尊學士連日枉顧，賦呈二首》詩。

南山詩其一云："元龍豪氣復多情，此日騷壇合主盟。四大禪牀邀學士，同遊龍泉寺。二分明月待先生。時方主講揚州。身閒自放青霄鶴，筆健能驅碧海鯨。衣綵還山潔蘭膳，中年心已澹簪纓。"其二云："花鳥湖山互主賓，盧陵老去鬢霜新。禁中久識凌雲客，江左今多立雪人。軼事徵來聞見博，古歡結處性情真。高軒累日尋蕭寺，香火前生或夙因。"

張岳崧、區玉章、汪銘謙招同林聯桂、黃位清、黃培芳遊小有餘芳，集於三官廟。

林聯桂《見星廬詩稿》十六集《張翰山編修、區仁圃吏部、汪益齋比部招同張南山、黃春帆、香石遊小有餘芳，集飲三官廟二首》詩。

區玉章，字仁圃，廣東南海人。嘉慶十三年進士。官吏部主事。後爲粵秀書院院長。

黃位清，字瀛波，號春帆。廣東番禺人。道光元年舉人。官國子監學錄。有《詩異文錄》、《松風閣詩鈔》等。

得病瀕危，口不欲食，身不欲動，神氣困憊。賴依陳修園醫方，服白术佐以附子而愈。自是以此方常服，自云老健皆賴此云。

《桂游日記》卷三。

按，南山固嘗究醫道，求養生之法，故能參照醫方以自救。陳澧《陳澧集·東塾集外文》卷五《與徐子遠書》述此云："其法每日早起，以白术五錢，生薑一片，紅棗肉二枚，濃煎服之。南翁云：'四十歲時服此，今老健，皆此物之功也。'"

癒後有《病起寫懷》、《遣懷次小舟韻》、《周菊人孝廉達看山讀畫圖》、《周菊塍屬題石堡畫晚香玉》詩。

《松心詩集·燕臺四集》。

按，小舟，黃玉衡字。周達，字菊人、菊塍，其人未詳。

黃安濤過訪，出示其父退庵先生"馴鹿莊圖"屬題，詩以應之。

《松心詩集·燕臺四集》之《黃霽青編修安濤枉過，出示尊甫退庵先生馴鹿莊圖屬題》詩。

黃凱均，字南薰，號退庵。浙江嘉善人。太學生。有《友漁齋詩集》。

賦詩贈黃釗，即題其《白華草堂詩草》。又題其"江天永慕圖"。

《松心詩集·燕臺四集》之《贈黃香鐵，即題其白華草堂詩草》、《黃香鐵江天永慕圖》詩。

夜過小山吟館，吳俊民、吳葆晉出佳釀飲南山，且勸每飲少許得養生之助。因賦詩填詞以志感。

《松心詩集·燕臺四集》之《夜過小山吟館，吳嵩少水部俊民、紅生孝廉葆晉出佳釀飲余，且勸每飲少許得養生之助》詩。《花甲閒談》卷六《齊天樂》詞。

《齊天樂》詞題下序云："醉生水部、紅生中翰，余二十年文字友也。其齋前有太湖石，僅數尺而有山意。余每入

都，數過從談讌，因名石曰小山。爲填此調贈之，并呈小
山館主人。"

何瑞熊返粤，有詩贈別。

《松心詩集·燕臺四集》之《送何夢溪常博瑞熊返粤》詩
四首。

詩其一自注："君善畫梅。"其四自注："君喜填詞。"

又賦《燕臺花》、《燕臺月》詩，爲寓感、懷鄉而作。

《松心詩集·燕臺四集》。《花甲閒談》卷七。

《松心詩集》之《燕臺花》詩題下自注："寓感也。文章
如花，隨人所好也。"《燕臺月》詩題下自注："懷鄉也。
旅人思鄉，見月愈甚也。"《燕臺月》詩云："舊夢尋思廿
載前，針樓乞巧夜開筵。"

與馮賡颺夜話，有詩。

《松心詩集·燕臺四集》、《花甲閒談》卷六《與子皋夜話
有作》詩。

詩云："與君忘卻在長安，對榻挑燈話夜闌。新俸剛從天
府領，子皋領庶常俸。好花偏向佛門看。東華有米居猶易，
南郭無田退亦難。賴有微吟舒鬱抱，真詩何必避郊寒。"
按，馮自幼從南山受業，相依逾十年。後又爲南山妹婿。
時會試中式，選翰林院庶吉士。賡颺有《侍南山師夜話
賦呈》詩，見《花甲閒談》卷六。

同黃玉衡賞菊，歸至寓齋小飲有作，即次前歲見懷
詩韻。

《松心詩集·燕臺四集》、《花甲閒談》卷六《同小舟侍御
看菊，歸至寓齋小飲有作，即次前歲見懷詩韻》詩。

詩云："驄馬豸冠期報國，漫言歸卜鷺鷗鄰。"自注："君
有結鄰之語。"

按，所謂"前歲見懷詩"，即《松心詩集·燕臺四集》、

《花甲閒談》附錄黃玉衡《答潘伯臨兼懷張南山》詩。

黃玉衡擬條奏粵東事宜，南山賦詩寄意。

《聽松廬詩鈔》卷八《奉簡黃在庵侍御》詩。

黃安濤之任廣信，賦詩贈行。

《松心詩集·燕臺四集》之《送黃霽青太守之任廣信》詩。

淨蓮道人有"空山聽雨圖"，一時俊流題詠殆遍。南山亦賦詩題識。

《聽松廬詩鈔》卷八《清微道人空山聽雨圖》詩。

淨蓮，姓王，字韻香，號清微道人、玉井道人、二泉，江蘇無錫人。居福慧雙修庵。

有《論詩絕句二十四首》詩。

《花甲閒談》卷六。

按，此乃在京閒暇時所作。詩論《詩經》、《楚辭》及古今作者數十人。詩後附識語云："詩人如林，詩集如海，欲悉數之，更僕難終矣。意到則言，未到則否。所論多國朝人，時近也；多粵東人，地近也。未論者他日補之。"

馮賡颺庶吉士散館獲委任山東黃縣知縣，南山賦詩相送。

《聽松廬詩鈔》卷八《送子皋之任黃縣》詩。

詩其一云："百歲誰能必，相依已十年。看雲高閣外，乙丑館西城。衝雪大江邊。丁丑同北上。聚散真關數，行藏各任天。銷魂是離別，況復在幽燕。"其二云："客裏論肝膈，非君更向誰。模糊追昔夢，涕淚述先慈。子皋，余妹壻，先慈以科第期之，比聯捷入詞垣，先慈不及見矣。藥氣風廻處，鐘聲月曉時。他時尋指爪，應許老槐知。寺多槐樹。"其四云："謫去仍蓬島，登州有蓬萊閣。樓臺蜃氣中。南雲迎愛日，時方旋粵迎養。東海溯雄風。鳧舄天原近，魚鹽地自豐。但存真面目，不必問窮通。"

按，此詩《松心詩集·燕臺四集》題作《送子皋妹壻之
任黃縣》，《松心詩録》題作《送馮子皋妹壻賡颺之官黃
縣》，二集均僅録第四首。

長至前一日，程恩澤與同遊龍泉寺，贈以詩。南山有
詩奉酬。

《松心詩集·燕臺四集》、《花甲閒談》卷六《奉酬程雲芬
編修同年見贈二首》詩。

詩其一云："西涯樓畔看花來，傾蓋逢君鬱抱開。六代奇
文騷作骨，百年交誼酒爲媒。參禪直入維摩室，懷古須登
郭隗臺。病馬蕭蕭鳴欲倦，孫陽時爲拂塵埃。"《花甲閒
談》詩中原注："同遊龍泉寺。"又，"余病，數荷診視。"
《聽松廬詩鈔》、《詩集》自注："余病，君數贈方藥。"
詩其二云："十年前共掇秋香，君上雲霄我道旁。東觀書
多藜許照，中流帆弱葦難杭。少陵勳業看清鏡，長吉心情
託錦囊。枉贈瑶篇意温厚，頓教寒谷轉春陽。"詩中原
注："鄉榜同甲子。""明日長至。"

按，《松心詩集·燕臺四集》題作《奉酬程春海編修同年
見贈二首》。《花甲閒談》題作《春海太史同年見贈七言
律詩二章，代攄鬱抱，情見乎辭。賦此奉報》。《聽松廬
詩鈔》、《松心詩集·燕臺四集》、《花甲閒談》并載程恩
澤《南山同年見示大集，燈下讀之甚快。兼憶晝間情話，
率成二律奉贈》詩，其一云："蚓竅聽詩意不平，如君瑰
麗更縱橫。乃知韓杜真源在，不放蘇黃異態生。華首蝶飛
衣絢爛，扶胥龍蜕骨峥嶸。會看萬里風雲氣，一洗三春涕
淚聲。"其二云："西涯相見道前緣，今夏始晤於西涯酒樓。
緣在天涯十六年。甲子同鄉舉。昨日偶參金粟佛，今宵深
拜蠹魚仙。科名早畢親心慰，帖括能拋古學專。孝子苦衷

才子志，臨風傾吐倍纏綿。晝間所談如是。"南山與程春海同於嘉慶九年中舉，依此推之，十六年後即爲嘉慶二十四年。

是時南山以《珠江集》請正於程恩澤，中有早年所作《紫藤篇》、《紫藤曲二首》等篇，乃憶悼方十姑之作。程讀後，來書勸刪之，毋入集中，免招疑謗。南山復書表明不願刪除，並謂"若謂刪少時蒨綺之辭，可豫杜他日吹毛之口，則論事既近於掩飾，論心亦失其本真"；"但存真面，不改初心，毀譽之來，聽之已耳"。

《聽松廬駢體文鈔》卷一《復程春海侍郎書》。《花甲閒談》卷七。

南山書云："春海先生同年閣下：載奉手書，益增顏汗。勸刪玉香之序，免留白璧之瑕。又謂聘而未娶，何從得其手書？詩句未明，易招疑謗。先生愛我至矣，而於茲事，未深悉也，敢因惓惓，布其區區。僕年舞勺，謬得虛名，山陰方翁，家有園亭，性好絲竹，齊眉偕老，繞膝十人，見余文辭，稱爲佳壻，倩媒達意，請擇兩姝。子平家言，老親篤信，兩姝雖好，八字弗諧，最後赤繩，乃屬幼女。女名十姑，年方十二。初議婚於兩姊，姑以姊夫目余。嘗見其侍立母側，眉目娟秀，一笑嫣然。卜鳳傳聲，驚鴻匿影，斗柄屢轉，星娥遽徂。天上人間，月沈花謝，哲昆以其手臨《洛神》一紙，屬余藏之，是以有'藏得彩鸞書一紙，此生無計學文簫'之句。恨爲長恨，空留伉儷之名；緣是虛緣，未有房幃之感。第以前因可念，舊緒難忘。天真爛漫，中年不及少年；月府高寒，人夢欲尋仙夢。言雖妮妮，迹本空空。若謂刪少時蒨綺之辭，可豫杜他日吹毛之口，則論事既近於掩飾，論心亦失其本真。嗟乎！閱塵世滔滔之水，此水如人；問恒河浩浩之沙，何沙

是我？但存真面，不改初心，毀譽之來，聽之已耳。知己
有素，更望訂頑，鉛槧千秋，鼎茵萬福。"

按，書中"玉香之序"謂《玉香亭感舊序》，見《花甲閒
談》卷七。又連類而及《紫藤篇》、《紫藤曲》、《古香亭
詞》之類，參本譜"嘉慶元年"條。又，書稱"中年"，
則或作於今年前後。程恩澤道光十四年始授工部侍郎，翌
年調戶部侍郎，而題中"侍郎"銜名或後來編《文鈔》
時所補易也。

賦《盧溝曉行》詩，有"鄉心黯淡名心熱，都是盧溝
月下人"之句。

《花甲閒談》卷六。

按，黃培芳有同題詩，蓋二人偕游之作。

十二月十九日，蘇軾生日，在京與黃玉衡、吳梯、譚
敬昭、林聯桂、黃培芳、黃釗集玉衡鴻雪齋賞雪。

《松心詩集·燕臺四集》之《十二月十九日，坡公生日。
黃小舟侍御招同吳秋航、譚康侯、林辛山、黃香石、香鐵
集鴻雪齋》詩。黃釗《讀白華草堂詩集》卷五《臘月十
九日東坡生日，在庵招同秋航、康侯、辛山、香石、南山
集安心竟齋賞雪》詩。

賦詩題顏亦樵"蓮海歸真遺照"。

《松心詩集·燕臺四集》之《題顏亦樵蓮海歸真遺
照》詩。

顏亦樵，其人未詳。

歲暮有詩遣懷，次吳梯韻。時吳梯議敘選知縣。

《松心詩集·燕臺四集》之《歲暮遣懷，次吳秋航孝廉
韻》詩。

詩云："耳邊臘鼓逼殘冬，三疊吟成換暖風。原唱疊至三
首。金埒健兒盤朔馬，機絲貧女感秋蟲。君賦《貧女篇》寓

感。割多翻慮鋒頻挫，和寡終緣曲太工。天意遲君種花去，議叙選知縣。春光催到杏園紅。"

立春前一日，賦詩題黃德峻"飲酒讀騷圖"，有"掃除秋氣須行樂，客裏年光又早春"之句。

《松心詩集·燕臺四集》之《黃琴山孝廉飲酒讀騷圖》詩。

詩中自注："明日立春。"

黃德峻，字景崧，又字琴山、琴石，廣東高要人。道光二年進士。官福建泉州府知府。有《三十六鴛鴦館詞》。

除夕前一日雪後，吳俊民、葆晉昆季招過小山吟館賞唐花，有詩紀之。

《松心詩集·燕臺四集》之《除夕前一日雪後，吳嵩少、紅生昆季招過小山吟館賞唐花》詩。

除夕夜，有詩。時獨客僧廬，故園入念，語雖平淡，孤寂之情如見。

《松心詩集·燕臺四集》之《己卯除夕》詩。

詩云："獨客友朋燈下影，故園骨肉酒邊心。"又云："春光合讓鄰家早，雪意偏於佛屋深。"自注： "鄰爲達官宅。"

子祥安生。

金菁茅《張南山先生年譜撮略》。

鄒伯奇生。

梁玉繩卒。

徐繼鉊卒。

嘉慶二十五年庚辰（一八二〇）　四十一歲

[**時事**] 仁宗顒琰去世。皇二子旻寧繼位。　鴉

片私販進口愈烈，本年已增至四千餘箱。　誅在内地
傳教之西洋教士 Clet。　三月初二日，阮元在廣州設
學海堂，以經古之學課士。阮元手書"學海堂"三字
匾，懸於城西文瀾書院。

湯貽汾在靈丘都尉任，爲胡赤蕭秀才作"嘲雪圖"，
與"白雲濂泉圖"一併自山西寄至都中求詩，詩以
應之。

　　《聽松廬詩鈔》卷九《湯雨生都尉爲胡赤蕭秀才作嘲雪
　　　圖，自山右寄至都中求詩》詩。

正月廿四日，承劉嗣綰邀同陳用光、朱珔、董國華、
程恩澤、陳沆、周藹聯、錢儀吉諸名士集圓通禪院，
送胡承珙赴福建延建邵道任。有詩贈行。

　　《松心詩集·燕臺四集》之《正月廿四日，劉芙初嗣綰招
　　　同陳石士用光、朱蘭坡珔、董琴南國華、程春海恩澤、陳秋
　　　舫沆、錢衍石儀吉集圓通禪院，送胡墨莊承珙之延建邵觀
　　　察任二首》詩。《清史稿》卷四八二《胡承珙傳》。

　　朱珔，字玉存，一字蘭坡，安徽涇縣人。嘉慶七年進士，
　　　翰林院編修。有《文選集釋》、《小萬卷齋集》。

　　董國華，字榮若，號琴南，江蘇吳縣人。嘉慶十三年進
　　　士，道光間官至廣東雷瓊道。致仕歸，歷主雲間書院、紫
　　　陽書院講席。有《雲壽堂集》。

　　陳沆，字太初，號秋舫，湖北蘄水人。嘉慶二十四年狀
　　　元。道光二年任廣東學政。有《簡學齋賦存》、《詩比興
　　　箋》。

　　周藹聯，字肖濂，江蘇金山人。乾隆五十四年舉人。有
　　　《竺國紀游》、《黔陬雜誌》、《頌詩堂筆記》。

　　錢儀吉，字藹人，號衎石，浙江嘉興人。嘉慶十三年進
　　士，改翰林院庶起士。累遷至工科給事中。後絶意仕進，
　　于道光年間游廣東，主講學海堂。有《三國晉南北朝會
　　要》、《衎石齋記事稿》。

　　胡承珙，字景孟，號墨莊，安徽涇縣人。嘉慶十年進士，
　　改庶吉士，散館授編修。累官補臺灣兵備道。著《永是
　　堂詩文集》、《毛詩後箋》。

劉嗣綰昔於翁方綱處得見南山詩作，至是得讀《聽松
廬詩鈔》，頗致推挹。南山次韻報謝。

　　劉嗣綰《尚絅堂集》卷五二《讀張南山聽松廬詩題後》
　　詩。《松心詩集·燕臺四集》之《酬劉芙初編修嗣綰見
　　贈，即次原韻》詩。

　　劉詩云：“我昔蘇齋讀君篇，君才出粵馳雲烟。邇來康侯
　　敬昭及香石培芳，縱讓此筆稱神仙。國初奇人首推酈，雲
　　骦書記方翩翩。洗硯不終抱琴死，已殉萬古餘神絃。蔣公
　　曾公謂礦堂、賓谷兩先生。雙眼出，賞識妙句窮天邊。手君
　　詩卷讀終夜，恨不廬次聽松眠。”

　　南山報詩云：“稜稜瘦骨自神駿，要我策蹇相聯翩。”自
　　注：“招作詩課。”

　　按，南山《聽松廬詩鈔》卷九附載劉詩，題《讀南山聽
　　松廬詩有作》。詩中第九、十句爲“海天君自發霞唱，逸
　　響高出扶桑邊。南山詞名《海天霞唱》”。

二月十四日晚，過劉嗣綰寓齋夜話，獲贈黃仲則詩集，
蓋夙好者也，大喜過望。遽攜歸，讀至四鼓。越日即
以長詩投嗣綰。嗣綰乃次韻相酬。嗣又作《書黃仲則
詩集後》文，稱許其爲二百年來、屈大均後僅有之天
才、仙才。

　　《松心詩集·燕臺四集》、《花甲閒談》卷六《二月十四

日，過芙初寓齋夜話。案頭有黃仲則詩集，余所夙好。即以見贈，攜歸僧舍，讀至四鼓，走筆得句，即簡芙初》詩。劉嗣綰《尚絅堂集》卷五二《張南山春夜過訪，以詩見贈，即用原韻奉答》詩。《聽松廬駢體文鈔》卷一。

劉詩云：“終日車輪隨所詣，夜忽逢君握君袂。喧闐冠蓋趨朱門，君獨離群入禪寺。君來款語情何深，如燭照面鏡照心。月中烏鵲飛繞樹，只有倦翮思歸林。五侯鯖多衆入席，珠履堂前笑食客。一編且讀黃君詩，想起黃壚舊時跡。同鄉黃仲則年三十五辭世，時適有《兩當軒詩》，君袖去。懷人感往成悲來，攜手且放胸懷開。蟲吟鳥歎等閒耳，縱有好語非仙才。蠅聲如市蛟如雷，車馬過眼猶塵埃。十年埋首黃金臺，堪笑此骨稱蓬萊。孤寒八百無人起，落寞天涯尚如此。弇山已渺倉山荒，謂秋帆、隨園兩先生。惆悵前賢竟先死。歸心耿耿欲廢眠，須作行腳依高禪。尋君後夜款門去，莫使還鄉夢中遇。”

按，《聽松廬詩鈔》、《花甲閒談》卷六附錄劉嗣綰《南山步月見過，茶話良久。余齋頭有黃仲則詩，南山愛之，遂攜去。越日，長歌見投，因次韻奉答》詩，亦見於劉嗣綰《尚絅堂集》中，惟文字略有不同。蓋劉氏結集時略有增削也。又，《國朝詩人徵略》卷五十七“劉嗣綰”條云：“己卯，余下第，寓米市衚衕。芙初太史寓橫街，時過從唱和。”時南山失意京師，芙初則門庭蕭寂，落落寡合，故相契合而時相過從也。及南山歸粵，劉亦遄返江南，此後遂不復相見。

黃景仁，字漢鏞，一字仲則。江蘇武進人。諸生。有《兩當軒集》。

三月，程恩澤招飲寓齋。同席有許乃濟、許乃普、陳鑾，談讌甚歡。

《藝談録》卷上"許乃普"條。《聽松廬詩鈔》卷一六《陳芝楣廉訪枉過，即送之任浙江二首》詩自注。

許乃普，字滇生，別署觀弈道人。浙江錢塘人。乃濟弟。嘉慶二十五年一甲第二名進士，官吏部尚書。有《堪喜齋集》。

陳鑾，字仲和、芝楣，湖北江夏人。嘉慶二十五年一甲第三名進士，授編修。官至兩江總督。有《耕心書屋詩文集》、《楚名臣言行録》。

在京遊覽各故蹟，有《黄金臺》、《蒯通墓》二首、《丘長春墓》、《松筠菴》、《四川營》、《窰變觀音》諸詩。

《松心詩集·燕臺四集》。

《松筠菴》詩題下自注："楊椒山先生故宅。"詩云："聞道雲司古榆樹，至今青幹帶霜痕。"自注："刑曹有榆一株，相傳先生手植。"

時棲身僧舍，讀書吟詠，以遣岑寂。賦《蕭寺》詩，有"詩稿逡巡改，家書反復看"之句。《暮春對雨獨酌得句》、《僧廬夜坐》、《僧廬獨坐偶成》、《題方方壺畫》均同時作。

《聽松廬詩鈔》卷八、《松心詩集·燕臺四集》。

按，《松心詩集·燕臺四集》之《夜過小山吟館，吳嵩少水部俊民、紅生孝廉葆晉出佳釀飲余，且勸每飲少許得養生之助》詩有"半載方師佛，三杯欲學仙"之句，知時寓僧廬已半年矣。

阮常生屬題《小雲吟館詩》，應之。

《松心詩集·燕臺四集》之《阮小雲農部屬賦小雲吟館詩》詩。

詩云："篋中况有斜川筆，好寫煙巒雪後春。"自注："君將爲西山之遊。"

阮常生，一作長生，字彬甫，號小雲。阮元長子。道光間，任直隸永平府知府。著《小雲吟館詩鈔》、《團雲書屋詩鈔》。

賦詩題宋謝枋得橋亭卜卦硯。

《松心詩集·燕臺四集》之《謝文節橋亭卜卦硯歌》詩。

詩云："月東所贈恂叔銘，失去復得如有靈。"

按，時京中詩人競相以此題吟詠，南山亦效爲之。袁枚《隨園詩話》卷一四："周月東遊海潮菴，得謝文節公小方硯，額鐫'橋亭卜卦硯'五字，背有元人程文海銘。周珍重之，抱硯以寢。臨死，乃贈查恂叔，一時題者如雲，錢辛楣云：'眼中只有石丈人，江南更無厮養卒。'紀心齋云：'遠過一片寒陵石，留伴千秋玉帶生。'"

夏，離京南歸途中，有《琉璃河》、《滕文公廟》、《過邳州詠留侯》、《虎丘》、《二圖詩》、《西湖》諸詩。

《松心詩集·燕臺四集》。

《二圖詩》詩序云："舟次吳閶，友人以二圖屬題。一爲《靠天喫飯》，一爲《美人骷髏》，圖無足觀，意主勸戒。生公說法耶？豐干饒舌耶？率賦二詩，聊供一噱。"

與葉樸園同舟南還，途中染疾，賴樸園扶持。病中過廣信縣，晤知縣陶堯臣，蒙款留數日。別後賦詩寄贈。

《聽松廬詩鈔》卷九《庚辰夏，與葉樸園同舟南還，病中過廣信，陶菊坪大令款留數日。別後卻寄》詩。

詩云："君本廉吏孫，今作眾人母。西江但飲水，惠政滿人口。嗟余竟何爲，僕僕牛馬走。歸途七千里，一病累良友。謂樸園。清凉借衙齋，有若魚脫罶。感君意纏綿，煎藥復煮酒。情話各忘疲，月没星見斗。不敢更淹留，老親倚閭久。"

葉樸園，其人未詳。

江西途次，適遇馮賡颺赴山東黃縣知縣任，相與共話夙昔，談至夜分，有詩贈之。此後不復相見。

《國朝詩人徵略》二編卷五九“馮賡颺”條。

度嶺還粵，途中有《南歸度庾嶺》、《庾嶺》、《愁》、《夢》、《韶石》諸詩。

《松心詩集·燕臺四集》、《聽松廬詩鈔》卷九、《花甲閒談》卷二。

抵家，有《珠海石》、《月下對菊》諸詩。

《聽松廬詩鈔》卷九。

《珠海石》詩序云：“石生珠海中，潮長則沒，潮退則出。聞老人言：‘幼時見此石，今不知增廣幾尋丈矣！’口占絕句。”

下第南還後，始輯《松心詩集》，撰《松心日錄》。

金菁茅《張南山先生年譜撮略》。

五月，自題《松心詩集》，云：“人有性情，詩於是作。志發爲言，聲通於樂。波瀾須才，根柢在學。肆必先醇，苦乃得樂。作者牛毛，成者麟角。僕非曰能，寸心是託。得失自知，疾病自藥。後有桓譚，豈能豫度。”

《松心詩集》卷首。

七月二十七日，往候謝蘭生，談北遊事甚暢。

謝蘭生《常惺惺齋日記》嘉慶二十五年七月記。

秋，有《書黃月山事》文。

《松心文鈔》卷六。

按，黃照文，字月山，香山人，黃培芳次子。師溫莊亭於詞林。莊亭卒，月山送師柩還端州，歸途冒暑遊鼎湖山，

抵家疾大作，本年六月廿八日，年十八而逝。先生爲文記
其事，末云："庚辰秋，余自北歸，數聞人言月山遇女仙
事。然其事多見于小說家言，無足異，吾獨異其能前
知耳。"

時程含章任廣州府知府，於南山頗致敬禮。

《松心文鈔》卷九《資政大夫福建布政使前山東巡撫程公
神道碑銘》。

文略曰："（嘉慶）二十五年，調廣州；冬，擢山東充沂
曹濟道，未到任，升按察使。"又曰："公守廣州時，於
屏敬禮有加。"

程含章，字象坤，號月川。雲南景東廳人。其先佐官吏捕
殺土寇，懼禍，改姓羅。乾隆五十七年舉人。有《嶺南
集》、《山左集》。

冬，聞黃玉衡假歸途中卒於廣信舟次，輓之以詩。

《松心詩集·燕臺四集》之《輓黃小舟侍御》詩。

詩題下自注："君以債累出都，卒於廣信舟次。"

按，黃釗《讀白華草堂詩集》卷六爲嘉慶二十五年庚辰
年詩，中有《九月初七夜》詩，題下自注云："時在庵病
逝舟中。"蓋釗與玉衡同舟返粵，冬仲始抵廣州，南山聞
訊當在此時。

番禺縣知縣文晟將去任，來訪南山，以家集見示。

《國朝詩人徵略》卷五八"文守之"條。同治《番禺縣
志》卷九《職官表》。

文晟，字叔來，江西萍鄉縣人。嘉慶舉人。嘉慶二十三年
任番禺縣知縣。

朱鑑成生。

陳璞生。

焦循卒。

陳昌齊卒。

溫承恭卒。

黃玉衡卒。

劉嗣綰卒。

潘正科卒。

清宣宗道光元年辛巳（一八二一） 四十二歲

[**時事**] 從兩廣總督阮元請，嚴禁鴉片。 美船水手誤斃民婦，阮元勒令交兇絞決。英兵船水手在新安伶仃山與民人發生爭執，毆斃華人二名，抗不交兇。廣東巡撫康紹鏞卸任，繼任者張師誠。不久張調安徽，以孫爾準繼任。孫卸任，由嵩孚繼之。任朱階吉爲提督廣東學政。 是年廣州進出口中外商品貿易總額爲五千餘萬元。 五月十三日，以翰林院修撰陳沆爲廣東鄉試正考官，編修傅綏爲副考官。 徐松撰《西域水道記》、《新疆賦》、《漢書西域傳補注》。

二月，獲廣州知府程含章委派爲羊城書院監院。

謝蘭生《常惺惺齋日記》道光元年二月二十一日記。

吳蘭修邀同吳應逵、林伯桐、黃培芳、張杓、楊時濟、鄧淳、馬福安、熊景星、徐榮、溫訓、劉天惠、謝念功、楊炳南、黃子高、胡調德及南山凡二十餘人，結希古堂文社，每月一會，以經爲主，子史輔之。

陳在謙《國朝嶺南文鈔》卷一七曾釗《希古堂文課序》。

張杓，字慶璿，又字磬泉，廣東番禺人。嘉慶十三年舉人。官教諭。學海堂學長。有《磨甋齋文存》。

　　楊時濟，字星槎，廣東嘉應州人。嘉慶十五年舉人。官
　　訓導。

　　鄧淳，字粹如，號樸庵，廣東東莞人。生員。曾主東莞龍
　　溪書院講席。與修道光《廣東通志》。有《粤東名儒言行
　　錄》、《嶺南叢述》。

　　馬福安，字聖敬，又字止齋。廣東順德人。道光九年進
　　士，選庶吉士。官知縣。學海堂學長。有《止齋文鈔》。

　　熊景星，字伯晴，號笛江、荻江。廣東南海人。嘉慶二十
　　一年舉人。官訓導。學海堂學長。有《吉羊溪館詩鈔》。

　　謝念功，字堯山，廣東南海人。道光二年舉人。學海堂學
　　長。有《夢草草堂詩草》。

　　黃子高，字叔立，號石溪，廣東番禺人。諸生。學海堂學
　　長。有《知稼軒詩鈔》。

　　胡調德，字道卿，又字稻香，廣東南海人。諸生。有
　　《尺木齋文集》。

　　劉天惠，字介庵，廣東南海人。生員。

　　楊炳南，字秋蘅，廣東嘉應州人。道光十九年舉人。官知
　　縣。有《海録》。

率子、姪赴四會省視父炳文。有《四會》詩。時炳文
任四會縣學教諭。

　　《聽松廬詩鈔》卷九。

　　詩中自注：“省大人於四會學舍，子姪隨侍，大人以端硯
　　分賜諸孫。”

病中有《不寐》、《江村》、《莊子》、《揚雄》、《司馬
相如》、《陶淵明》、《默坐》諸詩。

　　《聽松廬詩鈔》卷九。

劉光熙舊與南山相識於都中，近來寓居廣州，頻相叙
於葉應暘耕霞溪館及汪雲任禺山官舍，有詩贈之。

《聽松廬詩鈔》卷九《贈劉曙園農部光熙》詩。

詩云：“相逢京國談未深，比寓仙城膝頻促。看雲水榭共飛觴，聽雨衙齋同翦燭。”自注：“文園比部耕霞溪館。”“孟棠明府禺山官舍。”

劉光熙，號曙園，安徽桐城人。貢生。官湖南岳州府知府。

文園，即葉應暘。

汪雲任，字孟棠，安徽盱眙人。嘉慶二十二年進士。官至按察使。時任廣東番禺縣知縣。

九日，登白雲山，遙睇海上白雲，思古興懷，有詩並序。

《聽松廬詩鈔》卷九《九日登白雲山望海上白雲》詩並序。《聽松廬駢體文鈔》卷三《九日白雲登高詩序》。

過潘氏六松園，示學侶及兒子向學，有詩。

《聽松廬詩鈔》卷九《六松園示學侶及瀛兒、鑑兒》詩。

泛舟至潘正科菊圃，故人已渺，感而賦詩。

《聽松廬詩鈔》卷九《過品亭菊圃感賦並序》詩。

潘正科，字鼎臣，號品亭，廣東番禺人。十三行潘氏族人。

詠光孝寺菩提樹，又詠素馨花。

《聽松廬詩鈔》卷九《菩提樹》、《素馨花》詩。

十一月，將北上會試，何瑞熊設席餞行。同席有謝蘭生、黃位清、葉夢麟、葉夢龍諸人。

謝蘭生《常惺惺齋日記》道光元年十一月初六日記。

自嘉慶己卯二月至道光辛巳十一月所作詩爲《燕臺四集》，後收入《松心詩集》。

金菁茅《張南山先生年譜撮略》。

冬，赴京會試。途中有《風雨泊峽山寺》、《觀音巖》、

《彈子磯》、《客夢》諸詩。

　　《聽松廬詩鈔》卷九。

　　《風雨泊峽山寺》詩云："十五年間幾登頓，繫船還認舊
　　莓苔。"

除夕賦詩，有"四年除夕三年客，楚水燕臺又浙西"
之句，輪蹄歲月，感慨滋深。

　　《聽松廬詩鈔》卷九《辛巳除夕》詩。

　　詩云："四年除夕三年客，楚水燕臺又浙西。遠道友朋如
　　骨肉，勞生歲月付輪蹄。敢將倦足追良馬，尚有雄心聽曙
　　雞。新政光華賢路廣，不應蘿薜戀山棲。"

陳坤生。

俞樾生。

潘有爲卒。

溫汝适卒。

許桂林卒。

吳鼐卒。

道光二年壬午（一八二二）　　四十三歲

　　［時事］嚴禁海洋偷漏銀兩，私販鴉片。　道光
帝諭內閣：農忙停訟，炎熱減刑。又諭內閣：嚴禁幕
友舞弊。廣東海面又現海洋行劫。　五月十七日，以
翰林院編修祁寯藻爲廣東鄉試正考官，吏部主事程德
潤爲副考官。　葡文報刊《蜜蜂華報》在澳門出版，
爲中國境內出版的第一份外文報紙。　九月十八日，
省城西關失火，延燒三日夜，燒燬街道七十餘條，民
居近兩萬間。　阮元主修，陳昌齊、劉彬華等纂《廣

東通志》三百三十四卷成。　葡文報刊《蜜蜂華報》
在澳門出版，爲中國境內出版最早之外文報紙。

道經蘇州。正月十六日，與劉光熊、張元愷、劉廣智、
韓燦諸人泛舟山塘，有詩紀之。

　　《聽松盧詩鈔》卷九《上元後一日泛舟山塘》詩。

　　詩云：　“嫣紅姹紫花千百，小名錄上曾相識。”自注：
　　“《吳門畫舫錄》。”詩又云：“我友愛花如愛才，選花栽得
　　花枝來。”自注：“湘華、一峰、愚谷、夢香。”

　　按，夢香，即韓燦。已見嘉慶十三年條。

　　劉熊，又名光熊，字湘華。廣東番禺人。嘉慶二十二年舉
　　人。有《仿舫齋詩鈔》。

　　張元愷，字廷萃，號一峰，漢軍籍。舉人。署增城縣
　　知縣。

　　劉廣智，號愚谷，廣東番禺人。道光元年舉人。官訓導。
　　有《簾青書屋詩鈔》。

北上有《惜花》、《北程紀遊》十首、《由金山放船至
揚州，遂覽平山、康山諸勝，得詩四首》、《途中見
雪》、《望泰山》、《晚抵雄縣》諸詩。

　　《松心詩集·燕臺二集》。《聽松盧詩鈔》卷九。《松心詩
　　錄》卷四。《花甲閒談》卷三。

閏三月，李威在京招同魏成憲、劉大觀、吳嵩梁、朱
鶴年小集，即席賦詩。

　　《聽松盧詩鈔》卷九、《松心詩集》之《李鳳岡太守威招
　　同魏春松侍御成憲、劉松嵐刺史大觀、吳蘭雪舍人嵩梁、
　　朱野雲上舍鶴年小集，席上口號》詩。

　　按，詩中自注：“主人多藏古畫。”“鳳岡守廣州，力求
　　退。”言李威也。又自注：“今年春閏，牡丹開遲。”道光

三年閏三月。

劉大觀，字正孚，號松嵐，山東邱縣人。貢生。歷官至山西布政使。有《玉磬山房詩集》、《文集》。

朱鶴年，字野雲，號野堂，江蘇泰州人，寓居北京。善畫山水、人物。

會試中式，爲殿試二甲進士。總裁汪廷珍、英和、湯金釗、李宗昉，房考錢林。殿試二甲，覆試一等。朝考入選，但未獲授庶吉士，不免悒怏。四月初四日，乾清宮引見宣宗。以知縣即用，籤掣湖北。有詩紀之。

《松心詩集‧黃梅集》、《花甲閒談》卷八《壬午四月初四日，乾清宮引見，蒙恩以知縣即用，恭紀》詩。《國朝詩人徵略》卷五八"錢林"條。

詩云："材如散櫟官原冷，天許栽花政自清。"自注："丁丑大挑一等，請就教職，選臨高縣教諭。"

按，此詩《花甲閒談》題作《道光壬午會試中式，覆試一等，殿試二甲，朝考入選。四月初四日，乾清宮引見，蒙恩以知縣即用，恭紀》。

試前僑輩多謂南山清才，此去當得巍科、入翰苑，乃已入朝考，竟不得庶常，其悒怏可知。倪鴻《試律新話》卷三云："且聞南山生平以不得館選爲恨。"而姚元之《竹葉亭雜記》卷二記之尤詳，云："朝考入選而年輕者授庶吉士，其有鬚者俱即用知縣，蓋以其歲長可外任也。""壬午科廣東朝考入選者惟張進士維屛一人。張素善詩，殿試得二甲，朝考入選，自幸可冀庶吉士，及引見，張以知縣用。曾君望顏殿試三甲，朝考未入選，乃得庶常。是固有幸有不幸也。張蓋亦爲鬚累矣。"姚氏歷任鄉、會試主考，又曾爲閱卷大臣，此中規矩，固所稔悉，其言當可信。

汪廷珍，字玉粲，號瑟庵，江蘇山陽人。乾隆五十四年一
甲二名進士，翰林院編修，官至禮部尚書。有《實事求
是齋詩文集》、《汪文端奏議》。

英和，初名石桐，字樹琴，號煦齋。滿洲正白旗人，禮部
尚書德保子。乾隆五十八年進士，翰林院編修。官至軍機
大臣，户部尚書。有《恩福堂詩集》、《恩慶堂集》。

湯金釗，字敦甫，浙江蕭山人。嘉慶四年進士。官協辦大
學士。有《寸心至室存稿》。

李宗昉，字芝齡，江蘇山陽人。嘉慶七年一甲二名進士，
翰林院編修，官學政。有《聞妙香室詩文集》。

錢林，字東生。江南仁和人。嘉慶十三年進士。官翰林院
侍講。

年來南山數爲名公鉅卿草奏御文字，師友多惜其不入
詞館。許乃普入直南書房，賦《送南山大令之官楚
北》詩，有云：“聞道波濤瀛海闊，何如吟嘯到黄
州。”“天遣詩人作循吏，我知民命待賢侯。”南山臨
别，次韻酬之。此後宦楚五載，在黄州之日爲多，南
山歎其有先見云。

《松心詩録》卷五、《花甲閒談》卷六《次韻奉酬滇生太
史見贈》詩中原注、《藝談録》卷上“許乃普”條。

詩云：“宦海茫茫一葉舟，浮沈無定任江流。鳶肩敢比周
爲客，猿臂休談廣不侯。三楚煙波連鄂渚，九霄風月傍瓊
樓。偉才豈獨工詞賦，事業期君督八州。”

按，《聽松廬詩鈔》卷一一、《松心詩集·松滋集》題作
《壬午夏余出都，許滇生太史賦詩贈行，有“何如吟嘯到
黄州”之句。抵楚三載，在黄州之日爲多，詩其有先見
耶？賦此奉寄》詩。

高麗儒士李在綱以手書小簡託周達索詩，南山賦詩

<hr></hr>

以應。

> 《花甲閒談》卷六《高麗李怡雲屬周菊人孝廉索屏詩，並
> 手書小簡寄聲，蓋欲屏知有其人也。因賦一律，用志神
> 交》詩。《松心詩集·黃梅集》之《自京抵楚，述懷八
> 首》其二自注。

> 按，《花甲閒談》錄李在綱《小簡》云："弟名在綱，字
> 文叟，號怡雲，李氏。系出高麗，服儒行儒，已千有餘
> 年。見住王城內數間草屋，扁曰嵌蕭館。有古書數架，已
> 傳長哥者鉉。每於春暖秋晴，攜孺人往來鄉廬。鄉廬在城
> 南三百餘里忠清道保寧縣山水絕勝處。懇菊人孝廉轉寄張
> 南山先生。"

南歸時，吳俊民、吳葆晉追餞於西郭禪院，各製新詞
一闋贈別。

> 《松心詩集·黃梅集》之《自京抵楚，述懷八首》詩其二
> 自注。《松心詩集·松滋集》之《得吳嵩少水部俊民、紅
> 生孝廉葆晉書，以詩答之》詩自注。

五月出都，擬到楚將知縣即用之部文投交後，即請
歸養。

> 《藝談錄》卷上"黃利通"條。

譚敬昭、許乃普各有詩贈行。

> 《聽雲樓詩鈔》卷十《送張南山之官武昌》詩。《藝談
> 錄》卷上"許乃普"條。

> 詩云："梅花飛玉笛，五月出盧溝。此去碧雲暮，題詩黃
> 鶴樓。楚天連蜀塞，漢水入江流。未是長沙遠，湖山足
> 勝遊。"

六月抵楚，有詩述懷，且憶及出都時朋舊賦詩贈行、
多索題詠，以草草倚裝，未能逐一應和。

> 《聽松廬詩鈔》卷一〇、《松心詩集·黃梅集》、《花甲閒

談》卷一〇《自京抵楚，述懷八首》詩及自注。

詩其一云："孤負眾仙同佇望，鳳樓西畔夕陽低。"自注："殿試，寫至末兩行，日暮，幾不辨字。"其二云："裝壓珠璣篇什重，歌成金縷酒痕稠。"自注："朋舊多賦詩贈行。""吳嵩少水部、紅生孝廉攜酒追餞於西郭禪院，各製新詞一闋。""高麗李怡雲囑周菊人索余詩。""將出都，知交多索題詠，草草倚裝，愧未能遍應也。"

按，此題《聽松廬詩鈔》共錄八首，而《松心詩集‧黃梅集》、《松心詩録》僅錄五首。其溢出之第六、第七、第八首，味詩意，應爲令黃梅後所作。意者南山異日編理《松心詩集》時，覺與題不稱，故爲剔出歟。又，《花甲閒談》將第八首別爲一章，題作《腐儒》，或亦此意。

舊友許乃濟赴任廣西鄉試主考，道經武漢，七夕與同登黃鶴樓，有詩。

《聽松廬詩鈔》卷一〇《七夕登黃鶴樓同許青士給諫》詩。

許青士，即許乃濟。見嘉慶二十三年條。時青士赴廣西任鄉試主考，路經此地。

抵湖北投交部文後，於八月奉派充壬午科湖北鄉試同考官。是科解元黃經塾出南山房。

《聽松廬詩鈔》卷一〇《壬午湖北鄉闈分校二首》。《藝談録》卷上"黃利通"條。金菁茅《張南山先生年譜撮略》。

黃經塾，字煥書，湖北黃梅人。道光二年舉人。有《日知録》、《四書便解》。

試後稽留武漢，有《鐵佛寺》、《枕上聞雨》、《江上》、《思歸》、《秋夜登黃鶴樓》、《半載》、《鄂渚》、《漢江晚眺》諸詩以紀事，兼紓客愁。

《松心詩集·黃梅集》。《花甲閒談》卷八、卷一〇。
許乃濟典試廣西，事竣回京，路經武昌，晤聚數日，相與唱和。

《松心詩集·黃梅集》之《青士給諫使旋，過楚晤聚數日。賦呈四律，兼寄令弟玉年孝廉、滇生編修》。

按，玉年，許乃穀字。道光元年舉人。官知縣。滇生，許乃普字。

仲秋，盛大士選輯《粤東七子詩》，收録南山及譚敬昭、林聯桂、吳梯、黃玉衡、黃培芳、黃釗等七人詩作，并爲撰序。

盛大士《藴愫閣別集》卷二、《粤東七子詩》卷首。
序云：“神山四百三十峰，彤軒玉墀，飄忽隱見，傳自太古之世，浮來南海，雲霧變幻，風雨離合，靈淑之氣，環亘二千餘里。其中淵彦窟藪，鱗翼薈萃，蓋自曲江名相，肇始正聲，至南園十先生，暨海雪、獨漉、湟溱、六瑩而臻極盛。近則魚山太史與張、黃、黎、吕先後接軫，今且風氣日上，吐納菁華，陵轢前古。於是海内才彦、長安士大夫論箸作者，交推嶺南。憶自金臺旅邸，縞紵贈答，惠我前綏，賜以光彩，尊空晨座，燈燼夜室。朱絃一曲，不濫盈庭之竽；長劍十年，思爲知己之贈。觴詠之樂，聞者艷之。無何握手一別，填膺百憂，繾綣今昔，彌益喟嘆。迹疏意通，期賒道密，每稔舊侶，如抱沖抱。爰檢篋衍，録序所作，列爲七子，編成六卷。驪珠徑寸，豹管一斑，雖瑶英之璀璨，金華之晃曜，珍瓵什襲，靡得而踰焉。七子者，陽春譚農部敬昭、吳川林孝廉聯桂、順德吳大令梯、黃侍御玉衡、番禺張進士維屏、香山黃明經培芳、鎮平黃孝廉釗。序之者，鎮洋盛大士也。”

闈事既畢，乃具文呈請歸養，巡撫楊懋恬曰：“君家

有次丁，與終養之例不符，身入仕途，不能徑行己意
矣。"十一月，總督李鴻賓蒞任，即委署黃梅縣事。

《藝談録》卷上"黃利通"條。

楊懋恬，字雪帆，江西清江人。乾隆五十四年拔貢生。歷
官江蘇布政使，時任湖北巡撫。

李鴻賓，字象山，號鹿蘋，一作睦平，江西德化人。嘉慶
六年進士。歷廣東巡撫、湖廣總督、兩廣總督諸職。

集自道光辛巳十一月至壬午閏三月所作詩爲《燕臺五
集》，後收入《松心詩集》。

金菁茅《張南山先生年譜撮略》。

龔自珍爲撰《國朝詩徵叙》。

《定盦續集》卷三。

叙云："周公何人哉？尹吉甫、譚大夫何人哉？逐臣放
子，棄妾怨婦，舉何人哉？周雖文，其殆無有詩人之名
也。後之爲詩，業之別有籍焉，成之別有名焉。二者轍孰
舊？網取所無恩，恩殺，至所恩之人而臚之，高下之，名
曰作史；網取其人之詩而臚之，或留或削，名曰選詩，皆
天下文獻之宗之所有事也。二者名孰高？作史者曰：'我
古史氏家法，於史爲大宗。'選詩者則曰：'孔子嘗删詩
矣，我七十子家法，於經爲別子。'二者指孰優，其名與
實孰合分？龔自珍年三十四，箸《古史鉤沈論》七千言，
於周以前家法，有意宣究之矣。既具橐，七年未寫定。夫
自珍之世，非周之世，天下久矣有詩人之名也。天下久有
詩人之名，天下獻宗選詩，固宜選詩矣。受而視其目，其
真以詩名者，未嘗漏焉，而不可名爲詩人者什八九，是何
人哉！自天聰、崇德迄於今八朝，其姓名爲專家詩人所熟
聞者無幾，詩人聞而咸異焉！曰舉何人哉？自珍受而疑，
俛而得其故，曰：若人殆樂網取其人，而臚之，而高下之

與？殆非徒樂網取其詩也與？然則若人號稱選詩也，何故？曰：是職不得作史，隱之乎選詩，又兼通乎選詩者也。其門庭也遠，其意思也譎，其體裁也賅。吁！詩與史合有說焉，分有說焉，合之分、分之合，又有說焉。畢觸吾心而赴吾志，吾所著書益寫定。偉夫若人，懷史佚之直，中孔門之律令，虎虎歃血龔氏之庭者哉！張維屏，字南山，番禺人，官黃梅令。"

龔自珍，字璱人，號定庵，浙江仁和人。道光九年進士。官內閣中書、禮部主事。有《定庵文集》。

十一月二十七日，抵黃梅任。縣乃八省通衢，地饒穀帛，兼有山川之勝。南山於嘉慶十二年丁卯入都嘗過此，今長此縣，賦詩以記觀感。

《松心詩集·黃梅集》之《十一月之任黃梅》詩。

按，《聽松廬詩鈔》題作《十一月二十七日抵黃梅任有作》。詩云："舊遊風景渾如昨，回首江湖十載情。"自注："丁卯入都過此。"

馮譽驥生。

伍秉鏞卒。

道光三年癸未（一八二三） 四十四歲

[**時事**]命認真查拏鴉片，定地方官失察條例，并禁民間種植。 英國等國向中國輸出鴉片九千箱。 以直隸連年水旱，准貧民出關謀生，命各關口不得責難。 粵人林召棠一甲第一名及第。 賞廣東等省壬午科鄉試年老諸生余普等四人舉人副榜有差。馬禮遜之《英華字典》出版。

初任黄梅，撰縣署大堂楹聯，示爲政之旨。

> 梁章鉅《楹聯叢話》卷五。
>
> 《楹聯叢話》云："張南山以名進士觀政楚北，令黄梅時作大堂楹帖云：'催科不免追呼，願百姓早完國課；省事無如忍耐，勸眾人莫到公堂。'仁人之言，藹如也。"

賦《早春即事》、《黄梅春感》詩。

> 《松心詩集·黄梅集》、《花甲閒談》卷一〇。
>
> 按，《早春即事》詩自注："時考文武童試。""幕友朱天衢、俞杏雨俱有和章。"
>
> 俞敬佑，號杏雨，浙江海寧人。道光十五年舉人。時爲南山幕友。
>
> 朱天衢，其人未詳。時爲南山幕友。

二月，于役九江。憶及十七年前同潘正亨北上過此，感而賦詩，并寄正亨。

> 《松心詩集·黄梅集》之《癸未二月，于役九江。憶丁卯春同潘伯臨比部北上過此，今十七年矣。感而賦詩，即寄伯臨》詩。

在九江，又有《琵琶亭》、《九江道中》詩。

> 《松心詩集·黄梅集》。

始出城視察，有《出城》詩。

> 《松心詩集·黄梅集》。
>
> 詩云："兀坐縣齋裏，不知春已深。偶然越芳陌，莞爾得清吟。麥秀碧成采，菜花黄散金。煮茶奉官長，愧此老農心。"

三月，由黄梅縣赴黄州府治黄州，途中賦《由縣赴郡。三月十九日，宿西河驛旅店。見雨中牡丹，感而有作》、《快哉亭》、《蘄春道中作詩贈耕者》、《小憩田家得句》、《途中偶成》諸詩，初入仕途，即萌退意，情懷落寞可見。

《松心詩集·黃梅集》。

《途中偶成》詩云："一官匏繫楚雲東，三月光陰道路中。春盡花風寒忽暖，雨多田水碧成紅。未消結習蠶纏繭，願放閒身鶴出籠。撫字催科兩無補，飽餐何以答年豐。"自注："時乞歸未得。"

一行作吏，艱苦備嘗，而黃梅爲八省通衢，有送往迎來之勞，豪氣消磨，其何以堪。有《黃梅春感》詩述意。

《松心詩集·黃梅集》。

曾引疾乞歸，而大府慰留。

《松心詩集·黃梅集》之《途中偶成》、《黃梅大水行》詩自注。

按，大府，即時任黃州府知府李光庭。

李光庭，號樸園，直隸寶坻人。乾隆六十年舉人。有《虛受齋詩鈔》。

梅雨兼旬，傷農爲甚。驛路文書，皆爲水阻。乃冒雨步行祈晴。有《江漲》、《祈晴》諸詩。

《松心詩集·黃梅集》。

就任以來，漸覺宦途艱險，吏狡胥暴，深以爲慮。而又無親屬隨任，孤館寒燈，難以自聊，作《催科》、《羅雀悲》、《縣齋夜坐》諸詩以述宦況，並寄殷憂。

《松心詩集·黃梅集》。

《羅雀悲》詩序云："獄囚爲獄卒所虐，余於風雨昏夜輒往視之，既懲且誡，爰賦是詩。"詩云："羅雀悲，苦渴飢。豈惟渴飢，手足縶維。一解。黑漆卑濕，罕見天日。頭聚蟣蝨，衣不蔽膝，雨楚風酸助鳴唈。二解。中宵不能眠，念之心惻然。風雨籠燈突往視，獄卒可惡囚可憐，立

懲獄卒加笞鞭。三解。越日呼之使來前，爾曹造孽須痛
悛。眾因有罪在地獄，爾忍苛虐圖其錢，試看頭上蒼蒼
天。四解。"

《縣齋夜坐》詩云："吏散虛堂靜，攤書對一燈。微名慚
邑宰，孤影類龕僧。我信催科拙，胥惟舞弊能。宦途今始
覺，步步履春冰。"自注："親屬無一人在署。"

五月六日，家人自粵至黃梅，稍解羈旅之苦。然家口
眾多，皆賴祿養，宦海無涯，歸期難卜，又不免思緒
難平。

《松心詩集·黃梅集》之《五月六日家人至梅》詩二首。

詩其一云："山必陟庾嶺，水須渡鄱湖。老親愛習靜，不
樂登長途。念兒在異鄉，兩載骨肉疏。特遣妻孥來，庶免
愁羈孤。季春發粵江，仲夏抵楚都。入門未及語，但怪顏
清癯。為言渡湖日，風狂浪花粗。帆開不能收，到岸驚魂
蘇。相對疑夢寐，喜極還嗟呼。"其二云："兒曹突而弁，
皆秉中人資。所慮不發憤，學殖荒耘耔。晉、安尚幼稚，
第解遊與嬉。瀛、鑑將弱冠，努力當及時。勿效紈綺習，
但美食與衣。不能自食力，愧彼農家兒。我今涉宦海，浩
浩無津涯。收帆大不易，何日成歸期。一篇歸去來，誦之
生退思。"

許玉彬、沈世良同輯《粵東詞鈔》之張秀端《江南好
詞·寄海升六弟》云："長相憶，三楚舊游時。一舸倚篷
看碧岫，雙柑攜酒聽黃鸝。繞膝共娛嬉。"

按，抵任以來，語多怫鬱，蓋初為民牧，即感宦途多艱。
然以祿代耕，不得不爾。乃又屢求卸職歸養，去就交亂於
中，不能自釋，無怪其然也。

縣濱大江，由春及夏，積雨江漲，江高岸低。五月二
十日，乃率眾護堤防潰，并捐廉購木築樁，率煙夫千

餘人搶護。居民多備土牛禦水。南山夙夜在公，廢寢忘食，隄長供應，亦愧不受。由楊家口乘小舟至潘興口，江中見西北一星甚大，自上而下，越三日堤潰，田廬皆成巨浸，災黎嗷嗷。憂思如沸，有詩紀之。

《松心詩集·黃梅集》之《積雨江漲，赴堤防險》詩四首及詩中自注。

詩其一云："三面環江水，江高逼岸低。千人培尺土，萬戶仗孤堤。伐木新椿急，鳴鉦衆力齊。心勞身轉健，中夜立塗泥。"其二云："江勢已吞洲，波衝地欲浮。勞生同斷梗，泛宅借扁舟。覓壘人如燕，連堤土是牛。無煩問供給，果腹我何求。"其三云："開眉見斜日，轉瞬雨兼風。雞犬濤聲裏，田廬水氣中。亟需勤畚築，且莫泣途窮。天若憐蒼赤，江流急向東。"其四云："黑雲垂野暗，忽露一星奇。似月光非小，如燈燄欲移。天官書未考，水患兆難窺。永夕愁懷結，霜痕入鬢絲。"

按，《聽松廬詩鈔》題作《積雨江漲。五月二十日，赴堤督民防險，即事有述四首》。《花甲閒談》卷一一并錄許乃濟《題南山大令黃梅拯溺圖即次其江漲防險原韻》詩四首。

南山親至隄坊，夜半月黑，拏小舟勘災，載乾糧出撫卹。內隄亦潰，舟爲急水衝去幾覆，力抱枯木，乃免於溺。

《松心詩集·黃梅集》、《花甲閒談》卷一一《黃梅大水行》詩自注。

飛書奏陳災情，朝廷發帑賑災，自藩司以下至梅邑辦災者凡四十員。

《松心詩集·黃梅集》、《花甲閒談》卷一一《黃梅大水行》詩自注。

時黃州府知府李光庭至屬縣黃梅視察災情，會同監賑，
有《黃梅勘災贈張南山大令》詩。

《花甲閒談》卷一一。

李詩云：“不信風塵皆俗吏，得同憂患亦前因。回思北地
多朋舊，重累南山作主人。待哺君堪爲衆母，焚香我欲告
明神。救荒守令無長策，本色書生有性真。”

按，《藝談錄》卷上“李光庭”條云：“余署黃梅，水患
甚巨。先生出守，適涖災區，乃於患途艱苦之中，忽遇知
己唱酬之樂。嗣後，先生有詩必屬評點。”

捐資搶險救災，官聲大振。民作歌，有“官要救民神
救官”之句。時大吏奏請帑賑，南山稟請委員監收監
放，一切銀錢不由書差經手，實惠及民，民咸德之。
每放賑，分數廠，先數日示期；某日某廠放某鄉賑，
先樹堅木，僅容一人入，憑票發錢，前門入，後門出，
領賑者無擁擠踐踏之苦而杜濫領之弊。

金菁茅《張南山先生年譜撮略》。

按，光緒《黃梅縣志》卷二〇“名宦”門紀其事云：“張
維屏，號南山，番禺人。道光壬午進士。癸未署梅事，值
大水潰隄，維屏操小舟，徧詢疾苦，以聞大吏，勘災議
賑，悉如所請。發賑時禁胥吏侵漁，且曰：‘豪猾浮冒，
愚弱必漏。賑有定數，浮冒則此盈彼絀，縱不漏猶漏
也。’乃悉心釐清戶口，實惠及民。辦災畢，乞假去。”

卷二五《黃經塾傳》云：“癸未大水，房師適令黃梅，凡
卹災修隄諸務，皆所贊畫。”經塾爲南山湖北鄉試時所取
士，年已五十餘，負鄉望，故得其助力。

暹羅貢使過境，邑方被水，艱於供給。因賦《貢使
來》詩道迎送之窘。

《聽松廬詩鈔》卷一〇。

詩云："貢使來，通事催索車馬苛輿臺。往時驛路飛塵埃，此日波浪方喧豗。一解。車馬不能渡，舟檝猝未具，貢使無言通事怒。二解。殽既嘉，酒既旨。貢使醉飽，意猶未已，白鋌入囊通事喜。三解。峨峨寶塔九尺高，僕夫辛苦貢使驕。聖朝懷柔但寶德，嗟爾異物安能豪。四解。"

按，《花甲閒談》卷一〇錄周凱《松廬歌贈張南山大令》詩亦云："暹羅使者馳傳來，頓改山程爲水驛。宰能濟民民有知，爭挽輕舠供利涉。時暹羅貢使過境，黃梅向爲陸道，倉卒不得舟，鄉民爭挽舟助濟。使者殷懃問長官，遂令聲名達海舶。貢使問君姓名，歸將傳述之。達海舶，非詩名，乃此一片愛民之真情。苟非已飢已溺在懷抱，胡然倉猝能與馮夷爭。"

時李敦業奉檄護送貢使入都，獲交南山。

《松心文鈔》卷九《誥封太恭人李母周太恭人墓誌銘》。

李敦業，字雪樵，山東齊東人。道光五年拔貢。捐陞通判，分發廣東。道光十五年任綏猺同知。

遊五祖山，其意不在講求釋門教義，惟求佛法拯濟災後蒼黎。

《松心詩集‧黃梅集》之《五祖山》詩。

有《驛馬行》詩，備述州縣辦理驛遞之苦。

《松心詩集‧黃梅集》。

詩云："黃梅一縣有三驛，驛馬一百五十四，去年點馬老且瘠。一解。馬販來，自荊襄，騅駓駰駱騮驪黃。我欲相馬無孫陽，但擇齒少肥而強。二解。命僕夫，潔爾芻，豐爾豆。均其勞逸勤在廄，馬如羸瘦爾之咎。三解。堤潰江水來，波濤沒蒿萊，草稀地濕多莓苔。騰驤無路但伏櫪，坐惜我馬成尩瘣。四解。尊官昂昂過驛舍，騶從如雲催鳳駕。索馬不足怒且咤，縣令典衣籌馬價。五解。"

自五月至八月，南山憂思勞苦，幾不可支。災後乞假歸省，大吏慰留，以南山初入仕途，即遘水患，因調署松滋縣。

　　金菁茅《張南山先生年譜撮略》。《松心詩集·黃梅集》、《花甲閒談》卷一一《黃梅大水行》詩自注、附錄李光庭《奉答南山大令見寄雪堂歌》詩自注。

九月，離黃梅縣任，赴武昌領憑。紳士賦詩送行。南山作《別黃梅》詩寄慨。

　　《花甲閒談》卷一〇。《松心詩集·黃梅集》。金菁茅《張南山先生年譜撮略》。同治《松滋縣志》卷七《職官志》。

　　詩云："驚波駭浪怕回頭，風定雲閒入素秋。作宦半年生白髮，看山一路到黃州。關心雁戶憂難輯，脫手驪珠愧未酬。紳士賦詩送行。前月家書曾達否，開緘恐累老親愁。"

　　按，詩所謂"作宦半年生白髮"者，南山初膺民牧，即備嘗此苦，惟自嘲腐儒難言經濟而已。《花甲閒談》卷一〇《腐儒》詩云："腐儒懷抱易悲酸，纔說催科惻肺肝。赤子最防痾癢隔，蒼黎休作宰官看。讀書讀律吾俱拙，廉善廉能古已難。漫挾陳編詡經濟，寸心中夜只求安。"是亦仁人之言也。

緬懷此前救災、賑災事，賦《黃梅大水行》詩。

　　《松心詩集·黃梅集》。《花甲閒談》卷一一。

　　詩云："東去連鄱湖，西來通蜀江。浩浩江湖間，波浪相衝撞。邑當吳楚交，其南即潯陽。八省之通衢，冠蓋紛道旁。朝夕疲送迎，中夜披衣裳。飄然欲歸去，籠鳥不得翔。癸未三月引疾求退，大府慰留。由春以及夏，恒雨無時暘。陰霾壓四野，道路成陂塘。始慮損禾稼，未料傷堤防。何期雨不止，江漲非尋常。堤圩夜走報，水長三丈強。衝泥急奔赴，寢食不暇遑。濱江皆可虞，迎溜尤難

搪。捐資集畚築，那復愁空囊。千夫共邪許，眾力相扶
匡。豈知盡人力，未克回天殃。一決數千尺，頃刻成汪
洋。馮夷舞澎湃，魚鱉爭跳踉。富人預綢繆，舉室遷高
岡。窮民無所之，結茅傍菰蔣。棚棲與露宿，藉草以爲
牀。魂魄驚乍定，飢餓病欲僵。賤子愧邑宰，憂勞職所
當。小舟犯駭浪，沿堤散乾糧。飛書報大吏，奏章陳天
閶。皇心厪赤子，恩膏逮窮氓。發帑拯彫瘵，蠲賦蘇痍
瘡。大小四十員，治事誠周詳。至梅邑辦災，自方伯以下，
凡四十員。青蚨按户口，白粲盈筥筐。災黎十八萬，庶幾
免流亡。賤子筋力盡，微命仰昊蒼。自夏以迄秋，艱苦躬
備嘗。轉憶始涉險，堤潰水若狂。是時夜將半，月黑星無
光。急流衝一葉，力挽逢枯椿。舟幸不破碎，死生判毫
芒。余勘災，舟爲急水衝去，力抱枯木，乃免於溺。一身詎足
惜，萬户良可傷。比聞川漲盛，泛濫及湖湘。又聞江浙
間，淫潦淹村莊。下流既彌漫，上流益縱橫。昔爲爽塏
地，今亦卑濕鄉。天公憫黎庶，蛟鼉敢鴟張。所望千里
流，早注百谷王。哀嗷雁澤聚，修築鳩工良。會看鼕鼓
集，復見虹堤長。董事有能者，余方束輕裝。寶松溪大令
來梅董修堤之役，余奉檄攝篆松滋。梅民苦念我，相送立周
行。我雖出坎險，臨行轉徊徨。中年歷憂患，境過安敢
忘。緬懷飢溺意，惻愴留篇章。"

赴省途中適李光庭方在廣濟縣辦賑，乃匆匆握別於
旅次。

《聽松廬詩鈔》卷一一附錄李光庭《奉答南山大尹見寄雪
堂歌》詩自注。

至省，有《長湖》詩，頗爲年來遭際感慨。

《松心詩集・松滋集》。

詩云："去年重九試院中，千篇五色迷青紅。今年重九辭

新蔡，欲去還留候瓜代。乍離印綬一身輕，每貪清景忘官程。卻從黃州訪赤壁，江山風月茲遊并。黃鶴樓頭老仙語，笑我求仙墮塵土。未駕飈輪返越臺，更挂雲帆向荆渚。千里長江怕阻風，一葉小湖偏遇雨。泛宅浮家入畫圖，小湖繞過又長湖。壺觴且效陶彭澤，詞賦休談楚大夫。"

調署松滋縣知縣，赴任途次有《癸未九月十七日，巴河驛旅次，同吳錞甥、鑑兒小飲得句》、《重過蘄水》、《赤壁》、《舟中書感》、《追憶故交，愴然有作》、《荆州舟中寄林月亭孝廉伯桐》、《荆州阻風舟中遣懷》、《荆州雨霽》、《荆臺》、《長湖》諸詩。

《松心詩集·松滋集》。《花甲閒談》卷九。

按，諸詩有"蒲澗泉聲頻入夢，片帆何事到荆蠻"、"親慮音書滯，兒愁學殖荒。寄言衡泌侶，宦味不堪嘗"、"深秋木落荆蠻路，百折江流一葉身"、"宦海帆開收不易，百折江流一葉身"等句。初仕即逢艱窘，公私兩難，南山怫鬱之情可見。

冬，抵松滋縣任。

《聽松廬詩鈔》卷一一《得吳嵩少水部俊民、紅生孝廉葆晉書，以詩答之》詩及自注。

松滋爲山縣，大異於黃梅之繁劇。入眼野色山光，南山心情稍見恬安。

《聽松廬詩鈔》卷一一《松滋西南多大山，山川幽曠，即景得句》、《野望》。

抵縣後，有《雪堂歌》寄懷李光庭。

《聽松廬詩鈔》卷一一。

詩云："青山排闥江抱城，雪堂隱隱聞江聲。坡仙精魂戀赤壁，水際恍惚時騎鯨。古往今來同宇宙，風月江山尚依

舊。堂中管領屬何人，太白聞孫今太守。一麾出守來黃
州，清景未暇歸雙眸。"自注："公蒞黃州數日，即赴黃
梅勘災。""災民乏食，公與怡庵觀察、慎甫司馬捐廉
助賑。"

詩又云："憂患心原老佛心，路途債是蒼生債。十萬蒼生
賴護持，荆臺東望寄遐思。雪堂此日看晴雪，應和坡公禁
體詩。"自注："公見贈詩有句云：'得同憂患亦前因。'"
又，"公至路途鎮監賑，有'三千里外路途債'之句。"

十二月十九日，坡公生日。因前與李光庭嘉會未果，
乃再賦《雪堂歌》以寄意。光庭報以《奉答南山大令
見寄雪堂歌》。

《松心詩集·松滋集》之《雪堂歌》詩。

詩序云："七月在黃梅，與樸園太守有雪堂拜坡公之約。
九月過赤壁，太守方散賑未歸。比太守歸雪堂，而余已抵
松滋。嘉會未果，不可無詩。十二月十九日，坡公生日，
因爲此篇奉寄。"

詩云："黃州太守古性情，百無嗜好有詩癖。行旌所至但
飲水，洗出新篇露肝膈。黃梅事過尚關心，青李書來數相
憶。雪堂此日爇瓣香，菜摘元修酒澆蜜。未妨白戰和尖
叉，倘有紫裘邀短笛。詩成直上快哉亭，一笑應思張夢
得。"自注："張夢得，宋時縣令，即建臨皋亭者。"

按，此與李光庭酬唱之作，《聽松廬詩鈔》、《花甲閒談》
題作《赤壁篇》。《花甲閒談》、《松心詩集·松滋集》錄
李光庭《答張南山雪堂歌》，詩中自注："君方調任松
滋。""南山乞假歸省，大憲慰留之，旋調署松滋。""時
余在廣濟辦賑，與南山別於旅次。"

在松滋，有《松滋山行》、《喜見臘雪》、《臘月二十五
日至上四都，輿中偶成》、《野望》、《山村》、《立春

前一日》諸詩。

《聽松廬詩鈔》卷一一。《松心詩集·松滋集》。

按,《立春前一日》,《聽松廬詩鈔》題作《除夕前一日》。

黎應鍾卒,南山作《步蒙子》詩致悼。

《聽松廬詩鈔》卷一〇。

詩序云:"步蒙子,姓黎,名應鍾,順德人。官縣丞,年
四十餘棄官遊羅浮,闢艮泉,將終老焉。"

集自道光壬午四月至癸卯九月所作詩爲《黃梅集》,
後收入《松心詩集》。

金菁茅《張南山先生年譜撮略》。

李鴻章生。

曾國荃生。

沈世良生。

丁日昌生。

葉衍蘭生。

王凱泰生。

趙懷玉卒。

程同文卒。

道光四年甲申(一八二四) 四十五歲

[**時事**]四月,嚴禁幕友濫請議叙。 英煙船三
艘到福建及臺灣。 免外洋米穀入口稅課船鈔。 英
輸入鴉片增至一萬二千箱。 冬,總督阮元建學海堂
於粵秀山山腰,以經史詞章課士。 鄭復光在廣州眼
鏡街得"量天尺",並向店家學習光學鏡片知識。後
撰成《費隱與知録》。

新春多暇，遊賞縣中各地，有詩以紀。

> 《松心詩集·松滋集》之《松滋早春》、《正月十三日，冒
> 雨至茶庵子，百五里輿中得句》、《新雷》、《春宵罷酌，
> 見月成詠》、《一柱觀》、《西村曉行》、《松滋松》、《松滋
> 城外送客》、《喜雨》、《松滋山行》、《春村》、《山村春
> 曉》諸詩。

> 《松滋早春》詩云：“五年五處逢新歲，處處春同景不同。
> 楚北雪猶飛冷白，嶺南花已鬥嬌紅。辛盤未可忘鄉味，卯
> 酒偏能助睡功。愛誦古人好詩句，燈前時復教兒童。”詩
> 中自注：“庚春在京，辛春在家，壬春在浙江，癸春在黃
> 梅，甲春在松滋。”又，“晉兒八歲，安兒六歲，暇時教
> 其讀唐宋人詩。”

> 《新雷》詩云：“造物無言卻有情，每於寒盡覺春生。千
> 紅萬紫安排著，只待新雷第一聲。”

> 按，味詩意，松滋任上，似政事清閒，心境漸寬。

同姚汝翁、鄧心耘、俞敬佑小飲於竹嘯軒，有詩。

> 《松心詩集·松滋集》之《竹嘯軒同姚汝翁、鄧心耘、俞
> 杏雨小飲》詩。

> 詩云：“閱歷漸多朋舊少，寸心惟有白鷗知。”自注：“黃
> 梅水災，負累甚重。”“偶話廿年前事。”

> 姚、鄧、俞，皆南山幕友。

松滋樊貞琦茂才奉其從父樊恭懋遺詩及《遠安遇賊紀
略》一卷求題，爲之賦詩。

> 《松心詩集·松滋集》之《樊豁齋廣文恭懋，松滋詩人也。
> 其猶子貞琦茂才奉其遺詩及〈遠安遇賊紀略〉一卷求題，
> 爲賦此詩》詩。

> 樊恭懋，號豁齋，湖北松滋人。官遠安縣學教諭。有
> 《豁齋詩稿》。

樊貞琦，湖北松滋人。恭懋猶子。

蕭應登從事軍營，著有《不咥筆記》。其子乃游求詩，爲題二十八韻。

《松心詩集·松滋集》之《蕭司馬應登從事軍營，著有〈不咥筆記〉。其子乃游求詩》詩。

蕭應登及子乃游，其人俱未詳。

至荆州，有《荆南春思》、《荆南》、《杏花》、《荆江野望》、《荆臺》、《雨宿江亭寺》、《江陵》、《荆南道中見雜花》、《荆江雜詩》諸詩。觀息壤，有《息壤賦》一文。

《松心詩集·松滋集》。《聽松廬駢體文鈔》卷二。

《息壤賦》序云：“道光四年春，余至荆州，欲觀息壤，時代緜邈，古蹟混芒。自惟承乏黃梅，即邁水患，幸免覆溺。鰼黃溯荆，眎大川之安流，思夏后之明德，抽毫作賦，用宣古懷，不拘拘於息壤也。”

二月十七日，荆州城外渡江，大風險甚，命懸一綫。有詩紀之。

《松心詩集·松滋集》之《甲申二月十七日，荆州城外渡江，大風險甚》詩。

得吳俊民、吳葆晉來書，答之以詩。

《松心詩集·松滋集》之《得吳嵩少水部俊民、紅生孝廉葆晉書，以詩答之》詩。

夜過磨盤洲，與縣尉閔鶴亭談論甚歡，有詩紀之。

《松心詩集·松滋集》之《夜過磨盤洲》詩及自注。

閔鶴亭，其人未詳。

李光庭以不得於上憲，辭黃州知府任北歸。追送不及，賦詩二首寄贈。

《松心詩集·松滋集》之《聞黃州李樸園太守北旋，追送
不及，寄呈二首》詩。

詩其一云：“八縣蒼生同悵望，留公不住淚痕斑。”其二
云：“吏民攀轍意纏綿，惜別題詩五色箋。長句自能追太
白，佳兒真足配斜川。”“鶴聲入夢帆空遠，鴻爪留痕字
未鐫。”自注：“公擬將雪堂唱和詩鐫石，未果。”

按，南山與光庭甚相得，並爲詩友，故於其歸也，頗致綣
綣，而交情之永，至老不衰。

四月二十八日，賦《茶庵子二首》詩。

《松心詩集·松滋集》。

詩其一云：“半載居松滋，三至茶庵子。”“攜來酒半瓶，
小醉睡益美。卻憶去年夏，冒險波濤裏。憂患既得生，隨
在皆可喜。”其二云：“眼底無簿書，頓覺心清空。”

按，《聽松廬詩鈔》題作《四月二十八日，至茶庵子二
首》。

舊友吳慈鶴任河南學政，有《寄松滋張南山大令》
詩，云：“我已擔頭兩嵩嶽，君亦胸中九雲夢。”

吳慈鶴《鳳巢山樵求是二錄》卷三《寄松滋張南山大令》
詩。《國朝詩人徵略》卷五八“吳慈鶴”條。《藝談錄》
卷上“吳慈鶴”條。

按，《藝談錄》於詩句下注云：“時巢松視學河南，余在
荊州，故有‘嵩嶽’、‘雲夢’之語。”

五月，卸松滋事，以所入彌補黃梅虧空，往黃梅算交
代。先題補長陽縣，至是大吏奏該令盡心民事，深愜
輿情，奉旨調補廣濟縣。

金菁茅《張南山先生年譜撮略》。

南山嘗以松滋署齋西偏爲課兒處，窗外隙地，兒輩種
瓜已生矣。而時將赴黃州，乃留題一律，有“余方及

瓜代，滋味爲誰留"之句。

《松心詩集・松滋集》之《松滋署齋西偏爲課兒處，窗外
隙地，兒輩種瓜已生矣。時將赴黄州，留題一律》詩。

五月十六日別松滋，乘船循荆江赴武昌，賦《荆江雜
詩》詩十首。途次沙市，聞人言昨歲水患，而今則旱
象已呈，爲之憂結。乃黄梅積欠未清，尚須交待，欲
歸不得，怫鬱難去。

《松心詩集・松滋集》、《花甲閒談》卷一五。

《雜詩》其一云："乍別荆南地，五月十六日別松滋。仍留楚
北身。攀輿民載酒，行路我知津。詔許遷新邑，蒙恩調補
廣濟。書應報老親。曰歸猶未得，不是戀風塵。交代未
清。"其四云："沙市留終日，逢人話去年。奔濤没村樹，
比屋斷炊煙。有粥饑能救，無衣凍可憐。流離更風雪，僵
臥路衢邊。去冬，江陵災民凍死不可勝計。"其六云："五月
竟不雨，今年旱可虞。稻苗已焦渴，雲影但模糊。爭水邑
多訟，種棉泥未濡。棉花尚未布種。居人正愁望，過客亦嗟
吁。"其八云："不似在他鄉，移家上畫航。煮茶消午倦，
敧枕納宵凉。兒懶抛書卷，妻閒撿藥方。阿甥吳甥兆錞真
靜者，默坐對滄浪。"其十云："黄鶴樓前月，三年照
我來。"

按，《聽松廬詩鈔》卷一一録詩十首，《松心詩集》僅選
録六首，《花甲閒談》録五首，文字亦略有參差。

有《江夜聞楚歌》詩，遥和宋湘舊作。

《松心詩集・松滋集》、《花甲閒談》卷一五。

按，《花甲閒談》録宋湘同題詩。宋詩爲嘉慶十八年出守
雲南途經荆江時所作，以"如何一副千秋淚，不唱吾家
大小招"作結。南山詩則結句"四愁本是吾家物，不聽
清商鬢已絲"以相呼應，知爲追和之作。

得李光庭來書，知以詩一帙見寄，而中途失去，因以絕句奉報。

> 《松心詩集·松滋集》之《得樸園太守書，知以詩一帙見寄，中途失去，因成絕句奉報》詩。

由荆州至黄州，南山壬午科鄉闈分校所得士吳大鏞邀留下榻雙桐山館。賦贈一首以報。

> 《松心詩集·松滋集》之《五月由荆州至黄州，吳雲門孝廉大鏞，余壬午鄉闈分校所得士也，留余下榻雙桐山館。賦贈一首》詩。
>
> 詩云："有累翻成暇，梅邑虧累。茲來聚數旬。墨緣消晝永，索書者衆。書味養天真。拙直存吾道，晨昏敬爾身。雙梧涼碧在，把卷憶前塵。幼時讀書雙桐軒。"
>
> 吳大鏞，字雲門，湖北黄岡人。道光二年舉人。南山爲同考官日所取士。官教諭。

訪赤壁，遇陳瑞琳，有酬唱之作。

> 《松心詩集·松滋集》之《贈陳九香秀才瑞琳》詩。
>
> 按，《花甲閒談》題作《赤壁遇陳九香秀才，見示近詩。賦贈一律》，并録陳瑞琳《南山先生枉贈佳篇賦此奉酬二十四韻》詩，詩中原注："十年前聞先生名。"
>
> 陳瑞琳，字九香，湖北羅田人。久困諸生，援例爲府經歷，歷署桐柏、葉縣、鄖城知縣。有《食古研齋集》。

又賦《一剪梅·秋夜偕客放舟赤壁，飲酒既酣，率填此調，扣舷而歌之，亦足樂也》詞一首。

> 《花甲閒談》卷九。

楊昌以遊武昌西山詩索和，賦詩酬寄。

> 《松心詩集·松滋集》之《楊竹唐大令昌以遊武昌西山詩索和，賦此奉簡》詩。
>
> 楊昌，號竹唐，其人未詳。

賦詩題張廷琳《負米圖》，有"出爲廉吏遵母訓，得祿未敢忘飢驅"之句。

《聽松廬詩鈔》卷一一《家竹生廷琳負米圖》詩。

張廷琳，字菊田、竹生，安徽桐城人。國子監生，候選州同知。乾隆四年以孝行題請奉旨建坊，入祀忠孝祠。

七月，於黃州客舍，有詩懷家人。是年閏七月，繼有《閏七夕》、《客夜》詩。

《松心詩集·松滋集》之《客中七夕》、《黃州客舍早秋述懷》、《閏七夕》、《客夜》詩。

《客中七夕》詩云："寄書問小女，曾否拜雙星。"《黃州客舍早秋述懷》詩云："幾分酒意留天趣，三處鄉心共月明。"自注："家嚴官四會，舍弟返羊城，妻子寓江夏。"

程省堂輯其亡弟牧菴遺詩，南山爲題卷首。

《松心詩集·松滋集》之《程省堂輯其亡弟牧菴遺詩求題》詩。

程省堂及弟牧菴，其人俱未詳。

賦詩題黃景仁詩集。

《聽松廬詩鈔》卷一一《題黃仲則詩集》詩。

詩云："碧空鸞鶴嘯秋霞，下視人間鵲與鴉。多病半生仍好色，長貧寸管自生花。真成絕代非脂粉，似有奇香出齒牙。數到天才今古少，一回吟誦一長嗟。"

按，南山早歲即喜黃景仁詩，深致景慕。今途中有暇，再讀黃詩而爲題此，蓋好之不倦也。

有詩寄懷許乃普，兼及舊友陳鑾。

《松心詩集·松滋集》之《壬午夏余出都，許滇生太史賦詩贈行，有"何如吟嘯到黃州"之句。抵楚三載，在黃州之日爲多，詩其有先見耶？賦此奉寄》詩及自注。

詩有云："天上鳳箋傳七字，江干鴻爪滯三年。飛觴憶共陳無己，伴直誰爲孟浩然。"自注："芝楣太史。"

　　按，滇生，許乃普字；芝楣，陳鑾字。嘉慶二十五年，程
　　恩澤曾招南山、滇生、芝楣會飲，歡談竟日，故詩及之。
集自道光癸未九月至甲申閏七月所作詩爲《松滋集》，
後收入《松心詩集》。

　　金菁茅《張南山先生年譜撮略》。

八月履廣濟任，自覺宦海浮沈，回帆匪易，惟有力勤
政務，冀減愆尤而已。有詩爲紀。

　　金菁茅《張南山先生年譜撮略》。《松心詩集·廣濟集》、
　　《花甲閒談》卷一〇《甲申八月履廣濟任》詩。

　　詩云："聖恩新許調梅川，似與松梅有夙緣。前署黃梅；今
　　補廣濟，又號梅川。敢謂微勞在民事，屏補長陽，未到任，以
　　辦黃梅水災，大吏奏摺有'盡心民事，深愜輿情'之語，仰蒙恩
　　旨，調補廣濟。所欣真樂是豐年。弊難盡去求無愧，身果
　　能勤或少愆。宦海昔聞今始見，開帆未得便回船。黃梅逋
　　累未清。"

　　按，《花甲閒談》題作《梅川》，蓋梅川乃廣濟古稱也。

手作隸書楹聯懸廳事云："念天理，念國法，念人情，
是訓是行，問一己敢言政治；勸讀書，勸耕田，勸守
分，無爭無訟，願百姓莫到公庭。"具見施政之旨。

　　同治《廣濟縣志》卷五。

公餘有《微吟》、《訟庭》諸詠，以詩教與政事相通，
吟事可以不廢。

　　《松心詩集·廣濟集》。《聽松廬詩鈔》卷一二。

　　《訟庭》詩云："訟庭人散捋吟髭，三載萍浮楚水湄。面
　　目固應留本色，性靈猶喜似兒時。風謠質樸皆民事，雅頌
　　敷陳亦我師。不解近來能吏語，但宜讀律不宜詩。"

時要犯過境脫逃，聞匿亂山中，賊黨護之。南山會同

營員，帶兵役，夜行至蘄州，獲之。後有詩紀其事。

《松心詩集·廣濟集》、《花甲閒談》卷一〇《追逃》詩。

湯金釗爲南山“黃梅拯溺圖”題詩，云：“偉哉張使君，應變有膽識。一舟旦暮巡，萬姓餱糧給。”又云：“使君一詩人，經濟優如此。乃知誠求心，可以保赤子。”南山感念不已，云：“屏爲縣令，遇災，而旦暮出巡，餱糧徧給，皆分内之事，而師乃形諸篇詠，益令慙惶。然師獎許之意不敢忘。”

《花甲閒談》卷一一録湯金釗《題南山黃梅拯溺圖》詩。

《藝談録》卷上“湯金釗”條。

按，湯詩有“量移廣濟辦曹務”句云，知作於此時。

許乃普亦有《題南山大令黃梅拯溺圖，即次其江漲防險原韻四首》詩。

《花甲閒談》卷一一。

賦詩題錢清履“松風老屋圖”。

《松心詩集·松滋集》之《錢竹西司馬清履松風老屋圖》詩。

詩云：“君家老松二百年，鱗甲欲動龍蜿蜒。吾廬之松纔數尺，曾向羅浮拜寒碧。”詩中自注：“羅浮大松，數百年物也，余見而拜之，人繪《南山拜松圖》。”

錢清履，字慶徽，號竹西，浙江嘉善人。乾隆五十九年舉人。嘉慶二十四年任蘄水縣知縣。有《松風老屋詩詞稿》。

九月，有《夜行》、《九日出城至靈西鄉》諸詩。

《松心詩集·廣濟集》。

爲陳瑞琳賦《紫雲硯詩》長句一首。

《松心詩集·廣濟集》之《紫雲硯詩爲陳九香明經瑞琳

賦》詩。

冬，征收漕米，大受困擾，身心俱疲。

《花甲閒談》卷一四《收漕辭》。金菁茅《張南山先生年譜撮略》。

按，州縣曹漕務之累，令南山困窘不堪。收漕稽遲，即有重責。而收漕過程中，漕吏之多方苛索，漕丁之藉端挾詐，其弊有不可勝言者。異日南山辭州縣而不爲，或緣於此。《國朝詩人徵略》卷五五"姚文田"條録姚氏奏議云："乾隆三十年以前，無所謂浮收之事，是時無物不賤，官民皆裕。其後生齒愈繁，用度日絀，於是諸弊漸生。然在州縣亦有不能不如此者。所得廉俸公項，斷不敷用，自開倉至兑運，其修整倉廒、蘆席板片及幕友、家人、書役修飯工食，費已不貲，加以運丁需索，津貼日甚一日。至其署中大小公事，一到即須出錢料理。又如辦一徒罪之犯，自初詳至結案，約須費至百數十金，案愈大則費愈多。復有遞解人犯，運送餉鞘，事事皆需費用，伊等熟思，他弊一破，勢必獲咎愈重，不如浮收，尚爲上下皆知。其藉此以肥身家者，不能謂其必無，要之不得已而爲此，蓋亦不少。臣見近日言事者動稱不肖州縣，竊思州縣亦人耳，何至一行作吏，便至行同苟賤？此又州縣不能上達之實情也。"南山初任黄梅，即遭縣務之困，蓋弊竇滋多，一介微官，其何能救。《國朝詩人徵略》引録此奏，意蓋有在也。

一日，郵人遞到一緘，啟視則楊知新書也。時楊就養於其子密縣署中。自是書函往復，屢惠篇章。

《國朝詩人徵略》二編卷五六"楊知新"條。

楊知新，字元鼎，號拙園。浙江歸安人。貢生。有《夙好齋詩鈔》、《文鈔》。

劉恭冕生。
程國仁卒。
秦瀛卒。
張如芝卒。
鍾啟韶卒。

道光五年乙酉（一八二五）　四十六歲

［**時事**］頒河道水利修治令。　鄉試之年，以毛樹棠、陶廷傑爲廣東鄉試正副考官。　達三接任粵海關監督。　翁心存爲廣東提督學政。　八月，戶部尚書英和創議海運，詔下各省妥議，多稱不便，惟江蘇巡撫陶澍讚同。　由阮元主持，錢塘嚴傑編輯、嘉應吳蘭修編輯監刻《皇清經解》。

自廣濟縣晉省。適徐寶善道經此地，得晤南山，遂邀遊武昌賞梅。南山有《徐蓮峰太史寶善招遊漢皋看梅花》詩，徐寶善作詩相贈，於南山人品、詩才、政事極致推挹。

《松心詩集·廣濟集》。徐寶善《壺園詩外集》卷四《贈張南山》詩。

徐詩云："我愛南山品，復愛南山詩。其品重金玉，其詩追鼎彝。腰綬鄂渚來，眉宇接紫芝。傾盖露肝膈，雄論兼箴規。新詩脱手贈，唐宋供鑪錘。溯從漢魏降，樂府元音希。元白與張王，節奏乖妃豨。新聲復競作，自鄶曾無譏。惟君力反古，雲霧青天披。縱觀琅環集，一一蒐瑤璣。掃除門戶見，獨造穿精微。誦詩必授政，達鴻羽爲

儀。勿謂牧令卑，百里化始基。鳴琴匪云逸，戴星詎忘
疲。卓哉鄭之良，靡或道拾遺。水火濟寬猛，與俗相轉
移。我車初入境，已聽循聲馳。賢者固不測，豈獨專文
辭。三長竊所忝，史筆敢執持。文苑與循吏，跂懷良
在斯。"

按，《聽松廬詩鈔》題作《早春徐蓮峰太史招遊漢皋看梅
花》。詩末自注："蓮峰將入都。"

徐寶善，號廉峰，安徽歙縣人。嘉慶二十五年進士。官翰
林院編修。有《壺園詩集》。

早春在武昌，有《武昌舟次》、《初見櫻桃花》諸詩。

《松心詩集·廣濟集》。

過龔斗南欣有託齋，有詩賦贈。

《松心詩集·廣濟集》之《過龔小梁明經斗南欣有託齋賦
贈》詩。

龔斗南，號小梁，湖北黃岡人。嘉慶十八年優貢生。雲南
府經歷。有《小梁詩集》。

前任廣濟縣令周向青有詩見贈。周將歸錢塘，南山賦詩贈別。

《聽松廬詩鈔》卷一二《酬周蘇門大令向青見贈，即送歸
錢塘》詩。

詩云："宦海相逢話苦辛，萍浮瓜代亦前因。君前任廣濟。
詩吟南國滄浪水，君寓滄浪書院。夢憶西湖澹蕩春。詎敢貪
功翻受過，君權武昌，獲盜，後任釋之，以寬縱落職，而君亦被
議。但能無病不妨貧。明年待展栽花手，未許煙霞慕
隱淪。"

周向青，字仲廉，號蘇門，浙江錢塘人。嘉慶十二年舉
人。有《句麓山房詩草》。

送甥吳兆錞旋粵，有詩。

《松心詩集·廣濟集》之《送吳甥兆錞旋粵》詩二首。

詩其一云：“三載別慈闈，今歸不可遲。”其二云：“我歸又何日，送汝轉含愁。拙宦誰青眼，高堂已白頭。艱難彭澤米，迢遞曲江樓。指臂能相助，重來約暮秋。”

五月，自廣濟函候謝蘭生，並寄贈續刻《聽松廬詩鈔》一卷。翌日，蘭生覆書南山。

謝蘭生《常惺惺齋日記》道光五年五月十三日、十四日記。

應襄陽知府周凱請，賦詩爲王學浩子芝香秀才題“客裏家山圖”，同次詹應甲韻。

《松心詩集·廣濟集》之《客裏家山圖爲王芝香秀才題，同次詹湘亭大令應甲韻》詩。

詩云：“千里君尋茂叔蓮，十年我慕王猷竹。”自注：“尊甫椒畦先生。”詩又云：“畫禪直欲問荆關，家法何難追石麓。”自注：“石谷、麓臺。”詩又云：“煩君爲我畫雲泉，什襲安排木蘭櫝。”自注：“白雲瀼泉。”

按，《聽松廬詩鈔》題作《周芸皋太守書來，屬題王芝香茂才客裏家山圖，同次詹湘亭大令韻》。

王學浩，字孟養，號椒畦，江蘇崑山人。乾隆五十一年舉人。乾隆五十五年周興岱督學廣東，學浩入爲幕友。芝香，學浩子。諸生。

詹應甲，原名廣桃，字鱗飛，號湘亭，安徽婺源人。乾隆五十三年舉人。歷湖北天門、應城、漢川、恩施等縣知縣。有《賜綺堂集》。

賦詩送俞敬佑旋浙鄉試，兼寄金雲詩。

《松心詩集·廣濟集》之《送俞杏雨旋浙鄉試，兼寄金雲詩》詩。

詩敘與雲詩之交誼云：“萍飄鄂渚始識面，溫其如玉英瓊瑤。黃梅小聚遭水患，我命偃蹇黿鼉驕。災黎滿眼急請賑，飛書午夜燈同挑。居然安輯脫險難，回頭灑涕哀鴻嗷。楚東荆南共跋涉，春花秋月同酕醄。淹留三載數晨夕，一朝分袂勞心忉。"

按，味詩意，俞、金均南山任黃梅時幕友。

章炳然擬赴金陵秋試後還常州，賦詩送別，炳然此後於詩文宗法鄉先輩惲敬與黃景仁二氏，以期精進。

《松心詩集·廣濟集》之《送章補菴炳然赴金陵秋試後還常州》詩。

詩云："五旬三送別，別緒繞廻腸。但使雲霄近，何愁江路長。文雄須奪命，君喜談命。秋老定還鄉。歸去尋耆舊，誰如惲與黃。子居古文，仲則古今體詩，皆百年來傑出者。"

所謂"五旬三送別"者，指送周向青、俞敬佑、章炳然也。

章炳然，號補菴，江蘇常州人。生平未詳。似亦爲幕友。

本年得孫，賦詩誌喜，有"四旬有六見孫枝，樂事含飴算未遲"之句。

《松心詩集·廣濟集》之《得孫誌喜》詩。

六月，奉調爲湖北鄉試內簾同考官。七月，抵省會武昌。八月，入闈，賦《乙酉楚闈分校，中秋日與許滇生、王霞九兩主司談讌有作》詩二首。又有《九月廿一日，新孝廉招陪許滇生、王霞九兩主考宴蔦園，即席成詠二首》詩。

金菁茅《張南山先生年譜撮略》。《松心詩集·廣濟集》。《花甲閒談》卷八。《聽松廬詩鈔》卷一二。

按，詩其二自注有"余方引疾求退"云。

王贈芳，字霞九，江西廬陵人。嘉慶進士，授編修。累充廣西、福建、湖北典試會試同考，視學湖北。生平篤嗜經術，著書等身，卒祀鄉賢及湖北名宦祠。

鄉試榜發，解元萬時喆出南山房。九月廿一日，新孝
廉諸君招陪許乃普、王贈芳兩主考公讌藹園，即席
成詠。

《松心詩集·廣濟集》、《花甲閒談》卷八、《松心讌集
詩》之《九月廿一日，新孝廉諸君招陪許滇生、王霞九
兩主司公讌藹園，即席成詠二首》詩。

按，《松心讌集詩》題《乙酉秋日藹園公讌》。詩其一原
注："前科榜首黃經塾、今科榜首萬時喆，皆出余房。"

楚闈兩錄榜元，又喜抱一孫，楊知新來詩道賀。南山
爲作《拙園子歌》答謝。

《松心詩集·廣濟集》之《拙園子歌，奉酬楊拙園丈知
新》詩及附錄楊知新《南山司馬年四十六喜得抱孫，又
壬午、乙酉連校楚闈，兩解首並出其房，楚中人咸嘖嘖稱
之。王霞九學使贈以聯云"兩科得兩元，楚北魁材歸玉
尺；四旬逢四代，隴南樂事譜瑤笙"，讀之令人神往。爰
賦七言長律十章，以志頌禱之私，兼呈尊甫繡山學博》
詩四首。

詩有云："一領青衫四十秋，十戰棘闈不得志。眼看門前
立雪人，飛騰早拔文壇幟。此手老斫輪，運斤苦不利。"
又云："拙園子，六十矣。聞道童顏復兒齒，文老愈奇詩
愈美。""濤箋寄我一萬言，驛路思君二千里。我尋楚澤
浩雲夢，君訪梁園渺荊杞。避面翻同尹與邢，和聲不異宮
兼徵。羨君膝下繞鳳鸞，令子河陽滿桃李。坐中王粲二樵
旅懷開，天外孫登秋濤嘯聲起。鴨頭綠漲漢水來，定有中
州一雙鯉。"

按，楊知新《夙好齋詩鈔》卷一四附錄南山此詩，中有
自注云："余與君締交三載，迄今尚未獲一面。"蓋令黃

梅時已文字往來矣。

去冬收漕，有包漕鬧漕者。今九月闈事畢，又當回縣收漕矣。南山曰："不浮收勒折，則漕規漕費無所出；浮收勒折則理不直，理不直則氣不伸，吾寧舍官以伸氣！"遂決意稱疾引退。大吏固留，謂："知縣不願收漕，世所罕見！"

金菁茅《張南山先生年譜撮略》。《花甲閒談》卷十四《收漕辭》、汪廷珍《復張南山書》、蔣攸銛《書張南山黃梅拯溺圖》。

按，清代定湖北等八省征收漕糧，運京濟用，督責綦嚴而其弊亦滋多。大學士汪廷珍曾力請改革，不報。漕米定規需達潔、淨、乾、圓標準，又必按時運達，不得延誤，弊於是而生。押送旗丁之苛索，一也。關吏之勒取，二也。倉卒之挑剔求賄，三也。縣政經費多藉此浮收以爲挹補，四也。縣官則惟黽勉從事，加倍浮收，以應賄索而保漕糧適時抵京，否則奏參隨之矣。病民瀆宦，不可勝言。南山處此，憤鬱難平，遂有告病之舉。歐陽兆熊《水窗春囈》云："江浙州縣辦漕，不外'欺善怕惡'四大字耳。"猶爲隱約之辭。而同書金安清則暢言其弊曰："漕務之浮收勒折，始于乾隆中，甚于嘉慶，極于道光。江蘇則以上、南、嘉、寶四缺爲最優，每年皆十數萬。浙江則有'金平湖，銀嘉善'之謠。其時則民風富實，但求縣官無格外需求，每斛多出一二百文，固所深願。此六縣錢漕，皆在十萬兩、十萬石之外，積少成多，易成巨數。"南山《花甲閒談》卷一四《收漕辭》亦痛切言之，辭曰："漕不收，縣令無能官可休。漕未兌，旗丁先來講兌費。旗丁挑斥大有言，米既不潔又不乾。紳衿訛索亦有説，官既浮收又勒折。更有漕尾欠在民，中飽暗歸書吏身。人道收漕獲漕利，我道收漕受漕氣。丈夫吐氣如長虹，安能鬱鬱居樊籠。人生行止自有數，歸向南溟釣鰲去。"道光十六年秋，南山披覽舊作，於此詩繫以識曰："屏昔從宦楚北，既補廣濟，因不願收漕，遂就閒曹。屏之辭縣令也，聞者多笑之，屏不置辨，惟自認無能而已。惟吾師汪文端公及襄平相國蔣公不以爲非。茲録《收漕辭》，因追録二公之言於左，用誌牙期之感云。道光丙申立秋日，時將引疾旋里，維屏自識於章江萍寄之居。"蓋收漕雖不免受多方苛索，而縣令實亦可從中操縱，沾益極巨。乃南山不屑爲此而求退，故其師汪廷珍致書南山，許爲"辭菀而就枯，欲求心之所安"，蔣攸銛則謂："收漕人所樂，而南山辭之決然，即此可知其爲人矣。"

又，符葆森《國朝正雅集》卷七一"張維屏"條引《粵東三子詩鈔》題辭云："調補廣濟漕務，非折規，費無所出。先生曰：'理不直則氣不壯，吾寧舍官以伸氣。'引疾去。汪文端公廷珍語人曰：'縣官不願收漕，世所罕見也！'"

賦詩題方策"故我圖"。

《聽松廬詩鈔》卷一二之《題方竹儂大令策故我圖》詩。

方策，字竹儂，福建閩縣人。官漢陽縣知縣。

以《聽松廬詩集》郵贈應山縣知縣詹應甲，應甲賦詩還報。南山舟中讀後，賦詩二首酬奉，有"作吏定知疎顧曲，愛民難免拙催科"之句，並有引疾求退意。

《松心詩集·襄陽集》之《舟中讀詹湘亭大令應甲詩，奉寄二首》詩。

按，詹應甲《賜綺堂集》卷一九《張南山明府維屏以聽松廬詩集郵示，即次見懷原韻二首奉題》詩，有"君去襄南我漢東"句。時應甲赴應山知縣任，見同治《應山

縣志》卷一〇《歷代職官》。而南山則膺襄陽府同知之
命，故云。又，應甲詩後附録南山二詩，末有自注云：
“時將引疾求退。”則南山詩作於獲襄陽任命之前，應甲
詩則作於其獲命之後。

方擬引退，乃被委署襄陽府同知。南山以郡丞爲閒曹，
事責不重，遂不復辭。

金菁茅《張南山先生年譜撮略》。

十月，別廣濟士民，赴襄陽同知任。民以“德厚風
清”四字書紅綾送行。乃賦《梅川行，留別廣濟士
民》詩，中有“秋風兩袖書一肩，出門鼓樂聲喧闐”、
“無澤及民德何有，無功竊禄清難言”句，語頗誠摯。

《松心詩集·廣濟集》。《花甲閒談》卷一〇。金菁茅《張
南山先生年譜撮略》。

詩云：“前年九月別梅邑，去歲八月來梅川。梅川梅邑未
兩載，且喜再結梅花緣。今冬又別梅川去，片帆先挂蘄陽
樹。宦跡真同水上萍，遊蹤合比風中絮。秋風兩袖書一
肩，出門鼓樂聲喧闐。出城一路羅杯筵，提壺捧袂心勤
拳。紅綾數丈張車前，濃墨大字如雕鐫，使我對之生赧
顏。無澤及民德何有，無功竊禄清難言。我意不爭祖逖
鞭，亦不暇選劉寵錢。一言願告諸父老，勸土力學農耕
田。滄浪之水清且漣，滄浪之屋添數椽，梅花多種滄浪
邊。我倘再結梅花緣，對花把酒談豐年。”

舟過赤壁、伯牙臺，有懷古之詠二首。

《松心詩集·襄陽集》之《舟過赤壁率爾得句》、《伯牙
臺》詩。

十一月二日，舟次漢口，姚小山太守招同龔斗南、黃
至堂集仙露明珠館，即和《賞菊》原韻詩。

《松心詩集·襄陽集》之《十一月二日，舟次漢口，姚小

山太守招同龔小梁明經、黃芳谷員外集仙露明珠館，即和賞菊原韻》詩。

詩云："三影來遲緣未晚，姚黃先約看春花。"自注："約來歲看牡丹。"

黃至堂，字芳谷，浙江錢塘人。時在漢口爲鹽商。

姚小山，其人未詳。

與宋湘相見於武昌，并索觀已刻詩。

《國朝詩人徵略》卷五四"宋湘"條。《藝談録》卷下引《聽松廬詩話》。

《徵略》云："（宋湘）道光五年十一月抵任。六年正月，押運北上，十月回任。"又云："君性地高明，氣概伉爽，見人詩文佳者，輒贊歎不置。余里居識君，僅兩面，別二十餘年。道光乙酉相見於武昌。君一見，即曰：'吾甚恨足下。'余愕然。既而曰：'恨足下不入詞館耳。'於是索觀已刻詩。"時宋湘由滇調升湖北督糧道。又，《藝談録》記云："芷灣豪邁，時露真氣。官湖北糧道，糧艘將發，府廳州縣集江干候送，余後至，芷灣出座相迎，呼曰：'吾甚恨足下！'衆皆愕然。徐曰：'恨足下不入詞館耳。'"

宋湘，字芷灣，廣東嘉應州人。嘉慶四年進士，翰林院編修。時官湖北督糧道。有《紅杏山房集》。

抵襄陽任。登覽當地名勝，有《淳于髡墓》、《宋玉墓》、《樊侯廟》、《呼鷹臺》、《登峴望鹿門隆中諸山》諸詩。

《松心詩集·襄陽集》、《花甲閒談》卷一〇。

爲峴山羊祜祠撰《晉太傅鉅平成侯羊公廟碑》。

《松心文鈔》卷八、《花甲閒談》卷一〇。

序有云："公舊有祠在峴山，都人士謀新之，請爲文，將

刊諸石。余故先詳公之勳猷，而歸本於忠愛無已之意，且
作爲詩歌，俾春秋享祀。"
郝懿行卒。

道光六年丙戌（一八二六）　四十七歲

［時事］三月，初次試行海運漕糧，以利運河北
段清淤。　六月，臺灣粵民黃文潤起事。張格爾陷喀
什噶爾城。　設廣東水師巡船，稽查鴉片。　緬甸割
地與英議和。　九月，命楊遇春爲欽差大臣，長齡總
統軍事，赴疆平叛。　夏，兩廣總督阮元卸任，改任
雲貴總督。　本年，美國等國向中國輸出鴉片一萬二
千二百三十一箱。　江蘇巡撫陶澍、布政使賀長齡主
持海運漕糧獲嘉績。　賀長齡、魏源編成《皇朝經
世文編》。　方東樹於廣州刊行《漢學商兌》。

上元後一日，與黃芳谷、王兆杏、金子春同遊漢口月
湖，有詩紀之。
　　《松心詩集·襄陽集》之《漢上尋春四絶句》詩。
　　按，翌日，南山將此詩寫送同遊諸人，詩後附有識語云：
　　"《漢上尋春四絶句》，丙戌上元後一日，余泊舟漢口，將
　　獨遊月湖，適芳谷二兄見訪，並邀同第花、子春兩詞兄載
　　酒而往，見月而還，越日得此，即錄奉諸同人粲正。南山
　　弟張維屏草。"
　　王兆杏，字第花，浙江錢塘人。恩貢。官淳安知縣。
　　金旺華，字子春，安徽全椒人。諸生。時在漢口爲鹽商司
　　筆札。

正月，由襄陽往廣濟算交代，途中編詩爲《松滋集》。

金菁茅《張南山先生年譜撮略》。

重到廣濟，有詩。

《松心詩集·襄陽集》之《重到廣濟》詩。

詩云："滄浪一掬洗衣塵，再到梅川亦夙因。公等莫將官長待，此來我是看山人。"

二月，游廣濟靈山，多有詩什以紀勝。

《聽松廬詩鈔》卷一三、《松心詩集·襄陽集》之《浮渡寺》、《繇浮渡石至石竹庵》、《瀑月臺》、《靈山》、《靈山仙石》、《聚賢庵》、《湧翠亭》、《望靈山絕頂》詩。

《靈山》詩前有序，略云："靈山在廣濟城東十餘里，余偕錢塘陳序堂遊焉。……山舊有三十六寺，今頹廢過半。詢茲山建寺之始，寺僧無能道者。余思廣濟爲四祖大醫禪師誕生之地，今縣治有四祖父母墓，城內有浴佛泉，則此山必四祖初年清修之所，而黃梅之四祖山，乃後來卓錫處也。山中諸寺當奉祀四祖，庶始基勿棄，禪燈永傳，以妥山靈，以福邑眾，因爲詩以示寺僧及後之遊靈山者。時道光六年二月二十五日。"

陳序堂，浙江錢塘人。生平未詳。

三月，自廣濟馳函謝蘭生道候。

謝蘭生《常惺惺齋日記》道光六年三月十五日記。

上巳日周凱、蔣祖暄將於習池修禊，而南山適因公至黃州，不克與會，爲賦詩以寄諸同人。

《松心詩集·襄陽集》之《蔣晴山大令招集高陽池館，以疾未赴，賦詩奉簡》詩，《花甲閒談》卷一〇《高陽池》、《習池新柳》詩序及自注。

《高陽池》詩序云："高陽池，即習池，在襄陽城東南十里許。池久廢，富陽周芸皋太守修復之。道光五年冬，余來攝司馬，暇日遊焉。池上有亭，八窗洞開，一碧倒影。亭右有屋，中祀山公，習君配焉。亭面漢水，風帆沙鳥，出沒煙際。登高舒眺，峴首、鹿門諸山，蒼翠欲滴。思得好手畫之，惜無似米海岳者。落日半規，酒痕在衣，欲去未去，徘徊大堤，呼小兒齊拍手笑唱《白銅鞮》，亦足樂也。其明年丙戌，太守將以三月三日集賓僚，偕童冠，修禊於此。余適于役黃州，不獲與會。因爲此詩，奉寄並簡禊事諸君子。"又，詩中自注："芸皋教民種桑。""晴山大令種桃，余補種柳。"

《習池新柳》詩中自注："時歸自黃州。"

蔣祖暄，字晴山，廣西全州人。乾隆五十九年舉人。時任襄陽縣知縣。

在黃州。因憶歷任各縣交代之苦，感而賦《盤倉行》詩。

《松心詩集·襄陽集》。

詩云："新令來，舊令去。去復來，曷以故，新令盤倉異盤庫。一解。盤庫一日畢，盤倉無定期。其雨其雨，我不敢知。二解。杲杲出日，我心悅懌。乃召戶書，乃召斗級，乃命我僕。盤倉之穀，自朝至于日中昃。三解。舊令欲速，新令遲遲。穀則量之，米則篩之揚之，熟而嘗之。四解。整米則收，碎米則否。議補議加，計石計斗。舊令但吞聲，新令尚搖首。五解。我來自襄，雨雪霏霏。我居于黃，百卉具腓。我倉既盈，我庫無虧，我身可以歸。六解。"

五月返襄陽。襄陽知府周凱以《會巡四峰山並遊武當山》詩見示，爲題二絕句。

金菁茅《張南山先生年譜撮略》。《聽松廬詩鈔》卷一二《芸皋太守以〈會巡四峰山並遊武當山〉詩見示，題二絕句》詩。

事簡身閒，乃得遍遊襄陽古跡，有《孟亭》、《大堤》、
《米元章故里》、《峴山碑》、《五星塔》、《廣德寺銀
杏》、《隆中諸葛武侯祠二十韻》諸詩。

《松心詩集·襄陽集》。《花甲閒談》卷一〇。

知府裕謙訪南山於樊城官署，談讌竟日，相得甚歡。
別後並有書札通問。

《聽松廬駢體文鈔》卷四《祭兩江總督博爾濟吉特公文》。

按，裕謙時任荆州府知府。

賦詩贈楊芳。

《花甲閒談》卷一〇《贈楊誠村軍門芳》、《楊誠村軍門過
樊城，手書〈大將行〉一篇見示，並邀同作》詩。

楊芳，字通逵，號誠村，貴州銅仁人。官提督。

爲友人吳葆晉之甥金陵元維馨女士詩餘題句，兼寄其
夫吳書升。

《聽松廬詩鈔》卷一二《金陵女士元小桂詩餘題詞》詩。

賦詩題朱麐"澹囿圖"。

《聽松廬詩鈔》卷一三《澹囿圖，爲朱澹囿麐題》詩。

朱麐，號澹囿，其人未詳。

薩迎阿過訪，出示"瀟湘去思圖"，爲之題詩。

《松心詩集·襄陽集》之《湘林觀察薩迎阿枉過，出示瀟
湘去思圖屬題》詩。

詩云："三載荆湖宦績成，臨期依戀見民情。山隨父老沿
途送，官似瀟湘徹底清。兩字公勤傳治譜，公以"公勤"
銘郡齋。五言精勁築長城。詩尤工五言。定知勳業能繩武，
不獨詩歌善繼聲。君先世皆以勳績著，祖鍾山公有《靜恬軒
詩》。"

薩迎阿，鈕祜禄氏，字湘林，鑲黃旗人。嘉慶十三年舉

211

人。時任甘肅蘭州道道員。

林樹恒過訪，賦詩贈之。

> 《聽松廬詩鈔》卷一三《林心舟太守樹恒枉過，賦贈》詩。
>
> 林樹恒，字心舟，順天大興人。廩貢。道光二年雲南順寧府知府。

與周凱、王乃斌於棗花仙館夜話論詩，並賦詩酬唱。

> 《松心詩集·襄陽集》、《花甲閒談》卷一〇《棗花仙館夜話，同芸皋觀察、香雪明經》詩。周凱《內自訟齋詩鈔》之《襄陽集》卷七。
>
> 按，潘衍桐《兩浙輶軒續錄》卷三四"王乃斌"條載："周凱序略：余守襄陽，香雪來訪，以詩相榷。張子南山時權司馬，見之擊節不置。"
>
> 王乃斌，字香雪，浙江仁和人。道光十二年副貢生。時為周凱幕友。有《紅蝠山房詩鈔》。

在襄陽帶管鹽務，差役請拏私販，南山曰："大幫私梟，汝不敢拏，徒擾累肩挑背負窮民耳！"不給票。

八月，卸郡丞事。

> 金菁茅《張南山先生年譜撮略》。

卸任赴省，於沔陽舟中有詩寄懷周凱，時周凱將離襄陽知府任，調升湖北漢黃德道。

> 《松心詩集·襄陽集》之《中秋夜泊沔陽》、《舟中寄芸皋觀察》詩。

又賦《寄酬沈瘦梅少尹》詩，有"借巢養拙喜蕭閒，襄水扁舟日往還。半載偶然攝司馬，千秋何敢望香山"之句。

> 《聽松廬詩鈔》卷一三。

重陽日，有《鄂渚》詩，寄呈黃至堂、王兆杏、金旺華。

張維屏手跡。

詩云："鄂渚秋高木葉黃，西風吹帽又重陽。鶴樓江白三
更月，雁路天青萬里霜。健筆好吟新樂府，捷書應報古沙
場。時西陲方有軍事。雪山念彼從軍苦，籬菊花時罷舉觴。"
末題："近作錄奉芳谷二兄，並請第花、子春兩詞長同和
正。南山弟張維屏草。"

九月抵武昌。有《九日讌集黃鶴樓》詩。

金菁茅《張南山先生年譜撮略》。《松心詩集·襄陽集》。

李宗傳來訪，屬題其"滄海釣鼇圖"。

《松心詩集·襄陽集》之《李海飀太守宗傳見訪以滄海釣
鼇圖屬題》詩。

李宗傳，字孝曾，號海飀，安徽桐城人。嘉慶三年舉人。
官浙江上虞、麗水等知縣，後至浙江督糧道。

九月末，周凱有《松廬歌贈張南山大令》詩，於南山政事文章備加推許。

周凱《內自訟齋詩鈔》之《襄陽集》卷七《讀聽松廬詩
鈔有感，賦贈張南山大令》詩。《花甲閒談》卷一〇
附錄。

詩云："張子讀書南海隅，白雲入牖松繞廬。思尋孔顏所
樂處，不肯揮塵談清虛。偶然咳唾九天落，世人拾之皆瓊
琚。遂以詩名馳海內，詞壇老宿交相譽。我熟張子名，曾
覿張子面。黃霽青前輩邀京都二十四詩人，集李公橋酒樓爲荷花
賀生日，始相識。目爲詩人耳，相持博一戰。筆開橫陣掃千
軍，攻亦偏師經百鍊。那知張子自有真，飄然一官來漢
津。署襄樊同知。十年握手湖海別，百篇示我琳瑯新。少
年好跨羅浮蝶，遙青三接西池賓。中年好乘叱撥馬，軟紅
六踏東華塵。維摩善病妙醫術，欲以國手醫斯民。宦遊楚

北歷三劇，宰官現出如來身。荊黃所至蘇疾困，循聲卓卓
江之濱。初茁黃梅值水厄，長隄一線危咫尺。十萬生靈呼
吸間，三更風雨千夫役。曾聞驅鱷有奇文，亦欲投詩訴河
伯。握管親摹鄭俠圖，馳書早定梁高策。出險不死蓋有
神，君勘災舟被急溜所破，抱枯木得免。天要斯人作舟楫。暹
羅使者馳傳來，頓改山程爲水驛。宰能濟民民有知，爭挽
輕舠供利涉。時暹羅貢使過境，黃梅向爲陸道，倉卒不得舟，鄉
民爭挽舟助濟。使者殷懃問長官，遂令聲名達海舶。貢使問
君姓名，歸將傳述之。達海舶，非詩名，乃此一片愛民之真
情。苟非已飢已溺在懷抱，胡然倉猝能與馮夷爭。我讀張
子詩，掩卷心傍徨，人生七尺軀昂藏。讀書半世問何用，
將惠蒼赤扶元黃。許身稷契原非狂，壽世豈獨關文章。君
不見峴山之西萬山北，諸葛草廬風瑟瑟，松下有人曾
抱膝。”

按，周凱《芸皋先生自纂年譜》，“九月二十八日開舟”
離開襄陽，赴漢黃德道任。南山詩中自注云：“君擢漢黃
道，將之任黃州。”即其時也。

南山得詩，有《奉酬雲皋觀察四首》詩報謝。

《松心詩集·襄陽集》，《花甲閒談》卷一〇。

按，詩其二云：“堂堂二千石，稱職良不易。爲政無他
奇，所貴有實意。君來甫三載，教養已兼備。念民艱於
耕，導之修水利。念民拙於桑，勸之理蠶事。念民習強
悍，好勇每任氣。義學八十區，薰陶及童稚。倘能漸轉
移，厥功頗不細。君言盡我心，功效非所計。”其三詩中
自注云：“己卯荷花生日，同集京師李公橋酒樓。”《花甲
閒談》錄周凱《松廬歌贈張南山大令》詩，詩中原注云：
“黃霽青前輩邀京都二十四詩人於李公橋酒樓，爲荷花賀
生日，始相識。”二人締交多年，此際又爲僚屬，而交誼

篤好，故書札往來，語多深摯。

集自道光乙酉十月至丙戌十月所作詩爲《襄陽集》、《廣濟集》，後收入《松心詩集》。

金菁茅《張南山先生年譜撮略》。

汪廷珍復南山書，於黃梅救災、廣濟收漕諸政事以及詩學造詣，極致推挹。

《花甲閒談》卷一四汪廷珍《復張南山書》。

書云："客冬泐復寸函，計已入覽。頃接手札，備紉注存。比稔年兄績著澹災，榮權佐郡，爲政多暇，著作日增。前歲黃梅水災，拊循安輯，事大不易。然此是我輩讀書作吏者真實事業，十萬哀鴻，咸登衽席，雖心力交瘁，何快如之，較之鎖闈中得佳士，其樂不啻倍蓰，況足下又兼之乎。至州縣收漕一事，今日大難，足下引疾求退，欲求心之所安，不知者訝其辭菀而就枯，知之者諒其審時而量已。左次無咎，聖人不禁也。讀大集十一卷，格律渾成，興象高寄，非讀書多而用力深者，詎易有此。竝聞於近代通儒中服膺亭林先生，尤見取法之正。所著《松心日錄》何時卒業，望早寄示。放翁有言：'老見異書猶眼明。'謹拭目俟之。僕年衰才譾，罔效涓埃，忝邀非據之榮，時切覆餗之懼。叨承藻飾，倍益悚慚耳。泐此。復候時綏，惟鑒不備。"

按，廷珍爲道光二年會考主考，於南山有師生之誼，時通音問。今此書中有"榮權佐郡"、"鎖闈中得佳士"及"引疾求退"語，知爲本年事。蓋南山先爲湖北鄉試同考官，後署襄陽郡丞，時將求退也。

十月間，與宋湘重晤於漢陽舟次，相與論詩。宋湘謂南山曰："足下十一卷詩，俱讀過。一唱三歎，入人心脾，我不如子；哀樂無端，飛行絕迹，子不如我。"

是時坐有他客，亦不暇細談。

《國朝詩人徵略》卷五四“宋湘”條。《藝談錄》卷下引《聽松廬詩話》。

《詩話》述云：“道光乙酉相見于武昌，君一見即曰：‘吾甚恨足下！’余愕然。既而曰：‘恨足下不入詞館耳。’於是索觀已刻詩。明年重晤於漢陽舟次，謂余曰：‘足下十一卷詩俱讀過，某篇吾所愛，某篇可不存。’茶話良久。忽掀髯笑曰：‘一唱三歎，入人心脾，我不如子；哀樂無端，飛行絕迹，子不如我。’是時坐有他客，君亦不暇與談也。其真率類如此。”

按，宋湘時爲湖北督糧道員。《國朝詩人徵略》記云：湘於“道光五年十一月抵任。六年正月押運北上，十月回任。十一月二十五日卒於官”。又，“道光乙酉相見於武昌。……明年重晤於漢陽舟次”。則去年十一月在武昌相見，今年十月間與宋湘重相見也。

子祥鑑往桂林就婚，姻翁乃李秉綬。

《國朝詩人徵略》卷五六“李秉禮”條。

十月十五日，與周凱等讌集伯牙臺兼餞錢清履歸里。

周凱《内自訟齋詩鈔》卷八《十月十五日沈春畹太守蘭生、金湘開第、裘春齋行恕、顧伴蘗澍、石曉田煦四司馬、哈有堂別駕豐阿、劉蘭若琴、耿雲亭麟兩刺史、蔣晴山、張南山兩大令讌集伯牙臺，兼餞錢竹西司馬歸里》詩。

裘行恕，字慎齋，江西南昌人。舉人。官黄州府知府。

顧澍，字伴蘗，浙江錢塘人。嘉慶十八年曾官黄州府知府。

石煦，字曉田，河北欒城人。時官漢陽縣知縣。

劉琴，字蘭若，安徽懷寧人。官知府。

耿麟，字雲亭，直隸阜平人。嘉慶二十四年進士。繼石煦任漢陽縣知縣。

哈豐阿，字有堂，蒙古正黄旗人。生平未詳。

十月十六日，父炳文卒，壽七十四。十一月聞訃。即依例守制，奔喪回粤。

　　《國朝詩人徵略》卷五五"張炳文"條。林伯桐《修本堂稿》卷四《奉政大夫四會儒學張公墓志銘》。金菁茅《張南山先生年譜撮略》。

張炳文卒。

吴慈鶴卒。

宋湘卒。

陳沆卒。

鮑桂星卒。

道光七年丁亥（一八二七）　　四十八歲

　　[**時事**] 英美傳教士之"Canton Registor"（漢名《廣州紀録報》）報在廣州、澳門、香港發行，爲中國境内第一份英文報紙。　閏五月，於喀爾鐵蓋山擒獲張格爾，解京磔死。　仍行漕糧海運。　經由廣州進出貿易總額目爲五千三百餘萬元。　林則徐服闋，爲陝西按察使。　魏源撰《籌漕篇下》，以海運優於河運者有四：利國、利民、利官、利商。

以父卒，南山挈眷旋里守制，營葬事。

　　金菁茅《張南山先生年譜撮略》。

葬事既畢，有《新阡》詩述哀。

　　《松心詩集·清濠集》。

作《述德》詩，記父母德行暨教養之勞，以示子孫，以銘先德。

《松心詩集·清濠集》。

《述德》詩云："憶昔十二齡，我父授我經。館於河之陽，河南潘氏。屋外雙桐青。未冠學爲文，吾父日善誘。出應童子試，汗顏冠儕偶。小子何所知，虛譽日以馳。無端患腹疾，血去幾不支。大母七十餘，愛孫如愛子。吾父有隱憂，憂兒病不起。兒病苟不起，必傷老母心。潔誠禱於神，敢望神鑒臨。維時方黎明，廟宇深且黑。禱畢一舉頭，儼然見顏色。烏巾而道服，長鬚白如雪。歸來語家人，神像見如活。病已瀕於危，越日有轉機。繙書得奇方，效速如神醫。兒病幸獲瘳，父乃往謝神。入廟睹神像，冕服而金身。歸來語家人，今見殊昔見。方知神鑒臨，感歎淚如霰。病愈越十載，大母終天年。我母淑且慈，奈何壽不延。賤子謬通籍，筮仕於楚鄉。迎養父不至，陟岵心彷徨。父時爲學官，予弟侍杖履。父病兒不知，鮮民不如死。大母既苦節，吾父復純孝。節孝神所知，節孝天必報。教我父辛勤，育我母勞苦。欲養親不存，得祿亦何補。親在不知孝，親歿徒傷悲。百身不可贖，百悔奚可追。明發空有懷，昊天嗟罔極。作詩示子孫，爾其念先德。"

仲子祥鑑入學。

金菁茅《張南山先生年譜撮略》。

廣東學使翁心存以其父咸封"石室傳經圖"屬題，爲賦長句。

《松心詩集·清濠集》之《翁邃盦學使同年心存以尊甫潛虛先生石室傳經圖屬題，爲賦長句》詩。

詩云："玉堂仙人持節南海來，暇日示我一卷橫圖開。"

“百粵諸生視此圖，教孝教慈教忠愛。賤子飄流倏五年，歸遲風木恨終天。鷗鳧敢與鶺鴒比，話到傳經益愴然。”

按，翁咸封，字子晉，號紫書，晚號潛虛。江蘇常熟人。心存父，同龢祖。乾隆四十八年舉人，選海州學正。州濱海，地卑，屢有水患。在任十二年，奉檄賑災者五，檢核戶口，剔除積弊。嘉慶十一年，開洩王營減水壩，海州平地水深數丈，咸封以小舟渡民，保大伊山，全活數萬人。又與州牧唐仲冕謀建石梅書院，誨弟子以實學，修數百年未修之州志，編輯詳慎。及卒，州民以學正而請祀名宦。南山黃梅拯溺之經歷與咸封何其相似乃爾，故特爲著意焉。詩有“鯨波萬頃環瓊州，使星近作南溟遊”句，翁同書《先文恭公年譜》云，道光七年按試高雷廉瓊，六月還廣州。詩即作於此時。

翁心存，字二銘，號邃盦，咸封子。道光二年進士。官至大學士。有《知止齋詩集》。

秋，賦詩次劉廣智韻，語多慰勉。

《松心詩集·清濠集》之《秋感次劉愚谷孝廉廣智韻》詩。

按，《聽松廬詩鈔》卷一六有《哭劉愚谷廣文廣智二首》詩，詩中自注：“余曾偕君北上，又延君課兒輩。”“哲昆實甫孝廉有才，早逝。”哲昆，謂廣智兄廣禮也。廣智無子，自兄廣禮逝後，中年哀樂，不能自釋，而南山亦新遭父喪，故詩有“傷離嘆逝俱無益，要向東溟挽激流”句，蓋互勉也。

徐寶善時亦丁憂回鄉，尋又悼亡，與南山同其悲戚，因賦詩寄懷。

徐寶善《壺園詩鈔選》卷四《于役集》之《五憶詩·番禺張大令南山》詩。

按，《于役集》自序云："丁亥夏以憂去官，七月復悼亡。"詩有"我悲失春暉，君亦泣素冠"句，蓋在籍守制時作，而南山適亦丁憂回粵也。

吳家樹赴瓊山縣學任，有《送吳石屏廣文家樹之任瓊州》詩。

《聽松廬詩鈔》卷一六。

按，《遊瓊草》之《瓊南秋感》詩自注云："丙戌大挑，揀發河工，引見圓明園。因歸養，就教職。"丙戌爲道光六年。南山翌年始自楚歸乃克有相送之舉，故詩當作於本年。

陳澧初謁南山。南山見澧詩大賞之，時教以詩法，嗣又教以讀書法，謂宜從《四庫全書總目提要》入手。陳澧初讀注疏時，胡仁山教以必點句讀之乃有益。比見南山請益，亦云然。遂終身由之，并言"句讀是一件學問"。

《東塾集》卷四《與陳懿叔書》。《東塾遺稿》第三十九册、第四十六册。

按，《陳東塾先生遺詩》有《感舊詩》云："我年未弱冠，初見張南康。請問讀書法，乞爲道其詳。答云四庫書，提要挈其綱。千門兼萬戶，真如古建章。從此識門徑，漸可升其堂。又言讀書者，古書味最長。當時一古字，語重聲琅琅。我得此二語，如暗室得光。我舉此二語，先生云已忘。賤子不敢忘，書之什襲藏。"據陳澧《與菊坡精舍門人論學手札》，其後訓教門人，亦勉以餘功讀《四庫全書總目提要》也。又，陳澧自記："余年十八歲，初讀注疏，仁山教余必點句讀之乃有益。後見張南山先生亦云然，遂終身由之也。"

陳澧，字蘭甫，號東塾，廣東番禺人。道光十二年舉人。

學海堂學長、菊坡精舍山長。有《東塾讀書記》、《漢儒
通義》等。

是年南山自賢樂里回遷清水濠，新居在舊居之東數百
步。有《清濠》、《清濠新居在舊居之東數百步，後有
聚賢坊。曰聚賢坊者，蓋謂南園前後五先生也。率賦
一詩》、《清濠新居有堂，堂之東有軒，軒後有竹石。
又古柏一株，不知始於何時。長日坐對，率賦一詩》
諸詩。

《松心詩集·清濠集》。

《清濠》詩云："生長清濠十九年，中間賢里向西遷。今
朝又卜清濠宅，重話兒時一惘然。"自注："乾隆庚子，
余生於清水濠。嘉慶戊午，遷居賢樂里。"

按，觀其今年詩皆入《清濠集》，則其遷居當在本年。
又，詩題有"長日對坐"語，可見其丁憂守制時絕少交
遊、寂然兀坐之狀。

張璐殆於是年編《制藝》，請南山爲撰序。

《松心文鈔》卷四《家漁石制藝序》。

文曰："家漁石明經工時文，而困場屋。道光三年，貢入
成均，偕太學生，隨聖賢裔，濟濟焉，蹌蹌焉，觀臨雍之
典，近天子之光，撰《觀禮》一篇，已刻入《漁石文
稿》。蓋漁石非徒工時文，其所爲古文及駢體，皆多斐然
之作。而其時文，則取法乎古，亦不違乎時，雖未必遽逮
古人，而以視夫今之取科第者，則固無庸多讓也。抑又思
之，百餘年來，如唐實君、姜西溟、王樓村、沈歸愚諸先
生，皆能文而晚達，今漁石年甫五十有奇，而精神意興不
減少壯，他日時至而遇，如唐、沈諸先生之晚達，則又信
乎文之有定矣。然則漁石亦第以其無定者俟諸天，而以其
有定者責諸己焉，而其文將益工矣。"

按，張璐《漁石初稿》前有李瀟平道光五年序。《漁石初稿》有《羊城與雨郎叔祖書》，文中自注："刻稿次年丁亥正月續識"語，丁亥乃道光七年，則《漁石初稿》乃道光六年刻。又，《漁石初稿》前有江涵曒序，中有"璐年五十"云，而南山此文有"今漁石年甫五十有奇"，則南山文作於距《漁石初稿》之刻不遠。姑繫於本年。

張璐，字伊佩，號漁石，廣東東莞人。道光元年恩貢。有《海氛紀聞》《漁石初稿、續稿》。

汪璟生。

汪廷珍卒。

姚文田卒。

鈕樹玉卒。

蘇珥卒。

何南鈺卒。

唐仲冕卒。

道光八年戊子（一八二八）　四十九歲

[**時事**] 兩廣總督李鴻賓嚴禁偷運鴉片入口。調山西巡撫盧坤為廣東巡撫。　禁來粵貿易洋商攜帶官銀出境，又禁洋商不得使用低色番銀。　以田嵩年、李鈞為廣東鄉試正副考官。　命徐士芬為廣東提督學政。

家居守制。輯《國朝詩人徵略》。

金菁茅《張南山先生年譜撮略》。

按，《國朝詩人徵略》自序一述此書撰作緣由，署年月為

嘉慶二十四年夏四月。蓋此前已陸續著筆，家居守制，乃
有餘暇賡輯也。

正月六日，駐粵將軍慶保過訪，適南山出遊不遇。賦
詩奉報。

《松心詩集・清濠集》之《正月六日，蕉園宮保枉過，余
適出遊，賦此奉報》詩。

按，詩云："詩債隔年猶未了，仙心飛上鶴舒臺。"《聽松
廬詩鈔》詩末自注："去冬，公以《遊白雲》詩屬和。"
慶保，字祐之，號蕉園，滿洲鑲黃旗人。善繪事。時任八
旗駐廣州將軍。

上元日，偕四姪、五姪、六兒、七兒登粵秀山春遊，
有詩。

《松心詩集・清濠集》之《上元日，偕四姪、五姪、六
兒、七兒登粵秀山》、《鎮海樓春望》詩。

葉夢龍新構小閣，閣前有亭，其下爲白鵝潭，其東有
溪曰柳波，其西南即花埭也。三面臨水，海闊天空，
風雨陰晴，倏忽萬狀，南山顏之曰"天開圖畫閣"并
賦詩爲贈。

《松心詩集・清濠集》之《天開圖畫閣》詩及序。

正月二十四日，兩廣總督李鴻賓宴請劉彬華、謝蘭生，
南山受邀同席。

謝蘭生《常惺惺齋日記》道光八年正月廿四日記。

二月九日，許乃濟招同劉彬華、謝蘭生、劉華東、黃
培芳、吳家懋、羅文俊、曾釗、蔡勳、馮詢、孔繼勳、
許祥光、蕭西鄰、趙魏卿、張應秋、劉廣智等十八人
集學海堂，觀所藏蘇東坡《蜀岡詩》墨跡及杭世駿
"秋堂聽雨圖"。謝蘭生爲作"學海堂雅集圖"，南山

賦詩題"聽雨圖"上。

《松心詩集・清濠集》之《二月九日，許青士觀察乃濟招同人集學海堂》、《杭董浦先生秋堂聽雨圖，爲許青士觀察題》四首詩及自注。

後詩其二云："玉堂清望列仙同，諫草應歸御史驄。話到嶺南鴻雪跡，後先來作絳紗融。"自注："先生官翰林言事；觀察由翰林改御史，屢建言。乾隆癸酉，先生爲粵秀山長；嘉慶戊寅，觀察亦主講粵秀。"

按，謝蘭生《常惺惺齋日記》道光八年二月初九日記："署糧臺許青士先生請早席，賓主共十八人。席設學海堂。"所記尚有南山詩遺漏之張樹培。又，謝氏於宴後之十一日爲補作"學海堂雅集圖"。

羅文俊，字春瞻，號蘿邨，廣東南海人。道光二年以一甲第三名及第。翰林院編修。官禮部、工部侍郎。有《綠蘿書屋集》。

曾釗，字勉士，廣東南海人。貢生。學海堂學長。有《面城樓集》。

蔡勳，字勤最，號槐卿，廣東東莞人。嘉慶二十四年舉人。官知府。有《養雲書屋詩鈔》。

馮詢，字子良，廣東番禺人。嘉慶二十五年進士。官饒州知府、南昌知府。有《子良詩存》。

許祥光，字賓衢，廣東番禺人。道光十二年進士。官按察使。有《選樓集句》。

蕭西鄰，字宸垣。嘉慶二十四年舉人。

張應秋，字伯辰，號清湖，廣東順德人。張如芝子。嘉慶二十三年舉人。善畫。

張樹培，字厚甫，其人未詳。

趙魏卿，其人未詳。

三月五日，秦小游宴請謝蘭生，南山、葉夢龍、侯丹
亭、王某、鮑東方同席。

　　謝蘭生《常惺惺齋日記》道光八年三月初五日記。

　　秦小游、侯丹亭、王某，其人俱未詳。

三月二十九日，葉夢龍招同謝蘭生、劉彬華、龐茂榮、
潘玉泉及南山餞送許乃濟。

　　謝蘭生《常惺惺齋日記》道光八年三月廿九日記。

　　龐茂榮，字鹿門，廣東番禺人。舉人。

　　潘玉泉，其人未詳。

五月，何瑞熊卒，有詩輓之。

　　《松心詩集·清濠集》之《輓何夢溪常博》詩。

　　詩云：“勝游追北地，多故逼中年。”詩中自注：“同客都
　　門。”又云：“長松猶在篋，讀畫益淒然。”自注：“君善
　　畫松。”

五月二十日，伍元芝招同伍長華、羅文俊及南山集萬
松園，席上賦四絕句。

　　《松心詩集·清濠集》之《五月二十日，伍商雲比部元芝
　　招同伍實生都轉長華、羅蘿村太史文俊集萬松園，席上賦
　　四絕句》詩。

　　按，詩其二云：“使節前番水鏡明，此來心跡更雙清。”
　　自注：“壬午實生視學粵東。”其三云：“一曲清歌百壺
　　酒，歡筵偏説是離筵。”自注：“實生明日成行。”其四
　　云：“歸去煩君問梅福，近來閉戶著何書。”自注：“梅伯
　　言同年。”梅伯言，即上元梅曾亮也。南山與梅氏同年，
　　而頗有微詞。《松軒隨筆》記云：“余與伯言會榜同年。
　　伯言奉姚姬傳爲師，其意以爲方望溪傳劉海峰，劉海峰傳
　　姚姬傳，姚姬傳傳於我，胸中存此意見。余謂古文如大
　　道，我果有真性情、真學問，自有真氣流行滂沛於我之

文，何必依傍前人門户，以爲聲氣耶！姚姬傳古文，淳澹
簡淨則有之，蒼厚沉雄則未也。而爲弟子者，乃欲借師門
以自重，亦所見不廣矣。"

伍元芝，字良輔，號商雲，廣東南海人。官員外郎。

伍長華，字寔生，號雲卿，江蘇上元人。嘉慶十九年一甲
第二名進士，官翰林院編修，巡撫。道光二年曾任廣東學
政。有《雲南銅法志》。

五月二十七日，謝蘭生招同南山、蔡元芳、熊景星、
蔣蓮、葉夢草、謝觀生進齋席。諸人合作畫册，南山
爲作小序，並賦一韻甚佳。

謝蘭生《常惺惺齋日記》道光八年五月廿七日記。

蔣蓮，字香湖，廣東香山人。工畫，爲謝蘭生所賞。

葉夢草，字春塘，廣東南海人。夢龍弟。工畫，曾爲南山
繪《花甲閒談》三十二圖。

賦詩酬陳鎔，兼送顧椿。時顧椿由粤西入都，而陳鎔
返粤西鄉試。

《松心詩集·清濠集》之《酬陳丹厓上舍鎔，兼送顧藹庭
水部同年椿。時藹庭由粤西入都，丹厓返粤西鄉試》詩。

詩云："虎頭且喜在咫尺，麈尾每共談縱橫。"自注："前
年與藹庭同寓賢樂里。"詩又云："我逾四十嗟無成，方
寸耿耿期友生。譬如疲馬病伏櫪，若問道路多曾經。去年
荔熟方飛舠，今年荔熟將遠行。"

陳鎔，字桂舫，號丹厓，廣西桂林人。道光十七年舉人。
官山西岢嵐州知州。

顧椿，號藹庭，廣西臨桂人。道光二年進士。官湖北施南
府知府。

有談學仙者，南山示以絕句。

《聽松廬詩鈔》卷一四《有談學仙者，示以絕句》詩。

詩云："漢武當年愛學仙，銅仙垂淚泣秋煙。可憐尚有癡
兒女，何浩然同謝自然。"

又有羅浮道士相訪，賦詩贈之，有"道人一別十餘
年，重話前遊意惘然"、"太息塵勞空鹿鹿，幾時同訪
鐵橋仙"之句。

《聽松廬詩鈔》卷一四《贈羅浮道士》詩。

賦詩題劉華東"自在圖"。

《松心詩集·清濠集》之《自在圖爲劉三山孝廉華東
題》詩。

邱熙闢唐荔園於荔灣。南山往遊，邱熙索詩，乃題絕
句酬之。

《松心詩集·清濠集》之《邱浩川闢園於荔灣，或援曹夢
徵詩名之曰唐荔園。浩川索詩，率成絕句》詩。

按，《聽松廬詩鈔》題中有"余離鄉五載，今始遊焉"
之句。

有詩寄湯貽汾，即題其"畫梅樓圖"。

《聽松廬詩鈔》卷一四《寄湯雨生參戎，即題其畫梅樓
圖》詩。

按，詩有"十年不見湯都尉，聞道風儀似昔時"之句，
時貽汾仍在山西靈丘都尉任。

又有《蠶叢行贈秦小游參軍》詩。

《聽松廬詩鈔》卷一四。《松心詩集·清濠集》。

繫心時事，撰《西征四首》詩，以志所感。

《松心詩集·清濠集》。

按，道光六年，張格爾叛，陷新疆喀什、和田等四城，清
軍西征，及道光八年擒獲張格爾，事遂平。詩爲此而作。

觀程震佑印譜、王左畬"溪山坐隱圖"、湯莘野"訟
過圖"，各題以詩。

《松心詩集・清濠集》之《題程春霆震佑印譜》、《溪山坐隱圖，爲王左畬茂才題》詩。《聽松廬詩鈔》卷一四《湯莘野求題訟過圖》詩。

程震佑，字春霆，號覺園，安徽歙縣人，官山西河津知縣。工書能山水，因事戍新疆，後放歸。有《西行東歸唱和集》。

王左畬、湯莘野，其人俱未詳。

又與傅築巖論醫，有詩。

《松心詩集・清濠集》之《與傅築巖論醫》詩。

傅築巖，其人未詳。當即前已及之傅雨蒼。

與李秉禮神交已久，未能謀面，寄詩道相念之意。

《聽松廬詩鈔》卷一四《寄李松甫郎中》詩。

詩云："神交將廿載，一面見猶難。桂水古懷遠，韋廬詩境寬。善爲三薽業，靜即九還丹。何日珊瑚海，同君把釣竿。"

賦詩題葉夢麟遺照。

《聽松廬詩鈔》卷一四《題葉文園比部遺照》詩三首。

詩其一云："耕霞溪館共飛觥，得月臺高看月明。五載歸來尋舊雨，卻從圖畫想生平。"

按，據《南海葉氏宗譜》，夢麟卒於道光三年。時南山服官在外，今歸鄉，乃題其遺照。

觀瑞宿雲泉山館，用坡公蒲澗寺詩韻賦詩，屬同人和之，南山奉和一首。

《聽松廬詩鈔》卷一四《觀竹樓觀察宿雲泉山館，用坡公蒲澗寺詩韻賦詩，屬同人和之》詩。

觀瑞，字雲亭，號竹樓，滿洲正白旗人。舉人。官督糧道道員。有《竹樓詩集》。

八月十九日，李秉銓、李秉綏招同慶保、陳鍾麟、潘

正亨、陳理齋集海珠寺，有詩。

> 《松心詩集·清濠集》之《中秋後四日，李薌甫觀察秉銓、
> 芸甫水部秉綬招同慶蕉園將軍保、陳厚甫觀察鍾麟、潘伯
> 臨比部正亨、陳理齋少尹某集海珠寺》詩。
>
> 李秉銓，字薌甫，江西臨川人，寄居廣西桂林。官金衢嚴
> 道。有《粵西先哲書畫集序》、《墨林今話》。
>
> 陳鍾麟，字肇嘉，號厚甫，江蘇蘇州人。嘉慶己未年進
> 士，翰林院庶吉士。官布政使。時任廣東粵秀書院院長。
> 有《聽雨軒制義》。
>
> 陳理齋，其人未詳。

八月二十七日，同謝蘭生、熊景星泛舟城南瑤溪，
有詩。

> 《松心詩集·清濠集》之《秋日瑤溪泛舟，同謝里甫太史
> 蘭生、熊荻江孝廉景星》詩。
>
> 詩云："水松千樹夾溪流，松影溪聲并入秋。南宋人才話
> 龍尾，龍尾在珠江之南，宋張鎮孫故里。西風詩境訪窯頭。煙
> 雲妙手雙黃鶴，兩君皆工畫。天地閒身一白鷗。陳跡他時
> 覓鴻爪，蒙家祠外問漁舟。"
>
> 按，謝蘭生《常惺惺齋書畫題跋》卷上《題水松扇》云：
> "水松，檉也。……南山司馬極喜之。去歲八月廿七日，
> 與泛舟入瑤頭，泊橋下暢飲。予寫作橫幅，題數詩。首章
> 云：'清風謖謖水粼粼，溪硤中藏太古春。過客有誰參畫
> 本，關心偏屬拜松人。'謂南山嘗有《拜松圖》故耳。"

偶過友人蔣蓮寓齋，適有攜畫至者，展視之，即黎簡
《采菱圖》也。葉夢草亟購歸，以償二十年前舊願。
屬南山記之并系以詩。

> 《松心詩集·清濠集》之《柳湖采菱圖》詩並序。
>
> 序云："此柳湖采菱圖，二樵山人作以贈其友張梨谷者。

葉生春塘夢草，梨谷甥也，時方髫齔，見畫愛之，梨谷笑謂之曰：'汝他日能畫，當畀汝。'無何，梨谷歿，此圖不知落何所，而春塘固時懸諸心目間。今秋偶過友人蔣香湖寓齋，適有攜畫至者，展視之，即"采菱圖"也，春塘大喜，亟購歸。既感念疇昔，又幸此畫以無意得之，而獲償二十年前之舊願也，屬余記之，并系以詩。"詩云："樵翁筆端無不有，此幀宛出元人手。數行秋柳半湖菱，翦取波光贈良友。水墨蕭疎迥出羣，仍兼金筆李將軍。客來似入清凉界，隱隱漁歌空際聞。葉生髫齡有夙慧，讀畫已能知畫意。當時甥舅一夕談，過眼雲煙廿年事。渭陽回首思淒然，合浦珠還證墨緣。樵翁筆妙今何在，半在池塘春草邊。"

九月二十四日，與謝蘭生、黃培芳等同遊白雲山雲泉山館。

謝蘭生《常惺惺齋日記》道光八年九月廿四日記。

十月十九日，潘正亨五十初度，同人賦詩作畫爲壽。南山爲賦詩二首，嗣又爲撰《萬松山房詩鈔序》。

《松心詩集·清濠集》之《潘伯臨比部五十初度，賦贈二首》詩。潘正亨《萬松山房詩鈔》卷首。

序曰："君弱冠能文，許菊船刺史刻其文入《發軔集》。嘉慶甲子北闈，君卷在李薌堂太史房，太史激賞之，首薦不售，而粵闈乃有録君文獲售者。君久困場屋，知交皆爲扼腕，而君灑然無所芥蒂，蓋素精子平，知命故也。君詩筆清蒼；往與余同客都門，家船山侍御、宋芷灣編修、吳蘭雪舍人、王楷堂比部時過從觴詠，嘗論君古詩近東坡，律詩近遺山，然君未嘗規規求合也。君善書，尤工大字，大數尺者，人有難色，君揮灑出之，求者接踵。近得張樗寮《古柏卷》，所詣益進。君詩文書翰兼長若是，皆朋舊所共知，而君可知者不僅在是也。君負用世才，遇事能見其大。粵東米恒取給粵西，往者歲荒，洋米至，人賴以濟。君言於郡守月川程公，令洋舶隨時載米，免其船稅。公韙之，白於大府，於是洋米絡繹至，而粵東乃無荒患。《傳》所謂'仁人之言，其利溥'，不其然歟？君官刑曹，明律例，秦小峴、陳望波兩先生皆器重之；使君早由部曹而出膺守土牧民之任，其設施利濟當益溥，然君固知命者。……而余與君交垂四十年，深知君抱用世之具，而不僅以詩文書翰見也，於是乎言。"

按，此文《聽松廬文鈔》未載。

屢向廣東學政翁心存言白雲山雲泉山館之勝，而翁任將滿，仍無暇一遊，乃爲詩柬南山述意。

翁心存《知止齋詩集》卷八《張南山同年維屏爲余言雲泉山館之勝，無暇往遊也。觀竹樓觀察瑞以新詩屬和，率筆奉酬，并柬南山》詩。

十一月初三日，葉夢龍招同謝蘭生、鮑鎮方、鮑叔魚、葉夢草、葉應暘白雲山探梅，集倚山樓賦詩。廿一日，復招同人集東山草堂。南山有詩。

《松心詩集·清濠集》之《十一月初三日，葉雲谷招同謝里甫、鮑東方、令弟叔魚、春塘、令姪蔗田白雲山探梅，集倚山樓》、《廿一日，雲谷復招同人集東山草堂》詩。

鮑鎮方，字東方，安徽繁昌人。監生。時任廣東大洲場鹽大使。叔魚，鎮方弟，名未詳。

葉蔗田，即葉應暘。見前"嘉慶十九年"。

十一月二十六日，金受之宴請謝蘭生。南山、陳理齋、葉夢龍、葉夢草、宋光寶、侯丹亭諸人同席。

謝蘭生《常惺惺齋日記》道光八年十一月廿六日記。

宋光寶，字藕塘，江蘇長洲人，旅居粵。工畫。

金受之，其人未詳。

是月，翁心存廣東學使任滿離粵北上，南山賦詩贈別。
時翁心存爲南山題《黃梅拯溺圖》未成，歸舟中續
成之。

> 《松心詩集·清濠集》之《送翁遂盦學使還朝二首》。《花
> 甲閒談》卷一一附録翁心存《道光戊子仲冬將發羊城，
> 南山年丈出黃梅拯溺圖屬題。時治裝匆促，無暇握管，歸
> 舟無事，乃續成之》詩。《藝談録》卷上"翁心存"條引
> 《聽松廬詩話》。翁心存《知止齋詩集》卷八。《清史列
> 傳》卷四六《翁心存傳》。

> 《送翁遂盦學使還朝二首》詩云："八閩星使綱珊瑚，風
> 送仙槎到海隅。手自三年培玉筍，心真一片貯冰壺。墨緣
> 快事搜顛米，於學署池中得米書石刻。香瓣平生奉大蘇。難
> 得龍門歌燕喜，綵衣花下侍安輿。""舊德清芬多士師，贈
> 公秉鐸梅州。傳經世業久畲菑。學使幼承庭訓，有《石室傳經
> 圖》。即今按部持衡日，長記趨庭問字時。相馬九方操獨
> 鑒，然犀百怪敢潛窺。試場釐剔諸弊。范韓房杜皆儒者，豈
> 特文章荷主知。"

> 按，《藝談録》卷上"翁心存"條云："公少作詩，惟爲
> 余題黃梅拯溺圖，賦五言古詩七百字，良友肫摯之意，紉
> 佩弗諼矣。"

羅文俊服闋，將赴京，來訪聽松園，又共話其所居綠
蘿村舍。南山徇其請，爲撰《綠蘿邨舍記》。

> 《聽松廬駢體文鈔》卷一《綠蘿邨舍記》。羅文俊《綠蘿
> 書屋遺集》附録《皇清誥授光禄大夫工部左侍郎先祖考
> 羅邨府君暨誥封一品夫人先祖妣孔夫人行述》。

> 按，文俊道光六年丁祖母憂，八年服闋，將赴京。

爲漆璘《思古堂詩鈔》撰序。

同治《番禺縣志》卷二七《藝文略》三。

序云："東樵孝廉詩自抒所得,不規規求合於格調,而温醇樸茂之氣,自流溢於楮墨間。至倫紀之念,利濟之懷,尤勤勤懇懇,三致意焉。蓋其天性敦篤,有所感觸,即發之於詩,殆如司空表聖所云'情性所至,妙不自尋,遇之自天,泠然希音'者耶。屏歸自楚,東樵出其《思古堂詩》屬爲點勘,因擇其佳者,率臆加墨,並識數語于卷端。"

按,序有"屏歸自楚"語,似應作於本年。

吳應逵卒。有《挽吳雁山孝廉》詩。

《聽松廬詩鈔》卷一六。

按,詩中自注云:"余歸自楚,君以古文屬點定。又出所藏書畫屬題跋。"句云:"如何纔小別,一旦感人琴。"則詩當爲本年所作。

弟張維翰卒,年四十六。

《松心詩集·清濠集》之《哭弟二首》詩。

按,《哭弟二首》詩作於道光十年,詩有"弟歿已兩載"、"四十六年事"句,知維翰歿於本年。又,南山有輓弟聯云:"弟兄手足無多,歎勞生終歲奔馳,卅載光陰彈指過;父母音容如昨,想此際重泉聚會,百千情緒上心來。"見林慶銓《楹聯述録》卷八。情辭哀痛,蓋新遭父喪,又繼之以弟也。

爲龐霖《海桐吟館詩集》評點。

龐霖《海桐吟館詩集》。

按,詩作止於道光八年,則南山之爲評點應在本年。

龐霖,字子芳,廣東南海人。嘉慶十五年舉人。官知縣。

趙慎畛卒。

錢林卒。

道光九年己丑（一八二九）　五十歲

[**時事**] 二月，命兩廣總督李鴻賓收繳夷錢，嗣後夷人買賣，俱令以銀易換制錢。如英船故作刁難，即行驅逐，不可稍涉遷就。　查禁西洋人私運鴉片。禁粵海關私貨入口及銀兩出洋。　四月，翰林院編修黃爵滋、徐寶善二十餘人，於京陶然亭結"湛春集"。　阮元編《皇清經解》成。　洪秀全本年赴廣州應試不第。

正月初六日，葉夢龍設席宴請劉彬華，謝蘭生、南山、金受之同席。

　　謝蘭生《常惺惺齋日記》道光九年正月初六日記。

又有題慶保"泛月理琴圖"、漆璘"拔劍斬妖圖"、謝佩禾"青山別墅圖"諸詩。

　　《松心詩集‧清濠集》之《泛月理琴圖，爲蕉園宮保題》、《漆龍淵孝廉璘拔劍斬妖圖》、《青山別墅圖，爲謝佩禾少尹題》詩。

　　謝佩禾，其人未詳。

胡斯鐏得孔林子貢手植楷片葉藏之，繪圖屬題，賦詩酬之。

　　《松心詩集‧清濠集》之《子貢手植楷在孔林，胡和軒別駕斯鐏得片葉藏之，繪圖屬題》詩。

　　胡斯鐏，字鈞奏，號和軒，廣東順德人。貢生。官知府。有《眠琴館詩鈔》、《陔餘叢録》。

又有《贈和軒》詩。

胡斯鐔、陳澧輯《正雅集補鈔》"胡斯鐔"條附注。

詩云："佐郡年華似綺時，還山潔養遂烏私。天倉昔運千艘粟，海國今傳兩卷詩。巖壑繪圖留翰墨，枌榆除暴見猷爲。服官五十原非老，雲出爲霖尚未遲。"

按，此詩《松心詩集》失載。

三月十日，劉彬華卒，賦詩輓之。

《松心詩集・清濠集》之《輓劉樸石太史》詩。

詩云："藜火曾窺秘閣書，青氈依舊似寒儒。一官北地身難赴，三載西河涙欲枯。邀客清涼看菡萏，君主講越華書院，有荷池，花時喜讌客。待人温潤比醍醐。嶺南他日搜文獻，群雅編存記玉壺。君輯《嶺南群雅》，著《玉壺詩話》。"

按，梁廷枏《越華紀略》卷四云：劉彬華"道光九年己丑歸道山"。謝蘭生《常惺惺齋日記》道光九年三月十一日記："劉樸石前輩昨夜三鼓後仙逝。"

黃安濤因公自潮州晉省，五月十二日，南山與讌於葉夢龍之風滿樓。

黃安濤《詩娛室詩集》卷一七《五月十二日同陳厚甫前輩、潘伯臨員外、張南山司馬、吳石華學博集葉雲谷郎中風滿樓》詩。

別後安濤見寄二首，次韻爲酬。

《松心詩集・清濠集》之《次韻黃霽青太守安濤風滿樓讌集別後見寄二首》詩。

詩其一云："京國分襟又十秋，相逢重話舊觥籌。古風今雨同三雅，人影煙光聚一樓。善政早聞除害馬，清遊時愛覓閒鷗。綠波灣處紅雲熟，特爲離支半日留。"

五十初度，有詩。

《松心詩集・清濠集》之《五十初度漫成四首》詩。

詩其二云："纔經宦海歷艱危，初署黃梅，即遭水患。欲禦狂瀾勢莫支。露宿萬家棚作室，衝波一葉命如絲。夜出勘災，幾遭覆溺。繪圖鄭俠憂誰訴，請糶臧孫事恐遲。兩字盡心殊有愧，撫躬何以報恩慈。黃梅撫卹事竣，大吏奏摺有“盡心民事，深洽輿情”之語，仰蒙恩旨，調補廣濟。”

其三云：“師友勤拳念不才，江天雲樹首頻廻。鉅公論定官由命，丁丑大挑一等，請就教職；壬午捷禮闈，仍用知縣。相國蔣公來書云：“科名人定勝天，官職天定勝人。”老宿神交句是媒。臨川李松甫郎中、歸安楊拙園明經，數千里郵詩往復，均未識面。東海詞人索詩去，高麗李怡雲索詩。西疆福將寄書來。適接楊侯手書。塵勞幸未昏雙目，兩度秋簾得榜魁。壬午、乙酉楚闈分校，榜首皆出余房。”

其四云：“卅年靜好叶琴音，中饋操持匪自今。置酒敢云追北海，贈言何止重南金。余與內子同庚。諸戚友惠詩文，楹聯多雙壽吉語。燈前兒女聽談史，膝下童孫解學吟。長孫五齡，初學誦詩。半百蹉跎千慮澹，讀書猶抱少時心。”

按，南山讀書，至老不倦。徐信符《廣東藏書紀事詩》“聽松廬”條云：“松心藏書，多有批評，今南州書樓藏有《唐宋詩醇》、馮注《東坡集》，皆松心手校。其書不求佳本，惟自首至尾批評到底，不懈可知。”

周世錦卜宅羊城，名養園。南山題以詩。

《松心詩集·清濠集》之《周素夫運同世錦養園》詩。

周世錦，字素夫，湖廣桂陽人。廩貢生。官山東鹽運判，工書。

賦詩酬葉菁華，言將復出仕。

《松心詩集·清濠集》之《酬葉蘊香孝廉菁華》詩。

按，詩有“笑我無田行復出，壯心回首半銷磨”句，知其家累重，不得不謀復出也。

葉菁華，字蘊香，廣東番禺人。嘉慶二十四年舉人。官山西太谷知縣，侍養不出。

爲黃大幹《臨谿文集》題辭。

《臨谿文集》卷首。

題辭曰："往余見同年黃子香石文，有《臨谿文鈔序》，意其人蓋沈寂蕭澹者。比香石書來，以臨谿文屬爲點勘。余亟取讀之，知其平日喜讀史，每取古人之得失成敗而反復辨論之，而揆情準理，一歸於正，要不失爲儒者之言。抑余聞臨谿敦本植行，課徒代耕，兄弟間以學行相砥礪，洵不愧爲文裕公後人，而余向者第以爲沈寂蕭澹，固不足以見臨谿，而臨谿之所造益夐乎遠矣。番禺張維屏。"

黃大幹，字子直，又字臨溪，廣東香山人，培芳從兄。布衣。有《臨溪文集》。

賦詩爲鮑鎮方題"鮑仙煮石圖"。

《松心詩集·清濠集》之《鮑仙煮石圖爲鮑東方參軍鎮方題》詩。

賦《鄒貞姑詩》詩。

《松心詩集·清濠集》之《鄒貞姑詩》詩。

程震佑旋里，詩以贈之。

《松心詩集·清濠集》之《送程春霆少尹震佑旋里》詩。

按，《聽松廬詩鈔》詩中自注："君將入都分發。"

夏間服闋。續輯《詩人徵略》。又集自道光戊子十一月至己丑十二月居鄉所作詩爲《清濠集》，後收入《松心詩集》。

金菁茅《張南山先生年譜撮略》。

六月，題元倪雲林書畫卷。

方濬頤《夢園書畫錄》卷三。

題識云："高士書畫之妙不待言。此畫作於壬寅。考壬寅爲元順帝至正二十二年，是年先生六十一歲，老懷恬澹，老境深淳，可於筆墨間遇之。己酉六月，張維屏識。"

有《長夏雜詩》十一首，乃故里閒遊憶舊之作。

> 《聽松廬詩鈔》卷一六。
>
> 按，詩中自注云："南墅曉起，獨行松徑，憶少時讀書此地，今三十餘年矣。"則詩當爲本年夏間服闋時所作。

七月，補學海堂學長。

> 林伯桐《學海堂志·題名》。

八月十八日，潘正亨招同譚敬昭、胡豹文、梁信芳、金菁茅集萬松山房。

> 譚敬昭《聽雲樓詩鈔》卷八《八月十八日潘伯臨正亨招同張南山維屏、胡蔚巖豹文、梁蘅浦信芳、金醴香菁茅集萬松山房》詩
>
> 按，詩有云："故人如清風，嘉招無宿諾。言乘八月槎，重尋萬松閣。"自注："前冬與在庵、南山諸君同集。"所謂"前冬"，殆指去年十月十九日萬松山房之集也。

十二月二十五日，周懷棠宴請謝蘭生。同席有南山、陳繼昌、吳家樹、吳家懋諸人。

> 謝蘭生《常惺惺齋日記》道光九年十二月廿五日記。
>
> 陳繼昌，字蓮史，廣西臨桂人。嘉慶二十五年進士、狀元。官至江蘇布政使。有《如話齋詩稿》、《讀書心解》等。

劉逢祿卒。

凌曙卒。

倪鴻生。

劉開卒。

周三爕卒。

道光十年庚寅（一八三〇）　五十一歲

［**時事**］本年閏四月及五、六月，廣西、廣東、湖南游民聚衆搶奪穀米，命兩廣總督李鴻賓認真查察。　五月，命各省裁革州縣白役，定制縣差役不得超過八十人。　纂輯《平定回疆剿擒逆裔方略》成。　李鴻賓等奏請嚴禁鴉片分銷，并酌減夷船進口規銀十分之二。　八月，調盧坤爲江蘇巡撫，以朱桂楨繼任廣東巡撫。　是年秋，廣州英美教士組織基督教會。

居家數年，陸續將《國朝詩人徵略》刻至六十卷。

《國朝詩人徵略》書前小識。金菁茅《張南山先生年譜撮略》。

識語云："海内詩人衆矣，詩集繁矣，兹編所録不過千百之十一，然百數十年以來，心藏心寫，師事友事之人，大半略可考見，且意在知人，本非選詩，其中或因題，或因事，或己欲所言，或人所未言，意欲無所不有，不專論詩之工拙也。回思在楚五年，每當簿書迷悶之餘，風雨蕭寥之會，開卷有益，聊以自娛，論者謂增廣聞見，陶冶性靈，均有裨助，因慫恿付梓。旋里四載，刻至六十卷，續有所得，隨時增補，拙著四種，間附數條，藉以就正有道焉。道光十年二月維屏再識。"

丁憂服闋後將起復，擬申請改任教官，諸親友皆以爲不可，乃醵資助之捐升同知。

金菁茅《張南山先生年譜撮略》。

按，時諺有"前生不善，今生知縣"語。南山三任知縣，備嘗艱苦，知州縣不可爲，故擬改就教職，冀處清逸以讀書治學耳。

二月十二日，爲史善長《味根山房全集》撰序。又作題識，評及善長其人與詩作。

史善長《味根山房全集》卷首。

序云："《輪臺雜記》二卷、《東還紀略》一卷、《詩》一卷，吾友史君春林撰。書多奇談，詩有奇語，非身歷奇境，眼飽奇觀，不能有此奇作也。然方其出戍也，別高年之慈母，作絕域之征人，望天山以魂飛，度雪海而骨折，生還莫必，遠夢空勞，憂從中來，誰能遣此。君則俠氣如仙，熱腸故我，代枯魚而求活水，送侶燕而返故巢，心自挐雲，才能濟物，亦可謂履險如夷，素位無悶者矣。已而霾消見日，冰解回春，君恩賜還，母壽逢吉。唱刀環之曲，歌燕喜之詩，舞萊子之衣，叙更生之慶。烏頭白馬生角，得謂無其事耶？是則奇禍轉爲奇福，奇氣發爲奇文，如春林者，謂非奇士哉。南山愚弟張維屏。"

又題識云："'紅日未升朝判牘，青天可告夜焚香'，此蘭雪贈春林句也，僕即以之贈春林之爲人。'仙風搖曳雲璈細，塞雪蒼涼鐵笛橫'，此春林贈蘭雪句也，僕即以之題春林所爲詩。道光庚寅花朝南山張維屏。卷中佳句僕摘入《聽松廬詩話》，惜倚裝匆促，未獲窺全豹耳。"

史善長，字春林，浙江山陰人。父游幕至粵，遂占籍番禺。納資得知縣，宰餘干。以事遣戍伊犁，三年放歸，以詩酒自娛。有《味根山房詩鈔》、《輪臺雜記》、《東還紀略》等。

賦詩贈別江開。

《松心詩集·清濠集》之《送江龍門秀才開》詩。

按，江開《浩然堂詩集》卷一《紅毛刀歌》題下自注云：
"庚寅得刀於廣州，是年冬作詩於桐城。"則離粵當在
本年。

江開，字龍門，安徽廬江人。道光十五年舉人，官知縣。
有《浩然堂詩集》。

春仲，束裝將入都，以"黃梅拯溺圖"請陳繼昌題
辭。陳氏感佩其治績品操，乃爲題長篇五十韻，兼以
贈別。

《花甲閒談》卷一一録陳繼昌《庚寅春仲，南山先生將入
都，已束裝矣，以黃梅拯溺圖見示，余益佩其爲人，不獨
治績之卓著也。奉題五十韻，即以誌別》詩。

詩云："昔年耳君名，譚笑擅六義。今年來羊城，嘖嘖稱
廉吏。鹿苹制府極道先生之廉。君方鄉并居，我亦萍跡寄。
數月始覿面，患難共嗟慰。余奉諱南歸，君亦甫屆服闋。晏
嬰六尺短，蘇季一裘敝。書癖忘晨餐，酒酣對客睡。重門
終日開，襜襹所弗避。五官可並用，不使氣矜肆。顧盼到
寒素，殷然有餘意。在官者言官，否則慎清議。宦轍所身
歷，口不道隻字。去年自壽詩，稍及黃梅事。促膝進叩
之，呐呐語弗備。驟雨春生寒，朔風夜捲地。挑鐙展新
圖，新圖展未既。到眼馳心神，掩卷空涕泗。洶洶陽侯
波，歷歷海寧記。海寧俞君爲記大水事特詳。緊誰牧民者，
君實處其際。防水水驟來，築隄隄竟潰。巨浸數百里，災
黎十萬計。骨肉悲黿鼉，昏晝走魑魅。君曰民何辜，當以
一死誓。誓死將何爲，民命於我繫。翻然籌糗糧，達旦不
得憩。請糴蘇瘡痍，多方弭濕癘。精誠天所鑒，窮迫心轉
細。貸粟別戶口，剔蠹策勞勩。指麾宣皇仁，不遺一老
穉。是時大小吏，冠蓋踵相繼。餐授困欲虛，暑酷人益
癘。萬緣苦蝟集，百身不足蔽。當其縱一葦，陟險夜昏

241

晦。陡落如箭急，一觸即粉碎。鬼神雖呵護，生死盍恝置。徒令傳説者，咋舌心屢悸。嗟彼佔畢儒，選愞罔攸濟。廉吏但潔身，勢亟恐顛躓。先生一詩人，鉛刀手初試。有守復有爲，仁矣勇亦最。遂遏老蛟舞，息此哀鴻淚。"

偕門人葉應暘同舟赴京。首途有《客船》詩，述求禄代耕意。

金菁茅《張南山先生年譜撮略》。《新春宴遊唱和詩》録葉應暘《春遊次南山師韻》聽松廬詩鈔》卷一五。

詩云："閉户談何易，仍求禄代耕。未完婚嫁累，早澹宦游情。水淺波濤少，官閒擔荷輕。客船多故紙，余行李多書。風味本書生。"

二月末，舟泊韶州太平橋下，有詩及詞。

《松心詩集·燕臺六集》之《二月二十九日，韶州舟次》詩。《聽松廬詞鈔·海天霞唱》卷二《太平時·舟度韶關泊太平橋下》詞。

度梅嶺，有詩。

《松心詩集·燕臺六集》、《花甲閒談》卷二《梅嶺》詩。

按，《花甲閒談》卷二録此，題下原注："庚寅。"

清明，有哭亡弟、亡妹詩。

《松心詩集·燕臺六集》之《清明》、《哭弟三首》、《哭妹二首》詩。

《哭弟》詩云："弟歿已兩載，哭弟未有詩。拈毫輒悲酸，不獲終厥辭。去年三月節，上塚酹一卮。清明今又過，身在西江湄。念我同懷人，閉目宛在兹，四十六年事，歷歷思兒時。""兒時弟多病，病多體愈弱。父師不苟責，因循遂廢學。廢學乃服賈，無贏但有縮。弟性頗好靜，事至肯思索。使其不改途，當獲讀書樂。終爲貧所累，誤我對牀約。嗟哉姜被寒,分飛雁行各。”“弟既棄舉業,乃欲習岐黃。醫道至精微,豈可以淺嘗。弟病在中虛,乃云發瘡瘍。病甚多延醫,醫來各有方。我勸服溫補,弟固投寒涼。修短雖有數,此恨誠茫茫。墓門傍雙親,弟心且勿傷。阿咸頗慕學,芝姪。或可冀顯揚。詩成卻南望,惻愴摧中腸。”

《哭妹》詩云:“妹亡在遠方,不語恐父悲。含酸遲至今,乃作哭妹詩。妹心明且慧,妹性溫且慈。于歸相夫人,僉曰家室宜。夫子官京華,饗殮妹尸之。及乎宦山左,侍姑之海涯。庚辰夏五月,南帆過江西。我時歸自北,途遇兩不知。咫尺竟相左,永無相見期。吁嗟大雷書,乃變薤露辭。見甥如見妹,欲語先歔欷。”“妹雖未克壽,不得謂無福。閨房琴瑟調,伉儷則既篤。夫子登玉堂,恩賜五花軸。自從絃一斷,不忍膠再續。兒女免衣蘆,妹亦可瞑目。甥將仕部曹,暇日書可讀。努力騰青雲,嘉名爲甥勖。甥小名騰。昨寄山東書,急切一言告。歸櫬不可遲,心傷旅魂獨。”

三月十五日,旅次江西南安府,有詩。

《松心詩集·燕臺六集》之《三月十五日南安道中》詩。

詩云:“春日漸長增唱和,客衣無定變寒暄。”自注:“蔗田、鶴儔皆有詩。”

按,鶴儔,指陳官蘭,字鶴儔,廣東番禺人。監生。擅書畫。有《大學士張文端公格言節錄》。

過贛縣至南昌,皆有詩以紀行旅。

《松心詩集·燕臺六集》之《十八灘》、《憶窗前梧桐寄家人》詩,《松心詩集·豫章集》之《百花洲泛舟,過水月寺,至蘇雲卿祠》詩。

按,蘇雲卿,宋高士,隱居東湖,耕織自給,不預世事。

官厚幣欲致之，乘夜逸去，不知所往。

過螺墩。賞牡丹，飲於汪根敬家，有詩。

《松心詩集·燕臺六集》之《螺墩》詩。

詩云："最難異地鄉音共，合對芳叢醉玉杯。"自注："牡丹尚盛。"又，"主人汪小孟能粵語"。

汪根敬，字小孟，江蘇盱眙人。按察使汪云任長子。廩貢。云任嘉慶二十年起曾歷任廣東三水、番禺知縣。小孟少日殆隨父宦游粵地，故能粵語。

三月二十二日，譚敬昭卒，年五十八。爲賦《挽譚康侯農部二首》詩。

《松心詩集·燕臺六集》。《松心文鈔》卷九《中憲大夫户部主事譚君墓誌銘》。黃釗《讀白華草堂詩集》二集卷六《題譚康侯同年詩箋後》詩。

詩其一云："綺歲才華席上珍，君童子試及爲諸生，凡十五冠軍。浮沈郎署鬱難申。能爲一代陽春曲，生就千秋澹蕩人。南郭無田歸豈易，東方有酒態逾真。比年聞説成心病，買畫揮金不計貧。"其二云："聽雲樓好本無樓，縹緲仙心遍十洲。手弄飛霞七襄錦，身騎孤鶴萬峯秋。屈陳以後開生面，丁石相邀到上頭。料得詩魂還嘯傲，扁舟虹影貫江流。"

四月，旅中有《舟中偶成四絕句》、《舟行即目》、《貴溪道中》、《四月十四日桐廬舟次》諸詩。

《松心詩集·燕臺六集》。

《桐廬舟次》詩云："慚愧桐江江似鏡，十年三度照塵顏。"

四月十六日，舟次杭州，訪湯貽汾於武林官舍。翼日，賦詩爲題湯母楊太夫人"吟釵圖"，繼又爲題雙湖夫人"梅窗琴趣圖"。長子綏名出"人日琴樽圖"求題，亦賦詩酬之。

　　《松心詩集・燕臺六集》之《楊太夫人吟釵圖》、《雨生以
　　雙湖夫人梅窗琴趣圖屬題二首》、《湯壽民公子出人日琴
　　樽圖求詩》詩。

　　《楊太夫人吟釵圖》詩序云："道光庚寅四月十六日，舟
　　次杭州，訪湯雨生都督於武林官舍。翦燈呼酒，話舊論
　　文。翼日，以尊慈楊太夫人《吟釵圖》屬爲詩。圖中名
　　流題詠，諸體咸備，惟少三言一體。因賦三言古詩一章，
　　用景徽音、述孝德云爾。"詩云："官於臺，家難生。"自
　　注："雨生大父緯堂公，宰臺灣鳳山縣，值林爽文之變，
　　殉難；尊甫與竹公隨父殉焉。"

　　湯綏名，字壽民、封民。襲雲騎尉，官鹽城守備。善
　　繪事。

杭州晤張青選，有詩賦贈。

　　《松心詩集・燕臺六集》之《至杭州，晤家雲巢直指青選，
　　賦贈》詩。

　　張青選，字商彝，號雲巢，廣東順德人。乾隆五十四年舉
　　人。官兩淮鹽運使。長居杭州。有《清芬閣詩集》。

訪魏成憲，互有酬贈。

　　《松心詩集・燕臺六集》之《贈魏春松侍御》詩及附錄魏
　　成憲《南山司馬見訪贈詩，次韻奉答》詩。

　　按，南山詩云："吳人思後魯人思，粵嶠相思又一時。南
　　國琴樽懷舊雨，西湖山水要新詩。豸冠足壯儒生氣，鹿洞
　　仍爲俊彥師。此別定須圖後會，知公松壽有期頤。"時魏
　　假歸，主講杭州紫陽書院。

張青選招同魏成憲、葉應暘、陳鶴儔泛舟西湖，置酒
孤山巢居閣，有詩。

　　《松心詩集・燕臺六集》之《家雲巢直指招同魏春松侍

御、葉蔗田員外、陳鶴儔上舍泛舟西湖,置酒孤山巢居
閣》詩。

遊西湖,有《雨後泛湖》、《西湖放歌》詩。

《松心詩集·燕臺六集》。

《西湖放歌》詩云:"名山五嶽何時遊,復來西湖弄扁舟。
舊雨今雨座中集,南峰北峰雲外浮。畫船移向孤山泊,提
壺直上巢居閣。地勝能栽異代梅,許玉年諸君補種梅花。亭
空不返當時鶴。白公去後蘇公來,雙堤六橋花爛開。金牛
之湖尚無恙,銷金之鍋安在哉。中州不住西泠住,南來忘
卻燕雲路。夜榻人簫蟋蟀燈,秋墳鬼嘯冬青樹。鐵弩三千
爾空爲,金牌十二尤堪悲。墓前頑鐵擊不碎,雨打風號無
了期。世間何物無成敗,老佛年深亦更改。重修靈隱寺,新
造佛像。湖上煙雲變態多,舊時顏色青山在。浮生何苦多
煩憂,亦勿弔古生羈愁。此湖此酒可一醉,對酒卻復思前
遊。辛未,同林月亭、汪益齋、金醴香來遊。前遊念我同袍客,
兩在天南一天北。欲話勞人方寸心,恨無健鳥雙飛翮。吁
嗟乎,百歲幾人能得閒,待閒未閒雙鬢斑。西湖雖好不足
舒遠抱,竟思青鞋布韈五嶽窮躋攀。願隨鴻鵠翱翔寥廓一
快意,安能如轅駒櫪馬使我踟躕不得開心顏。"

按,張維屏《松心雜詩》錄《西湖放歌》,題作《庚寅夏
日重遊西湖作歌》。

謁徐慶超,賦《擘窠字歌,贈徐星谿總戎》詩。

《松心詩集·燕臺六集》。

徐慶超,字星谿,廣東鎮平人。乾隆六十年武進士。時任
閩浙陸路總兵。好擘窠書。有《字林便覽》。

至蘇州,有《吳閶舟次》、《吳門泛舟訪館娃宮故址弗
得》、《靈巖》、《靈巖仙館》、《范文正公祠》、《吾與
庵》諸詩。

《松心詩集·燕臺六集》。

渡江至揚州，有《渡揚子江》、《平山堂》詩。

《松心詩集·燕臺六集》。

閏四月，謁兩江總督蔣攸銛。蔣爲題"黃梅拯溺圖"，
譽美南山操履與政績。

《花甲閒談》卷一四《書張南山黃梅拯溺圖後》。

題辭云："余督粵六載，公餘輒邀南山論文談藝，而南山
從未干以私，余益重之。數年來以名進士出爲縣令，所至
咸得民心。夫救災人所難，而南山處之井然，收漕人所
樂，而南山辭之決然，即此可知其爲人矣。披覽是圖，爰
識數語。道光庚寅閏四月。"

至燕郊。有《清涼寺古槐》、《地震》詩。

《松心詩集·燕臺六集》。

《地震》詩云："庚寅閏四月，既望麥已秋。畿南地忽震，
最甚爲磁州。""大哉六合内，一隅若浮漚。得毋轉風輪，
偶爾漾地球。"按：南山此時已用地球一詞，亦可異也。

五月抵都。

金菁茅《張南山先生年譜撮略》。《新春宴遊唱和詩》録
葉應暘《春遊次南山師韻》原注。

晤曾燠，問吳嵩梁行止，笑曰："忽然官興發作，往
貴州爲知州矣。"蓋蘭雪由中書入貲改知州，補黔西
州，後卒於任。

《國朝詩人徵略》二編卷五二"吳嵩梁"條。

賦《粵思篇》詩呈曾燠，頌其昔日宦粵德政。曾燠報
以詩，並爲題"黃梅拯溺圖"。

《松心詩集·燕臺六集》、《花甲閒談》卷六《粵思篇呈賓
谷先生》詩及附録曾燠《答張南山二首》。曾燠《賞雨茅
屋詩集》卷二二《張南山黃梅拯溺圖》詩。

詩云："鄭仙巖畔雲，訶子林中樹。至今粤人思，是公舊遊處。珠江江上月，蒲澗澗底泉。至今粤人思，公去逾十年。粤人既思公，公亦思粤人。鱷生自粤來，公意良殷勤。愛才如渴飢，愛詩入骨髓。公身在京華，公心在煙水。國朝盛詩家，瑟琴雜箏琶。願公裁僞體，復古正而葩。"自注："公選國朝詩。"

與曾燠、吴清皋、張振同遊城南右安門外尺五莊賞荷。

曾燠《賞雨茅屋詩集》卷二二《與張南山、吴小穀、張蒙山同遊尺五莊看荷花作》詩。《花甲閒談》卷六《賓谷先生招遊尺五莊》詩。

按，《賓谷先生招遊尺五莊》詩有云："南城老詞伯，招我宣南路。言訪尺五莊，出郭愜幽趣。"《花甲閒談》録曾燠《同張南山、吴小穀遊尺五莊看荷花》詩，曾燠《賞雨茅屋詩集》卷二二録《與張南山、吴小穀、張蒙山同遊尺五莊看荷花作》詩。南山此詩爲酬和而作。

吴清皋，號小穀，浙江錢塘人。舉人。署吉南贛寧道。

張振，字蒙山。曾燠甥。諸生。其餘未詳。

六月初二日，龔自珍招同周凱、張祥河、魏源、吴葆晉集龍樹寺，置酒蒹葭簃。

《松心詩集·燕臺六集》之《龔定盦中翰自珍招同諸詞人集龍樹寺》詩。

按，《雜詩》題作《庚寅六月初二日，龔定庵禮部自珍招同周芸皋觀察凱、家詩舲農部祥河、魏默深舍人源、吴紅生舍人葆晉集龍樹寺，置酒蒹葭簃》。《藝談録》引《松軒隨筆》云：與龔自珍初識，"定盦大有狂名，余入都相見，但見其謙，未見其狂也"。

魏源，原名遠達，字默深，湖南邵陽人。道光二十五年進士。官高郵州知州。有《古微堂集》、《海國圖志》等。

六月初九日，晤許乃普，承留宿澄懷園，有詩志感。

《藝談録》卷上"許乃普"條。《聽松廬詩鈔》卷一五《夜宿澄懷園》詩。

詩云："不覺來天上，天河在樹間。主人香案吏，滇生侍講。招我芰荷灣。地峻三霄接，樓高萬緑環。近光樓。自憐蒲柳質，又仰紫宸班。明日引見。"

按，時乃普爲南書房行走。澄懷園乃南書房及上書房詞臣寓園。殷勤留宿，具見情厚。

初十日引見於勤政殿，奉旨以府同知分發試用，籤掣浙江。

《花甲閒談》卷八《庚寅入都，六月初十日勤政殿引見，蒙恩以府同知分發試用，恭紀》詩。金菁茅《張南山先生年譜撮略》。

引見後數日，翁心存邀至澄懷園直廬敘舊，傾談甚歡。

《藝談録》卷上"翁心存"條引《聽松廬詩話》。

此條述云："遂翁邀余至澄懷園直廬，烹能言之鴨，膾巨口之魚，主賓對酌深談，荷風送香入几席間，自午至申，飯畢入城。"

嗣又爲翁心存題"粵秀山探梅圖"。

《松心詩集·燕臺六集》之《翁遂盦宮允粵秀山探梅圖》詩。

詩云："學海堂前花似雪，倚山樓外花如月。雲泉一片香模糊，雪意花光兩奇絕。使君持節南海湄，風檣萬卷手自披。生平愛梅入骨髓，未暇一訪瓊瑤姿。星軺欲返朝天旆，群彦飛觴還作畫。洗石探梅總墨緣，君於學署池內得米書石刻。留與嶺南作佳話。知君愛士如愛梅，翹材十郡咸滋培。占春調鼎他年事，都是先生手種來。"

十三日，潘曾瑩招同卓秉恬、朱爲弼、林則徐、周凱、黃爵滋、周作楫、彭蘊章、查揆、顧元愷集寓齋，即事賦詩。

張維屏《松心雜詩・松心詠懷詩》之《庚寅六月十三日，潘星齋待詔曾瑩招同卓海帆秉恬、朱椒堂爲弼兩京兆、林少穆方伯則徐、周芸皋觀察凱、黃樹齋爵滋、周夢巖作楫兩太史、彭詠莪舍人蘊章、查梅史大令揆、顧杏樓工部元愷集寓齋，即事有作》詩。

詩中自注：“少穆、芸皋皆芝軒冢宰門人，是以推余上坐。”

《紅蕉館詩鈔》卷十二載潘曾瑩詩云：“季夏十三日，吾兒試周期。高堂顧之喜，弄孫樂含飴。是日盛賓客，中庭陳酒巵。深感故人意，獎飾多吉辭。是日招林少穆方伯、周芸皋觀察、張南山司馬、查梅史大令、朱椒堂、卓海帆兩京兆、周夢巖、黃樹齋兩翰林、彭詠莪舍人、顧杏樓工部寓齋小集，同人各以詩爲賀。”

按，芝軒，即潘世恩。潘曾瑩父。

潘曾瑩，號星齋，江蘇吳縣人。道光二十一年進士。官翰林院編修、吏部侍郎。有《紅蕉山館詩鈔》、《小鷗波館集》。

卓秉恬，字靜遠，號海帆。四川華陽人。清嘉慶七年進士。官至尚書、武英殿大學士。有《海帆集》。

朱爲弼，字右甫，號椒堂，安徽休寧人。嘉慶十年進士，官順天府府尹、兵部侍郎。有《椒聲館詩文集》。

林則徐，字少穆，福建侯官人。嘉慶十六年進士。曾任湖廣總督、陝甘總督和雲貴總督，兩次受命欽差大臣。有《雲左山房詩集》、《文集》。

黃爵滋，字德成，號樹齋，江西宜黃人。道光進士。官翰林院編修，刑部左侍郎。有《仙屏書屋詩錄》。

周作楫，字夢巖，號小湖，江西泰和人。嘉慶二十五年進士，官翰林院編修、給事中。有《館課詩賦》、《拾慧遺吟》。

彭蘊章，字詠莪，江蘇長洲人。道光十五年進士，官文淵閣大學士。

顧元愷，字賓四，號杏樓，江蘇元和人。道光二年進士。官工部主事、潯州府知府。

潘曾瑩繪"竹嶼閒雲圖"並題詩見贈，賦詩奉報。

《松心詩集・燕臺六集》、《花甲閒談》卷六《潘星齋明經曾瑩畫竹嶼閒雲圖並題詩見贈，賦此奉報》詩。

按，《花甲閒談》錄潘曾瑩《爲南山司馬畫竹嶼閒雲圖并題句奉贈》詩。

又有題潘曾瑩"蓮塘消夏圖"、潘曾綬"蘭閨唱和圖"、"平臺啜茗圖"、黃爵滋"思樹芳蘭圖"、卓秉恬《風泉清聽圖》、張振"守梅圖"諸詩。

《松心詩集・燕臺六集》之《潘星齋蓮塘消夏圖》、《潘紱庭明經曾綬蘭閨唱和圖》、《紱庭又屬題平臺啜茗圖二首》、《思樹芳蘭圖，爲黃樹齋編修爵滋題》、《卓海帆少僕風泉清聽圖》、《家蒙山茂才振守梅圖》詩。

《家蒙山茂才振守梅圖》詩云："一別忽十載，歲華如水流。"

潘曾綬，字紱庭，江蘇吳縣人。潘世恩子，曾沂、曾瑩弟，潘祖蔭父。道光二十年舉人，歷官內閣中書、內閣詩讀等。有《蘭隮書屋詩集》。

朱爲弼出西湖蓴菜讌客，席上索詩，爲賦一律。

《松心詩集・燕臺六集》之《朱椒堂京兆爲弼出西湖蓴菜讌客，席上索詩》詩。

湯金釗見示《城南賞花詩》，命南山次韻和作，有

"濟時恒抱稷契憂，味道還尋孔顏樂"之句。又命題王紹蘭"空山古寺殘詩感舊圖"，即次朱筠《過蘇嶺寺》元韻，成詩二首。

> 《松心詩集·燕臺六集》之《敦甫師見示城南賞花詩命次韻》、《湯敦甫師命題王南陔中丞空山古寺殘詩感舊圖，即次太傅朱文正公過蘇嶺寺元韻二首》詩。
>
> 後詩其一自注："公與竹君先生，先後督學福建。"其二自注："師奉使入閩，過蘇嶺觀公手跡，次韻賦詩。"
>
> 王紹蘭，字畹馨，號南陔，浙江蕭山人。乾隆五十八年進士。官福建巡撫。
>
> 朱筠，字竹君。順天大興人。乾隆十九年進士。官翰林院編修。謚文正。有《笥河詩文集》。

謁李宗昉，讀其《秦良玉故營歌》，因亦依題同作。

> 《花甲閒談》卷六《四川營歌》詩。
>
> 詩序云："讀芝齡師《秦良玉故營歌》，其地即今宣武門外四川營也，同效吳祭酒體，即以《四川營》名篇。"
>
> 按，《花甲閒談》錄李宗昉《秦良玉故營歌今名四川營效吳祭酒體》詩。

張祥河招飲論詩。張謂翁方綱詩有訓詁氣，南山則辨謂翁爲詩雖"貪使事"，然博學愛才如翁者亦世所少也。

> 《松心詩集·花地集》卷四《詩龕方伯自粵西寄示詩集，中有見贈長篇，蓋庚寅所作也。賦此奉報》詩自注。

張祥河復爲題《聽松廬詩稿》後。

> 張祥河《小重山房詩詞全集·詩龕詩錄》卷五《贈張南山司馬即題其聽松廬詩稿後》詩。
>
> 詩云："下直輒鍵戶，矧當溽暑天。招客輒開徑，矧遇詩中仙。宣南詩社近寥落，百花洲前一老鶴。謂賓谷先生。

蓮花博士種花去，蘭雪丈刺史黔西。健筆何人控霄嶁。吾宗
海內有數才，舊卷攜自東瀛來。出我喉中昨宵鯁，令我一
夕傾百杯。十年前在湖樓上，萬葉香中發高唱。伏櫪雄心
一第難，搔首青天醉相向。茲來握手前致詞，數莖各長吟
邊髭。通才不到玉堂裏，天與楚水湘雲奇。僕以微官綴樞
地，聽爾黃州作仙吏。酒痕飛上漢皋珮，但有相思香草
意。松聲謖謖凡響無，乾坤清氣爲君廬。學人論詩實非
是，畢歲矻矻胡爲乎。詩本天真自可喜，古人辭尚達而
已。瓊波詭譎固霸才，訓詁入詩詩亦死。尊前放論追漢
唐，得勿笑我醉後狂。回看酒畔過新雨，古月照人襟
袖黃。"

按，時張祥河在京任平定回疆方略纂修官，見汪兆鏞
《碑傳集三編》卷五《張祥河傳》。又，詩中有"學人論
詩實非是，畢歲矻矻胡爲乎。詩本天真自可喜，古人辭尚
達而已"，蓋亦暗諷翁方綱也。

賦詩爲張祥河題"鼓山留佩圖"。

《松心詩集·燕臺六集》之《鼓山留佩圖爲家詩舲農部祥
河題》詩。

詩序云："道光戊子，詩舲奉命典試閩中，事竣遊鼓山，
解所佩玉留寺中，因畫《鼓山留佩圖》，屬同人賦詩。"

范霱夢趙忠毅公贈以鐵如意，自爲長歌紀之，屬南山賦詩。

《松心詩集·燕臺六集》之《范今雨大令霱夢趙忠毅公贈
以鐵如意，自爲長歌紀之，屬賦詩》詩。

范霱，字今雨，其人未詳。

顧元愷屬南山賦詩題其曾祖嗣立"秀野園圖"。

《松心詩集·燕臺六集》之《秀野園圖歌》詩。

詩序云："顧俠君先生秀野園，禹鴻臚之鼎繪圖，國初諸

老多題詠。先生曾孫杏樓水部元愷重爲裝池，屬賦詩。"

顧元愷，字賓四，號杏樓，江蘇長洲人。道光二年進士。
官潯州知府。曾祖顧嗣立，字俠居，康熙進士。所居秀野
草堂，爲名士畢集之所。

秋，徐寶善爲南山作《題張南山維屏黃梅拯溺圖》，
并有《送張南山司馬之浙中，兼懷杜尺莊孝廉》詩贈
行。南山則爲寶善《壺園詩鈔選》題辭。

徐寶善《壺園詩鈔選》卷首題辭、卷六《寄巢集》。

題辭曰："廉峰太史篤内行，敦友誼。詩有家學，和平溫
厚如其爲人。至於樂府一體，音節神味動與古會，此則關
乎天分，非徒學力之深也。"

玉蝀橋觀荷，游琉璃廠，出德勝門至西苑，夜宿澄懷
園，均有詩。

《聽松廬詩鈔》卷一五《出德胜門至西苑》、《玉蝀橋觀
荷》、《琉璃廠》、《出德勝門至西苑》、《夜宿澄懷
園》詩。

賦詩題簡鈞培"看山讀書圖"。

《松心詩集·燕臺六集》之《簡夢巖孝廉鈞培看山讀書
圖》詩。

簡鈞培，字夢巖，廣東順德人。嘉慶二十四年舉人。有
《覺不覺軒詩鈔》。

林則徐、查揆、姚椿之各賦詩，爲題"黃梅拯溺圖"。

《花甲閒談》卷一一録林則徐《奉題南山黃梅拯溺圖同
年，即送之官武林》二首、查揆《嘉慶戊辰與南山同年
先後出都，今年復見於京師，別已二十二年矣。南山出黃
梅拯溺圖索題，成五言四首》、《題南山同年黃梅拯溺圖，
用杜少陵〈同元次山春陵行〉韻》詩。

林則徐以其父賓日"飼鶴圖"屬題，爲題長句。

《松心詩集·燕臺六集》之《林少穆方伯則徐以其先公飼鶴圖屬題》詩。《林公則徐家傳飼鶴圖暨題詠集》。

題詠曰："一鶴矯翼穿松枝，一鶴俛啄巡階墀。先生對坐神爲怡，興來妙筆自繪之。方伯至孝勤護持，圖中色笑如生時。圖名飼鶴化理基，琴心三疊淵乎微。與以稻粱可療饑，豈必遠覓芝田芝。縱之翔舞惟所宜，豈必乘軒同縶維。人物貴賤類雖歧，俾若其性均熙熙。方伯孺慕念在茲，鳳鳴一出爲羽儀。手活黎庶蘇瘡痍，轉彼嗷鴻爲粥雞。被其澤者欽厥施，謂是恬養兼猷爲。豈知君子有穀詒，即小寓大理可推。鳩鳩扈扈恩勤斯，擴而充之天下肥。不然胎仙羽差池，幽賞僅類孤山陲。披圖鵠立生遐思，在陰更玩鳴鶴辭。庚寅夏日，敬題賜谷封公大人飼鶴遺照，即請少穆方伯大人誨正。後學張維屏拜藁。"

南山以雖籍番禺，而祖籍浙江紹興，例應迴避上奏。乃命回粵候改擊。

《聽松廬詩鈔》卷一六《十月八日到家作》詩自注。金菁茅《張南山先生年譜撮略》道光十年條。

按，南山初被分發浙江，後奏稱祖籍浙紹，例應迴避，終改發江西。前引林詩、徐詩作於改派前，故有"浙中"之語。

南山將南歸，有《寄巢吟社歌爲徐蓮峰編修寶善作》詩。

《松心詩集·燕臺六集》。《花甲閒談》卷六。

詩云："我將一葉浮江湖，東勞西燕傷羈孤。故巢遠隔聲不隔，海天萬里遥相呼。"自注："余將南旋。"

曾燠賦《七夕送南山出都》詩贈別，翌日南山次韻酬謝。

《松心詩集·燕臺六集》之《七夕後一日雨中次韻奉酬賓

谷先生》詩。

按，《聽松廬詩鈔》、《松心詩集·燕臺六集》附録曾燠《七夕送南山出都》詩。詩中自注稱：時曾燠方選本朝詩，體例略仿《唐詩品彙》。

潘曾瑩爲題《聽松廬詩集》並送出都。

潘曾瑩《小鷗波館詩補録》卷一《題張南山司馬維屏聽松廬詩集後即送出都》詩。

按，詩自注云吳慈鶴已前卒。吳卒於道光六年，知詩作於道光十年南山離京返粵時。

在京數與李光庭相見，舊雨重逢，深談論詩。臨別，光庭有詩贈行，南山因賦《寄酬李樸園太守三十韻》寄意。

《松心詩集·燕臺六集》。

詩云："艱危波上舟，安樂花下酒，一樽喜共持，八載怕回首。黄梅大江溢，白日老蛟吼。庚辰鏹已無，庚癸呼則有。萬口待一餔，端午至重九。此而不賑濟，安用民父母。此而稍遲徊，釀變余之咎。未暇繪流亡，亟與計升斗。同心幸遇公，下車即援手。公涖黄州數日，即赴黄梅勘災。助我聚糇糧，聯我同臂肘。我時處憂患，性命知保否。公心恒軫余，此意腴且厚。嗷鴻幸安集，九死釋重負。方吟雪堂梅，遽折沙岸柳。公於次年即引疾歸。道路既阻長，契闊亦云久。北來再見公，顏酡未爲叟。初宴歌舞筵，衆樂余亦偶。再宴尺五莊，荷池少氛垢。三宴停舫齋名中，濃緑浸軒牖。深談復淺酌，自卯直至酉。改詩務從嚴，一字不肯苟。於我乃嗜痂，有告必虛受。公家盛英才，科弟拾芥取。他時華萼集，足繼唐賢後。嗟余謬干禄，塵土强奔走。本無負郭田，安得事農畝。忽忽又别公，孤懷鬱難剖。蒲柳感余衰，松柏期公壽。瑶華贈我行，佳句常在口。因風寄長謠，所報愧瓊玖。"

吳俊民、葆晉昆仲擬攜琴送南山至天津，且約觀海。
以南山已出都，不果。乃賦詩致意。

> 《松心詩集·燕臺六集》之《水部聽琴圖歌，贈醉生水部
> 俊民，並簡紅生中翰葆晉》詩及自注。

七月十二日出都。循運河南行，途中校勘《説文》，
撰有《天津》、《天津望海歌》諸詩。

> 金菁茅《張南山先生年譜撮略》。《松心詩集·燕臺六
> 集》。《花甲閒談》卷一二。

賦《求覺篇》詩寄張岳崧。

> 《聽松廬詩鈔》卷一五。

> 詩序云："家瀣山侍講岳崧，學道人也，近號覺庵，於道
> 有得，因賦《求覺篇》奉寄，瀣山必有以覺我。"

八月十五日渡揚子江，泊丹徒。有詩。

> 《松心詩集·燕臺六集》之《中秋渡揚子江》詩及自注。

經蘇州，有《二方》、《蘇臺四絕句》詩。

> 《松心詩集·燕臺六集》。

> 《二方》詩云："當年九谷老詞場，騷雅家聲有二方。今
> 日吳門談粵客，秋風何處廣歌堂。"

> 按，二方，謂方還、方朝兄弟，番禺人。詩人方殿元子。
> 皆能詩，世稱二方。殿元移家蘇州，於此置廣歌堂，四方
> 詩人來吳，每登該堂，賦詩讌飲。南山來尋故址，已不可
> 得矣。

抵杭州，遊理安寺，有詩。

> 《聽松廬詩鈔》卷一五《理安寺》詩。

途中有《秋霖》、《舟夜臥病》諸詩。

> 《聽松廬詩鈔》卷一五。

至南昌，初識張際亮，相見纔一面，際亮即爲詩相贈，

自稱"後學"，其謙若此。

《藝談錄》卷上引《聽松廬詩話》。

按，《藝談錄》所引際亮詩云："一代老詞伯，幾年真宰
官。繪圖同鄭俠，謝郡過南安。飢溺思猶切，災傷官總
難。西樵著書暇，忍憶舊波瀾。"

張際亮，字亨甫，福建建寧人。道光十五年舉人。有
《思伯子堂詩集》。

過贛州，訪舊交知府汪云任，留飲賞菊話舊，賦詩
爲贈。

《聽松廬詩鈔》卷一五《過贛州訪汪孟棠太守，留飲賞菊
話舊，賦贈》詩。

詩云："回首禺山歲幾更，重來章貢話離情。……嶺南嶺
北春如海，人與梅花一樣清。"詩中自注："君昔官庾嶺
南，今官庾嶺北。"

度庾嶺，有《度嶺見月》詩，具見思家情切。

《聽松廬詩鈔》卷一五。

十月初八日抵家，有詩述此行心迹，求官得祿之餘，
仍思讀書稽古。

金菁茅《張南山先生年譜撮略》。《聽松廬詩鈔》卷一六
《十月八日到家作》詩。

詩云："清時不敢慕黃綺，況復無田多食指。勞勞人海一
微臣，遠向金鑾謁天子。六月初十日引見勤政殿。此官司馬
雖冗長，白香山詩："司馬人間冗長官"。彼浙湖山信清美。
便隨宦海泛萍蓬，其奈稽山本桑梓。長安欲留居不易，且
逐征鴻問煙水。籤掣浙江，呈明祖籍，迴粵候改掣。北去風和
柳葉青，南還霜重楓林紫。歲月消磨道路長，半載身行萬
餘里。仕途蹭蹬且勿嗟，病骨崚嶒差可喜。中年百念冰雪
澹，只有讀書心未已。經畬開墾似無餘，尚許爬羅到諸

史。舟中讀史。方欣展卷對古人，詎厭埋頭鑽故紙。居今
固貴識時宜，稽古要先尋轍軌。綆短真愁學海深，囊空合
共衣塵洗。入門家人喜我健，料理盤飧具甘旨。兒方佔畢
孫學拜，菊已作花梅亦蕊。比鄰有客頗相訝，既出胡爲又
歸止。我言舒卷似浮雲，雲去雲來任風耳。白雲在天酒在
杯，皓月東升吾醉矣。"

廣東鹽運使楊振麟調任兩淮鹽運使，爲賦詩二首贈別。

　　《聽松廬詩鈔》卷一六《送楊桂山運使之任兩淮三
　　首》詩。

　　按，黃培芳《香石詩鈔》卷九亦有送別楊氏詩，乃道光
　　十年之作。南山詩當亦作於是時。

吳榮光丁父憂期間，時與南山聚晤，并重書前時《懷
張南山》詩以紀鴻爪。十月，吳榮光服闋，將還京，
南山賦詩贈行。

　　《聽松廬詩鈔》卷一六《送吳荷屋方伯入覲二首》詩及附
　　錄吳詩。《吳荷屋自訂年譜》。

　　詩中自注："嘉慶丁卯京邸晤聚。"

　　按，《聽松廬詩鈔》附錄吳榮光《懷張南山》詩，詩序
　　云："庚午懷人詩十二首，此爲南山作也。南山成進士，
　　作令湖北，德政流美。今旋里，數相把晤，追惟往事，鬢
　　絲鞭影，忽忽二十餘年，因重書往句，留作泥鴻一爪云
　　爾。"詩云："南山古詩人，吟詩見風節。賦愁鬼曾泣，
　　抒憤石欲裂。《詠史》諸篇。故鄉粳稻多，騷客衣裳潔。君
　　性愛潔。欲往從之遊，江月澹於雪。"

冬，偕黃培芳、溫颺、陳鑠、楊汝正諸人游雲泉山館。

　　黃培芳《香石詩鈔》卷九《冬日同張南山司馬、溫陶舟
　　孝廉、陳桂舫太學鑠、門人楊泉琴汝正游雲泉山館》詩。

　　溫颺，字仲道，號陶舟，廣東德慶人。承恭子。嘉慶二十

三年舉人。

　　楊汝正，字泉琴。承恭壻。餘未詳。

蔣攸銛卒。

譚敬昭卒。

史善長卒。

李汝珍卒。

張師誠卒。

李秉禮卒。

道光十一年辛卯（一八三一）　五十二歲

　　[**時事**]三月，廣東黎民滋事。　以翰林院編修丁善慶爲廣東鄉試正考官，孫日萱爲副考官。　六月，命兩廣總督李鴻賓等嚴禁偷種私製鴉片，并查拏夾帶進口之夷商與私販銷售之奸民。　七月，定官民買吸鴉片罪罰例。　八月，廣東巡撫朱桂楨奏查辦會匪情形。詔命嚴密查緝，消患未萌，勿留後患。

家居。《國朝詩人徵略》六十卷成，輯《經字異同》。得京信，知改擘江西。

　　金菁茅《張南山先生年譜撮略》。

富呢揚阿任浙江巡撫，南山寄詩二首申賀。

　　《聽松廬詩鈔》卷一六《奉寄富海帆中丞二首》詩。

　　按，《大清宣宗成皇帝實錄》卷一七六道光十年十月"以盛京工部侍郎富呢揚阿爲浙江巡撫"。詩當作於本年初。其人爲南山宦鄂時舊識，故寄詩奉賀。

　　富呢揚阿，號海帆，滿洲鑲紅旗人。

陳鑾將升任浙江按察使，來訪南山。南山爲賦詩贈行。

《聽松廬詩鈔》卷一六《陳芝楣廉訪枉過，即送之任浙江
二首》詩。《清史列傳》卷三八《陳鑾傳》。

按，陳鑾道光十年九月任廣東鹽運使。嘉慶二十五年南山
於程恩澤寓識面，蓋舊友也。

九月望，龔定庵有《與張南山書》。

《花甲閒談》卷六。

書云：“自珍二十年所接學士大夫，心所敬恭者十數子。
識我先生晚，先生於平生師友中，才之健似顧千里，情之
深似李申耆，氣之淳古似姚敬堂，見聞之彌洽似程春廬。
僂指自語，何幸復交此人。手書至若以僕爲可語者，雒誦
不厭，襲而藏之，與諸師友手墨置一篋中，以遺子孫。藉
知近狀安善，改擘江西，距家益近。世兄英英顒顒，譚次
書味安詳，又知其工雜體文，善倚聲，不愧驥子。《詩人
徵略》一書，讀之大喜，竟命筆伸紙作一序文，惟拙書
欹斜，不能莊繕一通，聊用藁本寄左右。承詢述作，近居
京師，一切無狀，昌黎所謂‘聰明不及於前時，道德日
負其初心’二語足以盡之。文集尚未寫定，此時無可言
者，惟將來寫出，有一事欲與古人爭勝，平生無一封與人
論文書也。自負之狂言，爲先生發之。聞阮尚書云有林伯
桐者，美才也，而又樸學，其述作若何？乞示知。其窮達
又若何也？順承動定，不宣。弟龔自珍三頓頭四千里外南
山先生史席。”書末附言：“魏君源居憂吳門。其所箸
《詩古微》頗悔少年未定之論，聞不復示人。弟已遷居爛
麪胡同北頭路東，惠書勿誤。”

有《復龔定盦書》。

《松心文鈔》卷七。

書云：“定盦先生足下：得手書，知體履安善，甚慰！書

中獎飾逾量，弗克當。大作《詩人徵略序》，氣體高妙，此書已有自序，他時續刻，或弁諸卷首可耳。屏始聞人言足下狂不可近，及見足下，乃溫厚肫篤，人言固未可信也。來書謂'生平無一篇與人論文書'，以此自負，屏不以為然，足下將謂並世無可與談古文者耶？抑善《易》不言《易》之意耶？屏謂工文者，不必以論文為貴，亦不必以不論為高，春鳥秋蟲，欲鳴則鳴，順其自然可耳。且人之文，即人之言也，古聖哲嘗論之矣。《易》曰'修辭立誠'，《書》曰'辭尚體要'，《詩》曰'有倫有脊'，《春秋傳》曰'言之無文，行而不遠'，《論語》曰'辭達而已矣'，是皆論文之精言也。韓、柳諸人，尤詳言之，後人似無可置喙。然文之是非利病，日出而不窮，今之為古文者，其病約有兩端：一曰陳言。八家體貌，襲其毛皮，時文句調，搖筆即至。習見之辭，通套之語，疊牀架屋，肉腐羹酸，此一病也。一曰贗古。欲避凡庸，高自標許，竄典摹誥，規周仿秦，艱深其辭，詭僻其字，有形無神，有人無我，此又一病也。至若以考據為文，幾類鈔胥；以藻采為文，貽譏鞶帨。又或矯枉太甚，毛去存鞟，肉削露筋，瘦將及枯。清而近薄，重惟弛繆，過偏失中，有能盡捐諸累成一家言者乎？吾見亦罕矣。然欲由康莊，自有軌轍，本諸身以立其誠，準諸經以定其則，考諸史以驗其迹，徵諸子以觀其趣，博諸集以會其通，察諸人情物理以窮其變，不執成見，不囿偏隅，隨感而通，因物以付，如風行水，如水行地，以是言文，其庶幾乎？僕第知之，非曰能之。昔老友徐藹甫能為古文，窮困以死，其業未成。徐君歿十餘年，而獲交惲子居，相見無幾，一別永訣，言之於邑。惲君歿十餘年，而獲交足下，亦復別易會難，思之彌增悵惘。子居與足下，皆昌黎所謂'能自樹

立，不因循者'。子居逝矣，其文必傳；名山盛業，又當
爲足下期之。久不談文，聊因來書所云，略舉古今是非利
病，質諸足下，足下得無謂僕饒舌耶？來書問林月亭，番
禺孝廉，其著述實事求是，其爲人蓋博聞彊識而讓敦善行
而不怠者也。去人即發，未盡欲言，北地嚴寒，惟爲道保
愛，不備。維屏頓首。"

> 按，中山大學圖書館藏道光三年刻本《定盫文集》陳澧
> 批語云："張南山先生答龔定盫論文書，深中其病，不知
> 定盫悟否？"

九月，憶先太恭人苦節，先君至行純孝，感先德蔭庇
而有今日，乃敬作《禱神顯應記》。

> 《花甲閒談》卷一《禱神顯應記》。

冬，慶保招同南山、熊景星、張應秋、鄭棻集吟風閣
賞梅賦詩。

> 鮑俊《榕塘吟館詩鈔》之《辛卯慶蕉園宮保招同張南山
> 司馬、熊篆江、張清湖兩孝廉、鄭棉州茂才集吟風閣，以
> 梅花命題》詩。

> 鄭棻，字子幹，號棉洲，廣東番禺人。諸生。有《海天
> 樓詩鈔》、《寰中詠古三百首》。

胡斯鐉廣州重晤南山，備致欽仰。

> 胡斯鐉《眠琴館詩鈔》卷四《羊城喜晤張南山司馬賦贈，
> 時將之官江右》詩。

葉廷樞《芙蓉書屋近體詩》將付梓，其子夢草乞南山
爲一言，乃撰《明經葉君傳》以應。

> 葉廷樞《芙蓉書屋近體詩鈔》卷首。

> 傳云："君諱廷樞，字冠芳，號竹庭。曾祖由閩之同安遷
> 粵，遂爲南海人。君兩歲喪母。年十二，父販茶安徽，旅
> 卒，伯父遣人迎柩，君請行。伯以童年遠涉爲慮，君固

請，且泣曰：‘此大事，概任之他人，有子何用！’伯許
之，衆咸異之。比長，以明經兩試秋闈，薦弗售。念既失
怙恃，無意仕進，遂以詩酒自娛。嘗遊羅浮、鼎湖、澳
門，窮其幽勝。後迺卜居羊城之西，楊柳溪邊，芙蓉環
之，過者莫不知爲葉明經芙蓉書屋。君日在清涼界中，自
顏所居曰適安草堂，朋舊抱琴載酒而來者，幾無虛日。君
鮮兄弟，視從兄弟如胞。從兄殁，迎寡嫂於家善事之，數
十年如一日。鄰里貧者，多肩挑餬口，每風雨益困乏，君
隨時資助之，里人德君，目爲長者，以故君所居雖夜户不
閉，無所失。君不佞佛而戒殺，見人籠鳥，爲之愀然，
曰：‘林鳥聲樂，籠鳥聲哀。吾樂而彼哀，又何樂焉？’
君喜濟人急，戚友多逋負，病篤，召諸負者而語之曰：
‘公等豈樂負我哉！不得已也。吾子孫成立，奚藉此？若
不肖，留此徒啟爭端。’遂焚其券凡三十餘紙，有感泣
者。君善畫知醫，而尤喜爲詩，所著有《醫論》二卷、
《種植時宜》一卷、《閒居瑣言》一卷。君娶張氏，子夢
蘭。繼娶陳氏，子夢草。君殁時，夢草甫弱冠，近始輯得
君遺詩若干首，將梓以行。論曰：古石隱者流，慕烟霞，
樂泉石，後世高之，然大都有以適己，無以及人。若竹庭
明經，蓋以濟人利物爲心者，惜未獲用於世，而所施乃僅
見之鄉閭也。春塘待詔能以畫書詩世其家，而又勤勤焉思
貽親以令名。《詩》曰：‘君子有穀，詒孫子。’穀之爲言
善也，觀於春塘，而知明經之善慶其未有艾也夫。番禺張
維屏撰并書。”

按，南山此文未署年月，而題辭諸人，署年月者居半。吳
榮光署道光十年十月，熊景星署道光十一年九月，徐榮、
譚瑩、張熊召署道光十一年十月，石元輝署道光十一年十
一月。南山於道光十年春赴京，十月歸家，十二年春已赴

贛，則知爲本年歲末爲之也。

臘月，偶於三弟書篋中檢得父炳文手書詩稿數紙，字多塗乙，蓋自書舊句而自改訂之。時方官四會學官，三弟隨侍在側，故得而藏之也。遂爲録入《國朝詩人徵略》中，并加題識。

《國朝詩人徵略》卷五五"張炳文"條。

題識云："先君生平以孝著，不以詩名，而維屏所輯《詩人徵略》一書，於紀事之後，必繫以詩，必摘句録之。伏思沈歸愚宗伯纂《國朝詩別裁》，曾賓谷中丞輯《江西詩徵》，皆録其先人之作，今幸獲睹先君手自改定之句，因敬録之，補入《詩人徵略》中，蓋書之體例如是，非敢云選詩也。"

姚錫範見贈《明月篇》詩，南山作《子俊明經見贈明月篇，賦此奉報》詩以酬。及歲晚，錫範將赴惠州，南山招同黄培芳、陳鏘餞送，有《送姚子俊之惠州》詩。

《花甲閒談》卷一五。《聽松廬詩鈔》卷一六。黄培芳《香石詩鈔》卷九《張南山、陳桂舫招集天珍樓餞姚子俊》詩。

姚錫範，字子俊，江蘇昭文人。諸生。有《紅葉山房詩話》。

約於本年爲李光庭《虚受齋詩鈔》題辭。

原書卷首。

題辭云："陶公云：稱心而言，人亦易足。司空表聖云：情性所至，妙不自尋。東坡云：天真爛漫是吾師。讀樸園先生之詩，益有會乎斯言。年愚姪張維屏拜識。"

按，此書有道光十二年刻本，前有黄海程震佑題簽，署"道光辛卯年"。則南山題識當亦在此時或上年在京相聚時。又，《松心詩集・草堂集》卷三《李樸園先生八十壽詩》詩其二云："春榜年家卅載前，當時未識地行仙。何期宦海風濤裏，獲結詩壇翰墨緣。"自注："屏與令姪滋園副憲同壬午會榜。"故題辭自署"年愚姪"。

李菡，字豐垣，号滋園，道光二年进士。翰林院編修。官至工部尚書。

謝蘭生卒。有《輓謝里甫太史二首》詩。

《聽松廬詩鈔》卷一六。汪兆鏞《嶺南畫徵略》附汪宗衍《嶺南畫人疑年錄》。

詩其一云："閬苑仙舟返，江城講席開。經師推老宿，詞客況多才。婚嫁向平畢，溪山靈運來。青遊驚逝水，回首亦非臺。前日同集粵秀寺亦非臺。"其二云："絹素求君畫，篇章索我詩。得君畫者多屬余題。百年留指爪，一旦失交知。儉德維奢俗，仙心與道期。君慕神仙，習導引。庭階多玉樹，後起燕謀诒。"

劉廣智卒。有《哭劉愚谷廣文廣智二首》詩。

《聽松廬詩鈔》卷一六。

詩自注云："余曾偕君北上。又延君課兒輩。"

按，伍崇曜《楚庭耆舊遺詩》後集卷八劉廣禮卷云："歲辛卯，往主陽山講席，得劇病而返，竟卒於珠江舟次。"

集自道光庚寅正月至辛卯十二月所作詩爲《燕臺六集》，後彙入《松心詩集》。

金菁茅《張南山先生年譜撮略》。

謝蘭生卒。

魏成憲卒。

曾燠卒。

朱鳳森卒。

李宗瀚卒。

劉廣智卒。

郭麐卒。

江藩卒。

道光十二年壬辰（一八三二）　　五十三歲

［**時事**］二月初五日，兩廣總督李鴻賓等奏訂查禁鴉片章程。英船始侵入內河。英國大鴉片販子馬他臣和查頓始合夥開怡和洋行，爲廣州最大販毒組織。是歲，鴉片走私輸入達二萬一千箱。　五月二十二日，廣東連州瑤民響應湖南瑤民起事。官兵進剿，敗績。七月，以廣州府屬賊匪橫行，命督撫嚴辦。八月，兩廣總督李鴻賓及廣東提督劉榮慶被革職治罪，於年底發往新疆當差。盧坤調補兩廣總督。　廣東香山天地會張斗舉事。　十二月，命兩廣總督盧坤等查明英國"胡夏米"船及"劉羅"船行蹤，并令迅速回國。三月，美傳教士神治文（E. C. Bridgman）主編之《西儒耳目資》（*Chinese Repository*）出版。　上年，江西南昌、南康、瑞州、袁州、饒州、撫州大水，本年大疫。

正月初四日，慶保招同蔣稻香、段佩蘭諸人集雲泉山館。

> 《聽松廬詩鈔》卷一六《正月初四日，慶蕉園宮保招同蔣稻香、李澄宇、顧渚香、段紉秋、僧嘯溪集雲泉山館》詩。
> 蔣稻香、李澄宇、顧渚香、釋嘯溪，其人俱未詳。

二月，南山將之江西任，鄭荼慕名來見，奉《古詩》
一首，南山爲七律以應。

　　《國朝詩人徵略》二編卷六四"鄭荼"條。

春，挈眷赴江西。六月，署袁州府同知，留省審案。
南山訊囚，不輕用刑，但令犯人長跪，婉曲開導令
吐實。

　　金菁茅《張南山先生年譜撮略》。

七月，兒祥安病卒，年十四。有《哭七兒》詩三首。

　　《松心詩集·豫章集》。

　　詩云："兒生十四年，未以病累親。前日即云病，亦未聞
　　吟呻。時余方鞫獄，奉檄會審三命重案。診治成因循。陡然
　　舌腫大，粥飲皆艱辛。七月十三日，其時將在申。父母哭
　　呼兒，呼極兒不聞。""兒質雖遲鈍，曾讀詩與書。兒年
　　雖幼弱，曾歷江與湖。追隨兄姊後，吟誦爲歡娱。病中尚
　　念兒，斯時抵家無。二兒旋粵鄉試。又云見兩姊，停舟上肩
　　輿。譫語亦根心，望姊來洪都。兄返姊或來，兒魂安往
　　乎。""兒名日在口，兒身日在側。如何三尺棺，送汝寄
　　禪宅。老妻撫棺慟，苦語慰兒魄。他時旋粵東，攜櫬返鄉
　　國。聞言攪我心，曰歸定何日。愴懷不能眠，林風助
　　蕭瑟。"

八月，巡撫周之琦調南山充壬辰科江西鄉試同考官，
正考官羅家彥赴贛途中病故，乃由副考官許球主試。
南山以同考官銜名居首，被委襄辦主考事。試竣，例
以鄉試録進呈，副主考官許球撰前序，南山撰後序。

　　《聽松廬駢體文鈔》卷三、《花甲閒談》卷八《壬辰科江
　　西鄉試録後序》。金菁茅《張南山先生年譜撮略》。

　　後序曰："道光壬辰江西鄉試，臣張維屏由署袁州府同
　　知，經撫臣周之琦調考，派入内簾分校，因正考官臣羅家

彦中途開缺，副考官臣許球星馳抵境，扃闈嚴密，晝夜甄
校，得士如額，遴取首選之文，恭呈御覽。臣球既颺言簡
端，臣維屏以同考官銜名居首，謹循例綴言簡末。伏念臣
粵東下士，學識謭陋，由道光壬午科二甲進士，蒙恩以知
縣即用，籤掣湖北，兩充鄉試同考官，茲復遇江右鄉闈，
敢不矢慎矢公，勉襄盛典。竊惟科舉之設，將以求人才，
而儲爲異日之用也。顧欲爲有用之才，必先爲有本之學，
能爲有本之學，乃能爲有物之言，故觀其人之文辭，而其
人之底蘊可見也。江右爲山川靈秀之區，代生賢哲，況幸
際聖朝，文教昌明，涵濡沐浴。我皇上勤求治理，廣育人
材，德進不廢言揚，明體尤期達用。臣忝預分校之役，兢
兢本此意，取房卷合三場，擇而薦之。雖不敢遽定中選，
庶幾因言以知人，他日有爲有守，廉善廉能，無愧先資拜
獻之言，有當修辭立誠之旨，此則微臣與多士所當交相策
勵者爾。署袁州府同知、候補府同知臣張維屏謹序。”

許球，字玉叔，安徽歙縣人。道光三年進士。官吏部員外
郎。有《西臺奏議》、《養雲山館雜著》。

周之琦，字稺圭，河南祥符人。嘉慶十三年進士。官翰林
院編修。道光十二年爲江西巡撫。有《金梁夢月詞》。

有《壬辰江西鄉闈分校二首》詩紀其事。

《松心詩集·豫章集》。《花甲閒談》卷八。

詩其一云：“楚材兩度助搜尋，壬午、乙酉楚闈分校。文字
緣新章水深。五色丹黃迷老眼，廿年辛苦憶初心。匣中看
劍知難掩，波裏求珠恐易沈。坐到宵分猶把卷，小窗燈火
古槐陰。”

其二云：“八千餘卷手勤翻，星使殫心報國恩。圭璧自能
彰異采，梗楠猶慮鬱深根。近奉旨搜遺，主考許玉叔侍御於未
薦之卷皆過目。襄陽五字詩情遠，詩題《江清月近人》，同人多

擬作。香樹雙株韻事存。錢文端公手植雙桂。文端號香樹。分校今年添掌故，小臣稽首效颺言。正考官羅公出缺，是科江西鄉試進呈，録副考官許公撰《前序》、屏撰《後序》。"

與何朝佐同寓南昌，時相過從。

《國朝詩人徵略》二編卷六二"何朝佐"條。

此條述云："余與莘圃通守同官江右，同寓章門，公餘輒彼此過從，或把酒論文，或品茶談藝。"

按，何朝佐初在南昌被委辦差務，至是又與南山同在鄉闈，任内簾掌卷官，故得時相過從。

何朝佐，字堯宗，號莘圃，廣東香山人。諸生。江西臨江府通判。有《六有軒詩草》。

訪古攬勝，有《章江》詩。

《松心詩集・豫章集》。《花甲閒談》卷一四。

詩云："章江門外水漣漪，客櫂初停且賦詩。要訪古仙須近市，學鈔唐韻試臨池。荒畦尚説雲卿菜，故宅難尋孺子碑。欲仿滕王圖蛺蝶，東風南浦草離離。"

黄德峻自粵入都，舟過南昌，訪南山於旅寓，以蕭摶上、趙國柱二人詩託南山爲收入《國朝詩人徵略》。

《國朝詩人徵略》卷五八"蕭摶上"條。

蕭摶上，字蘋溪，廣東大埔人。諸生。有《慈竹草堂詩》。

趙國柱，字石臣，廣東高要人。諸生。有《花南書屋詩存》。

南昌縣知縣石家紹葺繕王陽明祠，請南山爲文紀之。乃爲撰《南昌王文成公廟碑》。

《松心文鈔》卷八。《花甲閒談》卷一四。

文曰："於戲！公之德備矣，公之學醇矣。南昌爲過化之區，有專祠之祀，縣令石君將葺而新之，請余爲文，而系以銘。"

按，縣令石君，即石家紹，號瑤辰，山西翼城人。道光二
年進士。道光十一年任南昌縣令。有善政，民德之甚，卒
後建專祠於百花洲祀之。瑤辰重修王文成廟事，史志不
載。而同治《南昌府志》卷一六"學校·先師廟"條載：
道光十一年，知縣石家紹倡捐三百金，督邑紳尚允元、萬
賢楷等重建殿廡、欞星門、鄉賢、名宦兩祠。則其修文成
廟亦當在此前後。南山於家紹爲會試同年，氣誼相投，甚
敬重之。《藝談録》卷上"石家紹"條摘録《秋闈供給》
詩"同考諸公如大吏，當官獨我似勞民"句。南山於其
人敬佩有加，《藝談録》卷上引《松軒隨筆》有"余生平
所交友，若論循吏，以石瑤辰爲第一"云。

與陳鳳昌有文字之交。後應鳳昌及其弟洪之請，爲其
父母撰《翰林院庶吉士陳君暨蔣孺人合葬墓誌銘》。

《松心文鈔》卷九。

陳鳳昌，原名瀛。江西新城人。署貴州銅仁縣事。陳洪，
廣州西城兵馬司副指揮。

奉委攝泰和縣事。大吏素重南山，又因審案半年，例
當調劑，遂有此委。南山聞泰和民淳事簡，且宋黃庭
堅曾作令此邦，遂不辭。閏九月，到泰和任。

金菁茅《張南山先生年譜撮略》。

程恩澤主粵鄉試畢北還，舟過泰和。閏重陽日，二人
同登快閣，歸飲衙齋。十年再叙，多生感慨，有詩
唱酬。

程恩澤《程侍郎遺集》卷三《舟過泰和，喜晤張南山同
年，邀登快閣，歸飲衙齋，別後得詩四首奉寄》。《松心
詩集·豫章集》、《花甲閒談》卷一四《程春海祭酒典試
粵東，使竣北旋，過泰和見訪，同登快閣，枉贈嘉篇，奉

271

酬四首》、《閏九日登快閣》詩。《藝談録》卷上"程恩澤"條。

程詩云:"十年睽張侯,一笑登快閣。渾忘別甚速,且述相見樂。出處憂患際,耿不廢著作。必逢斷堊質,急告不待索。長筵爛漫興,良夜深踐酌。莊語間諧語,思之恍如昨。續歡在今日,今日日又落。下有東逝水,上有西飛鶴。""海南五色羽,縛為君子筆。如何署紙尾,祇合畫雲日。不讀城旦書,焉知堯舜術。君相識其循,楚澇無忘逸。君任黃梅時,辦水災極妥善。小試步文節,江月照萬室。快閣六百載,魚鳥又聲聒。卻顧名山藏,著書比於櫛。高賢羅滿堂,夢寐拜甲乙。君輯國朝詩人徵略先成六十卷。""長年狎驚濤,厥舵不在手。卻使制奔馬,馬亦馴不走。才高百適用,慎勿掣其肘。用小不若大,用新不若久。赫赫未一舉,斷斷已衆口。毋被宵小測,必照罔兩醜。千譽定無譽,含垢實濯垢。古大有為者,敝屣視印紐。""初筵劇快意,談論出肺肝。燭至促客行,沙水舟漫漫。一夕償十年,求友亦大難。狷性愁心計,勢交多面歡。況乃道藝契,植根天地寬。神劍飛合時,重取焦琴彈。"

南山酬和詩其一云:"樓以西涯名,閣以山谷著。昔賢留往跡,後世有餘慕。記曾樓上誦,忽此閣中遇。君泛南海槎,手擷珊瑚樹。星軺嶺外回,玉節江干駐。高軒訪下邑,把酒抒積愫。坐聯今舊雨,話雜南北路。快哉一登臨,盤空出奇句。"詩中自注:"嘉慶己卯,黃霽青太史招都中二十四詩人集李公橋酒樓,為荷花作生日,始相識。"又,自注:"邢五峰太史同見過。"

其二云:"奇句天外來,落紙燦星斗。詩力追杜韓,書體逼歐柳。君胸羅列宿,光怪靡不有。珠玉隨風飛,欸唾此其偶。憶昔旅京華,感君意良厚。我病饋以藥,我愁解以

酒。望我雲霄翔，惜我塵土走。此情猶在目，十載一
回首。”

其三云：“十載塵土中，萍蓬轉荆襄。銜恤返南國，營葬
出北邙。既悲怙恃失，復遭弟妹喪。勞生歷憂患，壯志多
摧藏。君身本上仙，香案侍玉皇。琅嬛福地靜，日月壺天
長。曷爲今日見，亦覺顔鬢蒼。雖則顔鬢蒼，元氣中堅
强。砥行潔圭璧，舒文耀鸞凰。”

《藝談録》引《松軒隨筆》云：“詩結句訂再會，豈知遂
成永訣，載披遺墨，爲之泫然。”

按，南山於嘉慶二十四年初識程恩澤，嗣道光二年入京會
試，當有晤見，至此乃十年後再叙也。《花甲閒談》卷一
四録程恩澤詩，題《壬辰閏九月使粤北旋，舟過泰和，
訪南山同年。邀登快閣，歸飲衙齋，別後奉寄四首》，詩
其三原注：“君有歸志。”

三兒祥鑑由粤來贛隨侍。

金菁茅《張南山先生年譜撮略》。

賦詩題陳榮春“竹下望雲圖”。

《松心詩集·豫章集》之《陳筠竹茂才榮春竹下望雲
圖》詩。

陳榮春，字筠竹，其人未詳。

入雲亭鄉，山行二百里，計二宿。有《雲亭山行》、
《清溪》、《夜宿水莊》諸詩紀行。

《松心詩集·豫章集》。

冬，賦《雪》、《復雪》諸詩述懷，頗以催科爲苦。然
逋賦逾萬，亟望轉晴以便催徵也。

《松心詩集·豫章集》。

《復雪》詩云：“冬雪往年稀，今冬乃數見。珪璧俄頃成，
不待集維霰。有衣手且僵，無衣體自顫。遥知銷寒客，清

興方白戰。嗟余本閒曹，奉檄來攝縣。催科政既拙，逋賦
況逾萬。徒然重鞭扑，此意未爲善。有謂余用刑太輕者。何
以感動之，輸將俾克勘。牛刀割未能，馬棧駑敢戀。亟望
回陽和，趨事較易便。奈何逞寒威，六出飛不倦。前雪凍
未消，後雪凝復遍。始知祥瑞物，太多亦可厭。"

《齊天樂》詞"題魏春松觀察《西谿探梅圖》"、"題
魏春松觀察《苔岑蘭會圖》"二題作於此時。

　　《聽松廬詞鈔·海天霞唱》卷二。

　　按，題魏成憲《西谿探梅圖》詞下片云："回首前年客
　　邸，記風雪湖邊，畫船輕艤。"謂道光十年杭州訪魏
　　舊事。

徐寶善自京寄南山詩，備述近狀并期再會。

　　徐寶善《壺園詩鈔選》卷八《還瀛集》上、《壺園詩外
　　集》卷四《寄張南山維屏》詩。

　　按，《還瀛集》序云："壬辰十一月改官御史，以言事干
　　議，仍回翰林。"故《寄張南山維屏》詩有"雲飛楚澤空
　　成夢，花到燕山不當春"句，蓋謂南山官鄂以丁憂回籍，
　　而己則在京遭際不佳，同一憾事。

葉夢龍卒。有《輓葉雲谷農部二首》詩。

　　《聽松廬詩鈔》卷一六。

　　詩其一云："西園絲竹未多時，開到黃花共酒巵。一病忽
　　驚成永訣，九原難更覓交期。林泉觴詠生前福，書畫收藏
　　海內知。太息珊瑚虛鐵網，滄江虹影似星移。余嘗語君：
　　書畫聚必有散，宜仿《鐵網珊瑚》體例彙爲一書。君欲爲之，以
　　病不果。"其二云："耆宿曾欣杖履親，翁覃谿、紀曉嵐兩先
　　生，君皆獲親炙。古歡時覺性情真。勉揚先德頻鐫石，君祖
　　母陳太夫人節孝詩暨尊甫手書，皆刻石。篤念交情數指囷。京
　　國朋簪成斷夢，江樓風月易悽神。然藜有兆先攀桂，君昔

延余然藜書室課子姪，去秋令嗣北闈獲雋。雲路聯鑣望後人。"

歲暮，縣齋蕭然，民寒在念，有詩感懷。

　　《松心詩集‧豫章集》、《花甲閒談》卷一四《縣齋歲
　　暮》詩。

　　詩云："訟庭群吏散，依舊把書看。敢以學妨仕，渾忘身
　　是官。泉聲茶竈暖，雪意紙窗寒。念彼無衣者，蕭然逼
　　歲闌。"

王念孫卒。

陳若霖卒。

顧蒓卒。

李黼平卒。

程含章卒。

洪頤煊卒。

沈欽韓卒。

胡承珙卒。

顧蒪卒。

葉夢龍卒。

道光十三年癸巳（一八三三）　　五十四歲

　　[**時事**] 正月，兩廣總督盧坤等奏籌防堵夷船違
禁北駛章程。　英派律勞卑爲駐廣州商務監督。　六
月，申禁粵洋民人以銀及洋錢易貨。　七月，廣州連
降大雨，積水毀屋四千餘間，飢餓流離失所者約萬人。
官府設局勸捐賑災。　廣東巡撫朱桂楨因病解任，以
祁繼粵撫。　江西大水。　朱駿聲《說文通訓定聲》
十八卷成。

在泰和縣任。春，有《望晴》詩，以陰雨連綿，漕糧出倉付運，恐有沾濕之虞，爲責非輕。而遷延又將獲咎，深以爲憂。

《松心詩集‧豫章集》。

詩云："自我來西昌，罕見杲杲日。陰雨既連旬，積雪復盈尺。有時不雨雪，壓屋凍雲密。一冬未開眉，回陽望轉律。律轉陽未回，春又雨雪集。得無此漏天，補要女媧石。抑或鄰贛南，山多氣不蟄。此時滕王閣，糧艘比如櫛。江西州縣漕，省倉四五十。旗丁昂然來，看米故挑斥。必先收白鏹，而後兌玉粒。天公不放晴，倉米安得出。不出愁遷延，欲出恐霑濕。作吏詩律粗，驅寒酒兵疾。嗟哉彼窮黎，僵縮方凜慄。何時黃綿襖，負暄慰百室。百室同望晴，縣官心更急。"

黃安濤旋浙過泰和，訪南山，同登快閣，有詩唱酬。

《松心詩集‧豫章集》、《花甲閒談》卷一四《霽青太守見訪，遂登快閣，同用山谷原韻，即送旋浙》詩。黃安濤《詩娛室詩集》卷二四《泰和訪張南山司馬同登快閣用山谷詩韻》詩。

出城巡查，有《縣北屺至二都》、《嶺上望子瑤諸峰》、《循子瑤山麓返縣城》諸詩以紀其行。

《松心詩集‧豫章集》。

時兩女均已出嫁，三女秀嫺多病，四女秀端學詩。南山懷念不置，有詩寄意。

《松心詩集‧豫章集》之《寄三女秀嫺、四女秀端》詩。

二月，有《春郊》詩。

《松心詩集‧豫章集》。

下鄉巡察，離城百里，有詩紀行。

《松心詩集‧豫章集》之《下鄉》、《積雨》。

友人問訊泰和宦況，爲作《答人問西昌》詩應之，具述在任半載，以田賦逋欠既多，而催徵爲難，略無善狀可言。

《松心詩集·豫章集》。

詩云："半載西昌住，西昌近若何。雲陰成雨易，村曲繞山多。前代盛文獻，遺編難網羅。俗疲常欠賦，況我拙催科。"詩中自注："訪求前明諸老著作未得。"

按，西昌，泰和古稱。

政暇，輯《經字異同》。

金菁茅《張南山先生年譜撮略》。

八月，卸泰和縣事赴南昌，以暫違吏事爲快，有詩紀之。

《松心詩集·豫章集》之《八月十三日，卸泰和縣事赴南昌》詩。

詩云："半年攝縣鬢添斑，快閣雖登心不閒。今日青衫還本色，好攜樽酒看西山。"

欲訪舒夢蘭而先以詩奉簡，夢蘭報詩酬和，龔鉽次其韻，兼懷楊豫成。

《松心詩集·豫章集》之《簡舒白香明經夢蘭》詩、附錄舒夢蘭《次韻奉答南山司馬》詩、龔鉽《南山先生有詩訪天香先生，先生喜而奉和，鉽亦次韻》詩。

南山詩有云："嗟余蹤跡混雞群，心隨孤鶴將入雲。眼中百事且棄置，欲訪匡廬先訪君。"

按，《豫章集》附錄龔鉽詩原注："兼憶楊立之明府。"

舒夢蘭，字香叔，又字白香，晚號天香居士，江西靖安人。有《天香全集》。

龔鉽，字適甫，號漚舸，江西南昌人。貢生，候選教諭。有《四和詩》、《六如詩》。

楊豫成，字立之，山西陵川人。道光元年舉人，官贛州知府。時任安義知縣。有《享帚詩集》。

賦詩題張湄"虎丘春泛圖"，有"虎丘我舊遊，屈指凡七度。何期別五年，忽向畫中遇"之句。

《松心詩集·豫章集》之《家春槎司馬湄虎丘春泛圖》詩。

張湄，原名昕，字春槎，河南汲縣人。貢生。時官南昌府同知。

爲曾興仁"板輿迎養圖"、楊登訓"抱經草堂圖"題詩。

《松心詩集·豫章集》之《曾受恬大令興仁板輿迎養圖》、《楊鑒泉大令登訓抱經草堂圖》詩。

曾興仁，號受恬，湖南善化人。舉人，由大挑分發江西。

楊登訓，字鑒泉，湖南寧遠人。拔貢。道光十年署建昌府瀘溪知縣。

南昌縣知縣石家紹公餘邀南山與沈毓蓀、張湄論文談藝，每至宵深，以依然書生風味爲快。

《國朝詩人徵略》卷六一"石家紹"條。

按，此條述云："石瑤辰爲南昌令，公餘輒邀余與沈蘋濱明經毓蓀、張春槎司馬湄論文談藝，每至宵深，渾忘首縣衙齋，依舊書生風味。"家紹時稱賢令，南昌士民尤感戴不已，……南山亦深爲推服，其言曰："五十年來，交海內賢士大夫，心藏手寫，不一其人，求所謂順乎親、信乎友、獲乎上、治乎民兼而有之者，不易覯也，如石瑤辰，庶幾當此而無愧乎。"見《國朝詩人徵略》二編卷六一。

沈毓蓀，字蘋濱，浙江歸安人。貢生。有《琴硯草堂集》。

談詩之餘，有《獨吟》詩述此時心境。繼又賦《長歌行》簡沈毓蓀、張湄、黃溶、石家紹,縱論清初各家詩文。

《松心詩集·豫章集》之《獨吟》、《長歌行,簡沈蘋濱明經毓蓀、家春槎司馬湄、黃壺舟溶、石瑤辰家紹兩大令》詩。

《獨吟》詩云:"斗室容高臥,寒燈伴獨吟。人言從宦樂,我似入山深。尚友溯千載,斯文通寸心。從來彈古調,不必問知音。"《長歌行》詩云:"韓蘇唐宋詩文雄,萬丈光燄千秋宗。後來作者指可屈,每易獨勝難兼工。國初詩家阮亭最,古文不及朱十翁。勺庭雪苑善文陣,詩律卻遜汪堯峰。西河自負在經學,詩雖旁涉非專功。望溪有文缺篇什,氣少春夏惟秋冬。青門詩文並挺出,兩美竟欲兼魚熊。身常坎坷氣不挫,命雖厄窘才則充。我來江右見瘦沈,蘋濱。精神矍鑠雙耳聾。詩情老豔霜際菊,文筆蒼健風中松。其才足與子湘敵,羈棲異地窮亦同。石介瑤辰官貧書頗富,賓主文字相磨礱。邇來我喜堅壁守,不欲遽以偏師攻。今晨興發不可遏,伸紙落筆垂長虹。吾家文潛春槎住同巷,閉門讀畫煙嵐濃。同譜無雙邁江夏,壺舟。棄彭澤令爲壺公。我曹方寸有千古,八九雲夢吞胸中。先河後海思遠祖,要溯典謨追國風。滕王高閣一舒眺,梅仙徐孺嗟難逢。當年過客偶揮翰,落霞秋水傳無窮。浮雲富貴彼何物,帝子都督皆沙蟲。萍蹤小聚且歌嘯,身閒我本無樊籠。天寒有酒忽不飲,嗷嗷四野多哀鴻。濟人苦乏點金術,憂國但願歌年豐。祥霙已滋隴麥翠,旭日又上槫桑紅。詩成諸老定相和,一洗箏笛鳴鐘鏞。"

按,《豫章集》附錄沈毓蓀《南山司馬見示長歌,次韻奉答》詩,云:"有詩橫披古今史,高論可卻千熊羆。謂大集《詠史》諸作。有時餐霞洞天去,道味不藉金芝充。謂

《羅浮》諸作。有時感事抒素抱，一喝教人三日聾。謂《羊
矢坑》、《大洲火》、《新造墟》、《貢使來》、《驛馬來》諸作。"詩
又云："客春琴鶴翩然至，曼卿座上迎歐公。"原注："去
年於瑤辰（石家紹）座上識先生。"又附錄黃濬《南山司
馬同年見示長歌，蘋翁次韻，余亦繼聲》詩，詩云："一
老評才允物論，三君發粟蘇氓窮。"原注："蘋濱閱書院
卷。""春槎、南山、瑤辰分理粥廠事。"

　　黃濬，字睿人，號壺舟，浙江台州人。道光二年進士。歷
　　江西萍鄉、東鄉、彭澤知縣，署南安府同知。有《壺舟
　　詩文存》。

張邦佺是科中進士，選庶吉士。還祖籍廣東祭祖後返
杭州，道經江西，南山爲作詩相送。

　　《松心詩集·豫章集》之《送家堯仙庶常邦佺返杭
　　州》詩。

　　按，邦佺爲張青選子。青選時移居杭州，故詩題有"返
　　杭州"語。

　　張邦佺，字堯仙，廣東順德人。青選子。道光十三年進
　　士。庶吉士。後官安徽懷遠縣知縣。

嗣又賦《吳忠烈公疏稿歌，家春槎司馬屬賦》詩。

　　《松心詩集·豫章集》。

　　按，春槎，即張湄。

爲廬陵孝子王光昇、殿墀父子作詩，頌其孝行。

　　《松心詩集·豫章集》之《廬陵王氏兩世孝子詩》。

　　按，據光緒《江西通志》卷一五〇載："王光昇，字藜
　　輝，廬陵人。四歲喪母，見母衣履，輒號泣。年十三父
　　卒，事繼母至孝。及卒，哀毀不自已。葬時有白烏三相悲
　　鳴，人以爲孝感。子殿墀，字衷佩，諸生。母病爲吮瘡，
　　父病露禱請代。洎遭喪，廬墓哀哭，有虎睨其側如馴擾

者。……父子俱奉旨旌表，翁方綱嘗爲之傳。”

賦詩爲青浦參軍泰和姚丙齋題“東籬醉菊圖”，爲汪
道森題“西域從戎圖”，爲吳鶯題“唐伯虎鍊丹圖”，
爲朱錫均題其淑配王孺人繡觀音像遺蹟。

《松心詩集·豫章集》之《姚丙齋參軍東籬醉菊圖》、《汪
春生大令道森西域從戎圖》、《唐伯虎鍊丹圖，爲吳鳳白大
令鶯題》、《朱芷湘大令錫均以淑配王孺人繡觀音像遺蹟屬
題》詩。

姚丙齋，其人未詳。

汪道森，字春生，浙江錢塘人。進士。道光十一年署臨川
知縣。

吳鶯，字立青，號鳳白，安徽涇縣人。嘉慶十三年舉人。
兩任江西知縣。

朱錫均，字芷湘，江蘇沛縣人。以拔貢生朝考一等，官饒
州同知。

萬青銓以其父觀亭“春暉圖”屬題，詩以應之。《萬
觀亭北山遺草序》亦當作於此時。

《松心詩集·豫章集》之《萬蓬山學博青銓以尊甫觀亭大
令春暉圖屬題》詩。《松心文鈔》卷四。

詩中自注：“君先人方伯公著書，名《草禺子》。”

序文曰：“九江萬氏，自前明淺原方伯、禺存憲副、遇庵
工部皆以文章志行顯名於時，至國朝，而觀亭先生復以循
吏著。先生署常山，甫數月，有萬青天之稱。其宰嘉善，
卒於官。歿後數十年，民思之不忘，邑之紳士耆老，合辭
請於有司，必欲祀先生於名宦。於戲！先生於常山，何感
人之速；於嘉善，又何入人之深也！先生子蓬山學博，將
梓先生之詩，而問序於余。先生詩自攄胸臆，不事規摹，
而溫厚和平，不失風人之旨。且夫誦《詩三百》，亦欲達

於政耳,能爲循吏,不必以詩傳,而循吏有詩,則尤爲可傳。元次山,古循吏也,其詩不過道其意中所欲言,而少陵稱美之,至比之璧月華星,何易于古循吏也。其教人歌于蔦于,大都矢口謳吟,等諸謠諺,而流傳至今,以爲美談,而況先生之遺篇,固不少琅然可誦者哉!吾故曰循吏詩尤可傳也。蓬山有吏才,登卓薦,他日出贋民社,本家學以爲治譜,必克繼先生之循聲,因序先生之詩,而綴及之。"

萬青銓,字蓬山,江西九江人,相賓子。副貢生。時官南昌府學教授。

與張湄、黃濬作消寒之會。張湄首作詩,黃濬作畫,南山賦詩繼之,成"三友圖"。

《松心詩集·豫章集》之《三友圖詩》。

詩序云:"瓶梅已放,盆菊未殘。槎老創詩,壺公作畫。陶詩有《形贈影》、《影答形》,而終之以《神釋》。因仿其意而變其體,爲五言絕句九章。分各得三,恍闢三三之徑;合而爲九,同消九九之寒。兩美必合,名花得意而忘言;三壽作朋,主人相視而莫逆。從此菊常延壽,梅永宜春。主人對花飲酒,邀客賦詩。衆香國中,皆大歡喜。"

槎老,自注:"家春槎司馬。"壺公,自注:"黃壺舟同年。"

冬月,南昌放賑,受委理粥廠施粥事。有《粥籌》詩。

金菁茅《張南山先生年譜撮略》。《松心詩集·豫章集》。

十二月十九日,有《酬儲麗江秀才憲良》詩。

《松心詩集·豫章集》。

儲憲良,字麗江,其人未詳。

本年肝風大作,眩運不能起立,幾死。服白芍、牡蠣,佐以地黃、枸杞、山茱之類而愈。

《桂游日記》卷三。

慶保退休，蒙恩賞，繪圖賦詩以紀，徵南山次韻。

《聽松廬詩鈔》卷一六《蕉園宮保入覲，蒙恩賞紫禁城騎馬，繪圖賦詩，屬次韻二首》詩。

按，《大清宣宗成皇帝實錄》卷二二六："道光十二年廿六日諭內閣：廣州將軍慶保年力衰邁，著以原品休致。"南山詩當作於本年。

倪濟遠卒。

伍元華卒。

道光十四年甲午（一八三四）　　五十五歲

[**時事**] 英輸入鴉片增至二萬一千箱。　清宣佈與英絕交。　以翰林院編修朱蘭爲廣東鄉試正考官，工部郎中徐璈爲副考官。　英國傳教士羅伯·馬禮遜（Robert Morrison）病卒於廣州。　五月，命粵督盧坤等驅逐零丁洋等處之英國鴉片躉船，并查拏私運快艇。六至八月間，英人律勞卑來粵，擅至廣州并挑釁。盧坤調集水陸諸軍欲殲之。律勞卑退出澳門。七月，廣州行商停止對英貿易。八月，英兵船二隻進廣州省河，擊毀炮臺。治盧坤罪。　十一月，廣州英商奏請英王遣使直接與北京交涉。　廣州英教士組織"益智會"（Diffusion of Useful Knowledge China），從事編印適合中國情況之書籍。　本年江西大水。

二月，往吉安府算泰和交代。

金菁茅《張南山先生年譜撮略》。

三月，奉檄解餉十五萬赴湖北，有詩紀之。

> 《松心詩集·豫章集》、《花甲閒談》卷一三《奉檄轉餉赴武昌》詩。金菁茅《張南山先生年譜撮略》。
>
> 按，《花甲閒談》題作《奉檄轉餉十五萬赴武昌途中口占二十字》。金菁茅《張南山先生年譜撮略》云奉檄解餉十萬，而《轉餉》詩（見下條）則作一百五十鞘。清代《滿漢六部成語》工部類載銀鞘之制爲“每鞘裝銀十錠，計五百兩爲一鞘。”則一百五十鞘計銀僅七萬五千兩耳。此中參差莫明，或曾兩次解送，合爲十五萬歟？

途中失餉一鞘，幸即日覓得之。四月，抵武昌交餉畢。有詩紀行役之勞、之艱。

> 金菁茅《張南山先生年譜撮略》。《松心詩集·豫章集》之《轉餉》詩。
>
> 詩云：“首夏奉簡書，轉餉赴武昌。行役敢憚勞，餉鞘難周防。一百五十鞘，手車推之行。役夫數十人，安得皆馴良。行將過匡廬，僕告夫逃亡。點鞘失其一，中道心彷徨。命僕分路覓，覓得於澗旁。倘竟負之去，受累非尋常。抵楚餉入庫，身輕且徜徉。明登黃鶴樓，命僕攜壺觴。”

道經黃梅，賦詩有“一別黃梅幾度秋，驚波駭浪怕回頭”之句。

> 《松心詩集·豫章集》之《黃梅》詩。

過黃州，宿吳大鏞齋中。十年重逢，口占二十字示之。

> 《松心詩集·豫章集》之《過黃州，宿吳雲門孝廉大鏞齋中。憶甲申秋曾寓此，今十年矣。口占二十字示雲門》詩。

爲蔡家琬《陶門弟子集、餘集》題辭。

蔡家琬《陶門弟子集、餘集》卷一。

題辭云："陶門生平服膺陶公，自號陶門弟子。中年詩多學陶。此卷爲癸巳作，又頗近放翁。夫學古人亦貴得其性情耳，陶門老且貧，羈棲異鄉，其境可謂困矣。而能安貧讀書，嘯歌自適，非中有所得，能如是乎？必如是，乃不愧爲陶門弟子。道光甲午三月番禺張維屏。"

蔡家琬，字石峩，安徽合肥人。貢生。時游幕江西。

四月二十二日，重登黃鶴樓。越日，十年前武昌鄉闈分校所得士李藩、張德昉二人招宴於黃鶴樓，既醉有詩。

《松心詩集·豫章集》、《花甲閒談》卷一三《重登黃鶴樓》、《李藩、張德昉兩孝廉，余楚闈分校所得士也。是日觴余於黃鶴樓，既醉有詩》詩。

後詩云："頭陀寺外轉風輪，鸚鵡洲邊幾度春。一去仙乘何代鶴，十年吾是再來人。滄桑過眼談塵劫，兩生云楚北連年水患，損田廬人物。雲水浮蹤悟客身。且喜提壺逢舊雨，此間三醉亦前因。曾三飲於此。"

按，後詩《松心詩錄》題作《甲午四月二十三日，重登黃鶴樓。張德昉、李藩兩孝廉，余楚闈分校所得士也。是日置酒樓上，酒罷有詩》，《花甲閒談》題亦有"越日復登黃鶴樓"云。

李藩、張德昉，其人俱未詳。

爲唐樹義作《陳忠愍公遺硯歌》。

《松心詩集·豫章集》之《陳忠愍公遺硯歌，爲唐子方司馬樹義作》詩。

詩云："唐侯示我夢硯冊，凜凜鬚眉見顏色。片石流傳二百年，黯澹青花如血碧。大廈已覆安能支，三十二策空陳辭。披肝瀝膽書牘尾，鸚鵡淚眼親見之。唐侯三世爲循吏，得硯繪圖記其事。耿耿英靈通夢寐，司馬尊人夢古衣冠人來訪，越日得硯。教孝教忠無限意。吁嗟乎！文山之硯玉帶生，文節之硯傳橋亭。此硯配之同連城，忠臣手澤珍瑤瓊。桑梓恭敬況典型，展圖隱隱聞雪聲。忠愍有《雪聲堂集》。”

按，陳忠愍，即陳邦彥，嶺南三忠之首也。字會份，號巖野，廣東順德人。明亡，起抗清義軍於廣州，死之。諡忠愍。有《雪聲堂集》。

唐樹義，字子方，貴州遵義人。嘉慶二十一年舉人。時方任湖北漢陽府同知。官至布政使。後與太平軍戰，兵敗，投水死。有《夢硯齋遺稿》。

又有《鄒壽泉參軍均枉贈長篇，賦此奉報》詩。

《松心詩集·豫章集》。

鄒均，字壽泉，江西南豐人。由湖北布政司經歷升山西永寧州知州。有《方輿纂要》。

張岳崧方自漢江防洪歸，招飲話舊，有詩。岳崧《題南山同年黃梅拯溺圖》詩二首當作於是時。

《松心詩集·豫章集》、《花甲閒談》卷一三《家瀣山方伯岳崧招飲話舊》詩、附錄張詩。

詩云：“頻年水患困嗷鴻，欲慰窮黎望歲豐。南國循行勞召伯，公自江漢勘堤工回。大川疏導念司空。談及《禹貢》。心殷民事忘家事，力守儒風有古風。更話京華及桑梓，宵深屢剪燭花紅。”

按，岳崧時方任湖北布政使。

五月，歸途遊廬山，有《匡廬道中》、《二林》、《東林寺》、《訪香山草堂故址，口占絕句》、《登天池山》、《香爐峰》、《天池山》、《天池觀雲》、《天池寺夜坐》、《宿天池寺夜半大風雨》、《聚仙亭題壁》諸詩。初四日，又撰《天池看雲記》一文。

> 金菁茅《張南山先生年譜撮略》。《松心詩集·匡廬集》。
> 《廬秀録》卷四《六老堂》詩自注。《松心文鈔》卷五。
> 《花甲閒談》卷一二。
>
> 《天池看雲記》文末記云：“道光十四年五月初四日，南
> 山道人記於天池精舍。”

六月，遊黃龍寺，有《黃龍寺》、《由天池至黃龍即目
成詠》、《黃龍寺觀毘盧閣藏經，及明慈聖太后所賜龍
藏錦袱、元人十八羅漢畫像》諸詩。

> 《松心詩集·匡廬集》。《廬秀録》卷二。《花甲閒談》卷
> 一二。
>
> 按，此行殆與舒夢蘭同遊。《花甲閒談》卷一二録舒氏
> 《黃龍寺》詩云：“棲賢臥旬日，遂作黃龍遊。絶壁五千
> 丈，登之如小樓。人間方六月，天上已三秋。莫訝香山
> 老，長披白布裘。”

又遍遊廬山其他名跡，各有詩以紀。

> 《松心詩集·匡廬集》、《廬秀録》卷二、卷三、《花甲閒
> 談》卷一二《右軍墨池》、《漱玉亭》、《龍潭》、《秀峰寺
> 龍潭》、《龍潭觀瀑》、《青玉峽瀑布歌》、《青玉峽》、《李
> 中主讀書臺》、《王文成公紀功石刻》、《紫霄峰》、《觀泉
> 得句》、《九屏風望五老峰》、《太白讀書堂》、《由棲賢寺
> 至玉淵潭》、《棲賢三峽橋》、《棲賢寺舍利歌》、《三峽》、
> 《萬杉寺》、《冒雨復至青玉峽觀瀑》諸詩。
>
> 《太白讀書堂》詩有云：“異哉天生中興一名將，死生之
> 柄忽令詩人操。我又不解仙人不免夜郎謫，可歎世間王侯
> 第宅自古多腥臊。”
>
> 按，《匡廬集》自識云：“以上（指《冒雨復至青玉峽觀
> 瀑》詩）甲午轉餉楚北，歸遊廬山。”《由棲賢寺至玉淵

潭》詩云："此地無六月，此聲始何年。"則是作於六
月間。

返南昌，輯《經字異同》。

《花甲閒談》卷一四。金菁茅《張南山先生年譜撮略》。

張湄以《金縷曲·家南山司馬轉餉楚北，路過黃梅。
梅之民提壺挈梩道左歡迎，攀留話舊，有足述者。余
既聆舊美，因譜新詞，寄聲風前，綴墨卷後》詞，頌
其湖北之行。

《花甲閒談》卷一三。

詞云："舊是鳴琴地。越十年、軺車轉餉，路重過此。父
老前來相問訊，共道使君老矣。記當日、猝遭洪水。夜半
官舟曾絓木，把災黎拯出波濤裏。說往事，雜悲喜。　而
今又爲蒼生起。看漢皋，棠蔭留甘、黍苗頌美。更有民謠
新樂府，唱遍吳頭楚尾。君署黃梅，遇大水，冒險撫邮，舟被
水衝，攀樹得活。民爲歌謠，有'官要救民神救官'之句。笑司
馬、投閒而已。揮灑匡廬詩百首，聽琵琶不下江州淚。歌
一闋，戲之耳。"

七月間，巡撫周之琦重修滕王閣。南山爲周代撰《重
修滕王閣記》。

《松心文鈔》卷五。

文有曰："自嘉慶十八年修後，至今又二十餘年，棟橈磚
缺，丹漆剝落，勢將就圮。某奉恩命撫江右，思爲民興利
除害，四載以來，既急其先務，值歲荒歉，於是以工代
賑，凡城垣、倉廩、祠廟、隄防、溝渠，咸與僚屬籌款，
次第修舉，俾窮黎勞其力，以餬其口，而此閣亦遂及其未
圮修治焉。橈者易之，缺者補之，剝者飾之，兩月
工訖。"

八月，充甲午科江西鄉試內簾掌卷官。有《甲午江西

鄉試內簾收掌有作》詩。

> 金菁茅《張南山先生年譜撮略》。《松心詩集·豫章集》。
> 《花甲閒談》卷八。

> 詩云："三場二萬五千卷，八九千人共此心。望去朱藍紛
> 異色，聽來笙磬宛同音。山多美玉看人獻，海有遺珠累我
> 尋。卷有遺失，惟收掌官是問。監試開門須對坐，不容高枕
> 戀宵衾。內簾每開門，監試官、掌卷官必對坐，自入闈至三場卷
> 進畢，方得安寢達旦。"

九月十二日，先赴鹿門宴，後同闈中諸君於宴滕王閣，
賦詩以紀。

> 《松心詩集·豫章集》之《重陽後三日，同闈中諸君宴滕
> 王閣》詩。

> 按，《雜詩》題作《甲午重陽後三日同闈中諸君宴滕王
> 閣》。《松心詩集·豫章集》附錄石家紹《鹿門宴罷與闈
> 中同考諸公飲滕王閣，南山同年席上有詩，即次原韻》、
> 蔣啟敭《闈後同諸公飲滕王閣，次南山同年韻》、張湄
> 《諸君飲滕王閣，余以事未赴，越日見詩，即次家南山司
> 馬韻》詩。

> 蔣啟敭，字玉峰，廣西全州人。道光二年進士。時爲江西
> 鄉試同考官，翌年任南昌縣知縣。

李光庭致仕居鄉，遠道來書，久未有報，乃作詩寄意。

> 《松心詩集·豫章集》之《寄樸園太守》詩及自注。

陳壽祺卒。

王引之卒。

吳嵩梁卒。

查揆卒。

鄭菜卒。

謝念功卒。

道光十五年乙未（一八三五）　五十六歲

[**時事**] 三月十四日，兩廣總督盧坤奏准，酌增防範外夷章程八條。　再諭粵督盧坤等密速查辦英人刊刻編造夷書之鋪戶奸民。　以翰林院編修趙德麟爲廣東鄉試正考官，內閣中書何桂馨爲副考官。　兩廣總督盧坤卒，八月，以鄧廷楨繼之。　以英吉利夷船近年肆無忌憚，命廣東巡撫祁墳嚴諭之。　國史館纂輯《武職大臣年表》等書成。　廣州英美教士組織"馬禮遜教育會"（Morrison Education Society），創設"馬公書院"（Morrison School）。美國教士伯駕（Peter Parker）在廣州設博濟醫院。　本年江西大旱、蝗，饑。

正月，有《早春連雨望晴》詩。
　　《松心詩集·豫章集》。
二月，獲委署吉安府通判。二月抵任，有《吉州》詩紀之。
　　金菁茅《張南山先生年譜撮略》。光緒《吉安府志》卷一三《秩官志》。《松心詩集·豫章集》。
月末，有《欲往三村看桃花，連日風雨，賦此破悶》、《二月廿九日，宋梅生觀察招同曹霞城方伯、詩僧梅菴三村看桃花，小憩西竺庵，歸飲圓覺寺，得九絕句》詩。
　　《松心詩集·豫章集》。《花甲閒談》卷一四。
　　宋鳴琦，字步墀，號梅生，江西奉新人。乾隆五十二年進

士。官鹽法道。歸主友教、豫章兩書院。有《心鐵石齋
詩集》。

讀英和《卜魁城賦》，觀瑞復見示唱和詩冊，遂次原
韻賦酬。

《松心詩集·豫章集》、《花甲閒談》卷一四《讀煦齋師卜
魁城賦，竹樓觀察復見示唱和詩冊，同次元韻》詩。

詩云："一卷奇文比紺珠，境遙豈復限三都。牧場地勢連
哈爾，卜魁昔爲牧場，近齊哈爾，康熙二十三年始列版圖。步韻
詩歌類蔫于。雁序情深增唱和，龍沙紀略尚疎蕪。《龍沙紀
略》，方沃園撰。章門留滯師門遠，學業真慚廢半塗。"

觀瑞，見前。時任江西鹽法道員。

英和，號煦齋，滿洲正白旗人。乾隆五十八年進士。官尚
書。有《恩福堂詩鈔》。

三月，與壬午科同年李廷錫、張寅、石家紹、蔣啟敔
集螺墩春宴，飲酒賦詩。

《松心詩集·豫章集》、《花甲閒談》卷一四《螺墩春宴，
同李碧山觀察廷錫、家子畏太守寅、石瑶辰家紹、蔣玉峰
啟敔兩大令，皆壬午同年》詩。

李廷錫，字康侯，號碧山，湖北安陸人。道光二年進士。
嘗任南昌府知府，時任南安府知府。有《安陸縣志》。

張寅，字子畏，安徽桐城人。道光二年進士。時任南昌府
知府。

賦詩爲沈煊題"馬上敲詩圖"。

《松心詩集·豫章集》之《沈丹穀煊馬上敲詩圖》詩。

沈煊，字丹穀，一作丹穎，四川漢州人。善山水，兼工
詞翰。

蔡家琬於三月寄以近詩。四月，復攜其父邦烜《聞喜
堂詩集》及己詩就教。南山採邦烜詩入《國朝詩人徵

略》，並爲家琬詩作題識。

> 《國朝詩人徵略》初編卷五四"蔡邦烜"條。蔡家琬《陶
> 門弟子集·餘集》卷二。
>
> 題識云："去春余既序陶門詩，今春陶門復以近詩寄示。
> 陶門愈老愈窮，而詩仍不改其自得之素，是陶門非徒詩
> 人，洵安貧之士也。陶公詩云：'不賴固窮節，百世當誰
> 傳。'陶門師陶公，尚其固守此窮哉！道光乙未四月番禺
> 張維屏。"

觀青原山顏真卿"祖關"題壁及文天祥琴詩拓本，作
《青原山》、《青原山中觀文丞相琴詩拓本，敬次原
韻》詩。

> 《花甲閒談》卷一二。《松心詩集·草堂集》卷四《五月
> 十一日，大忠祠拜文信國生日。同喻少白大令炳榮、家月
> 槎明經雲帆、譚荔仙上舍溥、舒錦庭參軍錕、李子蕭茂才
> 長榮、方外涉川、叩裝，禮畢賦詩，余成七律一首》詩
> 自注。

四月，奉檄護送暹羅貢使出江西境。輯《經字異同》。
五月，返吉安。

> 金菁茅《張南山先生年譜撮略》。

訪知邑有孤高之士麻敬業者，善爲文，索觀所作《親
親餘事》，喜爲作序。

> 《松心文鈔》卷四。
>
> 文曰："余來吉州，李邁堂山長方主講鷺洲書院，數相過
> 論文。余曰：'歐陽公流風餘韻，當不絶於桑梓，問今有
> 能爲古文者乎？'邁堂曰：'有！同年麻損谷能古文。顧
> 其爲人，放逸不羈，不以冠裳酬接者十餘年矣。'余曰：
> '其人非世俗之人，其文當非世俗之文。'越日，邁堂以
> 損谷文示余，且屬爲序。余讀之，作而歎曰：損谷殆少人

而多天者也，其文以親親録爲主，而雜文附焉，曰《親親餘事》。親親録者，族譜也，損谷之專力於譜也。謝絶人事，朝斯夕斯，以承先志，以篤本支，若是者近於仁。信者筆之，疑者闕之，非我族者慎而別之，若是者近於義。譜之未成，曰己之責，譜之既成，曰衆之力，若是者近於禮。生必有死，告我弟兄，斂以儒服，勿假外榮，葬於幽壤，勿傍衆塋，達觀曠識，自適其情，若是者近於智。且夫仁義禮智，謂之四端，天皆賦之於人，人皆得之於天。惟人欲肆，則自汩其天而天不完。人巧勝，則自鑿其天而天不全。損谷澹於世味，疏於世緣，故能自葆其天，其發而爲文，亦第順其天性之自然，循乎天理之當然。吾尤愛其邁言，言世人所不言，而浩浩乎若御風而泠然，悟大化之往來，脱群生之拘牽，吾故曰‘損谷少人而多天’。獨惜世無歐陽公表章之，遂不見用於世，而徒自放於水之涯、山之巔。然歐陽公不云乎：‘韜藏久伏而不顯，必將申于後世而不可揜！’然則損谷自葆其天，異日必有讀損谷之文而相見以天者，是又有待乎後賢。”

麻敬業，字損谷，江西廬陵人。貢生。有《親親餘事》。

何天衢輯廣東香山《欖溪何氏詩徵》，屬爲作序。

《松心文鈔》卷四《欖溪何氏詩鈔序》。

文曰：“香山欖溪何氏多詩人，余所識者莘圃別駕、亨齋明經。莘圃同官江右，去秋出亨齋所輯《欖溪何氏詩徵》示余，又數月，亨齋郵書屬爲序。余瀏覽是編，而歎亨齋用力之勤，用心之篤也。夫敬宗收族之道著於譜，然譜第載仕履生卒而已，其人生平性情，不可得而見也，欲見性情，莫如詩。然則搜輯族人之詩而合刻之，謂非敬宗收族之善舉，足與族譜相輔而行者哉！乃考家集之刻，如《竇氏聯珠》、《清江三孔》、《筠州三劉》、《錢氏三華》、

《柴氏四隱》、《文氏五家》，此其最著者也。他如秀水姚氏、桐城方氏刻三宋之詩，大名成氏、侯官林氏刻四世之詩，宣城吳氏、泰和蕭氏、貴溪江氏皆刻其先世之詩。然少者數人，多者不過數十人；今亨齋刻何氏之詩，至百數十人之多，何其盛也！集中諸人，其政績文章克自表見者，固不藉是編以傳。若夫砥學礪行，終老山林，既抑塞於生前，復湮沒於身後，而猶幸宗族有人，爲之掇拾其心血於零縑賸墨之中，俾覽是編者，誦其詩而知其人。是則不惟有合於敬宗收族之道，而表微闡幽之意，亦於是乎在矣，余故樂得而爲之序。他時與莘圃扁舟返粵，邀亨齋共談詩於江鄉烟水間，欖溪多詩人，余尚思一一訪之。"

按，文首有"莘圃同官江右，去秋出亨齋所輯《欖溪何氏詩徵》示余，又數月，亨齋郵書屬爲序"及文末"他時與莘圃扁舟返粵"云云，則序作於吉安任時可知。

何天衢，字冠賢，號亨齋，廣東香山人。貢生。有《不寐齋詩錄》。

何朝佐，見前。時官江西建昌府同知。

七月，委署南康府知府，是月到任。

金菁茅《張南山先生年譜撮略》。

八月，充乙未科江西鄉試內監試官。時兩兒在廣東方應鄉試，中秋對月，有詩寄託鄉思。

金菁茅《張南山先生年譜撮略》、《花甲閒談》卷八《乙未江西鄉闈內監試，中秋對月有作》詩。

詩云："四載中秋月，三回試院看。科名萬心熱，風露一輪寒。覓句宜煎茗，思鄉正倚闌。兩兒鄉試。戰場吾慣歷，壁上又來觀。"

典試官爲會榜同年三原王治。闈中樂數晨夕，話及秦中詩人。後王治又以三原劉紹攽所輯《二南遺音》及其尊人王佩鍾《鶴汀詩草》寄南山。

《國朝詩人徵略》卷四六"王佩鍾"條。

王治，字照哉，號平軒，陝西三原人。道光二年進士，改翰林院庶吉士，授刑部主事。時充江西省鄉試副考官。有《紫丁香齋詩課》、《木蘭齋詩賦鈔》等。

時吳名鳳亦同任闈事。名鳳於道光五年任江西德化縣知縣，地鄰黃梅，是年水災，名鳳救災蹈險，所遇與南山同。此時共話今昔，名鳳感而爲作《書張南山黃梅御災事》一文。

《花甲閒談》卷一一。

文曰："黃梅隸湖北，與江西德化接壤。憶道光四年，鳳由東鄉令徙德化，化邑瀕江，至黃梅九十里。三年大水，驛路乘舟人言黃梅令因勘災幾淪於水，若有鬼神呵護之者。余異而問之，則嚴家閘孔壠一帶因隄潰，水入缺口，其流甚駛。邑侯張勘水到此，舟小水急，如馬下坡，如箭脫手，如珠露之翻荷而不可收，如崩石之墜崖而不可遏，蓋險甚矣。乃有大樹，樹身沒而枝幹散于水面。舟掠樹過，乘舟者力挽樹枝，船得不覆。岸上人以繩擲舟中，舟中人挽繩，逐漸移近，乃登彼岸。余聞之太息曰：安得此良有司耶？州縣爲親民之官，民厄於水而官膜視之，官獲安而民其危矣。今張子之身危，而張子之心則安也。特未知張子爲何如人也。五年，江水復溢入桑落洲，余急往履勘，橫江遝渡，被風吹至八里江。逆流而上，崩岸壁立，水急而溜，舟不得前。乃更以巨纜繫桅，數人牽之。詎意負纜者用力過猛，纜竟中斷，幸有繫桅短縴，強復挽轉，如一髮而引千鈞，如連絲而繫斷藕。竊意生平之險，未有甚於此者。乃亦爲民事，亦勘水災，其情形與張子相似。張子之得樹而止也，孰爲植之；余之加纜於桅也，孰爲使

之。豈天欲留此勤民之吏，以安集夫災黎耶？抑官尚有此
勤民之心，故得脱此奇阨耶？然仍未知張子爲何如人也。
其後余由德化得饒州丞，張子以司馬需次來江，相見甚
歡，互以詩文相質正，然後知張子固詩人而循吏者也。乙
未八月共入秋闈，張子爲内監試，余爲内收掌。素心同
事，晨夕過從，言及黄梅禦災，歷歷若前日事。昔人謂衆
人談虎，受虎傷者色獨變，蓋惟及之而後知，亦惟同罹此
患者知之乃獨真也。余喜張子今日所言與昔所聞相符，因
思余昔日出險亦與張子相似，故樂爲之述其事，且以告世
之勤恤民瘼者。”

吴名鳳，字竹庵，直隸寧津人。舉人。官江西德化縣
知縣。

闈事既竣，乃遊郡中勝跡，有《徐孺子亭》、《滕王
閣》、《寫韻軒》、《婁妃墓》諸詩爲紀。

《松心詩集·豫章集》。《花甲閒談》卷一四。

《婁妃墓》詩云：“隆興觀側江邊路，風中蘭麝幽香度。
相傳墓有異香。片石流傳幼婦詞，行人指點賢婦墓。”詩又
云：“雙碑先後群公拜，年深風雨苔垣壞。宋玉梅生觀察殷
勤護舊塋，顧榮恕齋大令鄭重標新界。”

作《藏園》詩，於蔣士銓詩文備致仰重。

《花甲閒談》卷一四。《國朝詩人徵略》卷三七“蔣士
銓”條。

詩云：“靖節江西一老尊，群才羅列總兒孫。黄楊以後藏
園繼，江西自山谷、誠齋後，惟心餘先生可稱大家。袁趙之間
正派存。《隨園》、《甌北》兩集不免遊戲。欲借詩歌維教化，
即論風骨亦高騫。銅絃九種雖餘事，筆墨都能見性根。”
按，當時詩壇競推袁枚、蔣士銓、趙翼三家，南山則以爲
蔣氏乃江西詩派自黄庭堅、楊萬里之後一大家，應在袁、

趙之上。

政暇遊廬山，并至白鹿洞書院講學，題郡齋書室門楣曰陶白庵。捐資建李白、蘇軾二公祠於廬山秀峰寺。祠成，爲文刻石。有《白鹿洞》、《白鹿洞書院示諸生》、《陶白庵題壁》、《白鶴觀》、《六朝松》、《簡寂觀》、《苦竹》、《陶淵明醉石、陸元德禮斗石合賦一詩》、《陶白庵》諸詩。

《廬秀錄》卷三、卷四。金菁茅《張南山先生年譜撮略》。

《六朝松》詩題下自注："在簡寂觀。康熙中猶存十四株，今僅存六株。"詩云："一橋横水斷囂塵，古觀雲深閉古春。爲語山靈須保護，六株松是六朝人。"

《陶白庵》詩序云："余生平慕陶淵明、白樂天之爲人。今秋權守南康，日對匡廬，陶公栗里，白公草堂，故址雖湮，流風宛在。因即郡齋書室顏曰'陶白庵'，懸二公畫像於室中，焚香獻酒，瞻仰之餘，喟然有作。"詩有云："不願學仙佛，不能希聖賢。爲工乏一藝，爲農無寸田。人皆目以士，自顧亦愧焉。居然學干禄，釋褐爲宰官。催科固所拙，撫字復多愆。區區愛民心，不忍加笞鞭。五載留西江，泛泛江中船。今秋權郡符，再結廬山緣。去歲山之北，直造天池巔。今年山之南，親見五老顏。一條俯江練，萬頃觀海綿。灑墨劚石壁，余書"不息"二字，山僧鐫於青玉峽上。烹茶汲玉淵。坐三峽石，取玉淵泉烹雲霧茶。新庵奉香火，陶白庵。高祠陳几筵。李、蘇二公祠。仕宦境雖滯，山水緣未慳。"

此遊又有《五老峰》、《醉石》、《六老堂》諸詩。

《松心詩集·匡廬集》。《廬秀錄》卷三、卷四。

《六老堂》詩題下自注："堂在郡署。六老者，五老峰與朱子也。"詩云："初見匡君客路長，丁卯北上過廬山。再尋廬嶽鬢毛蒼。甲午轉餉楚北，歸遊廬山。名山許訂三生石，今權郡事，三遊廬山。末學慚居六老堂。欲濟鴻嗷無善策，敢云燕寢有清香。且憑歌嘯舒懷抱，今古詩篇共一囊。時輯《廬秀録》。"

十月回郡，有《南康郡齋》詩，句云："勝緣憑造化，爲吏住名山。"蓋此郡事簡政閒，日對名山，心情愉悦，與仕鄂時大異。

《松心詩集·匡廬集》。金菁茅《張南山先生年譜撮略》。

詩云："道院江東著，政閒心自閒。勝緣憑造化，爲吏住名山。判牘煙霞外，尋詩水石間。自慚衰朽質，無力叩賢關。"詩中自注："昔人目南康郡署爲'江東道院'，謂政務清閒，又有匡廬作道場也。"又，"朱子與宰相書云：'今以造化之力，得爲吏廬阜之下。'"

按，《匡廬集》此詩下自識："以下乙未權守南康，重遊廬山。"故於《匡廬集》標"乙未"字，以與甲午詩區别。

十月十六日，編輯《廬秀録》，收入昔年已作之《舟中望廬山作歌》詩，并加識語以寄慨。

《廬秀録》卷一。

識語云："嘉慶丁卯春，北上過廬山賦此詩，今追思之，忽忽三十年矣。歎歲月之如流，慨修名之不立，聊存蠹簡，用記鴻泥。道光乙未十月既望，番禺張維屏識於南康郡署之六老堂。"

歲暮出城，登黃巖絶頂，有《歲暮出城》、《登黃巖絶頂》、《黃巖觀瀑》、《黃巖觀瀑再賦兩絶句》諸詩。

《松心詩集·匡廬集》、《廬秀録》卷二、《花甲閒談》卷一二。

《歲暮出城》詩云："管領湖山近歲除，出城多半爲匡廬。

籃輿自愛攜書卷，也看青山也讀書。”

觀開先寺瀑布，有《詠瀑》詩。

　　《花甲閒談》卷一二。

　　詩題下自注：“禁用河漢、冰雪、銀玉、珠璣、綃練、丈
　　尺、龍鶴等字。”

捐俸建李、蘇二公祠，有《廬山創建李蘇二公祠碑》
及《李蘇二公祠》詩。

　　《松心詩集·匡廬集》、《花甲閒談》卷一二。

　　詩序云：“太白、東坡皆遊匡廬，而山中不聞有香火。道
　　光乙未，余創建李、蘇二公祠於廬山秀峰寺。祠成設祀，
　　爲文勒石，并賦一詩。”詩云：“此地青蓮座，真宜坡老
　　陪。匡廬千古秀，唐宋兩仙才。對景思椽筆，迎神獻玉
　　杯。驂鸞還駕鶴，縹緲接蓬萊。”

又有《白石院》、《臥龍岡尋臥龍庵，醉石澗尋歸去來
館，故址皆荒廢，感歎有作》、《濂溪》諸詩。

　　《松心詩集·匡廬集》、《廬秀録》卷四。

集自道光壬辰正月至乙未十月所作詩爲《豫章集》，
後彙入《松心詩集》。

劉步蟾卒。

曹振鏞卒。

陳用光卒。

蔡家琬卒。

崔壁卒。

松筠卒。

林國枌卒。

林聯桂卒。

道光十六年丙申（一八三六）　五十七歲

[**時事**]二月，廣東花縣、順德、歸善匪徒掘發墓冢數百處，命有司查拏。五月，命鄧廷楨等查拏廣西、雲南、貴州交界會匪。　六月二十三日，就太常寺少卿許乃濟具奏鴉片流毒令兩廣總督鄧廷楨等妥議會奏事，要求將夷商現在情形立法周密，期於久遠。　禁傳播歌謠，指斥官事。　九月，鄧廷楨、祁墳等奏覆，依許乃濟議，將鴉片弛禁，并擬禁紋銀出洋章程九條。　十一月，嚴令英人退出廣州。　十二月，鄧廷楨等奏，鴉片流傳內地，以致紋銀日耗，請力塞弊源，杜絕紋銀出洋。　是年爲太后六旬萬壽，舉行恩科會試。　汪日楨纂《二十四史月日考》五十卷成。

正月初七日，《廬秀録》編成，於南康郡署之六老堂撰《廬秀集序》。

張維屏輯《廬秀録》卷首。

文曰："嘉慶丁卯春，北上過廬山；道光甲午夏，轉餉楚北，歸遊廬山；乙未秋，權守南康，復爲廬山之遊。俯仰三十年，於名山有三至之緣，不可謂非幸也！暇日閱《廬山志》所載詩，隨意録之，竝藏行篋中所有廬山詩擇録之，而拙詩亦附焉。或曰：'廬山奇秀甲天下，高數千丈，廣數百里，茲所録何簡也？'曰：'以吾身所涉也。''古今廬山詩美不勝收，茲所録何少也？'曰：'以吾意所愜也。''自録其詩何也？'曰：'以吾心所接也。'吾遊廬

山則思古人，思古人而不見，則誦其詩。既録古人之詩，
而吾詩附於後，則不啻日追隨古人於丹崖翠壑、飛流絶壁
之間。故曰‘心所接也’。夫海之水，水也。一蠡一勺之
水，亦水也。謂蠡勺不足盡海之水則可，謂蠡勺之水非水
則不可。謂兹録不足盡廬之秀則可，謂兹録非廬之秀則不
可。録成，遂以‘廬秀’名之。道光十六年正月人日番
禺張維屏書於南康郡署之六老堂。”

張湄將游廬山，知南山正任南康，乃譜《酹江月》詞
見寄，南山即填同調奉酬。

《廬秀録》卷一《家春槎司馬譜文信國酹江月見寄，同填
此調，即以奉酬》詩。

李春伯鐫石印“管領湖山”贈南山。石家紹有《南山
同年權守南康，聞輯廬山詩爲〈廬秀録〉，賦此奉寄》
詩寄南山，南山隨酬以《〈廬秀録〉成，適瑶辰同年
以詩見寄，有“人是郡丞權郡守，天教名士看名山”
之句。余愧不克當，因賦此奉答，即題〈廬秀録〉
後》詩。

《廬秀録》卷四。

按，南山詩云：“一編《廬秀録》初成，似與匡君訂舊
盟。敢向湖山稱管領，欲從篇什見平生。丞猶未補慚居
郡，士尚難言況説名。且喜誦詩如讀畫，臥遊能使夢魂
清。”詩中原注：“李春伯鐫石印見贈，文曰‘管領湖
山’。”

李春伯，其人未詳。

正月十三日，與白鹿洞書院諸生論陶淵明，又作小識
更申論之。

《花甲閒談》卷一三。

小識云：“遠公創白蓮社，招致群賢，六朝人士多宗仰

之。而靖節陶公當佛教盛行之時，獨能卓然不惑。遠公招之入社，攢眉而去，是真特立獨行，篤志信道者矣。余嘗謂陶公實聖人之徒，不知者第以詩人、酒人目之。而前明諸儒多涉玄虛，高談心性，但效前人爲語錄，遂謂道學得真傳。以余觀之，宋以後之講學，無異唐以前之談禪，風氣所尚，群焉趨之。嗚呼！安得論古有識者而與之知人論世哉。因與諸生論陶公，漫誌數語於此。道光丙申上元前二日，維屏記于南康郡齋。"

二月，詣白鹿洞書院，率諸生行春祭禮。賦《鹿洞書院示生徒》詩，又撰《鹿洞書院講書記》。

金菁茅《張南山先生年譜撮略》。《松心詩集·匡廬集》。《廬秀錄》卷三。《花甲閒談》卷一三。

《鹿洞書院講書記》有云："道光十六年歲在丙申，維屏承乏郡守。仲春之月土辛，率諸生致祭於鹿洞先賢。禮畢，諸生有進而問學於屏者。屏曰：'先賢教規詳且備矣，屏復何言。然不可無以答諸友之問，則請舉"見其過而內自訟"一語與諸友共勉之，可乎？……屏賦性顓愚，愆尤叢集，既苦不能改，又苦不自知。今舉是言爲諸友勗，亦甚望諸友之有以規我也。'問者既退，遂援筆而記之，且以自箴焉。"後有小識云："劉念臺先生云：'聖賢乃有過眾人之過，皆惡也。'屏案此言真足發人猛省。蓋人多私心，非求則伎，但隱而未發，發而未甚，遂不見其爲惡耳。古來大奸大慝，陷害忠良，傾覆邦國，其事皆始於一念，其機每伏於隱微。書曰：'人心惟危。'吁！危矣哉。與諸生講論，意有未盡，復識數語於此。道光丙申二月十四日，張維屏記於白鹿洞書院之文會堂。"

再登廬山更游諸勝，各有詩爲紀。

《松心詩集·匡廬集》、《廬秀錄》卷四之《三疊泉》、

《匡廬三疊泉，出於宋紹熙，在朱子守郡之後，朱子以不得見爲恨。然余聞羅浮人跡罕到之處有泉十三疊，則此三疊不足異也。適與山僧談瀑布之勝，僧以紙求書，因走筆書四十字與之》、《曉至秀峰寺》、《香鑪峰》、《佛手崖》、《艑底池》、《招隱庵》、《茶話石》、《睡足庵》、《周仙祠》、《玉淵潭》、《落星石》詩。

四月，卸南康府事返南昌，奉檄往建昌縣捕蝗。南山以民事不敢辭勞，即馳赴建邑，與縣令鈕士元分鄉督捕事，有《捕蝗》詩、《建昌捕蝗記》慨記之。

《花甲閒談》卷十一《捕蝗》詩、《建昌捕蝗記》。

詩分五章，章五云："捕蝗捕蝗，購蝗以錢。窮民趨利，走捕爭先。老者一筐，幼者一肩。沽之沽之，價十百千。但願無食民之苗，無害民之田。吁嗟乎，官敢惜錢。"

記曰："余既卸南康府事，擬探匡廬未遊之勝，而大府檄往建昌捕蝗。余以事關民瘼，不敢少緩，馳至建邑，會同文司馬及縣、丞、尉、營汛員弁等，分鄉撲捕。縣令鈕君不辭勞瘁，先於縣城設局收買蝗蝻，惟性儉嗇，省城委員至，凡飲食餽贈皆不如意，委員怒，則於所捕蝗中選至巨者上省呈於大府，且言鈕令惜費，故所購不多，再遲則蝗翅長成，恐害及他邑。大府聞之怒，嚴行申飭。鈕君於是加價購蝗，初購每兩給錢十數文，至是加至二十四文。於是鄉民爭往撲捕，一日收至數千斤，肩挑背負，環集於門。局中司事者慮費多難繼，減價與之，衆譁然，欲毆之。時縣官在鄉，文司馬已公旋，余出語衆曰：'爾等爲圖利而來，若鬧事，是犯法也。今照價給爾，三日外候縣官再定價。有滋事者，照匪徒聚衆例置之法。'又語司事者曰：'爾等不可失信，仍照價與之。'於是喧噪乃定，衆以蝗付局，局稱蝗發錢，人以次散去，已四鼓矣。道光丙申四月廿九日，記於建昌行館。"

　　鈕士元，順天宛平人。舉人。道光十四年任建昌知縣。

知南山將別南康，白鹿書院生杜達深感昔日教導諄切，因作小識，記授業之功，兼致思慕之意。

　　金菁茅《張南山先生年譜撮略》。《花甲閒談》卷一三。

　　杜達小識云："先生守南康，履任數日即入闈充內監試官。闈後旋郡，山長已旋里，先生政暇即至鹿洞與諸生講習討論，時或延至郡齋賞奇析疑。又立匡廬詩課，擇其佳者刻《廬秀後錄》四卷。一時遠近聞風偕來，吳楚之士有結伴而至者。書院屋少，則賃僧廬而居。明年夏，先生卸郡事，返南昌，諸生有買舟送至吳城者。眾皆謂教育之殷，提倡之切，得之於署任數月為尤難，宜匡山蠡水之間士人思慕弗諼也。道光丙申五月十日，受業新建杜達謹識。"

捕蝗事畢返南昌，就所見捕蝗書撮其要，而加以己見，成《治蝗述略》一文。

　　《花甲閒談》卷一一。

　　《述略》云："余建昌捕蝗事畢返章門，就所見之書撮其要，為《治蝗述略》。"又云："今所錄，有其書所未及者，故述之。"

請假旋粵。八月到家，南山叔子祥晉入學。輯《經字異同》。

　　金菁茅《張南山先生年譜撮略》。

暇時彙訂有關縣政弊端諸詩為《縣言》篇。詩非一時一地之作，以時將告別仕宦生涯，乃將此彙集以揭露官場黑暗，積弊滋深，言之痛切。

　　《花甲閒談》卷一四。

　　詩序云："《禮》有之：'在官言官，在府言府。'屏十載以來，四爲縣令，其間有所感觸，不能已於言。言非一時，亦非一地，體近謠諺，不足言詩，以在縣言縣，遂統名曰《縣言》。”

詩凡十二首，《蠅頭篇》言科場之弊，云：“縣官考試嚴防弊，中有童生偏作僞。童生作僞官莫嗔，科場鈔襲不少人。”《雀角曲》言訟師之禍，詩云：“雀角雀角，善穿爾屋。鼠牙鼠牙，能破爾家。勸君莫聽訟師言，唆人興訟開禍門。禍門開，訟不息。兩造費錢，雀鼠得食。”《衙虎謠》痛言衙差之惡，詩云：“衙差何似似猛虎，鄉民魚肉供樽俎。周官已設胥與徒，至今此輩安能無。大縣千人小縣百，駕馭難言威與德。莫矜察察以爲明，鬼蜮縱橫不可測。吁嗟乎，官雖廉，虎飽食。官而貪，虎生翼。”《驛馬行》言驛政之弊，詩云：“我爲四縣皆有驛，驛馬多寡有定額。初來點馬半老瘠，亟須買補均馬力。馬販來，自荊襄，雖駝駬駱駠驪黃。欲學相馬無孫陽，但擇齒少肥而強。命僕夫，豐爾豆，潔爾芻。前途火急來文書，非得健馬，何以供馳驅。近日縣令尤難爲，買馬須往西北陲。若買土馬非口馬，馬價自備毋許支。吁嗟乎！爾馬誰來問肥瘠，部費收齊南亦北。”《鹽梟樂》言治鹽梟之難，詩云：“鹽梟樂，醉飽歡娛尋賭博，大夥私梟誰敢捉。往捉拒捕相殺傷，但有死傷皆縣殃。獲犯要口糧，解犯要盤費。上司委員查案來，酒席贐儀要周備。萬一傷官縣更愁，葛藤纏繞無時休。吁嗟乎！梟徒亡命謀衣食，不作鹽梟即盜賊。”《獄卒威》言獄卒之毒，詩云：“獄卒威，獄囚苦。初入獄中如地府，不肯出錢加苦楚。黑暗卑濕，罕見天日。蟲鼠蟻蝨，穢惡交集，冷雨淒風助嗚唈。獄久不死爲老囚，衆囚尊之稱牢頭。牢頭居然即獄卒，老向獄中爲毒物。縣官視囚心惻然，夏施茶扇冬施綿。求生無術貸爾命，爲爾掃除少疾病。"《田家歎》言江湖之濱田家之苦，詩云："濱江水患何其多，江水忽至田爲河。傍湖水患亦不少，湖水忽來禾没了。水來必挾沙，水所過處沙日加。水去泥不去，日久泥多阻水路。阻水路，水易高，眼看田地生波濤。水易高，退不速，又看波濤入人屋。吁嗟乎！田家見水心憂煎，有田歲歲如無田。"《沙田案》言沙湖之田相爭之亂，詩云："沙也田，湖也田，爭田案牘高如山。東家插禾，西家收穀。偷割搶割意未足，相殺相傷人命速。若要無爭田界定，虞芮質成須大聖。"《豁糧歌》言頑民抗糧之無畏，官府催科之無奈，詩云："朝廷詔下如甘澍，豁免閭閻舊租賦。豈知未奉恩詔前，州縣奏銷無得延。良善之民早完税，頑梗之民竟無畏。年年抗糧藐官法，官暗挪移代其納。年年抗糧望恩典，日久果然邀豁免。舊糧愈豁欠愈多，催科催科將奈何。"《吹簫引》，言吸食毒芙蓉之害。《盤倉吟》言前後任交代盤倉之齟齬不堪，詩云："盤庫一日畢，盤倉無定期，其雨其雨不敢知。杲杲出日，我心悦懌。迺召户書，迺召斗級。迺命我僕，盤倉之穀。自朝至于日中昃，舊令欲速，新令遲遲。穀則量之，米則篩之揚之，熟而嘗之。整米則收，碎米則否。議補議加，計石計斗。舊令但吞聲，新令尚搖首。"《收漕辭》，言收漕之艱難受氣，已見道光五年引。

按，以書生而臨吏事，恒多不濟，南山自亦不免。其間折辱，殆難縷指。嘗自嘆曰："余四任知縣，每交代，爲倉中穀米輒受氣。"見《藝談録》"沈起之"條。梁章鉅《楹聯叢話》卷五載："張南山以名進士觀政楚北，令黃梅時，作大堂楹帖云：'催科不免追呼，願百姓早完國課；省事無如忍耐，勸衆人莫到公堂。'仁人之言，藹如也。"無如現實嚴酷，初涖黃梅，即有"宦途今始覺，步步履春冰"之語，至是而有“鬼蜮縱横不可測”之痛。南山遂覺牧令之不可爲，而萌浩然歸去南溟釣鰲之意矣。

又，《花甲閒談》詩末有小識云：“屏昔從宦楚北，既補廣濟，因不願收漕，遂就閒曹。屏之辭縣令也，聞者多笑之，屏不置辨，惟自認無能而已。惟吾師汪文端公及襄平相國蔣公不以爲非。兹録《收漕辭》，因追録二公之言於左，用誌牙期之感云。道光丙申立秋日，時將引疾旋里，維屏自識於章江萍寄之居。”并録汪廷珍《復張南山書》，見前道光六年條引。

歸家閒居，披閲舊作，特拈出《縣令》詩，并加識語，以志心聲。

《花甲閒談》卷一〇。

詩云：“縣令身何似，臨淵更履冰。敢言勞撫字，自覺過哀矜。火烈群知畏，霜威惡易懲。心慈難用猛，此任不能勝。”

小識云：“火烈民畏，論政至言。屏四任縣令，惟老嫗告子忤逆，笞子三百，命笞者輕其笞，多其數，以釋嫗之怒。書吏私雕假印，命取夾棍，使懼而吐實。其餘研審命盜案，但令長跪，不輕用刑。然自覺心偏於慈，不能懲惡。今幸辭案牘，歸理篇章，披覽舊詩，率綴數語。道光丙申仲秋之月，自江右旋里。珠海老漁自識。”

按，南山四任縣令，艱苦備嘗。既悉官庸吏猾之弊，深以爲憂，自謂馭民以慈，未能懲惡。是真仁人之言也。

本年應江西候補通判程洪源請，爲其祖前廣州太守程含章撰神道碑銘。

《松心文鈔》卷九《資政大夫福建布政使前山東巡撫程公神道碑銘》。

文曰：“（程含章）孫四：洪源，候補通判；濬源，國學生;道源、福源,皆幼學。公守廣州時,於屏敬禮有加,屏又與洪源同官江右,洪源奉行狀,再拜請爲文,將碑於墓道之左。"

按,程含章爲廣州太守時與南山頗有交契,參見嘉慶二十五年條。據同治《贛州府志》卷三四,雲南廩貢程洪源本年署贛州府通判。文中既云"候補通判",則程洪源撰碑之請在署任前。然時當邇近,故繫於此。

符葆森纂輯《國朝正雅集》,南山時爲搜訪詩集以供輯録,又助以刻資。符是年於淮上逢盛大士,把酒論詩,相與盛稱南山其人其詩。

符葆森撰《國朝正雅集》卷七一"張維屏"條引《寄心盦詩話》。

《詩話》述云:"歲丙申,見盛子履先生於淮上,把酒論詩,口誦南山先生詩不置,且云:先生愛才甚殷,然非其人不輕與也。嗣游西江,見詩於寺觀園亭壁,都不省記。十年前辱先生寄有《詩人徵略》一書,搜羅宏富,考訂詳明,不禁神往粵東,恨不即見先生,與之上下議論。然往返書札,一歲常二三。爲是集搜訪最多,時寄剞劂貲,已刊於邗上,成三十卷。癸丑之變,板燬無存。先生下贈楹聯云:'關河隔面五千里,著述心同二百年。'其獎許過情,而神交竟未覯一面也。"

符葆森,原名燦,字南樵,江蘇江都人。咸豐元年舉人。有《寄鷗館集》,又選輯國朝詩十餘家爲《國朝正雅集》。

集自道光甲午四月至丙申十二月所作詩爲《匡廬集》,後彙入《松心詩集》。

盧坤卒。

李威卒。

劉華東卒。

蔡之定卒。

道光十七年丁酉（一八三七）　五十八歲

　　［**時事**］英國鴉片輸入劇增至三萬九千箱。　六月初五日，據御史朱成烈疏奏，銀錢外流嚴重，廣東海口每歲出銀三千萬兩，合各省歲出近八千萬兩。一入外夷，不與中國流通，故銀日短，錢日賤。是日，清廷命鄧廷楨等嚴密查緝，務使中國財力不爲外洋所耗。嗣後廣東洋商不得無故添設。　八月三十日，或奏廣東地方日形疲憊六事，廷旨令鄧廷楨、祁墳確查復奏。　二月，洪秀全在廣州應試被黜，悲憤成疾。

南山聞桂林山最奇，應姻親李秉綬邀，往遊焉。於二月二十八日登舟啟程，溯西江而行。
　　《桂游日記》卷一。黃位清《松風閣詩鈔》張維屏序。
時李秉綬延朱鳳梧至桂林課其子，因與同舟。有《將泛桂林，登舟有作》詩，鳳梧次韻有作。
　　《桂游日記》卷一。《松心詩集·桂林集》。
　　詩云："百年難得一身閒，擬借村居靜閉關。花棣潘園。宦跡已廻江右轍，遊蹤又看粵西山。風中自愛雲舒捲，天外誰如鶴往還。且喜同舟有仙侶，鐵舫孝廉。峰巒佳處約躋攀。"
　　朱鳳梧，號鐵舫，浙江紹興人。道光十五年舉人。
二十九日，過佛山。舟中閱段氏《説文解字》，謂段氏於《説文》功深矣，然武斷處不少。
三月初一日，清明，輯《經字異同》。初二日，輯

《經字異同》，泊羅隱涌。初三日，偕朱鳳梧遊頂湖山，經半山亭，訪慶雲寺，觀飛泉，有《鼎湖飛泉亭觀瀑歌》詩。初四日，入羚羊峽，泊肇慶府城外，往遊七星巖，有《七星巖》詩，朱鳳梧同作。

初五日，夜泊德慶州界。初六日，夜泊羅定州界。初七日，過封川縣城，夜泊梧州。連日輯《經字異同》，閱《説文解字》。初八日，船抵府關，請關，過關泊。初九日，抵梧州，有《蒼梧舟次》詩。

　　以上《桂游日記》卷一，《松心詩集·桂林集》。

　　《蒼梧舟次》詩云："去年彭蠡方回櫂，去歲三月，由南昌返南康郡署。今日蒼梧乍泊船。"

十一日，輯《經字異同》。十二日，大風雨，有《舟中苦雨》詩，朱鳳梧同作。十三日，陰，江漲水急，船不能行，賴有書卷，可以排悶，有《積雨望晴》詩。

　　《桂游日記》卷一。《松心詩集·桂林集》。

十四至十七日，舟行有詩遣悶。并輯《經字異同》，閱《説文解字》。

　　《桂游日記》卷一、《松心詩集·桂林集》之《江漲水急，舟行甚艱，口占遣悶》、《石角謠》、《日暮風雨將至，灘石甚多，舟無泊處，率爾得句》諸詩。

十八日至二十六日，過昭平、平樂等縣，至陽朔。舟行兩岸，漸至桂林，山色愈奇。多有詩什以紀游。舟中連日閱《説文》，輯《經字異同》。

　　《桂游日記》卷一、《松心詩集·桂林集》之《連日山景甚佳爲長短句以狀之》、《春陰》、《夜泊陽朔曉起得句》、《四山雲出如絮，俄而雨至》、《陽朔道中》、《桂林道中見

瀑布》、《桂林道中山石甚奇，即目成詠》、《舟行見石愈
奇，再狀以詩》、《自陽朔至桂林舟中看山放歌》諸詩。

二十七日，舟抵桂林，入住李秉禮宅。兒媳李氏攜諸
孫來見。隨拜會李宅諸親友。

《桂游日記》卷二。

南山記曰："乙未冬，三兒祥鑑挈眷來桂，兒婦歸寧。丙
申春，三兒省余於南康郡，遂入都，偕其妻弟小芸、晴湖
昆仲同寓京邸讀書，將應京兆試。是日兒婦聞余至，出
拜。第二孫阿鼎、第三孫阿振、孫女六姑皆拜。鼎孫七
歲，振孫兩歲，孫女三歲。振孫、孫女今來始見之。"

二十八日，陳鑠聞南山至，先來晤談，十年舊雨，握
手甚歡。有《至桂林喜晤陳桂舫上舍話舊賦贈》詩。
又晤李秉綬諸子宗澳、宗淇、宗淮、宗法、宗溶諸人。
午後遊李園。

《桂游日記》卷二。

陳鑠，見前。時方爲桂府幕客。

李宗澳，字崖竹。秉綬子。嘉慶六年舉人。有《結桂山
房詩文集》。

李宗淇，字味嵐。秉綬子。舉人。官教諭。

李宗淮，字幼海。秉綬子。官提舉。

李宗法，字少竹。秉綬子。貢生。

李宗溶，字舜川。秉綬子。諸生。

二十九日，拜望呂璜，聞藏書甚富，借書觀之。爲賦
《贈呂月滄山長璜》詩奉呈，呂璜贈以《南山先生看山
來桂林，並訪粵西詩人遺稿。賦呈二首》詩。

《桂游日記》卷二。《松心詩集・桂林集》。《花甲閒談》
卷一五。

南山詩云："文苑兼循吏，知君有幾人。苦心期濟物，直

道在斯民。自富名山業，能扶大雅輪。新知偏易別，帆影暗江津。”自注：“君官浙有善政，民爲君立生祠，君力止之。”

《花甲閒談》録吕璜詩其二云：“徵詩興與往時同，一代持衡仰至公。不信石多偏嶠外，每緣人重入囊中。博聞古有捃遺逸，先生輯《詩人徵略》，每存闡幽之意。大筆今誰角長雄。直爲熙朝添雅故，垂光何止嶺西東。”

吕璜，字禮北，號月滄，廣西永福人。嘉慶十六年進士。歷官浙江州縣，升杭州西海防同知。晚主講于桂林榕湖、秀峰書院。有《月滄文集》。

三十日，李宗瀛載酒邀游李園。曾燠之子在埏自江西來，是日同席有張逢亨，嗣又過訪晤談。

《桂游日記》卷二。

李宗瀛，字季容，號小葦。江西臨川人，秉禮子。

曾在埏，字松吟，燠子。官同知。

張逢亨，字適園，江蘇廣陵人。諸生。

四月初一日立夏，李宗瀛來談詩。初二日，拜會廣西巡撫梁章鉅，共話都中昔游，追念師門，同深感歎，以梁爲翁方綱入室弟子也。李宗潮邀同祁墡、陳蘭滋、詹景鍾集山房觀所藏書畫。有《觀葦石有懷葦廬先生》詩。

《桂游日記》卷二。

梁章鉅，字茞林，號茞鄰，晚號退庵，福建長樂人。嘉慶七年進士。時官廣西巡撫。有《浪跡叢談》、《歸田瑣記》。

李宗潮，字小松。秉綬子。官提舉。

祁墡，字春泉，一字松軒，山西高平人。嘉慶二十二年進士，選庶吉士。曾宦粵，遵迴避例改廣西知全州，以疾歸。輯《綱鑒要略》。

陳蘭滋，字詩庭，江西新城人。監生。官廣西上思州知州。有《上思州志》。

詹景鍾，字芥孫，江西安義人。道光十六年舉人。官廣西藤縣知縣。

初三日，遊棲霞洞，先至棲霞寺。書“道光丁酉四月三日番禺張維屏遊棲霞洞訪二華君”二十一字，石工架木鑴於巖壁。有《棲霞洞》詩二絕句。

初四日，遊疊綵山，有洞屈曲轉出，山背清風襲人，又名風洞山。有《風洞山》詩。又題名刻石，云“道光丁酉四月四日番禺張維屏來遊登山穿洞坐石賦詩”。

初五日，遊獨秀山。山有顏延之讀書巖。山麓為貢院。有《登獨秀山》詩云：“李衛公范文穆張忠宣王文成遺蹟在，撫綏何以繼諸賢。”又有《顏魯公讀書巖》詩。

初六日，陳鑅邀集李宗瀚別墅杉湖湖西莊，有《湖西莊》、《與桂舫散步湖上遂登榕樹樓》詩。陳鑅有《奉邀南山先生遊湖西莊，先生有作，即次原韻》詩，詩末原注：“是日合作畫冊。”

　　以上《桂游日記》卷二。

初七日，閱李宗瀛詩，為之點定。李宗瀛作詩奉酬。

《桂游日記》卷二、《松心詩集·桂林集》之《贈李小韋上舍宗瀛》詩及附錄李宗瀛《南山先生來桂林，談讌甚歡，並承點定拙稿，賦呈四首》詩。

南山詩云：“韋廬有家學，覓句足清歡。書軸舊插架，詩城新築壇。揚雄愛奇字，孟浩薄高官。竹屋燈青處，頻來話夜闌。”詩中原注：“君家多仕宦，君獨不求聞達。”

李宗瀛詩有云：“十錄將充棟，先生著《松心十錄》。千篇入選樓。輯《詩人徵略》。名山今未艾，大業足千秋。"

初八日，呂璜、陳鑠邀同俞小霞、李宗瀛兩詩人集呂
璜齋中觀所藏書畫。

《桂游日記》卷二。

俞小霞，其人未詳。

初九日，頭眩病發，服藥。讀梁章鉅《退庵隨筆》。

初十日，晤顧秋甫。

《桂游日記》卷二。

顧秋甫，廣西桂林人。姪顧椿，與南山同年。見前。

十一日，朱琦以其父朱鳳森《詩草》及《守濬日記》
見示，屬賦詩。南山有《讀朱韞山司馬鳳森守濬日記，
因題一律》詩以應。

《桂游日記》卷二。《松心詩集·桂林集》。

詩序云："嘉慶癸酉，滑縣教匪滋事，濬、滑相距二十
里，危甚。司馬爲濬令，集吏民議戰守。於是與縣丞董敏
善等分守四門。賊衆攻城，城內晝夜扞禦，相持十一日，
殺賊頭目，擒賊匪一百七十七名，卒保濬城。大兵至，圍
解。君奉旨加同知銜。"

按，《桂林集》、《花甲閒談》卷一五附錄朱琦《南山先生
來桂林，琦奉先大夫遺稿并守濬日記求題，賦呈一律》
詩，詩云："騷壇我願識荆州，手袖遺編淚欲流。當日苦
吟餘幾卷，要君大筆定千秋。黎陽鼙鼓傳詩史，湖海文章
入選樓。先生輯《詩人徵略》，兼知人論世之意。難得賞音遇
張仲，重泉銜感話松楸。"《藝談錄》卷上"朱琦"條引
《聽松廬詩話》云："道光丁酉，余遊桂林，陳桂舫孝廉
鑠置酒，招同伯韓論文評詩，清歡永日。未幾，余別去。
後聞其爲古文益精進，與梅伯言、王少鶴相砥礪，合刻有
集，亟欲觀之，未得寓目也。"

朱琦，字伯韓，號濂甫，廣西臨桂人。道光十五年進士。
官翰林院編修、兵備道。有《怡志堂詩、文集》。

朱鳳森，字韞山，廣西臨桂人。嘉慶六年進士。道光十二
年病卒於潯縣任上。

十二日，遊隱山六洞。刻"小隱"二字於隱山宋張敬
夫石刻"招隱"字側，并記云"道光丁酉四月遊隱山
敬觀先忠宣公招隱二字因書小隱于巖下"。有《隱
山》、《老君巖》詩。午後，李秉綬邀同祁墫、程遂
庵、曾松吟諸君集李園泛舟。

十三日，過朱琦宅晤談。遊劉仙巖，有《劉仙巖》、
《劉姓多神仙事，再賦絕句》詩。黃銓自東返，晤談。

以上《桂游日記》卷二。

黃銓，字新甫，江西南城人。餘未詳。

程遂庵、曾松吟，其人俱未詳。

十四日，閱呂璜文稿。梁章鉅以"燈窗梧竹圖"屬
題，乃爲作《苣林中丞以燈窗梧竹圖屬題，同次覃谿
師韻》詩二首。梁章鉅亦撰《黃梅大水圖，爲南山司
馬題》詩以酬。

《桂游日記》卷二。

南山詩其一云："江南雲樹荆南夢，癸未，屏至荆州，公已觀
察淮海。桂嶺山川庾嶺鄰。笑我浪遊如海客，知公餘事作
詩人。敦盤當代誰爲主，面目諸家各有真。話到師門同悵
望，竹風梧月總凄神。"

十五日，書扇數柄，條幅、楹帖各數紙。續閱呂璜文
稿。李小松以所藏王、黃合作山水竹趣圖屬題，賦詩
酬之。

《桂游日記》卷二、《松心詩集·桂林集》之《李小松以

所藏王、黄合作山水屬題》詩。

十六日，遊韶音洞，登舜山望堯山。有《堯山》、《虞帝廟》、《韶音洞》、《南薰亭》詩。十七日，遊龍隱洞，大書"龍影"二字，刻洞石上。晚過李園，李秉綬邀同呂璜、祁壎、朱鳳梧飲於鏡亭。有《龍隱洞》、《龍影巖》、《月牙洞》詩。

《桂游日記》卷二。

十八日，遊伏波山。李秉綬邀同朱鳳梧泛舟還珠洞，觀米芾像、浮字碑。多有詩什紀之。

《桂游日記》卷二之《伏波廟》、《余作伏波廟詩。或曰伏波是路伏波，非馬伏波。余謂廟貌之設，由人心之不能忘，今試問衆人：心中有馬伏波乎？有路伏波乎？且討平側貳，乂安黎元，名著桂林，勳標銅柱，馬也，非路也，因示以斷句》、《還珠洞》、《伏波巖、還珠洞、海岳像合賦一詩》諸詩。

十九日，呂璜以所爲古文屬南山點勘，略加點評。二十日，閱呂璜藏書目，有善本數種，惜未能借鈔。二十一日，頭眩服藥。閱梁章鉅《退庵隨筆》，讀漁洋詩及隨筆。

《桂游日記》卷二。

二十二日，朱琦邀同陳鏐集湖西莊，論文評詩，清歡永日。

《桂游日記》卷二、《松心詩集·桂林集》之《朱濂甫太史琦招同陳桂舫上舍，重集湖西莊》詩。

按，《藝談錄》卷上引《聽松廬詩話》："道光丁酉余遊桂林，陳桂舫孝廉鏐置酒，招同伯韓論文評詩，清歡永日。"

二十四日，遊屏風山，有《屏風山》詩。陳標來，以《夢遊天台圖》屬題，未晤。

《桂游日記》卷二。

陳標，字海霞，江蘇吳江人。時爲撫署幕客。

二十五日，李秉綬約陳鑠同集還初堂，觀所藏書畫數百種而未徧，小飲桐石軒。

《桂游日記》卷二。

二十六日，擬東還矣，梁章鉅招同李秉綬、陳標、陳鑠集敬事齋觀所藏書畫，又觀銅鼓。南山賦詩爲紀。

《桂游日記》卷二、《松心詩集·桂林集》之《倪雲林湖山書屋卷有雲林自題絕句，卷中詩數十首，皆次原韻。芷林中丞屬題，余亦次韻》、《桂舫爲令弟作秋廬圖，倣倪高士畫意。秋廬孝廉屬題，同次高士原韻》詩。

前詩云："海客欲歸將發船，論文把酒銅鼓邊。夜來江上虹貫月，書畫光芒然不然。"自注云："余將東還。"

二十七日，連日來閱呂璜古文百數十篇，讀之數過，佳者加丹，字句應删易者率臆言之，因識數語以歸之。

《桂游日記》卷二。

識云："月滄之文學唐宋八家，而得力於韓、歐爲多。稿中家傳、墓誌尤工，叙事勃勃有生氣"、"月滄文體甚正，不艱深以爲古，不詭異以爲奇，不襞積以爲富，不支離以爲辨。理以持之，氣以行之。遠追震川，近接惜抱，其庶幾乎。"

又有《奉贈呂月滄丈》、《夢遊天台圖，爲陳海翁題》、《竹陰清趣圖，爲李幼海題》、《桂舫爲令弟作秋廬圖，仿倪高士畫意，秋廬孝廉屬題，同次高士原韻》、《綠杉野屋圖，爲曹理村別駕題》、《小松屬題貓蝶圖》

諸詩。

陳標有《喜晤南山先生，賦贈二首》、《南山先生來訪
桂林山水，惠題夢遊天台圖，賦此以謝》諸詩酬之。

> 以上《桂游日記》卷二、《松心詩集·桂林集》、《花甲閒
> 談》卷一附録。
>
> 陳標《南山先生來訪桂林山水，惠題夢遊天台圖，賦此
> 以謝》詩云："嶺南曾讀廣平賦，早託神交已十年。"詩
> 中原注："戊子蕉園宮保邀遊三元宮，讀君《梅花詩》已
> 拜倒。"
>
> 陳秋廬、曹理村，其人俱未詳。

二十八日，到書院晤呂璜。又，李秉綬邀陪梁章鉅雅
集李園，觀所藏書畫。南山至桂林即訪求粵西詩人遺
稿。昨得張鵬展所輯《嶠西詩鈔》閱之，雖體例未
善，然粵西詩人藉是編可以考見云。

> 《桂游日記》卷二。
>
> 張鵬展，字南崧，廣西上林人。乾隆五十四年進士。任通
> 政使司通政使，後辭官歸里。

二十九日，詣親友辭行，親友來送。成《李園詩八首
爲芸甫水部作》。

> 《桂游日記》卷二。《松心詩集·桂林集》。
>
> 其五云："此園即盤谷，妙筆繼管邱。芸甫善畫。洞壑地中
> 轉，煙巒天外浮。畫禪三昧得，詩債十年酬。芸甫十年前
> 屬賦李園詩。崖壁題名在，摩挲五百秋。碧霞洞有元延祐四年
> 題名。"
>
> 按，《花甲閒談》卷一五録"此園即盤谷"一首。《桂林
> 集》附録李秉綬《南山親家來桂林，惠題李園，賦此奉
> 謝，并訂後期》、梁章鉅《李園八首，次南山司馬韻》
> 詩。梁詩其五云："嘉賓半驚座，賢主是營邱。"詩中原

注：“謂陳海霞、陳桂舫。”

將行，李秉綬置酒還初堂飲餞，欲留南山過夏，以眩運屢發，辭不能留。李宗潮、宗瀛、宗法皆來，燈下共談。宗瀛以所藏張照小楷千文見贈，蓋張照中年以前書，雖未堅蒼，卻非贋鼎。

《桂游日記》卷二。《松心詩集·桂林集》。《花甲閒談》卷一五。

按，南山遊桂一月而返櫂，蓋因肝風發作之故。《桂游日記》卷三，五月初八日亦記云：“桂林巖洞之奇，余未徧探即欲東旋，實因有肝風眩運之病。天暑汗多，眩運尤甚，惟靜坐稍安。……舟中默坐，追念生平病危幾死者數矣。己未、庚申、辛酉三年血痢，服鴉膽子而愈。丁丑，大小便兩晝夜急迫不通，服黑牽牛而愈。己卯，口不欲食，身不欲動，神氣困憊，服白术佐以附子而愈。癸巳，肝風大作，眩運不能起立，服白芍、牡蠣佐以地黃、枸杞、山茱之類而愈。”

在桂日，與梁章鉅唱酬觴詠，永日忘疲。將行，梁章鉅賦《題灘江送別圖，送南山司馬東旋，即用惠題燈窗梧竹圖韻》七律二章送行。

《藝談錄》卷上“梁章鉅”條引《聽松廬詩話》。《桂游日記》卷三。

按，詩其一云：“桂林山水甲天下，粵東粵西如比鄰。空際群靈竚奇語，翩然單舸來詩人。精微酬放寄所託，軒豁呈露存其真。魚山不作芷灣杳，後起何分形影神。”其二云：“千餘里外登聞音，三十幾載欽遲心。相思竟成萍水合，乍見翻似苔岑深。北山回駕我方愧，南國扶輪君自任。灘江別緒那足道，兩地神交如芥針。”其殷勤不盡之意，於詩見之矣。

陳鏐繪《灕江遠別圖》，呂璜爲撰《灕江送別圖序》。
《桂游日記》卷三。

序云："桂林諸山，昔人以爲天下奇，然古今過是而詩焉
者，或賦其景之一二，遂莫及乎他，豈足跡所到有未及
遍，即遍而不暇一一以爲，抑才之奇不克與山之出奇無窮
者角，則慭置之，而天地陶埴之奇，乃不能不有待而始
發。番禺張南山先生，善發天地之奇者也。往時未拜官，
數數與計吏偕，所過名山川，有慨於中則詩之，而匠其奇
必肖必盡。及既拜官於楚北、於江西，所履諸名勝，不必
慨於中，亦莫不皆有詩，而匠其奇必肖必盡。蓋宇內之
奇，輸洩於其詩，儲蘊於其詩之集，亦既偉且富矣，然猶
以弗睹桂州山爲未足也。洋洋焉而來，斐斐焉而留，登其
巉嶤之可登者十二三，窮其谽谺之可窮者十八九，於是石
湖范氏所及志與未及志，皆攬其奇而系以詩，知詩者見
之，咸驚歎以爲無弗肖、無弗盡也。而先生之意尤在蒐輯
粵西人詩，蓋先生嘗有《國朝詩人徵略》之刻，海內能
詩者博考幾無遺矣，嶺右近桑梓，顧獨闕焉。故游山之暇
間，接詞人必懃懃以是爲稽諏。而謁行館、袖詩帙以投者
日不乏，所收若零珍斷玉，亦隆然滿巾匭。夫別於庸庸，
而謂之奇；別於衆奇，而謂之絶奇；別於絶奇之猶有偶，
而謂之天下奇。山有是，人亦有是；不必粵，不必不粵；
不必詩，亦不必不詩。要皆太虛清淑之氣之所坱圠而鬱
積，惟奇與奇遇，其相賞相惜，交相引重而不忍舍，尤非
凡俗所能同。然則先生斯遊，舉山之奇、人之奇悉暢發
之，山有靈，當必感且慰，人雖往而有靈，亦必感且慰。
則於先生之返番禺也，李君芸甫水部爲衆山之靈餞先生，
亦爲帙中人之靈餞先生，豈徒以與先生有連申其私焉而已
乎！中丞長樂梁公即席賦詩，諸朋舊從而繼聲，陳子桂舫

有圖，而永福呂璜爲之序。時道光丁酉四月也。"

五月初一日，陳標、陳鑠、朱琦、朱鳳梧來送行，皆有詩贈別。其餘黃銓、張逢亨、李秉綬、李宗瀛、李宗淑、李宗滄諸人均賦詩送別。

> 《桂游日記》卷二陳標《南山先生來訪桂林山水，題余夢遊天台圖，賦此以謝，即送東旋》、陳鑠《南山先生來桂林話舊論文，快慰別緒。辱賜佳章，依韻奉答，即書送別圖後》、朱琦《南山先生枉過談詩，賦呈一律，即書灕江送別圖後》、朱鳳梧《南山先生將返羊城，題灕江送別圖，仍次登舟有作原韻》詩，《花甲閒談》卷一五李宗淑《題灕江送別圖送南山先生東旋》詩。
>
> 李宗淑，字梅生，江西臨川人。官鹽大使。
>
> 李宗滄，字南墅，秉綬子。官通判。

向李秉綬辭行，話別久之。至還初堂，爲寫"天外飛來"四大字。

> 《桂游日記》卷二。

顧秋甫載酒，邀同呂璜、李秉綬餞於灕江之上。同遊水月洞，遂與三君相揖而別。南山賦《水月篇》詩，以志茲遊，兼攄別緒。

> 《桂游日記》卷二。《松心詩集・桂林集》。
>
> 《水月篇》詩序云："道光丁酉五月朔日，李芸甫水部、呂月滄山長、顧秋甫中翰載酒餞余於灕江，午後放船西湖。宋時，隱山六洞在西湖上，風景之佳，遊蹤之盛，擬諸杭之西湖。今則灌漑爲田，非復昔之西湖矣。然碧水淪漣，蒼山隱現，煙波之趣，今昔不殊。飲酒半酣，泊水月洞。洞容一舟，水周洞外，人在洞中。天光斜通，風籟曲遞，世間清涼之境，若此者能有幾耶？酒罷坐石，餘霞映波，三君送余登舟。帆開，回望水月洞，因賦《水月篇》

寄諸同好，既志勝遊，且攄別緒焉。"詩云："來因山之奇，去得水之趣。此身有去來，此心無去住。我友惜我別，餞我水之湄。一友爲繪圖，諸友序且詩。前日之餞，桂舫繪《灕江送別圖》，月滄作序，諸君賦詩。再放湖西船，復向洞中泊。同參水月禪，共得山林樂。水消當更長，月缺還更圓。客去何時來，再結水月緣。"

歸舟回望水月洞，作《帆開回望水月洞，再賦五言轉韻一篇，奉寄月滄山長、秋甫中翰、芸甫水部》、《百餘年桂林前哲，余最心儀者陳文恭、謝梅莊二公。此來未獲瞻拜祠墓，因賦一詩，以志景仰》詩，奉寄詩友。末附識語云："二百年來，粵西人余最心儀者，陳文恭公及謝梅莊先生。此來忽忽返櫂，未能瞻拜祠墓，此心殊覺缺然。"

《桂游日記》卷二、卷三。《松心詩集·桂林集》。《花甲閒談》卷一五。呂璜《月滄文集》。

按，陳文恭，即陳宏謀；謝梅莊，即謝濟世。

五月初二日起，歸舟中將粵西親友送行詩文録爲一帙，以志苔岑之契、文字之緣。此後至初九日，逐日閱《漢書·地理志》、《水經注》、《水道提綱》、《乾隆府廳州縣圖志》、《説文》、《桂海虞衡志》、《卷施閣集》、梁章鉅《退庵詩草》、朱鳳森《詩草》。考西水自黔入粵原委，草《西水考》。輯《經字異同》。初九日午，到家。

《桂游日記》卷三。

夏汛至，懲此前兩年連年水患，因撰《西水歌》詩、《西水防患説》文以寄憂虞。

《松心詩集·花地集》卷一。《花甲閒談》卷一六。

詩云："粤東歲歲有西水，勢若百川將灌河。衆流大小百四十，雲、貴、廣西諸水合肇慶諸水，共一百四十有奇，皆至廣州境内入海。溯源豈獨名牂柯。……預愁去水稍壅滯，有似歸路遭遮羅。奔流洶洶繞村郭，駭浪隱隱藏蛟鼉。尾閭欲洩洩不快，竊恐水患他年多。杞人之憂聊作歌，嗚呼奈此西水何。"

《西水防患説》後記云："今年夏西水盛漲，麥香田明經穎言佛山甚險，忽旁近基圍潰决，水勢得洩，乃獲安全。因言新興河頭有渠，若能疏鑿使通，水有所分，不至直趨廣州，將來庶不至大受西水之害。又言方象平孝廉曾上書當事，亦主此説。"

按，文曰："廣州歲有西水，……人知爲廣西之水，實則發自夜郎，盡納滇黔交桂諸水，自西而東，經流四省。予嘗考之大水、小水，合計共一百三十七。"自注："詳見《桂游日記》。"則此文當作於《桂游日記》之後。

麥穎，字香田，廣東番禺人。嘉慶丙子副貢。官韶州府學教授。

六月，爲潘正煒《聽颿樓書畫記》之"董其昌書於寶鼎齋辛亥五月望"帖題識。

潘正煒《聽颿樓書畫記》卷二。

題識云："香光書有兩種，一種遒勁嚴重，從顏來；一種跳盪飛舞，自米出。而其要旨在提得筆起。此卷雖率意書，然玩其頓宕轉折，非提得筆起不能也。道光丁酉六月張維屏識。"

南山以桂游行迹録爲一帙，題爲《桂游日記》，朱鳳梧爲之題識。

《桂游日記》卷首。

識語云："桂林之山甲天下。南山先生欲觀桂山，特爲桂

遊。適芸甫水部延余課子，因是獲與先生同舟，晨夕論
文，談藝甚歡。至桂又相聚月餘。此《桂游日記》，余見
先生握管即書，風來水面，自然成文。其中有記叙，有辨
論，有考證，名理清言，層見疊出。吾知是編他日必與
《驂鸞録》、《入蜀記》、《客杭日記》諸書并傳。至詩之
工妙，則騷壇老宿，海内共知，無俟余之贅述也。道光十
有七年歲次丁酉五月朔日，會稽朱鳳梧識。"

集自道光丁酉正月至五月所作詩數十首爲《桂林集》，
後彙入《松心詩集》。七月，刻《桂遊日記》三卷。

《桂游日記》卷首。金菁茅《張南山先生年譜撮略》。

潘氏有園在城外花地，曰東園，南山借居之。於是家
居之日少，園居之日多；城居之日少，村居之日多。
其間所作詩，結爲《花地集》。

《松心詩集·花地集》卷一《花地》詩。金菁茅《張南山
先生年譜撮略》。

詩序云："海珠之西有鵝潭，鵝潭之南有花地。地以花得
名，有花市焉。詩家或作'花埭'，以地名而言，當從土
音曰'花地'。"

詩云："近海多煙水，離城少市塵。東園數畝地，聊且寄
閒身。"

園居有暇，隨意吟詠，成《東園雜詩》詩十九首并
序，頗述蕭閒生活及讀書著述之志。

《松心詩集·花地集》卷一。《聽松廬駢體文鈔》卷四。
《花甲閒談》卷一六。

詩序云："園在珠江之西，花地之東，潘氏別業也。雖無
臺榭美觀，頗有林泉幽趣。四尺五尺之水，七寸八寸之
魚。十步百步之廊，三竿兩竿之竹。老幹參天，留得百年
之檜；異香繞屋，種成四季之花。炎氛消滌，樹解招風；

夜色空明，池能印月。看苔蘚之盈階，何殊布席？盼芰荷之出水，便可裁衣。枝上好鳥，去和孺子之歌；草間流螢，來照古人之字。蔬香則韭菘入饌，果熟而橘柚登筵。茂樹清泉，或謂可方盤谷；水田夏木，或云有類輞川。僕假館其間，養疴少出，塵事罕接，天機自生。五十載年華易失，往不可追；千萬卷書味無窮，澹而彌旨。丹鉛弗倦，敢望異時之傳；博弈猶賢，不虛終日之飽。著述有暇，謳吟自娛。率吾意所欲言，時望古而遙集。句惟五字，律定不遷。什有八章，興盡而止。作非一時，詠非一事，概名之曰《東園雜詩》云。"

詩云："珠海西南路，名園轉傍東。樹周三徑外，人住百花中。紅紫成香國，園外有花市。鐘魚近梵宮。大通寺。門前有流水，舟檝往來通。""宦海脫風波，幽棲愛薜蘿。離城俗客少，開卷古人多。水畔趁花市，煙中聞櫂歌。釣徒家法在，早晚製漁蓑。""滿眼皆生意，高低綠萬叢。纔聞荷蓋雨，又受柳絲風。花徑深深轉，溪流曲曲通。鳴蟬偏解事，催報荔支紅。""漁樵新結伴，松竹舊論交。事雜教兒理，書多倩友鈔。與其尸紱冕，孰若守衡茅。士品由來貴，硜硜勝斗筲。""易理先觀象，《易》始於畫，理在象中。書文必準今。《尚書》以今文爲準。說詩應審序，《詩》依小序。學禮貴根心。三傳殊繁簡，諸家判淺深。何須分漢宋，要不愧儒林。漢學、宋學均有得失，視其人如何耳。""道學所包廣，躬行能幾人。空談心與性，孰辨假和真。自元人修《宋史》，別立《道學傳》，後人遂以談心性、撰語錄者爲道學。門戶原私見，漢之黨錮，宋之洛蜀，明之東林，雖君子不能無門戶之見。薰蕕況雜陳。無爭乃君子，聖訓合書紳。""經濟談何易，粗豪未可爲。慎無矜意氣，要在識機宜。葛相武侯行軍日，萊公御寇時。小心兼大膽，千載令人思。""大文如大道，九達乃通衢。但勿趨邪徑，奚容限一途。宏才有班馬，生面又韓蘇。質勝須防野，拘虛恐集枯。方望溪古文，持論正而過於拘，不善學之，恐流於枯瘠。""萬類久則散，惟詩能聚之。千秋如晤對，片語入心脾。酒美米先足，蜜成花不知。滄浪崇妙悟，偏論詎堪師。嚴滄浪'詩不關學'之語，竊恐貽誤後人。""今人言考據，古說已多歧。實事求其是，虛心善即師。博觀須反己，約守莫趨時。不必操成見，考據家多求新好勝之見。惟期釋我疑。""一帖書家祖，蘭亭味最長。須知真力量，莫誤逞雄強。書貴腕力，尤貴氣韻。梁武帝以'雄強'二字評書，易墮惡道。妙豈貌能襲，氣隨年共蒼。仙乎顏米後，傑出董香光。昔人目李太白爲詩仙，余目董玄宰爲書仙。""好手師造物，天然圖畫張。鴨頭春水綠，牛背夕陽黃。丘壑互映帶，煙雲同混茫。一言參妙諦，書味此中藏。畫之妙在書卷氣。""靜久忽思動，出門隨所便。時臨深淺水，閒看往來船。萬物物交物，百年年復年。不知何處雪，吹到鬢毛邊。""有客話黃岐，精微豈易知。誰能見臟腑，所慮得毛皮。方藥關生死，陰陽妙轉移。張仲景孫真人劉河間李東垣後，落落幾良醫。五百年來良醫，如薛立齋、李瀕湖、繆仲醇、喻嘉言、柯韻伯、黃坤載、葉天士、陳修園，不過數人。""古道日荒蕪，公然大德逾。欲維今士習，須法宋先儒。宋儒之書，今日士風對病之藥。行己當知恥，觀人莫笑迂。從來真血性，每帶幾分愚。""海外芙蓉片，年來毒愈深。管長吹黑土，卮大漏黃金。舊染頹風久，新頒法令森。轉移關造化，聖意即天心。""蚩氓皆有欲，趨利每蠅營。生聚黔黎眾，飢寒性命輕。匪徒會匪虞煽惑，遊手糧艘水手慮縱橫。回鶻雖馴伏，須防苞蘗萌。""飽喫昇平飯，安閒學圃宜。菜根猶未齩，蔬譜要先知。覷土漸諳性，灌園當及時。瓜壺與葵菽，瑣細入幽詩。""積雨人

蹤少，幽居世慮捐。何來新屐齒，忽損舊苔錢。水綠樹三
面，風香花一肩。沙鷗天地濶，隨意養餘年。”

七月上浣，李國龍輯《百蝶圖》册成，當有刻印之
舉，南山題辭亦當在此時。

李國龍《百蝶圖附六友堂詩鈔》卷首。

題辭云：“畫蝶筆既妙，切音功復深。兩藝實相懸，精之
以一心。莫大於鵬翼，莫小於蟲臂。齊物有蒙莊，知君得
其意。躍門先生屬題。君《百蝶圖》與《切音書均》已
刊行，故兼及之。南山張維屏。”

按，題辭未署年份，然《百蝶圖附六友堂詩鈔》卷末有
李國龍道光丁酉年跋，則題辭當作於丁酉當年或之前不
久，姑繫於此。

陳作棟數年前曾以詩請點定，南山既摘其警句入詩話
矣。今秋陳來省垣，又攜詩來訪，既與晤談，復瀏覽
其新近諸作。八月十六日，爲作《松雲吟草續鈔序》。

陳作棟《松雲吟草續鈔》卷首。

陳作棟，號松雲，廣東封川人。生員。

秋，爲孔廣陶《嶽雪樓鑒真法帖》之“宋蘇文忠子瞻
書帖”、“宋蘇文定子由書帖”題識。

孔廣陶《嶽雪樓鑒真法帖》丑册、寅册。

子瞻帖題識云：“坡公書從魯公來，用筆有沈著之意，所
謂剛健含婀娜是也。此紙無欵識，想不止此詩，其後半偶
然脫落，或爲人割去耳。道光丁酉秋日張維屏識於葉氏佇
月樓。”

子由帖題識云：“蘇文忠書，世多石刻，而文定書少流
傳。此紙無款識，惟子由一印，王弇州收入宋人墨蹟，必
有據也。其筆意與長公極相似，即以書論，亦當雁行矣。
張維屏識。”又，“《池北偶談》古北口一寺有石刻蘇穎濱

詩'亂山環合疑無路，小徑縈迴長傍溪'云云，蓋元祐間奉使契丹時所題而遼人刻石者。觀此，則文定書當時雖異域亦知貴重之。"

九月十四日，爲吳家樹《遊瓊草》題識。

吳家樹《遊瓊草》卷首。

識云："石屏學博與哲弟菊湖太史，少稟庭訓，並有文名，而君尤好詩。海南嶺北，契濶數年，今秋握手，歡然出詩稿，屬爲訂定。披吟數過，要皆稱心而言，其氣和平，其骨傲岸，其詞清麗，其旨溫柔。紀彼風土，氣合蛟蜃之奇；怡人性情，采奪珊瑚之豔。至於爲親祈壽，憶弟郵詩，流連岵屺之篇，繾綣塤篪之奏，蓋於倫常之間，根本之地，尤纏綿敦篤焉。風雅剗緝，是真名山可藏；波瀾老成，豈特觀海有術已哉！道光丁酉重陽後五日，同里張維屏并識。"

東園暇日，成《閒居雜詠》詩三十三首，泛論經、史、子諸書及前賢。

《松心詩集·花地集》卷一。

按，詩詠黃帝、《周易》、《尚書》、《毛詩》、《春秋三傳》、《三禮》、《論語》、《孟子》、《史記》、《漢書》、《後漢書》、《老子》、《莊子》、《離騷》、魯連、范蠡、留侯、陸賈、郭泰、諸葛武侯、陶靖節、文獻公、李太白、杜子美、白香山、韓文公、蘇文忠公、寇萊公、邵康節、朱子、崔菊坡、陳白沙、王文成公，凡三十三首。或評典籍得失，或述前賢功德，大抵非一時之作。

本年陳澧館於南山家，其六子祥晉從學。祥晉於九月鄉試中式，遂解館。

金菁茅《張南山先生年譜撮略》。陳澧《自記》、《張賓嵎墓碑銘》。

祥晉，字賓嵋。

九月，潘正亨卒。總角之交，又爲姻好，故於潘之逝，輓之以歌，備致哀痛。

《松心詩集·花地集》卷一《輓潘伯臨比部正亨二首》詩。顏嵩年《越臺雜記》卷一。《能敬堂潘氏譜》。

詩其一云：“總角論交意最真，暮齡相見更相親。如何前日談新句，忽道今朝作古人。三五年華同筆硯，八千里路共風塵。黃門一去黃壚冷，重過河陽倍愴神。”其二云：“早年仕宦居雲署，晚景嬉遊愛水鄉。柳骨顏筋揮萬紙，君善書，求者甚衆。花天月地醉千場。文能壽世才偏鬱，死似登仙藥未嘗。我欲拈毫爲作傳，載披遺集淚沾裳。”

十月，伍長青輯其祖秉鏞、父元芳遺照爲《梅關步武圖》，益以諸家題詠。將付梓，求南山爲序。乃爲撰《梅關步武圖序》，并題七絶二首。

伍長青輯《梅關步武圖詠》卷首。

文曰：“去歲之秋，余歸自江右，追尋少壯交遊，大半彫謝，問其後嗣，克家者固不乏人，而不克守其世澤者，所在多有，不禁憮然爲太息也。一日，伍竹樓觀察世講渡江過余，執禮甚恭，手奉《梅關步武圖》，請余爲序，且肅容而言曰：‘長青無似，惟是先人手澤所留，兢兢弗敢失墜，此圖爲先祖先父兩世之遺照而同時諸名公先生題詠之詩文，什襲藏之久矣，所慮紙本易於損壞，將摹而刻之，庶可垂久，且以誌諸君子與吾先人縞紵之誼、翰墨之緣於弗諼也。’於是留其圖詠，披覽一過，因之有感焉。夫羊城之地，珠江之濱，世所稱殷駢繁富之區也。以余數十年來目中所見，席豐履厚，踵事增華，園池臺榭之經營，錦繡章采之焜燿，服食玩好之侈麗，樓船粉黛之嬉娛，其生也取精而用宏，其歿也聲銷而跡滅，如露電泡影之過而不留，欲求一言一行、一字一句之流傳於後，渺不可得。即間有圖史書畫、金石鼎彝，亦大都散爲煙雲，飽諸蟫蠹，然後歎浮生富貴，了不足恃，而惟子孫能守其世澤者爲可貴也。今竹樓於此圖，儼乎如有見，愾乎如有聞，珍之藏之，摹之刻之，將印千百本分而廣之，他日或以圖有梅花而載入類書，或以地屬梅關而傳爲故事，皆未可知。而竹樓生殷富之區，處饒樂之境，能勤勤焉保守先澤，思貽祖考令名，不可謂非孝思不匱之一端也。竹樓好竹，且工吟詠，以竹爲師，虛心求益，余嘉其孝思，且重以三世交誼，故樂爲序之。至其令祖東坪觀察之宦績，尊甫梅邨孝廉之文譽，以及喬梓之壯遊、庾嶺之景物，已詳見於諸君之詩文，不復贅。道光丁酉冬十月，番禺張維屏序。”

伍元芳，字梅村。舉人。

伍長青，字嵩雲，號竹樓。諸生。

客有問詩畫之學，答以詩重風韻，畫重氣韻。

《松心詩集·花地集》卷一《客有問詩畫者，口占答之》詩。

詩云：“白沙論詩我所師，若無風韻如無詩。南田論畫吾稱快，必有氣韻方有畫。風韻氣韻人兼天，心知其妙言難傳。奇花初開酒半醉，一笑獨立春風前。”

閒居多暇，清適自如，而仍篤志撰述，有《夜》、《二氏》、《雲水》、《獨吟》、《村行得句》、《陶白》諸詩言志。

《松心詩集·花地集》卷一。

《夜》詩云：“老去分陰惜，經畬尚力耕。”自注：“撰《經字異同》、《經疑擇善》二書。”

梁章鉅從桂林寄示《商爵歌》，南山爲作《商器父字解》，並賦詩爲贈。陳澧有和作。

《松心詩集・花地集》卷一《商爵詩爲梁茞鄰撫部章鉅作》詩。《陳東塾先生遺詩》之《和張南山先生爲梁茞鄰中丞作商爵詩》。《陳澧先生年譜》。

詩云："桂林中丞篤好古，千里寄示商爵歌。宣和圖繪二十四，《宣和博古圖》載商爵有銘者二十四。形製考覈知無訛。孔子殷人學殷禮，見此當必三摩挲。後儒何幸獲至寶，法物詎止供吟哦。其銘三字子孫父，商尚簡質辭無多。薛尚功云子孫爲父作，此論未正殊偏頗。子孫居上父居下，尊卑倒置共謂何。男子美稱父即甫，古"父"、"甫"通用。與父異義非同科。我爲索解列證據，敢逞辯口如懸河。余有《商器父字解》。猗嗟此器四千載，神鬼守護勞撝訶。前光足配大禹鼎，後勁孰尋差勿戈。差勿，公劉曾孫。差勿戈，見《稽古齋鐘鼎款識》。八桂堂中政方暇，想見三爵顏微酡。豈惟清緣結金石，定有瑞應徵祥和。銘字垂垂象禾穗，豐年預兆生嘉禾。"

陳澧詩云："我生夙好金石文，上窮斯籀下隸分。惜哉三代物罕覯，薛尚功王厚之摹刻徒紛紜。近者桂林有商爵，中丞拂拭生奇芬。其銘三字子孫父，倒薤筆力懸千斤。松心先生善說古，博徵載籍詞斷斷。先生爲作《商器父字說》。歌詩唱和各奇絕，更得篆法心所欣。……昔過松廬見傳刻，墨光滿紙浮氤氳。中丞得華山碑山史本重刻之，前在聽松廬見拓本甚精。願乞先生索紙本，吉金樂石來如雲。便當西望拜嘉惠，古錦什藏香三熏。"

張之洞生。

張蔭桓生。

程恩澤卒。

陳鴻墀卒。

侯康卒。

周凱卒。

洪頤煊卒。

石韞玉卒。

劉世馨卒。

道光十八年戊戌（一八三八）　五十九歲

[**時事**] 英國輸入鴉片達五萬餘箱。　閏四月初十日，鴻臚寺卿黃爵滋奏"嚴塞漏卮以培國本"，請嚴禁鴉片。廣州居民萬人示威，反對英美販運鴉片。八月，鄧廷楨奏，主加重吸食興販鴉片之罪，但不當論死。　十月，廣州官吏擬將煙販何老近在商館前行刑，外人反對，未果。　十一月，命湖廣總督兼兵部尚書銜林則徐爲欽差大臣，馳赴廣東查辦海口事件，所有該省水師，兼歸節制。　十月二十六日，廣東當局在廣州各國商館前處絞中國鴉片煙販，英、美等國煙販蠻橫干涉。廣州近萬人示威，怒責洋人。

仍寓東園。撰《經字異同》成，尚有應增補者。
　　金菁茅《張南山先生年譜撮略》。
正月，偕陳澧、金錫齡泛舟花地，飲於東園，兒姪輩侍於左右。有詩。
　　《松心詩集・花地集》卷一《春日同陳蘭甫澧、金芑堂錫齡兩孝廉泛舟花地，飲於東園，席上得句》詩、《花甲閒談》卷一六《早春遊花地飲於東園，即事成詠》詩及自注。
　　前詩云："東園我已多時住，新歲來遊主亦賓。對酒喜逢

三益友，看花同作一家春。子姪皆侍。高歌擊節聲猶壯，
小醉拈毫句易真。美景良辰共尋樂，老夫何異少年人。”
後詩云：“老至當行樂，欣看淑景新。煙霞六旬客，風日
萬家春。隨遇心無滯，忘機物自親。不須愁暮色，明月湧
冰輪。”

按，此遊兒祥瀛、祥鑑、祥晉、姪祥芝隨侍。《花地集》、
《花甲閒談》録祥瀛、祥鑑、祥晉《侍大人遊花埗飲於東
園謹步原韻》、姪祥芝《侍伯父大人遊花埗飲於東園謹步
原韻》詩。

金錫齡，字伯年，號芑堂，廣東番禺人。道光十五年舉
人。菁茅子，南山内姪。

觀豫堃“錦峰校士圖”，又借觀熊景星藏金農“墨梅
圖”，各題以詩。

《松心詩集·花地集》卷一《豫厚菴榷使堃錦峰校士圖二
首》、《金壽門農墨梅，熊荻江廣文景星屬題》詩。

豫堃，字厚菴。曾任江寧織造，時官粵海關監督。

二月初六日，金菁茅約同梁信芳、周懷棠遊波羅，登
浴日亭，觀蘇軾、陳獻章二公詩碑。觴詠竟日，有詩
唱酬。嗣後輯録爲《浴日亭次韻詩》。

《松心詩集·花地集》卷一《二月初六日，金醴香中翰菁
茅招同梁香浦孝廉信芳、周秀甫太守懷棠爲波羅之遊。登
浴日亭，觀蘇文忠公、陳文恭公二詩碑，次韻二首》詩。

金菁茅輯《浴日亭次韻詩》卷首。

梁信芳，字孚萬，號薌甫，廣東番禺人。嘉慶十三年舉
人。官知縣。有《螺涌竹窗稿》、《桐花館詩》等。

周懷棠，字秀甫，廣東番禺人。官知府衙同知。

兩廣總督鄧廷楨閱兵廣西，廣西巡撫梁章鉅贈以銅鼓，
歸置兩廣督署内。南山爲賦《銅鼓歌》詩。

《松心詩集・花地集》卷一。鄧邦康《鄧尚書年譜》。

詩云："波羅每歲春二月，鄉人遠近朝祝融。祝融殿上列二鼓，穆若神聽聲隆隆。南海神廟銅鼓，鄉人擊以樂神。金精斑作鵁鶄綠，木棉豔映珊瑚紅。鏗鍧閤輵還益震，神物永寶馴蛟龍。《廣東新語》云：銅鼓近則聲小，遠乃聲大。羊城節署未有此，有此始自南陽公。鄧嶰筠制府。公來三載百度舉，文經武緯群欽崇。今春閱兵到西粵，扁舟載鼓歸於東。桂林二鼓我曾見，形質比較將毋同。尊罍彝鼎世不乏，此鼓得所欣遭逢。玉堂老仙擅詞翰，鈴閣暇日傳詩筒。愛民愛士兼愛古，拂拭肯使塵霾封。千年古色照几席，一篇高唱鳴鐘鏞。鯫生歸耕在田野，時擊瓦缶隨村農。陽春高歌索里和，自顧小技慚雕蟲。扣槃捫籥等揣測，欲借雷鼓開癡聾。方今昇平樂化宇，百蠻重譯聲教通。膠庠听鼓集髦俊，閭閻饗鼓歌熙雍。條風不鳴海清宴，膏雨既霈年綏豐。小儒介然有銅行，願擊土鼓歌唐風。"

又，方東樹《儀衛軒詩集》卷三《銅鼓詩》序云："道光十八年春，兩粵制府嶰筠尚書講閱西省，梁茝林中丞以府中舊蓄銅鼓一相遺，遂移之而東。""尚書命作銅鼓詩，爰賦其事云爾。"

二月十三日，金菁茅輯《浴日亭次韻詩》成，南山爲撰序。

金菁茅《浴日亭次韻詩》卷首。

序云："道光戊戌二月六日，金醴香司馬招同梁香浦孝廉、周秀甫太守爲波羅之遊，醴香壻石墉、子銘吉侍行。清晨登舟，放乎中流，風日和煦，江波不興。日未午，達于黃木之灣，登岸，肅謁南海神廟。觀銅鼓，大者鼓面徑三尺，全體完好。小者惜已損壞。循廊觀韓碑，昌黎鴻

文，與日並曜，碑爲唐陳諫書，《府志》以爲宋陳諫，誤
也。廟門内有扁，分書'百谷王'三字，獨瀧書也。門
左有達奚司空像。出廟百餘步，登浴日亭，海色空蒼，微
辨帆檣，目力所極，天水一碧。望煙中之隱嶙，想虎門之
屹立。觀蘇文忠公《浴日亭詩》碑，'忽驚鳥動行人起'
碑作'馬動'，當是筆誤。又觀陳文恭公詩碑，知爲茅筆
所書。徘徊久之。比返舟中，夕陽在水，主人命酒共酌，
肴核雜陳，觸詠間作。余詩先成，同人皆有詩，皆次蘇
韻。越日，醴香檢翁覃溪先生所撰《粤東金石略》，知亭
舊有明人詩碑三，今皆不存。又檢崔鼎來孝廉所撰《波
羅外紀》，具載次韻諸詩。秀甫檢出劉後村一律，《外紀》
所未載。續有檢出，隨時增入。醴香先就所見録之，同人
詩附於後，都爲一卷，屬余識數語卷端，蓋不惟紀一時之
勝遊，且俾後之登亭懷古、觀碑賦詩者有所考云。花朝後
一日，番禺張維屏。"

石墉，改名恩榮，字子勤，廣東番禺人。官廣東德慶州學
訓導。

金銘吉，字佰惠，廣東番禺人。道光二十九年舉人。官廣
東茂名縣學訓導。

三月，復補學海堂學長。

金菁茅《張南山先生年譜撮略》。林伯桐《學海堂志》。

有《江村》、《花市》詩。

《松心詩集·花地集》卷一。

廖炳奎來訪談詩，出示詩稿，乃爲題一律。

《松心詩集·花地集》卷一《廖豸峰大令炳奎見訪談詩，
出示詩稿，奉題一律》詩。

廖炳奎，字豸峰，福建順昌人。拔貢。官知縣。有《山
左懷古詩》。

登珠江邊水明樓，以石衡、丁照二人常邀同人觴詠於
此，有詩紀之。

> 《松心詩集·花地集》卷一《水明樓》詩。
>
> 石衡，字寶田。廣東番禺人。道光二十三年舉人。官知
> 州。有《荔漪吟館集》、《籠鵝山館集》。
>
> 丁照，字鑑湖，廣東番禺人。貢生。官廣東揭陽縣學
> 訓導。

莫晉甫新任教官，袖詩來求教，爲詩報之。

> 《松心詩集·花地集》卷一《莫接三廣文晉甫袖詩來見，
> 於其歸也，以詩報之》詩。
>
> 按，莫晉甫，字接三，其人未詳。然詩有"甲子年家子"
> 句，則其父乃嘉慶九年鄉試與南山同榜者。

呂玉璜子祥麟來訪，以詩酬之。

> 《松心詩集·花地集》卷一《酬呂鶴洲秀才祥麟》詩。
>
> 呂祥麟，字吉士，號鶴洲，廣東海陽人。咸豐二年舉人。
> 有《漱綠山房詩稿》。

姚柬之過東園訪南山，不遇，留詩志別。

> 姚柬之《伯山詩集》卷二《過東園訪張南山不遇，用壁
> 間南山遊青原寺石刻原韻留示南山，兼以志別》詩。
>
> 按，姚詩有"我從踰嶺來，六載加馬齒"句。姚於道光
> 十三年來任廣東揭陽縣知縣，十八年將離粵赴貴州大定府
> 知府任。

秋日，有《雲水》、《獨吟》、《村行得句》、《陶白》
諸詩。其中《陶白》一首，頗示晚年心境。

> 《松心詩錄·花地集》卷一。
>
> 《陶白》詩云："搔首西風木葉疏，曰歸吾且愛吾廬。地
> 供放浪江湖海，天俾優遊詩酒書。死倘有知閒亦樂，生而
> 無用壽仍虛。九原可作師陶白，微醉清吟意自如。"

冬，徐榮自浙江寄奉所作《藁城》、《丙檄》、《平昌》三詩集，浼南山評閱。南山閱竟，爲作序。

徐榮《懷古田舍詩鈔》卷首。

《藁城丙檄平昌三集叙》云："鐵孫大令自浙寄詩，屬爲商定。載披載吟，數日始竟。悄然以思，曠然以怡，終乃肅然而起敬。方其一官辭家，孤宦作客，骨肉暌離，粤南燕北。室氈不溫，盤蓿不飽，同官餓走，坐守枯槁。於時老椿環軒，瘦筠繞籬，覓句忘飢，劬書忘疲。迨夫三上公車，一旦通籍，謂當天禄校書，瀛洲簪筆。乃事與願乖，才與命違，不爲鳳翙，而爲梟飛。貌古不時，骨剛不柔，斂版低心，俯仰湛浮。如航重洋，如颿方張。颿不得落，舟不得泊，此吾所爲悄然以思者也。若夫天外舉頭，塵中插脚，山水之邦，於焉棲託。浙西浙東，靈秀鬱勃，三寸之管，有觸即發。標舉烟霞，刻畫巖壑，寫水欲飛，狀石如削。可駭可愛，可喜可愕，化工多奇，待君鐫鑿。牙笏可拄，蠟屐可著，造物有心，待君不薄，此吾所爲曠然以怡者也。既而繭絲小試，牛刀發硎，平昌僻壤，以山爲城。君曰無陋，緊我之責，勸以箴銘，教之種植。言念我民，胞與匪隔，同此秉彝，豈有異德。老者叔伯，幼者子姪，謂余父母，背汗面赤。君詩云：'各自謀其生，而謂官父母。官乎試自問，背汗得無雨。'君實愛民，民亦戀君，留君不住，奔走載路。曰何易于，曰元道州，肅然起敬，今與古侔。勉旃盛年，天驥騰驤，勿似老夫，伏櫪退藏。君之詩名，早滿人口，何時論文，共一樽酒。道光戊戌長至前一日，番禺張維屏書于花竹煙波邨舍。"

王國瑞生。

陳在謙卒。

呂璜卒。

徐寶善卒。

蔣因培卒。

儀克中卒。

道光十九年己亥（一八三九）　六十歲

[**時事**]　正月，欽差大臣林則徐到廣州。四月，林則徐開始在虎門銷毀鴉片二百三十七萬餘斤。七月，林則徐、鄧廷楨續毀潮州解省之鴉片，至年底布告永遠停止英國貿易，英船一律驅逐。　以翰林院編修張芾爲廣東鄉試正考官，兵部郎中潘鐸爲副考官。　英國內閣決定發動對華侵略戰爭。　龔自珍辭官南歸。　梁廷枏撰《粵海關志》三十卷成。

寓東園。輯《史鏡》。

　　金菁茅《張南山先生年譜撮略》。

正月，《花甲閒談》十六卷編成，并撰自序，縷述生平世途波折、仕宦生涯，與夫詩友唱酬、暮年心境。

　　《花甲閒談》卷首。

　　序云：“屏弱齡有志，欲希古賢，暮景無能，願爲老圃。回思五十年以來，學殖蹉跎，名場蹭蹬，世途險阻，宦境艱危。雙鬢漸添白髮，甚矣吾衰；一官無補蒼生，不如歸去。所幸免於罪戾，獲返衡茅，妻孥聚首，朋舊論心。話君親高厚之恩，述出處憂愉之況，浮生若夢，往事如塵。偶約舉生平所歷，屬葉生春塘繪之，圖凡三十有二，略以對語相聯，先後本無詮次，舊作可與圖互證者錄之，師友篇章亦間錄一二，分爲十有六卷，名曰花甲閒談。嗟乎！

五嶽未遊，二毛已見，笑繭蠶之自縛，歎紙蠹之空勞。眼前展卷，宛然如對今吾；身後披圖，或者猶存故我。自爲小引，併入閒談。道光己亥正月人日，番禺張維屏書於花竹煙波村舍。"

招集同人於東園，聽王心齋、周絃隱彈琵琶。

《新春宴遊唱和詩》録熊景星《春遊次南山先生韻》詩中原注。

王心齋、周絃隱，其人俱未詳。

聞呂璜卒，賦詩悼輓。

《松心詩集·花地集》卷二《輓呂月滄司馬璜》詩。

詩云："四十年來論古文，悺侯子居逝後喜逢君。如何一面心相許，頓使千秋手永分。循吏聲名留浙水，故人悲悼望江雲。一篇送我灘江序，回憶臨歧意倍殷。"自注："余遊桂林將歸，同人繪圖賦詩，君撰《灘江送別圖序》。"

緝史之暇，偶讀古歌謠辭，有會於心，乃作《古歌謠》組詩，以攄素抱。

《松心雜詩·古歌謠》。

詩序云："緝史有暇，偶讀古歌謠，愛其辭旨簡質，意味深長。有會於心，欣然命筆，我用我法，不襲舊題。敢云方駕昔賢，聊以自攄素抱。題曰'古'者，以其異於今體，遂別之曰'古'云爾。"

詩有《日月歌》、《星辰歌》、《塵海謠》、《得得歌》、《生生引》、《大倫歌》、《王道歌》、《太平歌》、《黃帝篇》、《文字篇》、《形神篇》、《仙佛篇》、《經史篇》、《二黨篇》、《勸善歌》、《懲惡謠》、《醒勢歌》、《戒矜歌》、《奢儉歌》、《警獨歌》、《耳目歌》、《順逆歌》、《長短歌》、《衆寡歌》、《百一歌》、《去日行》、《大路行》、《四字篋》、《鶆鶆言》、《哥哥曲》、《旨酒頌》、《茶泥歎》、《睡起謠》、《心交行》、《知己歌》、《慎醫行》、《草草謠》、《歲歲歌》、《守黑歌》，凡三十九首。

林則徐以查禁鴉片欽差大臣抵粵。二月九日，出城拜會南山。

> 《林文忠公日記·己亥日記》。

> 日記云："二月初九，午後出城答拜碣石黃鎮軍貴及蔡春帆錦泉、張南山維屏。"

二月十八日，林則徐邀廣州各紳來議設局收繳煙土、煙槍等事，南山與焉。

> 《林文忠公日記·己亥日記》。

> 日記云："二月十八日早晨，邀紳士來議設局收繳煙土、煙槍等事。鄧鑑泉士憲、陳棠谿其錕、蔡春帆錦泉、張南山維屏、姚補之華佐俱來。午飯，未刻散去。"

> 鄧士憲，字臨智，號鑒泉，廣東南海人。嘉慶七年進士。官知府。時任廣州越華書院院長。有《慎誠堂集》。

> 陳其錕，字吾山，號棠溪，廣東番禺人。道光六年進士。官知縣。有《循陔集》。時主羊城書院教席。

> 蔡錦泉，字文淵，號春帆，廣東順德人。道光十二年進士。官翰林院編修。有《聽松山館集》。

> 姚華佐，字補之、輔之，廣東番禺人。監生。爲林則徐所重。後官至湖北安襄鄖荆道道員。

二月二十一日，午後，丁酉鄉試小門生十五人拜謁林則徐，南山子祥晉與焉。

> 《林文忠公日記·己亥日記》。

三月，爲葉應暘所藏宋張即之書《佛遺教經》題識。

> 孔廣陶《嶽雪樓書畫錄》卷二。

> 題識曰："樗樓喜寫經，余嘗見有數本。此卷書《佛遺教

經》，骨力得之顏，風神得之褚，於波折峭勁中，猶可想
見唐賢矩度，可寶也。蔗田農部攜以示余，因留齋中展翫
數日。道光己亥暮春，張維屏識。"

六月，爲孔廣陶《嶽雪樓鑒真法帖》之《元張伯雨書
帖》、《倪瓚題畫詩墨跡》題識。

孔廣陶《嶽雪樓鑒真法帖》未册。

張伯雨帖題識云："句曲外史，别號貞居子，作黄蔑樓，
藏古圖史甚富。此其自書詩藁，詩格清蒼，書勢遒勁。昔
人謂趙文敏授以北海筆法，觀此益信。道光己亥六月荷花
生日，番禺張維屏識。"又，"'丹光出林掩明月，玉氣上
天爲白雲'，外史句也。論者以爲有仙氣。蔗田農部愛外
史詞翰，因録之以供欣賞。南山。"

倪瓚墨跡題識云："倪高士詩稿墨跡卷爲家藥房太史所
藏，葉雲谷農部曾刻廿餘首入友石齋帖中。今吾友蔗田又
摘其未刻者刻之，不虚藥翁寶愛之意，惜乎翁不及見
矣。""稿中有至正廿三年正月會于貞松白雪軒詩。是年，
明太祖置禮賢館，一時如劉文成、宋文憲諸公俱已羅而致
之。高士東南名宿，乃蕭然不與，惟與二三朋舊泉石優
遊，觴詠間作。後之尚論者，益想見其清高恬澹之風焉。
張維屏識。"

七月，爲黄位清《松風閣詩鈔》撰序。

黄位清《松風閣詩鈔》卷首。

序云："丁酉春，余遊桂林，隨筆紀遊，成《桂遊日記》
三卷，詩僅數十首。今春吾友春帆同年爲桂林之遊，以拙
撰日記爲先路之導。比歸，出其《桂遊草》見示，則其
詩之多且工，皆過於余，其模範山水，抒寫物情，蓋有余
目中所已見，口中所欲言，讀春帆之詩，適如吾意中所欲
出者。是不惟意興之豪，足徵精神之健，吾知春帆壽且未

艾，而其詩亦且駸駸日進而未有已也。道光己亥秋七月，年弟張維屏。"

同月，關彩衢年登八十，託梁章舟請南山爲撰壽序。

關壽崧《關彩衢先生壽言》。

序云："介壽何昉乎？昉於《詩》，《詩》曰'爲此春酒，以介眉壽'是也。子爲親壽何昉乎？昉於《書》，《書》曰'厥父母慶，洗腆用酒'是也。然古之言壽，不定屬生辰，言壽必於生辰，蓋自唐始。介壽詩文之盛，則自明始。自時厥後，凡爲親壽者，製錦稱觴，必請鄉之達尊者德與文人詞客，爲詩文以稱美其親。夫人子於親，其愛敬奉養之心，至無盡也。養親以富，則凡口體之奉，可備者無弗備也。養親以貴，則凡章服之榮，可致者無弗致也。養親以壽，則凡延齡益算之方可求者無弗求也。然極其數，不過百年止矣，惟養親以名，則可以垂諸久遠。嘗觀歸震川、魏叔子、毛西河、陳其年諸家集中，介壽之作既多且著，其所作傳，則壽者亦藉以俱傳。然則人子廣徵詩文以爲親壽，足以令名養其親，固孝思不匱之一端也。香山關秋崖司馬以尊甫彩衢封翁八十壽辰，既請達尊者德與文人詞客爲詩文以稱美之，又彙集而梓之，因吾友梁章舟學博請余序之。余思封翁富貴壽考咸備，而秋崖又能以令名養其親，是編詩文其能如歸、魏、毛、陳之必傳於後，雖不可知，然既壽諸棗梨，則封翁平日置祭田、修學宮、營試邸、濬溪流、散錢粟、賑災荒、募鄉勇、衛里閭諸善行，皆因是編可以考見。至諸君子詩文平奇濃澹，體格不同，而其爲樂道人之善則同也。余以其事屬孝思，且有合於詩書之義，故樂爲序之，試質之章舟學博，當不河漢余言也。番禺張維屏。"

按，此文南山集中未載。

關彩衢，廣東中山人。居鄉行善，爲人所稱。

梁章舟，其人未詳。

秋，南山四姪、六兒繼三兒之後舉於鄉，詩以示之。
九月，南山暨金恭人六旬雙壽，伯子祥泰偕諸弟率諸
子舞綵稱觴。親友製錦，各賦佳篇。南山亦自製戲臺
聯以慶。

> 《松心詩集·花地集》卷一《三兒、四姪、六兒連舉於
> 鄉，詩以示之》詩。金菁茅《張南山先生年譜撮略》。顏
> 嵩年《越臺雜記》卷三。

> 詩云：“讀書豈爲博功名，鄉榜連登亦慰情。三世孝廉孫
> 繼祖，兩科華鄂弟聯兄。六兒丁酉科，三兒、四姪同己亥科。
> 雪窗好勵精勤業，雲路還期遠大程。後起莫忘先德蔭，勉
> 思爲善紹家聲。”

> 《越臺雜記》記云：“張南山先生六旬雙壽，同人製錦稱
> 觴，佳篇林立。嘗記其自製戲臺楹帖云：‘六旬來一部傳
> 奇，自加官直至榮歸，鴻案相莊，喜此日團圞偕老；兩科
> 內四番報捷，有佳兒更兼猶子，鹿笙迭奏，看後人次第登
> 場。’蓋丁酉哲嗣韶臺提舉祥鑑中順天副榜；賓隅觀察祥晉
> 亦舉于鄉。己亥，韶臺鄉舉第二；令姪瑞墀祥芝同榜舉
> 人。中必疊雙，一時佳話。”

譚瑩爲某生代作《張南山師六十雙壽序》。

> 《樂志堂文集》卷九。

> 譚瑩，字兆仁，號玉生。廣東南海人。道光二十四年舉
> 人。官府學教授。有《樂志堂詩集》、《文集》。

十月十一日，偕黃培芳等共八人遊城西離明觀，題太
湖石詩贈培芳。

> 張維屏扇面手跡。孔繼勳《嶽雪樓詩存》卷四《張南山
> 司馬維屏招飲離明觀賦謝》詩。

題詩云：“精堅凝道根，瘦硬挺仙骨。卓哉離乃明，能不物於物。題離明觀太湖石，香石年丈正之，維屏。”又，“道光己亥十月十一日，遊離明觀。同遊者香石殿校、棠溪儀部，春帆、燬庭兩太史，補之、醴香兩司馬，春浦參軍暨余，凡八人。談讌盡歡，翰墨偶作，扁舟往還，竟日之樂。屏記。”

按，香石爲黃培芳，棠溪爲陳其錕，春帆爲蔡錦泉，燬庭爲孔繼勳，醴香爲金菁茅，補之爲姚華佐，春浦未詳。

十月十五日，與粤秀書院院長區玉章、羊城書院院長陳其錕及鮑俊、梁廷枏、黃培芳諸人同至林則徐寓所小集，申刻始散。

《林文忠公日記·己亥日記》。

梁廷枏，字章冉，號藤花亭主人，廣東順德人。副貢。任澄海縣教諭、學海堂學長、越華和粤秀書院監院。入兩廣總督林則徐幕，以獻策抵禦外侮獲內閣中書銜。有《粤海關志》、《夷氛聞記》等。

主講東莞寶安書院。

李長榮《柳堂師友詩錄》“簡士良”條。

在城時少在鄉多，年來常寓花地。

《松心詩集·花地集》卷一《口占答友》詩。

詩云：“曉披樵子舊煙蓑，晚和漁翁水調歌。莫怪近來疏禮數，在城時少在鄉多。”

馮國倚居近六榕、光孝二寺，南山約同其外孫李長榮到訪。國倚贈詩云“外孫句好題黃絹，竹杖芒鞋約共尋”。乃賦詩酬之。

《松心詩集·花地集》卷一《馮礀泉大令國倚有詩見贈，賦此奉酬》詩及自注。李長榮《柳堂師友詩錄》“馮國倚”條。

馮國倚,字覺林,號磻泉,廣東南海人。嘉慶三年舉人。官知縣。有《梅花書局文稿》、《嘉聲齋詩》。

李長榮,字子黼,一作紫黼、子虎,號柳堂。廣東南海人。貢生。有《柳堂師友詩錄》、《茅洲詩話》。

陳封墀遊武彝,歸以此山虹橋木見贈,賦詩酬之。

《松心詩集・花地集》卷一《武彝山虹橋木》詩及自注。

陳封墀,其人未詳。

李光庭有近詩寄贈,為題五律一首書於卷端。另賦答一詩寄意。

《松心詩集・花地集》卷一《樸園先生寄示近詩,知近日多購古器。率題四十字,即書卷端》、《答樸翁》詩。

《答樸翁》詩云:"身後流傳他日事,眼前陶寫此時情。七千里路如天遠,一片心光共月明。"

雜述年來心境暨讀書心得,有《雜詩》十二首及《天體》、《日月》詩。

《松心詩集・花地集》卷二。

詩其三云:"論語讀終身,時時念三畏。人惟無所畏,遂至無所忌。小人知畏威,貴以刑佐治。君子首畏天,大人在其次。至於聖人言,垂訓示萬世。理本如日星,功實贊天地。古來大奸雄,亦知畏清議。三綱與五常,賴以弗失墜。言敬尚和平,言畏乃惕厲。人惟有所畏,庶几不敢肆。"其九云:"文王嗜昌歜,曾晳嗜羊棗。二者之於味,詎得為至好。可知嗜好殊,譬各有其寶。人言為官樂,我乃覺苦惱。辭官已十年,當時未為老。旁人稱曰高,自笑堪絕倒。其實畏拘束,亦頗厭膠擾。脫身離簿書,適意玩魚鳥。但嗜一味閒,此病亦不小。"

按,《日月》詩末自注:"天文家言日輪、月輪皆大於地,未敢盡信。"

羅定黎耀宗來訪，請爲其《聽秋閣試帖詩集》作序。

《松心文鈔》卷四。

序曰："有虞賡歌，成周矢音，尚矣哉！自時厥後，詩莫盛於唐。國朝文教昌明，聲詩之盛，駕元明而追唐宋。古今諸體，作者如林，試帖一體，尤爲極盛。蓋自功令於鄉會試增五言八韻，於是海內操觚之士，咸究心於韻語，而一時哲匠宗工，魁儒碩彦，卓然以試帖鳴者，後先相望，以余所知最著者，爲紀文達公、吳穀人祭酒、王鐵夫學博、王楷堂比部四家。文達以法律勝，祭酒以才情勝，學博以風骨勝，比部以魄力勝。此外各自爲集者，不下數十家，彬彬乎依永和聲，論者以是爲昇平之鼓吹焉。且夫千尋之木，必有其根，千里之水，必有其源。八韻之詩之所以工，亦必有根源，非徒於八韻求之也。大要在植其本於諸經，廣其識於諸史，儲其材於諸子諸集，而尤必熟讀老杜長排，以堅其骨，而充其氣，故八韻之工，有所以爲工者也。羅定黎庭蓀孝廉，髫齡即有聲庠序，先後受知於顧耕石、翁遂菴、王曉林、陳厚甫、許青士、蔡雲士諸先生，其爲詩諸體皆工，而尤肆力於試帖。今秋來省，出其《聽秋閣試帖》，屬爲弁言。余披覽之，其吐辭也雋，其運思也精，其樹骨也堅，其取材也富，其工也，蓋有所以爲工者也。庭蓀年方壯盛，明春北上，時至則鳴，將蜚聲乎閬苑，翔步乎玉堂，神遊乎卓犖颭拜之休，日睹夫梧鳳雛喈之美。進而愈工，必更有抎雅揚風和聲以鳴國家之盛者，吾即於是編卜之。"

黎耀宗，字庭蓀，號煙篷，廣東羅定人。道光十九年舉人。有《聽秋閣集》。

本年冬，譚敬昭子維崧請爲其父撰墓誌。

《松心文鈔》卷九《中憲大夫户部主事譚君墓誌銘》。

墓銘云："庚寅秋，維崧奉君暨崔恭人柩旋里。己亥冬，合葬於籬竹山之原，書來請銘。余與君交三十年，每論文談藝，相得甚歡，惜別易會難，不獲出其中之所存，互以相質。今執筆銘君之墓，不勝逝水晨星之感也。"

英和卒。

陶澍卒。

朱桂楨卒。

吳蘭修卒。

陳鑾卒。

黃子高卒。

石家紹卒。

盛大士卒。

道光二十年庚子（一八四〇）　六十一歲

[**時事**] 正月，林則徐就任兩廣總督，鄧廷楨離粵。　五月，廣東水師關天培火攻磨刀洋英船，英軍封鎖廣州。第一次鴉片戰爭爆發，英軍進犯廣東未逞，旋襲擾廈門，攻占浙江定海，北上入大沽口。道光帝被迫派琦善至廣州議和。英軍乘機攻占大角、沙角炮臺。　九月底，林則徐革職，令交部嚴加議處。　十一月，欽差大臣兩廣總督琦善到達廣州。　十二月，廣州談判中，英人突襲虎門，陳連升陣亡。　魏源撰《英吉利小記》。

寓東園。輯《史鏡》。

金菁茅《張南山先生年譜撮略》。《松心詩集·花地集》

卷二《連日載酒看花，率爾得句》詩自注。

正月，撰《經字異同》成，并作《自序》。

《經字異同》卷首。

序云："經有師承，字多互異。或同其聲，而異其字。或異其形，而同其義。自漢已然，孰非孰是。今本既行，古本棄置。詎可執一，不知有二。列而觀之，會通大意。補漏正譌，以俟多識。道光庚子孟春之月，番禺張維屏。"

《花甲閒談》刊成，張璐爲作跋語。

《花甲閒談》卷末。

跋云："作畫有遐想前人者，如治水圖、畫卦圖之類；有景企時人者，如進諫圖、見客圖之類；又有自爲抒寫者，如輞川圖、草堂圖之類。要以識其事跡意興而已。予讀南山先生《花甲閒談》，而耳目爲之一新也。先生志在千秋，聲揚四海，名實兩既，文福齊高。彙六十年之事，舉其要者，約爲一書，圖之題之，繪刻精良，文詞茂美，不待言矣。然予則尤有傾仰者，迹其受經桐屋、訪字隱山，則孝子也；集雁、捕蝗、轉餉，則仁人也；講學校士，則儒吏也。他凡游賞讌吟，恬静蕭閒，則才人高士也。披圖玩味，直疑是古人。分其一體，猶足服膺，而況兼而全之者乎。流連往復之下，謹綴質言，以諗觀是編者。道光庚子春正月，東莞宗晚生璐漁石甫拜跋。"

春日，偕陳澧、金錫齡遊城郊花地，飲於所居東園。

《松心詩録》壬集《春日同陳蘭甫澧、金芑堂錫齡兩孝廉泛舟花地，飲於東園，席上得句》。

三月十八日，應黃亨之約，偕陳澧諸人同遊南海西樵山，有《西樵》、《游西樵白雲洞四首》、《巃嵸閣》、《白雲洞觀瀑》、《逍遥臺》、《夜宿雲厂》、《翠巖道中》、《翠巖》諸詩紀行，陳澧有同題之作。

《松心詩集·花地集》卷二及附錄。黃亨《白雲洞志》附《白雲洞詩合編》。《陳東塾先生遺詩》。《陳澧先生年譜》。

按，《游西樵白雲洞四首》詩，南山另編入《白雲洞詩合編》，題作《道光庚子三月十八日同陳蘭甫孝廉游西樵，宿白雲洞，得詩數首。越十餘日，書寄山中，聊補山閣壁上空處》。又，《白雲洞詩合編》載有黃亨《樵雪》詩并序，序云："張南山司馬愛西樵白雲洞飛瀑之勝，擬題'雪樵'二字，因為此以速之，仿歐公禁體，用坡公聚星堂雪詩韻。"序末注："庚子作。"後於道光二十二年，南山遂作《樵雪》詩。參見該年條。

又，《遊西樵宿白雲洞四首》詩其一自注："李文川明經、藻庭孝廉下山，余與蘭甫宿山中。"其四自注："黃嘉圃孝廉與同志諸君修復山中諸勝。"則此遊似應黃亨之約而來。《西樵》詩云："東樵壯歲早躋攀，今到西樵鬢已斑。"

黃亨，號嘉圃，廣東南海人。道光舉人。官廣東嘉應州學正。有《仰高軒詩草》。

李宗簡，字文川，廣東南海人。副貢生。

李藻庭，其人未詳。

遊南海西樵山白雲洞，撰《樵言》一文以紀。

《聽松廬駢體文鈔》卷四。

文曰："西樵白雲洞瀑布之勝，聞之久矣，今乃遊焉。同遊者陳蘭甫孝廉，時道光庚子，春杪夏初。……方玩麗澤，忽來盍簪，適遇李藻庭孝廉、文川明經，遂相與搴裳踏石，聯袂登臺，遍覽洞中諸勝。羲輪乍隱，娥鏡將升，兩君家近山麓，飯罷言歸。余與蘭甫宿山中，清吟相酬，永夕忘倦。洞深未闢，直窮太古之年；泉幽善鳴，恍奏鈞天之樂。東方明矣，詩既成矣，迺雇籃筍，往遊翠巖。……"

夏，賦《東園夏日》詩，有"讀畫喜山近，攤書忘日長。人生能適意，隨處見羲皇"之句，具見此時心境。

《松心詩集·花地集》卷二。

載酒看花之餘，仍究心著述。近着手撰作《史鏡》一書。

《松心詩集·花地集》卷二《連日載酒看花率爾得句》詩。

賦詩題曹籀"石屋著書圖"。

《松心詩集·花地集》卷二《曹葛民茂才籀石屋著書圖》詩。

詩中自注："聞諸經皆有著述，近又刻文集。"

曹籀，原名金籀，又名家駒，字葛民，浙江仁和人。諸生。有《古文原始》。

廖甡以"禪悦圖"屬題，賦詩酬之。

《松心詩集·花地集》卷二《廖鹿儕太守甡以禪悦圖屬題。圖寫一僧趺坐蒲團，自言慕峨眉之勝。因為賦此》詩。

廖甡，字鹿儕，廣東南海人。嘉慶二十二年進士。官知府。有《晚香吟館詩集》。

七月，潮州詩人呂祥麟來省，奉其父玉璜之《刻燭吟館詩》，俛為點定。其佳句已為黃霽青采入《詩娛室詩話》。南山嘗見其昔年所作，曾錄數聯入《聽松廬詩話》，今獲窺全豹，復摘其句之佳者錄之。

呂玉璜《刻燭吟館詩鈔》。

呂玉璜，號小伊，廣東海陽人。道光間選授曲江訓導，為

知府黄安濤、知縣徐一麟所器重，黄釗亦盛稱之。有
《刻燭吟館詩鈔》。

門人近多新獻，桂文燿典試湖南，夏廷榘典試貴州。
徐瀛、萬時喆兩知縣爲粵闈分校，又得小門生二十餘
人，中有舊識，爲之喜慰。

《松心詩集·花地集》卷一《村居》詩及自注。

詩云："自愛村居少送迎，漁樵結伴好埋名。溪山獨對有
書味，魚鳥相親無世情。弟子已爲大宗匠，知交忽作小門
生。鉅公索寄新梨棗，愧我蹉跎續未成。"

按，徐、萬二人均南山在鄂時所取士，今入粵闈所録考
生，於南山則爲小門生。

桂文燿，字子淳，號星垣，廣東南海人。道光九年進士。
官翰林院編修、淮海道員。有《席月山房詞》。

夏廷榘，字拾珊，江西新建人。道光十六年進士。時官翰
林院檢討。

徐瀛，字海年，湖北黄陂人。道光十六年進士。官候選
道。時爲廣東英德縣知縣。

萬時喆，號槲香，湖北潛江人。道光五年舉人。道光十八
年任連平州知州。有《梅花館古體雜集》。

阮元書來，屬寄《國朝詩人徵略續集》。有詩紀其事。

《松心詩集·花地集》卷一《村居》詩及自注。

八月，招廣東學使戴熙及黄培芳、黄釗、黄玉階同游
白雲山，宿雲泉山館。戴作《游白雲寺，憩雲泉山
館》詩，南山諸人皆有和作。

戴熙《訪粵集》及卷末自記。李長榮《柳堂師友詩録》
"戴熙"條。黄釗《詩紉》卷五。

戴熙詩題《游白雲寺，憩雲泉山館》，南山和作二首，詩
云："經年曠幽尋，申旦果嘉約。近山雲氣涼，到寺泉聲

落。素心先後集，凤好在巖壑。飄飄蓬萊仙，言訪雲中鶴。學使登鶴舒臺。因沿蒲澗行，遂共匏尊酌。一軒擁萬綠，紅塵渺難著。高談出煙霞，妙契入寥廓。""安期古仙真，遊戲海之東。東坡謫嶺南，人間一衰翁。金丹有瓜棗，騎鯨何時逢。不如玉局詩，萬本傳無窮。九原如可作，二者宜何從。學人不學仙，我請師坡公。仙亦坡弟子，學使詩多學蘇。此意將無同。"

按，南山二詩，未收入《松心詩集》。

戴熙，字醇士，號鹿床，浙江錢塘人。道光十一年進士，官至兵部右侍郎。時任廣東學政。有《習苦齋集》、《訪粵集》等。

黃玉階，字季升，號蓉石，廣東番禺人。道光十六年進士。官刑部主事。有《韻陀山房詩文集》、《萱蘇室詞鈔》。

白雲山之游，席間論粵東人才，頗及科考獲雋之李長榮。翌日，南山攜李長榮謁戴熙於學署。

李長榮《柳堂師友詩錄》"戴熙"條。

戴熙編其在粵所作詩爲《訪粵集》，請南山評閱及撰序。

《松心文鈔》卷四《戴醇士學使訪粵集序》。戴熙《訪粵集》卷首及卷末題記。

序云："二百年來兩浙詩家遊嶺南者，以朱竹垞、查初白、杭董浦、袁簡齋爲最著。四君嶺南詩於懷古、詠物、抒情、述事不少佳篇，惟山水詩似罕傑作，蓋足跡有未至耶？抑足跡已至而心精未至耶？學使醇士先生見示《訪粵集》，詩凡百餘首，諸體皆工，五古尤勝。五古中山水諸篇，尤爲得未曾有，殆欲以韓之雄奇，兼蘇之超妙，不獨於鄉先輩朱、查、杭、袁之外別開生面也。嶺南之山，羅浮爲最大，連州爲最奇，四君之來，無官事羈絆，宜乎青鞋布襪，可以鑿險緬幽。乃羅浮、連州朱、查、杭未及遊，簡齋雖曾遊羅浮，而詩近滑率，是足跡雖至而心精未至也。先生輶車校士，昕夕不遑，乃能出其餘力，摹寫水石，刻劃巖壑，搜奇剔秀，窮幽闡微，字句皆從心精結撰而出，非篤好山水而又深造於詩，其能若是乎？連州山水之奇，數千年埋没於蠻烟瘴霧、深林密箐之中，今而後昭昭在人耳目矣。獨惜羅浮四百峰，未獲邀先生品題，山靈有知，不能無悵望爾。"

九月十四日，偕夫人泛舟花埭，載酒東園，兒女暨諸孫皆侍。越日，遍遊大通寺、翠林園、五眼橋、海山仙館、貝水斗閣、繒步仙祠諸勝，賦詩二首。

《松心詩集·花地集》卷二《九月十四日，偕内子泛舟花埭，載酒東園，兒女暨諸孫皆侍。越日，遍遊大通寺、翠林園、五眼橋、海山館、貝水斗閣、繒步仙祠諸勝，賦詩二首》詩。

林則徐被革職，九月二十五日交卸兩廣總督篆，將離廣州。粤紳民呈送頌牌八面，共有紳士廿餘人。南山以候補同知列名其中。

《林文忠公日記·庚子日記》。

按，林則徐於陰曆九月廿五日交卸完畢，各紳於此前所送頌牌已於是日陸續放置天后宮。十月初一日整備行裝，擬於初二日動身。初一夜閲部文，始知朝命改變，命折回廣東，聽候查問差委（朝廷不知林尚未離粤，故有"折回"之語）。

秋，門人徐榮、馮詢、徐瀛、萬時喆、程度諸人逐有書來道候。南山答詩，勉以爲政之道。

《花甲閒談》卷一〇《徐鐵孫榮、馮子良詢、徐海年瀛、萬椿香時喆、程謹侯度皆有書來，詩以答之五君皆門人，時爲縣令》詩。

詩云：“諸君都現宰官身，想見鳴琴治譜新。造福定稱賢令尹，知難敢謂過來人。竟無法可防胥吏，只有心能對鬼神。便祝亨衢到開府，莫忘風味本清貧。”詩後附識語曰：“此詩作於庚子之秋，録於《縣令》一首之後。老漁并識。”

按，南山期望徐榮、馮詢、程度諸人在任能克承前賢鳴琴之治，并以清寒自警。馮詢、徐瀛、徐榮、萬時喆諸人皆著治績，亦循謹之輩。南山諄諄勗以造福庶民爲賢令，勿忘清貧，其持心方正，可對天地。弟子能遵教誨力行，而南山亦無愧其爲師矣。

程度，字謹侯，湖北蘄水人。道光九年進士。官山東邱縣、朝城知縣。

得南山詩後，馮詢有詩奉答。

馮詢《子良詩存》卷六《南山先生寄示花甲閒談圖本，有訓諸門人爲縣令之作，詢亦與焉。賦此郵呈》詩。

詩云：“久別師門意惘然，重尋舊樂按新編。千秋大業二三子，一席閒談六十年。得未見書輕仕宦，師自言如此。以無愧事作神仙。江湖畢竟關憂樂，歌詠猶聞治譜傳。”

又賦《東園有檜六株，百餘年物也。余日與相對，不可無詩，因賦一律贈之》詩。

《松心詩集·花地集》卷二。

爲鮑俊撰《石溪聽瀑詩》。

《松心詩集·花地集》卷二《石溪聽瀑詩，爲鮑逸卿太史俊作》詩。

鮑俊，字宗垣，號逸卿，別號石溪生，廣東香山人。道光三年進士，授翰林院庶起士，改刑部主事。辭官歸粵，晚

主鳳山書院、豐湖書院。有《榕堂詩鈔》、《倚霞閣詞
鈔》。

十月十五日，夜宴賞菊，席上聽歌。四姪賦詩，四女
畫菊。有詩。

　　《松心詩集・花地集》卷二《十月十五日夜賞菊庭
　　宴》詩。

是月，黃釗訪晤南山，有詩見贈。賦詩答之，兼懷江
南盛大士。

　　《松心詩集・花地集》卷一《黃香鐵廣文釗至羊城，有詩
　　見贈，賦此奉答》詩。戴熙《訪粵集》後黃釗《附記》。

　　詩云："握手驚看雙鬢霜，回思燕市共壺觴。無多舊好偏
　　長別，難得重逢在故鄉。識定果能辭墨綬，君不就縣令。
　　夢恬不問熟黃粱。君善睡。繫懷最是苔岑契，話到江南盛
　　孝章。久不得子履消息。"

　　按，戴熙《訪粵集》卷末黃釗附記，署"道光庚子小春
　　月，黃釗附記。時在廣州。"

故人舒夢蘭子松菴求南山閱其詩，并求贈詩。賦詩
酬之。

　　《松心詩集・花地集》卷二《舒松菴參軍求閱其詩，又求
　　贈以詩，因賦》詩。

　　詩云："西江老詞伯，白香先生。跨鶴返虛空。令子傳家
　　學，爲詩有父風。十年棲嶺海，一卷託魚鴻。更有難能
　　處，官貧肯固窮。"

姻親李秉綬畫蘭竹圖，即席索詩以題。

　　《松心詩集・花地集》卷二《李芸甫畫蘭竹，即席索
　　詩》詩。

新命所居爲花竹煙波村舍，自號珠海老漁。

　　《松心詩集・花地集》卷二《花竹煙波村舍偶成》詩。

詩云："樵夫牧豎皆吾友，新署頭銜是老漁。近號珠海老漁。"

黃培芳過訪東園，有詩唱和。

《松心詩集·花地集》卷二《香石同年過訪東園，有詩見贈。次韻奉酬》詩。

按，《花地集》附録黃培芳《花埭東園訪張南山》詩。

李光庭寄示近作，賦詩奉答。

《松心詩集·花地集》卷二《樸園先生寄示近作，有開門七事詩，賦此奉答》詩。

詩云："煙霞泉石風花月，柴米油鹽茶醋糖。"自注："七事中，先生不嗜茶；余不嗜醬，而糖則必需。"

十一月，《松心日録》刊成，并自題卷首，述其晚歲讀作心境曰："少鶩科名，壯登仕籍。歷碌風塵，歲月可惜。晚從所好，如飢得食。學海無涯，心精少力。區區寸衷，開卷有益。探索忘疲，紙墨遂積。小者多聞，大者畜德。敢曰困知，猶賢博弈。"

原書卷首。

與湯貽汾、李威、謝蘭生、葉夢龍、李秉綬、張如芝諸人集海珠寺菩提樹下，作圖賦詩。

湯貽汾《琴隱園詩集》卷二四《題沈咏樓菩提葉經一繙本十餘葉，蝕于蠹》詩四首。

詩其二云："補衲頭陀客見稀，杜鵑聲裏綠陰肥。海珠風月應無恙，舊侶傷心亂葉飛。"詩中原注："海珠寺亦有菩提樹，予嘗與李畏吾太守、謝澧浦太史、葉雲谷民部、李芸甫水部、張墨池、張南山兩孝廉集樹下作圖賦詩。"

戴熙本年乞假回浙省親。離粵前曾爲南山繪"聽松圖"，瀕行又爲畫"浴日亭圖"，並用蘇軾《浴日亭》

詩韻題詩相贈。南山遂亦同用蘇韻賦詩，奉送旋浙。

邵懿辰《戴文節公行狀》。《松心詩集·花地集》卷一《戴醇士學使熙爲余作聽松圖，瀕行又畫浴日亭，並用蘇文忠公韻題詩一首。因同用蘇韻，奉送旋浙》詩。詩云："松聲濤籟接遙天，波影霞光炫海灣。詩付棗梨傳粵嶠，公有《訪粵集》，粵人爲梓行。春隨旌旆到湖山。錦堂晉膳圖家慶，公請假歸省。丹陛鳴珂覲聖顏。愛日心殷還就日，鳳巢原在紫霄間。公入值南齋。"

按，《藝談錄》卷上引《松軒筆記》亦云："醇翁畫聽松圖，真覺紙上有松濤聲。"戴熙本年十二月離任。

黃亨以戴熙手書《西樵七勝》詩册屬題，爲題短詩以報。

《松心詩集·草堂集》卷二《黃嘉圃學博亨以戴醇士熙手書〈西樵七勝〉詩册屬題，爲題七言八句》詩。

李文泰生。

俞正燮卒。

盧同伯卒。

朱爲弼卒。

李宗傳卒。

道光二十一年辛丑（一八四一）　六十二歲

[**時事**] 正月，琦善與義律訂《穿鼻條約》，正式宣布割讓香港。清廷以琦善怯懦無能，命鎖拿解京，革去大學士，拔去花翎，仍交部嚴加議處。　閏三月，林則徐自廣州赴浙江，聽候諭旨。後遣戍伊犁。　四月，英軍炮轟廣州，奕山乞和。廣州三元里、佛山人

民奮起抗擊英軍，殲敵數百。　六月，英人索贖城費六百萬兩。和約成，退出廣州。　七月，英軍擴大戰爭，佔領香港，北上連陷厦門、定海、鎮海、寧波諸城。　八月，鎮海失守，兩江總督裕謙死之。　十月，英艦侵入臺灣基隆口觸礁，臺灣軍民俘英軍百餘人。　林則徐遣戍伊犁。

寓東園。輯《史鏡》。

　　金菁茅《張南山先生年譜撮略》。

阮元自揚州致書道候，言及已收到《經字異同》，惟尚須訂補。且稱《國朝詩人徵略》甚好，必傳。南山復書並道近狀。

　　《花甲閒談》卷一六。

　　阮元書云："蘭甫到揚，寄來《經字異同》收到。此書尚須訂補。尊著《國朝詩人徵略》此書甚好，必傳。如有續刻，便中寄一部來。尚有諸家別集及近人所撰應續入者甚多，路遠無由奉寄耳。月亭諸公同此道候。生病左足，艱於行動，衰老日甚，蘭甫親見者也。草此數行，順候近祉。不具。南山年兄足下，生阮元頓首。"

　　南山奉復，書云："宮保夫子函丈，奉到手書，敬悉道體違和，伏祈調攝康彊，是所心禱。《詩人徵略》俟續刻成，當覓便寄上。屏邨居讀書，近著《海天史鏡》，取史事有關於治亂興衰是非得失者類舉之以爲鑒觀勸戒之助。蓋前車可爲後車之鑒，前事可爲後事之師，書之大意要在於此。再遲數年，或可卒業。又欲撰《後南北史》二百卷，自度無力，姑存此志而已。謹此布臆。學海堂弟子林伯桐等同此敬頌興居多福，恕不莊備。弟子張維屏頓首。"

> 按，本年正月，陳澧北上道經揚州，謁見阮元。阮書所
> 云，當指此。參見《陳澧先生年譜》本年條。

有感於鴉片戰爭之敗，緣於不鑒前轍，不知彼己，賦
《寒食有感》詩寄慨。

> 《松心詩集·花地集》卷三。

> 詩云："閒來諸史自披緗，坐對陳編發浩歎。到眼始驚前
> 轍覆，設身方識古人難。禁煙忽起中厨火，觀水誰生大海
> 瀾。千載談兵祖孫武，不知彼己莫登壇。"

> 按，南山向持不宜輕開邊釁之見，故有此言。

三月，已革兩廣總督林則徐，朝命馳赴浙江聽候諭旨。
閏三月十三日，則徐離粵赴浙，船過珠江南岸花地，
南山趨往送行，並邀至其所居潘氏東園一敘。

> 《林文忠公日記·庚子日記》。《松心詩集·草堂集》卷二
> 《聞林少穆制府同年卒於潮州旅次，有感而作》詩自注。

湯貽汾有詩見懷，並畫聽松廬圖見寄。賦詩以報。

> 《松心詩集·花地集》卷三《湯雨生都督貽汾有詩見懷，
> 並畫聽松廬圖見寄。賦此奉報》詩及附錄。

> 詩云："握手知無日，論心賴有詩。一篇如晤對，千里慰
> 相思。世路驚烽火，生涯寄釣絲。多情念茅屋，遠贈老松
> 枝。"自注："近號珠海老漁。"

四月，自佛山返花埭，就近往訪梁信芳。時梁避戰事
寓居南海螺涌村。

> 梁信芳《螺涌竹窗稿》之《初夏八日張南山司馬過訪共
> 話賦此》詩。

英軍入侵廣州，邦危政紲，南山蒿目時艱，賦《江
海》、《書憤》、《孤坐》諸詩，以痛國難，以抒憂憤。

> 《松心詩集·花地集》卷三。

《江海》詩云："江海妖氛惡，閭閻疾痛深。人情重遷徙，世路歎崎嶔。風鶴三更夢，雲鴻萬里心。多多與桑葚，能否息鴞音。"

《書憤》詩云："漢有匈奴患，唐懷突厥憂。界雖嚴異域，地實接神州。渺矣鯨波遠，居然兔窟謀。鰥生惟痛憤，灑涕向江流。"

《孤坐》詩云："斬蛟射虎在人為，大府涵容海是師。礮似雷霆刀似雪，老漁孤坐且哦詩。"

寂居無那，又有《避囂》、《村居》詩。南山素持和理外夷，毋開邊釁為宗旨。及將戰，兩廣總督祁墳采陸殿邦、曾釗之議，以石填珠江航道禦敵，南山深感其無濟。詩中諷喻之意甚明。

《松心詩集·花地集》卷三。

《避囂》詩云："非關肥遯愛煙蘿，自避囂塵戀軸薖。翰墨緣疏三益少，金銀氣盛二豪多。尚書振旅原無戰，左傳平戎本用和。防守近行精衛策，未能填海且填河。聞有獻策用石填河以禦外寇。"

《村居》云："山青水碧晚霞紅，丘壑之間置此翁。三百篇詩常在手，五千年事每羅胸。頗能活潑知魚樂，自笑生涯與蠹同。畢竟村居藏拙好，妄談經濟有何功。"

按，以上諸詩皆辭旨婉約，而《藝談錄》卷上"潘有度"條則剴切言之，明章所見。其言曰："容谷之父曰潘啟官，夷人到粵，必先見潘啟官。啟官卒，容谷承父業，夷仍以'啟官'稱之。蓋自乾隆四十年至嘉慶二十年，夷事皆潘商父子經理，潘商有度歿而伍商秉鑑繼之，伍商於夷事率由舊章，相安無事。逮禁煙令下，奉命來粵者，若以夷事專交伍商，自能辦理妥善，何至動兵？且夷之初來，但知與商往來，與商平等，未嘗敢與官抗行也。乃當

事者不信商而信宦，不用情而用威，率然舉兵圍之，斷其
飲食，於是夷情不服，而邊釁遂開。迨至圍城納幣，而後
夷居然與尊官敵體矣。詩曰：‘誰生厲階，至今爲梗。’
悲夫！”

容谷，潘有度號。

陳作舟有詩來，賦詩酬之。

《松心詩集·花地集》卷三《酬陳笠漁廣文作舟》詩。

詩云：“離亂君爲客，萍蓬少定居。軍聲驚唳鶴，鄉夢冷
鱸魚。君方悼亡，賴有吟篇富，能將鬱抱舒。扶衰無別物，
我亦藉詩書。”

陳作舟，字笠漁，廣東潮陽人。貢生。官羅定州學訓導。
有《同聲集》、《疊石山房詩草》。時署任廣州府學訓導。

廣州城陷，英軍肆虐。三元里鄉民合力痛擊英兵。南
山聞之感奮，慷慨同仇，爲賦《三元里》詩。是爲南
山名作。

《松心詩集·花地集》卷三。

詩云：“三元里前聲若雷，千衆萬衆同時來。因義生憤憤
生勇，鄉民合力強徒摧。家室田廬須保衛，不待鼓聲群作
氣。婦女齊心亦健兒，犂鋤在手皆兵器。鄉分遠近旗斑
斕，什隊百隊沿溪山。衆夷相視忽變色，黑旗死仗難生
還。夷打死仗則用黑旗，適有執神廟七星旗者，夷驚曰：“打死仗
者至矣！”夷兵所恃惟槍礮，人心合處天心到。晴空驟雨忽
傾盆，兇夷無所施其暴。豈特火器無所施，夷足不慣行滑
泥。下者田塍苦躑躅，高者岡阜愁顛擠。中有夷首貌尤
醜，象皮作甲裹身厚。一戈已捲長狄喉，十日猶懸郅支
首。紛然欲遁無雙翅，殲厥渠魁真易事。不解何由巨網
開，枯魚竟得攸然逝。魏絳和戎且解憂，風人慷慨賦同
仇。如何全盛金甌日，卻類金繒歲幣謀。”

英軍退出廣州，時局稍安。南山有《自適》詩，時局稍定，聊堪自慰。

《松心詩集·花地集》卷三。

詩云："江海銷氛祲，琴書理敝廬。夢因微醉穩，懷借朗吟舒。杜老洗兵馬，韓公驅鱷魚。鯫生聊自適，短句賦閒居。"

六月既望，爲梁信芳《螺涌竹窗稿》撰跋。

梁信芳《螺涌竹窗稿》。

跋云："蘋甫太翁親家見示《螺涌近稿》，詩雖不多，體則咸備。樂府古詩，每宗唐代，七言近體，兼法宋人。抒情則語必由衷，賦物則妙能入理。事本駴聞，意或形其憤激；言者無罪，義總歸於和平。作於此日，聊爲紀事之辭；傳之他時，可備考古之助。道光辛丑六月既望，姻愚弟張維屏。"

英軍退後，南山憂憤仍莫能釋。有《越臺》四首，極言鴉片貽害之烈、賠款數額之重，寄望當軸預爲綢繆，以防後患。

《松心詩集·花地集》卷三。

詩云："往者蠻夷長，依然中國人。背秦聊號帝，朝漢自稱臣。詎意重洋水，能生內地塵。越臺烽火息，回首一酸辛。""茗荈千甌水，芙蓉萬管煙。利都緣口腹，害遂徹中邊。烹瀹泉兼品，吹噓火自煎。兩般閒草木，生殺竟操權。""禹貢金三品，鏐銀始著名。由來數千載，此物未通行。銀通行自明始。蚨散能消患，狼貪欲取盈。銀數至千萬，史書所未見。儻留爲重賞，或可練精兵。""碧海鏡磨銅，雲霞煥太空。全消氛祲黑，共仰日華紅。北極星常拱，南琛貨自通。綢繆防後患，經濟望群公。"

八月，英軍北上犯浙江鎮海，兩江總督裕謙誓抗到底，城陷，赴水死。南山聞之，爲遥作祭文。

《聽松廬駢體文鈔》卷四《祭兩江總督博爾濟吉特公文》。

祭文曰："道光辛丑，嘆夷犯浙，寧波失守，欽差大臣兩江總督博爾濟吉特公裕謙死之。憶丙戌屛爲襄陽郡丞，公出守荆州，訪屛于樊城官署，談讌竟日，相得甚歡，別後手書見詒，期勉兼至。今聞殁于王事，慨焉傷之，既爲位哭之，復爲文祭之，其辭曰：自古蓋臣報國，不戀位以求生；烈士成仁，有捐軀以表志。是以卜子明綱常之分，則曰事君致身；武侯抱篤棐之忱，亦云鞠躬盡瘁。功有可圖，則殺敵致果，洸洸成奏凱之勳；力不能爲，則致命遂志，蹇蹇明匪躬之義。吾聞其語，吾見其人，則博爾濟吉特公洵無愧焉。公家本將門，世傳華胄。早登玉署，曾紬中秘之書；繼縮銅符，遂轉外臺之秩。植己以潔，飲人以和，冰鑑懸胸，智珠在手。洊陟藩价，爰建節旄。文通武達，九重任以股肱；秋肅春溫，兩江宣其威惠。乃嘆夷弗靖，擾及海疆，帝簡厥良，俾襄其事，遂繇江左，駐節浙東。力籌禦侮，重修百雉之城；身督戎行，屢鼓三軍之氣。亡何寇同豕突，兵失魚麗。菫山驚猿鶴之風，甬水沸鯨鯢之浪。垣墉不守，闔閭咸奔。公於是奮不顧身，忠則盡命。《詩》曰'舍命不渝'，《禮》曰'以死勤事'，公其有焉。且夫死生亦大矣，或謂公非守土，可以無死；或謂公方運籌，可以無死。無死而爲後效之圖，爲不遠之復，依然任兼圻之重，居一品之尊，乘八駿之車，食萬金之俸。而公以爲聖主憂勤於上，生民塗炭於下，不能爲傅介子斬樓蘭，則當爲先軫免胄入敵。不能爲李貳師虜煎靡，則當爲溫序伏劍銜鬚。不能爲高侃擒車鼻，則當爲何忠肅握節死，不愧古賢。不能爲李靖俘頡利，則當爲陳統軍明白死，是好男子。抑又聞之，虎猛於牛，百牛可以斃

虎；蛇毒於虺，萬虺可以困蛇。我之將十倍於彼之將，我
之兵百倍於彼之兵，減一增什，退百進千，以逸待勞，以
眾禦寡，何以鵬奮則難，鶹退則易？則畏死之念阻於前，
貪生之心繫於後也。使專閫之帥，偏裨之將，持戟之士，
荷戈之夫，皆如公之不畏死不貪生，則何守不堅？何戰不
克？不克於戰克於守，不克於暫克於久，不克於水克於
陸，不克於火克於金，不克於力克於謀，不克於勇克於
義。然則公之死豈徒然哉！以一死昭臣子之分，以一死勵
將士之心，以一死斷係戀之私，以一死表氣節之重，以一
死警畏葸之習，以一死完激烈之衷。將見歸襄老之尸，魂
猶敵愾；露姜維之膽，志欲殱戎。是宜立之廟貌，報以馨
香，更請錫之易名，褒其忠烈。此日素旌丹旐，如聞摧鋒
陷陣之聲；他年風馬雲車，應壯越水吳山之氣。尚饗！"

裕謙，字魯山，蒙古鑲黃旗人。嘉慶二十二年進士。有
《勉益齋偶存稿》。

繼又賦《輓魯山制府_{裕謙}》詩，以志悼惜。

《松心詩集·花地集》卷三。

詩云："先世勳猷史筆書，妖氛到眼欲驅除。發言足壯三
軍氣，報國能捐七尺軀。憤極睢陽真嚙齒，悲來溫序竟銜
鬚。撫時感事胸填血，不獨交情爲酒壚。"

有《飲酒五首》詩，託言飲酒而實慨傷時局。

《松心詩集·花地集》卷三。

詩其三云："酒間偶觀弈，勝負得其略。必能算通盤，乃
得有高着。奈何當局者，棋子隨意落。譬之治人病，臨證
昧強弱。今日易一方，明日換一藥。無怪費多金，鐵鑄成
一錯。方知弈棋難，不若飲酒樂。"其四云："世間兩大
端，唐後乃有之。其一曰木板，雕刻傳文辭。其一曰火
器，當者軀立糜。古苟有剞劂，載籍皆留遺。古苟有火

礮，智勇皆難支。我醉發異想，欲乞皇天慈。願多生梨
棗，著述易久垂。願勿產硝磺，火技無所施。"其五曰：
"酒酣喜讀史，史多紀兵事。有兵若無兵，望敵已先畏。
所以古良將，親兵必自備。如父之使子，如身之使臂。問
其何由然，待之以恩義。君看好酒人，得酒增膽氣。君看
好義人，殉義死不避。醉中忽妄談，一笑當棄置。"

養疴江村。冬日，金菁茅偕同志於東郊練鄉勇，演鎗
礮，邀往共觀。南山因之略抒戰守之見。

《國朝詩人徵略》二編卷二七"阿桂"條。

此條述其言云："礮小者二三千斤，最大者八千斤，眼看
點放，霆震雷轟，礮子打數十丈，穿土數尺，是官軍之
礮，非不猛烈也。所患者承平日久，將不知兵，兵不知
戰，寇未至而礮已施放，寇將至而兵多遁逃，如是則雖有
巨礮，亦奚濟哉！然則禦寇有要乎？曰：有，首在得人。
得人有要乎？曰：有，首在練膽。明戚少保撰《練兵實
紀》，有曰'練膽氣'，惟有膽故，戰則同心敵愾，守則
衆志成城。"

龔自珍卒。

李兆洛卒。

楊知新卒。

裕謙卒。

關天培卒。

道光二十二年壬寅（一八四二）　六十三歲

[**時事**] 二月，命林則徐仍發往伊犁效力贖罪。
英軍攻乍浦、吳淞，佔寶山、上海，復陷鎮江，進逼南
京。道光帝遣使乞和。七月，中英南京條約畫押。　重

修《大清一統志》成。　姚瑩撰《英吉利圖説》。　魏源《海國圖志》一百卷成，《聖武記》十四卷成書。

　十一月，廣州中英人衝突，英、荷商館被毀。　十二月，欽差大臣伊里布與英使璞鼎查會於廣州黃埔，議納稅章程及臺灣事件。時廣州紳士議立"精忠會"，伊里布并告示紳士百姓勿再啟邊釁，滋擾洋人。

寓東園。輯《史鏡》，改刻詩集。

　　金菁茅《張南山先生年譜撮略》。

正月初六日，周懷棠招同南山、梁信芳、陳其錕、黃玉階泛舟小港看桃花。訪是岸寺，步行數里，誤入漱珠岡。歸至是岸寺，飲於舟中，有詩。

　　《松心詩集·花地集》卷三《正月初六日，周秀甫太守懷棠招同梁香浦孝廉信芳、陳棠溪祠部其錕、黃蓉石比部玉階，泛舟小港看桃花。訪是岸寺，步行數里至漱珠岡，望見道士乃知是誤。歸至是岸，飲於舟中，即事有作》詩。

春日，遊花地及秀水村斗姥宮，有詩。嗣又撰《斗姥宮斗臺記》。

　　《松心詩集·花地集》卷三《春日花地遇故人》、《珠海》詩。《聽松廬駢體文鈔》卷四《斗姥宮斗臺記》。

　　《春日花地遇故人》詩云："香國船常聚，芳辰客不閒。花開征戰後，人老別離間。水小能通海，臺高可當山。貝水新建斗臺。衰慵難學圃，聊且閉柴關。"

　　《珠海》詩云："珠海忽然窄，陽春煙景開。晴天蜃樓見，澤國水嬉來。故事徵唐宗，豐年擲貨財。燈船及童男女扮故事約數十船。最難兵燹後，依舊詠康哉。"

三月初九日，陳澧招同南山、梁廷枏、譚瑩、許玉彬、金錫齡、李應田集學海堂看木棉，有詩。

> 《松心詩集・花地集》卷三《三月初九日，陳蘭甫孝廉澧
> 招同梁章冉廣文廷枏、譚玉生明經瑩、許青皋茂才玉彬、
> 金芑堂孝廉錫齡、李硯卿茂才應田集學海堂看木棉》詩。
>
> 《陳東塾先生遺詩》之《木棉花盛開，邀南山先生、章
> 冉、玉生、青皋、芑堂、研卿諸君集學海堂》詩。
>
> 李應田，字研卿，廣東順德人。咸豐二年進士。官翰林院
> 檢討、道員。
>
> 許玉彬，後更名鍑，字青皋，廣東番禺人。諸生。與沈世
> 良同輯《粵東詞鈔》。

張湄書來，知南昌人爲石家紹建祠於百花洲，喜成一
律，有“生擢閒曹纔五品，死稱循吏即千秋”之句。

> 《松心詩集・花地集》卷三《家春槎司馬書來，知南昌人
> 爲石瑤辰同年家紹建祠於百花洲，喜成一律》詩。
>
> 按，詩中原注：“君公餘輒邀余及沈蘋濱、家春槎把酒談
> 藝。”蘋濱爲沈毓蓀，春槎即張湄，皆官南昌時同僚。

李敦業奉檄巡海，訪南山。爲題“海上乘槎圖”。

> 《松心詩集・花地集》卷三《李雪樵司馬敦業海上乘槎
> 圖》詩。

兵火雖已暫消，然南山憂危念亂之痛，未嘗去懷。乃
賦《江干》、《客至》、《海門》諸詩，以志感慨。

> 《松心詩集・花地集》卷三。
>
> 《江干》詩云：“江干柳又絲，散步偶尋詩。雨過一蓑重，
> 潮平雙槳遲。鼓聲人拜社，兵法客談棋。忽憶去年事，戰
> 船方樹旗。”
>
> 《客至》詩云：“客訪老漁煙水中，晚涼相送過橋東。大
> 星不肯讓明月，小艇豈能當逆風。舊學久荒今始覺，新聞
> 奇憤古無同。野鷹且莫誇頭角，會見神鵬下碧空。”

《海門》詩云："七省邊隅接海疆，海門鎖鑰費周防。賈
生一掬憂時淚，豈獨關心在梓桑。"

徐熹自楚來粵，以詩草屬訂定，因題一律酬之，有
"作客遭烽火，能無感慨多"之句。

《松心詩集·花地集》卷三《徐莘農茂才熹自楚來粵，以
詩草屬訂定，因題一律》詩。

徐熹，字莘農，湖南長沙人。諸生。遊嶺南，爲《嶺南
賦》數千言。有《南州別墅詩文鈔》一卷，南山爲之序，
今未見。

五月，輯《國朝詩人徵略》二編成，自爲之序。

《國朝詩人徵略》二編卷首。

序云："曩輯《詩人徵略》，刻至六十卷，是爲初編。今
又二十年，海內師友耆舊，先後凋謝，初編已鐫之板不可
羼入，當別爲一編以續之，而二百年來之人、之事、之
詩，昔未見而今始見，昔未詳而今始詳，則又當別爲一編
以補之。今補與續既合爲一書，言補則遺續，言續則遺
補，因渾而名之曰二編。夫人無盡也，事無盡也，詩無盡
也。則由初編、二編遞增至於十編、百編，書亦無盡也。
附載拙箸，仍初編之例，至訂其缺漏，正其舛訛，是所望
於博雅君子。道光二十有二年歲在壬寅夏五月，珠海老漁
張維屏書于聽松廬之松心室。"

同月，爲潘正煒所藏《宋岳忠武手札卷》題識。

潘正煒《聽颿樓書畫記》卷一。

題識云："此岳忠武手書舊爲温遂之所藏。嘉慶甲戌，葉
雲谷農部曾借刻入《友石齋帖》。後聞此石已寄貯忠武廟
云。此卷曩曾觀于友石齋，今歸季彤觀察，出示屬跋，又
獲展對。書法瘦勁，語雖不多，而忠義之氣鬱勃于楮墨
間，足以廉頑立懦，非比尋常翰墨之寶也。道光壬寅五

月，張維屏敬識。”又，“書無年月，又不審所與何人。惟書云‘逆豫既癈’，考金人癈劉豫在紹興七年十一月，此云‘近得諜報’，則書當作於冬春之間。是時趙鼎在相位，鼎言‘士大夫多謂中原有可復之勢，宜便進兵，恐他時不免議論謂朝廷失此機會’。鼎所言正與忠武書中之語相合。則此書爲與趙鼎無疑。八年鼎罷而奸檜相。讀史至此，固不待三字獄成，早已癈書而歎矣。維屏再識。”

按，南山後又爲孔廣陶《嶽雪樓書畫録》所刻此帖題識，署年月爲“道光癸卯五月”，識語文字全同。

六月，爲潘正煒所藏《明邵文莊公點易臺詩卷》題識。

潘正煒《聽颿樓書畫記》卷二。

題識云：“明儒講心性之學多墮於禪，邵文莊公不然。公生平踐履篤實，晚年得疾，左手不仁，猶朝夕侍親側不懈。爲江西提學時，宸濠方驕橫，索詩文，公峻卻之。劉瑾擅政，欲公劾平江伯陳熊，先以危言恐公，公不從。瑾遂使人劾公，落職。公嘗曰：‘吾願爲真士大夫，不願爲假道學。’蓋亦有見於當時空談心性者之不免於僞歟。季彤同硯出此卷見示，余謂此公偶然涉筆，詩字俱以人重，因舉公生平志節之大者一二端，書於卷後，以見公爲後學所敬仰者，在躬行，不在講學也。道光壬寅六月，張維屏書於花竹煙波邨舍。”

此時前後，又爲潘氏所藏《明董文敏仿黃大癡軸》及《元人霜柯竹石軸》題識。

潘正煒《聽颿樓書畫記》卷一二。

前者題識云：“此幅仿大癡，而營邱樹法、雲林石法皆具焉，蓋神品逸品兼之矣。余生平見紙本董畫不少，若此者未易數數覯。亦惟紙本乃得見此用筆用墨之妙，絹本畫雖工，不能得此神味也。此真稀世之寶，季彤觀察其寶之。
番禺張維屏識。"

後者題云："蕭澹之味，清勁之氣，溢於楮墨間，斷非明
季諸畫家所能得其神致。畫幀有'墨林秘翫'印，想是
子京家藏物也。聽颿居士參之。張維屏題。"

七月，中英南京條約畫押。南山聞知，既悲且憤，作
《雨前》詩。

《松心詩集·花地集》卷三。

詩云："雨前桑土要綢繆，城下尋盟古所羞。共望海濱擒
頡利，翻令江上見蚩尤。人當發憤思嘗膽，事到難言怕轉
喉。爲語忠良勤翊戴，早籌全策固金甌。"

陳聯升前年戰歿於虎門，葛雲飛去年戰歿於定海，陳
化成今年戰歿於吳淞。南山聞而爲賦《三將軍歌》
詩，以彰忠烈。

《松心詩集·花地集》卷三。

詩序："三將軍者，陳公聯升、陳公化成、葛公雲飛也。
道光庚子、辛丑、壬寅，三公皆以禦夷寇力戰歿於陣。余
聞人述三公事，作《三將軍歌》。"詩云："三將軍，一姓
葛，兩姓陳，捐軀報國皆忠臣。英夷犯粵寇氛惡，將軍奉
檄守沙角。奮戰擊賊賊稍卻，公奮無如兵力弱。兇徒蜂擁
向公撲，短兵相接亂刀落。亂刀斫公肢體分，公體雖分神
則完。公子救父死陣前，父子兩世忠孝全。陳將軍有賢
子，葛將軍有賢母。子隨父死不顧身，母聞子死數點首。
夷犯定海公守城，手轟巨礮燒夷兵。夷兵入城公步戰，槍
洞公胸刀劈面。一目劈去鬬愈健，面血淋漓賊驚歎。夜深
雨止殘月明，見公一目猶怒瞪。尸如鐵立僵不倒，負公尸
歸有徐保。陳將軍，福建人。自少追隨李忠毅，身經百戰
忘辛勤。英夷犯上海，公守西礮臺。以礮擊夷兵，夷兵多

傷摧。公方血戰至日旰，東礮臺兵忽奔散。公勢既孤賊愈
悍，公口噴血身殉難。十日得尸色不變，千秋祠廟吳人
建。我聞人言爲此詩，言非一人同一辭。死夷事者不止
此，闕所不知詩亦史。承平武備皆具文，勇怯真僞臨陣
分。天生忠勇超人群，將才孰謂今無人。嗚呼，將才孰謂
今無人，君不見二陳一葛三將軍。"

按，陳化成六月戰歿，則此詩當作於秋初。

陳芳衢自江右來問業，將歸求詩，乃賦詩相贈。

《松心詩集·花地集》卷三《陳月秋孝廉芳衢自江右來問
業，將歸求詩，賦此贈之》詩。

陳芳衢，字月秋，江西泰和人。道光二十年舉人。終南城
教官。有《培元書屋制藝》。

蔣達來訪，話及襄陽舊事，且知故人蔣祖暄下世，不
勝悲慨。蔣達將返粵西，乃賦二首贈行，并寄懷朱琦、
陳鑅諸友。

《松心詩集·花地集》卷三《蔣霞舫太史達見訪，話及襄
陽舊事。將返粵西，賦贈二首》詩及自注。

按，詩其一有自注云"王穀原畫襄陽圖"，而《花甲閒
談》卷一〇、《松心詩錄》卷五錄《畫襄陽春曉圖奉寄南
山司馬並系以詩》詩，作者乃題"吳縣黃均穀原"，非
"王穀原"，殆以粵語發音黃、王不分致誤。

黃均，字穀原，江蘇元和人。畫家。有《墨華庵吟稿》。

蔣達，字霞舫，廣西臨桂人。道光二十一年進士。官翰林
院編修。

許玉彬來寓東園，賦詩贈之。

《松心詩集·花地集》卷三《許青皋茂才來寓東園，賦
贈》詩。

秋，陳曇將赴廣東澄海縣學訓導任，同人祖餞，潘恕

繪"珠江送別圖",南山爲題七律一首。

> 《松心詩集·花地集》卷三《題珠江秋餞圖,送陳仲卿廣
> 文曇之任潮州》詩。潘飛聲《在山泉詩話》卷三"珠江
> 送別圖"條。

> 潘恕,字子羽,號鴻軒,廣東番禺人,潘正衡子。貢生。
> 有《雙桐圃詩鈔》。

九月,爲鍾逢慶《習静山房詩鈔》題辭。

> 鍾逢慶《習静山房詩鈔》卷首。

> 題辭云:"《種梅》佳句前已録入詩話,兹又增録之。《擬
> 古十九首》多愙心切理之言。讀前哲諸集詩有論世知人
> 之識。既讀一過,擇尤佳者加丹以別之。壬寅菊月,南山
> 張維屏。"

> 鍾逢慶,字光聖,號景雲。廣東番禺人。道光十二年舉
> 人。官翰林院典簿。有《習靜山房詩鈔》。

書"樵雪"二字以題南海西樵山白雲洞飛瀑。黄亨作
《雪樵》詩爲之倡,南山和酬。

> 《松心詩集·花地集》卷三《樵雪》詩。

> 詩序云:"樵雪,樵瀑也。西樵白雲洞飛瀑最勝,余名之
> 曰'樵雪'。黄嘉圃孝廉作《樵雪》詩見寄,并鐫余所書
> '樵雪'二字於洞口。因賦此篇奉酬,同用坡公《聚星堂
> 雪詩》韻。"序末注:"壬寅作。"詩云:"白雲洞口飄雲
> 葉,忽訝空山滚晴雪。舉頭銀漢自天來,入洞方知境殊
> 絶。横飛直瀉無定形,繞磴穿巖經幾折。此水何年始見
> 聞,此聲終古難消滅。風來蕩漾欲瀾翻,雨過奔騰驚電
> 掣。低涵月影浸冰綃,高映日華生彩纈。熱腸望去轉清
> 涼,冷耳聽來覺騷屑。一番遊跡記無忘,三載光陰去如
> 瞥。西樵此日有新題,南雪昔人傳舊説。摩崖愧我筆如
> 椎,琢句喜君詩似鐵。"

按，《花地集》附録黄亨作於道光二十年之《樵雪》詩，
序云：“張南山司馬愛西樵白雲洞飛瀑之勝，擬題‘樵
雪’二字，因爲此詩以速之，仿歐公禁體，用坡公聚星
堂雪詩韻。”

十一月十二日、十八日，先後爲潘正煒所藏“唐搨定武蘭亭卷附修禊圖”題識。

潘正煒《聽颿樓書畫記》卷一。

題識曰：“昔人謂評蘭亭如聚訟，蓋宋後拓本爲然。宋拓
本至百數十種之多，其原委異同，誠難辨別。若唐拓，精
神迥乎不同，不待聚訟而後明也。季彤觀察出此本屬題，
展玩一過，知爲唐搨本無疑。因就所見，舉其可證者條列
於後。蘭亭古本，梁舍人徐僧權於接紙處署名，謂之押
縫。見黄伯思《法帖刊誤》。翁覃谿學士云僧權書名歲久僅
存‘僧’字，見蘇米齋《蘭亭考》。此本第十五行旁有
‘僧’字，信爲唐摹古本，其可證者一也。蠟本雙鉤之
法，世皆不傳，惟唐翰林院所摹帖用之，見蔡君謨《蘭亭
跋》。此本有記云‘模蠟本以賜’，其可證者二也。唐粉蠟
紙雙鉤橅蘭亭，精神筆力下真跡一等。見《寶章待訪集》。
此本既云模蠟，又云人各一紙，與唐粉蠟紙之説正合，其
可證者三也。世之論蘭亭者，以鬇損‘帶’、‘右’、‘流’、
‘天’四字爲定武原石。然此謂宋搨耳，若唐搨，在薛氏
未鬇以前，固未損也。尤延之云唐人摹本‘帶’、‘右’、
‘流’、‘天’四字完好，見桑澤卿《蘭亭考》。此本四字未
損，與尤説相符，其可證者四也。至‘羣’字直筆雙杈，
‘崇’字‘山’下有點，以及‘殊’字蟹爪、‘仰’字針
眼之類，鑒藏家以此辨真定武本者，此本與之悉合，其可
證者五也。鄭裕齋跋雙槐本云：考唐二石，一爲懷仁所
臨，一乃王承規摹刻。見俞壽卿《蘭亭續考》。諦觀此本，

筆勢遒勁，與鄭跋所言不殊，當是王承規摹刻之本。其可
證者六也。孫退谷云：'世無晉蹟，得唐人鉤摹本足矣。'
見《庚子銷夏記》。卷中有'曹秋岳'名印，又有高竹窗
'鐵梅菴印'。既經諸公鑒賞，必皆有跋，不知何時失去。
舊跋既皆不存，因爲考證之，且以識眼福焉。道光壬寅冬
至前九日，早梅已開，殘菊猶在，珠海老漁張維屏書於花
竹煙波邨舍。"

又，"蔡君謨記所見唐搨本，後有批云：'乾符元年三月，
延資庫使內侍省都知臣裴絪承詔出晉王羲之《蘭亭》宣
示，仍模蠟本以賜在燕人各一紙。'此本所批與蔡記正
同，所記官銜人名亦同，惟此本作'十二月'，豈'十'
字中一直乃石泐痕耶？然細觀實有筆意，非泐痕也。或蔡
記偶然筆誤，或當日所見本脫損一直，遂誤作'三月'
耳。望後三日，渡江攜此卷歸聽松廬展玩再記。南山。"

冬至日，爲潘正煒《聽颿樓法帖》第二册蘇軾書帖
題識。

潘正煒《聽颿樓法帖》。

題識云："憶丁卯在都中，覃谿先生招同人集蘇齋觀文忠
公書天際烏雲卷。後四十餘年，今乃見此墨蹟，用筆結
體，不殊蘇齋所見，惟字有大小之別耳。季彤觀察屬題。
壬寅冬至，張維屏書。"

十一月，李長榮攜其伯父國龍所撰《五經切音》一卷
《切字問答》一卷請正，南山爲之序。

原書卷首。序云："門人李子黼茂才奉其伯父躍門先生之
命，以所著《切字問答》、《五經切音》二書屬爲序。余
披覽之，知其於音韻之學用力甚勤，用心甚密。其《切
字問答》，九音九聲二圖及標箭九段反切，極口發明，足
以補劉氏《切韻指南》所未備。至《五經切音》，亦甚便

於初學。如欲訂譌補漏,精益求精,當更博覽諸前哲之
書,參稽互證,必有增廣其所未逮者。"

臘月七日,鍾逢慶招同黃培芳、黃玉階往城東蘿岡探
梅,夜宿蘿峰寺。翼日同集於習靜山房,得詩八首。

　　《松心詩集·花地集》卷三《臘月七日,鍾景雲孝廉逢慶
　　招同黃香石中翰培芳、蓉石比部玉階蘿岡探梅,宿蘿峰寺。
　　翼日同集於習靜山房,得詩八首》詩。

　　按,此遊鍾逢慶亦有詩,題《壬寅臘月七日,邀張南山
　　司馬、黃香石監簿、黃蓉石比部蘿岡探梅,宿蘿峰寺。翌
　　日同過習靜山房雅集,得長律三十二韻》,詩中自注:
　　"南山少飲輒醉。""南山乘轎亦手不釋卷。"

孔繼勳卒。

張岳崧卒。

道光二十三年癸卯(一八四三)　　六十四歲

[**時事**]三月,命耆英辦理廣東通商事宜。　五月
底,中英南京條約互換。香港政府正式成立,璞鼎查
就任總督。　以翰林院編修翁同書爲廣東鄉試正考官,
鄧爾恒爲副考官。　七月,粵人起而反對英人入城。
八月,中英訂立虎門條約。　十月,詔重申鴉片煙
禁。　丁拱辰撰《演礮圖說輯要》四卷成。　洪秀全
在廣東花縣創拜上帝會。

寓東園。輯《史鏡》,改刻詩集。

　　金菁茅《張南山先生年譜撮略》。

正月十四日,南山、黃培芳、黃玉階邀同梁信芳遊花

埭，還飲於南山寓所東園。

> 鍾逢慶《習靜山房詩鈔》之《上元前一日，張南山司馬、
> 黃香石監簿、黃蓉石比部招同梁香浦孝廉遊花埭，登斗
> 臺，觀五眼橋，還飲東園》詩。

十六日，與鮑俊、馮國倚、區昌豪、李長榮集錦園賞
雨賦詩。

> 李國龍《百蝶圖附六友堂詩鈔》卷二《癸卯上元後一日
> 同張南山司馬、鮑逸卿太史、馮磻泉大令、區偉川孝廉、
> 姪子黼茂才集錦園賞雨，次子黼韻》詩。
> 區昌豪，字光賢，號偉川，廣東番禺人。嘉慶舉人。官廣
> 東廉州府學訓導。

連陰少霽，南山偶步村外，因憶陶淵明《癸卯歲始春
懷古田舍》二首蘇軾曾和之，因亦繼聲。

> 《聽松廬詩鈔》卷六《連陰少霽，偶步村外，因憶淵明
> 〈始春懷古田舍〉二首坡公和之，余亦繼聲》詩。

二月初四日，梁信芳邀同南山、黃培芳、金菁茅、黃
玉階泛舟遊窟溪，有詩紀之。

> 《松心詩集・花地集》卷三《二月初四日，梁香浦孝廉招
> 同黃香石同年、金醴香員外、黃蓉石比部泛舟窟溪》詩。
> 梁信芳《桐花館詩鈔》卷五《癸卯仲春四日，泛舟窟溪
> 次張南山司馬韻》詩。
> 南山詩云：“十年三度泛窟溪，好把新篇續舊題。一葉溯
> 洄潮上下，千松排列水東西。佳辰引興尋丘壑，往事驚心
> 聽鼓鼙。且喜時平身又健，買春同把玉壺攜。”

是月，許玉彬、黃玉階邀同南山、黃培芳、桂文燿、
葉英華、張深、溫訓、沈世良、石衡、徐灝、陳澧結
越臺詞社於學海堂。次集在三元宮道院。第三集在訶
林光孝寺。月凡一會，觴詠為樂。凡五會，集同人所

作爲《越臺簫譜》。

《新春宴遊唱和詩》中徐灝《春遊次南山先生韻》詩自注。陳澧《憶江南館詞》自序、《東塾集》卷六《許青皋墓碣銘》。陳良玉《梅窩詩鈔》卷三《八月廿二日集三元道院作》詩自注。宣統《番禺縣續志》卷四〇。汪宗衍《陳東塾先生年譜》據沈世良《小祇陀盦外集》、《楞華閣詞鈔》。

葉英華，字蓮裳。廣東番禺人。葉衍蘭父。有《花影吹笙詞鈔》。

張深，字淑淵，號茶農，江蘇丹徒人。嘉慶十五年鄉試解元。官廣東新寧縣知縣。有《悔昨齋詩録》。

沈世良，字伯眉，廣東番禺人。諸生，官韶州府學訓導。有《小祇陀盦詩》、《愣華閣詞》。

徐灝，字子遠，廣東番禺人。貢生。初爲府、縣幕席，後官廣西慶遠府知府。有《靈洲山人詩録》、《通介堂經説》。

三月三日，仿蘭亭修禊事於珠江花埭之間。與會者爲張深、黃培芳、譚瑩等二十人，是爲詞社第二集。南山作《珠江修禊序》爲記。

《聽松廬駢體文鈔》卷四。《新春宴遊唱和詩》録徐灝《春遊次南山先生韻》原注。沈世良《楞華室詞鈔》卷一《臺城路》詞小序。

序曰："道光二十三年，歲在癸卯，三月三日，修禊事於珠江花埭之間。江南嶺南，今雨舊雨，亦觴亦詠，有圖有書。川路紆折，舟能沿洄；天氣暄和，衣已單袷。此地雖無崇山，頗富煙水，既多修竹，更饒雜花。家臨水而構園，戶售花以爲業。鼠姑百本，冠乎衆芳；魚婢千頭，散在澄碧。新柳拂渚，翻其風流；紅棉煥霄，卓爾豪傑。斯固永和一序所未陳，亦會稽諸賢所未睹也。夫上巳述古，每徵蘭亭；茲辰興懷，乃溯沂水。在昔杏壇侍坐，瑟音方希，未聆風浴之言，先有師旅之語，不意今事，併符古談。前者逆夷弗靖，擾及仙城；今者海氛既平，遵此王路。干戈載戢，閭里胥恬，維暮之春，同人于野，耕者在郊，蠶者在室，欣物力之猶阜，知民生之克勤。所願居安思危，履豐防匱，鴞音永息，魚夢無驚。春臺可樂，聊同衆人之熙熙；《唐風》職思，勿忘良士之瞿瞿。在公者，篤念有勇知方之義；素位者，各安童冠詠歸之常。則年年春服，可以被除；落落古狂，何妨異撰。俯仰有作，敢遽儗乎昔賢？詩歌和聲，請以俟夫君子。"

序末補記云："修禊之會，凡二十人，張茶農深、黃香石培芳、張南山維屏、陳棠谿其錕、溫伊初訓、譚玉生瑩、陳蘭浦澧、黃蓉石玉階、丁桂裳熙、徐子遠灝、徐子深溶、陶蓮生克勤、何蘭皋鍾英、石寶田衡、劉子熙汝明、姚雲浦震、李研卿應田、沈偉士化杰、沈眉生世良、姚致堂詩雅。期而未至者，段礽秋佩蘭、許青皋玉彬、李子矞長榮。是日主人桂裳、子熙、偉士、眉生、致堂也。維屏并記。"

按，沈世良《楞華室詞鈔》卷一《臺城路》小序云："癸卯上巳招諸同人花田修禊，是日爲詞社第二集，會者二十二人，張茶農、黃香石兩先生各繪花塸禊遊圖，張南山師、溫伊初丈分撰序記，余與諸君倚聲其後，以誌雅游。"則是日亦爲詞社第二集，與者二十二人。

丁熙，字桂裳，廣東番禺人。道光十五年舉人。官新興縣學訓導。

徐溶，字子深，廣東番禺人。灝弟。

陶克勤，字蓮生，廣東番禺人。諸生。

何鍾英，字蘭皋，廣東南海人。道光二十四年舉人。官府學教授。

姚震,字雲浦,廣東番禺人。生員。有《枕泉仙館詩賦鈔》。

沈化杰,字偉士,廣東番禺人。有《棣花館詞》。

姚詩雅,字致堂、仲魚,廣東番禺人。官知縣。有《景石齋詞略》。

劉汝明,字子熙,其人未詳。

并即席爲張深《悔昨齋詩録》撰序。

李長榮《柳堂師友詩録》"張深"條。

此條述云:"癸卯春,張南山師約翁及五羊諸詞人集珠江修褉,師即席撰序,有云:'弱柳拂渚,翩其風流。紅棉煥霄,卓爾豪傑。'翁把杯顧吾輩云:'此數語非六朝人不能道。'興到濡墨,即作褉卷,韻高神遠。"

三月十三日,應李應田邀,與許玉彬、倪鴻作展修褉之集,泛舟珠江,小憩杏林莊,暮飲於漱珠橋酒樓。

沈世良《楞華室詞鈔》卷二《水龍吟》詞。

倪鴻,初名始遠,字延年,號雲癯、雲衢、耘劬,廣西臨桂人。官巡檢。有《退遂齋詩鈔》。

又應沈世良邀同李應田、許應鑅、許應騤諸人集榕蔭榭展上巳。

沈世良《楞華室詞鈔》卷二《水龍吟》詞。

許應鑅,字昌言,號星臺,廣東番禺人。咸豐三年進士。官布政使。有《晉甎吟館詩文集》。

許應騤,字昌德,號筠庵,廣東番禺人。應鑅從弟。道光三十年進士。官至禮部尚書、閩浙總督。

金菁茅新居有小園,園有水石竹木之勝,自顏其亭曰小蘭亭,蓋先世本會稽也。夏日邀同人讌集,南山爲賦詩二首。

《松心詩集・花地集》卷三《金醴香員外新居有小園，園有水石竹木之勝，自顏其亭曰小蘭亭，蓋先世本會稽也。夏日邀同人讌集，爲賦二詩》詩。

五月，爲潘正煒所藏《南宋岳忠武公尺牘》真跡卷題識。

孔廣陶《嶽雪樓書畫録》卷二。

題識曰：“此卷曩曾觀於友石齋，今歸季彤觀察，出示屬跋，又獲展對。書法瘦勁，語雖不多，而忠義之氣鬱勃于楮墨間，足以廉頑立懦，非比尋常翰墨之寶也。道光癸卯五月，張維屏敬識。”

自春徂夏，園居自適。

《松心詩集・花地集》卷三《春事》、《雨後玩月》詩。

徐榮自浙江寄奉《從戎集》屬訂定，因賦題一律。

《松心詩集・花地集》卷三《徐鐵孫司馬榮寄〈從戎集〉屬訂定，因題一律》詩。

詩云：“冒雪衝風向海天，簡書王事重防邊。身經劉阮清遊地，心會孫吳勝算篇。戰地嘯歌真壯士，名山來往即飛仙。一編中有匡時略，豈獨煙霞水石緣。”

李聯璋自桂林來問詩，與談廣西之勝，賦詩以贈，并寄懷李秉綬。

《松心詩集・花地集》卷三《李松孫參軍聯璋自桂林來問詩，與談桂勝，賦此以贈》詩。

詩云：“松老韋廬先生有詩孫，詩篇多可存。身行半天下，家學見淵源。我夢舊遊處，君來能共論。遙思賢大阮，令叔小韋。虎魄養深根。”

李聯璋，字松孫。江西臨川人，李秉禮孫。

七月，爲梁九圖《紫藤館詩鈔》撰序。

梁九圖《紫藤館詩鈔》卷首。

文曰："福草世講十齡能詩，長益耽詠，近以其《紫藤館詩鈔》屬勘定，並請爲序。詩不多，而可采者不少。五言如'山亦學人語，雲常爭鳥飛'、'疎籬不礙月，怪石愛生苔'、'江聲千騎合，春色萬峰歸'、'鬼嘯荒山月，魚吹大海風'。七言如《羅浮》句云：'衡岳屏藩雄五嶺，仙人窟宅割三山。'《夜渡湘江》句云：'夢回五嶺人千里，月湧三湘雁幾聲。'《寒香閣梅花》句：'高枝時與月窺閣，落瓣偶隨風入簾。'語皆警鍊。《漫興》句云：'酒雖天限常思飲，書怕人求轉恨工。'則其平日工書又可見矣。七古如《十八灘》起句云：'庾嶺以南石在山，庾嶺以北石在水。'確是十八灘，而句法質直，頗得古歌謠遺意。《九曜石》、《鄱陽湖》兩篇，用史事推波助瀾，亦有健氣。福草方盛年，而所造若此，學之不已，何患不遠追古人耶？年來朋舊以詩屬點定，余每就其詩之佳篇雋句，摘其尤欣賞者，錄入《詩話》，較之膚辭泛贊，似爲切實，福草以此弁於卷端，即以爲是詩之序也可。道光癸卯秋七月，珠海老漁張維屏書于花竹煙波邨舍。"

梁九圖，字福草，廣東順德人。有《十二石齋詩集》、《嶺表詩傳》、《紫藤館文存》等。

閏七月，至此凡三歷閏七夕，賦《癸卯閏七夕》詩。

《松心詩集·花地集》卷三。

詩云："六十年間三度見，雙星不老我成翁。"自注："乾隆丙午，道光甲申，至是凡三閏七夕。"

應梁信芳招同馮奉初、鮑俊、金菁茅小飲寄園。

梁信芳《桐花館詩鈔》卷八《閏秋七月，招同馮默齋、張南山、鮑俊卿、金醴香小飲寄園。默齋詩成，次韻奉答》詩。

馮奉初，號默齋，廣東順德人。嘉慶十九年進士。官潮州府學教授。曾與溫承悌纂修《順德縣志》。輯《潮州耆舊集》。

同月，輯《聽松廬駢體文鈔》成，并撰自序。

《聽松廬駢體文鈔》卷首。

序云：“《虞書》紀事，不少駢辭；《周易·文言》，亦多偶句。必謂單行乃爲古文，是耳目之論也。駢體所貴，樹風骨於漢魏，擷情韻於六朝。以意運辭，而不累於辭；以氣行意，而不滯於意。與古文體貌雖異，神理弗殊。至繇唐逮宋，風格近卑，然文章升降，與時推移，既有此體，遂不可廢，持擇者分別觀之可耳。僕於此事，津涉未深，甘苦略喻。暇日檢篋中舊稿，汰去少小應試及仕宦應酬之作，而曩在都中代草奏進文字，另爲一帙，不入兹編，是以僅得若干首，不忍盡棄，鋟而存之。見者取以覆瓿，亦無蒈焉；知者肯爲指瑕，固所願也。道光癸卯閏七月，番禺張維屏。”

吳俊民卒，賦詩哀輓。

《松心詩集·花地集》卷三《輓吳嵩少太守俊民二首》詩。

詩云：“落月停雲頻北望，卅年前事到燈前。”“日下論交氣誼深，輪蹄南去悵分襟。七千里路我行腳，十二時辰君繫心。余出都，君數向令弟云：‘南山今日行至某處矣。’屋外郊原煙漠漠，君居大川淀，屋外有遠景，余與君兄弟時吟眺其間。酒邊簾幕夜沈沈。當時三影盤桓地，鴻雪蒼茫不易尋。”

按，《藝談錄》卷上“吳玉綸”條引《聽松廬詩話》云：“吾與公子嵩梁水部俊民、紅生中翰葆晉爲文字交垂三十年，余每入都過從，樽酒論文，清歡永日。”

爲伍元蕙藏《宋蘇轍子由書札》、《宋米友仁元暉書札》題識。

伍元蕙《南雪齋藏真》卯集。

子由書札題識云："蘇文定公嘗疏論嘉祐中置都水監，至緩急之際，諸埽不爲用。觀此益信。儷荃行將守郡，身歷其境，方知官事之難，區區打冰懈弛，猶其小小者耳。張維屛識。"

元暉書札題識云："小米工書，固由家學，而人品尤高，觀此書可見。宜乎海岳當日亦頗有譽兒之癖也。張維屛題。"

伍元蕙，更名葆恒，字良謀，號儷荃，廣東南海人。布衣。喜收藏，刻有《南雪齋藏真帖》。

秋夜，徐櫟攜琴見訪，琴罷賦詩以酬。

《松心詩集·花地集》卷三《秋夜徐滄雲司馬櫟攜琴見訪，琴罷有詩》詩。

徐櫟，字滄雲，其人未詳。

重九日，劉嘉謨招同諸詞人粵秀山登高，集紅棉寺，南山賦詩。

《松心詩集·花地集》卷三《劉簡臣通政嘉謨招同諸詞人登高，集紅棉寺》詩。

劉嘉謨，字簡臣，廣東香山人。貢生。官通政司經歷。有《聽春樓詩鈔》。

十月初一日，胡錦觀招同黃位清、僧浩瀾遊海雲寺，聽僧月潭話明末清初天然、澹歸舊事。得詩四首。

《松心詩集·花地集》卷三《十月初一日，胡雲閣上舍錦觀招同黃春帆同年位清、僧浩瀾遊海雲寺，得詩四首》詩及自注。

詩其一云："匡雲曾屢見，今訪海雲來。寺有天然和尚自書聯云："且呼五老爲三老，不信匡雲即海雲。"老樹當門立，遙

峰對閣開。徑從幽處轉，味向曲中回。前代鴻泥跡，國初
前明遺老多集於此。滄桑幾溯洄。"

胡錦觀、僧浩瀾、僧月潭，其人俱未詳。

古炳乾寫"竹窗夜話圖"，同話者爲顧椿，蓋嶺南舊
識也。南山爲題詩二首。

《松心詩集‧花地集》卷三《古海初水部炳乾竹窗夜話圖，
同話者顧藹亭水部椿》詩二首。

古炳乾，字海初，廣東嘉應人。官工部侍郎。

應譚敬昭高弟謝有仁之請，題其"梅屋敲詩圖"。

《松心詩集‧花地集》卷三《梅屋敲詩圖，爲謝靜山都轉
有仁題》詩。

詩序云："古人梅花詩，詠白梅多，詠紅梅少，詠紅梅七
言古詩尤少。靜山此圖全繪紅梅，因爲賦七言轉韻一
篇。"詩云："詩仙弟子玄暉孫，獨對瑤華索佳句。"詩中
原注："靜山爲康侯弟子。"

謝有仁，字靜山，廣東番禺人。官鹽運使。有《娛暉閣
詩草》。

賦詩題梁國瑚"羅浮仙蝶歌"，賀其與弟國琮相繼入
翰林院。

《松心詩集‧花地集》卷三《羅浮仙蝶歌，爲梁筆珊太史
國瑚作》詩。

詩云："仙山雙蝶來相訪，似學聯翩翰苑飛。"詩中原注：
"君與令弟儷裳太史聯科入詞館。"

梁國瑚，字筆珊，廣東番禺人。道光二十一年進士。官翰
林院編修。有《聽琅玕館詩鈔》。

十一月二十四日，馮譽驥將北上會試，過南山言別。
且出其先師劉秉貞詩一卷，曰："此先師遺詩也。請
先生選輯刻入《國朝詩人徵略》，庶不至身名俱滅，

則先師受賜多矣。"南山諾之，且有詩贈行。

《國朝詩人徵略》二編卷五八"劉秉貞"條。《松心詩集·花
地集》卷三《贈馮展雲孝廉譽驥，即送北上》詩、附錄馮
譽驥《讀南山先生聽松廬詩集，奉題四首》詩。

南山詩云："訪我話宵分，高歌一贈君。才華洞庭水，事
業泰山雲。君將由湖北、山東入都。骨要冰霜鍊，詩應蘭茝
熏。可容誇老眼，早識馬空群。初識君方髫齡，余即集杜詩
'渥洼之馬走千里，青眼高歌望吾子'之句贈之。"

按，馮譽驥《綠伽楠館詩稿》書前題辭有南山此詩，題
《癸卯十一月廿四夜，展雲孝廉攜詩見過，談至夜分，賦
此寄贈，即送公車北行》。

馮譽驥，字仲良，號展雲，廣東高要人。道光二十四年進
士，授翰林院編修，官陝西巡撫。有《綠伽楠館詩稿》。

嗣又披覽馮詩，覺意有未盡，復成一律，深致期許
之意。

馮譽驥《綠伽楠館詩稿》附錄南山《予既爲詩贈展雲孝
廉，披覽其詩，意有未盡，復成一律》詩。

詩云："渥洼千里蹴雲煙，行見騰驤到日邊。湘管聲華傳
鄂渚，稿中多楚作。玉溪才調擅韶年。七律最近義山。生來
自有江淹筆，此去應追祖逖鞭。仰止麟山風範在，後賢端
合繼前賢。唐端州莫殿撰嘗讀書麟山，君亦端州人，又工小楷，
故以此相勗。"

爲鄭菜《海天樓詩鈔》題辭。

《聽松廬駢體文鈔》之《鄭棉洲詩集題辭》。

題辭云："番禺有奇秀才，才奇，性奇，貧奇，病奇，詩
尤奇。忽焉金章紫綬，忽焉卉服草衣，忽焉鳳閣鸞臺，忽
焉漁莊蟹舍。時而銅琶鐵板，時而細管么絃，時而結珮攬
環，時而握刀橫槊。語其雄壯，則黃河之水、廣陵之濤。

語其細密，則三盆之絲、九機之錦。語其豪快，則千金買
駿、一箭穿鵰。語其激昂，則撾鼓漁陽、吹簫吳市。語其
清圓，則芝田鶴唳、柳陌鶯鳴。語其靈變，則痀僂承蜩、
蒙莊化蝶。語其富麗，則百道旌旗、六宮粉黛。語其枯
寂，則長城白骨、荒塚青燐。年少多病，百憂感其心；家
貧無書，千卷貯於腹。或謂其獨吟獨笑，目中無人；或謂
其如醉如癡，心中無我。篋有千首，而囊無一錢；才可萬
言，而名艱一第。嘔心落魄，竟以此終，卒於道光甲午，
年三十有四。余與君僅兩面，君歿十年，余乃獲遍覽君之
詩。君之為人，余究不得而知也，知其詩之奇而已，無以
名之，名之曰‘奇秀才’。”

胡光瑩來訪並談詩，言昔在都中購得《聽松廬詩集》，
神交久矣。昨來告別，賦詩贈之。

《松心詩集·花地集》卷三《胡畫溪比部光瑩見訪談詩，
言昔在都中購得〈聽松廬詩集〉，神交久矣。昨來告別，
賦此奉贈》詩。

胡光瑩，字畫溪，江西宜春人。道光十二年進士。官刑部
主事。有《竹泉山房集》。

初冬，招同馮國倚、區昌豪、陳良玉、李長榮集聽松
廬菊讌。

李國龍《百蝶圖附六友堂詩鈔》卷二《癸卯初冬，張南
山司馬招同馮磻泉大令、區偉川、陳朗山兩孝廉姪子蕭茂
才集聽松廬菊讌》詩。

陳良玉，字朗山，廣州駐防漢軍旗人。道光十七年舉人。
官廣西知縣。後為學海堂學長。有《梅窩詩鈔》。

張際亮卒。

吳榮光卒。

秦恩復卒。

嚴可均卒。

張深卒。

吳俊民卒。

道光二十四年甲辰（一八四四）　六十五歲

[**時事**] 命林則徐赴喀什噶爾查勘。賞鄧廷楨三品頂戴，授甘肅布政使。命耆英爲兩廣總督。　正月，廣東巡撫程矞采校閱省城附近各社學壯勇。四月底，廣州發生暴動，一華人爲美人毆斃。　五月，英人擬租居廣州河南地，粵民拒之。　七月，中美望廈條約畫押。　以廣東盜賊蜂起，明火劫掠，命耆英等實力緝拿。　十月，中法黃埔條約簽訂。　十二月，耆英宣佈天主教弛禁。　英國在廣州設柯拜船廠，是爲外資在華經營之最早船舶廠。

東園本爲南山借寓處，時將易主，乃移居城中南園，地在清水濠街舊居之南。

　　金菁茅《張南山先生年譜撮略》。

第三子祥晉補刑部江蘇司員外郎，在京供職。

　　金菁茅《張南山先生年譜撮略》。

輯《史鏡》，刻文集。

　　金菁茅《張南山先生年譜撮略》。

二月二十二日，閱新興陳在謙遺稿《七十二峰堂文勺》，爲文序之。

　　《松心文鈔》卷四《七十二峰文勺序》。

　　文曰：“古文難言哉！約言之，其得失蓋有兩端：墨守唐

宋八家之軌轍，其體正，其弊易陳。遠追周、秦、兩漢之
規模，其格高，其弊易僞。然爲古文者，果能積吾學，充
吾識，本吾之真氣以行之，則亦何患其陳哉！吾友陳君雪
漁，甲子同年也，嘗於所刻《嶺南文鈔》見其文數首，
筆力清勁，心焉識之。後雖一再會面，未獲暢所欲言，比
余返自江右，而君已歸道山。今春，令子小漁奉其遺稿
《七十二峰堂文勺》見示，請加評焉。余見諸君所評，多
吾意所欲出，無庸再贅。昔前明李于鱗、王元美諸人，高
談秦漢，旗鼓中原，而震川老人自守唐宋八家軌轍於寬閒
寂寞之濱。迨事後論定，貌爲秦漢者，不免於僞，守八家
軌轍而有真氣者，究不失爲真古文。雪漁之文，固守八家
軌轍而有真氣者也，使益充其學識，不難追步震川，惜乎
中道而遽歿也。自君歿，而吾粵談古文者，益難其人矣。
秋聲在樹，蕭蕭摵摵，挑燈書畢，彌增歎息。道光甲辰仲
春之月望後七日，番禺張維屏。"

按，在謙卒於道光十八年，見汪兆鏞《嶺南畫徵略》附
錄汪宗衍編撰《嶺南畫人疑年錄》。

陳在謙，字六吉，號雪漁，廣東新興人。嘉慶九年舉人。
官教諭。有《夢香居詩集》、《七十二峰堂文勺》。

五月，爲何世文撰《安所遇軒西遊草序》。

何世文《安所遇軒西遊草》。

文曰："友道重矣哉！君子以友輔仁，故居是邦，必事賢
友仁。《小雅》曰："矧伊人矣，不求友生。神之聽之，
終和且平。"古詩人求友，形之於詩，而尊之以神聽，友
道重矣哉！何君省蘭喜爲詩，而樂取友。前寄詩請正，既
錄其佳句入《詩話》矣，今又自粵西寄近詩請序。余嘗
觀省蘭平日所爲詩，見其每至一地，輒與彼都人士有縞紵
之投、盍簪之雅。此近作百餘首，登山臨水，賦物詠懷，

而贈答唱酬，多爲友朋而作，不必雕章琢句，刻意求工，而念同岑之舊好，訂傾蓋之新知，抒寫性靈，能不失神聽和平之旨。余故專就其交友一端言之，至詩中可采之句，仍爲摘録入《詩話》云。道光甲辰五月，珠海老漁張維屏謹識。"

何世文，字章仁，號省蘭，廣東南海人。布衣。游粵西，有《安所遇軒詩鈔》、《西遊草》等。

是月，徐榮在杭州，憶昔年屢遊廣州東郊之蘿岡，思之不忘，因繪梅花畫扇以贈蘿岡人鍾逢慶。南山以此爲韻事，爲題五絶一首。

鍾逢慶《習靜山房詩鈔》之《答徐鐵孫司馬惠扇七古》詩後附録。

南山題詩云："言念蘿岡人，寫寄孤山樹。千里一枝春，鄉心託毫素。"

按，此詩《松心詩集》失載。

張祥河赴廣西布政使任，以途中詩作《驂鸞吟稿》見寄，南山爲賦四絶句奉題。

《松心詩集·花地集》卷三《家詩龕方伯祥河以驂鸞吟稿見寄，奉題四絶句》詩。張祥河《小重山房詩》之《驂鸞吟稿》自識。張茂辰《先溫和公年譜》。

詩云："天外飛來一卷詩，嶺雲江樹慰相思。開緘已覺煙霞氣，快睹驂鸞絶妙辭。""世澤堂高仰御書，君家世澤堂額爲文敏公時憲廟所賜。家傳治譜有良模。定知八桂棠陰芾，豈獨詩名繼石湖。""楚詩一一細評量，卷中有論楚詩十二首。香草吹香入錦囊。曾向鼓山留玉佩，道光戊子，君典試閩中，有《鼓山留珮圖》。又傳佳話遍三湘。""醉擁漁蓑臥海邊，醒來燈下展瑶編。李公橋畔荷花酒，勝會追思已廿年。嘉慶己卯，霽青太史招都中詩人集李公橋酒樓爲荷花生日，始相識。"

又應胡斯錞之請，爲其祖夢齡《游吳集》撰序。

胡夢齡《遊吳集》卷首。

序曰："和軒通守見訪南囿，以令祖弼齋先生《游吳草》見示，請爲弁言。集名'游吳'者，和軒分守常州時，先生至官署，蓋由粵至吳、由吳返粵之作也。先生少習舉業，屢試不遇，棄而就武，領薦膺揚。然將軍不好武，生平結習，仍是書生，今觀所作，襟懷蕭灑，氣象雍容。敦詩悦禮，慕卻穀之徽猷；雅歌投壺，追祭遵之風度。至若山水方滋，篇翰間發，自得環中之趣，時流絃外之音。五言如《汾江》云：'風聲千樹壯，月影一江涵。'《滕王閣》云：'湖山千里在，詞賦幾人留。'皆吐屬清雋。《廬山瀑布》一律云：'雙劍插峰青，飛泉集百靈。懸崖高萬仞，直下注東溟。鼓動空山響，奔騰亂石扄。匡廬今始見，晴日震雷霆。'通體遒健，嗣響唐賢。又，'層梯若積鐵，垂乳紛懸縆'十字近韓，'行旅連三月，歸心動百蠻'十字近杜，七言古詩如《誦陜草堂賞雪》及《雪後賞梅夜遊雲溪》諸篇皆瓣香玉局。至《望廬山》云'銀河倒落三千丈，跳珠濺玉鳴琤琮。就中卓立香爐峰，瀑聲遥答隨天風'，則飄飄乎有凌雲之氣矣。其《將旋粵也留示錞孫》有云：'所以允汝來，看汝官情形。入境聽口碑，説汝勤且清。汝官雖閒曹，轉漕任匪輕。願汝勤厥職，努力報明廷。'此則發自心聲，即可垂爲家範。和軒夙承祖訓，克守官箴，今又奉持遺稿，壽諸棗梨，固賢孫不匱之孝思，亦先生貽厥之善慶也。余既摘其警句，録入《詩徵》，因和軒之請，遂書此於卷端以復之。道光甲辰七月，番禺張維屏。"

胡夢齡，字弼齋，廣東順德人。斯錞祖。

秋，爲邵詠《芝房詩存》撰序。

原書卷首。光緒《電白縣志》卷二八。

序云："高州邵君芝房有詩名，知詩者謂其詩可傳，知人者謂其人尤可傳。嘉慶癸亥君來羊城，相遇於陳子仲卿齋中，既而往還談讌，相得甚歡。未幾君別去，自是不復相見。後聞君爲韶州府訓導。論者謂君之才終於廣文，以是爲君惜，余謂不然。且夫人生數十寒暑，惟倫常之間、出處之際爲大節所關，而欲求完全無缺憾者，未易多得。君則家庭雍穆，倫紀克敦，君之父，君之弟，君之子，皆以拔萃貢於廷，而君則以優行舉，雖未獲居高位，展布其才，然以明經出爲一郡師儒之官，克稱其職。至其爲詩，自少即與令弟子京壎篪唱和，既壯入都，尊師取友，以道義文藝相切磨，由是學益進，詩益工。其詩清而不薄，麗而不纖，澹而不枯，質而不俚，樂府諸篇尤得古意，宜翁覃谿、馮魚山諸先生爲之歎賞不置也。今秋君次子墨莊茂才自高州來，將刻君詩，問序於余。余思君生平於倫常之間、出處之際皆無缺憾，此人生所不易得者，其人可傳，其詩所以益可傳也與。墨泉、墨莊昆季克守先澤，能讀父書，此又余與仲卿追念四十載故人，而爲之欣然色喜者也。"

按，《芝房詩存》二卷，刊於道光二十五年。此前一年爲作序，與序文稱嘉慶癸亥初識，距今四十年，正合。

九月，何桂清爲廣東鄉試主考官。試竣，拜會南山，并以所撰《使粵吟》詩一卷相示。乃爲之序。

《松心文鈔》卷四《何根雲太僕使粵吟序》。

序曰："太僕何根雲先生典試來粵，撤棘後枉過，出集杜詩三卷見示。屏受而讀之，歎爲前此集杜者所未有也。集杜以文文山爲最著，然文山集杜，有五言無七言，且篇雖二百之多，詩皆兩韻而止。自宋迄今爲止者，殆未易更僕數，然大都詠懷寓感，雖有題實無題，題寬則易於取句，事廣則易於成篇，若是，故集杜不難也。先生之集杜則不然，詩必有題，題必有事，因題選句，句必切題，因事遣辭，辭必切事。是蓋平日讀杜詩，早與老杜心心相印，故能溫故知新，食古而化，左宜右有，資深逢原。覺從前集杜皆易，是編集杜獨難；從前集杜皆因，是編集杜若創。且因是編愈見杜詩大無不該，細無不貫。方諸江河，波瀾不竭。譬之日月，光景常新。古書皆然，奚獨杜集，然則先生每讀一書，必能與古人心心相印，皆有溫故知新、資深逢原之樂，固可即集杜一端而類推之。"

按，何桂清《使粵吟》卷首有此序，末署"道光甲辰九月既望，番禺張維屏識於南園詩舫"。

何桂清，字叢山，又字根雲，雲南昆明人。道光十五年進士。有《使粵吟》。

龍啟瑞爲廣東鄉試副主考，事竣返京，知南山詩名而未晤，歸舟遇王銘鼎，得讀南山《游仙唱和詞》，因題詩寄南山致慕。

龍啟瑞《浣月山房詩集》卷一《今秋典試羊城，撤棘後疲於應接，知有詩人張南山先生而未暇一訪。掛帆後，悵然久之。舟過清遠峽，過王恭三明府同年，手遊仙唱和詞一卷見示。蓋先生首唱而黃蓉石比部和之。余愛其詞，因題七絕四首寄正》。龍啟瑞《經德堂文集》卷六外集《粵東紀程録》。

龍啟瑞，字翰臣，廣西臨桂人。道光二十一年進士、狀元。官翰林院修撰。有《經德堂集》。

王銘鼎，字恭三，貴州安化人。道光二十一年舉人。時任廣東新安縣知縣。

初冬，應李長榮邀同馮國倚、區昌豪、鍾逢慶、杜游、李國龍共遊杏林莊賞菊。嗣乘南山自置之海天霞唱舫回城。

鍾逢慶《習靜山房詩鈔》之《甲辰初冬，李子黼茂才招同張南山司馬、區偉川學博暨李躍門諸阮游杏林莊賞菊，莊主人鄧蔭泉。盤桓竟日，率成五律四首》詩。鄧大林《杏莊題詠》卷一録李國龍《甲辰初冬遊杏林莊》詩、鍾逢慶《甲辰初冬李紫黼茂才邀同張南山司馬、區偉川學博、杜洛川學博、李躍門上舍游杏林莊賞菊率成五律四首》詩。李國龍《百蝶圖附六友堂詩鈔》卷三。

李國龍，字殿祥，號躍門，廣東南海人。監生。擅繪事，尤以畫蝶聞。

杜游，字洛川。廣東番禺人。貢生。官候補訓導。有《洛川詩稿》。

四女秀端壻錢君彦逝。

《松心詩集·花地集》卷三《哭四女秀端》詩自注。

林伯桐卒，年七十。賦詩輓之。

《松心詩集·花地集》卷三、《松心詩録》卷八《輓林月亭孝廉伯桐》詩。林伯桐《修本堂叢書》卷首《德慶州學正林月亭先生鄉賢録》。

詩其一云："百年論者舊，心折二亭賢。貫亭侍御、月亭孝廉。涉世雖殊境，存心不愧天。陳牟名並著，貫亭與陳秬亭、陳虹江、牟松匡有工部四君子之稱。漢宋學同研。月亭服膺宋儒，亦精研漢學。不及江門叟，遭時俎豆傳。二君學行無愧白沙，使白沙生於今日，能從祀兩廡與否未可知也。"其二云："文行兼修者，維桑佩此人。淵源漢學古，踐履宋儒真。律己如冰潔，交朋比玉醇。無人爲推挽，孤士易沈湮。邑人舉君鄉賢，聞部議駁。"

倪鴻謁南山於聽松園。

> 倪鴻《退遂齋詩鈔》卷一《聽松園謁張南山師維屛》詩。
>
> 按，倪鴻去年即已與南山同展上巳，此番乃專謁也。

舊友秀琨昔官嶺南，曾種梅於學海堂，今重遊廣州，以蒲團小照屬題。

> 《松心詩集・花地集》卷四《秀子璞琨重遊嶺南，以蒲團小照屬題，爲賦二絕句》詩。
>
> 秀琨，字子璞，漢軍鑲黃旗人。工繪事。有《聽秋山館集》。

譚瑩北上會試，賦詩贈行。

> 《松心詩集・花地集》卷三《贈譚玉生孝廉瑩，即送北上》詩。譚瑩《樂至堂詩集》卷八《春日旅懷和鄺海雪五律八首》詩。

長至前五日，爲杏林莊內蕉亭撰并書楹聯。

> 鄧大林《杏莊題詠》三集卷六。
>
> 聯曰："偶營亭樹添幽致，不設墻垣得大觀。"附識云："蔭泉吾兄精於六法，新闢杏林莊，布置皆有畫意。蕉亭雖小，四望豁然。屬書楹帖，因撰此聯，即請正之。道光甲辰長至前五日南山張維屛識。"

是年又有《南園別墅詩爲杜洛川廣文游作》、《茉莉素馨兩絕句》等詩。

> 《松心詩集・花地集》卷四。

祁墳卒。

錢泳卒。

林伯桐卒。

道光二十五年乙巳（一八四五）　六十六歲

[**時事**] 正月，兩廣總督耆英出示曉諭，開放廣

州，禁止民衆阻撓外人入城。屢示屢毀。　二月十三日，制定同城異縣考試章程。　六月，廣州府屬之三合會、臥龍會，千百爲群，持械戕官。朝命耆英等緝捕究辦。　七月，中法黃埔條約在澳門互換。　十二月，粤民反對英人進城，搗毀廣州府署。　廣州學署前演戲失火，觀衆避走不及，死者一千四百餘人。

寓南園。輯《史鏡》，刻文集。
　　金菁茅《張南山先生年譜撮略》。
正月十二日，周懷棠邀同梁信芳、陳其錕、鮑俊、金菁茅集杏林莊。
　　梁信芳《桐花館詩鈔》卷六《上巳前三日，周秀甫親家懷棠招同張南山司馬維屏、陳棠谿儀部其錕、鮑逸卿比部俊、金醴香員外菁茅集杏林莊》詩。
子祥鑑卒。殁前，猶到訪陳澧書齋，商討學問。南山有《哭三兒祥鑑》詩，深志哀痛。
　　《松心詩集·花地集》卷三。
　　詩其一云：“兒生在己巳，兒卒在乙巳。三十有七年，宛如昨日事。幼時好眉目，親戚皆歎異。孩提至成童，未嘗動親氣。教之讀詩書，教之習文藝。文藝已清通，亦略工楷字。此亦何足奇，其年甫十四。”
　　其二云：“十五渡鄱湖，十六溯大江。十七至武昌，十八在襄陽。十九由粤西，就婚桂林。既婚返五羊。廿四又度嶺，隨侍於豫章。廿八始入都，廿九復還鄉。三度上公車，習勞耐風霜。去歲病數月，醫治亦已康。步屧訪良友，兒殁前數日，猶步行過陳蘭甫孝廉書齋。疑義思面商。我意益欣慰，謂兒身漸強。奈何一朝變，使我心摧傷。”

其三云："弱冠考經古，遂補弟子員。北榜中副車，南榜
中亞元。鉅公宏獎殷，兒受知於學使翁公邃庵學士，彭公春農
侍郎、張公篠園相國、陳公偉堂均蒙期許甚厚。名宿交誼敦。兒
在都與李樸園太守、吳鴻生侍讀、桂星垣太史、張翼如比部過從談
藝，相得甚歡。謂兒工小楷，行將入詞垣。兒亦好爲詩，
有意未暇專。亦偶寫花卉，丈人實師門。兒外舅李芸甫水部
嘗教之畫。近欲專舉業，得第爲親歡。然後研古籍，一一
探本原。心長命則短，已矣夫何言。"

其四云："嗟余雖無能，尚有家庭樂。花晨與月夕，兒女
侍杯勺。古義時引伸，新藝互商榷。觴詠既可娛，絲竹亦
間作。兒與諸弟兄，怡怡賦華鄂。兒兄弟及從兄弟均極和睦。
姊妹時歸寧，相愛若手足。傷哉兒遽逝，老境非復昨。兒
有子五人，他日誰好學。念此益思兒，涕淚如雨落。"

節近清明，又有《重哭三兒》詩，蓋哀痛難已也。

《松心詩集·花地集》卷三。

詩云："黯黯春陰不放晴，傷心時節近清明。人情豈易忘
哀樂，佛法無過了死生。一病掉頭先我去，九原執手伴師
行。兒歿前數日，夢師林月亭孝廉執其手。遺書剩稿丹鉛在，
撿點難禁老淚傾。"

黃玉階卒，賦詩輓之。

《松心詩集·花地集》卷三《輓黃蓉石比部玉階》詩。

詩云："畫省詩名日下傳，循陔歸詠白華篇。懷才早負黃
香譽，好色能凋宋玉年。赤雅昔曾揮彩筆，君題《赤雅》
七律十數首，傳誦一時。正宗誰更續瑤編。君選近人駢體爲
《國朝駢體正宗續編》。慈親八十兒彌月，泉路知君望眼懸。"

按，梁信芳《桐花館詩鈔》卷六《輓黃蓉石比部玉階》
詩作於道光二十五年歲首，南山詩亦當作於此時。

三月三日，李長榮邀同黃培芳、鄧大林諸人集其柳堂

修禊。蘇六朋爲繪修禊圖，南山爲作序。

李長榮編《庚申修禊集》鄧大林詩自注。黃培芳《嶺海樓詩鈔》。

鄧大林，字卓茂，號蔭泉。廣東香山人。監生。居廣州花地，築杏林莊，與陳璞、黃培芳諸名士結詩畫社。

蘇六朋，字枕琴，號羅浮道人，廣東順德人。畫家。

本月陳瑩達以所爲詩兩卷屬爲評定。南山既采其警句入《聽松廬詩話》，復題數語以識之。

陳瑩達《樵湖詩鈔》卷首。

題識云：“陳君韞堂以所爲詩兩卷屬爲評定。韞堂家於西樵山，故西樵詩爲多。古體如《白雲洞》云：‘行行洞漸近，聞喧不見瀑。’此十字不寫瀑，而已得瀑之神。《龍㴱閣》云：‘開窗巖欲逼，隱几翠來親。’山閣之佳，讀詩如見。西樵山多種茶，韞堂有《采茶歌》，中四句云：‘葉少茶味淡，葉多茶味濃。淡濃郎領會，味在不言中。’雖詠茶，而學問之淺深，詩文之厚薄，俱可借茶味之濃淡類推之。懷古詩如《厓門三忠祠》云：‘精誠動天地，浩氣虹霓吐。盡瘁鞠我躬，成敗敢逆睹。三忠繼三仁，凜烈並千古。’數語寫三忠大節，生氣凜然。近體如《詠武侯》云：‘三分悲割據，兩表竭精忠。’語極警策。其他五言如‘鳥啼經日意，花落一春心’、‘孤村三面水，落木一天秋’，俱佳。七言如《羊城雜詠》云：‘江合滇黔收遠派，山分衡嶽據高原。’《登粵秀山》云：‘黃花白蝶昌華苑，疎雨寒鴉陸賈城。’《詠文信國》云：‘一旅厓山天莫挽，三年燕邸節逾剛。’《詠于忠肅》云：‘冤埋熱血千年碧，詩詠然灰七字豪。’皆有蒼涼激越之致。其絕句最警者，《讀留侯傳》云：‘帝王師以神仙退，佐漢攻成賦遂初。辟穀冷看功狗戮，始終得力老人書。’論古有識，卓然可傳。道光乙巳三月，珠海老漁張維屏書于南園詩舫。"

又識語云："韞堂有句云：'願爲愚拙子，不爲輕薄兒。'觀其詩而知其人，蓋醇謹之士也。使其少年得親近名師益友，博覽書史，講求學問，必有成就，所造必不止此，惜乎困於境遇，不克專心於學，然家近西樵，時以山水娛其襟抱，以嘯詠陶其性情，亦有翛然自得之致。余既采其警句入《詩話》，復題數語於此。南山張維屏。"

陳瑩達，字韞堂、蘊堂，廣東番禺人。布衣。有《樵湖詩鈔》。

春日招黄位清等同遊杏林莊。

鄧大林《杏莊題詠》卷四黄位清《乙巳春，南山同年招同人遊杏林莊。丙午春，杏林莊主人來索詩，云將彙梓，期以十日，奉呈二絕句》詩。

春末，有《送春》詩自道心境。

《松心詩集·花地集》卷三。

詩云："一春容易負芳辰，病裹驚聞説送春。住世百年多潦草，誤人兩字是因循。有情欲結煙霞伴，無術能留露電身。真實只須談現在，虛空何處問來因。"

張祥河自廣西寄贈所著《小重山房初稿》詩集，南山賦詩奉報。

《松心詩集·花地集》卷四《詩龕方伯自粵西寄示詩集，中有見贈長篇，蓋庚寅所作也。賦此奉報》詩。張茂辰《先溫和公年譜》。

詩云："李公橋畔荷花紅，看君健筆鏗鐘鏞。嘉慶己卯，霽青太史招都中詩人集李公橋酒樓，爲荷花作生日，屏始與君訂交。郭隗臺邊楓葉散，贈我長篇抉雲漢。道光庚寅入都，君招飲論詩。軟紅塵裹談忽忽，與君姓同心亦同。廿年一別復再別，君直樞地余飛蓬。我憶北平翁學士，未免爲詩貪使事。萬卷胸羅世所稀，一代靈光今孰繼。君謂覃溪詩有訓詁氣；余謂博學愛才如學士，亦世所少也。君懷江右南城公，題襟意氣何豪雄。樽酒人方孔北海，瓣香士爲曾南豐。二老後先同跨鶴，南北騷壇俱寂寞。吳蘭雪周芸皋程春海朱茶堂皆古人，歎逝傷離少歡樂。滄海橫流可奈何，憂來對酒且高歌。濤浪雖平巨蛟在，稻粱不足哀鴻多。開藩八桂爲君喜，政簡官閒詩愈美。桂林況復多奇山，一山一詩奇未已。來書云："遊一巖洞，必留一詩。"西望灘江江水長，三復君詩成報章。京華舊雨今餘幾，更憶無雙江夏黃。霽青太守。"

按，《花地集》附錄張祥河《贈張南山司馬，即題其聽松廬詩稿後》詩，乃道光十年舊作。南山睹祥河集中有此舊作，故附錄之。南山詩中自注有"來書云：遊一巖洞，必留一詩"語。祥河於去年六月抵廣西布政使任，必先處理政務，至今年方有暇遊覽。《先溫和公年譜》正記其今年遊桂省省城名勝云。故繫於此。

夏，胡斯錞過訪南山，相與論詩。時南山已由東園移居南園附近。

陳澧、胡斯錞輯《正雅集摘鈔》之胡斯錞《夏日過南園抗風軒作》、《夏日過南園與南山論詩，即次其南園詩舫作元韻》詩、張維屏《和軒太守過訪南園，有詩見示，因錄南園詩舫作請正》詩。

五月三十日，鄧大林招同南山及黃培芳、杜游、鮑俊、朱潮、袁杲、黃瑞圖、李長榮讌於杏林莊。

杜游《洛川詩略》卷二《五月三十日與張南山、黃香石、鮑逸卿、朱海門、袁顏卿、黃子剛、李子虎諸君讌於杏林莊。是日風雨暴作》詩。鄧大林《杏莊題詠》卷二袁杲同題詩。

朱潮，字學韓，號海門，廣東香山人。道光二十四年進士。官知縣。

袁杲，字蓮卿，又字顏卿，廣東香山人。諸生。有《山右吟草》。

黃瑞圖，字子剛，廣東南海人。官經歷。

六月，招劉嘉謨遊聽松園。

劉嘉謨《聽春樓詩鈔》卷四《六月，張南山司馬招游聽松園》詩。

魏源書來，以所著《海國圖志》見寄。南山閱後，深佩書中卓識，爲未蒙見重致慨，賦詩題其端。

《松心詩集·花地集》卷三《魏默深進士源書來，以所著海國圖志見寄，賦此奉報，即題卷端》詩。

詩云："憶曾握手向京華，別久書來豁眼花。氣壯群推魏無忌，心孤誰識賈長沙。九州縮地憑揮翰，四海披圖當泛槎。太息繞朝謀不用，爲君一讀一長嗟。"

按，《海國圖志》初刻於道光二十二年底，詩謂"太息繞朝謀不用"，則時距書出至少一年以上或二年。故寄書南山諒在今年。

鮑俊新闢榕塘別墅，夏日招同人讌集，賦詩二首。

《松心詩集·花地集》卷四《鮑逸卿太史新闢榕塘別墅，夏日招同人讌集，即事有作二首》詩。

按，據劉嘉謨《聽春樓詩鈔》卷四《鮑逸卿太史新築榕塘精舍，承邀小酌，即席率成絕句》詩作於道光二十五年，可以參證。

夏秋間，數乘花舫閒遊珠江，觸景興懷，成《珠江雜詠》組詩。

《松心詩集·花地集》卷四。

九月九日，應劉嘉謨之邀，與陳其錕、黃培芳、鮑俊、朱潮、鄧憙齊、龐文綱、劉熊、侯植芳、鮑梁、鄭秉樞等十一人集粵秀山登高，集紅棉寺亦非臺，張、黃即席賦詩，同人迭和。

劉嘉謨《春秋佳日詩鈔》之《乙巳九日招同張南山司馬、陳棠溪儀部、黃香石中翰、鮑儀卿太史、朱海門明府、鄧初樹學博、龐伯常孝廉、家湘華孝廉、侯春珊上舍、鮑禹山茂才、鄭璇若二尹、黃雲芝國學，集粵秀山紅棉寺登高，次南山司馬韻》詩。

南山詩云："紅棉古寺倚高岑，九日劉郎約共尋。雲樹有情天澹蕩，山川無事客登臨。佩萸不用談仙術，簪菊還思證佛心。落帽題糕俱瑣碎，竟傳佳話到于今。"

按，此詩《松心詩集》未載。

鄧憙齊，字初樹，廣東英德人。舉人。官縣學訓導。

龐文綱，字伯常，廣東番禺人。道光十二年舉人。官雷州府學教授。

侯植芳，字春珊，廣東香山人。貢生。官臨高縣學訓導。

鄭秉樞，字璇若，廣東香山人。監生。官巡檢。

鮑梁，字禹山。其人未詳。

黃雲芝，其人未詳。

女秀端卒，爲詩哭之甚哀。

《松心詩集·花地集》卷三《哭四女秀端》詩。

詩云："所天已失日酸辛，去秋婿歿。手撫孤雛淚滿巾。何苦聰明耽慧業，即留詩畫亦根塵。閨中結習惟書史，枕上尋思到鬼神。女歿前一日問曰：'有鬼神否？'余曰：'有。'女曰：'紀文達公《閱微草堂筆記》多載鬼神，似未可盡信。'願汝西方勤禮佛，他生莫作女兒身。"

張秀端，字蘭士。有《香雪巢詞鈔》。

李本仁自江西來函屬購端硯，因以舊得吳蘭修所藏二十四硯之一贈之。本仁賦五言長篇報謝，南山次韻酬之。

> 《松心詩集·花地集》卷四《藹如觀察屬購端硯，因以舊得石華學博所藏二十四硯之一奉贈，觀察賦五言長篇見寄。次韻奉酬》詩、附録李本仁《南山先生寄贈吳石華學博所藏二十四硯之一，詩以誌謝》詩。
>
> 李本仁，字藹如，浙江錢塘人。道光十六年進士。有《見山樓詩草》。時任江西吉南贛寧道道員。

十二月二十七日，爲李國龍《六友堂羅經活圖解》題辭。

> 原書卷首。
>
> 題辭云："相宅之書，始自《宅經》。相墓之書，青烏是名。楊曾廖賴，議論紛起。陰陽五行，不外一理。李子躍門，夙究音學。由音轉形，於博求約。諸子百家，各有壺奧。致福迎祥，是或一道。道光乙巳除夕前三日，珠海老漁張維屏書于古南園。"

是年，梁信芳持所撰《喪禮酌宜》來請正，南山爲序之。

> 原書卷首。
>
> 序云："香浦先生有慨於古禮之失、習俗之奢也，因作爲是篇，分之則八條，合之則一理。其言警切，其意周詳。酌乎文質之中，去其奢浮之弊。篇帙不多，便於觀覽，同人請付剞劂，他日刊本流傳，必有翕然稱善者。由是而悟習俗之非，求古禮之實，省無益之費，敦返本之風，則是篇之有裨於世道人心，豈淺鮮哉！"

王錕來從學詩。南山與論李商隱詩精義。

> 李長榮《柳堂師友詩録》"王錕"條。

此條述云："道光乙巳，始從南山師學詩，論及《無題》，師云：義山所以能千古者，不在《錦瑟》，而在《韓碑》。王次回弗能追玉谿生，情雖篤而體不厚、氣不振也。"

王錕，字眉生，廣東番禺人。布衣。有《退學吟庵詩稿》。

段佩蘭卒。

凌揚藻卒。

黃玉階卒。

張祥鑑卒。

張秀端卒。

道光二十六年丙午（一八四六）　六十七歲

[**時事**] 正月，廣州黃埔發生中英人衝突。五月二十日，廣州河南三千餘民衆至十三行洋館示威。閏五月十一日，廣州英人暴動，斃三華人，傷六人。八月，英外相巴麥尊聲稱，如廣州當局不負責維持秩序，英人即自行防衛，并令派兵船停泊商館附近。　清廷詔沿海七省將軍、督撫、提督等認真覈辦守備事宜。徐廣縉任廣東巡撫。　廣東盜劫頻聞，朝命辦保甲。　十一月初八日，容閎、黃勝、黃寬等隨馬禮遜學堂校長布朗赴美留學。

東園易主，南園荒隘，自是家居之日爲多。輯《史鏡》，輯《詩人徵略二編》。

　　金菁茅《張南山先生年譜撮略》。

新春，邀黃培芳、杜游、陳瑩達慶春園觀劇，復讌集

袖海樓，游怡園、寄園，金菁茅、陳澧、楊榮、潘世
清、陳良玉、孟鴻光、鄧大林、石經、陳其錕、鮑俊、
梁信芳、黃培芳、李長榮、李欣榮、謝有仁、葉應陽、
胡斯錞、劉庚、顏叙适、何天衢、潘晬、蘇時學、施
彰文、李傳煃、徐灝、廖炳奎、許祥光、蔡鑑泉、劉
嘉謨、孫秀充、李鼎、丁熙、萬時喆、王銘鼎、沈維
祺、梁九圖、楊驊、周懷棠、陳曇、梁國瑚、梁國琮、
梁國珍、馮杰、馮譽驄、李應田、杜游、石衡、潘正
煒、熊景星、譚瑩、李佩蘅、唐啟華、李灼光、李國
龍、黃位清、劉光熊、釋純謙凡數十人雅集，相與唱
和，爲一時風雅。南山有《慶春園》、《春遊簡諸同
人》、《寄園讌集，復成一律》諸詩。

《松心詩集·花地集》卷四。《新春宴遊唱和詩》卷首、
錄李應田《春遊次南山太姻丈韻》詩中原注、錄熊景星
《春遊次南山先生韻》詩中原注。杜游《洛川詩略》卷二
《慶春園》詩。陳瑩達《樵湖詩鈔》之《南山邀同香石諸
位讌集慶春園，賦此奉謝，步洛川韻》詩。

《春遊簡諸同人》詩云："昇平歌舞好亭臺，慶春園、怡園。
朋舊招邀日日來。春水船宜仙侶坐，繪步仙祠。豔陽花向
美人開。珠江花舫。百年共作歡場客，四海誰爲濟世才。
憂樂滿懷談不盡，酒邊絃管莫頻催。"

按，孟鴻光詩原注："先生新築園亭於江村。"即聽松園
也。陳其錕詩原注："君近號珠海老漁。"梁信芳詩原注：
"連日杏林莊之遊，未得同叙爲悵。"

潘世清，字虛谷，號荻舫，廣東東安人。諸生。有《雲
洋山館詩鈔》。

孟鴻光，字蒲生，廣東番禺人。道光十四年舉人。有

《綠劍真人詩鈔》。

石經，字佳田，廣東高要人。生員。有《南雪草堂詩鈔》。

李欣榮，字陶村，廣東南海人。貢生。有《寸心草堂詩鈔》。

劉庚，字益之，廣東香山人。

顏叙适，字磐舟，號伯士，廣東南海人。嘉慶二十四年舉人。官廣東樂會縣學教諭。有《磐舟遺稿》。

潘晬，號臥霞，廣西蒼梧人。

蘇時學，號琴舫，廣西藤縣人。道光舉人。有《爻山筆話》、《墨子刊誤》。

施彰文，號香海，廣西蒼梧人。貢生。有《挹蘇樓集》。

李傳煒，字鐵琴，江西臨川人。官縣丞。有《銀月山房遺稿》。

蔡鑑泉，號炯堂，廣東順德人。舉人。官通判。

孫秀充，字穎園，浙江會稽人。

李鼎，號荔塘，廣東番禺人。

沈維祺，字蘭士，廣東番禺人。道光十五年舉人。官知縣。

楊驊，字子良，直隸順天大興人。

梁國琮，字儷裳，廣東番禺人，信芳子。道光十八年進士。官翰林院編修。

梁國珍，字希聘，號玉臣。廣東番禺人。道光二十一年進士。官國史館校録。有《守鶴廬經説》、《守鶴廬詩稿》。

馮杰，號蓬山，廣東順德人。

馮譽驄，字鐵華，廣東高要人。道光二十四年舉人。官知府，有《純齋詩存》。

李佩蘅，字榕舲，廣西荔浦人。嘉慶二十五年進士，選庶吉士。官知縣。有《顓雅堂文集》、《釣鼇詩集》。時任廣東韓山書院院長。

唐啟華，字仲實，廣西臨桂人。道光二十年舉人。有《涵通樓師友文鈔》。

李灼光，字星池，廣東新會人。貢生。

釋純謙，字涉川，廣州海幢寺住持。能詩，有《片雲行草》。

二月十六日，出遊珠江、西郊，至慶春園、怡園觀劇，復宴集於寄園。賦詩寄情，並簡諸文友。

《松心詩集·花地集》卷四《春遊簡諸同人》、《寄園宴集復成一律》詩。

按，劉嘉謨《聽春樓詩鈔》卷四有《次張南山司馬春遊元韻二首》詩，題下原注：“丙午作。”詩其一云：“識荊原自亦非臺，詩酒尋盟盡日來。白社幸緣同客入，清樽應再爲君開。季鷹鱸膾思鄉意，司馬琵琶□世才。一□陽春好煙景，高歌難和漫相催。”其二云：“韶光九十纔過半，好景應教次第尋。”黃培芳批：“五六絕唱，壓倒元白。蓋南山由江西司馬解組歸，詩用張翰、白傅分貼其姓其官，工切無比。”詩有“韶光九十”云云，故知出遊在此時也。

諸友迭有和章，因作《諸君皆有和章，因疊前韻奉報》詩。

《松心詩集·花地集》卷四。

詩其一云：“北萊高詠接南臺，次韻篇章續續來。法曲連綿同樂奏，綺筵重疊對花開。樽罍酒國添新興，旗鼓詩壇出異才。好雨未成佳句就，諸君和詩多敏捷。不須頭上片雲催。”

其二云：“粵臺群雅本如林，山水清音總妙音。志士豈無

憂世意，春人應有惜花心。傳來龜鑒書休泥，《丙丁龜鑒》
所言不盡驗。看到龍燈夜又深。連夕燈事甚盛。留得數行詩
句在，他年鴻爪易追尋。"

二月，裒集諸友酬和之作爲《新春宴遊唱和詩》一
卷，并爲作序。

《新春宴遊唱和詩》卷首。《聽松廬駢體文鈔》卷四。

序云："少壯之歲月安在哉？草草勞人，忽有老態；滔滔
逝水，孰障狂瀾！知我者謂我心憂，愛我者云何不樂？於
是瓊筵羽觴，召太白之煙景；青蛾皓齒，放少陵之樓船。
況乎烽火雖經，夏屋無毀；海氛既息，春臺可登。賞花豈
待遨頭，呼酒適逢婪尾。聞鄉間詩會以'婪尾春'命題。樂
彼之園，慶春園、怡園。式歌且舞，汚彼流水，珠江。駕言
出遊。風中二十四信，開到鼠姑；牡丹盛開。水上三十六
鱗，招來魚婢。謂花舫衆花。魚龍曼衍，依然富庶規模；城
內城外，皆出龍燈。簫鼓喧闐，洵屬昇平景象。且往觀乎，
亦既覯止。今夫有張有弛，王道於此寓焉；斯詠斯陶，天
機於此暢焉。'何不鼓瑟，且以喜樂'，《風》所以永日
也；'神之聽之，終和且平'，《雅》所以求友也。且'飲
食宴樂'，見於《易象》；'藏修息遊'，著於《禮經》。
得朋有慶，既排日以宴遊；矢詩不多，遂揮毫而倡和。意
興所至，何妨或速或遲；形跡胥忘，不問誰賓誰主。拋甎
引玉，賤子請作前驅；連臂張弓，昔人謂作七律如挽強弓。
諸君同爲後勁。存諸此日，竊比康衢擊壤之聲；傳之他
時，或助里社銜杯之興。道光丙午春社前一日，珠海老漁
張維屏。"

寓居南園，地瀕玉帶濠，頗得江村之致、吟詠之樂。
而杜游新築南園別墅於隣，遂時相過從。

《松心詩集·花地集》卷四《南園》、《大忠祠》詩。杜

游《洛川詩略》。

《南園》詩云："東園住久住南園，咫尺鄰街即里門。余家住清水濠。客館近城仍近水，人家如畫亦如村。齋前梵宇禪心淨，屋後濠梁樂意存。助我高吟兼尚友，隔牆便是抗風軒。"

三月三日，應劉嘉謨之邀，與梁信芳、黃培芳、劉磐石、劉熊、鮑俊、朱潮、陳廷輔、龐文綱、譚瑩、楊榮緒等十五人集海幢寺松雪堂修禊，有詩。

劉嘉謨《聽春樓詩鈔》卷四《丙午上巳招同梁香浦封翁、黃香石中翰、張南山司馬、家磐石廣文、家湘華孝廉、鮑逸卿太史、朱海門明府、陳鹿苹孝廉、龐伯常孝廉、譚玉生孝廉、楊蘦香孝廉、姪益之、純謙、餘刪兩上人集海幢松雪堂修禊，遲曾卓如方伯、陳棠谿儀部、鄧初樹廣文、鮑禹山茂才不至》詩。劉嘉謨《春秋佳日詩鈔》。

南山修禊詩云："一葉飄然不繫身，又來香界問前因。天連海國春陰遠，人集禪房禊事新。吾輩被除須有酒，此間觴詠況無塵。群賢暢叙休辭醉，難得劉伶作主人。"

按，此詩《松心詩集》未載。

劉安泰，字磐石，廣東番禺人。

陳廷輔，號鹿坪，廣東南海人。舉人。

楊榮緒，字蘦香，廣東番禺人。咸豐三年進士，官翰林院編修、浙江知府。有《十三經音義考》、《左傳博引》。

修禊後四日，招集五仙觀。時五仙觀新修落成。

《新春宴遊唱和詩》錄梁國珍《再疊前韻》詩中原注、李佩蘅《春遊次南山先生韻》詩中原注。

四月二日，招同人集慶春園餞春。

劉嘉謨《聽春樓詩鈔》卷四《四月二日張南山司馬招集慶春園餞春，即席成詠》詩。

作《惜春》詩，自道心境，有"襟懷猶少壯，不信鬢
霜侵"句。

《松心詩集·花地集》卷四。

四月十六日，招同人讌集許祥光之袖海樓并賦詩。

《松心詩集·花地集》卷四《袖海樓詩四首，爲許賓衢農
部祥光作》詩。杜游《洛川詩略》卷二《丙午四月十六
日張南山司馬招同人讌集袖海樓，次黃香石中翰元
韻》詩。

南山詩其二原注云："君請假歸已十載。"

四月二十二日，與黃培芳、鮑俊、李國龍、鄧大林、
李長榮諸人重讌寄園，并賦詩。

杜游《洛川詩略》卷二《四月二十二日，與張南山、黃
香石、鮑俊卿、李躍門、鄧蔭泉、李子虎諸君重讌寄園，
次香石元韻》詩。

夏，長子祥泰購地開築聽松園爲南山著書之所，所用
瓴甓皆令陶人專製。其瓦當屬陳澧作漢瓦文篆爲之，
文曰"聽松"，曰"松心草堂"。

倪鴻《退遂齋詩鈔》卷六《聽松園瓦當》詩。金菁茅
《張南山先生年譜撮略》。

親筆題"聽松園"額，又撰園聯云："爲詞客，爲宰
官，爲老漁，卅載風塵，閱幾多人海波濤，才得小園
成退步；愛詩書，愛花木，愛絲竹，四圍溪水，喜就
近佛門煙雨，且營閒地養餘年。"説者謂上聯是松心
居士年表，下聯是珠海老漁日記。自道生平，慨乎言
之，亦足見其脱離塵鞅、怡志林泉、優游晚歲之致。

陳徽言《南越遊記》卷一《古刹名園》。倪鴻《桐陰清
話》卷三。

按，園在珠江西南，地名芳村。即宣統《番禺縣續志》卷三八《金石志》六所稱羊城八景之一"大通煙雨"所在。園內景物有：松澗、竹廊、煙雨樓、空青道、柳浪亭、海天閣、萬綠堆、松心草堂、東塘、月橋、觀魚榭、蒔花塍、聞稻香處、聽松廬、陔華堂、南雪樓、雙芙湫、還讀我書齋等。倪鴻《桐陰清話》卷三云："張南山師宦情素淡，年逾五十，即引疾歸田。令嗣小蓬司馬就煙雨寺旁築聽松園，爲師箸書之所。師嘗自書楹聯云……説者謂上聯是松心居士年表，下聯是珠海老漁日記。"

鄧大林招同黄培芳、鮑俊、杜游、李長榮、陳瑩達泛舟珠江，遂至杏林莊小酌。

陳瑩達《樵湖詩鈔》之《夏日鄧蔭泉上舍招同張南山司馬、黄香石中翰、鮑逸卿太史、杜洛川學博、李子戫茂才及予泛舟過杏林莊小酌題贈》詩。

鄧大林彙諸名士游杏林莊詩文成《杏莊題詠》，南山爲撰序言。

鄧大林《杏莊題詠》卷首。《松心文鈔》卷四。

序云："以名園著爲一書，自宋李格非《洛陽名園記》始。以一人園林合衆人翰墨著爲一書，自元顧瑛《玉山名勝集》始。園林之勝，水石花木，亭臺樓閣，此古今所同也。翰墨之緣，文酒讌集，詩篇唱酬，此古今所同也。若杏林莊則有異。杏林莊者，長眉道人鄧君蔭泉之別業，而宗室上公楚江將軍所題之園名也。其地在珠江之南，鷺潭之西。有堂有池，有亭有閣，有竹有石，有花有木，此園如是，彼園亦如是，而杏莊所以異於他園者，則以有丹竈可鍊丹藥也。丹藥濟人，有如董奉，此莊所以名杏林也。且夫園林之勝，翰墨之緣，雖樂與人同，而無濟於世，司馬溫公有園名獨樂，公之意蓋以濟世爲懷，而自以獨樂爲愧也。今蔭泉鍊藥於城，堂曰佐壽；鍊藥於鄉，莊曰杏林。粵東粵西，嶺南嶺北，凡有瘡瘍疾苦，得是藥而危可以安，骨可以肉，呻可以息，潰可以復，是誠濟世之善術也。且蔭泉嗜詩而工畫，所往來多詩畫中人，而題詠杏莊者，不徒寫園中景物，或稱其點綴有詩情，或稱其布置得畫意，或美其救苦近佛心，或美其還丹有仙氣。然則蔭泉之園，較之古洛陽、玉山諸園，未知何如，而丹藥有濟於世，則固温公所嘉許也。抑吾聞之，昔董奉使病愈者栽杏成林，使虎守之。蔭泉之園，不設牆垣，四通八達，樂與人同，何勞虎守。然則今杏林之藥，較古杏林之藥，未知何如，而鄧君之心，較董君之心，爲坦然以平，寬然以廣矣。遊者日衆，詩文將日增，君先彙投贈之作刻之，名曰《杏莊題詠》，問序於余。余喜君操濟世之術，而不徒有園林、翰墨之樂也，故樂爲之序，以質諸遊杏林莊者。道光丙午仲夏之月番禺張維屏。"

蔡殿齊以《夢綠山房詩鈔》屬訂定，爲題一律，有"蔣心餘曾賓谷吳蘭雪樂蓮裳後，繼起勛夫君"之句。又以"韻香書室圖"屬題，亦賦詩酬之。殿齊有《寄懷張南山先生》詩爲報。

　《松心詩集·花地集》卷四《蔡梅盦太史殿齊以〈夢綠山房詩鈔〉屬訂定，因題一律》、《梅盦又以韻香書室圖屬題》詩。

　蔡殿齊，後更名壽祺，號梅盦，江西德化人。道光二十年進士。官翰林院編修。有《夢綠草堂詩鈔》。

陳世慶自江西寄其《九十九峰草堂詩鈔》屬訂定，因題一律以酬。

　《松心詩集·花地集》卷四《陳硯孫秀才世慶自江西寄其九十九峰草堂詩鈔屬訂定，因題一律》詩。

詩云："九十九峰頭,高吟孰與儔。詩清真似鶴,鮑覺生侍郎愛君'夢騎仙鶴訪梅花'之句,呼爲'鶴秀才'。人澹本如秋。李桐村愛君'明月畫秋影,孤琴彈水聲'之句,呼爲'陳秋影'。避俗非真懶,君自號"懶翁"。憂時不免愁。安貧守遺硯,清白想詒謀。君爲東浦方伯之孫。"

陳世慶,字聰彝,江西德化人,陳奉茲之孫。諸生。有《九十九峰草堂詩鈔》。

爲馮詢賦《吏隱詩》,勉以作循吏以報國,勿懷退志。

《松心詩集·花地集》卷四《吏隱詩,爲馮子良大令詢賦》詩。

詩有云："我退已十載,小隱聊自怡。太平忽兵革,桑梓紛流離。烽火照閭里,日夕聞鼓鼙。可知境無定,隱亦遭艱危。比來海氛靜,習俗仍恬熙。西江較淳樸,宓琴猶可揮。君年方壯盛,廉吏尤能爲。努力以報國,勖哉良有司。官聲與詩名,日起且並馳。君爲雲鴻進,勿作風鸏思。我爲循吏頌,不作招隱辭。"

嘗偶於慶春園見徐維城詩數首,歎爲異才。時徐將北上,以所作《海天萍寄草》求訂定,因題一律酬之。

《松心詩集·花地集》卷四《徐韻生孝廉維城以海天萍寄草屬訂定,因題一律》詩。

按,《花地集》附錄徐維城《南山先生有詩見贈,次韻奉酬》、《讀先生箸述數種,再呈二首》詩。

徐維城,字綱伯,號韻生,江蘇丹徒人。道光十四年舉人。官貴州貴筑縣知縣。有《天韻堂詩存》。

凌玉垣以詩集求訂定,又屬題"青塘山居圖",因各題詩以酬。

《松心詩集·花地集》卷四《凌荻舟水部玉垣以詩集屬訂定,因題一律》、《荻舟又屬題青塘山居圖》詩。

凌玉垣，字荻舟，湖南善化人。道光十九年舉人。官工部
主事。有《蘭芬館詩初鈔》。

秋，劉庚招同南山、周揚之、張德和、周壽昌、凌玉
垣、彭卿雲、張本先放舟珠江，晚泊楊洲水榭，席上
有詩。

《松心詩集·花地集》卷四《秋日劉益之少尹庚招同周華
甫農部揚之、家暄亭州倅德和、周荇農太史壽昌、凌荻舟
水部玉垣、彭素峰卿雲、家小埜本先兩大令，放舟珠江，
晚泊楊洲水榭，席上有作》詩。

按，周壽昌《忍益堂日札》卷九《廣東雜述》云：“道光
丙午，薄遊粵東，淹留二月。”

周揚之，字華甫，湖南益陽人。道光六年進士。

張德和，字暄亭，湖南慈利人。貢生。歷任廣東州縣。

周壽昌，字應甫，又字荇農，湖南長沙人。道光二十五年
進士。官內閣學士。有《思益堂詩鈔》。時方南遊廣州。

彭卿雲，號素峰，湖南長沙人。道光十七年舉人。官廣東
始興縣知縣。

張本先，字小埜，湖南沅陵人。道光十七年舉人。有
《夢因閣詩鈔》。

李佩蘅以所撰《青蘿軒雜記》屬題，乃賦詩四首
爲酬。

《松心詩集·花地集》卷四《李榕舲太史佩蘅以所撰青蘿
軒雜記屬題》詩四首。

詩其四云：“九百虞初各淺深，人情物理耐披尋。不爲莊
語爲諧語，勸世誰知費苦心。”

時於花辰月夕，招朋儕置酒風月場中叙晤，所以娛情
而已，作《綺語》詩。

《松心詩集·花地集》卷四。

嗣又作《陶白》七絶一章，以自解。

> 《松心詩集·花地集》卷四。

應葉應陽招同陳其錕諸人讌集佇月樓，有詩次陳其錕韻。

> 《松心詩集·花地集》卷四《佇月樓讌集，次棠溪祠部韻》詩二首、附録陳其錕《秋日葉蔗田農部應陽招同人讌集佇月樓有作》詩二首。

八月，王拯至廣州，晤南山，有《贈張南山丈_{維屏}》詩。

> 王拯《龍壁山房文集》卷五、《南歸集》。
>
> 王拯，字定甫，號少鶴，廣西馬平人。道光二十一年進士。官通政使。有《龍壁山房文集》、《詩集》。

賦詩題宋延春"鵝湖藝稻圖"。

> 《松心詩集·花地集》卷四《宋小墅吏部延春鵝湖藝稻圖》詩。
>
> 詩中自注："余見此圖，憶鹿洞舊遊。"
>
> 宋延春，號小墅，江西奉新人。道光十三年進士。官吏部主事、雲南布政使司布政使。

蔣元溥以其尊人笙陔殿撰"金貂踏雪圖"屬題，爲賦四絶句。

> 《松心詩集·花地集》卷四《蔣譽侯司業元溥以其尊人笙陔殿撰金貂踏雪圖屬題，爲賦四絶句》詩。
>
> 蔣元溥，字譽侯，湖北天門人。道光十三年進士。官國子監司業。父立鏞，嘉慶十六年狀元。

秋日訪潘有科菊圃，有《過品亭菊圃感賦》詩。

> 《聽松廬詩鈔》卷九《過品亭菊圃感賦》。
>
> 詩序云："潘品亭員外喜種菊，凡數百種，每遇花時，排日延賓，徵歌命酒，忽忽二十年事矣。新霜天氣，泛艇重

來，臺榭依然，秋英滿目，而主人已於去歲下世。感歎之
餘，爰賦是詩。"

按，詩云："晨星逝水嗟寥落，不獨琴樽感昔歡。"自注：
"亡友金藝圃曾館此數載。"詩序"忽忽二十年矣"，指金
菁莪之逝也。菁莪逝於嘉慶二十年。

潘有科，字鼎臣，號品亭。廣東番禺人。官兵部員外郎。

又有《菊花盛開，約諸君爲餐英之會》、《贈菊》諸詩。

《松心詩集·花地集》卷四。

九月二十日，同徐灝置酒大石軒，餞任荃旋浙、徐維
城入都，有詩贈行，句云："書生憂憤無長策，世路
艱危有戒心。"

《松心詩集·花地集》卷四《九月二十日，同徐子遠上舍
灝置酒大石軒，餞任月坡大令荃旋浙、徐韻生孝廉維城入
都》詩。

任荃，號月坡，浙江慈溪縣人。道光十五年進士。歷官廣
東三水、大埔等縣知縣。後主三水行臺書院講席二年。有
《鴻爪詩集》。

周壽昌畫梅贈南山。乃書絕句爲報。

《松心詩集·花地集》卷四《周荇農太史壽昌畫梅見贈，
書絕句奉報》詩。周壽昌《思益堂集·日札》卷九《廣
東雜述》。

唐啟華以所爲古文屬訂定，因題一律即送北上。

《松心詩集·花地集》卷四《唐仲實孝廉啟華以所爲古文
屬訂定，因題一律即送北上》詩。

長至日，爲廣州海幢寺住持釋純謙《片雲行草》
撰序。

《松心文鈔》卷四《海幢詩僧涉川片雲行草序》。釋純謙
《片雲行草》卷首。

文曰："方外友涉川主海幢法席，既退院，栽花種竹，吟詠自娛。一日過余齋中，出其《片雲行草》屬點定，兼請弁言。余思凡爲釋序詩者，大都援内典，辨宗門，演禪機，參妙諦，否則引古詩僧爲比，是皆窠臼，不免陳言。今涉公自名其詩曰'雲'，余即請以雲説詩。今夫雲出於山川，行於太空，其往來起止，聚散合離，問之作雲之天，天蓋不得而知也。今夫詩根於性情，發於事物，其短長高下，甘苦疾徐，問之作詩之人，人若不能自主也。昔者海幢之創建也，開山之祖厥惟阿字，然未有海幢，先有海雲。阿字之師天然老人，駐錫雷峰，一時豪俊之士，嚮風皈依，宗派日盛，遂改雷峰名爲海雲。老人又設按雲堂，以課緇衆，後人輯當時諸尊宿之詩，名曰《海雲禪藻》。余觀涉公之詩，佳篇雋句，藹若春空之雲，以視《禪藻》諸詩，亦何多讓！余獨不知涉公自名其詩曰'片雲'，殆取象於太空之雲耶？抑取義於寺曰海雲、堂曰按雲耶？抑無所取象，無所取義，第以詩之無心而出，亦如雲之無心而出耶？余還問之涉公，請下一轉語。道光丙午長至，番禺張維屏。"

集自道光丁酉六月至丙午十二月所作詩爲《花地集》四卷，後彙入《松心詩集》。

《松心詩集·花地集》。金菁茅《張南山先生年譜撮略》。

子兆鼎生。

譚宗浚生。

鄧廷楨卒。

周儀暐卒。

張青選卒。

李宗昉卒。

道光二十七年丁未（一八四七）　六十八歲

[**時事**] 罷黃恩彤廣東巡撫，調徐廣縉繼任。　二月，英軍占領虎門炮臺，突襲廣州。　七名英美人在佛山被毆。　三月底，以粵省民情浮動，諸國雜處，易起爭端，而本省兵力防範難周，命耆英於廣西預備勁旅，并命兩江總督李星沅密爲經畫，以備調遣。命各省嚴緝會匪、捻匪、掖匪，除莠安良。　粵人屢起抵抗英人入城，數千民衆至十三行示威。　英人六名在廣州附近之黃竹岐村被殺。命耆英拒黃竹岐案之英人懲兇要求，以免有失民望。

元旦後三日，以聽松園將落成，招同黃培芳、鮑俊、陳瑩達、鄧大林、李長榮到園游宴。

　　杜游《洛川詩略》卷二《丁未元旦後三日，聽松園將次落成，張南山招同黃香石、鮑逸卿、陳蘊堂、鄧蔭泉、李紫府諸君游宴，率成七律四首》詩。

輯《史鏡》。輯《詩人徵略二編》。

　　金菁茅《張南山先生年譜撮略》。

春，聽松園落成後，南山優游其中，有《聽松園》詩八首、《園中雜詠》詩九首，盛道園林之美，園居之樂。

　　《松心詩集·草堂集》卷一。

　　《聽松園》詩序云："園在珠江之南，花埭之東。大通寺居其前，杏林莊在其後。地十餘畝，中有二池。喬木林立，蓋百年物也。二兒祥瀛見而愛之，欲購爲余娛老之所，余止之。瀛固請，謂園易得，樹難得，遂聽之。瀛度

地施工，爲堂爲廊，爲軒爲亭，爲樓爲閣，爲室爲厨，爲
橋爲舟。經始於丙午夏，落成於丁未春。餘地數畝，姑曠
弗治，留有餘不盡之意焉。園以水木勝，木以松勝，余性
愛松，昔既以‘聽松’名廬，今復以‘聽松’名園。園
常有，松不常有；松常有，園內外有松且百歲之松不常
有；園常有，水不常有；水常有，園內外有水且四面皆水
不常有。至若樓高見山，池活通海，帆移樹杪，天在鏡
中，江村煙屋，稻疇菜畦，綺交繡錯，四望莫能窮其際
焉。且夫陶公三徑，子山小園，白傅草堂，摩詰輞川，地
以人著，人偕地傳。自惟樗櫟，景逼桑榆，敢希昔賢，聊
涉新趣。春秋佳日，朋舊盍簪，以遨以遊，斯陶斯詠。花
竹禽魚，溪山風月，造物所贈，吾何私焉，惠然肯來，與
衆共之。道光二十有七年仲春之月，百花生日，珠海老漁
張維屏記。記成，即以此爲《聽松園詩》序。”詩其一
云：“九載寓東園，瀠洄水抱村。鵲巢原是借，鴻雪了無
痕。丁酉寓潘氏東園，丙午東園已易主。舊識千松徑，每往東
園，必過大通。新開五柳門。有兒能卜築，花竹伴晨昏。”
其六云：“我老且幽棲，人來任品題。高難追栗里，清或
似浯溪。海近池皆活，花多路易迷。猶嫌近華麗，窗格用
玻璨。園中布置皆二兒爲之。”其八云：“春日還秋日，詩家
又畫家。花前人徒倚，酒後墨橫斜。高閣陶宏景，新宮蔡
少霞。琳瑯篇什富，親友到園，多有題詠。珍重合籠紗。”
《園中雜詠》詩其六云：“遠離城市近禪林，樹裏清溪深
復深。莫話小園易岑寂，鶯簧蝶板又蟬琴。”其九云：
“半農半圃半樵漁，不愛爲官愛讀書。自笑生平何所似，
萬書堆裏一蟫魚。”

招陳澧與諸名士觴詠聽松園中，陳澧即席撰《聽松園
記》爲賀，一時爭相傳誦。

《陳澧集·東塾集外文》卷二（録自陳之邁編《東塾續
集》）。杜游《洛川詩略》卷二《重讌聽松園》詩。

按，倪鴻《桐陰清話》繫此事在道光二十六年，未確。
張維屏《松心集》癸集《聽松園詩序》云：園“經始於
丙午夏，落成於丁未春”。丁未爲道光二十七年。又，倪
書謂陳澧作記在丙午年，亦未洽。

陳澧《聽松園記》以聽松園與隨園爲比，南山謙稱才
名不及袁，惟四代同堂較勝之。乃賦一律爲報。

《松心詩集·草堂集》卷二《蘭甫學博作聽松園記，以隨
園爲比。余才名不及袁，惟四代同堂，此較勝之。因成一
律，奉報學博》詩。

園有十八景，爲每景各賦一絶句。陳其錕有和章。

陳其錕《載酒集》卷二《聽松園十八詠和南山司馬》詩。

按，此組五絶詩，未見於《松心詩集》中。

釋純謙亦有《聽松園和香石韻呈張南山司馬》詩。

《片雲行草》。

詩云：“琴鶴歸來客，幽棲珠海涯。垂綸釣煙水，倚篷唱
江霞。寺岸邨名連松蔭，山莊杏林莊隔港花。天風吹綺席，
隨月讀南華。”

城外珠江上妓艇連綿，素爲銷金之窟。南山爲撰《珠
江》詩，謂可藉此散富人之金，以濟窮黎，勿以崇儉
高論沮之。

《松心詩集·草堂集》卷一。

詩云：“潮去潮來海氣連，珠江花事始何年。笙歌士女無
愁地，風月樓船不夜天。浮世以情相贈答，衆生於色最纏
綿。莫持崇儉爲高論，欲濟窮黎散富錢。”

四月二日，李長榮邀同蘇鴻、鄧大林飲於怡園觀劇。

蘇鴻《侶石山房詩草》卷四《四月二日門人李子黼招同

張南山、鄧蔭泉飲怡園觀劇，翌日賦贈蔭泉兼柬南山、子
黼》詩。

蘇鴻，字翔海，廣東番禺人。乾隆六十年舉人。官連州學
正。曾主講禺山書院。有《侶石山房詩草》。

五月，爲蘇鴻《侶石山房詩草》撰叙。

蘇鴻《侶石山房詩草》卷首。

叙云："道尚矣哉！道本而藝末，道尊而藝卑。然有道不
可無藝，蓋道散見於藝，藝皆可見道，道與藝，蓋二而一
也。是説也，吾嘗持以觀人，乃今觀於吾邑蘇君翔海學博
之爲人與其所爲詩而益信。君自少即有文名，未冠補弟子
員，既冠舉於鄉。屢上公車不遇，吏部銓選當爲縣令，君
辭縣令而就教職。其爲教官，凡所至之地，士人咸愛之敬
之。晚年辭教官而退居於鄉，鄉之人亦咸愛之敬之。以君
之爲人，出膺民社，必能如古循吏，乃當強仕之年，而能
澹泊自守，非於道有所見，其能若是乎？至其爲詩也，本
諸性情，澤以書史，論事有識，抒辭有文，無論長篇短
句，皆有道味流溢其間。其生平於讀書味道之餘，善吟
詠，工繪畫，喜絲竹，愛山水，而尤有石癖。嘗得一人形
蠟石，愛玩不置，形諸詠歌。余因是以思古之聖賢，寓目
於山梁，會心於鳶魚，暢懷於風浴，寄意於瑟琴，其玩物
適情，莫非藝也，即莫非道也。君今年將八十，精神矍
鑠，步履弗衰，詩境且進而愈上，君殆即藝以見道者耶？
昨者見訪，出詩集屬爲序，余適有觸於'道藝合一'之
説，因即本此意序之，以質諸有道者。道光二十有七年歲
次丁未仲夏之月，同邑弟張維屏拜序。"

又爲羅珊《味鐙閣詩鈔》題辭。

羅珊《味鐙閣詩鈔》。

題辭曰："鍾嶸有云：'幹以風力，潤以丹彩。'劉勰有

云：'慷慨任氣，磊落使才。'鐵漁少年，有此造詣，鳳
臺鳴鳳，繼美前徽，余有厚望焉。道光丁未仲夏，珠海老
漁張維屏。"

羅珊，字玉泉，號鐵漁，廣東東莞人。諸生。有《味鐙
閣詩鈔》、《味鐙閣詠史詩》。

聞道河南大旱，早麥無收。深念黎庶，形於歌詠。

《松心詩集·草堂集》卷一《聞道》詩。

詩云："聞道河南旱，全無早麥收。飢寒黎庶苦，宵旰聖
皇憂。颮鑒豈真驗，《丙丁颮鑒》載丙午、丁未每有災異。鴻
嗷難爲謀。粵東屢豐稔，何以答天麻。"

湯金釗寄示《游龍杖歌》詩，有所寄寓，南山亦感於
懷，慨然奉和。

《松心詩集·草堂集》卷一。

詩序云："相國湯敦甫師寄示《游龍杖歌》屬和，屏誦詩
及序，有感於懷，慨然有作。"

詩有云："古來窮士多菰蘆，不遇識者埋榛蕪。""方今經
世才亟需，江海豈獨憂萑苻。干城腹心貴素定，棟梁楨幹
宜早儲。"

潘世清自羅定來，以詩稿求訂定。偶談及黑米酒，越
日潘以舊釀來餉並贈詩，有句云："卅幅畫圖新墨本，
九州詩略老松心。"乃賦詩以報。

《松心詩集·草堂集》卷一《潘荻舫茂才世清自羅定來，
以詩稿屬訂定。偶談及黑米酒，越日以舊釀見餉並詩見
貽。賦此奉報》、《黑米酒詩答潘荻舫》詩。

十年前，慶保曾屬題畫蘭詩，因未存稿，已忘之。今
緣潘世清憶誦後二句，因續成一絕。

《松心詩集·草堂集》卷一《十年前慶蕉園宮保屬題畫蘭
詩，未存稿，久忘之矣。荻舫誦後二句，因增二句存

之》詩。

欲合刻尤侗《論語詩》七律、舒位《論語詩》五古、
李光庭《四書詩》五律爲一帙，賦詩申其説。

　　《松心詩集・草堂集》卷一《四書詩》詩。

　　詩云："西堂論語詩，尤西堂有《論語詩》。律體皆七言。鐵
　　雲論語詩，舒鐵雲有《論語詩》。五古數十篇。西堂如作文，
　　每首有題目。鐵雲不標題，長短合一軸。樸園四書詩，李
　　樸園有《四書詩》。辭意兩不群。五言皆律體，所詠多古人。
　　實事必求是，觸類而引伸。知人兼論世，此手多斫輪。我
　　欲合刻之，三體如三友。西堂七律，鐵雲五古，樸園五律。中
　　有學庸孟，論語實居首。總名四書詩，此書古未有。"

六月十一日，南山、鄧大林招同杜游諸人集聽松園祝
荷花生日。

　　杜游《洛川詩略》卷二《六月十一日，張南山、鄧蔭泉
　　招同人集聽松園預祝荷花生日，醉後賦此》詩。

園居有暇，撰《天文十詠》詩。

　　《松心詩集・草堂集》卷一。

爲石經題"陸海浮家圖"，因痛陳珠江水患日甚，深
抱杞憂。

　　《松心詩集・草堂集》卷一《石佳田茂才經陸海浮家
　　圖》詩。

　　詩云："談虎客色變，談水我心惕。往者權黃梅，堤潰大
　　江入。數萬鴻雁家，幾陷蛟龍宅。余方攜糗糧，撫卹盡吾
　　職。急流衝小舟，攀樹免於溺。今晨披此圖，觸目忽動
　　魄。君家古端州，西潦屢奔激。讀君紀漲篇，足令神鬼
　　泣。牂牁源本長，羚羊勢逾迫。將出未出峽，水怒遂橫
　　溢。江湖真滿地，滄桑在頃刻。而況沙田多，川路日以
　　窄。下流既濡滯，上流愈壅積。牽船且浮家，泛梗詎安

席。蘆灰徒空談，杞憂未易釋。詩罷還君圖，身世感今昔。"

葉應暘卒，輓之以詩，有"雞窗燈火輪蹄路，卅載回思倍愴神"之句。

《松心詩集·草堂集》卷一《輓葉蔗田農部應暘》詩。

七月十七日，招陳澧、溫訓、譚瑩、徐灝、蕭思諫諸人至聽松園賞月夜話。

《松心詩集·草堂集》卷一《七月十七日，溫伊初訓、譚玉生瑩、陳蘭甫澧三孝廉，徐子遠灝、蕭欖軒思諫兩上舍，同集聽松園。譚、徐、蕭三君入城，余與伊初、蘭甫坐月話至三鼓》詩。《陳東塾先生遺詩》之《南山先生招同溫伊初聽松園看月》詩。李長榮《柳堂師友詩錄》錄蕭思諫《丁未七月十七日張南山太守維屏招同陳蘭甫澧、溫伊初訓、譚玉生瑩三孝廉及徐子遠集所築聽松園，太守首倡一詩，謹次原韻奉呈二首》詩。

蕭思諫，號欖軒，廣東番禺人。監生。候選縣丞。有《務時敏齋詩鈔》。

爲鄧大林撰《杏林題詠》序，九月乃親書勒石，嵌於莊內壁間。

宣統《番禺縣續志》卷三八《金石志》六。

賦詩爲全慶題"藥洲秋月圖"。

《松心詩集·草堂集》卷二《藥洲秋月圖，爲全小汀學使慶題》。

全慶，葉赫納喇氏，字小汀，滿洲正白旗人，尚書那清安子。道光九年進士。官體仁閣大學士。時任廣東學政。

李光庭詠菊詩中有"舊朝衣"一種，爲南山所最愛。乃馳書乞之。

《松心詩集·草堂集》卷一《樸園丈詠菊，最愛舊朝衣一種。因爲詩乞之》詩。

詩云："宦情素澹早言歸，傲骨生來與世違。惟有愛花心未澹，七千里乞舊朝衣。"

魏源南遊至粤，住聽松園。先是，陳澧已在南山處得讀魏源所著《海國圖志》，許爲奇書，然亦稍有異議。及魏源來粤，遂以此書所説質之，源大悦，遂訂交焉。南山置酒款宴，論文數日，相談歡甚。其後源并屢改《海國圖志》之書。

《東塾集》卷二《書海國圖志後，呈張南山》。

文首云："前者見示魏氏《海國圖志》，讀之三嘆。"文末綴數語云："後數年，魏君來粤，余以此書所説質之，魏君大悦，遂定交焉。并屢改《海國圖志》之書，其虛心受言，殊不可及也。"

按，《松心詩録》卷一〇《默深刺史至粤訪余，論文數日別去。昨得詩，知在海州。次韻答之》詩後附録魏源《寄懷張南山》詩，詩中有句云："一別已三秋，猶酣公謹醇。"蓋指作客聽松園舊事也。魏源於道光三十年任淮北海州分司運判，不數月，又獲同知直隸州即用。維屏詩題以刺史相稱，即據此。以此上推，則三年前之會，乃道光二十七年也。汪宗衍《陳東塾澧先生年譜》繫此事於道光二十九年，未合。

當於本年撰林伯桐墓表。

《松心文鈔》卷九《德慶州學正林君月亭墓表》。

文曰："君諱伯桐，字桐君，一字月亭，番禺人。諸生，嘉慶辛酉舉於鄉，道光甲辰選授德慶州學正。卒於官，年七十。君事親孝，父歿，不復上公車。與兩弟友愛。待人無論尊卑貴賤，皆敬且和。生平於學無所不窺，尤篤志經學，研經宗漢儒，而踐履則服膺朱子。《十三經注疏》皆

手自丹鉛，廿四史及諸子諸集，凡目所經者，皆能舉其大
要。見人則抑然退讓，有若無，實若虛，於君見之。鄉里
事有義當出者必出。前後兩制府阮公、鄧公皆敬禮之，阮
公延爲學海堂山長，鄧公延課其二子。君抱道自重，當言
則言，絕不干預外事。然君之不可及不僅在是也。嗟乎！
今天下人心學術之病何在乎？其利乎？知人論人最要者何
在乎？其義利之辨乎？孳孳爲利者，滔滔皆是矣。有其名
爲義而其實則爲利者，方寸隱微之地，孰從而察之？余年
將八十矣，數十載海內論交，所見不少通才積學之士，而
毅然守義，斷然不爲利動，而確乎終身可信者，月亭而
外，未能數數覯也。君世系見於黃香石舍人所撰墓誌，其
著述見於黃春帆孝廉所記《月亭遺事》及金芑堂孝廉所
爲《林月亭傳》，余茲不具論，特舉其大者，爲墓表以
表之。"

按，林伯桐卒於道光二十四年，黃培芳《粵嶽山人集》
云："道光丁未孟夏，其弟伯棠奉先生柩葬白雲山。"南
山文中雖有"余年將八十"語，然墓表不應作於林下葬
十年之後，而應爲道光二十七年。"年將八十"語，疑爲
七十之誤。

集此年前後所作詩爲《草堂集》，凡五卷。後彙入
《松心詩集》。

金菁茅《張南山先生年譜撮略》。

姚柬之卒。

吳其濬卒。

葉應暘卒。

道光二十八年戊申（一八四八）　六十九歲

[**時事**] 四月，清廷諭兩廣、湖南、江西各督撫

緝拿會匪。 六月，實授徐廣縉爲兩廣總督，葉名琛
爲廣東巡撫。七月，革職廣東巡撫黃恩彤以同知用，
命即行入京。 十月，密諭廣東、江蘇、浙閩各省督、
撫、提督等，於夷商屯聚處，訪拿夷主唆使漢奸（先
是粵省拿獲捐納知府麥慶培私通英人，專探各署動
靜）。 廣州民衆嚴密布防，以備英人武力入城。 徐
繼畬撰《瀛寰志略》十卷刊行。

元月六日，周懷棠招同梁信芳、陳其錕、鮑俊、金菁
茅聚會於聽松園。

> 梁信芳《桐花館詩鈔》卷一〇《新春六日，周秀甫邀同
> 張南山、陳棠谿、鮑逸卿、金醴香集聽松園，追憶前游，
> 復成四首》詩。

元月十八日，爲潘正煒《聽颿樓法帖》第四册趙孟頫
《陶淵明像》帖題識。

> 潘正煒《聽颿樓法帖》第四册。
> 題識云："此卷爲松雪畫淵明像，每畫一像輒書數行，皆
> 淵明事，蓋松雪用意作也。卷首有慎王題'高風妙墨'
> 四字，卷尾有皇六子題詩一章，當是藩邸所藏，不知何時
> 轉至嶺外。去冬友人攜至余齋中，適季彤觀察過訪，一見
> 心賞，不惜重價購之，且摹刻數則以公同好。因屬識墨
> 緣，並記歲月。道光戊申上元後三日，珠海老漁張
> 維屏。"

擬於花朝後住聽松園，鍵戶著書。

> 譚瑩《樂志堂詩集》卷九《戊申上春花地游六絕句》詩
> 原注。

二月，兩廣總督耆英離任還京，爲撰《恭送介春節相

述職入覲》詩。

《清史列傳》卷四《宗室耆英傳》。佚名輯《越臺輿頌》。

按，倫明《道光廣東夷務雜記》云：耆英自賦《留別七律》六首，一時官紳紛紛屬和，計有黃恩彤、李璋煜等八十餘人。又有陳其錕、許祥光、李薌芳、丁彥和、黃元憲等作序，梁廷枏作跋，張應秋、許應騤繪圖。南山與耆英素未謀面，此特隨廣東官紳一例頌美耳。詩有四首，未載集中。

耆英，字介春，清宗室。道光二十五年來任兩廣總督。

爲宋廷選《蓮溪詩鈔》閱定并撰序。

《松心文鈔》卷四《宋秀升蓮溪詩集序》。宋廷選《蓮溪詩鈔》卷首及宋汝瑗跋。

序云：“吾邑詩人宋廷選秀升既歸道山，其子汝釗、汝瑗奉其所爲《蓮溪詩鈔》，將付剞劂，請序於余。余方披覽，客適至，見之問曰：‘秀升之詩可傳乎?’余曰：‘可。’客曰：‘近人多刻詩集，然刻而不行，行而不久。子言可傳，何其易也!’余曰：‘渾言之則難，析言之則易。’客曰：‘何謂也?’余曰：‘以集言，則傳誠不易；若集舉其篇，篇舉其句，則傳亦不難。子問宋氏之詩，則就宋言宋，可乎? 今夫宋玉與屈原齊名，後人稱曰屈宋，而風流儒雅，老杜尊之爲師，是騷壇一大宗也，然傳於世者，僅有賦十六篇，其集不可得而見也。至唐則有宋之問與沈佺期齊名，當時稱曰沈宋，相傳龍門應制，其詩文理兼美，於群臣獨賜錦袍，然延清之詩最傳者，不過數篇，其集亦不可得而見也。至宋則有宋郊、宋祁兄弟齊名，當時稱曰二宋。元憲、景文雖皆有集，然世亦罕見，而膾炙人口者，乃在《落花》七律兩篇。至元則有宋无子虛，高隱有詩名，然最傳者“楊柳昏黃晚西月，梨花明白夜東風”

二句，其集亦不可得而見也。國朝宋氏詩人，最著者宋
琬、宋犖。玉叔與愚山齊名，時號南施北宋，牧仲與漁洋
齊名，時有"王揚州與宋黃州"之語，然玉叔之詩行於
世者，散見選本中，其集不可得而見，而牧仲《西陂類
稿》，世亦不甚流行。由是觀之，詩之傳多在佳篇警句，
至以集傳，則前人享盛名者且不易，況後人乎？然欲傳篇
句，必先有集，則詩集之刻，誠不可已也。余覽秀升之
詩，言情則纏綿，寫景則清麗，懷古則激越蒼涼，詠今則
和平腴摯。且聞其少孤，事母至孝，持身以儉，教子有
方，是又善行可傳者。今汝瑗兄弟循循焉共守先業，能讀
父書，思刻遺集，貽親令名，他時見秀升此集者，或舉其
篇，或舉其句，必將繼宋氏諸公之後，而克傳於世焉。吾
許其可傳者，此也。'客曰：'善哉！吾今乃知論人之詩，
渾而言之，不若析而言之之易見也。'客去，遂書之以爲
《蓮溪詩鈔序》。道光二十八年孟春月番禺張維屏序。"

宋廷選，字秀升，廣東番禺人。布衣。有《蓮溪詩鈔》。

**春夜，許祥光招同南山、陳其錕、金菁茅、熊景星、
李應田諸人集袖海樓。**

倪鴻《退遂齋詩鈔》卷一《春夜許賓衢觀察祥光招同張南
山師、陳棠谿儀部其錕、金醴香員外菁茅、熊荻江學博景
星、李研卿孝廉應田集袖海樓》詩。

**春來有《一徑》、《池上得句》、《松心草堂》、《海天
閣》、《園中暮春》、《小園》諸詩，以志園居之趣。**

《松心詩集·草堂集》卷一。

《松心草堂》詩云："冷抱松心過一冬，草堂新築喜春融。
樹排蒼翠浮天外，雲變陰晴入鏡中。堂懸鏡，廣六尺。潮信
暗通前後水，花香明送往來風。商量點綴橋東畔，三五垂
楊一釣篷。"

《小園》詩其四云："徑繞千竿竹，樓藏萬卷書。地偏天趣足，身老世緣疏。敢擬仲樂志，聊同孫遂初。欲閒閒不慣，隨意注蟲魚。"

家居，時往聽松園。輯《史鏡》。三子祥晉考取御史，引見，記名以御史用。

金菁茅《張南山先生年譜撮略》。

賦《苦樂》、《聲情》、《園居》諸詩。

《松心詩集·草堂集》卷一。

蔣士銓《雪中人傳奇》衍清初查繼佐識吳六奇於落拓時事，南山偶讀此，爲感賦一絕。

《松心詩集·草堂集》卷一《偶閱蔣心餘雪中人傳奇，率成絕句》詩。

詩云："乞食孤寒運未通，書生查伊璜冷眼識英雄。吳六奇。寄聲當路須留意，或有人才凍餒中。"

四月，爲好友潘恕《雙桐圃詩鈔》題辭。

潘恕《雙桐圃詩鈔》卷首。

題辭云："鴻軒詩有肫摯之情，有警鍊之語。當少壯之年，已有老成蒼健之氣。處寬閒之境，時抱激昂慷慨之懷。樂府音節逼近西涯，五言幽憂忽類東野。宗法唐賢，亦參宋格。至若揀金者去沙，護蘭者除棘，果俟三秋乃熟，丹須九鍊而成，詩境本自無窮，君其進而益上。道光戊申四月珠海老漁張維屏。"

應葉志詵之屬，賦《周遂啟諆鼎歌》詩。

《松心詩集·草堂集》卷一。

詩序云："道光甲辰夏五月，漢陽葉東卿封翁志詵得周遂啟諆鼎，將置之金山，既作歌紀事，復詳加考證。拓鼎銘寄示，屬賦詩。"

詩有云："當時外患有玁狁，內侵厥勢殊猖披。宣王中興

奮天討，詩云薄伐吾則疑。此鼎篆文作博伐，博義訓大真
王師。請援鼎文證經義，乃知傳注徒支離。折首六百執五
十，殺敵致果宜若茲。方今聖皇御六合，好生之德如天
慈。島夷梗化雖就撫，武備修舉毋忘遺。寶鼎之出似有
意，戎功丕顯本鼎銘彰天威。天生良將儻預兆，遂啟瑞應
符昌期。置之金山大得所，豈獨懷寶無敢私。體尊神物鎮
江海，祥徵重器綏蛟螭。崇鼎貫鼎相伯仲，陽鼎陰鼎疇雄
雌。君不見古鼎無獨必有偶，從此金焦二鼎光燄萬古常
昭垂。"

葉志詵，字東卿，晚號遂翁、淡翁，湖北漢陽人，名琛
父。有《平安館詩文集》、《簡學齋文集》等。

七月二十日，同梁信芳、陳其錕、劉熊於廣州城北之
白雲山寺讌集。

梁信芳《桐花館詩鈔》卷一〇《七月二十日，同張南山、
陳棠谿、劉湘華白雲山寺讌集》詩。

冠如山北旋，南山贈以端硯并賦詩贈別。

《松心詩集·草堂集》卷一《送冠九宮贊如山北旋》詩。

冠如山，字冠九，滿洲鑲藍旗人。道光二十年進士。官四
川按察使。

楊驊、王鑑三、葉應暘、金伯庸相繼逝去，撰《送
殯》詩，以老少代謝，死生常理自解。

《松心詩集·草堂集》卷一。

詩云："邇來頻送殯，送者覺寒心。"原注："數月來，楊
子良、王鑑三、葉蔗田、金伯庸皆下世。"

王鑑三、金伯庸，其人俱未詳。

秋，登白雲山，有《秋日登白雲山望海》、《蒲澗》詩。

《松心詩集·草堂集》卷一。

賦詩爲潘正煒題《吳仲圭畫册》，爲劉芳題"松陰調

鶴圖”，爲殷輔題“松陰聽讀圖”。

　　《松心詩集·草堂集》卷一《吳仲圭畫册，潘季彤觀察正
　　煒屬題》、《劉蘭畹明經芳松陰調鶴圖》、《殷衡齋參軍輔松
　　陰聽讀圖》詩。

　　劉芳，字蘭畹、香谷，廣州駐防漢軍正黃旗人。道光元年
　　舉人。

　　殷輔，字衡齋，順天大興人。道光二十九年任廣州府
　　經歷。

秋夜集聽松園，同鄧大林、杜游、劉庚唱和，歌者有
小香、阿根。又爲伍崇曜賦《遠愛樓詩》，爲黃慶蘐
作《獅子林圖歌》，爲汪南培“嶺海歸帆圖”題詩，
爲吳道人題石溪杖。

　　《松心詩集·草堂集》卷一《秋夜集聽松園，同蔭泉、洛
　　川、益之，歌者小香、阿根》、《遠愛樓詩，爲伍紫垣觀
　　察崇曜賦》、《獅子林圖歌，爲黃子春大令慶蘐作》、《汪子
　　莊大令南培屬題嶺海歸帆圖》、《石溪杖吳道人屬題》詩。
　　《秋夜集聽松園，同蔭泉、洛川、益之，歌者小香、阿
　　根》詩云：“及時行樂即神仙，老去心情似少年。絲竹當
　　筵花對酒，樓臺臨水月中天。談揮塵尾聲聲健，曲轉鶯喉
　　字字圓。一事新聞從古少，聽歌人集茂林巔。有村人緣木
　　來觀。”

　　伍崇曜，字良輔，號紫垣，廣東南海人。承先業爲怡和行
　　商和十三行公行總商。藏書家，編刻《嶺南遺書》、《粵
　　雅堂叢書》等書甚夥。

　　黃慶蘐，字子春，江蘇吳縣人。道光二十六年進士。咸豐
　　初，官高要縣知縣。有《夢倪室稿》。

　　汪南培，字子莊，安徽蕪湖人。道光六年進士。官惠州府
　　知府。

莊心庠之官湖南，賦詩贈別。

《松心詩集·草堂集》卷一《送莊寄漁大令心庠之官湖南》詩。

詩云："相國家聲遠，傳經世澤長。杏林聯雁序，令兄西樵農部與君先後登第。草疏荷龍光。君爲顏魯興制府草奏疏，得旨嘉獎。此去裁新錦，欣聞有舊棠。贈公曾官楚南。勖哉繩祖武，建樹到封疆。"

莊心庠，號寄漁，廣東番禺人。道光二十七年進士。官湖南耒陽、湘陰、長沙等縣知縣。

郭翊清來訪聽松園，作長篇見貽，乃賦詩以報。

《松心詩集·草堂集》卷一《郭葵臣太史翊清見訪聽松園，長篇見貽，賦此奉報》詩。

郭翊清，原名道閶，字葵臣，湖北孝感人。道光六年進士，官翰林院編修。有《古今體詩》。

九月十八日，爲梁邦俊撰《小厓說詩序》。

《松心文鈔》卷四。梁邦俊《小厓說詩》卷首。

序曰："梁君福草所撰《十二石山齋詩話》，已不脛而走矣，今又刻其哲昆《小厓說詩》，問序於余。小厓癖耽韻語，著書未竟，遽返蓉城，故所說止此。此編卷帙雖無多，然余披覽數過，嘆其留心事理，意不專在於詩。如霜凇、雪凇、白雨、靚雨，則有關於天文。桑駱、鄸都、阿拉克、俄羅斯，則有關於地理。觀張度西《有虎詩》，虎不傷孝子，則使人興孝。觀煎海僧居海島，五百人同死，則使人興義。觀莊恪公《三世同榜詩》云：'欲爲科名增盛事，故遲孫子共賢書。'則家乘之美談也。觀沈夫人《誡子書》云：'毋慮不足而多取一錢，毋恃有餘而多用一錢。'則官箴之要語也。其餘所載，皆足以參證舊聞，啟發新義，至佳篇警句，層出不窮，閱之令人惟恐其盡，

雖卷帙無多，亦可謂少之爲貴者矣。且尤有可貴者，古來
詩話傳者，不下數十家，未有兄弟所撰並行於世者，今小
厓、福草詩話兩種，流播一時，萃風雅於一門，譬壎篪之
迭奏，誠詩話中之佳話，余故樂爲序之。道光戊申重陽後
九日，珠海老漁張維屏。"

九月二十日，馬儀清招同南山、黃慶同、劉印星、粟
增焴、王式言、譚塋集離明觀之小娜環，即事成詠。

《松心詩集·草堂集》卷一《九月二十日，馬芸湖太史儀
清招同黃六舟比部慶同、劉松堂觀察印星、粟冬蓀太史增
焴、王柳坪比部式言、譚玉生廣文塋，集離明觀之小娜環，
即事成詠》詩。

馬儀清，號芸湖，廣東高要人。道光二十四年進士。官翰
林院編修、江蘇候補道。

黃慶同，原名彝，字六舟，江西清江人。道光十三年進
士。官刑部主事，以京察出爲山東知府。

劉印星，號松堂，江西龍南人。道光十八年進士。官督
糧道。

粟增焴，字照黃、果齋，號冬蓀，廣西臨桂人。道光二十
七年進士。官翰林院編修。

王式言，原名家瓊，號柳坪，江西瑞昌人。貢生。官刑部
四川司主事。

十月朔日，李敦業奉其母周太恭人行狀，請南山爲誌
墓之文。

《松心文鈔》卷九《誥封太恭人李母周太恭人墓誌銘》。

黃爵滋應羅上禎等招，遊聽松園，詩贈主人南山。南
山賦詩酬和。

《松心詩集·草堂集》卷一《黃樹齋侍郎爵滋見訪聽松園，
有詩見贈。賦此奉酬》。黃爵滋《戊申粵遊草》之《十月

朔日，羅明經楷卿暨諸子招遊聽松園，飲次奉主人張南山
司馬》詩、附張維屏《樹齋少司寇枉過小園，見贈佳章，
賦此奉酬》詩。

黃詩云："大通煙雨溽，園景復宜晴。滄海一詩叟，白雲
千鳥聲。高松夾瑤澗，飛舫送銀笙。便欲尋摩詰，移將畫
裹行。"

按，黃爵滋《戊申粵遊草》載南山酬詩共二首，《松心詩
集》僅録存"庾嶺梅花雪"一首，另一首失載，詩云：
"清望重蓬瀛，烏臺舊有聲。封章籌國計，文字出心精。
擢秀看翔鳳，君門下士多顯宦。回瀾欲掣鯨。匡廬登絶頂，
五老共崢嶸。"

羅上禎，字楷卿，浙江上杭人。餘未詳。

鮑俊與南山、劉熊、吳家懋於鮑之榕園設席款黃爵滋。
爵滋爲榕園題壁以酬。

黃爵滋《戊申粵遊草》。鮑俊《榕塘吟館詩鈔》黃爵
滋序。

黃秩林過訪聽松園贈詩，南山賦報一首。

黃爵滋《戊申粵遊草》。

按，南山報詩，今南山詩集失載。詩題爲《仙樵孝廉世
二兄過訪小園，有詩見贈，賦此奉報》，詩云："黃香過
我園，贈我碧瑯玕。詩法有家法，騷壇如將壇。長城列鵝
鸛，芳畹藝芝蘭。九萬雲程遠，期君振羽翰。"

黃秩林，字子幹，號仙樵，爵滋次子。道光舉人。有
《主靜齋詩鈔》。時隨侍來粵。

十月二十八日，邀李國龍、黃培芳、鮑俊、杜游、陳
澧、陳瑩達、劉庚、李長榮諸人集聽松廬菊讌。

李國龍《百蝶圖附六友堂詩鈔》卷三《戊申十月二十八
日，張南山司馬招同黃香石舍人、鮑逸卿太史、杜洛川學

博、陳蘭甫孝廉、陳韞堂上舍、劉益之少尹、姪子蕭茂才集聽松廬菊讌，次司馬韻》詩。

同月爲潘恕《梅花集古詩》題辭。

潘恕《梅花集古詩》。潘飛聲《在山泉詩話》卷三"先明經公"條。

題辭曰："鴻軒以所爲《梅花集古》七律一百二十首屬勘定，余讀竟歎曰：美矣哉！富矣哉！集古難，集七律尤難。集二三十首不難，集至百二十首則甚難。集眾手之詩，而辭既工切，意復貫串，直如出一手，則尤難中之難。披誦數過，率題二十八字：廣邀千載題詩客，來與梅花共寫真。自有此花無此作，一杯吾欲賀花神。道光戊申小春，南山張維屛。"

按，此詩南山集中失載。

十一月朔日，黃爵滋將離粵，招同南山與蘇廷魁、溫訓、鮑俊、劉熊、黃昌麟集越華書院置酒話別，分韻賦詩，南山作七律一首。

黃爵滋《戊申粵遊草》。鮑俊《榕塘吟館詩鈔》。

按，南山詩題爲《十一月朔日，樹齋先生偕蘇賡堂給諫招集越華書院，置酒話別，同鮑逸卿太史、溫伊初、劉湘華兩孝廉、黃月卿明經，分韻得海字》，詩云："盍簪曾金臺，判袂又珠海。籬東菊猶花，嶺北梅欲蕾。高談興方酣，遠別心忽瘝。斯世正需才，君才鳳魁壘。五十艾服官，六月息毋怠。周易筮爲儀，虞書咨亮采。歸雲一身閒，霖雨眾生待。勿徒愛探驪，詩篇富珠琲。"此詩《松心詩集》失載。

蘇廷魁，字德輔，號賡堂，廣東高要人。道光十五年進士。官翰林院編修，河道總督。有《守柔軒詩集》。

黃昌麟，字月卿，廣東嘉應州人。貢生。有《嶽麓堂詩草》。

黃遵憲生。

徐松卒。

賀長齡卒。

張廷濟卒。

吳家樹卒。

黃安濤卒。

道光二十九年己酉（一八四九）　七十歲

　　[**時事**] 三月，徐廣縉、葉名琛奏，允英人進廣州有害無利，斷難隱忍。詔命固結民心，激揚士氣，以安民爲撫夷之本。　廣州民衆自發武裝保衛廣州。英香港總督文翰被迫罷入廣州城議。賞徐廣縉世襲子爵，葉名琛世襲男爵，其他文武及紳民均升賞有差。　澳門總督亞馬勒爲華人所殺。　葡萄牙強占澳門。　何紹基爲廣東鄉試副考官。　丁拱辰撰《演礮圖説後編》二卷成。

　　元旦，有詩書懷。李長榮和之，末二句云“歐公著就歸田録，誰信歸田未有田”。南山又因其句續成絶句一首，謂比擬歐公則不敢，而無田則屬實。

　　《松心詩集·草堂集》卷二《己酉元旦書懷》、《子黼和余元旦書懷詩，末二句云“歐公著就歸田録，誰信歸田未有田”。比歐公則吾不敢當，謂無田則真知我者。因用其句續成絶句》詩。

　　《己酉元旦書懷》詩云：“公然竟到古稀年，屢險能安總

聽天。四代一堂閒裏福,三杯七字靜中緣。迂疎未敢談
經世,澹定無勞勸學仙。惟有飢黎時繫念,可能歸里早耕
田。"詩中原注"去歲湖北、江南被水,災民遷徙未定。"

初四日,招同杜游諸人讌集棣花園。

　　杜游《洛川詩略》卷二《己酉正月初四日張南山招同人
　　讌集棣花園》詩。

初五日,聽松園讌集,黃培芳、杜游、邓大林、李國
龍、陳瑩達、劉庚、李長榮赴讌,迭爲賓主。有詩,
句云:"新年排日爲歡宴,誰主誰賓總盍簪。"

　　《松心詩集·草堂集》卷二《新年聽松園讌集》詩及
　　自注。

上元前後,招同人集聽松園及珠江燈舫,有詩。

　　《松心詩集·草堂集》卷二《上元夜集聽松園》、《上元前
　　後集珠江燈舫》詩。

　　按,《上元夜集聽松園》詩題下自注:"陳仲卿學博、鮑
　　逸卿太史、劉楷堂茂才、益之少尹、若洲廣文。"仲卿,
　　即陳曇。逸卿,即鮑俊。益之,即劉庚。楷堂,即劉廷
　　楨。俱見前。若洲,即劉聯芬,字若洲,廣東香山人。廩
　　貢生。官翁源縣學訓導。

　　《上元前後集珠江燈舫》詩題下自注:"吳菊湖太史、潘
　　季彤觀察、謝靜山都轉、主人周秀甫太守、金醴香員
　　外。"菊湖,即吳家懋;季彤,即潘正煒;靜山,即謝有
　　仁;秀甫,即周懷棠;醴香,即金菁茅。俱見前。

十七日,邓大林招同李國龍、黃培芳、鮑俊、杜游、
劉聯芬、陳瑩達、劉庚、李長榮等八人讌集珠江花舫。

　　李國龍《百蝶圖附六友堂詩鈔》卷三《己酉正月十七日,
　　邓蔭泉典籍招同張南山司馬、黃香石舍人、鮑逸卿太史、
　　杜洛川、劉若洲兩學博、陳蘊堂上舍、劉益之少尹、姪子

藏茂才集珠江花舫，次司馬韻》詩。

二十八日，應謝有仁邀同周懷棠、金菁茅遊離明觀，
登列仙亭。有詩紀之。

　　《松心詩集·草堂集》卷二《廿八日遊離明觀》詩。

　　詩題下自注："周秀甫、金醴香、主人謝靜山。"詩云：
　　"嬉春連日厭喧闐，今日飄然訪列仙。"

三十日，諸孫暨其教讀耿子甘、陶俊卿二先生至聽松
園，後同遊花埭溪峽諸園，賞牡丹。

　　《松心詩集·草堂集》卷二《三十日春遊花埭溪峽諸園》
　　詩及自注。

　　詩云："此地童時來往熟，舊書今日似重溫。"

二月初一夜，招集秀琨、金菁茅、謝有仁、伍元蕙、
盧福普、孫福謙、孫福田、伍長青夜集燈舫，觀煙火，
有詩。

　　《松心詩集·草堂集》卷二《二月初一夜集燈舫觀煙火》
　　詩及自注。

　　盧福普，字簡侯，廣東順德人。副貢生。官刑部郎中。

　　孫福謙，號謙齋，浙江歸安人。道光二十一年任廣州府倉
　　大使。

　　孫福田，字逸農，直隸大興人。官廣州府推官。

二月初五日，與周世錦怡園觀《周忠武公別母亂箭》
劇，爲之墮淚，感歎不已，有《周將軍行》詩。

　　《松心詩集·草堂集》卷二。

符葆森寄所著《寄鷗館集》求評定，南山爲擇録數十
首，並函復之。

　　張維屏書札手跡。

　　書札云："南樵先生足下，舊臘汪君至，接奉手書並大著

《寄心集》一册、《寄鷗詩集》四册，就稔體履綏和，著
述日富。尊詩於漢魏、六朝、三唐、兩宋披吟既久，轉益
多師，而又篤之以性情，充之以典籍，樹之以風骨，擴之
以波瀾，其爲必傳，殆非溢美。展誦數過，已就愚見所
及，擇録數十首。原稿四册珍復，希察收。專此布復，即
頌吟祺。未盡欲言，書於別紙。愚弟張維屛頓首。己酉花
朝後一日。”

友人規勸，謂吟詠耗心，宴遊損德。乃賦詩述己見答
之，於中可窺見暮年心境。

《松心詩集·草堂集》卷二《友人謂吟詠耗心，宴遊損
德。賦此答之》、《歌》詩。

前詩云：“感君規戒言堪佩，愧我癡頑性已成。且喜宴遊
當治世，即云吟詠亦歡聲。緑回小草皆春意，紅到斜陽重
晚晴。七十老翁何所似，似他時鳥語嚶嚶。”後詩云：
“善歌至聖與人同，歌永虞廷溯古風。不解後來談道者，
歌聲也在戒條中。”

偶閲《宋詩紀事》，見范蜀公語，成絶句一首。偶閲
《東都事略》，亦有詩。

《松心詩集·草堂集》卷二《偶閲宋詩紀事，見范蜀公
語，率成絶句》、《偶閲東都事略有感》詩。

前詩云：“從來善感莫如聲，歌詠聲中見太平。難得蜀公
能自屈，一生心折耆卿。”詩中自注云：“范鎮封蜀郡
公，嘗曰：‘仁宗四十二年太平，鎮不能出一語歌詠，乃
於耆卿詞見之。’”

得唐樹義書、王柏心詩，來書譽南山爲“嶺南一老，
身寄文獻之重”，乃賦詩二首報之。

《松心詩集·草堂集》卷二《得唐子方方伯樹義書、王子
壽比部柏心詩，賦此奉報》詩二首。

詩其一云："江漢災黎輯，句宣德政孚。法行倉鼠畏，恩溥澤鴻蘇。遠想甘棠遍，深慚朽櫟枯。敢云寄文獻，聊且慰桑榆。"

按，《草堂集》附錄王柏心《讀詩人徵略，奉懷南山尊丈》詩二首，首云"選續蕭樓後，名高魯殿餘。孟堅人物表，涑水見聞書"，南山喜其見許切當。《藝談錄》卷下"王柏心"條引此四語云："《詩人徵略》行世久矣，從未有發明精切若此四句者。"

王柏心，字子壽，湖北監利人。道光二十四年進士。官刑部主事。有《子壽詩鈔》。

譚瑩依梁章鉅《歸田瑣記》方造百歲酒，貺南山一瓶。乃賦《百歲酒》詩。

《松心詩集·草堂集》卷二。

三月，爲許玉彬、沈世良輯《粵東詞鈔》撰序。

許玉彬、沈世良輯《粵東詞鈔》書首。《松心文鈔》卷四。

序云："詞一名詩餘，談藝者多卑之。余謂詞家所填之詞有高有卑，而詞之本體則未嘗卑，何也？詞與詩皆同本於三百篇者也。說者謂詩有定體，而詞之字則或多或少，詞之句則或短或長，是以不能與詩並，而不知此即本於三百篇。試略舉之，如一句兩字，本於'鱣鮪'、'祈父'；一句三字，本於'螽斯羽'、'殷其靁'；四字、五字、七字，與詩同者無庸更僕。若夫上三下四而仄韻者，'麟之趾，振振公子'；上三下四而平韻者，'園有桃，其實之殽'；上四下三而平韻者，'式微式微，胡不歸'；上四下三而仄韻者，'自今以始，歲其有'；上三下五而仄韻者，'美無度，殊異乎公路'；上三下五而平韻者，'左執簧，右招我由房'；上四下五而平韻者，'靜女其姝，俟我於城隅’；上四下五而仄韻者，‘微君之故，胡爲乎中路’；上五下四而仄韻者，‘益之以霡霂，既優既渥’；上五下四而平韻者，‘無金玉爾音，而有遐心’；上四下六而平韻者，‘懷哉懷哉，曷月予還歸哉’；上四下六而仄韻者，‘王事適我，政事一埤益我’；上六下四而仄韻者，‘迨天之未陰雨，徹彼桑土’；上六下五而平韻者，‘我姑酌彼金罍，維以不永懷’；上六下五而仄韻者，‘胡甯瘽我以旱，憯不知其故’；上四下七而平韻者，‘我有旨酒，以宴樂嘉賓之心’；上五下七而仄韻者，‘日辟國百里，今也日蹙國百里’；上四下八而仄韻者，‘九月在戶，十月蟋蟀入我牀下’；上四下八而平韻者，‘不狩不獵，胡瞻爾庭有縣貆兮’。而尤可證者，詞徃徃以三字句作收，似乎纖屑，而其實本於風之‘遠條且’、‘從夏南’，且以頌之莊嚴，而收句亦‘於繹思’三字。是其字之多寡，句之短長，皆從三百篇來，則安得以詞爲卑耶？而況兒女情長，曼聲不少，英雄氣壯，傑作恒多。青蓮、白石，傳來樂府之遺音；東坡、稼軒，行以古文之灝氣。然則詞亦視乎其人，視乎其詞，非可一概論也。粵東地位南離，人文炳煥，聲詩之道，自唐以逮國朝，大家名家，後先相望，總集別集，遠近風行，惟詩餘則千載以來，從未有人蒐羅而甄綜之。吾友許君青皋、沈君伯眉好古多聞，尤深詞律，一日偶談及此，兩君慨然任之。於是近覽遠稽，探幽索隱，或訪諸他鄉異縣，或求之斷簡殘篇，人無論殁存，詞無論多寡，自五代迄今，共得六十餘家。分之則各自成篇，合之則都爲一集，雕板將竣，問序於余，余因約舉詞字多寡、詞句短長皆本於三百篇，以明詞體之未嘗卑，先以質諸同人，且以質諸海內之工於倚聲者。道光己酉三月番禺張維屏。”

黃承謙來訪，偕游杏林莊，并賦詩題其"綠野觀耕圖"，有"寫出農家耕作苦，老農勞力我勞心"之句。

　　黃承謙《寶硯樓文鈔》卷三《杏林莊遊記》。《松心詩集·草堂集》卷二《綠野觀耕圖，爲黃益齋孝廉承謙題》詩。

　　黃承謙，字以受，又字益齋，廣東香山人。道光十九年舉人。官内閣中書。有《觀自賞齋詩鈔》。

賦詩爲潘世清題"雲洋竹隱圖"，又爲杜游題畫册。

　　《松心詩集·草堂集》卷二《雲洋竹隱圖，爲潘荻舫明經題》、《題杜洛川畫册》五首。

桂文燿寄到董方立《輿地圖》。因賦《讀史》詩。又，桂文燿守蘇州時以朱拓"惠山聽松"篆寄南山，并題跋數百言。南山亦有詩報之。

　　《松心詩集·草堂集》卷二《讀史》、《桂星垣觀察文燿守蘇日，以朱拓"惠山聽松"篆見寄，并題跋數百言。賦此奉報》詩。

爲許文深題《宋井詩》、《南唐梅圖，許小琴少尹文深屬題》、《六朝松歌》諸詩。

　　《松心詩集·草堂集》卷二。

　　詩序云："宋井在蕪湖，人罕知者。黃勤敏公鉞居蕪湖，自號'井西老人'，蓋以鉞星在井之西也。其後復入都，寓大井胡同，榜其齋曰'井西書屋'。迨予告旋里，許君小琴訪得井旁有宋石刻'廉泉'二大字并'寶祐丙辰'小字，拓以示公。公乃知所居西鄰有宋井，而'井西'之號不虛也。因裝'廉泉'二字於卷端，爲文記之，并賦詩書於卷内。小琴藏之，昨持卷屬題，爲賦《宋井詩》。"

　　《南唐梅圖》詩云："君不見番禺沙灣煙水中，尚有六朝千歲松。”自注：“小琴訪得六朝松一株，邀往觀之。”

《六朝松歌》詩云：“千歲古松難得見，奇物天生在吾縣。六朝留得一高人，聞者欣然思覯面。許子爲松作主人，先期置酒邀衆賓。詰朝相見瞻道貌，三拜致敬情乃申。余與蘭甫孝廉皆對松三揖。”又云：“玄暉子久圖其貌，謝鐵泉上舍、黃二山茂才皆爲松繪圖。我請作歌爲寫照。商量結箇拜松亭，小琴少尹與地主梁君培之度地構亭，將題名立石焉。松亦欣然發長嘯。”

許文深，字小琴，安徽蕪湖縣人。監生。官廣東南海縣丞。

四月十五日，聽松園獨酌。時兒祥瀛爲釐務虧累，園將售與人。賦詩有句云：“此園亦傳舍，豈必吾是主。”澹然處之，具見豁達。

《松心詩集·草堂集》卷二《四月十五日聽松園獨酌》詩。

按，《松心詩錄》卷九錄此詩，自注：“瀛兒爲釐務所累，此園將售與人。”陳徽言《南越遊記》卷一“古刹名園”條亦云：“司馬嗣君有業鹽筴者，後爲埠務所累，此園轉質與人。”

重過舊居東園，頗傷園林今昔之異。

《松心詩集·草堂集》卷二《重過東園有感》詩。

五月初六日，招同黃培芳、劉庚、李長榮諸人泛舟城西黃竹岐村觀競渡，嗣還荔枝灣飲宴。

《松心詩集·草堂集》卷二《出城》。杜游《洛川詩略》卷二《己酉五月初六日，張南山招同黃香石、劉益之、李紫薇諸君泛舟至黃竹岐龍母廟前觀競渡，還游荔灣置酒，紫薇以詩索和，次韻以答》詩。

又有《水》、《火輪船》、《江樓》諸詩。

《松心詩集·草堂集》卷二。

《火輪船》詩云：“渡水偏無檝，非車卻有輪。始然惟用火，既濟不勞人。圓轉機何捷，熏蒸氣乃神。聖朝恩似海，常許往來頻。”

五月十七日，梁九圖招同杜游、黃培芳、金菁茅、王殿基、陳瑩達、李國龍、顏薰、曾照、李長榮、陳璞、陳殿槐等十一人雅集得月樓。

杜游《洛川詩略》卷一《己酉五月十七日，梁福草招同張南山、黃香石、金醴香、王堯階、陳蘊堂、李躍門、顏紫墟、曾曉山、李子虎、陳古樵、陳夢生諸君雅集得月樓》詩。

顏薰，字伯辰，號紫墟，廣東南海人。布衣。黃培芳弟子。有《紫墟詩鈔》。

曾照，字子祥、曉山，廣東花縣人。布衣。有《花南集句》。

陳璞，字子瑜，號古樵，廣東番禺人。咸豐元年舉人。官知縣。學海堂學長。黃培芳弟子。有《尺岡草堂集》。

陳殿槐，字夢生，廣東順德人。布衣。工詩畫。

王殿基，字堯階，廣州駐防漢軍旗人。諸生。

六月，爲伍元蕙所藏《元倪雲林書畫卷》題識。

方濬頤《夢園書畫錄》卷七。

題識云：“高士書畫之妙不待言。此畫作於壬寅。考壬寅爲元順帝至正二十二年，是年先生六十一歲，老懷恬澹，老境深淳，可於筆墨間遇之。己酉六月張維屏識。”

排日於珠江畔得月樓、聽潮樓消夏，迭爲賓主。即事賦詩，并簡同集諸詩友。

《松心詩集·草堂集》卷二《排日消夏，迭爲賓主。即事有作，簡同集諸君》詩。

秋，子祥泰中鄉榜第三名。祥晉授江南道監察御史。
賦《己酉》詩，以今科鄉試祥泰得中舉人，而上一己
酉鄉試中式之祥鑑已亡故，感今念昔，悲喜交集，情
不能已。

《松心詩集·草堂集》卷二。金菁茅《張南山先生年譜撮略》。

詩云："己酉一子魁，榜發，二兒祥泰中式第三名。報到家人樂。老人思己亥，己亥三兒祥鑑中第二名。老淚忽然落。一瞬已十年，悲歡感今昨。家人勸老人，有酒且斟酌。"

金菁茅以其子鄉舉詩請正，乃賦詩次其原韻。

《松心詩集·草堂集》卷二《醴香員外以令嗣鄉舉詩見示，即次原韻》詩。

詩云："鎖院秋高桂榜開，兩家捷報喜齊來。思君棣鄂門才聚，記我蘭言館席陪。余昔館君家，與君昆仲論文，極相投契。三世聯姻真世戚，五經中表並經魁。令嗣第五，泰兒第三。海邦偃武修文教，髦士蒸蒸日盛哉。"

按，《草堂集》附錄金菁茅《己酉鄉闈榜發，吉兒中式第五名，漫成一律》詩，詩中原注："余戊辰鄉舉，今四十二年。""藝圃、樸齋、春汀兄登乙卯、甲子、庚申榜。""姪錫齡、維城、其濬登乙未、甲辰、丁酉榜。""同榜第三名余甥張祥泰，第二名甥孫李應棠。"此際金、張二家科第聯翩，爲時稱美。倪鴻《桐陰清話》卷二述其盛云："'朝集金張館，暮宿許史廬。'左太沖詩也。羊城金醴香員外、張南山師、許賓衢觀察、史穆堂太史，其四家皆以科名顯，人以漢四世冑比之。員外嘗有'廬推許史館金張，四姓科名著五舉'之句，可爲士林故實。"

九月菊花初開，對酒有詩。

《松心詩集·草堂集》卷二《九月菊花初開，對酒得

句》詩。

傅錫齡詩來，次韻答之。

> 《松心詩集・草堂集》卷二《傅雲巖茂才錫齡詩來，有
> "珠江煙月如分我，欲問漁翁借釣竿"之句。次韻答
> 之》詩。

> 詩云："仙城連夕角聲寒，座有絲桐未暇彈。聞道江湖風
> 浪惡，卻愁無地置漁竿。"

> 傅錫齡，號雲巖，其人未詳。

九月二十七日，何紹基主廣東鄉試畢，北還。使舟將
發，攜"延年益壽"漢瓦篆過訪聽松園屬題。

> 《松心詩集・草堂集》卷二《九月三十日，余七十初度。
> 前三日，何子貞太史紹基典試還朝，使舟將發，攜'延
> 年益壽'漢瓦篆過聽松園屬題。爲題四十字》詩。

九月三十日，南山暨金恭人七十雙壽，膝下子二人，
孫十人，曾孫二人。南山耳聰目明，手不釋卷，見者
咸謂如五六十歲人，福壽未艾也。南山賦詩爲慶。又
作《七十》詩，以諸子有成，己則遂適意自怡之樂
爲慰。

> 金菁茅《張南山先生年譜撮略》。《松心詩集・草堂集》
> 卷二《七十》、《七十初度，都中諸公惠詩百篇，賦此奉
> 酬》、《七十自述》詩。《松心雜詩・倫紀詩》。

> 《七十》詩云："五十與六十，往者皆賦詩。今年忽七十，
> 循例應有辭。心精耗已久，學業荒弗治。所喜海邦宴，年
> 穀仍豐綏。有子官京華，六兒祥晉。爲酒以介眉。綵觴世
> 所尚，從衆豈得違。有子歌鹿鳴，二兒祥泰。亦欲陔笙吹。
> 余爲再三誡，勞費兩不宜。老者但宜安，意適情自怡。菊
> 英既可餐，蟹螯復可持。朋樽迭勸酬，樂此亦不疲。山水
> 有真趣，奚必歌舞爲。諸君送鞠部演劇，余固辭。"

《七十初度》詩云："回思少壯屢瀕危，豈意能吟七十詩。三子登科承祖德，六兒丁酉，三兒己亥，二兒乙酉。曾孫上學憶兒時。疎慵作宦應知退，老大耽書未覺疲。錫我百朋何以報，心香惟有祝期頤。"

梅曾亮撰《張南山七十壽序》致賀。

梅曾亮《柏梘山房文集》卷三。

文曰："南山同年爲《國朝詩徵》數十卷，因其詩以載其行事及他所著録，曾亮讀而善之，欲爲文以綴其簡末，未得也。道光己酉爲君及其配金恭人七十雙壽之歲，其子賓嵎以記名御史官刑部，京師請文以爲壽，余因曰：'是乃可以序先生之書矣！'昔唐虞前其文不可考，而歌謠謡獨流傳至今，以秦之滅學而詩以諷誦獨全。夫人之愛名也同於壽，而名之可壽者莫如詩，故古今爲詩者獨多，以其名之可久而壽也。然苟詩傳而事不傳，其傳也亦孤。至《唐詩紀事》、《列朝詩小傳》始兼而存之，猶或本末不具，或議論乖刺。惟君於是書採擇詳贍，而無黨同伐異之見，使千百人之行事著録，百世下可知而論之。夫以一人之書，而千百人之書舉賴以附之，書之必傳於後，無疑也。以一人之身，而千百人之名皆藉以延之，其必食報於壽，無疑也。且將有來者焉，待是書而續之，則人皆欲致君以無窮量之壽，又無疑也。然則序是書也，非即所以爲先生壽乎！賓嵎請爲文，時適將歸里，料檢書册，不復多暇，獨念與先生爲同年生，年齒相去亦不及十歲，然余方跧伏里巷，而先生爲湖北吏，救水災日不暇給。及余官京師，聞已自江西歸，不復出。左右書史，嘯詠於清華豐沃之地。談笑之相隔者幾三十年，而余之窮年矻矻，老不欲廢書，雖南北相去數千里，嗜好所在幸能同之，則是文也，固余所不得而辭者也。"

梅曾亮，字伯言，江蘇上元人。道光二年進士。官户部郎中。有《柏梘山房文集》、《詩集》。

李光庭惠詩賀壽并寄贈古銅器，賦詩以報。

《松心詩集·草堂集》卷二《樸園尊丈惠詩并寄古銅器，賦此奉報》詩。

詩云：“日下群仙錫百篇，都中諸公以屏七十賤辰，惠贈壽詩共百幅。一篇先拜李青蓮。吉金贈我尊罍器，泮水思公卯角年。公今年重遊泮林。清望三朝真舊德，公爲乾隆舉人，嘉慶侍讀，道光太守。喻言八卷有新編。公著《經史喻言》八卷刻成。古稀以上璋頻弄，衛武賓筵壽更延。遲數年，公重宴鹿鳴。”

按，《草堂集》附錄李光庭《寄祝南山二兄七十壽》詩。

有《贈書》詩，謂生平以書爲命。蓋視書爲友，一日不可無此君，賦此贈之。又有《延年》詩，述己之養生之道。

《松心詩集·草堂集》卷二。

前詩詩序云：“余生平以書爲命，有一日不食飯，無一日不看書，不可無詩，因成一律贈之。”詩云：“貪多愛博情終泛，温故知新意自欣。七秩光陰常伴我，萬般滋味不如君。會心得處忘飢渴，隨手翻來益見聞。少壯無成真負汝，暮年雖悔復何云。”

後詩詩序云：“世間安有神仙哉！惟欲延年，必先卻病，是有道焉，不可不講也。因作《延年》詩，質諸欲延年者。”詩凡四首，其四云：“先天爲腎後天脾，火土雙培道在兹。人欲延年須念此，但求真實莫求奇。人之能壽，全賴腎陽、脾陽，自後世滋陰之説一開，而枉死者無算。五百年來，黃坤載、陳修園知之。黃氏謂唐以後醫書無通者，雖過激之言，實則卓識也。”

按，徐信符《廣東藏書紀事詩》"張維屏"條云："松心
藏書多有批評。今南洲書樓藏有《唐宋詩醇》、馮注《蘇
東坡集》，皆松心手校。其書不求佳本，惟自首至尾批評
到底，不懈可知。其詩學之深，而於杜詩、蘇詩尤致力
焉。"南山校讀之勤如此。

聽松廬連日菊讌。先後同集者，有黃培芳、羅家政、
焦友麟、鮑俊、秀琨、陳曇、馮石農、周懷棠、杜游、
李國龍、鄧大林、陳瑩達、馮譽驄、金其澮、劉庚、
李長榮、李欣榮、梁吉士諸人士。賦詩紀之。

《松心詩集·草堂集》卷二《聽松廬連日菊讌有作》詩及
自注。

詩云："松園菊遜松廬菊，菊盛開時合嘯歌。日日苦吟新
意少，年年良會故人多。海洋寇盜橫高艦，江浙田疇湧巨
波。且喜吾曹居樂土，對花莫惜醉顏酡。"

按，陳春榮《香夢春寒館詩鈔》卷五《挽張南翁姻丈》
詩自注云："凡春秋佳日，翁於花塢松溪宴集詩人，廿餘
年同一日。""翁解組歸林下廿有餘載，黃花時排日家宴，
妙選弦歌，遶屋皆菊百餘種。"又，詩有"松園菊遜松廬
菊"句，時似已遷出聽松園，移居城中，新居沿用昔日
聽松廬之名，然位於何所，待考。

焦友麟，字子恭，號鐵珊，又號笠泉，山東章丘人。道光
十三年進士，歷官刑科給事中。有《鑒舫詩存》。

金其澮，字仲深，號月川，廣東番禺人。菁藻子。道光十
七年舉人。官工部主事。有《雲海樓詩鈔》。

梁吉士，其人未詳。

十月初三日，潘仕成、許祥光、伍崇曜、金菁茅、伍
元葵、盧福普、伍元蕙、鄒濟道合設菊觴，宴南山於
許氏袖海樓，席上成詠。

《松心詩集·草堂集》卷二《十月初三日，潘德畲方伯仕
成、許賓衢觀察祥光、伍紫垣觀察崇曜、金醴香員外菁茅、
伍秋園員外元葵、盧簡侯比部福普、伍儷荃員外元蕙、鄒
香琴員外濟道，合設菊觴，觴余於袖海樓，席上成
詠》詩。

潘仕成，字德畲、德輿，廣東番禺人。欽賜舉人。爲十三
行鉅賈。主持編刻《海山仙館叢書》。

伍元葵，字秋園，廣東南海人。咸豐元年舉人。官刑部郎
中。有《月波樓詩鈔》。

鄒濟道，字香琴，其人未詳。

初八日，招同李國龍、黃培芳、羅家政、鮑俊、丁熙、
陳澧、杜游、鄧大林、陳瑩達、金其濬、劉庚、李長
榮諸人集聽松廬菊讌。

李國龍《百蝶圖附六友堂詩鈔》卷三《己酉十月初八日
張南山司馬招同黃香石舍人、羅蒲洲封翁、鮑俊卿太史、
丁桂裳中翰、陳蘭浦、杜洛川兩學博、鄧蔭泉典籍、陳蘊
堂上舍、金月川水部、劉益之少尹、姪子繡集聽松廬菊
讌，次司馬韻》詩。

羅家政，號蒲洲。廣東順德人。嘉慶十八年舉人。高州府
學教授。道光十八年，任粵秀書院監院。

初九日，陳其錕、謝有仁設酌得珠樓。十一日，伍長
青設酌聽潮樓。十四日，伍長樾、潘仕炳設酌澡雪樓。
合成一律謝之。

《松心詩集·草堂集》卷二《初九日，陳棠溪禮部其錕、
謝靜山都轉有仁觴余於得珠樓。十一日，伍竹樓觀察長青
觴余於聽潮樓。十四日，伍蔭庭司馬長樾、潘霞泉明經仕
炳觴余於澡雪樓。合成一律》詩。

伍長樾，字穎基，號蔭亭，廣東南海人。伍崇曜姪。

潘仕炳，號霞泉，廣東番禺人，潘仕成弟。道光二十九年
副貢，候選員外郎。

十五日，賞菊庭宴，有詩。

《松心詩集·草堂集》卷二《十月十五日賞菊庭宴》詩。

集嘉應楊懋建詩句爲楹帖。

楊懋建《留香小閣集》卷二《柬潘篆仙》詩。

詩中原注云："己酉張南山太守摘余舊句爲楹帖，曰：
'龍性誰馴嵇叔夜，鳳毛殊有謝超宗。'見者多目笑之。"

楊懋建，字掌生，號蘅園，廣東嘉應人。道光十一年舉
人，官國子監學正。有《留香小閣集》。

楊榮以李龍眠畫福星、吳道子畫壽星二像拓本并詩兩
章見貽，上有內府書畫章及阮元印。賦詩志謝。

《松心詩集·草堂集》卷二《楊蘅香孝廉榮以李龍眠畫福
星、吳道子畫壽星二像拓本并詩兩章見貽，賦此奉
報》詩。

本月，爲黃亨《仰高軒詩草》撰序。

黃亨《仰高軒詩草》。

序曰："嘉圃學博出示詩草，披覽數過。其中詠山水諸
篇，清真刻露，令讀者如置身其間。《馬烈婦》一篇，寫
貞烈之氣凜凜如生，寫烈婦即寫忠臣，此等詩足以扶翼世
教。至《述懷》五言古詩，持身涉世，論文談藝，俱見
於六首中，此乃平時讀書味道中有所得，偶于詩發之。聞
嘉圃詩數百篇，此僅十之一二，其警湛已多可采，欣賞累
日，爰識數語于簡端。道光己酉十月，珠海老漁張
維屏。"

閒中又賦《廣州懷古》、《豫章懷古》、《杭州懷古》、
《金陵懷古》、《維揚懷古》、《齊魯懷古》、《三晉懷
古》、《洛中懷古》、《燕中懷古》、《吳中懷古》、《楚

中懷古》、《蜀中懷古》、《秦中懷古》、《閩中懷古》、
《粵西懷古》、《滇中懷古》、《黔中懷古》諸詩，殆均
讀史所得，其游心宇内，思接千載，興亡之感鬱然，
讀之有令人拍案而起者。

　　《松心詩集・草堂集》卷二。

長至後三日，爲丁拱辰《演礮圖説後編》撰贈言。

　　丁拱辰《演礮圖説後編》。

　　贈言曰："三角凤精勾股法，九重垂問著書人。"并綴以
　　識語云："星南先生精研算法，兼究兵機，所著《演礮圖
　　説》，進呈御覽，洵行軍之要務，實經世之良材。海内英
　　流，群相推許，屬書楹帖，因撰句奉贈。道光己酉長至後
　　三日，南山張維屏并識。"

　　丁拱辰，字淑原，號星南，福建晉江人。官縣丞。兵器製
　　造家。

十一月廿八日，姪瑞墀與陳澧、馮焯如啟程北上會試。

　　陳澧《自記》。

　　按，瑞墀名祥芝，南山姪。馮焯如，里貫未詳。陳澧與瑞
　　墀、焯如三人有試帖詩《春鴻集》傳世，中山大學圖書
　　館藏鈔本。

撰《説易》一文贈吴炳南。

　　《松心文鈔》卷二《説易贈吴華溪孝廉》。

　　文曰："道光己酉，順德吴華溪茂才炳南舉於鄉。人皆稱
　　華溪能文。或曰：'華溪豈徒能文哉！蓋深於詩者也。昔
　　者嘗與其友梁福草比部九圖同選詩曰《嶺表詩傳》，其書
　　已不脛而走矣。'或曰：'華溪豈徒深於詩哉！且深於史。
　　華溪諸詩皆工，而詠史尤工，其詠史不必如楊鐵崖、李西
　　涯標樂府之目，而意興所至，體格不拘，往往言簡而味
　　長，意深而語顯，非有知人論世之識者，不能爲也。'或

曰：'華溪非徒文人，非徒詩人，蓋隱君子也。昔者嘗隱於卜肆矣，爲人占卜多奇驗，有嚴君平、司馬季主之遺風焉。'或曰：'華溪豈徒占卜哉！能望氣知吉凶，昔者嘗至省垣，偶然登眺，忽駭然指某處，謂其友曰："彼處有凶氣，傷人必多。"其友未之信也，未幾，學署前演戲失火，燒斃千餘人，即華溪所指之處。人問何以能前知，華溪曰："無他，不過古之演禽法耳。"'或以諸人之言告珠海老漁，老漁曰：皆是也，華溪亦文亦詩，亦隱亦仕，亦史亦經。華溪蓋深於《易》者也，……華溪善《易》不言《易》，余不善《易》喜言《易》，余有愧於華溪矣。比歲粵西盜賊縱橫，人民困悴，大帥督師征剿，何日蕩平小醜，克奏膚功，吾欲請華溪占之。而華溪罕至省垣，聞其方上公車赴禮部試。華溪能文，吾知豹變文蔚，鴻羽爲儀，華溪將出而仕矣。《易》曰'時止則止，時行則行'，於其行也，爲《説易》以贈之。"

吳炳南，字華溪，廣東順德人。道光二十九年舉人。有《華溪詩鈔》。

十二月，爲樊封撰《南海百詠續編序》。

樊封《南海百詠續編》。

文曰："維桑與梓，聿垂恭敬之文；某水某邱，用識釣游之地。而況事關家國，義繫綱常，迹合幽明，典兼文獻者乎？此吾友樊子昆吾續方孚若《南海百詠》所以爲必傳之作也。昆吾鐵嶺世家，穗城老宿，詩探五際，學貫九流，以其暇日，乃著斯編。考地志之自爲註解，見於楊衒之《洛陽伽藍》；地志之自爲詩歌，見於迺賢之《河朔訪古》。是編參其體例，加以變通，句定七言，條分八類，詩必有註，註必求詳。思古賢而憑弔，如聞楚些之歌；撫勝蹟以低徊，詎等齊諧之志。神威享祀，叢祠猶樹靈旗；

血戰勳名，荒塚僅留片碣。法門梵教，自有傳燈；香閣幽芳，豈無瞻土？五百年之軼事，蒐討於蟫殘蠹蝕之餘；千萬衆之精魂，闡揚於即墨管城之下。而且叙兩藩之克捷，群欽昭代之武功；表一死之忠貞，不没前朝之毅魄。尤足以維持世教，激勵民彝。至於晞高臺於北郭，石碑鐫尚、耿之名；訪遺構於東皋，鐘鼎鑄屈、陳之字。以及六渠可考，四井堪稽。馬明誤作馬鳴，黄木譌爲黄埔，莫不捫苔剔蘚，録其文辭。窮流溯源，審其水脈，既釋疑而徵信，亦辨僞以存真。則此百詠也，洵足爲粤志之外篇，豈特爲方詩之後勁已哉！出以見示，屬爲弁言，披覽兼旬，率題儷語。道光己酉臘月，番禺張維屏。"

樊封，字昆吾，廣州駐防漢軍。貢生。學海堂學長。有《蟫紅集》、《南海百詠續編》。

爲潘正煒所藏《明黄道周法書册》題識。

方濬頤《夢園書畫録》卷一五。

題識云："忠端公生於明萬曆十三年乙酉二月初九日。生之日，公父青原公夢金甲金斧擁神人而至。公箸《三易洞璣》，以卦爻配年月日。相傳公能前知殉節之日，早已推定，先一月寄家書云：'蹈仁不死，履險若夷，有隕自天，舍命不渝。'止此四句，無他語也。季彤同硯爲公鄉後學，得公書，寶若球璧。出以共觀，屬爲跋尾。因謹綴數言於册末，以見公生有自來云。道光己酉臘月，番禺張維屏謹識。"

本年輯《詩人徵略二編》。

金菁茅《張南山先生年譜撮略》。

少日嘗讀魏禧文集，今又讀之，愈覺有味。

《藝談録》卷上"魏禧"條。

此條記云："余十八九歲讀魏叔子文集，今年七十讀之，

愈覺有味。”“冰叔深於史，舉數千年治亂興衰之故，窮
究而貫通之，而又驗之人情，參之物理，本胸中所積，發
之於文，故其勢一往而不可禦。其行文之妙，蓋得力於
《史記》、老蘇者居多。”

凌揚藻來訪，以所著《海雅堂集》屬爲删定。

《國朝詩人徵略》二編“凌揚藻”條。

凌揚藻，字譽釗，號藥洲，廣東番禺人。生員。有《海
雅堂詩集》。

阮元卒。

梁章鉅卒。

王拯卒。

梁信芳卒。

蔡錦泉卒。

道光三十年庚戌（一八五〇）　七十一歲

[**時事**] 正月十四日，道光帝崩。四子奕詝繼立。
六月，清廷以兩廣盜匪充斥，猖獗無狀，詔命分路緝
拿。　九月十三日，吏科給事中趙東昕疏請嚴禁冒籍
跨考等弊。　十月，拜上帝會楊秀清、蕭朝貴等在廣
西金田起事。十二月，太平天國正式建號，洪秀全稱
“天王”。　廣東巡撫葉名琛破佛岡、英德盜匪。　林
則徐奉命自福州至廣西，道卒於潮州普寧。　以大學
士穆章阿排除異己、僞言惑衆，耆英抑民奉夷、罔顧
國家，分別革職降補。　梁廷枏撰《夷氛聞記》四卷
成。　夏燮撰《中西紀事》初稿成。

正月六日，周懷棠邀同吳家懋遊花埭，隨至聽松園，
訪南山。

> 吳家懋《欣所遇齋詩存》卷七《正月六日，周秀甫親家
> 邀同遊花埭，過聽松園，兼柬主人》詩。

三月初六日，馮沅、壽祺、羅家政、金菁茅、許祥光、
梁廷枏、張應秋、譚瑩、仇乾厚、丁熙同過寓廬，閱
清水濠八百壯丁。有詩紀之。

> 《松心詩集·草堂集》卷二《三月初六日，馮西潭明府
> 沅、壽菊泉明府祺、羅蒲洲廣文家政、金醴香員外菁茅、
> 許賓衢觀察祥光、梁章冉廣文廷枏、張清湖廣文應秋、譚
> 玉生廣文瑩、仇健亭廣文乾厚、丁桂裳廣文熙同過敝廬，
> 閱清水濠壯丁，丁八百餘人，閱畢雨至，即事有述》詩。
> 按，詩題有"敝廬"語，則聽松園當已易主，南山移居
> 清水濠南面之新居，即聽松廬也。馮沅於道光二十九年方
> 任南海知縣，本年初乃檢閱壯丁。南山又有《聲》詩，
> 亦述壯丁巡防之必要。
> 馮沅，號西潭，浙江錢塘人。舉人。時任南海縣知縣。
> 壽祺，字菊泉，鑲紅旗漢軍人。道光二十七年任番禺縣
> 知縣。
> 仇乾厚，號健亭，廣東靈山人。貢生。道光二十九年署河
> 源縣學教諭。

五月十一日，釋純謙招同黃培芳、杜游、梁九圖、顏
薰、陳璞、李長榮集海幢寺就樹軒，有詩。

> 《松心詩集·草堂集》卷二《十一日，涉川上人招同香
> 石、洛川、福草、紫虛、古樵、子黼集海幢寺就樹
> 軒》詩。

是月，門人李長榮等輯《松心詩略》成，凡十卷。

> 《松心詩略》卷首。

序云："吾師南山先生以詩名海内，垂四十年。海内海外之人至廣州城者，每向書肆購先生詩集，而全集刪改未定，剞劂未完，書肆無以應，因商諸先生門人，請於全集中摘十之二三，別梓以行，名曰《松心詩略》。二十年前，高麗國人在都中覓先生詩集，近年如米利堅爲海外極遠之國，其國人亦聞先生之名，誦先生之詩，此與唐時雞林國人誦白香山詩，同爲藝林佳話，故因編《松心詩略》而附及之。道光庚戌仲夏之月，南海門人李長榮謹識。"

陳澧某姪病，延南山爲之診治而癒。南山自言學醫術五十年，頗得厥要，欲陳澧從學以傳其術。

《陳澧集・東塾集外文》卷五《與徐子遠書》。

書云："到家兩月，……南山先生診治舍姪之病，可謂生死骨肉。近與澧談醫學，自言學此五十年，今方涣然冰釋，怡然理順，欲以傳之其人。又譽澧不朽之業已多，未能兼通此學云云。澧勸其著書以待後學也。"

伍元葵以其《月波樓琴言》詩集先録數十首屬南山爲閱定，乃撰《聽松廬詩話》七則題其卷首，以代序言。

伍元葵《月波樓詩鈔》卷首。

《詩話》云："伍君秋園詩數百首，先録數十首屬爲閱定。五言如'亭低花作壁，地僻竹爲朋'、'樹古籠高閣，雲低入遠村'、'斷雲千嶂合，流水一溪平'、'一峰斜照澹，萬户晚烟多'、'徑繞長松曲，橋通小市斜'，俱近警鍊。《瀑》詩起句'風雨知何處'五字，寫瀑布得神。《聽鶯》五律，風格逼近唐人，已全首入選。秋園七言尤工，其《除夕》句云'舊債未償猶有畫，好春容買可無詩'，二語爲人傳誦。他如'人在鏡中天在水，風當襟上月當頭'、'感舊倍憐雲欲散，懷人愁對月將圓'，《詠秋草》

云'與爾飄蓬惟瘦蝶，觸人離緒是牽牛'，《詠冬菊》云
'把露孤芳禁歲晚，凌霜傲骨較秋多'，皆清警可誦。至
《詠嚴子陵》云'富春山下耕耘樂，已勝人間萬戶侯'，
說得極自然，卻未見前人道過。""稿中七言古不多，而
《乙巳四月二十日》一篇，寫學院署外火災，中有句云
'男女千人同刻死'，此七字驚心慘目，通篇亦遒鍊，不
忍卒讀。""七言絕句，最善言情。杭董浦太史句云'妾
是水萍郎墮絮，天生一樣可憐春'，秋園句云'我似浮萍
卿斷梗，共憐飄蕩各相思'，意尤悽愴。余最愛其《小
樓》絕句云：'小樓藏得最閒身，静閉柴門對古人。第一
詩名比麟閣，班超投筆竟何因。'於前人作意更翻進一
層。""悼亡絕句，意真語切，所謂讀之令人增伉儷之重
者也。高達夫五十始學詩，而卒爲唐之名家，今秋園方壯
歲，篤嗜吟詠，學之不已，何患不追古人耶?""杜詩云
'花柳更無私'，秋園句云'天地不私春'，可爲杜詩作註
腳。""梅花詩不易作，秋園《梅花村》句云'明月自千
古，白雲同一林'，氣格清超，可以詠梅花矣。""大風吹
人上半空，說部有載其事。秋園句云'風勢欲飛人'，寫
風勢奇警，所謂驚人語也。"末署"道光庚戌五月，珠海
老漁張維屏題"。

六月十三日，招同杜游諸人游荔枝灣，集葉園唱和。

　　杜游《洛川詩略》卷二《六月十三日張南山招同人游荔
　　灣，集葉園，李紫薌以詩索和，次其韻》詩。

六月十九、二十日連日與鄧大林邀同黃培芳、杜游、
劉庚、李長榮、釋純謙集聽松園杏林莊，祝荷花生日。

　　《松心詩集·草堂集》卷二《六月十九、二十連日與蔭泉
　　邀同香石、洛川、益之、子薌、涉川上人集聽松園杏林
　　莊，祝荷花生日》詩。鄧大林《杏莊題詠》三集卷一鄧

大林、李長榮同題詩。

是月，爲喻元鴻《樂志堂集》撰序。元鴻爲南山宰黄梅時舊識，其子來求序，撰此以應。

《松心文鈔》卷四《喻太冲樂志堂集序》。

序曰："三楚詩人眾矣，而以古文名於海内者，則落落可指數焉。國朝二百年來，黄岡杜于皇有《變雅堂集》，孝感熊文端有《經義齋集》，蘄州顧黄公有《白茅堂集》，黄岡劉克猷有《屺思臺集》，漢陽熊次侯有《熊學士集》，江陵李汝時有《荆樹居集》，廣濟金會公有《居業齋集》，此皆楚北爲古文而文集已刊行者也。黄梅喻石農先生，以詩名海内，而文集未見。今年五月，喻小仙茂才自黄梅來，奉其尊甫太冲明經文集、詩集問序於余。太冲爲石農先生長子，久困場屋，遂棄舉子業，肆力於古文，余讀君之文至《忍辱先生傳》，而不禁慨然也。今夫富貴顯榮，人情所欣慕也；貧賤屯蹇，人情所厭惡也。君家門鼎盛，科第聯翩，兩叔父暨兩從弟，或任監司，或膺民社，或居詞苑，或綰郡符。而君既不合時宜，且兩耳重聽，人多非笑之。君以爲辱，自號忍辱先生。然造物能困君之身，不能困君之心。君爲文洋洋灑灑，下筆千言，述先德，誦清芬，闡幽潛，揚懿美。尤好讀史，取古人之是非邪正而品隲之，又取古今政制之得失利弊而指陳之，雖泥古或失之拘，憤時或傷於激，叙事或過於繁，然胸有積書，筆有生氣，自成其爲喻太冲之文。則存此《樂志堂》一集，俾後之論楚北古文者，於杜、熊、顧、金諸家後屈指及之，不獨詩克承家學，且以見喻氏一門之中，出處隱顯，文章政事，各有可傳。又聞小仙昆弟及從昆弟皆蜚聲黌序，濟濟多才，守彝訓而嗣家聲，吾知君家穀詒累世，詩書禮義，遺澤孔長，而善慶正未有艾也。道光三十年六月，前知黃梅縣事番禺張維屏序。"

喻文鑿，字冶存，號石農。湖北黃梅人。貢生。有《紅蕉山館詩鈔》。元鴻，字太冲，文鑿長子。貢生。

秋日，遊賞自適。遇新涼日，則仍讀書溫故。

《松心詩集·草堂集》卷二《夜起對月》、《乞巧夕得句》、《七月十五夜，蔭泉招同香石、洛川、顏侶、楷堂、益之泛舟珠江，江中船舫以百計。口占絕句，書與鄰舟玩月者》、《新涼讀書》、《晚景》詩。

劉進，字顏侶，廣東香山人。

焦友麟、金其澍同遊金山、焦山。客姓山名，堪稱佳話，爲賦一絕句。焦後來遊聽松園，有詩見贈。及焦將北旋，乃賦詩贈行。

《松心詩集·草堂集》卷二《焦笠泉給諫友鱗、金月川工部其澍同遊金山、焦山。客姓山名，兩兩巧合，亦佳話也。爲賦絕句》、《焦笠泉給諫遊聽松園，有詩見贈。賦此奉答，即送北旋》詩。

後詩其一云："宦遊多勝概，重話滌塵襟。君督學山右，愛晉祠水；遊西山，愛戒壇松。嘗談此二勝。"其二云："若藥偏投契，君能醫而服余藥。如蘭屢贈言。"

重陽日，爲鄧大林杏林莊廳堂撰并書楹聯。

鄧大林《杏莊題詠》三集卷六。

聯云："助興何妨絲竹肉，賞心多在畫詩書。"款署："杏林莊主人屬書楹帖，因憶十年以來，凡春秋佳日，同人讌集杏林莊，絲竹肉其偶然，而畫詩書則其常然者也。援筆率成一聯，即書請正之。道光庚戌展重陽，南山張維屏撰并書。"

九月，《松心駢體文鈔》刻成，陳澧爲篆寫書名。

《聽松廬駢體文鈔》卷首。

十月初一日，許喬林爲撰《詩人徵略序》，並託陶應榮致意。南山得之甚感，復書致謝，並述己見。

《松心文鈔》卷七。

許序云："《國朝詩人徵略》六十卷、二編六十四卷，番禺張南山先生所著也。儀徵阮文達公稱爲必傳。其書甄采浩博，意在無所不有，俾讀者增廣聞見，陶冶性靈，知其人，論其世，特開古今來不可無一、不能有二之創例。而義尊彝訓，事覈南董，其於儒墨九流，又能兼綜條貫，上下數百年，縱橫十萬里，蔚爲鉅觀焉。古者蘭臺緗素，渙而無紀，自漢標《七略》，晉析四部，於是經史子集，以類區分，遂一分而不可復合。至阮文達公輯《皇清經解》，而凡子史集之有關經訓者得進於經；至張南山先生輯《詩人徵略》，而凡經史子有關詩教者皆登於集。此二書者，實今日寰宇中兩大文字，足以經緯萬端矣。詩在四部爲集部，今準經義以正其始，具史識以傳其事，擷子秀以會其通，然後彙集華以博其趣，并推而衍之，證諸世情物魅，地寶洋防，欲以握樞而制變，大哉阮氏《經解》之爲四部郭、張氏《詩徵》之爲四部郛，解人可索，必不河漢斯言。夫六合之外，聖人存而不論，茲仿栢翳經例，就窮荒之十誡七禁，因激發其良心，此其連類旁通，殆將以惻怛天懷，感孚於榛榛狉狉之凡有血氣者，其志慮深隱，而功德甚偉，豈徒四始六藝之空文哉。先生嘗謂宋儒之書，爲今日士風對病之藥，喬林則謂《詩人徵略》一書，正今日士大夫培補元氣之良劑也。先生盛名茂績，天下皆知，即其論詩粹語，可編巨帙，非更僕易數者。所著《經字異同》四十卷、《經疑擇善》四卷、《史鏡》六十卷、《後南北史》一百二十卷、《松心日錄》六卷、《松軒筆記》十卷、《桂林日記》三卷、《玉塵金屑》六卷、

《花甲閒談》十六卷、《松心文集》十二卷、《松心詩集》二十四卷、《聽松廬詩話》十卷，學者珍爲鴻寶，喬林願次第讀之。門人陶通守應榮紀綱赴粵，謹綴文以抒誠。先生自序云'人無盡也，事無盡也，詩無盡也，則由初編、二編遞增至於十編、百編，書亦無盡也'，喬林更願受其書而次第序之。《記》曰：至誠無息，不息則久，久則徵。吾與先生皆年開八表，相去八千里，無緣晤言，惟相勉以至誠無息之義。先生日著書，喬林日讀之，君子之言，信而有徵矣。而後此之徵，則悠遠如古大人之立言不朽者，又豈有盡哉。道光庚戌孟冬朔，海州許喬林石華甫謹譔。"

南山復書云："（前闕）撰述，變動不居，不欲守一家之言，拘一轍之跡。今先生一序，實能於數千里外，見區區之心，此屏所爲操筆伸紙，一吐胸中所欲言，以質諸知己也。嗟乎！形體，死物也；心神，活物也。形體無百年，心神可百世。所恨者，以少壯數十年有用之心神，而消磨於時文，困頓於仕路，紛雜於家人衣食，膠擾於世故周旋，而忽忽其衰且老也。桑榆日暮，撰述未完，而先生序文，猶肫然勉以'至誠無息，不息則久'，屏雖駑鈍，敢不勉自策勵，以期無負良友之盛心！柳村居官，有古循吏風，惟盜賊縱橫，兵差絡繹，爲縣令者，亦勞苦矣。手此奉復，未盡欲言，天氣漸寒，惟爲道保愛。不宣。維屏頓首。"

許喬林，字貞仲，號石華，江蘇海州人。與其胞弟許桂林被譽爲"東海二寶"。嘉慶十二年舉人，官山東平陰縣知縣。後任鬱洲書院山長。有《弇榆山房詩略》、《筆談》。

陶應榮，號柳村，江蘇海州人。拔貢。道光三十年署任陽春縣知縣。

聞林則徐卒於潮州旅次，賦詩感悼。

> 《松心詩集·草堂集》卷二《聞林少穆制府同年卒於潮州
> 旅次，有感而作》詩。
>
> 詩云：“詔起勞臣鬢已皤，半途星隕悵如何。忠忱奮發聲
> 名溢，邊釁輕開禍患多。夷氛兩年，死者數萬。駐節豈容談
> 魏絳，公在任必無議和之事。騎箕猶共望廉頗。重逢擬續東
> 園話，辛丑閏三月十三日，公坐小舟過余東園話別。何意翻爲
> 薤露歌。”

長至後一日，陳八桂招同黄培芳、單子廉、周瑞生、
陳璞同遊城北張趣林之倚雲山館探梅。

> 張耀杓《露波樓詩鈔》卷一《附倚雲山館舊作》録黄培
> 芳《庚戌長至後一日，承陳八桂詞長攜酒招游倚雲山館
> 探梅，同集者張南山司馬、單筱泉茂才、周夢石丈、吾門
> 陳古樵，主人張趣林司馬》詩。
>
> 陳八桂，其人未詳。
>
> 單子廉，字純夫，號小泉，廣東增城人。諸生。有《小
> 泉詩草》。
>
> 周瑞生，字夢石，廣東番禺人。擅繪事。有《三樵山房
> 詩鈔》。
>
> 張趣林，廣東番禺人。耀杓父。

杜游以所著《洛川詩略》呈爲删定，南山乃於長至後
三日，爲撰《洛川詩略序》。

> 杜游《洛川詩略》。
>
> 序曰：“吾友杜君洛川廣文，畫花卉名甚著，求畫者日踵
> 其門，而其詩之工，遂若爲畫所掩。近乃自取其詩數百
> 篇，屬余爲之删存。余披覽數日，就吾所見，爲加丹以別
> 之。洛川之詩，用意多，用事少，本色多，設色少，往往
> 充口而出，握管即書，然有真意，有真氣，有真性情。今

人言真，古人言誠，《易》曰'修辭立其誠'，洛川之詩，無一篇不誠，無一句不誠，可謂得修辭之本矣。且其詩豪放時近太白，沉鬱時近少陵，而清和流暢之作，又時出入於香山、放翁、誠齋之間。洛川年五十，由是而六十，而七十，積其學，充其力，升古人之堂，入古人之室，詩與年俱進，豈徒以畫傳哉！洛川勉之，無失少陵家法，無忝爲少陵詩孫焉可也。詩刻將竣，請余弁言，余喜洛川爲人真誠，故序其詩，不爲藻飾之詞，惟率真樸之意，以蘄無背乎《周易》"修辭立誠"之旨，請以質諸知洛川詩者。道光庚戌長至後三日，同邑張維屏書于聽松園之還讀我書齋。"

十二月初五日，鄧大林招同黃培芳、黃承谷、杜游、陳瑩達、陳璞諸人至杏林莊賞杏花，杏子乃何靈生在都中攜歸者。南山有詩。

> 鄧大林輯《杏林莊杏花詩》卷一録南山《杏林莊賞杏花》詩。
>
> 詩題下自注："同集者黃香石、黃二山、杜洛川、陳蘊堂、陳古樵、主人鄧蔭泉，道光庚戌臘月初五日。"詩其一云："嶺南見杏昔無聞，今日花開花事新。考據分明真是杏，大家斟酌賀花神。初見杏花，或疑非杏，余數見紅杏，未見白杏，主人取書考證，乃確知是杏花。"其二云："先賀花神後莊主，主人杏子兩緣深。何靈生孝廉在都中取杏子歸，分贈蔭翁。他年杏譜傳佳話，第一花開在鄧林。"
>
> 黃承谷，號二山，安徽合肥人。諸生。有《二山賸稿》。
>
> 何靈生，其人未詳。

十二月十六日，爲鄧大林撰《杏林莊杏花記》。

> 鄧大林輯《杏林莊杏花詩》卷首。
>
> 文曰："古杏林者，東漢仙人董奉所居也。今杏林者，吾

友長眉道人鄧蔭泉所居也，名曰杏林莊，落成于道光甲辰。然今杏林以藥得名，非以杏得名也，何也？嶺南未聞有杏也，未聞有杏而忽有杏，異事也。杏奚自來？來自京師。乙巳何靈生孝廉自京返粵，攜杏二本，以一本贈道人，道人手植于杏莊，五年始花。夫杏花不始于他所，而始于杏林，不花於未有杏莊之先，而適花於既有杏莊之後，不獨異事，亦盛事也。道人於是圖之詠之，治酒招同人賞之。同人工詩畫者，亦相與圖之詠之。遠近聞者，咸來觀之，道人屬余記之。"

爲鄺廷瑶《海雪集箋》撰序。

鄺廷瑶《海雪集箋》卷首。

序云："自有書契以來，有祖作而孫述者乎？曰：有，《中庸》是也。自有詩歌以來，有祖作而孫述者乎？曰：有，《五子之歌》是也。《中庸》之旨本於孔子，而子思發明之，故次章即述仲尼之言。典則之貽，本於大禹，而五子諷誦之，故首章先言'皇祖有訓'。二者聖作賢述，尊之爲經，尚矣哉，非後人所能擬議也。三代而後，撰著日繁，祖孫作述，非一端所能盡。如權德輿文公集，則其孫權憲所編；陸龜蒙《笠澤叢書》，則裔孫陸德原所刻；范文正公集，則裔孫范所搜輯；蔡忠惠公集，則裔孫蔡廷魁所重鐫；朱子文集類編，則十六代孫朱玉每卷爲之引述；羅公升《滄州集》，則七世孫羅倫每集爲之標題。然皆非箋注也。祖作而孫注，如幸元龍《松垣集》，裔孫幸鳴鶴於詩文皆有注釋，然元龍所作既欠精深，鳴鶴所註亦太疏略，是雖註而不足言註也。若夫祖之集既卓然不群，孫之註復斐然大備，則千百年來罕聞其人、罕見其書，乃今於南海鄺君雯階而一見之。雯階爲湛若先生族中之來孫，潛心嚮學，好古多聞，平日誦習海雪詩，於是殫心竭

力,一一爲之箋註。題有根據,必爲考其由來;詩有運
用,必爲徵所自出。其註詳而不支,核而不蔓,註皆列於
每篇之後,不隔斷原文,便於觀覽,且前人紀載,以及篇
什,凡有關於海雪者,皆彙爲一卷,附於集後,俾誦詩者
可以論世知人。至於詩題所稱,阮先生註,引朱竹垞
《靜志居詩話》,明其爲阮自華,非阮大鋮,則尤關繫乎
生平氣節。如雯階者,目之曰海雪詩孫,庶無愧矣。雕版
既竣,請余弁言,因思祖作孫述,始於聖賢,斯集雖不敢
上擬古經,然較之唐宋諸集,後人但編輯校刊者,則此箋
註之精勤,其心力殆不啻十倍之矣。余故樂爲序之。至海
雪之爲人與所爲詩,前人論之已詳,不復贅。道光庚戌臘
月□□,番禺張維屏序。"

按,此文《松心文鈔》失載。

爲阮榕齡《竹潭詩鈔》題辭。

阮榕齡《竹潭詩鈔》。

題辭云:"雕肝鏤肺,鑄金截鐵。志高鵬搏,身困蠖屈。
思親念友,懷抱鬱結。登山臨水,意興勃發。其骨以冷,
其心尚熱。其詩可存,其名不滅。道光庚戌除夕前三日,
南山張維屏。"

阮榕齡,號竹潭,廣東新會人。布衣。有《竹潭詩鈔》。

南山晚歲,適意隨心,讀書撰作之餘,放情游宴。杜
游述其情狀云:"隨時適意花兼酒,觸處興懷古與
今。"頗得其要也。

杜游《洛川詩略》卷二《讀南山草堂集新詩書後》詩。

丁熙卒。

羅文俊卒。

朱琦卒。

錢儀吉卒。

彭蘊章卒。

張鑑卒。

區昌豪卒。

董國華卒。

清文宗咸豐元年辛亥（一八五一）　七十二歲

[**時事**]五月初十日，以翰林院侍讀學士萬青藜爲廣東鄉試正考官，編修呂佲爲副考官。　閏八月，洪秀全入廣西永安州，封王建制。　十二月，吏部侍郎曾國藩奏，民心渙散，實爲大患，目前急務有三：一銀價太昂，錢糧難納。二盜賊太衆，良民難安。三冤獄太多，民氣難伸。

正月，有《龍母廟》、《水仙》、《桃花》諸詩。
《松心詩集·草堂集》卷三。
南山自解組歸，遠近請閱詩文者不知凡幾。烏程紐福疇與南山素未謀面，忽於三千里外郵書，道仰企之情，并求爲其《亦有秋齋詩集》撰序。
《聽松盧駢體文鈔》卷四《紐西農司馬亦有秋齋詩集序》、附《紐福疇來書》。
序云："文章其有神乎？神也者，非形體所能拘，非山川所能間，非位望所能致，非語言文字所能傳，蓋有相孚以氣、相喻以心者焉。今春，鈕君西農司馬三千里外郵詩屬序，余用是益信文章之有神，非區區神交之說所能盡也。君文壇碩彥，藝苑通儒。誕同佛日，生抱仙心。沈詩任筆，有美必兼；杜庫曹倉，無書不究。宜乎應魁三之象，

坐第七之車。高文修五鳳之樓，通議集白虎之觀。而乃出
司民社，屈治繭絲，咸謂大材，惜茲小就。君則素位而
行，親民是務，身如雲之出岫，心仍水之在山。從田間
來，敢忘故業；爲稽事計，乃亦有秋。因以‘亦有秋’
名其齋。余讀《亦有秋齋詩》，奇章秀句，絡繹於行間；
妙緒遥情，纏緜於簡外。雲山登眺，追逸韻於髯蘇；君登
道場山、法華山賦詩，皆用蘇韻。雪嶺遄征，展新圖於大米。
經梅子真讀書之處，訪張邈邈飛昇之區。尋周郎之故城，
謁包公之遺像。古思煙鬱，今情霞標。蓋將薈圖史之精
靈，豈特挹江山之勝概。至《育蠶詞四十首》，詳於絲
枲，有桂陽茨充勸民蠶桑、五原崔寔教民紡績之遺意焉。
修龍山書院數百言，勤於教育，有西蜀文翁修起學官、新
城劉梁大作講舍之流風焉。以文苑之宏才，奏循吏之偉
績，以神君之三異，備大夫之九能，固宜爲同輩所交推，
有目所共賞。而僕獨有異焉者，以君蜚聲日下，筮仕江
南，棣華則鼎冠蓬山，群季亦鑣聯雲路，而且望隆三俊，
名達九重，令弟松泉修撰，擢司業，召對，上垂詢君名及令弟中
翰名。京華縞紵，恒多班馬之英流；江左敦盤，詎乏燕許
之大筆。君乃遠懷漁隱，下問鮰生。先投黃絹之色絲，宛
睹紫芝之眉宇。未命趾離而通夢，遽呼子建以定文。非文
章之有神，胡鍼芥之特契？即苔岑之味洽，悟香火之緣
深。蓋孚以氣者，相得在形骸之外；喻以心者，相證在隱
微之間。關河千里，雖嗟勞燕之東西；文字千秋，定逐雲
龍而上下。此日擬士安之序，用答來禽青李之書；何時上
君子之堂，快作剪韭黃粱之會？敬爲喤引，藉報知音。”
紐福疇，字西農，浙江烏程人。貢生。官安徽舒城縣知
縣。有《亦有秋齋詩集》。

春，方濬頤南遊廣州，以《南遊草》詩稿呈請評閱。

南山於學海堂置酒款接，並爲評定詩稿。

> 方濬頤《二知軒詩鈔》卷五自識、卷十《馮鐵華太守之
> 湘，道經韶州，小飲衙齋，談詩竟夕，以七律一章見贈，
> 兩和原韻奉答兼題山堂話別圖有懷張南山先生》詩自注。
> 方氏自識云："己酉秋，奉諱出都，至庚戌三月出遊，自
> 皖江達金陵，而吳中，而章江。辛亥孟春，始度庾嶺。共
> 得《南遊草》三卷，計五百餘首，經番禺張南山年丈點
> 定，并賜佳什，系以跋語。"自注云："辛亥予在廣州，
> 南山先生招飲于學海堂，並爲評定詩草。"
> 方濬頤，字子箴，號夢園，安徽定遠人。道光二十四年進
> 士。官鹽運使兼署廣東布政使、四川按察史等職。有
> 《二知軒詩文集》、《忍齋詩文集》等。

吳敬綸寓廣州，本年赴遼陽知州任。赴任前出詩集請
爲評閱，遂爲撰序。逮吳北上後自奉天寄贈人參，南
山則賦詩以報。

> 《松心文鈔》卷四《吳菊裳刺史詩集序》、《松心詩集・草
> 堂集》卷一《吳菊裳刺史敬綸自奉天惠寄人參，賦此奉
> 報》詩。
> 序云："《漢書・循吏傳》八人，《後漢書・循吏傳》十二
> 人，《唐書・循吏傳》十四人，并附傳，合共四五十人，
> 未聞有一人以詩名者。循吏而兼詩人，蓋自古綦難哉！元
> 次山不入《循吏傳》，而其所爲《春陵》、《賊退》二詩，
> 杜工部形諸歌詠，謂'兩章對秋月，一字偕華星'，其推
> 許也甚至，且因此二詩，謂得結輩十數公爲邦伯，能使萬
> 物吐氣。然則循吏而兼詩人如元次山者，自漢唐以來，不
> 數數覯也。余生平交遊中，足當循吏之稱者，推南昌令石
> 君瑤辰，南昌人建祠祀之，然石君能爲循吏，而不長於
> 詩。乃今交於吳君菊裳，然後知吾鄉固有循吏而兼詩人，

則不禁欣然以喜也。菊裳少以優行舉，廷試後，考取教習，期滿，出爲廣西知縣，升知州。其在橫州也，賊首方苟青聚黨數百人，肆行劫掠，前任惜費不捕。菊裳抵任，陽示期某日，而先期募丁壯，會營弁猝圍其村，苟青竄，以計擒之，置於法。其在象州也，青鞋布襪，與鄉民談家常，至抗糧者，必重懲不貸，民旣愛其寬，復畏其嚴，於是抗糧者皆完糧。其在陽朔也，星使過境，索小猴，定以八數。菊裳謂：‘百姓越險入山乃得猴，豈可定以數？’因購得兩猴，公服立河干以待，星使亟止之，取其一焉。又觀察護越南貢使過境，船户需索，倚勢橫甚，菊裳立命杖之。觀察怒。菊裳曰：‘縣令不能治船户，安能治百姓！’觀察無如何，挂帆去。他如捐廉恤災民，修館造多士，此常事，不悉舉。菊裳不逢迎上官，有類於漢之任延；公服立河干，有類於唐之何易于。至其爲詩，始學昌黎、昌谷，繼多取法杜、蘇。足跡萬里，嘗出居庸覽長城，詩益壯。今年寓羊城，出其詩，屬余勘定，並請爲序。余思爲詩人易，爲循吏難，循吏而兼詩人則尤難。菊裳有古循吏之風，而詩之佳篇警句，不難追步次山。次山不以循吏傳而以詩傳，瑤辰爲循吏未必傳，而詩又無可傳，若菊裳則詩旣可傳而年方服官政。余謂菊裳當再出爲良牧，造福蒼生，毋徒自安於詩人，而但求工於篇章字句間也。余旣樂循吏之詩，且申勸駕之意焉。”

按，民國《遼陽縣志》三編，吳敬綸咸豐元年到遼陽知州任。南山序中有“今年寓羊城”、“謂菊裳當再出爲良牧”語，則序當是本年未赴遼陽時所作，詩則作於本年吳赴任之後。序中“爲循吏難，循吏而兼詩人則尤難”語以譽吳氏，實亦有夫子自道意。

吳敬綸，字菊裳，廣東嘉應人。貢生。官遼陽知州。

二月十六日，爲陳徽言《南越遊記》撰序。

　　陳徽言《南越遊記》。

　　序云："滇南陳君炯齋，禀尊甫吏部公庭訓，循陔有暇，惟務讀書，少壯之年，身行萬里，羈旅困頓中，能好古力學如炯齋者，吾目中不多觀也。近出其所著《南越遊記》見示，蓋遊粤數年，寓居廣州，就所聞見叙述之，此地理類中雜記之書也。地理雜記專記粤東者，唐以前不可得見，流傳至今者，則以段公路《北户録》爲最古，其次則劉恂《嶺表録異》，然二書所載，物産爲多。至國朝吳綺《嶺南風物紀》、王鉞《粤遊日記》、吳震方《嶺南雜記》、錢以塏《嶺海見聞》，則并記雜事。炯齋此編，記土風、古跡、物産，而紀事爲多，叙述饒有古文筆意，他日當與吳、王諸君所著並傳，而凡遊粤者篋置一編，亦可爲見聞考證之資也。展讀之餘，爲書數語於卷端。咸豐元年二月既望，珠海老漁張維屏。"

　　陳徽言，字炯齋，雲南劍川人。諸生。官通判。有《南越遊記》。

伍元葵招飲月波樓，其弟葆恒出觀所刻《蘭亭帖》。席上有詩。

　　《松心詩集·草堂集》卷三《春日伍秋園員外元葵招飲月波樓，席上得句》詩及自注。

　　伍葆恒，廣東南海人。官南康府知府。

三月，對雨獨酌，有詩。

　　《松心詩集·草堂集》卷三《暮春對雨獨酌得句》詩。

徐榮六十初度，賦詩爲壽。

　　《松心詩集·草堂集》卷三《壽徐鐵孫太守六十》詩二首。

　　詩其一云："從來介壽易膚辭，卅載心交肯泛施。三字人

傳詩縣令，阮雲臺相國嘗目君爲“詩縣令”。五言帝訓玉同
知。君補玉環同知，入都召對，上訓以教民勤、儉、孝、慈、讓，
君衍爲五詩，俾民傳誦。宦場佳話如君少，循吏清聲到處馳。
千幅梅花一枝筆，冰霜風雪鐵能支。君號鐵孫，喜畫梅花。”
按，徐榮《懷古田舍詩節鈔》卷一《目下看梅花作》詩，
題下自注：“嘉慶甲子，年十三受業於馮薌林師。”則生
於乾隆五十七年，本年六十歲。

粤秀書院監院羅家政出示紀恩詩，次韻奉和。

《松心詩集·草堂集》卷三《羅蒲洲廣文家政見示紀恩詩，
次韻奉和》詩。

有《惡蚊》詩，諷造物弄人。

《松心詩集·草堂集》卷三。

詩序云：“天下之物之可惡未有甚於蚊者，作《惡蚊》
詩。”詩云：“謂造物不愛人，何以生百穀百物，供人之
口而養人之身。謂造物愛人，何以生百千萬億之蚊，飛而
嚙人之肉，吮人之血，使人中夜不得安其神。吾想造物亦
不能自主，聽眾生自生自滅，如世間之細草與浮塵。”蓋
有深意存焉。

又有《半歌》、《偶歌》、《勿歌》、《必歌》、《荷》、
《蟬》諸詩，寄閒中所悟所感。

《松心詩集·草堂集》卷三。

數月之間，鮑俊、陳瑩達、陳曇、溫訓、李光彥諸人
均已逝去。己雖年長而獨存，感而作《老》詩。

《松心詩集·草堂集》卷三。

按，南山爲鮑俊作《榕塘吟館詩鈔序》，有“令子小羅去
冬奉君遺詩請余爲序”語。序署“咸豐壬子七月”，則鮑
卒於本年可知。

李光彥，字子迪，初名燦。廣東嘉應人。道光二十一年進

士，授翰林院檢討。丁憂歸里，主韓山、越華諸書院。有
《易鑰職思齋文集》。

賦詩題譚溥"夢遊衡嶽圖"。

《松心詩集·草堂集》卷三《譚荔仙溥夢遊衡嶽圖》詩。

詩云："憶昔浮湘去，嘉慶戊寅，余由楚入都。衡山恨未躋。"

譚溥，字仲牧，號荔仙，湖南湘潭人。諸生。有《四照堂集》。

張樹蓄以其曾祖鳳孫手疏稿屬題，爲賦一律以酬。

《松心詩集·草堂集》卷三《家蔭庭少尹樹蓄以其曾大父觀察公鳳孫手疏稿屬題，爲賦一律》詩。

詩云："是書是淚語酸辛，瀝血陳情爲救親。心達九重真孝子，公有孝子之稱。身行萬里古詩人。公由滇步行至京。豈惟翰墨爲家寶，即論才華亦國珍。片紙百年無損缺，定知呵護有明神。"

張鳳孫，字少儀，江蘇華亭人。有"三子"之稱，謂孝子、才子、君子也。乾隆元年舉博學鴻詞。嘗任雲南糧道。有《寶田詩鈔》。樹蓄，字蔭庭，時任廣東南海縣典史。

八月，爲梁信芳《桐花館詩鈔》撰序。

《松心文鈔》卷四《梁藹甫孝廉桐花館詩集序》。梁信芳《桐花館詩鈔》。

序云："吾老友梁藹甫先生，以嘉慶戊辰舉於鄉，五上公車不遇，遂不復赴禮闈，以讀書課子爲樂。道光戊戌、辛丑，次君儷裳、長君筆珊先後入詞垣，諸子科名，聯翩繼起。先生晚歲優遊，時與二三朋舊，登山臨水，銜杯賦詩，以相娛樂。先生所處之境，人望之以爲神仙中人，而先生顧常有憂色，其撫時感事之意，往往流露於篇什之間，若是者何哉？且夫詩之根本，莫要於性情；而性情所

見，端莫切於憂樂。嘗觀《風》詩所詠，有專言憂者矣，'心之憂矣，我歌且謠'是也；有專言樂者矣，'且以喜樂，且以永日'是也；有兼言憂樂者矣，'職思其憂，好樂無荒'是也。然則憂與樂固並行不悖，亦兩不相妨，樂其所當樂，憂其所當憂，瞿瞿休休，風人所以美良士也。己酉，先生歸道山。今春，筆珊昆仲編次遺詩，分三集刻之，而以此集問序於余。余嘗合三集觀之，其詩之佳，姑置弗論，而獨於先生之憂樂，見先生之性情。蓋粵東數十載以來，生齒日繁，生計日狹，可憂非一端，至於今，然後歎先生所慮者遠，所思者深，有合於風人思其居、思其外、思其憂之旨。如先生者，洵可謂'好樂無荒'者也，豈徒吟風弄月、範水模山者所可及哉！筆珊、儷裳年華鼎盛，幸際昌期，將見本諸庭誥，達於官箴，出其文章，發爲事業，於范文正公'先憂後樂'之語，他日必有足相證明者，吾即於先生之詩卜之。咸豐元年八月，珠海漁弟張維屏序於花竹煙波村舍。"

閏中秋，與陳澧、金菁茅、杜游、劉庚、李長榮諸人珠江看月，席間並談近日兵事，頗致憂虞。

《松心詩集·草堂集》卷三《閏中秋同金醴香、杜洛川、陳蘭甫、劉益之、李子黼珠江賞月，即事書懷》詩。《陳東塾先生遺詩》之《閏中秋同張南山先生、金醴香、杜洛川珠江看月》。李長榮、譚壽衢《庚申修禊集·杏林莊修禊序》、李長榮《庚申閏上巳杏林莊修禊序》自注。

南山詩云："百年難得閏秋中，珠海光騰月出東。老態頑軀容我健，好花醇酒與人同。市廛災耗三更火，昨城西失火，耗財百萬。軍旅辛勞萬帳風。兩粵軍事。樂固不疲憂不細，半酣搔首仰蒼穹。"

按，《草堂集》卷三附錄金菁茅、杜游、陳澧、劉庚、李長榮諸人《同作》詩。惟南山詩有憂時語，具見此老情懷。

又作《偶成》、《閏中秋》、《對菊有作》諸詩，自道生活近狀與情懷。

《松心詩集·草堂集》卷三《偶成》詩。

詩云：“月又排人閏。”蓋本年閏中秋，兩度月圓也。

爲潘仕成所輯《鬼趣圖題詠》題辭。

潘仕成輯《鬼趣圖題詠》。

題辭曰：“君從何處看，得此非人態。如夢太模糊，比仙小自在。”

按，題辭《松心詩集》未收入。又未署年月。今據書中許乃釗題辭云此圖“凡數易主，歸於海山仙館主人，輒徵重題”，末署“咸豐元年閏秋重觀並題”。則南山題辭，約亦在此時。

九月十六日，李國龍同黃培芳、杜游、劉庚、潘恕、李長榮諸人集潘園爲南山及鄧大林慶壽。

李國龍《百蝶圖附六友堂詩鈔》卷三《咸豐元年辛亥九月十六日同黃香石、杜洛川、劉益之、潘鳴軒茂才、姪子鷫諸詞人集河南潘園水榭壽張南山、鄧蔭泉兩先生》詩。

符葆森寄贈所編《續別裁詩集》。賦詩答之，并題其集。

《松心詩集·草堂集》卷三《答符南樵明經葆森，即題其〈續別裁詩集〉》詩。

詩云：“千詩萬詩同一集，千心萬心各一血。千卷萬卷眼中列，千篇萬篇手中擷。采風輶軒久不設，此老勞勞獨不輟。生平愛詩癖入骨，裹糧收詩日跋涉。忘寒忘暑忘飢渴，囊空無錢力剖劂。借問此老何人哉，東坡詩中符秀才。羅胸星宿煥珠玉，下筆風雨驅雲雷。國初王漁陽陳其年主選事，感舊在前篋衍繼。王有《感舊集》，陳有《篋衍集》。別裁選至乾隆初，沈歸愚選《國朝詩別裁》。一百年來問誰嗣。蘭泉未暇廣搜羅，湖海詩傳江淅多。王蘭泉選《湖海詩傳》。老符此舉不可少，闡幽遠不遺巖阿。此選初名寄心集，意本從謙語從質。眾論應名續別裁，就詩言詩道其實。雲篇贈我遲報章，嶺樹蒼茫江水長。夢中定有詩人拜，不讓當年秀野堂。秀野堂，顧俠君所居。俠君《元詩選》成，夢衣冠百人來拜。"

徐維城三遊粵東，將北上，來與話別，南山爲賦詩贈行。

《松心詩集·草堂集》卷三《徐韻生孝廉維城三遊粵東，昨來話別，即送北上》詩。

按，徐維城《天韻堂詩存》卷六《廣州哭南山先生》詩自注云："壬子三遊嶺東，是日歸，蒙貽詩，有'期君四度嶺南來'句。"

爲黃培芳孫女、曾望顏兒媳黃貞女作《香橙歌》。

《松心詩集·草堂集》卷三《香橙歌，爲香山黃貞女作》詩。

詩有云："或謂此橙當吉祥，豈知曾郎忽病殤。黃姑聞之摧肝腸，矢死靡他貞且剛。"

曾望顏，字瞻孔，號卓如，廣東香山人。道光二年進士。官至四川總督。

時賣豬仔出洋之風盛行，因賦《金山篇》詩，慨言閩粵人遠渡重洋，負異國採金之苦，而利歸洋人。建言應中華本土開採金礦，改官辦爲民辦，庶可收富國利民之效。

《松心詩集·草堂集》卷三。

詩云："西北洋外波連天，或云東洋東亦可往也，知爲北者，其地嚴冬也。自古從未通人煙。道光二十有七載，得其地者米利堅。加里波那是其地，地名加里波那。不喇西亞名其山。山名不喇西亞。厥地生人始裸體，自以樹葉遮其前。邇來得布大歡喜，以金易布群爭先。其山不知幾千里，其金不知幾萬千。彼氓蚩蚩貨棄地，有客采采金滿船。寶誠可貴地不愛，利果可圖人共傳。閩人粵人以萬計，歸述客況殊堪憐。程遙往返運經歲，人眾逼狹相摩肩。搭船人多，坐臥不便。黃金雖多食物少，雞子一枚銀一錢。金夫貪金不憚遠，旅費每人將百圓。米利堅人即獲利，乃宅爾宅田爾田。我思金銀產於土，地氣豈必分中邊。中華土德秀靈聚，發育豈遜東西偏。漢時黃金多且賤，《孔氏雜說》：“漢金價賤。”若非土出來何緣。梁州麗江古有載，《博物要覽》：‘金產梁州。’又：‘金產麗江。’已生酉壯理或然。爲羊爲鼠精所變，《格致鏡原》：‘金精爲羊。’又：‘白鼠所出有金。’葉子柿子名相沿。《格古論》：‘雲南有葉子金。’《席上腐談》：‘春陵有柿子金。’委員開礦非善策，供應騷擾難免焉。生財有道生者眾，此事要俾民操權。聽民自爲上勿預，什中取一當無愆。五金出土皆有用，金、銀、銅、鐵、錫爲五金。有而不取空棄捐。但令有利又不擾，聞風踴躍民稱賢。因民利民自不費，富民富國原相連。芻蕘之言倘可用，請君視我金山篇。”

作《偶成四首》詩，自述暮年心境，雖處林泉，幽閒自適，而仍以鄉土國事爲憂。

《松心詩集·草堂集》卷三。

詩分詠“逸”、“勞”、“憂”、“樂”，凡四首。詠“憂”詩云：“借問憂何事，非憂寒與飢。人繁生計窄，憂盜。水壅下流遲。憂水。講武先求將，綏邦在馭夷。生財關國計，當局請籌之。”

子祥晉時爲江南道監察御史，上封事請濟江南災民。
南山賦詩勉之。

《松心詩集·草堂集》卷三《晉兒上封事，賦此寄之》
詩。陳澧《東塾集》卷五《張賓嵎墓碑銘》。

詩云："帝命作言官，儒冠換豸冠。封章屢奏易，
稱職報恩難。聖主勤宵旰，諸臣有膽肝。餉糜師易老，粵西。何
日息兵端。"

爲丁熙撰《丁舍人墓表》。

《松心文鈔》卷九《丁舍人墓表》。

文曰："丁舍人諱熙，字守載，一字桂裳，番禺人。與仲
弟照、叔弟熊皆有聲庠序，而舍人尤以工文辭、善書記著
聞。未冠，受知於學使翁邃盦先生，補郡學弟子員，陳蓮
史方伯、範川太史先後主越華講席，皆欣賞其文。道光乙
未舉於鄉，禮部試薦不售。曾卓如方伯，君業師也，時爲
京兆尹，延君署中數年。甲辰，大挑二等。旋粵，制府祁
恭恪公聘掌書記，章牘多出君手，其爲鉅公所禮重如此。
選授新興訓導，委監羊城書院。己酉，以團練防夷叙勞，
奉旨加內閣中書銜。庚戌十月病卒，年四十三。論者惜君
之才弗獲竟其用，吾謂君之可重，不盡在是也。君先世爲
浙之諸暨人，封翁始遷粵，常以先塋爲念，君體親心，數
返諸暨謁先塋，且買田墓側，俾守墓者歲祀無缺。至於友
愛諸弟，視照、熊如左右手，照、熊於君，亦敬愛兼至。
《書》曰'惟孝友于兄弟'，《詩》曰'兄弟既翕，和樂
且耽'，聖人誦《詩》，歎曰'父母其順'，則知孝於親
者，必友于兄弟，而後爲能盡孝之道也。照，官揭陽縣訓
導；熊，中己酉科舉人。照屬楊孝廉榮爲傳，陳孝廉澧爲
誌銘，復請余表君之墓。凡墓表，當表其大者，余故特表
君之孝友，謂可以風世，其他事已見於傳誌，不復縷述

云。同邑張維屏謹表。"

按，丁熙卒於道光三十年，翌年將卜葬，陳澧爲作《內閣中書新興縣學訓導丁君墓誌銘》，云："既卒之明年，將葬，其弟照來言……請爲銘。"則南山此作當亦撰於同時。

陳其錕以詩集八卷屬爲商訂。乃讀之數句，賦詩即書卷端以酬之，嗣又續爲題辭。

《松心詩集·草堂集》卷三《陳棠溪儀部其錕以詩集八卷屬爲商訂。讀之數句，奉題二律，即書卷端》詩。陳其錕《陳禮部詩集》卷首。

詩其一原注云："君前集名《含香》，後集名《循陔》。"

其二原注云："惠題聽松園詩，余暇輒喜誦之。"

題辭曰："張南山曰：禮部詩於古無所不學，而得力於杜、韓、蘇三家爲多。其體之正，規圓矩方。其氣之盛，陣馬風檣。其質之清，冰堅雪白。其意之真，菽粟布帛。其詠古蹟、詠古人諸作，尤爲傑出。已題二律卷端，欣賞不已，復識數語於此。"

按，陳其錕《陳禮部詩集》止於咸豐二年春，且於是年暮春開雕。南山詩題有"屬爲商訂，讀之數句"語，則題辭應在定稿前之咸豐元年。姑繫於此。

陳澧北上會試。南山賦詩贈行，對陳氏治學宗旨、學術成就，乃至文辭之擅，褒譽甚至，亦如其分，詩末且以巍科期之。

《松心詩集·草堂集》卷三《古詩贈陳蘭甫學博，即送北上》詩。陳澧《自記》。

詩云："皇天生才難，賢才尤不易。華實罕得兼，德藝鮮能備。我友太丘孫，天與大智慧。髫齡即嗜學，長老已驚異。寸衷赴千古，心力靡不至。於經通十三，於史綜廿四。經義精訓詁，史法明體制。讀書審詳略，稽古分鉅細。深衣考制度，明堂辯方位。三角研天文，九州究地志。班酈皆北人，南水未親詣。君特爲證明，一一繪圖記。君著有《漢地理志水道圖說》，又著《水經注箋》。解字宗說文，著《說文聲類譜》。餘事工篆隸。行草法元章，運腕兼指臂。小學尤專門，嘉惠到童稚。君以近儒小學書皆奧博，著《初學篇》，於六書訓詁、音韻皆淺言之，使初學易曉。音韻洞源流，焕若指掌示。著《切韻表》、《切韻說》。至於爲文章，克自樹一幟。唐宋號八家，昌黎實稱最。君爲古文辭，蒼健得韓意。豈惟工散體，乃又擅駢儷。其骨則松筠，其馨則蘭蕙。其聲則鸞鳳，其力則騏驥。詩歌不多作，有作則妙製。律奚界唐宋，古或追漢魏。碧海掣鯨魚，蘭苕珍翡翠。興到偶填詞，雋語足心醉。由胸有積書，故筆有餘味。漢學與宋學，偏執遂歧視。君能會其通，百慮實一致。腹實而心虛，小心乃大器。遐思古文人，不少行乖戾。君才既淹通，而行又醇摯。小節或不拘，大德必無愧。孝友至性敦，當爲力忘瘁。亦有考據家，不善作制藝。君又工時文，名齊盧同伯楊榮桂文燿。陳厚甫太史主講粵秀時，有'盧桂楊陳'之目。康熙乾隆間，宿學屢遭際。往者何焯任啟運戴震，一薦膺顯貴。後來加慎重，事每循定例。仕出非一途，士進由一第。必能登朝廷，乃獲展經濟。方今聖天子，前席求俊乂。其羽可爲儀，拔茅征以彙。君今上燕臺，時來奮鵬翅。梁棟巨室材，圭璋大邦瑞。嗟余卅年長，遇君三舍避。雖然己無能，篤好人有技。臨別當贈言，走筆五百字。賢人應德星，君家有故事。行矣向京華，斗南耀光氣。"

本年總纂《龍門縣志》成，並爲撰序言。

咸豐《龍門縣志》卷首。《松心文鈔》卷四。

文曰："地志爲史家之一端，而縣志即一邑之史也。自康氏《武功志》、韓氏《朝邑志》皆以簡勝，於是修縣志者，每存一以少爲貴之見。余意不然，蓋論文以翻空而見奇，論事以徵實爲取信，志一縣之事，與其漏略，曷若詳明，固不可有意誇多，亦不宜有心貴少也。龍門李鐵甫茂才，績學之士也，一日見訪，出新修《龍門志》，屬爲閱定，并屬弁言。龍門舊志，蕪略不足觀，於是鐵甫與同志諸君起而修之，分輿地、建置、經政、職官、選舉、古蹟、宦蹟、列傳、藝文、事略，凡十門，其中子目又分三十九。有客見而議之曰：'人物增入耆壽，列女增入命婦，款項雖細必登，地名雖小必載，毋乃近於繁瑣乎？'余曰不然。古今之事理，不能執一；著述之體例，不必從同。請歷舉地志以明之：《夏书·禹贡》、《周官·职方》，其體異矣。《元和郡縣志》但分十道，《太平寰宇記》始列人物，《元豐九域志》始登土貢，《方輿勝覽》備載詩文，《新安志》最詳物產，《會稽志》兼及遺書。且《江南通志》有'武備'一門，《山西通志》有'經籍'一門，《廣東通志》有'外番'一門，《雲南通志》有"闡壩堰塘"一門。即以武功、朝邑二志言之，《武功志》有地理而無風俗，《朝邑志》有名宦而無選舉。然則多少同異，各有所宜，後之論者，豈得執一律以繩之耶？況乎增耆壽，敬老也；書命婦，顯親也；列款項，重經費也；詳地名，辨道途也。鐵甫諸君之意，在於寧詳毋略，故於志中諸門，皆詳審精密。至於主修有邑侯而前後不一任，分修有紳士而襄助不一人，志皆一一列之，其詳也，蓋其慎也。凡此詳且慎者，皆敬恭桑梓之義也，何可議也。客曰：'子言是也。天下事不可執一，而地志其一端也。'客去，遂書之以爲《龍門志序》。咸豐辛亥仲春，賜進士出身、誥授奉政大夫、覃恩誥封朝議大夫、晉封中憲大夫、刑部江蘇司員外郎、前壬午乙酉科湖北同考官、襄陽府同知、壬辰科江西同考官、乙未科江西内監試官、候補同知署吉安府通判、袁州府同知、南康府知府加三級番禺張維屏。"

按,《龍門縣志》題毓雯、張經贊修,張維屏總纂。李柱蘭爲分纂者之一。

李柱蘭,號鐵甫,廣東龍門人。貢生。官廣東南雄州學正。有《思齊草堂詩草》。

石經卒。

温訓卒。

鮑俊卒。

鄧顯鶴卒。

方東樹卒。

張杓卒。

陳曇卒。

咸豐二年壬子(一八五二) 七十三歲

[**時事**]三月,清咸豐帝下詔罪己。 以翰林侍讀學士孫銘恩爲廣東鄉試正考官,編修胡焯爲副考官。 七月,朝命徐廣縉馳赴湖南接受欽差大臣關防,以葉名琛署兩廣總督、欽差大臣,柏貴署廣東巡撫。 太平軍入湖南,十一月,咸豐帝詔在籍侍郎曾國藩督辦團練,搜查土匪諸事務。 捻軍張樂行於安徽亳州起事。

正月，許祥光啟袖海樓詩社於廣州，徵詩請南山審定等第，取汪瑔詩爲第一。因屬人致意汪氏，欲羅致門下。汪婉辭謝之。

宣統《番禺縣續志》卷四十。汪瑔《旅譚》卷一、卷二。《旅譚》卷一云："咸豐壬子春，許霞橋孝廉啟詩社於廣州，第一集爲《人日花埭看牡丹》詩，第二集爲《羊城元夕鐙》詞。同集者，余與朗山、溥臣、季瑛暨臨桂倪雲臞鴻、上虞張松谷榷、臨川李小川聯芬、番禺潘謙谷受益，此外尚有十餘人。每集得詩數十章，屬張南山郡丞維屏甲乙之，謬以余詩冠首。諸君戲謂：'君詩格與南山近，故取同己之善爾。非然者，溫太真過江，詎便作第一流哉！'"卷二云："《聽松廬詩鈔》皆七十以前之作，清裁鉅製，不乏名篇，近數十年廣州詩人自徐鐵孫太守而外，無有能過之者。平日最賞余詩，嘗囑人致意，將羅致門下，余謝之曰：'吾於南翁，正如吳山尊之於隨園，自有知己之感，然不願在弟子之列也。'郡丞聞之，亦不以爲忤。"

許祥光，號霞橋，廣東番禺人。咸豐二年舉人。官教諭。

汪瑔，字芙生，號無聞子，廣東番禺人。監生。爲時名幕。有《隨山館集》。

俞洵慶，字溥臣，游幕廣東，遂入番禺籍。有《荷華閣詩稿》。

杜雋，字季英，江蘇無錫人。監生。有《小樊川詩稿》。

張榷，字松谷，浙江上虞人。

李聯芬，字小川，江西臨川人。官縣丞。

潘受益，字謙谷，廣東番禺人。

又賦《珠江早春》、《春酒》詩，處安逸而仍憂時局。

《松心詩集·草堂集》卷三、卷四。

前詩云：“珠兒珠女又新年，江水江花泛畫船。何以解憂
惟有酒，但能行樂即爲仙。兵戈礮火西鄰地，雨雪風霜北
路天。念彼辛勞我安逸，一樽在手且陶然。”後詩云：
“春酒醉難消，春愁似暮潮。舳艫沸吳楚，烽火逼金焦。
賈誼休徒哭，黃巢敢自驕。民心應固結，厚澤戴皇朝。”
按，《松心詩録》卷一〇《珠江早春》録此詩，題下注：
“咸豐壬子。”

鄧大林杏林莊遊人多有題詠，乃輯爲《杏莊題詠》，
已刻至三集。花朝日，南山爲賦《杏林莊贈鄧蔭
翁》詩。

《松心詩録》卷一〇。

按，《松心詩録》附録鄧大林《花朝祝花神飲酒得句》詩。

南山常與友人讌飲珠江妓船，玩月聽曲，意在耳目之
娛，並無艷行。中有可意者某妓，嘗爲之題詩書扇，
用是浹洽。後該女介人傳語南山，願爲箕帚之妾。南
山大詫，以老辭，實亦無意也。感其知己，爲作《蓮
子篇》，許爲出泥之蓮云。

《松心詩集·草堂集》卷三《蓮子篇》詩。

詩云：“仙城有女顏如玉，不御鉛華風韻足。生來薄命逐
浮萍，自抱幽懷倚修竹。公子翩翩正少年，安排金屋貯嬋
娟。雙飛有願難如願，五角虛緣不是緣。阿母要生錢樹
子，十萬纏頭心未死。琴裏難逢馬長卿，酒邊喜遇陳無
己。陳生有友張文潛，非特鬚鬢已雪髯。醲綠偶然將曲
顧，汗青時復把書拈。幾度留髡髡不住，但有清歡無褻
聚。桃花依舊兩重門，人面忽迷三里霧。大千塵海浪淘
沙，底用臨流發歎嗟。自古曾聞鳩占鵲，祇今常見鳳隨
鴉。小鳥尚知尋匹偶，枯楊豈是三眠柳。從來玉女配金
童，那有紅顏親皓首。片語傳來感詫并，後山筵上聽分

明。散花室異維摩詰，奉帚心同下玉京。玉京欲委身吳梅村。空空止水無波起，何意青樓獲知己。休從鉢裏覓曇花，須識泥中有蓮子。"

按，倪鴻《桐陰清話》卷五云："張南山師年將八轶，悟破三乘，天女散花，維摩不染，每值花辰月午，輒招余輩載酒珠江。論者謂彭澤之閒情，非樊川之薄倖也。嘗賦《無題》詩十二首，爲女録事某書扇。偶録數首於此，詩云：'性根難斷發情苗，不管朱顏鏡裏凋。年事老成心事嫩，花中原有老來驕。''謝公攜妓入東山，白傅多情眷小蠻。私淑二公爲弟子，九原可作恕癡頑。''小小房櫳黯黯天，簟紋如水帳如煙。無端幾點青衫淚，濕到琵琶第四絃。''玫瑰香裏看梳頭，纖手勞他遞茗甌。玉女新傳延壽訣，仙方兩字是溫柔。''歡娛何必定橫陳，密坐相看意態真。一激能令生百媚，愛他微怨復微嗔。''老人原不異孩兒，一寸心光默自知。好色不淫遵古訓，風騷兩種是吾師。''王郎疑雨語偏工，若問淵源本國風。二百年來工綺語，朱竹垞黃仲則樂蓮裳郭頻伽幾人同。''燭花頻剪又宵分，得句何妨寫練裙。傳語少年須自醒，莫將真髓換巫雲。'詩後跋云：'雲煙過眼，露電觀心，即色即空，無遮無礙。嗟乎！浮生已老，定知來日無多；古禮堪徵，信是非人不煖。至於密室散花，豈無天女；橫陳嚼蠟，不乏小憐。情魔慾障之中，於此覘定力焉。世間才子，倘自問所守不堅，寧學魯男子，毋學柳下惠也。'余謂先生載東山之絲竹，賞南部之煙花，偶述閒情，何傷盛德。而曲終奏雅，宛若箴銘。彼沉迷慾海者，試誦斯言，或可回頭是岸耳。"倪氏所言，與《蓮子篇》契合。至詩中陳生，不知誰何。張文潛則南山自況。詩壇耆宿，不謂有此韻事，故爲備録之。

又，或以爲南山晚年流連花叢，乃事出有因。謝章鋌
《賭棋山莊詞話》續編卷三云："《聽松廬詞鈔》，番禺子
樹維屏撰。子樹一字南山，早負才名，居官亦有聲。晚年
家居，頹唐自肆。余聞其鄉人曰：'此南山有爲而然也。'
南山生平謹飭，後爲人所誤。區寬者，縣役之總首也。蠹
法受贓，家資巨萬，援例得四品銜。既歿，其家請南山題
主，私以萬金賂其人。其人粉飾慫恿，南山不知而從之，
清議嘩然。南山曾仿尤西堂法作圖數十幀，歷紀一生事
迹，付之梨棗，分致同人。或于其後添繪題主圖，密封送
還，南山始覺，乃大慚憤，因謂：'身名瓦裂，有何顏
面。'因而問柳尋花，無日不在歌姬之院，即其素愛之聽
松廬，亦不時至焉。"南山居官有聲，又負鄉望，晚年執
意讀書撰述，何頹唐自肆之有？況倘有其事，亦不過一時
失察，出於無心，何至謂身名俱裂。清議云云，未見當時
人述録，則此傳聞，不知何據，厚誣南山，不足信也。

《松心詩集·花地集》卷四有《綺語》十首，蓋即《清
話》所謂《無題》詩者也。而所收互有出入，則入集時
删訂所致。《清話》所云跋語則詩集未載。

二月十六日，爲黃承謙《觀自養齋詩鈔》撰序。

黃承謙《觀自養齋詩鈔》卷首。

序曰："《風》、《雅》、《頌》三百篇之詩，大聖蔽以一
言，曰'思無邪'。自古迄今五千年之詩，小子請蔽以一
言，曰'詩言志'。思也，志也，二者皆詩之本也。蓋未
有詩先有志，志不可見，見之於詩，故觀其詩可以見其
志，凡詩人皆然，而今於吾友黃君益齋之詩、之志，有可
述焉。益齋世居香山，其先世以文章仕宦爲邑之望，其尊
甫西山先生有詩集行世。益齋克承家學，喜博覽，好爲
詩。弱冠舉於鄉，援例登仕版，將爲部曹，而益齋愛日之

意多，爲霖之意少，求學之念密，干禄之念疎。近築翠筠
園，日與二三同志徜徉其間，其業詩書文字，其事藏修息
游，其居竹石林泉，其樂友朋山水，其器琴尊彝鼎，其物
鳥獸蟲魚。其詩長篇短句，不拘一格，三唐兩宋，不專一
家。凡此皆其可見者也。若其志，則不可得而見也，志不
可見，於詩見之。蓋香山十數年以來，被水患者屢矣，益
齋之志，在於衛田廬，保禾稼，疏水道，修隄防，賙鄉
鄰，恤宗族，助孤寡，濟艱危。力所能爲，則措諸事，力
所不逮，則存諸心。心所之，謂之志，志所發，見於詩。
益齋之志，時流露於篇什間，而《恤鄰歌》、《下田雨》
兩篇，其尤著者也。他如《鐵城》、《雲洞》、《攲器》、
《浴佛》、《張太傅墓》、《白沙釣臺》、《陳都督》、《黃烈
婦》諸篇，或發揮事理，或扶翼綱常，皆可以觀。乃益
齋請序於余，余不多論其詩，而特爲表其志。志者，詩之
本也。虞廷命官，先曰‘詩言志’，終曰‘神人以和’，
則知詩固通於政者也。益齋年方強仕，他日立於朝廷，達
於政事，於虞廷命官之義，必有合焉，吾即於益齋之詩、
之志卜之。咸豐二年歲次壬子，仲春之月既望，番禺張維
屏序。”

以近日詩作寄奉梁九圖，九圖回贈絕句，比南山於張
九鉞，南山謂愧不克當，次韻奉報。

　　《松心詩集·草堂集》卷四《梁福草比部詩來，以余比陶
　　園。愧弗克當，次韻奉報》詩。

　　詩云：“敢同紫峴論根源，文字緣深有外孫。”自注：“乾
　　隆間，紫峴先生來粤，與先外祖湘門公極相投契。”

　　按，《草堂集》附錄梁九圖《連日讀張紫峴先生九鉞陶園
　　詩集，適南翁寄示近作，奉題絕句》詩。

　　張九鉞，即字度西，號紫峴，湖南湘潭人。乾隆二十七年

舉人。官知縣。有《陶園集》。

陶應榮攝陽春縣事，延杜游、李長榮襄校試卷。時適有兵事，陶應榮率兵壯出城防堵，襄校事遂寢。杜、李遄歸，皆以《陽春遊草》呈南山請正，乃合題絕句以應。

> 《松心詩集·草堂集》卷四《陶柳村別駕應榮攝陽春縣事，延杜洛川、李子繡兩茂才襄校試卷。洛川、子繡皆以陽春遊草見示，合題絕句》詩。
>
> 詩云："文事忽然談武備，寇將至，柳村率兵壯出城防堵。風聲不覺動詩魂。陽春遊唱陽春曲，工部孫兼太白孫。"
>
> 按，杜游《洛川詩略》卷一《杷沙行》詩自注："辛亥二月，陶柳村大令邀余與李子虎茂才往陽春襄校試藝。"卷二《歸舟早起》云"擬趁清明醑酒漿"，則歸自是年三月。

譚溥月夜泛舟珠江，自賦長歌，繪圖屬題。乃賦詩以應。

> 《松心詩集·草堂集》卷四《譚荔仙上舍溥月夜泛舟珠江，自賦長歌，繪圖屬題》詩。

艾暢得明楊繼盛獄中硯而藏之，屬南山賦詩，有"如見忠魂與毅魄，球琳琅玕何足匹"之句。

> 《松心詩集·草堂集》卷四《楊忠愍公獄中硯，艾至堂大令暢得而藏之，屬賦詩》詩。
>
> 艾暢，字至堂，江西東鄉人。道光二十年進士。時官廣東博羅縣知縣。

爲周輔"拈花一笑圖"題詩。

> 《松心詩集·草堂集》卷四《拈花一笑圖，爲周左卿參軍輔題》詩。
>
> 周輔，宛平人，祖籍湖南。時任廣州府司鹽巡檢。

本月海幢寺後園闢別墅，延顏薰課方外諸弟子詩文。
時紫藤剛開花，因以名藤花別墅，黃培芳爲之書額。
窗對花田數畝，又爲之題曰"借境"。南山爲作楹帖，
鄧大林、僧微刪各作圖畫。壁上黏諸友題贈之作，因
號"詩窩"。

  顏薰《紫墟詩鈔》之《藤花別墅》詩。

紐福疇得讀《松心詩集》，爲題四律寄南山，南山賦
詩以報。

  《松心詩集·草堂集》卷三《紐西農司馬遠惠佳章，賦此
  奉報》、附錄紐福疇《南山先生寄示松心集，敬題四
  律》詩。

李光庭八十壽辰，南山賦詩爲壽。

  《松心詩集·草堂集》卷三《李樸園先生八十壽詩》二
  首、卷四《李樸園太守年丈八十壽詩》詩。

  前詩其二云："春榜年家卅載前，當時未識地行仙。何期
  宦海風濤裏，獲結詩壇翰墨緣。"自注："屛與令姪滋園
  副憲同壬午會榜。"

  後詩云："君家老聃百餘歲，我家柱史年百餘。兩家裔孫
  並眉壽，各有精力能著書。樸翁著書百餘卷，屛所著亦百卷有
  餘。著書之暇復飲酒，同是四朝老詩叟。願挽天河洗甲
  兵，喜見太平開笑口，手製鐃歌酌大斗。"

  按，壽李光庭八十詩，一題而二作，未悉其故。意者一爲
  初稿，一乃定稿歟。光庭著有《鄉言解頤》，卷首自題詩
  二首，末署"庚戌春杪，甕齋老人題句，時年七十有
  八"。則本年壽臻八十也。

  滋園，即李菡。見道光十一年條。

五月十六日，爲伍元葵撰《月波樓詩鈔序》。

  伍元葵《月波樓詩鈔》卷首。

文曰："詩之要有兩端，曰性靈，曰學力。性靈本於天，學力由於人，是二者當融而爲一者也。老杜云'讀書破萬卷，下筆如有神'，大蘇云'腹有詩書氣自華'，皆合性靈學力而一之者。吾友伍君秋園，年方壯，而好爲詩，近復喜博覽書史。蓋既有性靈，將充以學力，學無止境，詩亦無止境，秋園試由杜、蘇之言進而求之。吾知其學日進，其詩亦日進，他日必有能卓然自立之一境焉，此三卷詩，固始基之美也。咸豐二年五月既望，珠海老漁張維屏。"

爲何大猷"琴書自樂圖"題詩。

《松心詩集·草堂集》卷四《琴書自樂圖爲何秩堂明經大猷題》詩。

何大猷，號秩堂，廣東香山人。貢生。有《綠綺山房詩草》。

夏間，南山招同倪鴻、沈世良、張建棠、許玉彬諸人游荔枝灣，飲榕蔭小榭，有詩。

倪鴻《退遂齋詩鈔》卷一《夏日張南山師招同沈伯眉學博世良、張筱薌少尹、許青皋茂才游荔灣，飲榕蔭小榭》詩。

張建棠，字筱薌，廣東東莞人。官縣丞。有《三十六鴛鴦館詩稿》。

爲林鴻年"瓊島望雲圖"題詩。

《松心詩集·草堂集》卷四《林勿邨太守鴻年屬題瓊島望雲圖》詩。

林鴻年，字勿邨，福建侯官人。道光十六年進士，一甲第一名。曾使琉球，歷官瓊州知府。

蔡振武過訪，以王曇《煙霞萬古樓集》相示，爲之題詩並序。

《松心詩集·草堂集》卷四《題煙霞萬古樓集》詩。

詩序云：“王仲瞿孝廉曇，奇才也，所著有《煙霞萬古樓集》，余覓之十年弗得。昨蔡麐洲太守振武枉過敝廬，出此見示，披覽至夜，率題絕句。”

蔡振武，字宜之，號麐洲，浙江仁和人。道光十六年進士。官廣東肇羅道道員。

王曇，又名良士，字仲瞿，浙江秀水人。乾隆五十九年舉人。有《煙霞萬古樓文集》等。

曾國藩自京寄詩南山，有“今日天涯餘二老，江南梅叟嶺南張”之句，以梅曾亮與南山並稱。南山報以七絕，自謙不敢當之。

《松心詩集·草堂集》卷四《曾滌生少宗伯自京師賦詩見贈，有‘今日天涯餘二老，江南梅叟嶺南張’之句，心長語重，愧不克當。謹書二十八字奉報》詩。胡斯鐏、陳澧輯《正雅集摘鈔》卷首曾國藩序。

詩云：“自慚小技張三影，敢比大名梅聖俞。難得高賢曾子固，贈來二十八明珠。”

按，《草堂集》卷四附錄曾來詩云：“龍飛初載啓詞場，收括人豪潤建章。今日天涯餘二老，江南梅叟嶺南張。先生與伯言翁皆道光初年進士。”《正雅集摘鈔》卷首曾序云：“余昨寄南翁詩有‘今日天涯餘二老，江南梅叟嶺南張’之句。”序末署“時咸豐九年己未首夏湘鄉愚弟曾國藩撰”，然梅曾亮已於咸豐六年前卒，則“昨”者乃泛指，非近時之謂。又，南山詩題有“少宗伯”及“自京賦詩”語，曾氏咸豐元年署刑部右侍郎，二年秋丁憂回鄉，十二月奉旨辦團練，此後即轉戰江南各地。則寄南山詩當在本年秋丁憂之前。

又，《聽松廬詩話》追述其事云：“公為此詩，想海內人物，俱在公心中目中，是以有‘天涯二老’之句。然‘二老’之稱何敢當也！”又云：“滌生侍郎文武兼長，智勇俱備，忠肝義膽，海內咸知。統兵所至，朝廷視若干城，黎庶倚爲保障。惟籌餉一事，大費苦心，所以堯舜盛時，早有四海困窮之慮也。近時各處行抽釐法，惟湖南行之最善，大有成效，廣東行之，幾乎激出事端。可知徒法不能以自行，有治法全賴有治人也。余與侍郎未嘗會面，承其在京見寄詩一章，語重心長，推許逾量，老杜所謂‘文章有神交有道’，於此見之矣。”南山復詩雖示謙抑，而於梅曾亮之古文，頗有疵議。《藝談錄》卷上“梅曾亮”條云：“松心曰：余與伯言會榜同年。伯言奉姚姬傳爲師，其意以爲方望溪傳劉海峰，劉海峰傳姚姬傳，姚姬傳傳於我，胸中存此意見。余謂古文如大道，我果有真性情、真學問，自有真氣流行滂沛於我之文，何必依傍前人門戶，以爲聲氣耶！姚姬傳古文，淳澹簡淨則有之，蒼厚沉雄則未也。而爲弟子者，乃欲借師門以自重，亦所見不廣矣。”其後，南山又付書曾國藩，推介胡斯錞、陳澧所輯《正雅集摘鈔》，曾氏爲之序曰：“後得南翁書，云有胡通守荷軒博學工詩，曾官江左，著《眠琴館詩鈔》數種，許青士光祿、董琴涵太史序之，深爲擊賞。近與陳蘭甫學博同輯《正雅集摘鈔》，取平素爲翰墨交之舊雨採列十人，合爲一編，俾花晨月夕，執卷吟哦，如聯夙契，亦古人清風集之義也。”

曾國藩，字滌生，湖南湘鄉人。道光十八年進士。官至武英殿大學士。有《曾文正公詩文集》。

馮詢寄來詩集，連日披誦，即題一律寄酬。

《松心詩集‧草堂集》卷四《馮子良郡丞詢寄來詩集，連日披誦，即題一律奉寄》詩。

詩云："篇篇向我肺肝投，君所經遊我舊遊。難得詩人又循吏，況官司馬近江州。青衫應爲窮黎濕，江西水患。白髮空懷浩劫憂。兩粵多盜民，遭劫掠。出處不同同覓句，可能心跡此中留。"

七月十六日，爲鮑俊《榕塘吟館詩鈔》撰序。

《松心文鈔》卷四《鮑逸卿太史榕塘吟館詩鈔序》。鮑俊《榕塘吟館詩鈔》卷首。

序曰："香山鮑君逸卿太史，以工書名於時。道光癸未，君成進士，殿試卷在進呈十本之內，其工小楷如此。而大小行草，以及擘窠大字，大至數尺，靡弗工，以故遠近求書者踵相接。然君非徒書法之工也。君爲詩，詩工；爲詞，詞工；爲畫，畫工；爲制藝，制藝尤工。然君非徒諸藝之工也。君天性孝友，封翁喜看山，常登高觀山形向背，審地脈起伏，君屬畫師多繪《策杖觀山圖》，請諸名人題詠，欲尊甫精神意象，流傳於詩辭翰墨間。《禮》曰'思其所嗜'，又曰'貽親令名'，此孝子之用心也。君與兄禹山茂才友愛敦篤。君世居香山，僑居羊城，於屋旁闢榕塘別墅，有亭樹水木之勝，嘗邀余與諸詞人飲榕堂，見君兄弟怡怡，壎篪唱和。《詩》曰'兄弟既具，和樂且孺'，君其有焉。以君之才，亨衢直上，詎不如人？乃爲內翰，爲中翰，爲外翰，爲部曹，蹭蹬迍邅，已逾中年。迨晚歲將入都補官，遘疾遄返，遽歸道山，士論惜之。令子小羅，年方弱冠，能讀父書，去冬奉君遺詩，請余爲序。余謂序君之詩，當即君所好序之。君香山舊居距海不遠，有山巉巉，有石巖巖，有瀑潺潺，君好之，嘗圖之詠之。夫瀑出於山則涓涓然，激於石則喧喧然，有時風馳雨驟，恍若金戈鐵馬相周旋，既而風恬雨息，但見水行山立，適還其本。然君之爲詩，殆有類於是焉，然則君之爲人可知矣。夫內行本也，文藝末也，君本末既備，文行克全，其形雖逝，其神則傳，余每觀君之書，誦君之詩，常若見君於山水文字之間。咸豐壬子七月既望，珠海老漁兄張維屏序於花竹煙波村舍。”

是日，又爲黃樂之山水畫幀題詩。

《正雅集摘鈔》張維屏《題黃愛廬山水畫幀》詩。

詩前序云：“嘉慶己卯黃愛廬廉訪時官京師，一日偶於陶然亭作畫一幅贈和軒太守，和軒題五律一首。昨攜至齋中，索余題句，因思此幅昔畫於燕北，今題於嶺南，越三十餘年，而三人翰墨忽聚於尺幅之中，遂借古人三生兩字以誌墨緣。三生，謂黃生、胡生、張生也。時咸豐壬子七月既望。”詩云：“陶然亭上卅年前，畫贈知交亦偶然。今日攜來索題句，三生翰墨有前緣。”

按，此詩《松心詩錄》失載。

黃樂之，號愛廬，廣東順德人。道光舉人。官按察使。有《棗香書屋詩鈔》。

胡斯錞以湯貽汾畫梅屬題，即以應之。

《正雅集摘鈔》張維屏《和軒太守以雨生都督畫梅屬題，第四句即用札語》詩。

或於此時爲胡斯錞《陔餘叢録》之刻，轉請湯金釗爲序並題識之。

原書卷首湯金釗序後。

南山題識云：“此吾師湯敦甫先生作也。先生致仕，仍居京師，海內英流，共瞻仰□斗，而先生歲中亦喜賦詩，屢囑維屏吟和，每一報書，輒爲歡喜。和軒太守昔官吳會時，先生督學是邦，常親教益。今退居林園，以報效晉階觀察，惟宦情恬淡，閉戶著述，有《眠琴館詩》數種，許青士光祿、董琴涵太史序之，早已刊成。近刻《陔餘

叢録》，託維屏轉呈先生，亦深爲擊賞，因思和軒疇昔同
官江南，親承拂拭，越三十年復序其詩，是翰墨緣中添一
佳話，故附志於此，以供大雅一粲也。"

太平軍圍攻桂林，全州、道州、桂陽皆陷。有《秋感五
首》詩攄時局之憂，且哀悼是役死難之曹燮培、烏蘭泰。

《松心詩集・草堂集》卷三。

詩其一云："調鼎稱良相，行軍歎失機。纔聞永安潰，忽
報桂林圍。公事保舉濫，私人囊橐肥。至尊宵盱念，何日
捷書飛。"

其二云："吾友曹州牧，曹君燮培。歸心見畫圖。曾以綠杉
野屋圖屬題。城危能死守，力竭遂捐軀。守全州城十二日，援
兵不至，城破殉難。鵝鸛不相顧，虎狼難伏誅。何人握兵
柄，坐視賊長驅。"

其三云："一千五百萬，有餉似無兵。聞粤西軍事糜餉一千
五百萬。大帥奏勝仗，小民悲破城。全州、道州、桂陽州皆
陷。空談多俊傑，屢挫亦尊榮。可惜烏都統，沙場畢
此生。"

其四云："且喜長沙郡，干城備不虞。驚聞湘水寇，欲渡
洞庭湖。漢口通吳會，糧艘運帝都。豫防江路梗，及早定
訏謨。"

其五云："又見黄花放，還思綠酒斟。問天騷客意，憂國
杞人心。莫話三秋稼，秋旱損苗。誰籌六府金。户部奏請捐
軍功舉人生員。醉來難隱默，聊和草蟲吟。"

按，《清史稿》卷五三六《曹燮培傳》載，咸豐二年二
月，洪秀全自永安犯桂林，敗竄全州，知州曹燮培巷戰死
之。又《烏蘭泰傳》載，咸豐二年烏與太平軍戰於桂林，
被創死。又，《松心詩録》卷一〇《秋感》之一亦詠此
事，詩云："粤西軍玩寇，有餉似無兵。聞粤西軍事糜餉一

千五百萬。大帥奏勝仗，小民悲破城。全州、道州、桂陽州皆陷。空談多俊傑，屢挫亦尊榮。可惜烏都統，沙場畢此生。"

八月，胡焯典試粵東，試罷過訪南山，以《東都使館詩卷》見示。為贈一律題其卷後。

《松心詩集·草堂集》卷三《胡光伯侍讀焯典試粵東，出闈枉過，見示〈東都使館詩卷〉。奉贈一律，即題卷後》詩。

胡焯，字光伯，湖南武陵人。道光二十一年進士。官翰林院編修。有《校補説文解字》、《楚頌齋詩集》等。時為廣東鄉試副主考。

魏源自高郵州知州任寄詩南山，乃次韻答之。

《松心詩集·草堂集》卷三《次韻答魏默深》詩。

詩云："風蟬不成音，霧豹焉有文。文之有收放，亦如秋與春。憂時賈長沙，齊物莊漆園。是皆真氣魄，足動人心魂。我坐守蟬蠹，君行踏黽黿。友聲念谷鳥，吏事歌庭狙。忽枉瑶華贈，辭意何温醇。今宵南海月，夢見東海雲。"

按，《松心詩錄》題作《默深刺史至粵訪余，論文數日別去。昨得詩，知在海州，次韻答之》。《松心詩集·草堂集》卷三附錄魏源《寄懷張南山》詩。

何杰年言有琉球國人屬其族兄購南山詩集，南山感而賦詩。

《松心詩集·草堂集》卷四《香山何虎臣茂才杰年言有琉球國人屬其族兄購余詩集，感賦》詩。

詩云："高麗昔年索詩去，琉球今又覓余詩。老夫衰病埋名姓，不解何由海外知。"

何杰年，字虎臣、廷弼，廣東香山人。貢生。廣西候補知縣。

九月二十二日，爲倪鴻《退遂齋詩鈔》題辭。

倪鴻《退遂齋詩鈔》卷首。

題辭云：“蒼者其骨，秀者其色。婉而多風，麗而有則。和平若笙簧，凝重若金石。登高望遠，慷慨激烈。範水模山，雕鐫刻劃。法古妙於化裁，用事異於塗澤。此日年華方盛，所造若斯，他時詩境益深，其傳可必。咸豐壬子九月望後七日，珠海老漁張維屏題。”

十月廿四日，許文深招同金菁茅、杜游、陳澧、鄧大林、葉衍蘭集署齋賞菊，即事有詩。

《松心詩集·草堂集》卷四《十月廿四日，許小琴少尹文深招同金醴香員外菁茅、杜洛川游、陳蘭甫澧兩學博、鄧蔭泉典籍大林、葉蘭臺孝廉衍蘭集署齋賞菊，即事有作》詩。

詩有云：“許君政有循吏風，安良除莠如農功。此會他年作佳話，好將賞菊配哦松。”

按，《松心詩錄》題作《三十六瓶秋菊歌》。

葉衍蘭，字南雪，號蘭臺，廣東番禺人。咸豐六年進士，改翰林院庶吉士，官至軍機章京。致仕後主講越華書院。

十一月初四日，順德縣龍山鄉華顯堂主人溫子樹，寄“龍山詩會”詩卷屬南山評閱，十二月十六日畢其役。

後《聽松廬詩話》癸集摘評諸子詩，并識云：“此日尋章摘句，似仿唐賢主客之圖；他時憶事懷人，或繼宋代月泉之社。”

《張南山全集》癸集《聽松廬詩話》。

按，前有識語云：“咸豐壬子十一月初四日，順德縣龍山鄉華顯堂主人溫子樹，寄詩卷屬余評閱，卷凡四千有奇，定取二百名，期以十五日到取。余以詩卷既多，爲期太促，夜長醒早，五鼓即起，披閱至夜，見有警句，隨筆録之，至全首佳章，未能多録。閱卷既畢，摘所録警句彙存之，平奇濃淡，各著所長，既可見詩人用心之不同，亦以記詩家一時之韻事云爾。"全録吳炳南、譚瑩、譚元龍、葉養群、李成齋、陸襄匡、陸鴻儀、汪琼、周蓮舫、程春圃諸人詩，詳加評語。又摘譚瑩、潘鴻軒、倪始逵等數十人詩句略加評騭。末又加再識云："詩會列序，已判高低；詩話陶情，何分軒輊。見佳句則彙爲一帙，遇會心則綴以數言。多貴少貴，物本不齊；人炙吾炙，味同於嗜。觀者各從所好，休爭燕瘦環肥；録者但愜於衷，不問盧前王後。聽鼓鼙則思將帥，情見乎辭；修矛戟而賦同仇，吾聞其語。此日尋章摘句，似仿唐賢主客之圖；他時憶事懷人，或繼宋代月泉之社。月泉吟社所載，非真姓名；此會所列詩人，亦多別號。敢云風雅，聊記歲時。咸豐二年歲次壬子臘月既望，珠海老漁再識。"

温子樹，廣東順德人。有《謝庭詩鈔》。

南山暮年，既負盛名鄉望，求評閱詩文者紛至，頗以爲苦。乃戲爲小啟述意，辭財物之酬，而期助費刻書，用意至善。

倪鴻《桐陰清話》卷一。

此條述云："番禺張南山師維屏，晚年人以詩文求評閱者，目不暇給，意甚苦之，因戲爲小啟云：'桑榆景暮，蒲柳身衰，愧賤子之虛名，承諸公之過信。不論遠近屬閱詩文，或請分以去留，或請指其得失，或請作元宴之序，或請爲鍾嶸之評，以篇章計，合之不下數千，以卷帙言，積之常高數尺。一年三百日，日日不閒。一日十二時，時時不了。自備資斧，爲眾人校書；自舍田疇，爲他家力穡。花偏有信，來催宛似催租；瓜已及期，問討竟如討債。斯緣甚雅，此苦誰知。用敢直陳，定能共諒。酬勞送物，往還怕領虛情；助費刻書，多少均歸實用。斯文有道，呼將伯以助予；近況不同，賴鮑叔之知我。'較鄭板橋筆單似爲蘊藉。"

除夕前三日，爲羅定詩人劉愼之撰《補讀書齋詩稿序》。

劉愼之《補讀書齋詩稿》卷首。

文曰："余於羅定獲觀三世詩人之詩焉。西寧劉禮北廣文仁守著有《靜遠堂詩草》，余旣輯其生平事蹟并佳句，刻入《國朝詩人徵略二編》矣。廣文仲子靜甫明經愼之，今秋來省垣見訪，出其所著《補讀書齋詩稿》，屬爲閱定。靜甫之子少韓茂才日葵，年少工詩。三世詩人，一門風雅，洵天倫之樂事，亦藝苑之美談也。靜甫詩稿留余齋中數旬，展閱數過，擇其尤愜心者錄入《詩話》。靜甫詩諸體皆工，而五言古尤能嗣響前人。……令子少韓，年華鼎盛，汲古綆深，他日詩草鈔成，余更合三世之詩而論定之。"

按，此文《松心文鈔》未載。

劉愼之，字靜甫，廣東羅定人。諸生。

張祥河卒。

姚瑩卒。

姚元之卒。

黃芝卒。

咸豐三年癸丑（一八五三）　七十四歲

[時事] 二月，太平軍入江寧，正式建都南京，改名天京。　三月，命兩廣總督葉名琛飭候補道伍崇

曙催覓火輪船隻,前往江南助剿。 十月,咸豐帝命
曾國藩督帶練勇赴湖北,及督帶水師。 《遐邇貫珍》
月刊在香港創刊,發行於香港、廣州、廈門、福州、
寧波、上海等通商口岸。

正月十五日春遊,有題樓船詩。

　　《松心詩集·草堂集》卷四《正月上元日題樓船》詩。

是月,爲莎彝尊《正音咀華》題籤。

　　見中山大學圖書館藏原書封葉。

　　莎彝尊,字秬薌。長白人。生平未詳。

梁九圖寄來《汾江草廬唱和詩》請正,次韻二首
酬之。

　　《松心詩集·草堂集》卷四《梁福草比部九圖寄示〈汾江
　　草廬唱和詩〉,次韻二首》詩。

　　詩其一云:"山齋録著三千首,嶺表詩行一萬家。"詩中
　　原注:"君所著《山齋叢録》、《嶺表詩傳》流播海內。"

　　其二云:"名人故宅騷人繼,湟老精魂喜可知。"詩中原
　　注:"君所居爲程湟溱故宅。"程湟溱,即程可則。

牡丹花謝,以酒澆之,二月十二日作餞牡丹詩。

　　《松心詩集·草堂集》卷四《二月十二日餞牡丹》詩。

是月,爲丁拱辰《演礟圖説後編》撰序,作像贊及
"星南行樂圖"贊。

　　《演礟圖説後編》卷一。

　　序云:"古之礟用石,故礟字從石。至火礟,蓋始於宋紹
　　興間,虞允文用霹靂礟破金兵,然此非鐵礟也。鐵礟,蓋
　　始於金、元之間。金人守汴,有鐵礟曰震天雷;元世祖破
　　襄陽,人謂之襄陽礟。然其時鑄礟之法未精,用礟之法未

備也。其後兵家著書，兼言火器者，則有如《武備志》、《登壇必究》、《練兵紀要》、《金湯十二籌》諸書。專言火器者，則有如《火龍經》、《制勝錄》、《神威秘旨》、《火攻神器圖説》諸書，而尤以西人湯若望所授、寧國焦勗所述之《則克錄》爲精且備焉。然《則克錄》未言中線加表之法，則礮發而無準，無準則不中，不中則不能克敵。不能克敵，則湯氏之書，雖精猶未精，雖備猶未備也。晉江丁君星南，生於閩，寓於粤，平日好講求有用之學，嘗泛海舶至外洋，與西人窮究算學及火器，而於鑄礮用礮之法，尤研精入微。既返粤，乃本其得於心驗於手者，著《演礮圖説》。會嘆夷不靖，礮火在所亟須，當事者以君所著書進呈，於是荷九重之睿鑒，錫六品之官銜，君究心於此事，不可謂不遇矣。然未知有《則克錄》也。日照丁心齋農部與君神交，致書於君，言《則克錄》，君購得觀之，乃歎二百年間有同心焉。然《則克錄》有疎漏，有舛譌，未知爲湯氏之失與？抑焦氏之失與？君爲之補其漏，訂其譌，增入中線差高加表準則，然後礮法有準，有準然後能中，能中然後能克敵，是鑄礮用礮之法，至君所著之書然後爲精且備也。且《則克錄》謂銃規高一度，即象限儀高七度半，彈發，可四百丈，君謂至遠二百餘丈，不能再多。此又可見前人未免浮夸，而君立言務實，尤可貴也。君自訂《演礮圖説》前編、後編，又增補《則克錄》，雕板工竣，問序於余。余因歷叙前人火器之書，以見君書之精備，乃身歷重洋，得於心而驗於手者，良非易事也。雖然，兵革非不堅利也，委而去之，則咎不在器而在人。君所著書，於鑄礮用礮之法，精且備矣，若夫用以克敵，用以奏功，則在乎將能用兵，兵能用命者。咸豐三年仲春之月，番禺張維屏序。”

《像贊》云："猗歟丁君，孝乎惟孝。敬祖敦宗，先型克紹。聰穎之質，本於性□。格物善悟，製器能精。礮號將軍，不準無用。較準礮法，發而後中。君精算法，圖説進呈。九重錫命，六品光榮。用心克勤，用財不吝。見善必爲，解囊分潤。鄉里有闕，調之使休。會館有廢，倡之使修。亦賈亦儒，課子讀書。書成通俗，啟蒙導愚。時止時行，可閩可粤。隨遇而安，心地潛發。"

《圖贊》云："讀千卷書，行萬里路。亦士亦賈，委心隨遇。天文算法，句股精通。書成四卷，名達九重。測天有儀，演礮有説。大通璣衡，細入毫髮。六品之銜，拜受恩賜。有經濟才，無仕宦意。課子讀書，君意自如。索我題圖，吾言不虛。"

按，南山固亦嘗留意於兵事，其所著《松心十録》之《政治録》卷四即有論兵法與礮史者。另著有《礮考》一篇，載清福格《聽雨叢談》卷五。《像贊》、《圖贊》、《礮考》均《松心文鈔》所未載。

南山招同諸詞人乘自置海天霞唱舫游珠江，過南海三山滘看桃花，分韻填詞。

潘飛聲《粤東詞鈔三編》何桂林《十六字令》小序。

何桂林，字子劭，號一山，廣東增城人。官縣丞。有《海天琴思詞》。

《青苔賦》約作於此時，哀吴越兵烽，生民慘酷。

《聽松廬駢體文鈔》卷四。

序云："此學海堂課題，偶有感於吴越兵事，遂援筆而賦之。"賦曰："苔兮苔兮，其物至微，其生自殖。胡爲乎令人目迷，使我心惻？爾乃越水風號，吴江波咽。氛祲冥冥，烽火烈烈。幾處生離？誰家死別？屋閉荒烟，城懸冷月。草化青燐，蘚縈白骨。土花慘澹，如埋温序之鬚；水暈模糊，似染萇弘之血。視其人悲莫悲，視其苔適其適。室中人去，一庭更長新青；天外鶴歸，三逕猶滋舊碧。苔兮苔兮，何其無情而不知欣戚耶！何其無心而不知變易耶！"

按，吳越兵事，當言太平天國軍入江寧事。

三月三日，李長榮招同南山、黃培芳、艾暢、喻炳榮、杜游、譚瑩集柳堂修禊事，人各有詩。

《松心詩集·草堂集》卷四《癸丑三月三日，李子黼茂才長榮招同黃香石舍人培芳、艾至堂大令暢、喻少白參軍炳榮、杜洛川廣文游、譚玉生孝廉瑩集柳堂修禊》、《三月初三日修禊事》詩。俞少白《海天樓雜俎》之《李紫黼癸丑修禊圖記》。

按，譚瑩《樂志堂文集》卷六《咸豐癸丑柳堂春禊序》亦紀其事云："同集者張南山先生、黃香石舍人、艾至堂明府、喻少白參軍、杜洛川學博，主人則茂才也。約而未至者，許小琴少尹、鄧蔭泉中翰、樊昆吾上舍。茂才年最少，而山人次之。以道光癸巳而後，山人實屢縱飲於此堂，遂不辭而爲之序云。人各賦詩，勿限體韻。"山人，譚瑩自號席帽山人。

喻炳榮，字少白，江西新城人。官遂溪縣知縣。有《海天樓雜俎》。

同日，鄧大林招同南山、陳澧、許玉彬、杜游、倪鴻諸人修禊鄧氏杏林莊。

《松心詩集·草堂集》卷四《是日聞鄧蔭泉中翰招同人修禊於杏林莊，因再賦一詩，簡禊事諸君》詩。倪鴻《退遂齋詩鈔》卷一有《三月三日，鄧蔭泉典籍招同張南山師、陳蘭甫學博、許青皋茂才、杜洛川廣文修禊杏林莊》詩。

> 南山詩云："俯仰六十春，乃遇一癸丑。今年講修禊，佳
> 日豈宜負。柳堂太白孫，有約先置酒。杏莊長眉翁，亦集
> 少長友。兩處皆臨流，足以袚塵垢。天既惠風和，地復竹
> 林茂。詠不限古今，觴奕論升斗。時事信可悲，懷抱各有
> 取。右軍不永年，此會多老壽。方知咸豐三，不讓永和
> 九。"詩中自注："聞楚吳寇氛，死傷甚眾。"

廿三日，同鄧大林、杜游、陳澧、劉庚、金菁茅、李
長榮集柳堂展修禊。

> 《松心詩集·草堂集》卷四《三月廿三日，同鄧蔭泉中翰
> 大林、杜洛川廣文游、陳蘭甫孝廉澧、劉酉山少尹庚、金
> 醴香員外菁茅、李子黼茂才長榮集柳堂展修禊》詩。
> 詩云："癸丑三月廿三日，同來深柳讀書堂。"

去秋，陳澧取招健升詩句屬趙念作畫以貽南山。今春
畫已裝就，乃題詩奉報陳澧，並寄招、趙二人。

> 《松心詩集·草堂集》卷四《招詩趙畫歌》詩。
> 詩序云："招君健升、趙君念壽皆八十六，去秋陳蘭甫孝
> 廉澧，取招君詩句屬趙君畫之，題曰《一百七十二歲詩
> 畫》以貽余，意良厚也。今春畫既裝就，因題詩一首，
> 奉報蘭翁并寄招、趙兩君。"
> 按，招氏生於乾隆三十三年戊子，見《自怡堂小草續集》
> 卷二《戊子歲元旦》詩題下自注。至是恰八十六歲。
> 招健升，字麗揚，號香浦，廣東南海人。諸生。有《自
> 怡堂詩集》、《自怡堂小草續集》。
> 趙念，字法古，廣東歸善人。工畫。

四月初八日觀浴佛，廿二日看水操，有詩。

> 《松心詩集·草堂集》卷四《四月初八日觀浴佛》、《廿二
> 日看水操》詩。

五月初五日，觀龍舟競渡，有詩。

《松心詩集·草堂集》卷四《五月初五日看龍舟》詩。

爲丁拱辰賦《留影鏡詩》。

《松心詩集·草堂集》卷四。

詩序云："丁星南上舍拱辰善鑄礮，道光壬寅，以所著《演礮圖說》進呈，奉旨賞六品銜。咸豐辛亥，丁心齋户部守存薦於撲帥賽公，公延星南至粤西鑄礮。既而心齋入都，星南返粤，以西洋人所製留影鏡寄心齋，都中傳觀，如見星南。心齋爲文記之，星南請余賦詩。"

詩云："不愛宦場愛還圃，一樓風月興悠哉。"詩中原注："撲帥欲保舉，而星南已旋粤，取倦飛知還之意，自顔其齋曰'還圃'。"

按，《清史稿》卷五〇五《丁守存》傳：清軍擒太平軍將領洪大全，丁守存奉命押送至京。又，《清史列傳》卷五二《賽尚阿》傳："咸豐二年三月，擒逆首洪大全，檻送京師。"比照南山詩序，則拱辰歸粤當在今年。

又爲丁拱辰族祖丁煒《問山詩集》撰序。

《松心文鈔》卷四《丁雁水問山詩集序》。

文曰："先生所著《問山詩集》、《文集》及《紫雲詞》，爲王阮亭、朱竹垞、施愚山諸公所歎賞，當時已次第刊行。乃百餘年來，印本既希，原板亦佚，先生族孫星南上舍，憂其失墜，慨然出貲重刊之，且勤勤焉缺者補之，譌者訂之，於是先生所撰著焕然一新，而先生之精神心血，亦昭然復見於世。使非星南爲之後，能保其不湮没而失傳乎？然則星南雖族孫，謂即先生之孝孫可也。星南多材多藝，所著《演礮圖說》及《增訂則克録》二書，道光間曾進呈御覽，恩賜六品銜，咸豐三年，福建大吏奉文取書奏進，是星南又先生之賢孫。星南重刊先生遺集，問序於余。余既約叙先生生平，并星南材藝亦略綴於後，以見先生家聲日盛，而遺風流澤，蒸蒸焉日起而未有艾也。"

張柟階攜來許溶"洛溪書屋圖"求題，賦詩酬之。

《松心詩集·草堂集》卷四《題許菊存別駕溶洛溪書屋圖》詩。

許溶，字鞠存，浙江嘉興人。畫家。時遊嶺南，以賣畫自給。

張柟階，其人未詳。

得高麗使臣李雲怡族弟有容來書，知《花甲閒談》三十二圖行至高麗。賦詩簡之，道及三十年前雲怡書來索詩事。

《松心詩集·草堂集》卷四《得高麗使臣李君有容書，賦此代簡》詩。

按，《松心詩録》卷一〇編次於本年三月詩之後。又，詩有"嶺南人倦七旬餘"句。知作於本年。

杜游卒，驚悼不已，輓之以詩。

《松心詩集·草堂集》卷四《輓杜洛川學博》詩。

詩云："修禊流觴共飲醇，如何轉瞬失斯人。"原注："三月三日修禊，廿三日展修禊，皆同叙。"

五月十一日，同喻炳榮、張雲帆、譚溥、舒錕、李長榮、釋純謙、叩裝諸人於大忠祠拜文天祥生日。禮畢賦詩一首。

《松心詩集·草堂集》卷四《五月十一日，大忠祠拜文信國生日。同喻少白大令炳榮、家月槎明經雲帆、譚荔仙上舍溥、舒錦庭參軍錕、李子黼茂才長榮、方外涉川、叩裝，禮畢賦詩，余成七律一首》詩。

張雲帆，字月槎，廣東新會人。咸豐三年恩貢，四年以守城功賞給州同。

舒錕，字錦庭，江西靖安人。舒夢蘭子。有《春鴻集》。

釋叩裴，其人未詳。

十三日，王銘鼎招同梁國琮、孫福田、江雨村泛舟遊荔支灣。有詩紀之。

《松心詩集·草堂集》卷四《五月十三日，王恭三刺史招同梁儷裳太史、孫逸農別駕、江雨村大令泛舟遊荔灣，恭三、逸農詩先成，皆絶句四首，余亦繼聲》詩。

詩其一云："欲繼坡公留宦跡，惠州官罷又儋州。"自注："恭三宰惠州首邑，擢儋州牧。"其四云："去年小醜勢如惔，此日官軍報捷三。東江、西江、北江三路皆克捷。聽唱珠江太平曲，逸農有'珠江同唱太平歌'之句。嶺南猶似勝江南。洪稚存先生《論詩》有云：'獨得古賢雄直氣，嶺南猶似勝江南。'聞金陵尚未克復，故借用先生句。"

按，王銘鼎本年卸歸善縣知縣任，將赴官儋州。此詩諒作於其時。

逸農，即孫福田。江雨村，其人未詳。

王銘鼎或未赴儋州知府任，欲北歸，以"望雲挂帆圖"屬題。乃賦詩以應。

《松心詩集·草堂集》卷四《望雲挂帆圖，爲王恭三刺史銘鼎題》詩。

詩云："扁舟侍養初作圖，君宰龍川，有《扁舟侍養圖》。鳴琴而治親心娛。圖成第二天如鏡，鼍蛟不動鯨波靜。宰新安，有《海天澄鏡圖》。西湖春泛第三圖，宰歸善，有《西湖春泛圖》。惠州宦蹟追髯蘇。髯蘇當日思歸里，欲歸不能指江水。君今思歸便得歸，刺史有官君不爲。卓異有升君則辭，但願歸衣萊綵衣。二老八秩方齊眉，一堂四代歡含飴。芝蘭玉樹盈階墀，天倫之樂世所稀。知君望雲雲共馳，知君挂帆帆欲飛。此圖索詠詠勿遲，我詩不工我則思。思君此樂古有之，笙詩有聲笙可吹，請奏南陔華"

黍詩。"

按，銘鼎卸惠州任而升儋州知府，然考《廣東歷代方志
集成》之光緒《儋州志》、民國《儋州志》，並不見其職
名。又，詩云"刺史有官君不爲"、"卓異有升君則辭，
但願歸衣萊綵衣"，則似未赴任。詩仍作於咸豐三年也。

十七日，潘仕成、伍元葵、伍葆恒招同鄒之玉、金菁
茅、桂文燿、謝有仁、潘世榮，讌集海山仙館，有詩。

《松心詩集·草堂集》卷四《五月十七日，潘德畬方伯仕
成、伍秋園員外元葵、伍儷荃太守葆恒招同鄒藍田觀察之
玉、金醴香員外菁茅、桂星垣觀察文燿、謝靜山都轉有仁、
潘春山太守世榮，讌集海山仙館》詩。

詩云："海山雪閣望嵯峨，消夏朋樽逸興多。一水光中排
墨寶，壁上法帖數百種。萬荷香裏聽笙歌。世間出處雲無
定，座中諸公有出有處，有可出可處。席上炎涼雨乍過。一雨
得涼。雅集西園傳故事，至今圖畫説東坡。《西園雅集圖》，
坡公居首。"

鄒之玉，字藍田，江西豐城人。官湖北鹽法道。

潘世榮，廣州紳士。嘗於道光二十三年造小火輪船一艘。

南山善飲，又擅醫術。晚年日飲爲常，品評西洋葡萄
酒，謂有卻病延年之助。有詩。

《松心詩集·草堂集》卷四《夜酌》、《夏日書懷》詩。

《夜酌》詩中原注："洋酒數百種，以葡萄爲最，桑椹次
之。中有桂皮、果肉花，温而不燥，潤而能行，有卻病延
年之助，人罕知者，故特表之。"

六月二十一日，歐陽修生日，李長榮招同譚溥、張紹
鑑、張建棠、何桂林、倪鴻集柳堂，拜像賦詩。

《松心詩集·草堂集》卷四《六月二十一日，歐陽文忠公
生日。李子黼長榮招同譚荔仙溥、家小樵紹鑑、家小薌建

棠、何一山桂林、倪雲衢始逵集柳堂，拜像賦詩》詩。

　　張紹鑑，號小槎，廣東新會人。監生。

潘仕成將之浙江鹽運使任，以所刻《佩文韻府》見贈。爲詩送行。

　　《松心詩集・草堂集》卷四《送潘德畲方伯仕成之浙江運
　　使任》詩。

何杰年惠贈墨晶眼鏡；李柱蘭惠羅浮山茶、龍門香米。均報之以詩。

　　《松心詩集・草堂集》卷四《何虎臣明經杰年惠墨晶眼鏡，
　　報之以詩》、《李鐵甫茂才柱蘭惠羅浮山茶、龍門香米，報
　　之以詩》詩。

　　後詩云："書生能知兵，此才豈碌碌。"原注："去冬賊擾
　　龍門，君率鄉人守禦，賊乃退。"

李鏗載以所撰《鹿葉夢》傳奇屬題，爲賦四絕句酬之。

　　《松心詩集・草堂集》卷四《鹿葉夢》。

　　李鏗載，字湘賓。舉人。

秋日，招陳澧、譚瑩、金菁茅、許玉彬、李長榮、倪鴻諸人集聽松廬。

　　倪鴻《退遂齋詩集》卷一《秋日，張南山師招同陳蘭甫
　　學博、譚玉生舍人、金禮香員外、許青皋、李紫翀兩茂才
　　集聽松廬》詩。

中秋前，鄧大林、李長榮、金菁茅、陳澧及潘恕諸人邀南山泛舟珠江賞月。

　　潘恕《雙桐圃詩鈔》卷三《癸丑中秋前二日，鄧蔭泉中
　　翰大林、李紫翀廣文長榮、金禮香員外菁茅、陳蘭甫廣文
　　姑丈澧暨余邀張南山先生珠海酌月，歸作長句寄呈》詩。

九月二十八日，賞菊庭宴，賦詩寄時署湖北黃梅縣知

縣之二兒祥泰、刑科給事中之六兒祥晉，並示諸孫、
曾孫。

> 《松心詩集·草堂集》卷四《癸丑九月廿八日，賞菊庭
> 宴，寄二兒、六兒，並示諸孫、曾孫》詩。
>
> 詩云："兩兒南北八千里，四代尊卑三十人。"詩中原注：
> "二兒署黃梅縣；六兒吏科掌印，欽命巡視西城。"

十月，招集許玉彬、李長榮諸人菊讌於聽松廬，排日
賞菊，有詩呈諸同好。

> 《松心詩集·草堂集》卷四《十月排日賞菊，有詩呈諸同
> 好》、《菊讌兼旬，悠然成詠》詩。許玉彬《冬榮館詩鈔》
> 卷五。
>
> 後詩云："何以解憂聊自放，真仙難學學頑仙。"詩中原
> 注："賊氛未靖。"

賞菊朋來，皆言晚稻豐登，喜而有作。

> 《松心詩集·草堂集》卷四《賞菊朋來，皆言晚稻豐登，
> 喜而有作》詩。
>
> 詩云："詩酒賓朋雅興同，醉吟應效樂天翁。白樂天自號
> '醉吟先生'。養人無怪酒稱聖，余每飲不多，然大得酒力。感
> 物本來詩號風。世界塵埃多野馬，兵戈猿鶴亦沙蟲。眼前
> 安樂須知福，菊既豐兮穀又豐。"

賦詩爲張敬修題"香雪小照"。

> 《松心詩集·草堂集》卷四《香雪小照，爲家德甫觀察敬
> 修題》詩四首。
>
> 張敬修，字德甫，廣東東莞人。道光間捐納同知，以功官
> 廣西按察使。有《可園詩草》。
>
> 按，香雪，敬修妾名。

湯貽汾卒。

黃爵滋卒。

陳起榮卒。

陶應榮卒。

杜游卒。

咸豐四年甲寅（一八五四）　七十五歲

[**時事**]正月，太平軍大敗清軍於黄州，湖廣總督吳文鎔死之。月底，曾國藩統帶水陸師萬七千人自衡州出戰，發布"討粤匪檄"。　七月，廣東天地會陳開於佛山起義，李文茂率衆圍攻廣州。其隊伍裹紅巾，世稱紅巾軍。　或奏廣東省每遇歲科考試，州縣官所取案首，多系以財行求，而瓊州府尤甚。著葉名琛、柏貴嚴飭各管道府，於所屬州縣認真查察，務當擇其文理優長者，置之前列。　十二月，廣東官軍敗天地會李文茂等，肅清其廣州河南據點。會衆退至番禺新造鎮。　十二月三十日，太平軍大敗湖廣總督楊霈於廣濟。

上元前三日，同洪名香、陳輝龍、張玉堂、劉廷光、許文深、金菁茅、鄧大林、李長榮，冒雨衝風步至杏林莊，有詩。

《松心詩集·草堂集》卷三《上元前三日，同洪商山提軍名香、家翰生協鎮玉堂、許小琴少尹文深、金醴香員外菁茅、鄧蔭泉中翰大林、李子黼茂才長榮步至杏林莊》詩。

按，鄧大林《杏莊題詠》三集卷五録此詩，題《甲寅正月上元前三日，同洪商山提軍名香、陳靈川總戎輝龍、家翰生玉堂、劉明臺廷光兩協鎮、許小琴少尹文深、金醴香

員外菁茅、鄧蔭泉中翰大林、李子黼茂才長榮由芳村步至
杏林莊》。南山與張玉堂爲詩友。玉堂時護理香山協參
將，洪、陳與有同袍之誼，或緣此獲交於南山。

洪名香，字商山，廣東南澳人。官廣東香山協副將、廣東
水師提督。

張玉堂，字翰生，廣東歸善人。官廣東大鵬副將。能詩，
有《公餘閒詠》。

陳輝龍，字靈川，廣東吳川人。曾任香山協都司。

劉廷光，字明臺，廣東番禺人。武舉人。曾任香山協都
司。

有《春遊》、《牡丹不來，感賦》詩。

《松心詩集·草堂集》卷三。

前詩云："七旬添五歲，詩叟四朝民。"

後詩云："問訊賣花者，今年無牡丹。烽煙江路梗，豺虎
客心寒。慣見不知貴，追尋方覺難。何時洗兵甲，國色許
重看。"詩中原注："客有戒心，是以不來。"

又有《粵古偶懷》詩八首。評說前賢，於中可覘南山暮年持衡之旨。

《松心詩集·草堂集》卷三。

詩云："老夫帝號本非真，朝漢優遊作漢臣。堪笑劉郎空
執梃，勳名誰似冼夫人。南越、南漢、高凉。""浮世生人去
似塵，全憑文字爲留神。唐虞計至陳隋代，廣郡留傳止八
人。高固、陳臨、黃正、羅威、楊孚、王範、黃恭、張買。""菖
蒲瓜棗空流水，蒲澗。訶子風旛但有堂。訶林。仙佛與人
同一死，不仙不佛飲千場。安期生、六祖。""課虛求靜非
難事，若論盧六祖陳白沙第二流。東粵古賢誰一等，張崔
兩獻並千秋。張文獻公、崔清獻公。""名因附驥傳千載，香
火前緣事有無。不是韓蘇來嶺外，誰知世上有區符。區

册、符秀才。""振起南園大有人，泰泉黄文裕公大雅力扶
輪。歐伯楨黎瑶石、美周梁蘭汀、藥亭鄺湛若皆千古，我所思
兮屈翁山與陳獨漉。""列女叢中判渭涇，有時凡質似仙
靈。芳名千載傳人口，一個仙姑一素馨。何仙姑、南漢宫人
素馨。""蕭梁花塔非原物，懷聖浮圖但樸堅。惟有莊嚴南
漢塔，吉金七百有餘年。花塔、光塔、金塗塔。""劉鶚雙門
跡已陳，元時銅漏尚如新。莫言滴水尋常事，滴去人間五
百春。銅壺滴漏。"

二月初八日，子祥晉蒙恩召見，仰荷聖慈垂詢。展閲
家書，感而作《紀恩詩》。

 《松心詩集·草堂集》卷四。

 詩序云："咸豐甲寅二月初八日，臣張祥晉蒙恩召見於養
心殿。上問：'汝在京幾年？'祥晉對：'臣前後在京十七
年。'上問：'汝家有老親？'祥晉對：'臣父母俱在堂。'
上問：'汝父什麽功名？'祥晉對：'臣父道光壬午科進
士，即用知縣。'上問：'做到什麽官？'祥晉對：'江西
同知，署南康府知府。'上問：'爲什麽回家？'祥晉對：
'因病告假回家。'臣維屏以衰朽餘年，仰荷聖慈垂詢，
敬聆天語，感激悚惶，謹賦詩恭紀。"

 詩云："家書展閲忽神馳，想見彤廷奏對時。七秩衰齡慚
老朽，九重垂問荷恩慈。巡防慎守臣之職，祥晉奉命襄辦巡
防。宵旰憂勤帝曰咨。上問及巡防事。自愧孱軀無報稱，願
歌天保九如詩。"

三月三日，盧福普、許應鑅、伍長樾、許應騤招同南
山、金菁茅、桂文炤、沈史雲，修禊珠江，遊花埭、
花津、芳村諸園，有詩。

 《松心詩集·草堂集》卷四《三月三日，盧柬侯比部福普、
許星臺水部應鑅、伍蔭亭郎中長樾、許筠庵太史應騤招同

金醴香員外菁茅、桂蓉臺廣文文炤、沈少韓太史史雲,修
禊珠江,遊花埭、花津、芳村諸園,即事有作》詩。

詩云:"好是朝來聞吉語,凱音傳布到天涯。"詩中原注:
"聞天津紅旗報捷,獨流賊已剿滅。"

按,《松心詩錄》題前有"甲寅"二字。

桂文炤,號蓉臺,廣東南海人,文燿弟。道光二十年舉
人。官陽山縣學教諭。

沈史雲,字少韓,廣東番禺人。道光三十年進士。官翰林
院編修。後任廣州應元書院山長、羊城書院監院。

三月十三日,李應田由天津浮海返粵,招同許玉彬、
沈世良、倪始遠泛舟珠江,遍游花埭諸園。

《松心詩集·草堂集》卷四《三月十三日展修禊,李研卿
太史應田招同許青皋茂才玉彬、沈伯眉廣文世良、倪雲衢
上舍始遠泛舟珠江,沿花埭至杏莊。返櫂小憩榕陰樹,薄
暮飲於漱珠橋酒樓》詩。倪鴻《退遂齋詩鈔》卷一《三
月十三日李研卿太史招同張南山師、許青皋茂才、沈伯眉
學博泛舟珠江遍游花埭諸園》詩。

按,南山詩云:"四載回頭一彈指,雪鴻重踏漱珠樓。"
自注:"辛亥秋,余與研卿飲此樓。"辛亥爲咸豐元年,
則此游知在咸豐四年矣。

桂文燿卒,傷悼不已,賦詩輓之。

《松心詩集·草堂集》卷四《輓桂星垣觀察二十韻》詩。

詩云: "曰艾年猶未,君未五十。何期命盡寅。"又云:
"冰松常在壁,君守常州,手拓李陽冰'聽松'篆見寄。玉樹
忽埋塵。逝水滔滔暮,殘星落落晨。桓譚先我去,掩卷倍
傷神。余撰《經籄》、《史鏡》二書,君許爲校刊。"

有《出郭》詩,憂時感事,耿耿不能去懷。

《松心詩集·草堂集》卷四。

詩云：“出郭見衆綠，寸心爲之清。春陰釀小雨，百卉皆
滋榮。念彼吳楚間，比歲遭戈兵。吾粵幸安堵，叱犢方開
耕。同生異苦樂，大造難均平。我曹但坐食，愧此負耒
氓。生齒日以繁，利途日以爭。飢寒日以迫，性命日以
輕。安飽有隱憂，短歌聊抒情。”

聞太平軍欲攻浙江，有詩寄門人徐榮，望其能克敵收
功。時榮方署任杭嘉湖道，正當敵鋒。

《松心詩集·草堂集》卷四《寄徐鐵孫太守》詩。

詩序云：“聞賊欲犯浙江，門人徐鐵孫太守榮方權杭嘉湖
道。鐵孫有兵七百，訓練數年，親如子弟，當能守禦立
功。余日望捷音，先爲此詩寄之，時咸豐甲寅三月。”詩
云：“風聞江寇逼西湖，嚴瀨趨杭事可虞。聞寇氛已至嚴州。
且喜文臣兼武備，應提虎旅滅豬奴。同仇先要心肝共，用
命全憑信義孚。兵事貴精非貴衆，昆陽淝水有前模。”

時沈世良寓城南禪院，以新詞請正，爲題二絕句。

《松心詩集·草堂集》卷四《沈伯眉廣文世良見示新詞，
爲題二絕句》詩。

縻良澤言曾於蘇州十二紅樓壁上見南山詩一首。南山
重憶舊遊，惘然成詠。嗣爲縻良澤“西延歸騎圖”
題詩。

《松心詩集·草堂集》卷四《縻次泉太守良澤言曾於蘇州
十二紅樓壁上見余詩一首。重憶舊遊，惘然得句》、《西
延歸騎圖，爲縻次泉觀察良澤題》詩。

後詩有云：“政成先後粵東西，桂管風生忽鼓鼙。伏戎竟
類藏山豹，燭隱真同照水犀。”原注：“君歷任韶州、肇
慶、鎮安、慶遠、桂林、梧州郡守，署右江道。”“道光
二十七年，賊首李士得欲犯桂林，遣其子爲内應，事覺
伏誅。”

麋良澤，字次泉，四川邛州人。貢生。道光二十年官廣西
鎮安府知府。

四月九日，應李柱蘭之請，爲龍門參軍李成性母撰八
十一壽序一首。

《松心文鈔》卷四《李母廖太安人壽序》。

李成性，其人未詳。

應劉天池之邀遊華林寺，與金菁茅、許文深、鄧大林、
陳習之、李長榮同觀"五百羅漢渡海"卷，賦詩
紀之。

《松心詩集·草堂集》卷四《華林寺觀五百羅漢渡海卷，
作歌》詩。

劉天池，字南溟，其人未詳。

陳葆常，字習之，廣東新會人。

太平軍陷金陵，湯貽汾投塘死。此前未久，於兵戈擾
攘中猶有詩寄懷南山，南山亦爲其撰詩序。乃序未至
而湯已卒。因爲位以哭，賦詩輓之。

《松心詩集·草堂集》卷四《輓湯雨生都督貽汾》詩。

《藝談錄》卷上"湯貽汾"條引《松軒隨筆》。

詩序云："湯君雨生，余四十年老友也，罷官後居金陵，
賊陷金陵，君投塘死。余聞之，爲位哭之，爲詩輓之。"

四月二十三日，同許玉彬、沈世良、何杰年、張建棠、
李長榮、倪鴻出小北門，登樓觀山。晚步入城，至寄
園小飲，有詩。

《松心詩集·草堂集》卷四《四月二十三日，同許青皋茂
才、沈伯眉、何虎臣兩廣文、家小薌少尹、李子黼茂才、
倪雲矅上舍出小北門，登樓觀山。晚步入城，至寄園小
飲》詩。

賦《聲色》、《熊魚》、《憂樂》、《死生》、《二物詩》
諸詩，寄暮年人生感悟。

《松心詩集·草堂集》卷四。

彭蘊章早於道光十年得讀《聽松廬詩鈔》，服其五言
律之妙，嘗賦詩歎賞。今年適祥晉自京官出任粤西道
員，彭爲詩贈行，中有"宗派三家外，沈雄七字中"
語以譽南山。南山謙不敢受，賦一律奉報。

《松心詩集·草堂集》卷四《協揆彭詠莪先生二十年前愛
余五言詩，既賦詩見贈，近又愛余七言，有"沈雄七字"
之語，愧不克當，謹成一律奉報》詩及附錄彭蘊章《讀
番禺張南山大令維屏〈聽松廬詩鈔〉，服其五言律之妙。
因題一首，以仿佛其詩境云》詩。彭蘊章《松風閣詩鈔》
卷四《讀番禺張南山大令〈聽松廬詩鈔〉，服其五言律之
妙，因題一首，以仿佛其詩境云》、卷一八《送張賓嵋給
諫祥晉觀察粤西》詩。

按，《松心詩集·草堂集》卷四附錄彭詩，題作《送張賓
嵋觀察旋粤迎養》。南山與蘊章僅一面之緣，而見重如
此，文字之緣，久而不替。

嗣彭蘊章寄贈所著《松風閣詩鈔》，中有二十年前見
贈之作，感而賦詩奉酬。

《松心詩集·草堂集》卷四《彭大司寇寄示松風閣詩集，
中有二十年前見贈之作，賦此奉酬》詩。

七月，天地會李文茂起事，會城震動。乃避居城南水南
禪院。賦《七夕篇》、《甲寅秋夜》詩，記避亂之況。

《松心詩集·草堂集》卷四。

前詩云："七夕今年逢閏月，雙星雙月雙佳節。七十餘年
見四回，撫今追昔何堪説。……陸賈城邊火礮聲，越王臺
畔戈兵氣。獨坐僧廬欲二更，秋清銀漢愈分明。鵲飛尚有

填橋力，誰挽天河洗甲兵。”後詩云：“城南望城北，兵
甲氣蕭森。”

八月十六日，兩廣鹽運使趙鏞卒，年六十三。子惟濂
將奉柩歸葬江西，南山爲撰墓銘。

《松心文鈔》卷九《皇清誥授通議大夫覃恩晉封資政大夫
兩廣鹽運使趙君墓誌銘》。

文曰：“余與君同出協揆湯師之門，君官運司四年，余不
往也，至卸事，君乃邀余過寓齋談讌。後數月，遽歸道
山。君以古文推余，而惟濂將奉柩歸葬于某鄉之某原，以
事狀來，請爲誌墓之文。余爲誌之，且銘之。”末署“賜
進士出身、誥授奉政大夫、覃恩晉封朝議大夫、刑部江蘇
司員外郎、前湖北襄陽府同知、壬午科湖北同考官、壬辰
科江西同考官、乙未恩科江西內監試官、歷任吉安府通
判、袁州府同知、南康府知府加三級、門愚弟張維屏頓首
拜撰”。

趙鏞，字小甌，號少愚、笙南，江西南豐人。道光六年進
士。道光二十九年授廣東鹽運使。

趙惟濂，字勉之，江西南豐人。鏞子。官候選知州。鏞官
廣州日，惟濂隨任，曾就南山學。

九月，天地會衆被創，退至遠郊，局勢稍靖。南山乃
回城，作《白雲》、《連日菊酌有作，簡諸同好》、《觸
菊得句，再簡諸同好》諸詩。

《松心詩集·草堂集》卷四。

《白雲》詩云：“酒熟東籬菊又黃，登高時節近重陽。白
雲山下尋詩路，太息於今變戰場。”《連日菊酌》詩云：
“節過重陽愛久晴，遣懷聊借菊爲名。亂離時事花仍放，
肅殺霜天月倍明。對酒餐英真古味，邀朋尋樂亦人情。須
知大府憂勞甚，籌餉籌兵保粵城。”《觸菊得句》詩云：

"莫話閑人無事業，詩中亦要築堅城。"

湯金釗寄示紀恩詩屬和，謹次元韻以報。

《松心詩集·草堂集》卷四《湯敦甫師寄示紀恩詩屬和，謹次元韻二首》詩、附錄湯金釗《咸豐四年金釗鄉舉周甲，蒙恩賞太子太保銜，并御書慶衍恩榮扁額，准就近在順天重赴鹿門筵宴，恭紀》詩。

六子祥晉出京赴任遲緩，被究罷官，以詩示之。

《松心詩集·草堂集》卷四《聞六兒罷官，以詩示之》詩。

詩云："三年前已寄當歸，兒得御史，即勸其引退。宦海風波慣見之。聖主尊嚴綸有訓，上諭廣西道謝元淮等，速即赴任。小臣怠緩咎難辭。言官豈得無招怨，挾嫌誣奏。行旅安能不措貲。但願兒孫同繞膝，老夫此外復何思。"

按，祥晉獲授廣西左江道道員，以出京遲緩，被劾革職。事當在咸豐四年，見陳澧《東塾集》卷五《張賓嶠墓碑銘》。

小雪前二日，南山壽誕，招鄭績等賞菊，屬鄭爲作松廬菊讌圖。

李長榮《柳堂師友詩録》録鄭績《咸豐甲寅小雪前二日，張南山先生招同諸公賞菊，屬余作松廬菊讌圖》詩。

按，《柳堂師友詩録》載鄭績早年曾居珠江邊，地幽景遠。南山曾爲此贈以詩曰："鄭虔三絶畫書詩，能事如君更擅醫。正喜晚晴潮欲上，一樓風月倚欄時。"此詩《松心詩集》等未收。

冬至後十日，聞東路米船爲太平軍阻截，民食維艱，感而賦詩。

《松心詩集·草堂集》卷四《甲寅冬至後十日，聞東路米船爲賊阻截，民食維艱，感而賦此》詩。

耆老言廣州珠江對岸之河南地方，素未經兵革之禍，國初人嘗避亂於此，而今兵駐其地之海幢寺。乃賦詩寄慨。

> 《松心詩集·草堂集》卷四《河南》詩。
>
> 詩云："羊城對岸河南地，是我童時所釣遊。楊子宅邊聞劫掠，梵王宮裏見戈矛。兵駐海幢寺。千家密密排珠海，一水盈盈護廣州。廣州城在河北。二百年來稱樂土，卻因離亂話從頭。耆老言河南未經兵革，國初人嘗避亂於此。"
>
> 按，河南，謂廣州珠江南岸地區。

門人李長榮、沈世良取南山乾隆甲寅至咸豐甲寅六十年間三百餘首詩，輯成《松心詩錄》，門人趙惟濂出資付刻。

> 金菁茅《張南山先生年譜撮略》。《松心詩錄》沈世良序。
>
> 按，惟濂助南山刻書，當不止此。《藝談錄》"趙鏞"條云："余數年來刻書之費，皆賴勉之相助。"

曾釗卒。

桂文燿卒。

莫雲梯卒。

陳世慶卒。

趙鏞卒。

咸豐五年乙卯（一八五五）　七十六歲

[時事] 以曾國藩爲兵部右侍郎，仍督辦軍務。　命户部尚書文慶、兩廣總督葉名琛協辦大學士。　四月，太平軍李開芳部於山東被潰滅。　八月，廣東天地會陳開、李文茂敗走，入廣西，占領潯洲府，改爲秀京，

國號大成，陳開稱洪德王（亦稱鎮南王）。 十一月，
太平天國石達開占領江西新昌，合自粤經湘北來之天
地會葛耀明等。

三月三日，梁綸恩招同南山、黄培芳、金菁茅、鄧大
林、蘇六朋、李長榮集珠江修禊。

> 李長榮《柳堂師友詩録》録袁杲《乙卯三月三日梁瑞山
> 駕部招同張南山太守維屏、黄香石舍人培芳、金醴香郎中
> 菁茅、鄧蔭泉中翰大林、蘇枕琴封翁六朋、李子黼學博長榮
> 集珠江修禊。余以事未赴，次子黼韻》詩。

> 梁綸恩，字瑞山，廣東番禺人。官兵部司員。輯有《小
> 山園題詠》。

南山患消渴病久，頗欲以餘年完成《經觿》、《史鏡》
二書之稿。賦《病中遣懷》詩述意。

> 《松心詩集·草堂集》卷四。

> 詩云："古稀加六老而耆，少壯何曾敢望斯。莊叟逍遥雖
> 善達，馬卿消渴本難醫。生平寢饋多於史，死後流傳或藉
> 詩。欲著兩書完宿願，世間誰見有期頤。"詩中原注：
> "撰《經觿》、《史鏡》，草稿已盈尺。"

太平軍攻安徽黟縣，徐榮與戰，陣亡，聞之者識與不
識皆歎惜。南山得訊，賦詩輓之。

> 《松心詩集·草堂集》卷四《輓徐鐵孫觀察榮》詩。

> 詩云："少時氣概邁終童，壯歲循良有古風。三字人傳詩
> 縣令，百年天鑄鐵英雄。豹皮自著名家集，馬革真成報國
> 忠。大節桓桓君不憾，卻教聞者歎無窮。"

秋初，爲黄賢彪《羊城西關紀功録》題辭。

> 原書卷首。

題辭云："行軍之道有三，曰勇，曰謀，曰信義。勇、謀見於臨時，信義在乎平日。去秋西關慎之守戎，以三百人扞數萬賊，固由有勇與謀，亦由信義協乎人心，故能用命立功，以寡勝衆，而其實則由大吏知人善任，調度得宜，乃能保障一方，萬室安堵也。慎之勉乎哉！進而愈上，爲良將，爲名將，爲福將，於此一捷始基之。咸豐乙卯孟秋之月，老漁張維屏。"

黃賢彪，武官。時任廣州協左營右哨千總，駐守廣州城外西關汛。

仲秋，爲凌湘蘅撰《詅癡子集序》。

凌湘蘅《詅癡子集》卷首。

文曰："吾邑凌君藥洲明經，以績學敦行聞於時，其所著《海雅堂詩文集》及《嶺海詩鈔》，既鑴板行世矣。藥洲有子三人，而雛田才名最著。姚公秋農爲學使，雛田補博士弟子員，其後督學陳荔峰、程鶴樵、茅耕亭諸公皆深加獎譽。耕亭歲試，取雛田冠廣州郡縣十五屬之士，於是文名益噪。顧屢躓棘闈，年三十九遽以病卒，藥翁痛之，士林惜之。十年前，藥翁曾屬余采雛田詩入《國朝詩人徵略》，未久翁歿，而余未見雛田全稿，無由采擇。至今秋，雛田之子友雲奉尊甫《詅癡子集》來請爲序，於是獲徧覽雛田之詩。其詩才華煥發，風格老蒼，使天假之年，所造必更有進。及觀集後《訓故録》，乃知雛田不獨癖耽吟詠，而且潛心經術，汲古功深，是華實並茂之才、道藝兼修之士也。友雲能守先澤，將壽諸梨棗。余既爲之序，又爲之約舉生平，摘其佳句刻入《詩人徵略二編》，然則雛田雖不永年，而精神心力存於世間，其壽有不可以年數計者。藥翁有知，其亦可以無憾矣。"

凌湘蘅，字雛田，廣東番禺人。揚藻子。諸生。有《詅癡子集》。

得京信，知六兒祥晉赴僧格林沁軍營；得楚信，知二
兒祥泰卸黃梅縣事，辦軍事。賦詩寄示。

《松心詩集·草堂集》卷四《得京信，知六兒赴僧王軍
營。得楚信，知二兒卸縣事，辦軍事。賦此寄示》詩。

按，祥晉赴僧營效力，在咸豐五年，見陳澧《東塾集》
卷五《張賓嵎墓碑銘》及《清實錄》咸豐五年四月紀載。

十月，爲羅珊《味鐙閣詠史詩》撰序。

羅珊《味鐙閣詠史詩》卷首。

序云："鐵漁自少工詩，雖蹭蹬名場，能安貧力學，洵屬
有志之士。今觀詠史諸作，既有得於《孟子》'知人論
世'之言，復多合乎《尚書》'彰善癉惡'之旨。由是積
學以充其才，窮理以廣其識，毋以氣餒志，毋以境累心，
年華方盛，時至則鳴，豈獨工詩乎哉！鐵漁其益勉之。咸
豐乙卯孟冬之月，南山張維屏。"

十一月廿二日，爲馮昕華《巢雲山房詩鈔》撰序。

李長榮《柳堂師友詩錄》"馮昕華"條。

序云："吾邑有詩人馮曉巖，生平寡嗜好，惟好爲詩。家
近扶胥之口，黃木之灣，昌黎南海之碑，東坡浴日之詩，
大虎、小虎兩山對峙，海潮出入，鯨波汪洋，皆距所居不
遠。而尤近者，山則牛山，水則鳳浦，橋則見龍，古木陰
森，清流映帶。曉巖時與二三朋舊登臨嘯詠其間，又或遠
遊百里外，遊必有詩，蓋曉巖之於詩，如飢之於食，渴之
於飲也。曉巖有弟柳橋，工詩善畫，兄弟友愛甚篤。曉巖
既歿，柳橋不忍其兄之心血泯沒而不彰也，爰分體錄之，
綜爲一集，命其族姪藩東請余爲之刪存。藩東余姪婿也，
奉叔之命以詩來。詩凡四帙，共八百餘首。其詩原本性
靈，間用事實，流連景物，抒寫懷抱，而於天倫骨肉之

間，聚散存亡之際，尤見其肫切篤摯之情。余未識曉巖之
面，而誦其詩，如見其人。柳橋取其詩鐫板以行，如是而
曉巖之心可以慰矣，如是而柳橋愛兄之心亦可以慰矣。余
既爲删存，柳橋復請爲序，因爲弁言卷端，屬藩東復於柳
橋。異日更摘其佳句刻入《國朝詩人徵略》二編，以廣
其傳，而曉巖之心亦可以愈慰也夫。咸豐乙卯冬至後九
日，老漁張維屏時年七十有六。"

馮昕華，字暢彥，號曉巖，廣東番禺人。布衣。有《巢
雲山房詩鈔》。

十二月十六日，爲蘇海作《蘇鐵山戰功記并序》。

《松心文鈔》卷五。

文曰："吾邑蘇鐵山守戎，年三十餘，有勇而好謀，謀定
而後戰，故每戰輒勝。又虛懷好善，一日，請於其父執黃
田門茂才，曰：'海以武弁微員，蒙宮保爵督賜之拔擢，
俾列戎行。從軍以來，大小數十戰，冒刀兵，衝砲火，蹈
於不測者數矣。竊思敘述勞苦，以誌不忘，且垂諸家乘，
用示後昆，願長者教之。'田門曰：'事非文不傳，非傳
人之文不傳，汝往拜張南翁，吾爲汝請。'越日，田門以
鐵山自記稿本見示，而請爲文。至於旬日，余乃遠取馬、
班之法，近參唐、憚之意，爲文一篇，名曰《蘇鐵山戰
功記》，質諸田門，復於鐵山。"

蘇海，字鐵山、開燎，廣東番禺人。以抗擊英法侵略軍功
官守備。

楊榮緒假滿將赴京，南山以所著書數種爲贈。榮緒感
而有《乙卯臘月假滿入都，南山夫子以所著書數種見
贈，賦此奉謝兼以誌別》詩二首，其一云："吟壇推
老宿，望更選樓崇。論世憑精鑑，憂時見隱衷。新城
編集法，秀水輯詩功。居近南園地，千秋振古風。"

《藝談録》卷下"楊榮緒"條。

冬，有《法駕導引》詞，題"乙卯冬，方丈静園邀遊白雲山。山絶頂爲摩星嶺，余未獲上，明日戲填此詞，簡諸同人"。時黄玉階有與南山唱和者。陳其錕亦有《綺羅香》"題張南山司馬、黄蓉石比部《法駕導引》唱和詞卷"詞一首。

《聽松廬詞鈔·海天霞唱》。《月波樓琴言》卷二。

孫兆甲鄉試中式。

金菁茅《張南山先生年譜撮略》。同治《番禺縣志》卷一二《選舉志》三。

包世臣卒。

徐榮卒。

黄釗卒。

侯度卒。

卓秉恬卒。

咸豐六年丙辰（一八五六）　　七十七歲

[**時事**] 二月底，太平軍大破欽差大臣托明阿於揚州之南。　九月，英軍進攻廣州，葉名琛布告捕殺英人。第二次鴉片戰爭爆發。　十月，廣東水師搜查偷運鴉片之英船。英軍破廣州新城，炮轟總督衙門。廣州社學懸賞捕殺英人。　十一月，粤民憤而焚毀廣州洋行；十七日，以英人在粤滋事，命葉名琛只可設法駕馭，不可遷就議和，並諭沿海各省密加防範。十二月，英軍毀廣州商館附近民宅數千家。

正月初七日，南山招同許玉彬、沈世良、謝燿游花埭
諸園。

> 倪鴻《退遂齋詩鈔》卷一《人日張南山師招同許青皋茂
> 才、沈伯眉學博、謝子輝上舍燿游花埭諸園》詩。
>
> 謝燿，字子輝，廣東南海人。畫家蘭生孫，嘗從陳澧
> 問學。

十七日，倪鴻招同黃培芳、梁廷枏、譚瑩、陳澧、李
長榮、黃允中集寄園，祝倪瓚生日。

> 《松心詩集·草堂集》卷四《正月十七日，倪雲林先生生
> 日。倪雲巃上舍始遠招同黃香石培芳、梁章冉廷枏兩舍人、
> 譚玉生瑩、陳蘭甫澧、李子黼長榮三廣文、黃田門少尹允
> 中集寄園，拜像賦詩》詩。
>
> 黃允中，字田門，廣東香山人。與黃培芳同撰《香田小
> 草》。

早春與李長榮、謝燿諸人游花埭，時牡丹初開，連日
風雨。時復見昇平，樂而作歌以紀。

> 《松心詩集·草堂集》卷四《丙辰早春遊花埭》、《珠
> 江》、《牡丹》、《春雨》、《去歲牡丹不來，今春遊花埭，
> 喜見牡丹有作》詩。
>
> 《丙辰早春遊花埭》詩云："復睹昇平景，皇天本至仁。"
> 《珠江》詩云："烽火兵戈曾再度，珠江南望試回頭。"原
> 注："辛丑、甲寅。"《牡丹》詩云："自是名花真富貴，
> 況當景運轉昇平。"詩中原注："河北肅清，安徽、湖北
> 郡縣亦陸續收復。"《春雨》詩云："遙知洗兵馬，更卜兆
> 綏豐。"《去歲牡丹不來》詩云："挈伴尋芳興未遲，同遊
> 者李子黼、謝子輝。牡丹欲見歎何時。風前悵望情無已，意
> 外相逢事亦奇。千里飛輪衝海浪，牡丹由火輪船來。百般名
> 卉讓天姿。豈因一物關懷抱，萬象回春可預期。"

與許文深、金菁茅、陳澧、劉天池、李長榮諸人集鄧大林杏林莊。有《杏林莊拜石歌》詩。

　　《松心詩集‧草堂集》卷四。

三月三日，許應鑅、盧福普、許應騤、伍長樾招同金菁茅、潘斯濂、桂文焌、鄒祖恩珠江修禊，有詩。

　　《松心詩集‧草堂集》卷五《丙辰三月三日，許星臺水部應鑅、盧東侯比部福普、許筠庵太史應騤、伍蔭亭郎中長樾，招同金醴香員外菁茅、潘蓮舫太史斯濂、桂蓉臺廣文文焌、鄒小田署正祖恩珠江修禊》詩。

　　潘斯濂，字兆端，號蓮舫，廣東南海人。道光二十七年進士。官翰林院編修、山東學政。

　　鄒祖恩，字小田，其人未詳。

越日，謝有仁招同南山、陳其錕、金菁茅、梁國琮集得珠樓，展修禊，兼爲袁枚補祝生日，亦有詩。

　　《松心詩集‧草堂集》卷五《上巳後一日，謝靜山都轉有仁招同陳棠溪儀部其錕、金醴香員外菁茅、梁儷裳太史國琮，集得珠樓展修禊，兼爲隨園先生補祝生日》詩。

後二日三日，蘇六朋、鄧大林招同黃培芳、梁琛、黃承谷、鄭績、李長榮會於寄園展修禊，因集《蘭亭帖》字成七言律詩一首。

　　《松心詩集‧草堂集》卷五《上巳後二日三日，蘇枕琴封翁六朋、鄧蔭泉中翰大林招同黃香石舍人培芳、梁獻廷上舍琛、黃二山茂才承谷、鄭紀常別駕績、李子黼廣文長榮，會於寄園展修禊，因集蘭亭帖字成七言律一首》詩。

　　梁琛，字獻廷，廣東順德人。畫家。

　　鄭績，字泓振、紀常，號憨士，廣東新會人。官候選同知。工畫。

時閱《江蘇詩徵》、《江西詩徵》、《兩浙輶軒録》、

《淮海英靈集》，續輯其中詩事入《詩人徵略二編》。
尤關懷時局，亟期江南之平復。

　　《松心詩集·草堂集》卷四《延年》詩。

　　詩云：“七十七齡將八十，延年有道不求奇。七分白飯三
　　分酒，一卷黃庭百卷詩。樂此不疲忘老病，靜中多妙即良
　　醫。金陵未復江西梗，奏凱何時快展眉。”詩中自注：
　　“近閱《江蘇詩徵》、《江西詩徵》、《兩浙輶軒錄》、《淮
　　海英靈集》，續輯詩事入《詩人徵略二編》。”

《延年》詩外，復有《七旬》詩述晚歲心境閒澹，惟
於國事始終縈懷不去。

　　《松心詩集·草堂集》卷四。

　　詩云：“七旬有七歲駸駸，昨夜今朝又古今。草草百年催
　　過眼，茫茫四海幾知心。賢豪寂寞餘青史，時事艱難少白
　　金。何者是吾真實境，花間微醉復清吟。”

　　按，南山晚年詩鮮言老病，語皆安閒自適。陳澧《東塾
　　雜俎》卷三云：“張南山先生病，余慰問之。先生曰：
　　‘縱浪大化中，不喜亦不懼。’余聞而心契焉。”蓋已洞達
　　生死，中懷豁然矣。

《水仙》、《桃花》、《讀書》、《飲酒》、《漁翁》、《漁
歌》諸閒適詩，《羲黃歌》、《神農歌》、《倉頡篇》、
《杜康引》、《長平謠》、《豺虎歎》、《列仙曲》、《儒佛
詠》、《元貝行》、《日月》諸閱史感世之作，亦當作於
此時。

　　《松心詩集·草堂集》卷四、卷五，《松心詩錄》卷一○。

三月六日，爲陳其錕《月波樓琴言》題辭。

　　陳其錕《月波樓琴言》卷首。

　　辭曰：“棠谿儀部深於詩，不肯多作，作亦不欲示人。凤
　　工倚聲，興到填數十闋。昨出以見示，三唐兩宋，不專一

家，細膩粗豪，各如其意。時而激昂慷慨，直是銅琶鐵板
唱大江東；時而旖旎纏綿，何減山抹微雲、曉風楊柳。作
者幾欲合蘇、辛、秦、柳爲一手，必傳奚疑。咸豐丙辰三
月修禊後三日，珠海老漁張維屏。"

按，《月波樓琴言》曾請南山評閱，間予評許。而尤致意
於其《憶江南》詞十六闋，爲之評曰："東坡云：劉夢得
作《竹枝詞》，至今武陵人歌之。儀部《珠江詞》，他日
傳唱於燈船花舫、酒酣茶熟之間，亦一段土風韻事也。余
草此，以俟驗諸他日。老漁。"

十二日，黃樂之招同南山、潘仕成、伍崇曜、金菁茅、
盧福普集東城寓齋，同遊鄧園，有詩。

《松心詩集·草堂集》卷五《三月十二日，黃愛盧方伯樂
之招同潘德畬方伯仕成、伍紫垣方伯崇曜、金醴香員外菁
茅、盧東侯比部福普集東城寓齋，同遊鄧園》詩。

十三日，蘇六朋招同南山、鄧大林、梁琛、鄭績、李
長榮集北郭寄園展禊。

李長榮《柳堂師友詩錄》黃培芳《丙辰三月十三日蘇枕
琴封翁招同張南山太守、鄧蔭泉中翰、梁獻亭上舍琛、鄭
紀常通守績、李子黼廣文集北郭寄園展禊》詩。

袁灝之官黔中，爲撰詩及序贈別。

《松心詩集·草堂集》卷五《送袁石根少尹灝之官黔中》
詩。《松心文鈔》卷四《送袁石根少尹之官黔中序》。

詩云："壯遊曾萬里，此去宦黔中。聞道閭閻樂，還欣稼
穡豐。向聞貴州米價賤。邇來有兵事，時至立軍功。指日鳴
琴治，群稱薑雪翁。君以'薑雪'名其齋。"

袁灝，字石根，廣東番禺人。貢生。捐貴州縣丞，以功升
授遵義縣知縣。

本年春間，陳其錕彙其所爲文百數十篇來質，南山爲

之序。

《陳禮部文集》卷首。

序云："棠溪儀部，余四十年老友也。……春間，君以所
爲散體文、駢文百數十篇見示。余讀之數過，其文不專一
家，不守一轍，時而規模兩漢，時而效法唐宋；駢體則擷
秀於六朝，取材於諸史。合而論之，經以義理，緯以卷
軸，用法而不拘於法，學古而不泥乎古，洵文囿之通材，
藝林之哲匠也。"

初夏，有《雨後坐月》、《夏日書懷》、《夏日偶成，簡
諸同好》諸詩。

《松心詩集·草堂集》卷五。

羅澤南於三月陣亡。後得讀胡林翼奏摺，感其事，惜
其人，賦詩遙輓。

《松心詩集·草堂集》卷五《輓羅方伯澤南》詩。

詩序云："余不識方伯，惟於邸鈔見其勇，又數聞人稱其
賢。今見胡中丞林翼奏摺，言羅某受傷甚重，血沾衣帶，
猶指畫戰狀。臨危握手，謂當時事危急之日，須得真實之
學，有用之才，方於事有濟。今武漢未克，江西復危，力
薄兵單，不能兩顧，死何足惜，惟事未了耳。言未畢而目
閉。嗚呼！公之死，當爲天下惜之。余雖未識其人，有感
於懷，謹爲詩輓之。"

詩云："一介書生百戰身，奏摺云：'大小二百餘戰。'胸無
畛域有經綸。秀才如此關天下，公由庠生團練起。名將真堪
配古人。奮勇定知難保壽，捐軀何愧曰成仁。血沾衣帶遺
言在，能使忠良淚滿巾。"

羅澤南，字仲岳，號羅山，湖南雙峰人。咸豐元年舉孝廉
方正。太平天國起，協助曾國藩編練湘軍。授浙江寧紹台
道，加布政使銜。本年武昌之戰中重傷而亡。有《小學

韻語》、《姚江學辨》、《方輿要覽》等。

五月十二日，何磐石道士招同黃培芳、陳廷輔、鄧大
林、陳澧、陳璞、顏薰、李長榮，集城北洞賓仙館觀
靈芝，有詩。時《番禺縣志》開編，聘“總理局務”
四人，南山爲其首。

> 《松心詩集·草堂集》卷五《五月十二日，何磐石道士招
> 同黃香石舍人培芳、陳鹿坪孝廉廷輔、鄧蔭泉中翰大林、
> 陳蘭甫學博澧、陳古樵孝廉璞、顏紫虛上舍薰、李子黼典
> 簿長榮，集洞賓仙館觀靈芝》詩及自注。同治《番禺縣
> 志》卷首“職名”及李福泰序。
>
> 按，南山耆年碩望，獲聘特掛名而已，局務恐非所任。
>
> 何磐石，洞賓仙館道士，餘未詳。

是年二月，湖北按察使李孟群之族妹李奉貞於漢陽軍
營抗敵，兵寡賊衆，歿於仙姑山，年纔二十九。軍中
將士皆爲歎惜。潘鳳岐司馬自楚返粵，以女事狀請南
山爲作傳，將徵詩焉。南山爲賦詩一首頌之。

> 《松心文鈔》卷六《奇女傳》。《松心詩集·草堂集》卷
> 五《奇女詩爲李奉貞作》詩。
>
> 詩序云：“李奉貞，河南唐縣人，湖北按察使李公孟群族
> 妹也。生時墮地不哭。幼即喜觀風雲星象。稍長，謂家人
> 曰：‘武昌必陷。’已而果然，人驚以爲神。湖廣總督楊
> 公以禮聘之，女卻幣不往。及按察奉旨剿賊漢陽，以禮聘
> 之。女曰：‘吾兄以王事來召，義不當辭。’遂請於母而
> 行。至軍營，女所駐見山，問土人山何名，曰：‘仙姑山
> 也。’將戰，女謂乃兄曰：‘妹有術，能使槍礮不近身。
> 但軍器宜用黑色，即不盡黑，慎毋用紅。’按察許之。既
> 戰，女殺賊無算，而官兵亦多殺傷。蓋軍士以爲少年女
> 子，或輕之，或忌之，不以女言爲然。越日再戰，女奮勇

當先，礮子將近女身，紛紛墜地，賊驚以爲神。乃後軍不
繼，賊圍之數重。女曰：'吾命當盡於此。'遂揮劍自刎。
人見女立山頂上，咸以爲仙姑尸解云。南海潘鳳岐司馬返
粵，述其事，且徵詩，余爲賦《奇女詩》。"

太平軍方縱橫江浙，時局堪虞。賦《對酒懷周郎》、
《懷韓蘄王》詩，似有感而作。

　　《松心詩集·草堂集》卷五。

南山嗜絲竹，常觀劇，乃爲《論樂十六首》詩，縱論
古今樂調遷變。

　　《松心詩集·草堂集》卷四、卷五。

　　詩其四云："近來凌仲亦知音，燕樂源流考獨深。惟有琵
　　琶存古調，四條絃上試追尋。"自注："凌氏廷堪著《燕
　　樂考原》，謂必先明燕樂，然後可論古樂。欲明燕樂，當
　　於琵琶求之。琵琶四弦，每弦七調，四弦共藏二十八調
　　也。"其九云："近來音樂少宮聲，二變聲中雜四清。習
　　俗移人貪悅耳，每多激越少和平。"自注："和平難動聽，
　　故今樂多用二變及四清。四清聲者，高亻、高伬、高仴、
　　高仕也。"其十四云："形器非難難在神，全憑神契得其
　　真。就余所見知音者，自漢以來唯八人。"自注："八人：
　　曰蔡邕、曰蘇祇婆、曰鄭譯、曰張炎、曰姜堯章、曰毛奇
　　齡、曰方成培、曰凌廷堪。"其十五云："漢唐而後至於
　　今，孤學寥寥不易尋。二百年來談此事，三家都不愧知
　　音。"自注："毛氏奇齡撰《樂錄》，方氏成培撰《詞
　　塵》，凌氏廷堪撰《燕樂考原》，三家各有所得，當取而
　　參觀之。"

　　按，《詩集》原有《論樂五首》、《論樂十四首》，中有重
　　複者，合而輯之，共得十六首。

五月，爲黃樂之《棗香書屋詩鈔》撰序。

黃樂之《棗香書屋詩鈔》。

序曰："順德黃愛廬先生陳臬兩浙，兼權大藩，晚思遂初，請假旋里。時寓羊城，暇日與二三朋舊絃詩讀畫，把酒論文。余與先生別四十餘年，去秋握手，共話疇昔，余既老且病，而先生鬚鬢亦蒼然白矣。先生忘余固陋，以爲老馬識途，一日出《棗香書屋詩偶存》屬爲點定，且命弁言。夫曰'偶存'，非全帙也，蓋散失而僅存者也。然即此百數十首觀之，其間弔古懷賢，則激昂慷慨。唱酬贈答，則真摯纏綿。模山範水，則刻畫清新。詠物抒情，則興象超脫。先生工畫，故題畫諸作，尤覺意趣不窮。合而論之，要皆不失古詩人溫厚和平之旨。《詩》曰'神之聽之，終和且平'，請爲先生賦之。先生居官，清而不刻，明而有容，民受福於無形，而先生以德致福，不特爲今詩人所難及，即求之古詩人亦罕有能及者。兩喆嗣皆入詞垣，長君督學持衡，次君備兵觀察，遠大之器，爲邦家光。而先生以康彊逢吉之身，爲歌詠昇平之事，吾知福日增而詩亦日增也。《詩》曰'如川之方至，以莫不增'，又請爲先生賦之。咸豐丙辰五月，愚弟張維屏拜序。"

孫兆甲上年中舉人，嗣捐納爲主事。六月十六日奉派到工部學習，寄詩示之。

《松心詩集・草堂集》卷五《小孫兆甲由舉人捐輸，奉旨以主事用籤掣工部。六月十六日到部學習，寄詩示之》詩。

張兆甲，後改名清華，字蘭軒。同治四年進士。官翰林院編修。

六月久雨，慮災成民窶，作《久雨》詩寄憂。

《松心詩集・草堂集》卷五《久雨》詩。

詩云："雨久天疑漏，炎消夏變秋。室中聞架木，街上見

> 行舟。更恐堤防潰，難爲牖户謀。晚禾不能插，豈獨老
> 農憂。"

七月初五日，爲先烈黎遂球生日。李長榮招同蘇六朋、
王家齊、何桂林、張紹鑑、倪鴻集寄園，拜像賦詩。
像爲蘇六朋畫，座上並懸鄺露像。

> 《松心詩集·草堂集》卷五《七月五日，黎忠愍公生日。
> 李子黼學博招同蘇枕琴封翁、王蘭汀大使家齊、何一山、
> 張小槎、倪雲臞三上舍集寄園，拜像賦詩》詩及自注。
> 王家齊，號蘭汀，浙江金華人。官廣東鹽大使，有《松
> 石齋集》。

孫福田出示王崧龕所作《趙烈婦傳》，南山賦詩歌之。
譚錫朋述新會小婢救主事，亦爲賦詩。

> 《松心詩集·草堂集》卷五《趙烈婦詩》、《新會小婢詩》。
> 譚錫朋，字百峰，廣東新會人。恩貢。

郭志融歸自蜀中，有詩相贈，賦詩以報。

> 《松心詩集·草堂集》卷五《藕江太守歸自蜀中，有詩見
> 貽，賦此奉報》詩。
> 按，詩中原注："君官蜀，政聲卓著，奉旨特授安徽首
> 府。"《草堂集》附録郭志融《呈南山先生》詩，有"五
> 千里外歸遊舸，十四年前謁書堂"、"爲問松廬新著述，
> 定緒食貨救兵荒"之句。
> 郭志融，字藕舡，廣東清遠人。道光二十五年進士。官安
> 徽安慶府知府。有《藕舡詩草》。

陳良玉以徐榮所畫墨梅轉贈吳灃，南山爲題絶句一首
於上。

> 《藝談録》"吳灃"條。
> 絶句云："鐵孫本奇才，詩書畫之絶。力戰捐其軀，不愧
> 號爲鐵。"

按，徐榮卒於咸豐五年，此詩當作於其後不久，姑繫於此。

李光庭年八十四，自都中寄示近詩，屬爲點定。賦詩奉報。

《松心詩集・草堂集》卷五《樸園封翁自都中寄示近詩，屬爲點定，並有詩見懷。賦此奉報》詩、附録李光庭《寄懷南山先生》詩。

光庭續又有詩寄南山。

符葆森《國朝正雅集・寄心盦詩話》。

詩云："老樵昔羅浮，所攜曾幾鑱。老漁今珠海，所獲曾幾盤。我鑱我盤託公子，歸奉先生當色喜。喜非其物惟其人，人遥矧隔七千里。"

按，南山與光庭交厚，非獨詩友已也。其《虛受堂詩》十二卷，乃南山所選評。光庭在湖北任時，原擬刻《雪堂唱和詩》未果。則"我鑱我盤託公子，歸奉先生當色喜"者，乃終得鑴成，託張祥晉奉致南山也。符葆森《國朝正雅集》中之《寄心盦詩話》云："張賓漁觀察言：'樸園先生年八十餘，精健如壯時，而吟詠不輟。'一日以所著詩示讀，每卷前皆張南山先生題詩。往者南山先生與余札商抽輯，兵燹之餘，不復通函。京師晤賓漁，欣悉近狀，知其於樸園先生交好，雖白首如新焉。先生《寄南山》詩云云，可謂語語真摯。"

賓漁，即南山子祥晉。

九月，英軍進攻廣州。有《戰場》、《方外》詩。時避兵居東郊僧舍。

《松心詩集・草堂集》卷五。

《戰場》詩云："纔銷兵氣喜平康，忽報珠江起戰場。曾見海鯨來跋浪，辛丑夷事。又驚風鶴逼蕭牆。火原猛烈兼秋令，城內外延燒屋店數百間。寇最猖狂此夜郎。聞道俄羅方困汝，英夷近爲俄羅斯所困。有能何不早還鄉。”《方外》詩云：“空聞礮火日憑陵，炮子入城以千計，傷斃僅廿七人，衆謂有神助。火自炎炎心自冰。居近瞿曇人伴佛，梵能超度鬼求僧。借寓東郊禪寺，内多停柩。延年妙藥無過酒，入夜良朋祇有燈。欲養閒身借方外，一瓶一鉢一枝藤。”

避英軍炮火，再遷居南海泌沖鄉。有《出城有作，寄諸同好》、《泌冲》詩。

《松心詩集·草堂集》卷五。

《出城有作，寄諸同好》詩云：“如雷火礮劇縱橫，老幼提攜且出城。出城入鄉。窮乏況加遷徙累，亂離深見友朋情。歷觀載籍無成案，書史所載，未有炮子重數十斤，而遠及數里之外者。若問安危仰太清。炮子多，傷人少，自是天祐。前路茫茫聽天命，相期松柏保堅貞。”

爲何瑞齡《世貽堂詩鈔》撰弁言。

何瑞齡《世貽堂詩鈔》卷首。

弁言曰：“芝田廣文詩，有性靈，有見解，不必規摹前人，而率性而行，由衷而發，無辭不達，有意必真。至於忠孝節義之事，必爲之叙述詳明，使人讀之，如見此詩之有關乎世道人心者，非徒吟風弄月、範水模山者所可比也。其近體佳句，已摘尤愜心者録入《聽松廬詩話》，並綴數語於卷端，以誌欣賞之意云。咸豐丙辰九月，珠海老漁張維屏。”

何瑞齡，字遐齡，號芝田，廣東香山人。道光舉人。官教諭。有《世貽堂詩鈔》。

爲新興縣教諭莫雲梯撰《欽加州判銜新興縣教諭莫君墓表》。

《松心文鈔》卷九。

文曰："君與余子祥泰同登己酉科，每來省垣，輒過余談藝。令子孝廉能文積學，余故因其請，特表君之大者，俾刻於墓道，以見君雖爲教官，而能保城殲賊，然則其平昔教士所謂通經致用，君其有焉。於戲！是可以風已。"

莫雲梯，字橋燕，號月卿，新會人。道光舉人。

十二月，廣州城陷，城外屋店燒燬千餘間。

《松心詩集·草堂集》卷五《昇平》詩中自注。見下。

駱秉章卒。

羅澤南卒。

梅曾亮卒。

湯金釗卒。

蔣啟敭卒。

勞崇光卒。

熊景星卒。

咸豐七年丁巳（一八五七）　七十八歲

[**時事**] 七月，英軍攻東莞，不克。九月，英法聯軍炮轟廣州城。十月，英法聯軍占領海珠炮臺。十一月十四日，英法聯軍攻陷廣州。英使巴夏禮等擄走兩廣總督葉名琛；南海、番禺知縣與紳士密商團練，謀復省城。　英法聯軍既陷城，兵據粵秀山，學海堂、文瀾閣皆毀，所藏《皇清經解》刻板缺失過半。　廣州紳商伍崇曜、梁綸樞等奉命與英人議和，並維持廣州治安。　十二月，以葉名琛剛愎自用，辦理乖謬，命即革職，以刑部右侍郎黃宗漢爲兩廣總督欽差大臣；英法軍解除廣州封鎖。

仍避居南海縣泌沖鄉。往訪鄉人鄒伯奇，并贈以詩集。
伯奇賦詩申謝，南山乃報以二律并題其所著《周天圖
說》。

> 《松心詩集·草堂集》卷五《鄒特夫茂才有詩見贈，賦此
> 奉酬，並題其所著周天圖說二首》詩、附錄鄒伯奇《南
> 山先生寓居村中，枉駕見過，并示大集，率成二律奉報》
> 詩。《藝談錄》卷下"鄒伯奇"條錄《南山先生寓居敝
> 鄉，有詩見贈，賦此奉酬》詩。
>
> 南山詩其一云："烽火催吾老，鄉村假館新。此來原避
> 寇，喜得近高人。稽古功探奧，談天論入神。中年曾願
> 學，耄矣愧因循。"其二云："自古疇人術，前明漸失傳。
> 皇朝生聖哲，理象闡人天。《欽定數理精蘊》、《御定曆象考
> 成》。梅文鼎薛鳳祚並精究，利瑪竇南懷仁多近偏。君能通
> 妙義，君通天文、曆算之學。允矣繼諸賢。"
>
> 鄒詩其二云："相識昔傾蓋，相逢今比鄰。高談啟茅塞，
> 長嘯出囂塵。不說宰官法，時觀魚鳥親。定知鴻爪印，詩
> 集又添新。"

避亂鄉居，以隨緣視之，閒來閱《素靈微蘊》、《瀛環
志略》等書以遣日。作《隨緣》詩，有"世間百事隨
緣過，況有奇書佐酒杯"之句。

> 《松心詩集·草堂集》卷五。

時徐灝亦避亂居南海之璜磎，曾往泌沖探訪南山。

> 徐灝《靈洲山人詩錄》卷五《從璜磎過泌涌訪張南山丈
> 兼簡鄒特夫》詩。

於泌沖枕流書屋輯成《松心文鈔》十卷。

> 金菁茅《張南山先生年譜撮略》。

符葆森輯《正雅集》以繼沈德潛《別裁集》，已輯二
千五百餘家。言念故人自都中寄詩叩問起居。乃賦詩

奉答，有“著述關文獻，精神貫古今”之譽。

　　《松心詩集·草堂集》卷五《符南樵孝廉自都中寄詩見
　　懷，賦此奉答》詩及自注、附録符葆森《奉懷南山先
　　生》詩。

三月初三日，俞文詔、孔廣鏞、許應鑅、許應騤、伍
長樾招同潘仕成集花埭馥園修禊，有詩云：“海珠勝
跡徒增慨，花埭群芳且共探。”

　　《松心詩集·草堂集》卷五《丁巳三月三日，俞麟士廉訪
　　文詔、孔懷民侍讀廣鏞、許星臺水部應鑅、筠庵太史應騤、
　　伍蔭亭郎中長樾，招同潘德畬方伯仕成，集馥園修禊，即
　　事有作》詩。

　　俞文詔，字麟士，江西婺源人。官至四川按察使。有
　　《史論擇存》、《蟄廬遺集》。

　　孔廣鏞，字懷民，廣東南海人，繼勳長子。道光二十四年
　　舉人。與弟廣陶藉父遺緒，銳意收藏。有《嶽雪樓書畫
　　録》。

重遊東園，已改名馥蔭園矣。見俞文詔壁上詩，和詩
一首。

　　《松心詩集·草堂集》卷五《重遊東園，見俞麟士廉訪壁
　　上詩，率和一首》詩。

三月十三日，譚本仁邀同黃培芳、羅應、喻福基、陳
廷輔、譚瑩、崔廣祥、李長榮諸人集譚氏聽雨樓展上
巳，有詩。

　　《松心詩集·草堂集》卷五《十三日，譚壽康少尹本仁招
　　同黃香石舍人培芳、羅崧生封翁應、喻少白參軍福基、陳
　　鹿苹孝廉廷輔、譚玉生郡博瑩、崔靄堂孝廉廣祥、李子黼
　　學博長榮集賞雨樓展上巳》詩。李長榮、譚壽衢編《庚申
　　修禊集》之展上巳詩、譚壽衢詩自注。

南山詩云："望雨心方切，來登賞雨樓。幾時真共聽，元
人有《聽雨樓詩卷》。此屋可忘憂。司空《詩品》："賞雨茅屋。"
兵甲尚未息，稻粱難爲謀。米價日昂。娛情借觴詠，禊事
且重修。"

喻福基，即喻炳榮。見前。

崔廣祥，字靄堂，廣州駐防漢軍正白旗人。道光十一年
舉人。

譚本仁，字壽康，其人未詳。

羅應，號崧山，其人未详。

三月十五日，劉天池招同陳廷輔、梁國琮、呂洪、丁
著酉、葉兆萼，集梁國琦海棠花館看海棠，既醉有詩。

《松心詩集·草堂集》卷五《十五日，劉南溟封翁天池招
同陳鹿苹孝廉廷輔、梁儷裳太史國琮、呂拔湖孝廉洪、丁
日初上舍著酉、葉香坪司馬兆萼，集梁小韓提舉國琦海棠
花館，看海棠既醉有詩》詩。

呂洪，字拔湖，廣東鶴山人。道光十九年舉人。官韶州府
學教授。有《拔湖詞稿》。

丁著酉，字日初。貢生。其餘未详。

葉兆萼，字香坪，廣東南海人，夢龍從孫。工畫。

梁國琦，字小韓，廣東番禺人。國子監生。

三月二十三日，與陳昌潮、陳起榮、陳其錕、陳廷輔、
譚瑩、倪鴻、桂均諸人再展修禊於城北容氏園環翠亭。

《松心詩集·草堂集》卷五《二十三日，集容園環翠亭，
同陳棠溪儀部其錕、鹿苹孝廉廷輔、譚玉生學博瑩、倪雲
臞始逑、桂笙陔均兩上舍。是日主人陳篷舫茂才昌潮、奎
垣上舍起榮也》詩。陳起榮《如不及軒甲集》。李長榮、
譚壽衢編《庚申修禊集》陳起榮詩自注。李長榮《柳堂
師友詩錄》錄陳起榮《丁巳三月二十三日，與家遂舫廣

文昌潮招同儀部家棠谿太夫子其錕、司馬張南山師維屛、
孝廉家鹿苹師廷輔、學博譚玉生師瑩、倪雲癯少尹鴻、桂
笙陔參軍均集容氏園再展修禊》詩。

南山詩云："由來對酒客當歌，又送春歸可奈何。一一園
亭常恨少，城內園亭，不過一二。三三禊日不嫌多。主人有
'再展上巳'之語。粵西戰士猶持戟，江左征人尚荷戈。此
地眼前稱樂土，況添膏雨潤田禾。農田望雨，連日甘霖。"

陳起榮，字倬雲，號奎垣，廣東番禺人。諸生。里居授
徒。有《如不及齋詩文集》。

陳昌潮，號篴舫，廣東番禺人。諸生。官府學訓導。

桂均，字笙陔，廣東南海人。文燿子。官通判。

五月十日，招倪鴻、許玉彬、顏薰、沈世良、何又雄
集永勝寺。

倪鴻《退遂齋詩鈔》卷一《五月十日，張南山師招同許
青皋茂才、顏子虛上舍、沈伯眉學博、何淡如茂才又雄集
永勝寺》詩。

何又雄，號淡如，廣東南海人。同治元年舉人。官高要縣
學教諭。

借觀蔡振武所藏淮陰吳瑭著《溫病條辨》數月。本月
於泌沖鄉之枕流書屋撰《溫病條辨書後》，譽其爲
"誠治溫病不可無之書"。

《松心文鈔》卷九。

文曰："《溫病條辨》六卷，淮陰吳瑭撰。卷首有吾師汪
文端公序，有凡例十四條，引經十九條。卷一《上焦
篇》，卷二《中焦篇》，卷三《下焦篇》，卷四《雜論》，
卷五《解產難》，卷六《解兒難》。……聞有刻本，未見，
此鈔本爲蔡麐州觀察所藏，余借觀數月，見其苦心孤詣，
縷析條分，誠治溫病不可無之書也。……惜乎！吾師已歸

道山，不獲質疑於函丈而互有啓發也。咸豐丁巳五月，番禺張維屏識于泌沖鄉之枕流書屋。"

吳瑭，字鞠通，宿學未遇，乃以醫鳴。

汪文端，即汪廷珍。

閏五月十一日，同顏薰、許鍭、沈世良、倪始達集永勝寺之三松精舍，顏、許、倪三君置酒小飲，即席聯句。

《松心詩集·草堂集》卷五《閏五月十一日，同顏紫虛薰、許青皋鍭、沈伯眉世良、倪雲臞始達，集永勝寺之三松精舍。是日余與伯眉乘興而來，顏、許、倪三君置酒小飲，即席聯句》詩。

六月初六日，顏薰、釋穎勤、釋澤念、釋榮方招同黃培芳、陳璞、許鍭、沈世良、倪始達集三松禪院，有詩。

《松心詩集·草堂集》卷五《六月六日，顏紫虛上舍薰、穎勤、澤念、榮方三上人招同黃香石舍人培芳、陳古樵大令璞、許青皋茂才鍭、沈伯眉學博世良、倪雲臞上舍始達，集三松禪院》詩。許玉彬《冬榮館詩鈔》卷五。

釋穎勤、釋澤念、釋榮方，其人俱未詳。

有《荔灣行》詩，國運隆替之感，傷亂憂時之懷，並萃其中。

《松心詩集·草堂集》卷五。

詩云："五羊城西西復西，荔灣綠水連清溪。年年五月熟荔支，千顆萬顆丹砂垂。憶昔乾隆至嘉慶，海國梯航海波靜。消夏樓船絡繹來，納涼士女嬉遊盛。道光時世少兵戈，依舊中流畫舫多。紅粧似仿紅雲宴，白雨如催白雪歌。由來極盛難為繼，食少人繁易生事。江左猶聞狐兔藏，粵西又報蝍蟷沸。皖豫頻年苦旱傷，廣州西水害秋

糧。天運盈虛劫運出，烽火未已加凶荒。桑梓救人憑粥
賑，城鄉連月施粥。話到他鄉猶可憫。人肉傷心煮作羹，樹
皮果腹呼爲粉。煮人肉爲羹，取樹皮作粉，俱見邸鈔奏摺。畢
竟皇天本至仁，今年暘雨喜調勻。早禾大熟能安衆，洋米
多來好濟貧。世間何物無成敗，石上佛身不長在。海珠寺
有石刻吳道子畫觀音像，聞去冬毀壞。海珠臺榭化飛煙，何況
昌華渺千載。唐荔園空剩短牆，丘園。景蘇園在亦荒凉。
李園。眼中百萬田田葉，歲歲新荷滿舊塘。野懷蕭散無拘
束，不問主人來看竹。雪閣三層矗海天，潘園雪閣，可以遠
眺。田園十畝環溪屋。葉墅名小田園。已卜餘年見太平，用
放翁句。九重宵旰念蒼生。四朝老叟無知識，但解詩吟擊
壤聲。"

八月，賦詩題李長榮《英州遊草》。

《松心詩集·草堂集》卷五《題李子黼學博〈英州遊
草〉》詩。

詩中原注："陽春令陶柳村、英德令陶卓亭先後延君襄校
縣試，事竣，同遊崆峒巖、碧落洞。"

賦詩題俞文詔"歸岫閒雲圖"。

《松心詩集·草堂集》卷五《題俞麟士廉訪歸岫閒雲
圖》詩。

吳炳南有詩寄懷南山，南山賦詩酬答，兼寄梁九圖。

《松心詩集·草堂集》卷五《酬吳華溪孝廉炳南，兼寄梁
福草比部九圖》詩、附錄吳炳南《奉懷南山先生》詩。

南山詩云："可能佛力廻元氣，賴有神祇保粵城。"原注：
"佛山兵燹後，聞漸次修復。""去冬夷炮入城數千，傷人
不過數十。"

按，附錄吳炳南詩有"海國有書頻索稿"句，自注："高
麗、琉球皆索先生詩集。"

許文深請題其父許仁"鑒湖雅集圖"，賦詩以應。

> 《松心詩集·草堂集》卷五《許小琴通守請題尊甫耕餘先生鑒湖雅集圖》詩。

排日菊讌。有《丁巳賞菊》詩，句云："及時朋酒爲嘉會，何日乾坤息戰場。"游息之際，仍繫念國事。

> 《松心詩集·草堂集》卷五。

九月初八日，爲廖松遺稿《睫巢吟草》批校，並爲作序。

> 廖松《睫巢吟草》卷首。

> 文曰："余既序廖鑑湖司馬之詩，令子竹生郡丞又以其兄夢生廣文詩二卷屬爲勘定，並請弁言。余觀竹生所述事略，知夢生八上公車，謁選以教職用。南歸，閉門爲經世之學，凡兵、農、水利諸政，靡不盡心研究。甲寅，賊擾佛山，如蜂屯蟻聚。乙卯，賊棄陸就水，有船數百，泊黃埔、新造等處。夢生首請大府設局團練，局名'清海'，蓋以廓清海宇爲志也。夢生捐貲募勇，購火藥器械，且諜知賊船高大，思以小破之，乃多雇麻陽三板，駕駛便捷，衝其前鋒，故能生擒渠魁陳松年。陳松年者，矯健絕倫，賊稱爲教師者也。於是新造、陳頭、大良、陳村、九江諸戰皆捷。固由大府運籌，將士用命，而清海勇亦與有力焉。此夢生留心經濟之明驗也。然夢生長才遠識，尤難及者，吾於詩見之。其《紀事詩》自註云：'沿海新築沙田，無慮萬頃，水口愈狹，水道愈淤，內河日淺，內患日深。'余閱至此，乃歎夢生於平居無事之時，豫料他日粵水無窮之患，此豈徒工帖括博青紫者所可同日語哉！即以兵事論之，昔安南兩次以小船敗嘆夷於海島，然則夢生欲以小破大，足見相機制勝，成竹在胸，惜乎積勞成病，不永其年，不克大展其抱負，爲可惜也！夢生之詩，清真之

中時見警策，於詠古論事尤長，其尤佳者，已緝入《詩人徵略二編》，不復贅論。茲論其家傳風雅，兩代詩人，而經世之才，又皆見於實用，是固深於詩，達於政，能以詩世其家者。余故樂爲之一序再序而不能已也。"

廖松，字竹生、夢生，廣東南海人。道光十九年舉人。官永安縣學訓導。有《睫巢吟草》。

九月十六日，爲唐金華撰《紅荔山房吟稿序》。

唐金華《紅荔山房吟稿》卷首。

文曰："唐君羽階孝廉，以其詩百數十篇屬爲閱定。君尊甫廣文先生爲余甲子鄉榜同年，以績學敦行名於時。君克承家學，經史之外，篤嗜吟詠。今觀其詩，五言古清雋之中，時見遠識。七言古如《夢遊羅浮》及《岳陽樓望洞庭湖》之作，皆逸氣縱橫，希蹤太白；《遊崆峒巖》及《老榕行》二首，則又句奇語重，直逼杜韓。五言律宗法唐人，七言律兼師唐宋，其中懷人詠物，賦景抒情，或追琢以爲工，或自然而入妙。依唐人摘句圖例，則稿中佳句可摘者，奚特張爲《主客圖》所列耶？前歲寇亂，擾及江門，君與本邑官民協力扞禦，轉危爲安。今當服官之年，他日以風雅之長才，著干城之實效，詩通於政，吾即於君之詩徵之。咸豐丁巳九月既望，南山張維屏時年七十有八。"

唐金華，字羽階，廣東順德人。道光二十年舉人。有《紅荔山房詩鈔》。

九月三十日，南山生辰，與黃培芳、吳梯諸人重遊泮水，倪鴻等爲之稱觴，可謂一時盛事。李長榮獻一聯云："詩稱三子，學績三餘，望重三城，福懋三多，壽祝三秋，願松柯益健，菊節彌堅，文囿詞場陪杖履；身歷四朝，名高四海，官尊四品，科聯四世，堂開四

代，況夫婦齊眉，兒孫晉爵，國恩家慶樂林泉。"可謂一時盛事。

倪鴻《桐陰清話》卷八。

秋，林玉衡來省垣，以其先君國枌遺草一卷呈閱，其人與詩南山此前已選入《國朝詩人徵略》。

《國朝詩人徵略》二編卷六二"林國枌"條。

林國枌，字豐園，廣東連平人。增生。有《浮山草堂詩鈔》。

林玉衡，字埮南，號璿臺。國枌子。貢生。官廣東嘉應州訓導。有《榮寶堂詩鈔》。

英法聯軍侵入廣州，盤踞不去，而令清吏理民事。其間廣肇羅道道員蔡振武協助粵撫柏貴，於中外交涉中，不卑不亢，通權達變，極力調護，民獲帖安。乃時人多予譏評，南山爲辨雪之。

《藝談錄》卷上"蔡振武"條引《松軒隨筆》。

此條述云："咸豐丁巳十一月十四日，夷兵入廣州城，時城中文官大員，惟柏中丞貴、蔡觀察振武。麐洲並無官守，原可出城，因中丞相待甚優，不忍舍之竟去。中丞每事必諮商麐翁；而夷酋有事，亦來諮商麐翁。以一身處內外之交，不亢不卑，通權達變。城中既有巡撫道員，於是將軍都統，皆有助而不孤。既有文武大員，於是書吏兵差，以及窮民，皆有所依倚，不至盡行逃散。至今各官衙署，以及民居店鋪，大半皆依然無恙者，麐翁維持調護之力也。局外之人，不知局中之苦心，率多任意譏評，余故特識於此，俾後之持公論者，有可考焉。"

作《憂道樂天說》，據《魯論》、《周易》之說二申憂樂之觀。

《松心文鈔》卷二。

文曰：“道大矣哉！聖人憂之，故《魯論》曰‘憂道’。天高矣哉！聖人樂之，故《周易》曰‘樂天’。夫子所謂道，後人不能知也；夫子所謂憂，後人不能知也。然而聖人有憂，常人亦有憂，今者世道日卑，世途日險，民力日竭，民心日危，思之思之，如之何弗憂？山林有憂，何況廊廟！恭聞聖天子宵旰憂勤於上，大小臣工夙夜憂勞於下，道未墜於地，運將轉於天。然則憂民之憂，亦必樂民之樂乎！昔者夫子嘗言樂矣，曰‘發憤忘食，樂以忘憂’，曰‘飯疏食飲水，曲肱而枕之，樂亦在其中矣’。又嘗言天矣，曰‘不怨天，不尤人，下學而上達，知我者其天乎’。夫子所謂天，後人不能知也；夫子所謂樂，後人不能知也。然而聖人有樂，常人亦有樂，今者賤子年七十有八，目尚能觀書，口尚能飲食，手尚能作字，足尚能步履，幸矣！乃無妄之災，載鬼一車，突如來如，焚如棄如，云何吁矣。然是貧非病，舍旃舍旃，惟是不能聞道，不能知天，不能干城，不能耕田，不能學佛，不能學仙，方憂不暇，何樂可言？然但使世之人皆樂，則吾雖憂亦樂矣。吾觀《魯論》曰‘憂道’，《周易》曰‘樂天’，不覺有會於心，遂合而爲一焉，作《憂道樂天説》，請以質諸世之言憂言樂者。”

按，此文之末，並録諸家評語，計有：“於憂樂相關處，抉出奧義，是二是一。先生抱民物之隱憂，得聖賢之真樂，故言之親切乃爾，非尋常語録之口頭禪也，曷勝欽佩。年家子蔡振武拜讀。”“聞道故能憂，知天故能樂。先生言不能者，謙詞也。不學仙佛而登大年、享大名，與仙佛何異。世人言憂樂者小，先生言憂樂者大也。愚弟陳其錕識。”“賈長沙痛哭流涕，此過於憂。陳同甫謂儒士不知痛癢，此過於不憂。吾師謂不能憂，然徒憂無益，必憂樂並行不悖，庶不至憂能傷人。文義理高深，尤妙在無語録陳言，無講學腐氣。受業金菁茅謹識。""學養淵粹，故詞意謙和，弦外之音，在讀者自領之。蓋心切憂時而不談匡濟，先生近日精研《易》理，戒出位而守括囊，《易》之教也。姻愚姪陳澧謹識。""事則切近，語則包涵，良由見道已深，非徒得天獨厚，宜其年登耄耋，宦顯兒孫。憂廊廟者，正自有人；樂林泉者，曷其有極。先生今年重遊泮水，康彊逢吉，亦樂天之一端也。年姻愚姪梁國琮謹識。""朱子云：聖人憂世之志，與樂天之誠，有並行而不悖者。雖不能至，心竊嚮往之。讀是編，憂樂並言，可以知其梗概。門下受業許其光謹識。""世人喜談經濟，好講才能。今讀我師此文，絶無一語道及，固不謀其政之道乎，亦其言也訒之意乎，抑有所不爲之意乎？識者當於言外得之。受業沈世良讀并識。""去冬夷火焚燒屋鋪數千間，師有數間亦被燒去。乃舍旃弗憂，而但願世人皆樂，此是何等胸懷。至瑣事以經語出之，尤覺渾然無跡。受業李長榮讀并識。""師安貧而不憂貧，惟憂不能聞道，不能知天，此正是見道處。謂不能干城者，不能從軍也。不能耕田者，不能爲農也。不能學佛者，不能學仙者，是不爲也。師亦譚禪而不奉佛，亦修道而不求仙，蓋偶然借以陶情。而卓爾早存定見數語，當分別觀之。受業趙惟濂自閩來粵讀并識。"

許其光，字懋昭，號涑文。廣東番禺人。道光三十年一甲第二名進士。官翰林院編修、廣西知府。後爲學海堂學長。

作《情釋》一文，謂天地萬物皆根於情，情之所繫甚大。

《松心文鈔》卷二。

文曰："天地，情之主也；宇宙，情之寓也；日月，情之柱也；君臣、父子、兄弟、夫婦、朋友，情之序也；詩書、禮樂、政事、文學，情之著也；忠臣孝子、義夫節婦，情之樹也；風雲雨雪、山川道路、鳥獸蟲魚、卉木花草，情之具也；春夏秋冬、寒暑晝夜、治亂興衰、富貴貧賤，情之遇也；飲食醉飽、死生老少、離合悲歡、往來施報，情之緒也。惟天地有情，故萬古有常而不改其度；惟人物有情，故萬類有生而各得其趣。性不可見，於情見之；心不可見，於情驗之。無情，則爲死灰，爲槁木，爲頑石，爲盜賊，爲虎狼，爲鬼域，而人理幾乎熄。然則情之所繫大矣哉！作《情釋》。"

按，此文之末，並錄"天地間自有情字以來，未有如此暢發者。是謂以至情爲至文。愚弟陳其錕拜識。""孔子贊《易》曰：利貞者，性情也。又曰：六爻發揮，旁通情也。子夏序《詩》曰：發乎情，止乎禮義。儒者之教必有情，若無情，則佛教矣。合天地人物，寫出一個情字，博大精深，觀者勿認作小品文字。姻愚姪陳澧讀。""天下無物無情，情之所至，可合可離，可生可死，而不可絕。此作情生文耶？文生情耶？非深於情者不知，非深於文者亦不知也。年姻愚姪許應鑅謹注。""亭林顧氏云：《孟子》論性，專以其發見乎情者言之。今得先生大筆發揮盡致，愈見性善之旨顛撲不破，是爲有功世道之文。內姪金錫齡識。""發而皆中節謂之和。情者，性之發也。先生學養純邃，一往情深，而福壽康強，子孫逢吉，得乎性情之正，以感天地之和，故言之真切如此。姨甥桂文焌謹注。""天下事有理不能喻，而情足以動之者。先生此作，意新格創，筆近詞雅，爲世之用情者明示圭臬歟？即爲世之矯情者痛下針砭歟？年小姪許應驟謹識。""天下之生久矣，人理所由不熄，情筦之耳。無情則恝，恝則坐視顛危而不救，此爲死灰、爲稿木、爲頑石之説也。無情則忍，忍則恣行戕害而不悛，此爲盜賊、爲虎狼、爲鬼蜮之説也。世間禍患之發，其始皆由於無情。是編指點親切，垂戒無窮，極有裨於世道人心之作。姪孫文泗謹識。""伯父嘗言學古文須從周、秦、漢入手，次則唐人。若由宋入手，必多用虛字，筆易弱，氣易瀉矣。此文是周秦氣格，僅二百字，引而伸之，可衍至千餘字。姪祥芝謹注。""《禮記》以人情爲田，已善言情矣。此文更推廣言之，情文相生，愈見情天廣大。孫壻梁汝謙讀并識。""文莫古於經，經莫尊於《易》。觀《坤》卦'履霜'、'直方'、'含章'、'括囊'、'黃裳'、'元黃'，六爻皆用韻，此文通篇用韻，本於《易》。'柱'字、'樹'字似不穩而實穩。'柱'者，枝柱也，'枝柱'本《後漢書》；'樹'者，樹立也，'樹立'本韓昌黎文。外孫錢芝生讀并注。""客問於先生曰：'古今言情多屬男女，《國風》、《離騷》，其最著也。後世《玉臺》、《香奩》、《讀曲》、《子夜》、《風懷》、《無題》諸作皆此意。先生此文，於男女之情得毋有未備乎？'先生曰：'否，否。言男女之情，莫先於《易》，少男少女，其卦爲《咸》，咸而有心，其字爲感，故曰觀其所感，而天地萬物之情可見矣。天地相感以氣，男女相感以形，故曰咸其拇、咸其腓、咸其股、咸其脢、咸其輔頰舌，一身上下皆感也。五爻皆言咸，一爻獨言思，蓋合則咸，離則思，離則悲，合則歡。男女之情，離合悲歡四字盡之矣。'客曰：'善哉！先生之言情備矣。'客去，遂記之。受業謝燿謹記。"觀謝燿等人之語，可與陳澧於南山前篇《憂道樂天説》文末之跋"先生近日精研《易》理，戒出位而守括囊，《易》之教也"語相印證，則二文作年當先後不遠。

爲鄭績題其所繪"夢幻圖"。

鄭績《夢幻圖》卷首。

題辭云："處世若大夢，太白句。謫仙真達人。君原仙者
裔，白雲山有鄭仙。幻作夢中身。一枕黄粱舊，千杯緑酒
新。定騎莊叟蝶，高舉出風塵。"

《易説》亦當作於本年。

《松心文鈔》卷三。

魏源卒。

許玉彬卒。

羅天池卒。

陳徽言卒。

咸豐八年戊午（一八五八） 七十九歲

[**時事**] 英法聯軍解除廣州封鎖，貿易恢復。其
英法艦隊北上。進抵天津。 命黑龍江將軍奕山拒絶
俄國以黑龍江及烏蘇里江爲中俄國界之要求。 廣州
附近各縣爲抵抗英法侵略軍，於順德成立廣東團練總
局。後遷往花縣。 五月，中美天津條約、中英天津
條約、中法天津條約、中俄瑷琿條約相繼簽字；以畢
承昭署廣東巡撫；廣州一法國人被殺，法兵屠殺華人
四十三名；兵部侍郎王茂蔭奏請重刊魏源《海國圖
志》，使親王大臣宗室八旗以是教學，並請變通考選，
先於武備開取士之途。 羅惇衍等督壯勇七千餘人環
攻廣州，被英軍擊退，死傷三百餘人。 十二月，廣
州英軍相繼進擾三元里、石井，與團勇衝突。

正月，英法軍解除廣州城封鎖，退至大黃滘外，兵燹
暫息。爲賦《昇平》詩，歎息如此變局爲二百年來
所無。

《松心詩集·草堂集》卷五。

詩云：“桃符新換頌昇平，且喜連朝熄礮聲。太息市廛成
瓦礫，舊臘城外屋店，燒毀千餘間。欲憑江水洗刀兵。外洋
自宋纔通粵，夷舶何人許近城。國初夷舶未入省河。二百年
來談異事，海珠臺榭忽全傾。賊據海珠，打炮入城，官軍收
復，拆爲平地。”

八月一日，子祥晉卒。陳澧爲撰墓碑銘。祥晉時官省
外，欲歸省，乃假公差返粵，得見父母，而遽因感暑
疾逝去。南山暮年失子，仍以洞達生死之言自解。

《松心十録》癸集《雜陳録》卷一“列子”條。《東塾
集》卷五《張賓嵎墓碑銘》。

按，《雜陳録》卷一“列子”條録“終者不得不終，亦如
生者之不得不生。古者謂死人爲歸人，生人爲行人”語，
下按曰：“珠海老漁有子曰晉，官江蘇，以公事還粵，病
卒。人惜之，勸老漁勿悲，老漁曰：吾年三十七未生此
子，今年七十九此子死，而人惜之，得無以其官給諫，有
聲，官兵備，未竟其用而遽逝耶？官者身外之物耳，吾心
一如三十七之心，則此子之身本無有也，而又奚悲？因讀
《列子》而附記於此。”又記云：“晉兒臨終前一日（七月
廿九日）四鼓，有僕驚起，見方巾長袍者，從兒臥室出，
急呼同伴起，猶見袍服冉冉向風中去也。”

又，《墓碑銘》云：“夷寇陷廣東省城，君欲歸省父母，
求上官爲催餉委員，僞爲賈人附上海輪船，四日而至，見
父母於城西之泌村。……時方盛暑，感疾，卒於省城之西
關，咸豐八年八月一日也。”

張祥晉，字賓嵋。舉人。咸豐間官廣西左江道道員。

本月第九孫兆鼎年十三，中北闈副榜，賦詩勉之并示四孫兆甲。

《松心詩録》二編卷一〇《戊午秋，第九孫兆鼎年十三，中北闈副榜，賦詩勉之并示四孫兆甲》詩。

秋，有《尚友》詩，泛論前賢及詩人，自諸葛亮以下凡十九人，志嚮慕之意。

《松心詩録》二編卷十。

詩序云：“孟子有言，以友天下善士爲未足，又尚論古之人。誦其詩，讀其書，知其人，論其世，是尚友也。嗟予小子，何敢以古賢爲友，然五倫中朋友一倫與君父並列，蓋言友而師在其中矣。三代以後，自漢至於國朝，予生平心悦而誠服者有五人，曰諸葛武侯，曰陶靖節，曰白文公，曰蘇文忠公，曰王文成公。心藏而景仰者十四人，曰陸大中，曰東方曼倩，曰司馬子長，曰張仲景，曰李青蓮，曰杜文貞公，曰韓文公，曰范文正公，曰寇萊公，曰朱文公，曰魏叔子，曰毛西河，曰朱竹垞，曰紀文達公。賦古詩十九首，題曰《尚友》，非敢存上交之心，聊以識嚮往之意。若夫留侯、曲江，系屬遠祖，尚友篇内奚敢列焉。況乎望古遥集，轉益多師，兹十九章亦第就性之所近，心之所親者，形諸詠歌云爾。”

借讀陳澧所藏《武備志》，有詩書其後。

《松心詩録》二編卷一〇《讀武備志書後》詩。

賦《四海團扇》、《四朝帶鉤》詩。

《松心詩集・草堂集》卷五。

《四海團扇》詩序云：“古之四海，就近言之，實亞細亞一洲之地耳。今之四海，東則大東洋，西則大西洋，南則南冰海，北則北冰海。蓋合亞細亞、歐羅巴、阿非利加、

亞墨利加四大洲言之。余參考諸家圖志，命門人謝子輝於
團扇上繪爲一圖，名之曰《四海團扇》，因題一律。”

《四朝帶鉤》詩序云：“合開元錢、大觀錢、至元錢、洪武
錢，鑲之以銅，用作帶扣，名之曰‘四朝帶鉤’，表以一
詩。”詩自注云：“開元、大觀錢，字畫精勁，相傳出名手。”
“世俗帶鉤以翡翠、霞犀爲重，然不過石之有色者耳。”

按，喻福基《海天樓詩鈔》有《詠張南山先生四朝帶鉤》
詩自注：“南翁晉加三品封，鉤以銅鑲而鎏以金。”

羅天池見贈書畫扇，賦詩奉酬。

《松心詩集·草堂集》卷五《羅六湖觀察天池見贈書畫
扇，賦此奉酬》詩。

羅天池，字六湖，廣東新會人。道光六年進士。官道員。
以畫名於時。

越南鄧廷誠奉其國主之命來粵購書，並向南山索詩集，
因書絕句示之，有“島夷人異心無異，也愛中華書與
詩”之句。

《松心詩集·草堂集》卷五《越南國人鄧廷誠奉其國主之
命來粵購書，並索余詩集，因書絕句示之》詩。

十月，爲從化沙溪洞八景、王樂寺八景詩共二千餘首
作評，徧閱取其佳者而次第之，並爲撰序。

張維屏輯《沙溪洞八景詩王樂寺八景詩》卷首。

序云：“沙溪勝境，如登八寶樓臺；從邑多才，恍聽八仙
唱和。八音並奏，合山水以同聲；八篇俱陳，與詩書而共
味。偶題八句，并賦七言：‘寇氛繚靖又夷氛，兵燹頻年
遠近聞。何意絃歌從德化，依然風雅盛斯文。二千卷裏同
揮翰，十六題中各冠軍。十六題各有第一。豈獨瑤篇供玩
賞，更思來訪鳳鸞群。’咸豐戊午十月，從化顏儀一、馬
萬里、陸地山、陸維之、鍾敬軒諸君，以沙溪洞八景、王

樂寺八景共詩二千餘首請余評定，余即徧閱取其佳者而次
第之。諸君子剗風緝雅，範水模山，觀石跡而有仙心，聽
梵唄而悟禪理，且彙諸詩而壽諸梨棗。吾知從邑中心社將
與宋代月泉社並傳，亦吾粵詩壇佳話也。因書數語，以弁
於卷端。南山張維屏，時年七十有九。”

按，《沙溪洞八景詩序》及其中所載“寇氛纔靖又夷氛”
詩，詩集、文鈔俱未收録。

是月，林玉衡來訪，以其詩文請南山删定。爲作《榮
寶堂詩鈔序》。

李長榮《柳堂師友詩録》“林玉衡”條。

序云：“予嘗因論小謨觴館詩文，以爲吳梅村詩麗多於
沉，陳獨漉詩沉多於麗，胡稚威詩文沉多於麗，彭甘亭詩
文麗多於沉。沉麗二字，兼者爲難，蓋麗在肉采，沉在神
骨，非天工、人事兩臻其極者，未易言斯詣也。連平林璇
臺廣文之詩文，予向者所許爲幾於沉麗者也。憶丙辰歲璇
臺來羊城，出其詩文屬爲删訂，其散行文樸實，説理自成
一子；駢體文香薰班馬，艷摘徐庾，俱可預決其必傳。至
其所爲詩，運筆則排蕩縱橫，構思則深入顯出，一種矯健
之氣、綿邈之情，實足以摧三軍之壁壘，沁一世之心脾。
兼綜諸家，獨能擇取諸家之長而去其短。規橅古人，獨能
不襲古人之貌而得其神。時而翡翠蘭苔，時而鯨魚碧海，
洵所謂合漢魏六朝唐宋元明以迄國朝名家共爲鑪冶，而又
能獨開生面者。牧齋贈漁洋詩云：‘驥驥奮蹴踏，萬馬喑
不驕。勿以獨角麟，儷彼萬牛毛。’吾於璇臺亦云。聞者
得毋以予爲阿所好乎。璇臺爲豐園先生令子，先生以文詞
雄長嶺南者垂四十年，惜壯歲捐世，其詩予已採入《徵
略》二編矣。家學淵源，師承有自，若璇臺者，以天才
之穎異，兼年力之富強，異日海内盤敦之盟，定當獨樹一

幟，吾言其噂矢矣。夷氛遍地，寄跡江鄉，吮墨濡毫，語無倫次，因其郵書屬序，遂書平日期許之言歸之璿臺，以質他日之讀璿臺詩文者。咸豐八年歲次戊午冬十月，番禺張維屏。"

按，昔人爲人撰序，譽美之詞恒多，南山於玉衡詩許以沉麗兼之，亦此類也。惟論吳、陳、胡、彭諸家於沉麗分際，則頗確切，亦南山生平所求索而未至者也。此序《松心文鈔》未載。

早梅已放，晚菊將殘。賦詩簡諸同好。

《松心詩集·草堂集》卷五《早梅已放，晚菊將殘。偶賦一詩，簡諸同好》詩。

詩云："欲養餘齡須習靜，水村深處閉柴關。"自注："明日往泌鄉。"

黃培芳、蘇六朋、李長榮雅集杏林莊，南山以小病未至。後見該日雅集畫卷，乃爲賦《題杏林莊畫》詩。

鄧大林輯《杏莊題詠四集》卷一。

詩題下自注："讀畫者問：'園中客爲誰？'老漁曰：'必是香翁、枕翁、獻翁、子虎也，老漁小病未到。'後見畫補詩，屬松心書之。"

按，香翁爲黃培芳，枕翁爲蘇六朋，獻翁爲梁琛，子虎爲李長榮。

臘月初六日，鄧大林招同羅應、許文澄、李長榮、何翀、何桂林集杏林莊賞杏花。飲酒小醉，渡江晚歸，有詩。

鄧大林輯《杏莊題詠》之張維屏《戊午臘月初六日，鄧蔭泉中翰招同羅崧生封翁應、許蓉裳通守文澄、李紫翽學博長榮、何丹山翀、一山桂林兩上舍，集杏林莊賞杏花。飲酒小醉，渡江晚歸》詩。

許文澄，字蓉裳，安徽蕪湖人，文深弟。官通判。

何翀，字丹山，號煙橋老人，廣東南海人。畫家。

十二月十九日，鄧大林、李長榮招同喻福基、許文澄、趙惟濂、潘恕、錢芝生集杏林莊拜坡公生日。時英法軍尚踞城未去，劫痕宛在，感而賦詩，有“太息華夷難界限，海氛飛到妙高臺”句。

《松心詩録》二編卷一〇《戊午十二月十九日，鄧蔭泉中翰大林、李紫黼學博長榮，招同喻少白參軍福基、許蓉裳通守文澄、趙勉之司馬惟濂、潘鴻軒茂才恕、錢子瑞上舍芝生集杏林莊，拜坡公生日，有感而作》詩。鄧大林輯《杏莊題詠》之張維屏《戊午十二月十九日，集杏林莊拜坡公生日》詩。

錢芝生，字子瑞，南山外甥。監生。

爲簡士良《秦瓦硯齋詩鈔》題辭。

簡士良《秦瓦硯齋詩鈔》。

題辭曰：“司空詩品：‘落落欲往，矯矯不群，緱山之鶴，華頂之雲。’又云：‘歡樂苦短，憂愁實多。何如尊酒，日往煙蘿。’讀東洲詩，書此贈之。珠海老漁張維屏。”又題詩曰：“此老似簡傲，其心常浩然。羅胸一萬卷，下筆□十年。集詠史諸作。自得山水趣，而兼金石緣。相期合三益，何梅士簡東洲羅鐵漁，余目之爲寶安三益。樹立繼前賢。珠海老漁張維屏。”

又，《藝談録》“簡士良”條云：“東洲姓簡性亦簡，似近兀傲，其實腹有詩書，胸無畦町，嗜古若饑渴，愛詩如性命。昔唐賢孟東野工五言，羅昭諫工七言，今東洲五言、七言並工，方之古人，似無多讓。”

按，簡集卷六《哭南山夫子四首》句云：“剛讀叢談録，旋頒絶筆詩。”則題辭當爲本年所作。

夫人金氏卒。

　　金菁茅《張南山先生年譜撮略》。陳澧《東塾集》卷六
　　《張南山墓碑銘》。

康有爲生。

陳其銳卒。

朱駿聲卒。

龍啟瑞卒。

咸豐九年己未（一八五九）　　八十歲

　　[**時事**] 囚於印度之葉名琛絕食亡。　英法軍艦
駛入肇慶，上至梧州。　英法聯軍進攻大沽口，被擊
退。　四月，清廷調王慶雲爲兩廣總督。時敵駐廣州，
兩廣總督駐佛山。　六月，新任廣東巡撫勞崇光入廣
州城。　九月，以勞崇光代王慶雲爲兩廣總督。　赫
德任粵海關稅務司。　基督教美國公理會在廣州建立
博濟醫院。　李善蘭譯《代微積拾級》十八卷刊行。
　　偉烈亞力（Alexander Wylie）、李善蘭合譯《談天》
十八卷刊行。

自泌沖鄉回城，有《新年入城》詩。時英法聯軍尚踞
城，新歲市井蕭條，感而有作。

　　《松心詩集·草堂集》卷五。

　　詩云："十家九户閉柴荆，白晝巡街有鬼兵。八十老人談
　　異事，廣州城裏少人行。"

新正初六日，與陳澧、鄧大林、許應鑅、李長榮、錢
芝生、趙惟濂諸友生宴游酬唱。有《新年》詩。

《松心詩録》二編卷一○。

序云："己未正月初六日，放船花埭，遊諸園林，見百卉欣欣向榮，而連日嚴寒，大有江北雪天風景，牡丹數十盆猶含苞欲蕚，以待晴暄。入春以來，今日始瞻麗日，遊人皆有喜色，不特百鳥和其聲以助管弦也。晚飲花舫，同集者陳蘭甫學博澧、鄧蔭泉中翰大林、許星臺水部應鑅、李子黼光簿長榮、錢子瑞上舍芝生，主人余門人趙勉之刺史惟濂，記之者珠海老漁張維屏也。"

詩有云："幾時華夏消夷患，何日乾坤息戰場。世事艱難春事盛，且偕良友看群芳。"

初七，自南海泌涌至番禺，往訪沈世良，互道離悰。繼又泛舟花埭賞牡丹，有詩。

《松心詩集·草堂集》卷五《人日泛舟花埭》詩。沈世良《小祇陀盦詩鈔》卷四《人日南山自泌涌來過草堂，情意諄摯，感而有作》詩。

詩云："珠江新綠類新醅，人日同人逸興催。世自亂離春自好，花仍開放我仍來。烽煙慣見如無事，雲水相招似有媒。千里鼠姑重邂逅，去歲無牡丹，今見數十本。破除塵慮且銜杯。"

十七日，赴李長榮之招，集柳堂拜倪瓚生日，同集者黃培芳、喻福基、鄧大林、倪鴻。

李長榮《柳堂師友詩録》黃培芳《己未正月十七日，子黼招同南翁、少白、蔭泉、雲癯集柳堂祝倪高士生日》詩。

二十日，阮元生日，譚瑩、陳澧、李能定、徐灝、沈世良諸人設祀於文瀾書院。南山邀林鴻年同集，與諸君談讌甚歡。林賦七古一篇，有句云："樽酒同欣香火緣，一堂舊雨聯今雨。"

《藝談録》卷上"林鴻年"條引《聽松廬詩話》。

按，《藝談録》卷上同條又云："勿村初至粵，即交相善。惟君守瓊州，余居廣州，無由會合。此番自閩來粵，將自粵入都，適道途阻梗，留寓羊城，因得時相晤叙。論道藝則相説以解，談時事則憂思難忘。方喜題襟，又嗟判襟。送君北上，望君南來。三復贈言，良深紉佩。"

李能定，字碧玲，廣東番禺人。道光十七年舉人。有《花南軒詩文稿》、《花南軒筆記》。

二月初七日，梁九圖招同金菁茅、吳炳南、黃銓、倪始逵、何又雄、梁思溥集佛山梁園，有詩。

《松心詩集·草堂集》卷五《二月初七日，梁福草比部九圖招同金醴香員外菁茅、吳星儕孝廉炳南、黃竹虛千戎銓、倪雲矃上舍始逵、何澹如茂才又雄、令姪洛舫茂才思溥，集梁園》詩。

詩云："傷時敢謂詩爲史，入席剛逢侶是仙。"自注："近作羊城詩，見者目爲詩史"、"同席適符八仙之數"。

梁思溥，字洛舫，廣東順德人。以廩貢生報捐教諭，後任廣西容縣知縣。

於許文深齋中觀王文端公所藏米芾畫像。越日至十二石山齋觀蠟石，至梁園觀英石、太湖石。乃賦詩與園主人再結一重水石緣。

《松心詩集·草堂集》卷五《前日，許小琴通守齋中觀王文端公所藏米南宮畫像。越日至十二石山齋觀蠟石，至梁園觀英石、太湖石。因賦絶句，與園主人再結一重水石緣》詩。

二月二十八日，杏林莊紅杏花開。鄧大林置酒邀同陳澧、許文澄集杏林莊賞花。酒罷有詩，並邀同作。

鄧大林輯《杏林莊杏花詩》卷四張維屏《咸豐己未二月

二十八日，杏林莊紅杏花開，主人鄧蔭翁置酒邀同陳蘭翁、許蓉翁共賞之。酒罷有詩，録請諸詞長正之并邀同作》詩。

詩云："前歲名園初見白，今朝新萼忽舒紅。"自注："數年前杏莊初見白杏花。""自古以來，吾粵賞花未聞有賞紅杏花者，有之自今始。"

三月三日，伍元葵招同劉庚、招子懷集清暉池館修禊，有詩。

《松心詩集·草堂集》卷五《三月三日，伍秋園郎中元葵招同劉西山少尹庚、招鶴舟參軍子懷，集清暉池館修禊》詩。

詩云："未了烽煙感，仍存祓禊身。園林河畔宅，唐人句："河畔雪飛楊子宅。"絲竹酒邊人。往事徵耆舊，談五十年前事。佳兒洽主賓。秋園不能飲，命令子建侯司馬酌客。良辰莫孤負，觴詠洗風塵。"

招子懷，號鶴舟，廣東南海人。子庸弟。畫家。

從招子懷處知門人馮詢帶兵勇剿賊，屢獲勝仗。因賦詩寄之，兼示招子懷。

《松心詩集·草堂集》卷五《晤鶴舟，知余門人馮子良太守帶兵勇剿賊，屢獲勝仗。因成一律寄子良，兼示鶴舟》詩。

詩云："見説章江尺素來，風前披覽老懷開。早聞眾口稱賢守，難得儒門出將才。五百好詩傳已定，君詩數千首，可傳者數百。六千勁卒敵能摧。君所領六千人，屢戰屢捷。卅年舊雨同欣慰，謂鶴舟。西望江雲合舉杯。"

編《學海堂三集》成，兼爲撰序。

原書張維屏序。

序云："自道光乙未年學海堂二集刻成後，制府、中丞、

學使課士如舊。閱己酉年，積卷既多，葉相國命選刻三
集。維屏等選爲一帙，釐爲二十四卷，呈請鑒定，以付梓
人。會有兵事，今乃告竣，續於初集、二集之後而印行
之。咸豐己未年春三月番禺張維屏謹識。"

按，此書自道光二十九年己酉受命編輯，至是已越十年。
而葉名琛已爲英人擄往印度，客死其地矣。

三月底，莫芝雲以近歲所爲詩約五百首編爲五卷，請
南山閱定，且求弁言。留齋中凡五旬，五月十六日閱
畢，乃爲之序。

《聽松廬駢體文鈔》卷四《莫子青蒔花館詩鈔序》。

序云："莫君子青以近歲所爲詩約五百首，編爲五卷，請
余閱定，且求弁言。留齋中凡五旬，閱畢，乃爲之序曰：
子青以陸機作賦之年，有終軍請纓之志。由粵至燕，往返
萬里，有崇山峻嶺以壯其規模，有長江大河以助其氣勢，
有沿途古蹟以供其憑弔，有歷朝金石以徵其異聞，有煙雨
合離、風濤洶涌以博其奇觀。既至京師，瞻皇都之壯麗，
仰宮闕之巍峨，懷駿骨於金臺，訪狗屠於燕市。憫忠寺
裏，酹征士之羈魂；長春觀前，緬真人之仙蹟。皆足以發
揚鬱抱，激宕豪情。宜乎長篇短什，脫手如飛。麗句妍
詞，騁懷而與。接於目，若舒七襄之錦；入於耳，如陳九
奏之音。美哉風乎，淵其雅矣！無何，北闈報罷，南客思
歸，聞旅雁而動鄉愁，感草蟲而知時變，則又有宋玉悲
秋、淮南招隱之意焉，而子青之詩，至是一變矣。至於言
旋鄉國，適意盤桓。長篇代簡，同白傅之抒情；七言排律
六十韻呈偉南觀察。左手持螯，忘維摩之示疾。此家園之樂
事，槃澗之窩言。迨夫紅巾創亂，白刃交兵，城中在局諸
君，修矛戟以同仇，守梓桑而弗去，卒能同心共濟，化險
爲平。此又班超投筆，律以師貞；卜式輸邊，佐其軍實。

信儒生之楨幹，即大邑之干城，而子青之詩，至是又一變矣。子青華年鼎盛，汲古緪修，凤擅臨池，兼工八法，索詩者方愜心而去，求書者又接踵而來。高書記之晚達，宣其然乎？馬賓王之功名，必有以也。惟是詩境無窮，詩宗不一，《三百篇》本無定格，五七言各有傳人。《記》曰：‘學然後知不足。’知不足然後有進境，子青虛其心，實其腹，而益勉於學焉，其進將不可量矣。嗟乎！學知不足，豈獨爲詩發哉！即吾所望於子青者，又豈獨在工詩乎哉！咸豐己未五月既望，珠海老漁張維屏序，時年八十。”

莫芝雲，字子青，廣東新會人。諸生。官教諭。有《子青詩鈔》。

六月，朱鑑成來訪。

《道咸同光四朝詩史》乙集卷四録朱鑒成《輓張南山先生》詩自注。

朱鑑成，字眉君，四川富順人。同治三年舉人，官內閣中書舍人。時爲兩廣總督黃宗漢幕友。有《題鳳館詩集》。

八月二十四日，廣東巡撫勞崇光探望南山，謂：“聞名四十載，今日始見。”

陳春榮《香夢春寒館詩鈔》卷五《張南翁以己未八月二十四日勞星階中丞枉顧誌詩見示，次韻即呈》詩原注。

病亟，猶手緘《藝談録》及告別詩寄蔡愚若。

李長榮《柳堂師友詩録》蔡愚若《哭張南山先生》詩自注。

詩自注云：“公臨殁前一夕，手緘《藝談録》一部、告別詩二首寄予。”

蔡愚若，字穎齋，福建龍溪人。官同知。有《嶺南游草》。

病將歿，聞陳澧子宗誼去世，手書輓聯哀之，比之爲
顏子。

　　陳澧《東塾集》卷六《長子宗誼墓碣銘》。

九月十八日，南山卒於清水濠里第，年八十。歿前數
日，以《崔東壁遺書》、《居業堂集》諸書贈陳澧。

　　陳澧《東塾集》卷五《張南山先生墓碑銘》、卷六《長子
　　宗誼墓碣銘》。

　　汪宗衍《陳東塾（澧）先生年譜》：咸豐九年九月，“張
　　維屏卒，年八十。歿前數日，以《崔東壁遺書》、《居業
　　堂集》爲贈。”並加按云：“書衣題云：‘此書世間少見，
　　茲特送與蘭甫先生，咸豐己未九月記，珠海老漁時年八
　　十。’兩書均同，想所贈不止此二種也。”

　　按，所贈書或不止《崔東壁遺書》、《居業堂集》二種，
　　時人陳垣亦持此見。據一九三六年六月三日陳垣與汪宗衍
　　書云：“近得道光刻《崔東壁遺書》十八册，有東塾印記
　　及批語數十條，書衣題字四行云：‘此書世間所少，茲特
　　送與蘭甫先生。咸豐己未九月記。珠海老漁時年八十。’
　　蓋南山卒前數日所贈也。”又，一九五二年十二月七日汪
　　宗衍與陳垣書云：“偶檢敝篋有道光辛卯讀雪山房刻王源
　　《居業堂集》（每半葉十三行、行二十二字），中有東塾批
　　語甚多。書衣有張南山題記云：‘此書世間所少，特送與
　　蘭甫先生，咸豐己未九月記。珠海老漁時年八十。’原書
　　二十卷，分釘四册，今殘存一册，只前五卷。”又，一九
　　五二年十二月二十九日，陳垣與汪宗衍書云：“敝藏亦有
　　南山贈東塾書一部二函，書中東塾批語甚多，書衣題記年
　　月及詞句與尊藏《居業堂集》完全相同，見照片。蓋南
　　山臨終之一月贈東塾者。南山著《國朝詩人徵略》，收清
　　人詩文集至夥，恐所贈尚不止此。今吾二家各得其一，亦

佳話也。"

十月初九日，南山家開吊，陳澧與祭。

　　陳澧《東塾遺稿》第二十六册。

子祥泰隨後亦卒。

　　金菁茅《張南山先生年譜撮略》。陳澧《東塾集》卷六
　　《張南山墓碑銘》。

葬廣州城東北銀坑嶺（位於今廣州市天河區元崗村西
北），夫人金氏祔焉，子祥晉、祥安分葬左右。陳澧
爲撰墓碑銘。

　　陳澧《東塾集》卷五《張南山先生墓碑銘》。

　　文曰："張南山先生之墓，在廣東省城東北銀坑嶺靈岡，
　　夫人金氏合葬，子祥晉、祥安葬左右。先生以祥晉封通奉
　　大夫，孫兆熙等立二品之碑，而陳澧刻辭曰：先生諱維
　　屏，字子樹，一字南山。曾祖諱廷望，自浙江山陰遷廣東
　　番禺。祖諱元，前祖妣王氏，皆早卒。繼黃氏奉旨旌表節
　　孝。考諱炳文，四會縣學訓導。妣耿氏，兩世皆贈通奉大
　　夫。妣皆夫人。先生幼能詩。年十三，應縣試，知縣吳政
　　達奇之，爲之誦《毛詩序》曰：'南山有臺，樂得賢也。'
　　字之曰南山。里中方氏有園池，集諸名士賦詩，先生以童
　　子與焉。方翁許嫁以女，未婚而死，先生悼以詩，辭采哀
　　豔，傳誦一時。嘉慶二年，爲諸生。九年，中舉人。以祖
　　母年老不赴會試，而肆力於詩，粵中推爲詩人。後會試至
　　京師，翁覃溪學士曰：'詩壇大敵至矣！'會試屢不中，
　　大挑一等，不欲爲知縣，改教職，選臨高學教諭。以親老
　　不欲渡海，告病。與友數人築室白雲山居之，又遊羅浮
　　山，爲詩益奇。道光二年中進士，以知縣用，分發湖北，
　　補長陽縣，署黃梅縣。江水潰隄，災民遍野。先生請帑金
　　賑之。上官奏其績，曰：'盡心民事，深洽輿情。'調署

松滋縣、廣濟縣。不欲收漕，曰：'不浮收則漕費無所出，浮收則理不直，理不直則氣不伸，吾甯棄官以伸氣。'遂告病。上官留之，署襄陽同知。丁訓導君憂，服闋不欲爲知縣，將改教職，親友助以資，捐升同知，分發江西，署袁州府同知、泰和縣知縣、吉安府通判、南康府知府。兩登廬山賦詩。先生好遊山，告病，歸游鼎湖山、七星巖，西至桂林，遊諸巖洞。返番禺，賃居花地之東園，以詩酒絲竹自娛。長子祥泰爲園於花地之西曰聽松園，先生時往遊焉。自嘉慶、道光、咸豐數十年，同輩詩人零落殆盡，而先生巋然獨存，年老耳聰目明，讀書日有程課。爲學海堂學長，堂中士虞必芳少年善屬文，先生往拜之曰：'昔吳學士齋老矣，聞人誦吾詩，輒來拜我。我今敢不畏後生耶?'其愛才如此。所著書曰《讀經求義》，曰《經字異同》，曰《史鏡》，曰《國朝詩人徵略》，曰《松心詩集、文集》。尤精醫術而不著書，自言學醫四十年，得黃氏元御書，乃通長沙之學，其深造過於詩也。道光中，林總督則徐奉旨至廣東禁鴉片，訪於先生，先生曰：'毋開邊釁。'已而夷人攻省城。咸豐六年，夷人又攻省城，礮子及先生坐旁，乃徙居城西之泌村。七年，城陷。祥晉官江蘇候補道，泛海歸省親，病歿。逾年，金夫人卒。仲子祥鑑、季子祥安先卒，先生曰：'吾亦將去人間矣。'生平慕陶淵明，及有疾，誦陶詩曰：'縱浪大化中，不喜亦不懼。'九年三月賦詩辭世，而題曰《九月》。果以九月十八日卒於省城清水濠里第，年八十。祥泰官湖北知縣，先生卒後，祥泰亦卒。先生子四人，今無存者。有孫十人，曾孫□人。澧童時蒙先生獎譽，至老契好彌篤。先生嘗招飲，手一卮曰：'飲此，他日銘我墓石。'既而自言曰狷者也。嗚呼！澧之述先生，何如先生之自述

哉。先生歿時，澧喪長子，哀傷成疾，不能握筆，常恐遂
死，永負先生之託。而今猶在，幸也，乃爲銘曰：邈矣先
生，其德愔愔。有晬其容，有介其心。位不副德，守令丞
倅。功在救災，道在勇退。既退而休，視聽可娛。有山有
水，有詩有書。既壽而康，期頤可卜。世有盛衰，家有歌
哭。賦詩而逝，飄如登仙。既享高名，亦獲大年。大年有
涯，彭殤一邱。高名無涯，片石千秋。我爲銘章，敬踐宿
諾。老淚浪浪，與筆俱落。先生有靈，知我心悲。嗚呼何
日，九原同歸。"

遺集均存陳起榮家。

　　林昌彝《衣讔山房詩集》卷八《張南山太守珠海老漁唱
　　霞圖遺照，爲其門人陳奎垣起榮山人題》詩自注。

是年上距第一次鴉片戰爭爆發十九年，太平天國之起
已九年，下距辛亥革命五十三年。

袁世凱生。

汪兆銓生。

葉名澧卒。

黃培芳卒。

咸豐十年庚申（一八六〇）　　逝後一年

本年陳澧與俞文詔、鄭獻甫遊海幢寺時，將南山詩刻
送藏於寺中。

　　鄭獻甫《補學軒詩集》卷八《陳孝廉蘭甫、俞觀察麐士
　　招遊海幢寺，時送張南山詩刻藏於此》。黃國聲、李福標
　　《陳澧先生年譜》。

　　鄭獻甫，原名存，別名小谷。廣西象州人。道光十五年進
　　士。本年應兩廣總督勞崇光之聘執教廣州越華書院。有

《補學軒詩文集》。

同治十年辛未（一八七一）　逝後十二年

陳澧輯《聽松廬詩略》成，刊入《學海堂叢書》第三輯。

原書書首。

書前有序云：“南山先生晚年倣昔人精華録之意，選刻其詩三百餘首。當是時，澧欲爲先生選之而未以告也。先生殁後，澧愴然曰：昔吳季子以徐君愛其劍，徐君殁，乃掛劍於墓樹，曰：‘吾心許之矣。’彼季子之劍也，而不以生死易心，矧此先生之詩也，吾心欲爲選之，烏可忘之哉！乃讀先生詩數過，鈔二百餘首，爲二卷，意在精華，不必多也。其關於出處者鈔之，尋常酬贈之作則不鈔。先生嘗贈澧長篇，澧心感之，而亦不鈔，爲之例也。先生詩屢有刻本及自書墨跡，字句每有不同，竊以愚意定之。先生長澧三十歲，嘗教澧爲詩。澧學詩不成，以爲愧負，安敢云選先生詩，但題曰《詩略》而已。其精華恐不止此也。然而此二卷詩，足以傳矣。同治十年二月陳澧序。”

張維屏先生著述考録

經疑擇善四卷

未見。《松心文鈔》卷五有道光三十年許喬林《詩人徵略序》，歷舉南山著述，中言及此書。見年譜道光三十年十月初一條引。又，《松心詩集·花地集》卷一《夜》詩，有"老去分陰惜，經畬尚力耕"句，自注云："撰《經字異同》、《經疑擇善》二書。"則道光十七年已著手撰述，其後能否成書，未見道及。

經義録六卷

道光二十年（一八四〇）刻本。前有題識。

該書分別對《周易》、《尚書》、《詩經》、《春秋》、《禮記》等五經中若干篇章節述或解説，内容短少精悍，並附綴短評及心得。

後收入《松心十録》。參"松心十録"條。

讀經求義二卷

嘉慶二十一年（一八一六）刻本，又有道光間刻本。

卷首自序云：“孔門教人博文約禮，文莫大於六經，古人有殫畢生之精力而未能闡一經之蘊奧者矣，治經豈易言哉！顧自漢以來說經者眾，其間異同分合，每多蓄疑，爰于溫習之餘，博稽參考，以求其義，偶有會心，隨筆記之，復刪存其半付梓人。以或肯然，□□未峻，驪駒在門，遂攜置行篋，籍以就正有道，非敢謂于經學少有得也。”又附其座師陳壽祺來書，見本譜嘉慶十一年條。

此書僅就《詩經》、《禮記》二經論說，論《詩經》者較詳。雖欠精博，而不無新得。如謂風、雅、頌乃詩體，無尊卑優劣，何有升降？風先邶、鄘、衛，以其爲殷之故都，次之以王，以其爲周之東都。頗有理。說《禮》“廟”，謂周世室，不在七廟之外，無九廟之制。可謂康成功臣。

經 觿

未見。《松心詩集·草堂集》卷四《輓桂星垣觀察二十韻》詩末自注云：“余撰《經觿》、《史鏡》二書，君許爲校刊。”時爲咸豐四年。翌年撰《病中遣懷》詩，自注云：“撰《經觿》、《史鏡》草稿已盈尺。”則書或已垂成。見本譜咸豐四年、五年條。

經字異同四十八卷

有清道光十九年（一八三九）刊本，又光緒五年（一八七九）刊本。前有道光庚子孟春自識，見《年譜》道光二十年條引。另有張氏手寫本，有硃批。見黃蔭普《廣東文獻書目知見錄》。

此書經始于南山江西泰和縣任上，五十九歲歸寓東園後始有暇初成，繼有所增補。書中輯錄諸經古本文字異同，並考以《説文解字》暨史書、碑版、各家之説。曾寄呈阮元，元覆函云："此書尚需訂補。"晚歲薄遊桂林，舟中猶閲《説文解字》，撰《經字異同》，知其耽思於此，未嘗自足。《新春宴遊唱和詩》録梁國珍《再疊前韻》詩云："司馬研經岳相臺。"原注："讀大著《經字異同》，精博不減相臺。"同書録李應田《春遊次南山太姻丈韻》詩中原注亦譽爲足與宋張有《復古編》並傳也。清俞樾《春在堂雜文》四編卷七《宋澄之湖樓筆談説文經字疏證序》譽之云："余嘗喜番禺張維屏《經字異同》一書，其書四十八卷，古書援引異同，羅列無遺。嘗願爲之疏證而精力不逮。"

南山篆集八卷

清刻本，國家圖書館藏。

其書體例與《經字異同》相近。廣搜歷代古器石刻及經籍之大篆字體，與楷書字體並列，清晰簡明。

經訓謀心

未見。黃喬松《聽松廬詩鈔序》、金菁茅《聽松廬詞鈔序》、劉彬華《嶺南群雅》二集"張維屏"編謂有此著。

韻類蒙求

未見。金菁茅《聽松廬詞鈔序》謂有此著。

礐泉内編

未見。金菁茅《聽松廬詞鈔序》中提及。

後南北史一百二十卷

書未成。《藝談録》卷上"龔鞏祚"條引《聽松廬詩話》云："定盦之意，蓋欲無所不知，無所不能，所著書數百卷，大都有目無書。亦如余所著書目，有《後南北史》二百卷、《廿二史識小録》八十卷，體例雖定，無力撰成也。"又，《花甲閒談》卷十六録道光二十一年春復阮元書云："又欲撰《後南北史》二百卷，自度無力，姑存此志而已。"

廿二史識小録

書未成。擬爲八十卷。參見上條。

史 鏡

未見。《新春宴遊唱和詩》録李應田《春日次南山太姻丈韻》詩云："讀史縱談千秋事。"原注："先生著《史鏡》。"

是書又名《海天史鏡》。《花甲閒談》卷十六録道光二十一年春《復阮元書》云："屏邨居讀書，近著《海天史鏡》，取史事有關於治亂興衰、是非得失者，類舉之以爲鑑觀勸誡之助。蓋前車可爲後車之鑒，前事可爲後事之師，書之大意，要在於此。再遲數年，或可卒業。"然咸豐四年作《輓桂星垣觀察二十韻》詩末自注云："余撰《經觿》、《史鏡》二書，君許爲校刊。"翌年撰《病中遣懷》詩自注云："撰《經觿》、《史鏡》草稿已盈尺。"則書或已垂成。參本譜咸豐四年、五年條。

讀史求義

未見。黄喬松《聽松廬詩鈔序》、金菁茅《聽松廬詞鈔序》、劉彬華《嶺南群雅》二集"張維屏"編並云有此。

（道光）龍門縣志十六卷首一卷末一卷

清毓雯、張經贊主修，張維屏總纂。清道光二十九年（一八四九）事竣，咸豐元年（一八五一）刻本。南山並爲之序。見本譜咸豐元年條引。

廬秀録四卷

有清道光十六年（一八三六）刻本。前有道光十六年正月初七日自序，見《年譜》道光十六年條引。按其序言，此書乃"暇日閲《廬山志》所載詩，隨意録之"，摘録歷代詠廬山及廬山各古跡之詩什約篇，不嫌其簡與少也。詩前摘文獻中有關其地之介紹語，詩末多有按。卷一録總詠廬山二十二首，補録三首，以陶靖節《遊斜川》詩冠諸簡端；卷二分詠東林、西林、香山草堂、天池山、天池寺、聚仙亭、黄龍寺、歸宗寺、開先寺、瀑布泉、青玉峽、龍潭、漱玉亭、中主讀書堂、王文成公紀功石刻、黄石巖、黄巖寺、文殊峯、文殊塔等，凡六十六首；卷三分詠白鹿洞、五老峯、棲賢寺、三峽澗、三峽橋、玉淵潭、萬杉寺等，凡三十八首；卷四分詠栗里、醉石、濂溪、白石庵、李氏山房、白鶴觀、簡寂觀、三疊泉、臥龍岡、臥龍庵、落星石、六老堂等，凡五十首。四卷總計一百七十九首，其中録南山自撰詩四十首，幾近所録詩三之一，殆以償"吾心所接也"。

花甲閒談十六卷

南山於道光十九年己亥年（一八三九）輯。卷首有小引，見本譜該年條。書末有張璐跋，見本譜道光二十年條。所録自撰詩文及師友之詩文，頗能見其一生行跡及交遊，其中間有爲他集所未收者。

其三十二圖目録爲桐屋受經、松廬把卷、羅浮攬勝、庾嶺衝寒、杭寺梵鐘、蘇臺鐙舫、洞庭雪櫂、揚子風颿、鄉園舊雨、京國古風、香閣懷仙、燈龕伴佛、三度趨朝、五番鎖院、黄河曉渡、赤壁夜遊、江漢飛鳧、襄樊駐馬、黄梅集雁、建昌捕蝗、天津望海、天池看雲、青原訪碑、匡廬觀瀑、鶴樓轉餉、鹿洞講書、快閣攜琴、章江泛宅、荆渚煙波、桂林巖洞、珠海唱霞、花邨種菜。三十二圖目録卷端下題"南海葉夢草生香繪"。

《五百石洞天揮麈》卷一二云："南山先生仿長白麟見亭河督慶《鴻雪因緣》之例，自編《花甲閒談》一書，爲圖三十有二，略以對語相聯，如桐屋受經、松廬把卷、羅浮攬勝、庾嶺衝寒之類，先後本無倫次，舊作詩文可與圖互證者録之。師友篇章，閒附一二，審擇精當，可無《鴻雪因緣》筆墨冗濫之弊。後有作者，必來取法。其圖爲南海人葉夢草字春塘手筆，工緻秀雅，山川雲物，悉撝實境，可當臥遊。所作近代冠服，下逮輿馬，尤見雍容華貴，而無齷齪俗狀。家奴騶卒，耕氓饁婦，意態各呈。細按之，僅大如粟米，可稱繪事能品。而余翻惜倉山一叟當日交滿天下，遊遍名山，可圖可傳之事正復不少，而乃區區以續冒水繪同人集聞也。"

桂游日記三卷

有清道光十七年刻本。封頁署"道光丁酉七月 聽松廬藏板"，書末有"羊城西湖街富文齋刊印"。前有道光十七年五月朔日會稽朱鳳梧識語，見本譜道光十七年條引。

道光十七年（一八三七）南山辭官旋粵次年，聞桂林山最奇，又應姻家李秉綬邀，往游焉。於二月二十八日登舟啟程，溯西江而行，至五月初九日返家，前後歷時兩月有餘。此書即排日記其游桂二月餘之旅途所見、所感、所讀之書、所作之詩文等，其在桂林之所交接聞見之事記之尤詳，其中有記叙，有辨論，有考證，名理清言，層見疊出。山川水程，斑斑可考，爲後世考察清中期粵西文壇風貌之重要文獻。

桂游途中南山所作十七首詩，有十五首收入《桂林集》，題目有所修改，而《西水歌》則收入《花地集》。

國朝五子精言

未成。《國朝詩人徵略》卷三"魏禧"條引《松軒隨筆》："余嘗欲輯顧亭林、魏叔子、魏環溪、湯潛庵、陸稼書五先生之語有益于後學者，合爲一編，名曰《國朝五子精言》。"

談海篇

未見。《新春宴遊唱和詩》録李應田《春日次南山太姻丈韻》詩云："憂時常切百年心。"原注："著《談海篇》。"

礟　考

未見單行本。見載於清福格《聽雨叢談》卷五。參見本譜咸豐三年條。又，《國朝詩人徵略二編》卷二七"阿桂"條，亦列其書之條目"礟"、"砲"、"抛"、"礌"、"炮"、"歷代用礟"、"火礟"、"火藥"等。

松心十録四十七卷

此書乃讀書筆記，先以摘抄原著，多附按語以出己見。有清道光二十年（一八四〇）刻本，前有陳澧篆書名，署"道光庚子仲冬"。包括甲集《經義録》六卷，卷端有識云："道備於經，經必有義。山高海深，掔窮不易。博觀約取，欲求一是。偶有會心，欣然忘寐。"大率録先儒成説，尤以録毛奇齡説爲多。乙集《史鑑録》六卷，卷端有識云："先祖仕唐，有《金鑑編》。小子未見，將何述焉。書史汗牛，過目難記。時或有言，十存一二。"丙集《倫常録》五卷，卷端有識云："人有五倫，本乎天定。人能盡倫，厥由天性。史書所載，百取一焉。爲法爲戒，學有獲焉。"丁集《政治録》四卷，卷端有識云："政有萬端，言提其要。元首明哉，惟明克照。君明臣良，庶事乃康。人存政舉，不愆不忘。"戊集《天象録》二卷，卷端有識云："在天成象，載籍綦詳。偶然撮記，聊備遺忘。推步算法，籌人是擅。茲編所譚，人所共見。”己集《地輿録》二卷，卷端有識云：“言地於今，與古大異。古之九州，地之一二。地之全輪，有面有背。人力有至，尚有未至。”庚集《藝談録》八卷，卷端有識云：“觀乎人文，文即道焉。博學於文，文爲教焉。茲編所録，文近於藝。意到即書，無分鉅細。”辛集《物産録》二卷，卷端有識云：“物各有性，孰能知焉。物各有用，維其宜焉。首貴適用，其次適意。聞見無多，有得即識。”壬集《尚論録》四卷，卷端有識云：“孟子有言，尚論古人。是爲窮理，亦以檢身。高山仰止，知人論世，直道而行，自鳴吾意。”癸集《雜陳録》八卷，卷端有識云：“《易》有雜卦，《禮》有雜記，《史》有雜文，《詩》有雜佩。精粗巨細，雜然前陳，以陶我性，以養我真。”率多經世致用之言。其卷八録評蘇軾、辛棄疾詞外，附以己作之《道情》、《葉兒樂府》及詞等，其中《西江月》小序云：“新月在天，晚霞映水，老漁泛扁舟往來花村、花塢之間，隨意小飲，率填小詞，教雕鬟歌之，有善吹笛者倚聲而和之。詞多不存，偶記一闋録之。”《老漁歌謠》三十九首小序云：“緝史有暇，偶讀古歌謠，愛其辭旨簡質，意味深長，有會於心，欣然命筆，我用我法，不襲舊題，敢云方駕昔賢，聊以自攄素抱云爾。”

此書今僅存《經義録》六卷、《史鑑録》卷一、《倫常録》五卷、《政治録》卷一卷二卷四、《天象録》卷一、《地輿録》卷一、《藝談録》卷一、《物産録》卷一、《尚論録》卷一、《雜陳録》卷一、卷八及末附《松心雜著》數十首。

《經義録》卷端署校字姓氏有門人金菁茅、譚瑩、楊榮緒、許其光、男祥泰、族孫張文泗、男張祥鑑，《史鑑録》

卷端署校字姓氏有門人桂文燿，《倫常録》卷端署校字姓氏有男祥晉、孫兆華、孫兆甲、孫兆鼎、曾孫允恒，《倫常録》卷端署校字姓氏有曾孫允恒，《政治録》卷端署校字姓氏有門人夏廷椇、趙惟濂、馮詢校，《天象録》卷端署校字姓氏有門人徐榮，《地輿録》卷端署校字姓氏有門人潘世清，《藝談録》卷端署校字姓氏有門人李長榮，《物産録》卷端署校字姓氏有門人何昭，《尚論録》卷端署校字姓氏有門人萬時喆，《雜陳録》卷端署校字姓氏有門人梁國瑚、曾孫允謙校。

此書一名《松心日録》。《桂游日記》卷三録李宗瀛《南山先生來桂林，談讌甚歡，承點定拙稿，賦呈四首》之三云："十録將充棟，千篇入選樓。"詩中原注："先生著《松心十録》。"

張南山雜著

廣東省立中山圖館藏手抄本。收有南山《河有兩源説》、《復春海侍郎書》、《論包孕史傳不事鋪張不同浮泛》、《嶺南春賦》等文十二篇，陳第文《讀詩拙言》一篇；南山詩作七十六首及李宗昉、翁方綱、吳蘭雪、秦瀛、潘正亨等人酬唱之作若干首。

張南山詩畫册

未見。汪兆鏞《嶺南畫徵略》卷八著録。同時詩人李遐齡《題張南山詩畫册》詩有曰："南山作畫師造物，破古藩籬獨超軼。老蓮無人苦瓜没，二百年來見此筆。"參見本譜嘉慶九年九月條。

楚辭摘艷

未見。金菁茅《聽松廬詞鈔序》中提及。

聽松廬詩鈔十六卷

又稱《松心詩鈔》。有清道光刻本。乃南山道光以前詩作之自選本，共十六卷。卷端署"番禺張維屏子樹"。書前有嘉慶十六年閏三月翁方綱《粵東三子詩序》及張維屏題辭。據《販書偶記》稱，該書前十一卷刻于道光五年（一八二五），其餘五卷續刻，所收詩作至道光十三年（一八三三）。共錄詩一千一百餘首，近四百首爲《松心詩集》所未收，間闌入《燕臺三集》、《燕臺四集》中作品。所選詩作先後次序基本與《松心詩集》相仿，惟《松心詩集》乃南山晚年手訂，於早歲詩作每有增删、潤飾、改題之舉，故與《聽松廬詩鈔》略有出入。

此書後彙入《張南山全集》。

聽松廬詩集

未見。金菁茅《聽松廬詞鈔序》提及。或即《聽松廬詩鈔》之異名。

松心詩錄十卷二編十卷

乃南海門人李長榮、番禺門人沈世良取南山乾隆五十九年甲寅（一七九四）至咸豐四年甲寅（一八五四）六十年間所作三百八十四首詩編成，前有南山自撰小序及李、沈二序。其中大多爲《松心詩集》中所錄，不錄者惟近五十首而已。南豐門人趙惟濂校刊於咸豐四年。

目錄卷一下有注："起乾隆甲寅，時年十五。"卷十下有注："至咸豐甲寅，時年七十五。"前有自序："人有性情，詩於是作。志發爲言，聲通於樂。波瀾須才，根柢在學。肆必先醇，苦乃得樂。作者牛毛，成者麟角。僕非曰能，寸心是託。得失自知，疾病自藥。後有桓譚，豈能豫度。番禺張維屏。"按，即嘉慶二十五年初編《松心詩集》時所作自序。

有李長榮序云："先生生平所有著述，從不請人作序。昔翁覃谿學士方綱有《粵東三子詩序》，盛子履學博大士有《粵東七子詩序》，姚石甫廉訪瑩有《聽松廬詩鈔序》、龔定盦舍人自珍有《詩人徵略序》，先生皆感其意而不載其文，至師友評語亦不錄入。嘗曰：'文章千古事，得失寸心知。果有可知，不患無知者。若藉重於人，人言未必合我意也。'先生自序止三行，今仍錄入，弁於卷首，咸豐甲寅五月，門人李長榮謹識。"

又沈世良序云："昔宋黃文節公山谷老人自選其詩數百首，別梓以行，明徐昌穀效之，國朝王文簡公漁洋山人效之，世所行《精華錄》是也。吾師南山先生今年七十有五，亦仿山谷老人之意，取乾隆甲寅至咸豐甲寅六十年中之詩，摘錄三百餘首，名曰《松心詩錄》，時喆嗣小蓬大令、賓禺觀察皆服官在外，門人中惟長榮、世良居近師門，時親杖履，遂命兩人共司編校。適同門趙勉之見之，殷然獨任剞劂之費。茲校刊既竣，並識於此。此編僅十之二三，如欲觀先生全詩，自有《聽松廬詩鈔》十六卷，及《松心總集》中之《珠江集》、《燕臺集》、《白雲集》、《羅浮集》、《洞庭

集》、《黄梅集》、《松滋集》、《廣濟集》、《襄陽集》、《清
濠集》、《豫章集》、《匡廬集》、《桂林集》、《花地集》、
《草堂集》諸本在。甲寅七月門人沈世良謹識。"甲寅即咸
豐四年（一八五四），時南山七十五歲。

　　集分十卷，卷一古今體詩四十七首，卷二古今體詩三
十五首，卷三古今體詩三十六首，卷四古今體詩三十八首，
卷五古今體詩二十八首，卷六古今體詩三十一首，卷七古
今體詩二十六首，卷八古今體詩六十六首，卷九古今體詩
五十一首，卷十古今體詩三十六首。通計全書共録古今體
詩三百九十四首，師友詩共録五十三首。

　　據版心刻字，又有《松心詩録二編》，然僅見"松心詩
録二編卷十"一卷，次於《松心詩録》卷十之後，殆未
成編。

松心詩集十集二十九卷

　　有清刻本。全書包括十子集，存二十七卷。甲集爲
《珠江集》二卷，起乾隆五十九年甲寅（一七九四）至嘉慶
十一年丙寅（一八〇六），即南山十五歲至二十七歲間詩。
乙集爲《燕臺集》一卷，起嘉慶十二年丁卯（一八〇七）
正月至十三年戊辰（一八〇八）十二月，即南山二十八歲
至二十九歲兩年間詩；《燕臺二集》一卷，起嘉慶十五年庚
午（一八一〇）十一月至十六年辛未（一八一一）六月，
即南山三十一歲至三十二歲間詩。丙集爲《白雲集》二卷，
起嘉慶十六年辛未（一八一一）七月至二十一年丙子（一
八一六）十月，即南山三十二歲至三十七歲間詩；《羅浮
集》一卷，起嘉慶二十年乙亥（一八一五）二月至三月，
即南山三十六歲時詩。丁集爲《燕臺三集》，起嘉慶二十一

年丙子（一八一六）十一月至二十三年戊寅（一八一八）
十月，闕不見；《洞庭集》一卷，起嘉慶二十三年戊寅（一
八一八）十一月至二十四年己卯（一八一九）二月，即南
山三十九至四十歲時詩；《燕臺四集》一卷，起嘉慶二十四
年己卯（一八一九）二月至道光元年辛巳（一八二一）十
一月，即南山四十歲至四十二歲時詩；《燕臺五集》，起道
光元年辛巳（一八二一）十一月至二年壬午（一八二二）
閏三月，闕不見。戊集爲《黃梅集》一卷，起道光二年壬
午（一八二二）四月至三年癸未（一八二三）九月，即南
山四十三歲至四十四歲時詩；《松滋集》一卷，起道光三年
癸未（一八二三）九月至四年甲申（一八二四）閏七月，
即南山四十四歲至四十五歲時詩；《廣濟集》一卷，起道光
四年甲申（一八二四）八月至五年乙酉（一八二五）十月，
即南山四十五歲至四十六歲時詩。己集爲《襄陽集》一卷，
起道光五年乙酉（一八二五）十月至六年丙戌（一八二
六）十月，即南山四十六歲至四十七歲時詩；《清濠集》一
卷，起道光八年戊子（一八二八）十一月至九年己丑（一
八二九）十二月，即南山四十九歲至五十歲時詩；《燕臺六
集》一卷，起道光十年庚寅（一八三〇）正月至十一年辛
卯（一八三一）十二月，即南山五十一歲至五十二歲時詩。
庚集爲《豫章集》一卷，起道光十二年壬辰（一八三二）
正月至十五年乙未（一八三五）十月，即南山五十三歲至
五十六歲時詩；《匡廬集》一卷，起道光十四年甲午（一八
三四）四月至十六年丙申（一八三六）十二月，即南山五
十五歲至五十七歲時詩。辛集爲《桂林集》一卷，起道光
十七年丁酉（一八三七）正月至五月，即南山五十八歲時
詩。壬集爲《花地集》四卷，起道光十七年丁酉（一八三
七）六月至二十六年丙午（一八四六）十二月，即南山五

十八歲至六十七歲時詩。癸集爲《草堂集》五卷，起道光二十七年丁未（一八四七）正月，即南山六十八歲以後詩。總計録詩一千八百餘首，其中附録少量師友唱和之什。

此集乃南山晚年手訂，大略按時間先後編排。書前有嘉慶二十五年自撰《松心詩集》題識，見前《松心詩録》條引。

後彙入《張南山全集》，又名《松心十集》，然《燕臺三集》、《燕臺五集》不知爲何有目無詩，實存二十七卷。

松心詩略

未見。《張南山全集》之《松心詩集》前除南山自撰題辭外，又有李長榮《松心詩略序》，見本譜道光三十年條。觀李序，則是書似編而未刻也歟。

聽松廬詩略二卷

陳澧選編。有清廣州富文齋刊本，爲《學海堂叢刻》之三。

此書輯于同治十年（一八七一）二月。前有陳澧序，見本譜同治十年條。

松心雜詩十集

集中所收詩作創作時間最遲的應爲《七十初度，都中諸公惠詩百篇，賦此奉酬》及《快艇》詩，由此可推測出該集約定稿於道光二十九年（一八四九）或道光三十年（一八五〇）。詩集包括《珠江雜詠》、《松心懷古詩》、《松心詠懷詩》、《松心宴集詩》、《松心詠物詩》、《松心古歌謠》、《松心倫紀詩》、《松心樂府詩》、《松心感事詩》、《松心遊覽詩》等十集，共一百八十四首。

《松心古歌謠》一卷。前有序，見本譜道光十九年條。凡三十九首。

《松心倫紀詩》一卷。錄《述德》、《先慈諱日述哀》、《嘉慶丁丑大挑一等。四月初七日勤政殿引見，蒙恩以知縣用，恭紀》、《道光壬午會試中式，覆試一等，殿試二甲，朝考入選。四月初四日乾清宮引見，蒙恩以知縣即用，恭紀》、《早春遊花地，飲於東園，即事成詠》、《七十初度，都中諸公惠詩百篇，賦此奉酬》詩，凡六首。附錄兒祥泰、祥鑑、祥晉、姪祥之等《遊花地飲於東園》次韻詩。

《松心樂府詩》一卷。錄《善哉行》、《獨漉篇》、《巫山高》、《將進酒》、《野鷹來》、《俠客行》詩，凡六首。

《松心感事詩》一卷。錄《江海》、《書憤》、《孤坐》、《寒食》、《飲酒》、《三元里》、《避囂》、《閒居》、《越臺四首》、《客至》、《雨前》、《三將軍歌》詩，凡十五首。

《松心遊覽詩》一卷。錄《雲泉歌》、《黃河》、《洞庭湖大風放歌》、《庚寅夏日重遊西湖作歌》、《天津望海歌》詩，凡五首。

《松心珠江詩》一卷。錄《珠江雜詠》十九首詩，凡十九首。

《松心懷古詩》一卷。錄《廣州懷古》、《豫章懷古》、《杭州懷古》、《金陵懷古》、《維揚懷古》、《齊魯懷古》、《三晉懷古》、《洛中懷古》、《燕中懷古》、《吳中懷古》、《楚中懷古》、《蜀中懷古》、《秦中懷古》、《閩中懷古》、《粵西懷古》、《滇中懷古》、《黔中懷古》、《謁先文獻公祠二十四韻》、《隆中諸葛武侯祠二十韻》詩，凡十九首。

《松心詠懷詩》一卷。錄《詠懷》、《詠懷雜詩》十二首，凡十三首。

《松心讌集詩》一卷。録《十二月十九日坡公生日，翁覃溪先生招同法時帆宮庶式善、宋芷灣湘、洪介亭占銓、顧南雅萼三編修、吳蘭雪國博嵩梁集蘇齋題李委吹笛圖》、《秦小峴少司寇招同法時帆宮庶式善、陶季壽大令章潙、吳蘭雪國博、潘伯臨比部，集寓齋，拜淮海先生像》、《秋日恭甫師壽祺招同王伯申宮庶引之、程春廬兵部同文、陳石士編修用光、吳蘭雪國博嵩梁、查梅史孝廉揆，集寓齋小飲，席上賦呈》、《乙酉秋日蔄園公讌》二首、《秋日黃鶴樓讌集》、《甲午重陽後三日同闈中諸君宴滕王閣》、《庚寅六月初二日，龔定庵禮部自珍招同周芸皋觀察凱、家詩龕農部祥河、魏默深舍人源、吳紅生舍人葆晉集龍樹寺，置酒兼葭籹》、《庚寅六月十三日，潘星齋待詔曾瑩招同卓海帆秉恬、朱椒堂爲弼兩京兆、林少穆方伯則徐、周芸皋觀察凱、黃樹齋爵滋、周夢巖作楫兩太史、彭詠莪舍人蘊章、查梅史大令揆、顧杏樓工部元愷，集寓齋即事有作》，凡九首。

《松心詠物詩》一卷。録《日》、《月》、《星》、《風》、《雲》、《霞》、《雨》、《露》、《霜》、《雪》、《梅花》、《白桃花》、《梨花》、《素心蘭》、《白蓮》、《白菊》、《素馨》、《玉簪》、《秋海棠》、《松花》、《夜來香》、《草痕》、《花氣》、《綠陰》、《水仙》四首、《柳色》四首、《木棉》十首，凡四十二首。

按，《廣州大典》影印以上十録，未有統一書名及卷次，而目録中統名之曰《松心雜録》，未知何據。另，廣東省立中山圖書館藏有《松心詠物詩》一集，殆亦《松心雜詩》之誤題者，參見下。

松心詠物詩

有清道光三十年（一八五〇）刻本，廣東中山圖書館藏。

題爲《松心詠物詩》。前有李長榮《松心詩略》序（見前《松心詩略》條引），版心亦有"松心詩略"字樣。而該集所選詩與《松心雜詩》無大區別，亦分爲"珠江雜詠"、"松心懷古詩"、"松心紀倫詩"、"松心古歌謠"等諸子集，而多"松心詠史詩"，而無"松心樂府詩"，以"松心遊覽詩"缺書名而版心鐫"松心遊覽詩"目之，殆裝訂遺漏所致。後南山弟子在編輯《張南山全集》時或將《松心詩略》略作修改，易名爲《松心雜詩》。

松心文鈔十卷

書分十卷。卷一録文十四首，卷二文十五首，卷三文七首，卷四文二十九首，卷五文五首，卷六文四首，卷七文三首，卷八文三首，卷九文九首，卷十文二首。各卷大多不標卷首，殆隨録隨刻而未編定者。

前有自序云："文豈易言哉！文也者，本乎道，醞乎德，法乎古，根乎經，義周乎史，事明乎掌故，體乎人情，物理積之有年，出之有章，行之有氣，按之有物，如是，庶幾可以言文矣。吾未之能也。雖然，吾無文，不能無言，吾自達吾所欲言云爾。吾存吾之文，吾自存吾之言云爾。番禺張維屏。"未知作於何時。

聽松廬文鈔四卷

未見。爲《藝談録》、《國朝詩人徵略》多所採用。

聽松廬駢體文鈔四卷

有清道光刻、咸豐補刻本。扉頁有陳澧篆端"松心駢體文

鈔 道光庚戌九月 陳澧篆"。庚戌爲道光三十年（一八五〇）。

輯成於道光二十三年（一八四三），卷一文十六首，卷二文五首，卷三文六首，卷四文十二首。前有該年閏七月自序，見本譜道光二十三年條。然集中收録咸豐己未五月所撰《莫子青蒔花館詩鈔序》，時年八十歲。則知道光三十年（一八五〇）後有補録者。

聽松廬文集

未見。金菁茅《聽松廬詞鈔序》中提及。或即《聽松廬文鈔》之異名。

聽松廬外集

未見。金菁茅《聽松廬詞鈔序》提及。

張南山全集

本書包括《聽松廬詩鈔》十六卷、《松心詩集》二十七卷（《珠江集》二卷、《燕臺集》一卷《二集》一卷、《白雲集》二卷、《羅浮集》一卷、《洞庭集》一卷、《燕臺四集》一卷、《黄梅集》一卷、《松滋集》一卷、《廣濟集》一卷、《襄陽集》一卷、《清濠集》一卷、《燕臺六集》一卷、《豫章集》一卷、《匡廬集》一卷、《桂林集》一卷、《花地集》四卷、《草堂集》五卷）、《松心詩録》十卷、《松心文鈔》十卷、《松心雜詩》不分卷、《聽松廬駢體文鈔》四卷、《聽松廬詩話》二卷、《國朝詩人徵略》六十卷。編刻時間不詳，恐爲南山身後咸同年間人所輯集。

粵東七子詩六卷

有清道光二年（一八二二）刻本。清盛大士輯譚敬昭、
林聯桂、吳梯、黃玉衡、張維屏、黃培芳、黃釗七人詩而成。
計卷一選録譚敬昭詩八十八首，卷二選録林聯桂詩四十一首、
吳梯詩十八首，卷三選録黃玉衡詩六十一首，卷四選録張維屏
詩九十二首，卷五選録黃培芳詩九十五首，卷六選録黃釗詩七
十一首。

書前有道光二年盛大士序，卷四前有小識，縷述與張維屏
交誼甚詳。參見本譜嘉慶二十四年、道光二年條引。

粵東三子詩鈔十四卷

清黃玉階輯南山、黃培芳、譚敬昭三人詩作，於道光二十
二年（一八四二）刊成。前七卷收黃培芳、譚敬昭詩，後七
卷收南山詩。除翁方綱序外，另有黃玉階作刻書緣起，謂
《粵東三子詩鈔》初刻於嘉慶十六年，所收爲諸子少作，今茲
續刻，則兼收中年之詩。集共十四卷，前七卷收譚康侯、黃香
石二人詩作，後七卷録南山詩作四百四十餘首。《觀弈》、《鬻
畚行》、《讀〈五柳先生傳〉、〈桃花源記〉合成絶句》諸首爲
他集所無。

新春宴遊唱和集

道光二十六年（一八四六）新春，南山邀黃培芳、杜游、
陳瑩達慶春園觀劇，復讌集袖海樓，游五仙觀、怡園、寄園，
飲酒聽曲，金菁茅、陳澧、楊榮、潘世清、陳良玉、孟鴻光、

鄧大林、石經、陳其錕、鮑俊、梁信芳、黄培芳、李長榮、李欣榮、謝有仁、葉應陽、胡斯錞、劉庚、顔叙适、何天衢、潘睟、蘇時學、施彭文、李傳煌、徐灝、廖炳奎、許祥光、蔡鑑泉、劉嘉謨、孫秀充、李鼎、丁熙、萬時喆、王銘鼎、沈維祺、梁九圖、楊驊、周懷棠、陳曇、梁國瑚、梁國琮、梁國珍、馮杰、馮譽驄、李應田、杜游、石衡、潘正煒、熊景星、譚瑩、李佩蘅、唐啟華、李灼光、李國龍、黄位清、劉光熊、釋純謙凡五十餘人集相唱和，爲一時風雅勝事。後南山乃匯輯成集，共收詩一百二十六首，皆爲七律。前有自撰《新春宴遊唱和詩序》，具見本譜道光二十六年條引。

沙溪洞八景詩一卷王樂寺八景詩一卷

有清咸豐八年（一八五八）王樂寺刻本，書末有"省城學院衙對門翰文堂承刻印刷"小記。

此書咸豐八年輯成。本年十月，從化顔儀一、馬萬里、陸地山、陸維之、鍾敬軒諸君，以沙溪洞八景、王樂寺八景共詩二千餘首彙之而欲壽諸梨棗，請南山評定。即徧閱取其佳者而次第之，有《評定沙溪洞八景詩偶題》詩，并爲撰《八景詩序》，比之於宋月泉吟社云。參見《年譜》咸豐八年條。

學海堂三集二十四卷

有咸豐九年（一八五九）啟秀山房刻本。道光二十九年（一八四九），南山承粵撫葉名琛命，選録學海堂諸生習作爲《學海堂三集》。乃以兵事所阻，遷延十年乃成，而時葉名琛已客死印度，南山亦年八十矣。前有南山小識，見本譜咸豐九年條引。

聽松廬詩話二卷

有咸豐二年（一八五二）刻本。卷末有鐫"省城學院前藝芳齋刊刻"小識。卷端下標"癸集"，即《松心十録》之最後一録也。

是書與《國朝詩人徵略》中所引《聽松廬詩話》非同一書，且徒具詩話之名而無其實。時粵中盛行詩會，每會徵詩動至千計，則延請名士爲之評選次第。南山此書即其一也。此乃集龍山詩會閱卷之所得者，隨録隨評。前有選評凡例，云："四千卷中，辭意約略相同者，或數十卷，或數百卷；典故引用相同者，或數百卷，或千餘二千卷。""詩卷中每句數字相同則看成句，一句相同則看對句，兩句相同則看通首，通首工力相敵則看通卷，以此分去，取別高下。""卷中有序者，將近百卷。然詩會以詩爲主，不能以佳序壓好詩。""每題作數首者甚多，然詩不論多少，佳則取之。""摘録時，但記某卷字號，如天字一號、地字二號。列序後華顯堂刻出姓名，今照華顯堂所刻姓名刻入詩話。"

松心日録

未見。爲《國朝詩人徵略初編》、《國朝詩人徵略二編》所引。

國朝詩人徵略初編六十卷二編六十四卷

此乃嘉慶、道光間所撰大型詩話彙編。初編有道光十年（一八三〇）粵東省城超華齋、西湖街富文齋刻本，二編有道光二十年（一八四〇）粵東省城超華齋刻本，後彙爲《張南山全集》之一種。

初編六十卷，編定於嘉慶二十四年（一八一九），收入清代詩人九百二十九家。二編六十四卷，原缺卷十二、卷十四、卷十六、卷二十四、卷二十六、卷三十二、卷四十二，實存五十九卷，編定於道光二十年（一八四〇），共得清代詩人二百六十二家。目録部分有墨釘者，或有目無文，故爲墨之歟。

初編前有自序，見本譜嘉慶二十四年條。書後又有識語，見本譜道光十年條。二編前有自序，見本譜道光二十二年條。

本書以詩人姓名爲條目，每條大抵包括五部分内容：一，其人字號、里貫、生平主要經歷及著作；二，輯録《四庫全書總目提要》及諸家文集、詩話、志乘、説部中的有關軼事及詩評；三，摘録作者自撰的《聽松廬文鈔》、《聽松廬詩話》、《松軒筆記》、《松心日録》、《老漁閒話》中相關評述；四，其人重要的詩作標題；五，其人詩作佳句。此書網羅海内詩家眾多，而於廣東本籍者尤爲屬意。獨創體例，集“傳”、“論”、“選”於一爐，取材頗富，又多采軼聞，足供觀覽，其中有今已失傳或稀見之資料，此其尤爲可貴者。

道光三年（一八二三）龔自珍讀此書以“選詩”爲“作史”，“其門庭也遠，其意思也誦，其體裁也賅”。邱煒萲《五百石洞天揮麈》卷一二：“詩人徵略六十卷，目載九百二十家，乃邱士超以下均有録無詩。刻本殘佚，莫得而詳。愚按士超嘉慶諸生，順德人，字與凡，號信芳居士，或稱晚香居士。工詩駢文，一薦不第，遂絶意科舉，杜門撰述。著有《晚香圃稿》、《信芳館四六文》各種。嘗慕朱子小學及先朝文莊公《大學衍義補》之盛業，因繼其後，別輯諸史子集部之嘉言懿行，成《倫常模楷》一書，分門別類，爲大綱十，爲細目一百六十又六，仿巾箱本刻之，共三十六卷。洋洋巨製，誠吾宗之盛事。居士從孫仲遲兵部舊以全帙貽余，幸未殘蠹，聞原版久不印刷，且多散缺，余擬暇日爲之删繁就簡，各類歸併，可減大半。并須於各類後逐加案語，引切時勢，藉爲行政者採芻。卒卒而未有間也。至其《晚香圃》、《信香館》二稿，則余仍未及見。雖甚工詩，無從録也。張南山先生論詩意主沉著，而自有作，悉以和懌爲歸。即所選輯亦多嫻雅之章，無他，居使之然也。先生之生猶及昭代全盛之際，門鮮租吏，家有藏書，耆舊燕娛，鶯花陪伴。於此而爲文章報國之事，夫亦良得其適耳。若乃時移世易，流風既沫，不見古人，徒向窮島荒洲尋行數墨，猶日心太平之景象，曲終奏雅，清麗居宗，其言愈舒，其志亦愈苦也。而世之人觀其論述，以爲際此故國危難廹逼，尚復支蔓其詞，向裨販鈔胥家討生活，則亦有疑其或鄰於忘世保身一流者，吾固不遑致辨矣。與南山先生同時有三詩人，仁和龔定庵禮部自珍、大興舒鐵雲位、秀水王仲瞿曇兩孝廉是已。《徵略》皆舍此而遺之，自是一憾事。"

　　據《新春宴遊唱和詩》録潘世清《春遊次南山先生韻再疊前韻》詩原注稱，《國朝詩人徵略》又稱《十八省詩人徵略》。《續四庫全書總目提要》著録"國朝詩人徵略"云："大率遠溯開國，近迄並時，師友之前卒者，各具閭里，詩文集目，並集居官行事之概要，詩文撰著之評論，附以標題摘句，綜而觀之，雍乾以前，多據選本，嘉道以來，稍見全集，而遺漏實多，誠如所云録千百之十一。其標題摘句，憑意去取，亦未盡善，雖援引皆注所出，而所見甚儉。……然《別裁》、《正雅》諸集，不詳行事，《先正事略》之類，又不涉詩文，是書則兼之，亦瀏覽者所不可廢矣。"而稱《二編》稍重出而雜記其他，非專言詩，"蓋維屏晚歲，蒿目時事，有所觸而涉筆及之，不復如初編之謹嚴"。

　　此書所引自著書有《松心日録》、《聽松廬文鈔》、《聽松廬詩話》、《松軒隨筆》、《老漁閒話》等。則作者在輯《國朝

詩人徵略》之前已多所準備，或在此前著書基礎上已有輯錄
大型詩話著作之構想。

藝談錄二卷

有清刻本，卷末有"粵東省城西湖街富文齋承接刊印"
之記。後彙入《張南山全集》。

此爲《松心十錄》之"庚集"，上卷卷端署"同邑門人沈
世良校"。書前自爲題詞云："海内詩人眾矣，詩亦多矣，豈
能徧錄，吾惟就吾耳所聞、目所接、心所藏、意所愜者錄之，
有疏漏，俟他日補之。茲編雖以少爲貴，然熙朝之盛事，藝苑
之博聞，山川景物之瑰奇，人情物理之繁變，皆可於此見之。
觀者勿徒以詩話視之。珠海老漁張維屏。"卷下亦有此序，惟
"海内"換爲"粵東"、"熙朝之盛事，藝苑之博聞"換爲
"穗城之耆德，梓里之舊聞"、"珠海老漁"換爲"老漁"，變
數字而已。未知何時所作。是書所錄爲清代詩人，下卷專錄粵
籍作者，共得二百四十餘人，上卷所錄則粵省以外大家，共三
百零九人。

玉塵金屑六卷

未見。許喬林作《詩人徵略序》謂有此書，見本譜道光
三十年引。

老漁閒話

未見，不知其篇幅大小。《藝談錄》、《國朝詩人徵略》、
《國朝詩人徵略二編》採入不少。

松棚涼話

未見。金菁茅《聽松廬詞鈔序》中提及。

松軒隨筆十卷

未見。許喬林《詩人徵略序》提及此書，見本譜道光三十年條。《國朝詩人徵略》、《國朝詩人徵略二編》採入不少。

聽松廬詞鈔四卷

有清刻本。書前金菁茅序云："吾師南山先生比年專力治經，所著有《經訓諟心》、《讀史求義》、《罍泉內編》、《聽松廬文集》、《詩集》、《外集》、《韻類蒙求》、《楚辭摘艷》、《松棚涼話》，凡十餘種。黃君蒼崖先生爲刻詩數百首，已不脛而走矣。先生髫齡即工倚聲，少作多散棄弗存，弱冠後往返萬里，登臨覽觀，興酣落筆，有瀏灕頓挫之致，名曰《海天霞唱》。嘗謂詞家蘇辛秦柳，各有攸宜，規範雖殊，不容偏廢。又謂以情勝者，恐流於弱；以氣勝者，懼失於龐。殆甘苦深歷之言也。集中過周瑜祠，及揚州兩闋，傳唱一時。而□□□村居詞，好事者取以繪圖，即兒童僕豎亦相與歌之以爲娛樂，遠近索觀，副鈔弗給。門人輩請錄其半先付剞劂，釐爲三卷。少作《玉香亭詞》一卷附焉。門人番禺金菁茅謹識。"未知作於何年。

此書卷一至三爲《海天霞唱》，卷四爲《玉香亭詞》。書前題詞者有武進湯貽汾《百字令》、陽春譚敬昭《一剪梅》、嘉應吳蘭修《浪淘沙》、香山李遐齡《轉應曲》。

海天霞唱

約編成於嘉慶二十三年（一八一八），見本譜該年條。
是書載入《聽松廬詞鈔》。未見單行本。

引用書目

（一）張維屏著述

經字異同　（清）張維屏撰　清刻本

花甲閒談　（清）張維屏撰　清刻本

桂游日記　（清）張維屏撰　清道光十七年（1837）聽松廬刻本

（咸豐）龍門縣志　（清）毓雯修（清）張經贊、張維屏纂　清咸豐六年（1856）刻本

廬秀録　（清）張維屏撰　清道光十六年（1836）刻本

藝談録　（清）張維屏撰　清道光三十年（1850）刻松心十録本

雜陳録　（清）張維屏撰　清道光刻松心十録本

松心十録　（清）張維屏撰　清道光刻本

松心詩録　（清）張維屏撰　清咸豐四年（1854）赵惟濂刻本

松心文鈔　（清）張維屏撰　清刻本

松心詩鈔　（清）張維屏撰　清刻本

松心雜詩　（清）張維屏撰　清刻本

松心詩略　（清）張維屏撰（清）李長榮輯　清道光三十年（1850）刻本

聽松廬詩鈔　（清）張維屏撰　清道光刻本

松心詩集　（清）張維屏撰　清刻本

聽松廬駢體文鈔　（清）張維屏撰　清刻本

聽松廬詩略　（清）張維屏撰　（清）陳澧輯　清同治十年
　　（1871）刻本

沙溪洞八景詩王樂寺八景詩　（清）張維屏輯　清咸豐八年
　　（1858）刻本

新春宴遊唱和詩　（清）張維屏輯　清道光二十六年（1846）
　　刻本

國朝詩人徵略　（清）張維屏撰　清道光粵東省城超華齋刻本

聽松廬詞鈔　（清）張維屏撰　清刻本

張南山全集　（清）張維屏撰　清道光粵東省城西湖街富文齋
　　刻本

張維屏詩文集　（清）張維屏撰　李永新整理　未刊稿

（二）其他文獻

五經切音、切字問答　　（清）李國龍輯　清道光二十一年
　　（1841）刻本

喪禮酌宜　（清）梁信芳撰　清道光二十六年（1846）刻本

正音咀華　（清）莎彝尊撰　清咸豐三年（1853）廣州雙門底
　　聚文堂刻本

清史稿 趙爾巽等撰　民國鉛印本

清史列傳 中華書局輯　民國十七年（1928）上海中華書局鉛
　　印本

近代中國史事日誌　郭廷以撰　1987 年北京中華書局鉛印本

清實錄　（清）勒德洪等奉敕編　1986 年北京中華書局影印本

清仁宗睿皇帝實錄　1978 年台灣新文豐出版公司影印本

大清宣宗成皇帝實錄　　（清）文慶、花紗納等纂修　清咸豐

　　內府抄本

清秘述聞　（清）法式善撰　清嘉慶四年（1799）刻本

碑傳集三編 汪兆鏞輯　臺北文海出版社 1980 年影印近代中國
　　史料叢刊續編本

十國雜事詩　（清）李遏齡撰　清咸豐五年（1855）刻本

南海葉氏宗譜　民國十七年（1928）鉛印本

能敬堂潘氏譜　信古閣藏抄本

姚石甫先生年譜　（清）姚濬昌撰 清同治六年（1867）刻本

先君子太史公年譜　（清）馮士鑣撰　清道光刻小羅浮草堂
　　文集本

吳荷屋自訂年譜　（清）吳榮光撰　清道光刻本

鄧尚書年譜　（清）鄧邦康撰　清宣統元年（1909）江浦陳
　　氏刻本

芸皋先生自纂年譜　（清）周凱撰　清道光二十年（1840）
　　愛吾廬刻內自訟齋文集本

張南山先生年譜撮略　（清）金菁茅撰　清咸豐刻本

先溫和公年譜　（清）張茂辰撰　清同治刻本

陳東塾（澧）先生年譜　汪宗衍撰　1970 年于今書屋鉛印本

陳澧先生年譜　黃國聲、李福標撰　廣東人民出版社 2014 年版

常惺惺齋日記　（清）謝蘭生撰　廣東人民出版社 2014 年李
　　若晴等整理本

林文忠公日記　（清）林則徐撰　1974 年臺北文海出版社影印
　　近代中國史料叢刊續編本

自記　（清）陳澧撰　稿本

羊城西關紀功錄　（清）黃賢彪輯　清咸豐四年（1854）粵
　　東西湖楊正文堂刻本

關彩衢先生壽言　（清）黃培芳撰（清）關壽崧輯　清道光
　　刻本

海國圖志 （清）魏源撰 清道光二十九年（1849）揚州古微堂刻本

（民國）遼陽縣志 裴煥星等修 民國十七年（1928）鉛印本

（乾隆）江南通志 （清）尹繼善等修 清乾隆元年（1736）年刻本

（同治）松滋縣志 （清）呂緝雲修 清同治七年（1868）刻本

（同治）廣濟縣志 （清）劉宗元修 清同治十一年（1872）廣濟志書局木活字印本

（光緒）吉安府志 （清）定祥等修（清）刘绎等纂 清光绪二年（1876）刻本

（民國）貴州通志 劉顯世、吳鼎昌修 民國三十七年（1948）鉛印本

（道光）貴陽府志 （清）周作楫等纂 清咸豐二年（1852）刻本

（道光）廣東通志 （清）阮元修 清道光二年（1822）刻本

（光緒）廣州府志 （清）戴肇辰修 清光緒五年（1879）廣州粵秀書院刻本

（同治）番禺縣志 （清）李福泰修 （清）史澄等纂 清同治十年（1871）刻本

（宣統）番禺縣續志 （清）梁鼎芬修 民國二十年（1931）刻本

（宣統）南海縣志 （清）張鳳喈修 清宣統二年（1910）廣州刻本

（同治）香山縣志 （清）田明耀修 清光緒五年（1879）香山縣署刻本

（光緒）電白縣志 （清）孫鑄修 清光緒十八年（1892）刻本

廣東新語　（清）屈大均撰　清康熙木天閣刻本

越臺雜記　（清）顏嵩年撰　廣東人民出版社 2015 年林子雄
　　整理清代廣東筆記五種本

越臺輿頌　（清）佚名輯　清道光二十八年（1848）刻本

廣東夷務雜記　倫明撰　廣東人民出版社 2017 年倫明全集版

南越遊記　（清）陳徽言撰　清咸豐七年（1857）章門刻本

越華紀略　（清）梁廷枏撰　抄本

南海百詠續編　（清）樊封撰　民國五年（1916）南海黃氏刻
　　翠琅玕館叢書本

浮山志　（清）陳銘珪撰　清光緒七年（1881）荔莊刻本

白雲洞志　（清）黃亨撰　清光緒十三年（1887）刻本

粵秀書院志　（清）梁廷枏撰　清咸豐二年（1852）刻本

學海堂志　（清）林伯桐撰　清道光十八年（1838）刻同治五
　　年（1866）續刻本

四庫全書總目提要　（清）紀昀等撰　清同治七年（1868）廣
　　東書局刻本

販書偶記　孫殿起撰　上海古籍出版社 1999 年版

廣東藏書紀事詩　（清）徐信符撰　1963 年香港商務出版社石
　　印本

演礮圖說後編　（清）丁拱辰撰　清咸豐元年（1851）刻本

六友堂羅經活圖解　（清）李國龍撰　清光緒十一年（1885）
　　聯興堂馮烘記刻本

水窗春囈　（清）歐陽兆熊、金安清撰　中華書局 1984 年版

桐陰清話　（清）倪鴻撰　清同治十三年（1874）刻本

旅譚　（清）汪璟撰　清光緒十一年（1885）刻本

泛槎圖　（清）張寶撰　清嘉慶二十四年（1819）至二十五年
　　（1820）羊城刻本

百蝶圖附六友堂詩鈔　（清）李國龍撰　清刻本

嶺南畫徵略　汪兆鏞撰　民國十七年（1928）鉛印本

風滿樓書畫録　（清）葉夢龍撰　1952年抄本

南雪齋藏真　（清）伍元蕙　清道光二十一年（1841）至咸豐
　　二年（1852）刻拓本

聽颿樓書畫記　（清）潘正煒撰　清道光二十三年（1843）
　　刻本

聽颿樓法帖　（清）潘正煒撰　清道光二十八年（1848）刻石
　　拓本

夢園書畫録　（清）方濬頤輯　清光緒三年（1877）定遠方氏
　　錦城刻本

嶽雪樓書畫録　（清）孔廣陶撰　清咸豐十一年（1861）刻本

嶽雪樓畫録　（清）孔广陶撰　清光緒十五年（1889）孔氏三
　　十有三萬卷堂刻本

嶽雪樓鑒真法帖　（清）孔廣陶撰　清光緒六年（1880）南海
　　孔氏拓本

海雪集箋　（清）鄺露撰（清）鄺廷瑶箋　清咸豐元年
　　（1851）刻本

海康陳清端公詩集　（清）陳璸撰　清道光六年（1826）廣東
　　丁宗洛不負齋刻本

復初齋詩集　（清）翁方綱撰　清嘉慶刻本

復初齋外集　（清）翁方綱撰　清抄本

小峴山人集　（清）秦瀛撰　清嘉慶五年（1800）世恩堂刻本

鐵船詩鈔　（清）方元鵾撰　清道光十六年（1836）刻本

清愛堂集　（清）魏成憲撰　清道光八年（1828）刻本

大雲山房文稿　（清）惲敬撰　清同治二年（1863）惲世臨湖
　　南刻本

賞雨茅屋詩集　（清）曾燠撰　清道光刻本

尚絅堂集　（清）劉嗣綰撰　清同治八年（1869）刻本

芝房詩存　（清）邵詠撰　清抄本

夙好齋詩鈔　（清）楊知新撰　清道光二十五年（1845）刻本

香蘇山館詩鈔　（清）吳嵩梁撰　清道光刻本

味根山房全集　（清）史善長撰　清光緒番禺史氏刻本

勺園詩鈔　（清）李遐齡撰　清嘉慶十九年（1814）刻光緒三
　　十四年（1908）補修本

螺涌竹窗稿　（清）梁信芳撰　清道光二十九年（1849）桐花
　　館刻本

桐花館詩鈔　（清）梁信芳撰　清咸豐元年（1851）刻本

左海文集　（清）陳壽祺撰　清嘉慶同治間三山陳氏刻本

蘊愫閣別集　（清）盛大士撰　清道光五年（1825）刻本

石雲山人集　（清）吳榮光撰　清抄本

儀衛軒詩集　（清）方東樹撰　清同治七年（1868）刻本

虛受齋詩鈔　（清）李光庭撰　清道光十二年（1832）刻本

聽雲樓詩鈔　（清）譚敬昭撰　清光緒六年（1880）刻本

見星廬詩稿　（清）林聯桂撰　清嘉慶十九年（1814）廣州行
　　遠堂刻本

詩娛室詩集　（清）黃安濤撰　清道光十四年（1834）刻本

真有益齋文編　（清）黃安濤撰　清道光二十三年（1843）
　　刻本

岑華居士蘭鯨録　（清）吳慈鶴撰　清嘉慶吳氏刻本

修本堂稿　（清）林伯桐撰　清道光二十四年（1844）番禺林
　　氏刻本

鳳巢山樵求是録　（清）吳慈鶴撰　清嘉慶十五年（1810）至
　　道光四年（1824）蘇州刻本

琴隱園詩集　（清）湯貽汾撰　清同治十三年（1874）武進曹
　　士虎等刻本

月滄文集　（清）呂璜撰　清道光二十一年（1841）永福呂氏

刻本

瑞谷詩鈔 （清）黄芝撰 清同治十一年（1872）刻瑞谷山人
　　遺集本

讀白華草堂詩集、二集 （清）黄釗撰 清道光刻本

詩紉 （清）黄釗撰 清咸豐三年（1853）刻本

內自訟齋詩鈔 （清）周凱撰 清道光十年（1830）愛吾廬
　　刻本

香石詩鈔 （清）黄培芳撰

嶺海樓詩鈔 （清）黄培芳撰 清道光二十一年（1841）刻本

粵嶽山人集 （清）黄培芳撰 民國三十年（1941）抄本

嶺海樓詩鈔 （清）黄培芳撰 清孔繼昌抄本

萬松山房詩鈔 （清）潘正亨撰 清道光十三年（1833）刻本

刻燭吟館詩鈔 （清）吕玉璜撰 清刻本

劉孟塗集、後集 （清）劉開撰 清道光六年（1826）桐城姚
　　氏檗山草堂刻本

程侍郎遺集 （清）程恩澤 清咸豐五年（1855）南海伍氏
　　刻本

小重山房詩詞全集 （清）張祥河撰 清道光咸豐間刻民國八
　　年（1919）補刻本

東溟文集 （清）姚瑩撰 清道光十三年（1833）刻中復堂全
　　集本

後湘詩集 （清）姚瑩撰 清道光十三年（1833）刻中復堂全
　　集本

伯山詩集 （清）姚柬之撰 清道光二十八年（1848）內鄉王
　　檢心刻本

南雪巢詩 （清）潘有爲撰 稿本

松雲吟草續鈔 （清）陳作棟撰 清道光二十三年（1843）
　　刻本

巢雲山房詩鈔　（清）馮昕華撰　（清）李長榮輯　清同治刻
　　柳堂師友詩録初編本

補讀書齋詩稿　（清）劉慎之撰　清抄本

遊吳集　（清）胡夢齡撰　清道光二十四年（1844）刻本

留春草堂詩草　（清）伊秉綬撰　清光緒二十三年（1897）
　　刻本

紅杏山房集　（清）宋湘撰　清嘉慶二十五年（1820）刻本

芙蓉書屋近體詩鈔　（清）葉廷樞撰　清適安草堂刻本

雁山文集、詩集　（清）吳應逵撰　民國二十五年（1936）
　　刻本

左右修竹軒吟本　（清）丁聂撰　清嘉慶刻本

侶石山房詩草　（清）蘇鴻撰　清道光二十七年（1847）刻本

漁石初稿　（清）張璐撰　清道光刻本

臨溪文集　（清）黃大幹撰　清道光九年（1829）刻本

松風閣詩鈔　（清）黃位清撰　清道光刻本

竹潭詩鈔　（清）阮榕齡撰　清同治四年（1865）刻本

聽春樓詩鈔　（清）劉嘉謨撰　清道光二十八年（1848）刻本

春秋佳日詩鈔　（清）劉嘉謨撰　清道光二十五年（1845）
　　刻本

診癡子集　（清）凌湘蘅撰　清咸豐六年（1856）刻本

棗香書屋詩鈔　（清）黃樂之撰　清同治元年（1862）棗香書
　　屋刻本

海騷　（清）陳曇撰　清嘉慶十六年（1811）刻本

海桐吟館詩集　（清）龐霖撰　清刻本

柏梘山房文集　（清）梅曾亮撰　清咸豐六年（1856）刻同治
　　三年（1864）補刻本

遊瓊草　（清）吳家樹撰　清道光十九年（1839）刻本

綠蘿書屋遺集 （清）羅文俊撰 清光緒二十三年（1897）穗
　　城刻本
壺園詩鈔選 （清）徐寶善撰 清道光十一年（1831）刻本
壺園詩外集 （清）徐寶善撰 清道光十一年（1831）刻本
欣所遇齋詩存 （清）吳家懋撰 清道光三十年（1850）刻本
懷古田舍詩鈔 （清）徐榮撰 清道光刻本
懷古田舍詩節鈔 （清）徐榮撰 清同治三年（1864）刻本
知止齋詩集 （清）翁心存撰 清光緒三年（1877）刻本
定盫文集、續集 （清）龔自珍撰 清同治七年（1868）仁和
　　曹籀刻本
蓮溪詩鈔 （清）宋廷選撰 清道光二十八年（1848）刻本
子良詩存 （清）馮詢撰 清同治十年（1871）刻本
嶽雪樓詩存 （清）孔繼勳撰 清咸豐十年（1860）刻本
戊申粵遊草 （清）黃爵滋 清刻本
樵湖詩鈔 （清）陳瑩達撰 清道光二十五年（1845）刻本
安所遇軒西遊草 （清）何世文 清同治三年（1864）順德梁
　　兆鳳輯刻本
片雲行草 （清）釋相益撰 清道光二十七年（1847）刻本
洛川詩略 （清）杜游撰 清道光三十年（1850）刻本
習静山房詩鈔 （清）鍾逢慶撰 清光緒十年（1884）刻本
杏莊題詠附杏林莊杏花詩 （清）鄧大林撰 清道光二十六年
　　（1846）至咸豐三年（1853）香山鄧氏刻本
海天樓詩鈔 （清）喻福基撰 清咸豐八年刻本
紅荔山房吟稿 （清）唐金華撰 清咸豐十年（1860）江門臨
　　江閣刻本
味鐙閣詩鈔 （清）羅珊撰 清同治十年（1871）刻本
味鐙閣詠史詩 （清）羅珊撰 清咸豐八年（1858）廣州刻本

榕塘吟館詩鈔 （清）鮑俊撰（清）李長榮輯　清同治刻柳堂
　　師友詩錄初編本

眠琴館詩鈔 （清）胡斯錞撰　清光緒二十一年（1895）廣州
　　廣雅書局刻本

載酒集 （清）陳其錕撰　清刻本

陳禮部詩集 月波樓琴言 （清）陳其錕撰　清咸豐二年
　　（1852）刻本

陳禮部文集 （清）陳其錕撰　清同治十年（1871）無所住齋
　　刻本

觀自養齋詩鈔 （清）黃承謙撰　清咸豐二年（1852）翠筠別
　　墅刻本

寶硯樓文鈔 （清）黃承謙撰　清咸豐七年（1857）刻本

樂志堂詩、文集 （清）譚瑩撰　清咸豐十年（1860）吏隱園
　　刻本

訪粵集 （清）戴熙撰　清道光二十年（1840）刻本

補學軒詩集 （清）鄭獻甫撰　清光緒五年（1879）刻本

仰高軒詩草 （清）黃亨撰　清同治刻柳堂師友詩錄初編本

榮寶堂詩鈔 （清）林玉衡撰　清同治刻柳堂師友詩錄本

冬榮館詩鈔 （清）許玉彬撰　清咸豐十一年（1861）刻本

衣𧜗山房詩集 （清）林昌彝撰　清同治二年（1863）刻本

世貽堂詩鈔 （清）何瑞齡撰　清李氏允中堂抄本

露波樓詩鈔 （清）張耀杓撰　清光緒二十年（1894）刻本

月波樓詩鈔 （清）伍元葵撰　清同治八年（1869）刻本

西神山人詩鈔 （清）丁玉藻撰　清同治五年（1866）譚伯筠
　　刻本

睫巢吟草 （清）廖松撰　清抄本

香夢春寒館詩鈔 （清）陳春榮撰　清咸豐刻本

東塾集 （清）陳澧撰　清光緒十八年（1892）菊坡精舍刻本

東塾續集 （清）陳澧撰 陳之邁編 上海古籍出版社 2008 年
　　陳澧集黃國聲整理本

東塾遺稿 （清）陳澧撰 上海古籍出版社 2008 年陳澧集黃
　　國聲整理本

陳東塾先生遺詩 （清）陳澧撰 上海古籍出版社 2008 年陳
　　澧集黃國聲整理本

陳澧集 （清）陳澧撰 黃國聲主編 上海古籍出版社 2008
　　年版

退遂齋詩鈔 （清）倪鴻 清光緒七年（1881）泉州刻本

雙桐圃詩鈔 （清）潘恕撰 清同治三年（1864）刻本

梅花集古詩 （清）潘恕撰 清光緒刻本

紅蕉館詩鈔 （清）潘曾瑩撰 清刻本

靈洲山人詩録 （清）徐灝撰 清同治三年（1864）刻本

梅窩詩鈔 （清）陳良玉撰 清光緒二十四年（1898）刻本

龍壁山房文集 （清）王拯撰 清光緒七年（1881）河北分守
　　道署刻本

二知軒詩鈔 （清）方濬頤撰 清同治五年至八年（1866—
　　1869）廣州刻本

使粵吟 （清）何桂清撰 清道光二十四年（1844）刻本

紫藤館詩鈔 （清）梁九圖撰 清道光二十五年（1845）順德
　　梁氏紫藤館刻本

春在堂雜文 （清）俞樾撰 清光緒三十一年（1905）刻本

緑伽楠館詩稿 （清）馮譽驥 清宣統三年（1911）鉛印本

秦瓦硯齋詩鈔 （清）簡士良撰 清粵東刻本

紫墟詩鈔 （清）顏薰撰 清光緒二年（1876）刻本

經德堂文集浣月山房詩集 （清）龍啟瑞撰 清光緒四年
　　（1878）臨桂龍氏刻本

春在堂雜文 （清）俞樾撰 清光緒三十一年（1905）曲園
　　刻本

嶺南群雅 （清）劉彬華撰 清嘉慶十八年（1813）王壺山房
　　刻本

粵東七子詩 （清）盛大士輯 清道光二年（1822）刻本

粵東三子詩鈔 （清）黃玉階編 清道光二十二年（1842）廣
　　州刻本

國朝嶺南文鈔 （清）陳在謙撰 清道光十二年（1832）七十
　　二峰堂刻本

國朝正雅集 （清）符葆森輯 清咸豐七年（1857）刻本

正雅集摘鈔 （清）陳澧、胡斯鏳輯 清咸豐九年（1859）廣
　　州刻本

常陰軒詩社萃雅 （清）潘正衡撰 清嘉慶古藤書屋刻本

浴日亭次韻詩 （清）金菁茅輯 清道光十八年（1838）刻本

庚申修禊集 （清）李長榮、譚壽衢輯 清咸豐十年（1860）
　　廣州萃文堂刻本

梅關步武圖詠 （清）伍長青輯 清道光十八年（1838）刻本

學海堂三集 （清）張維屏輯 清咸豐九年（1859）廣東啟秀
　　山房刻本

柳堂師友詩錄 （清）李長榮輯 清同治十二年（1873）刻本

林公則徐家傳飼鶴圖暨題詠集 黃澤德輯 福建人民出版社
　　1992 年版

鬼趣圖題詠 （清）潘仕成輯 清咸豐元年（1851）刻本

陶門弟子集 （清）蔡家琬撰 清嘉慶二十二年（1817）刻道
　　光十二年（1832）至十五年（1835）續刻本

石洲詩話 （清）翁方綱撰 清嘉慶二十年（1815）兩粵節署
　　刻本

粵嶽草堂詩話 （清）黄培芳撰 清宣統二年（1910）鉛印本

小厓説詩 （清）梁邦俊撰 清道光二十八年（1848）刻本

試律新話 （清）倪鴻撰 清同治十二年（1873）野小閒鷗館
　　刻本

在山泉詩話 （清）潘飛聲撰 民國二年至四年（1913—
　　1915）上海廣益書局鉛印本

五百石洞天揮塵 （清）邱煒菱撰 清光緒二十五年（1899）
　　海澄邱氏刻本

道咸同光四朝詩史 孫雄輯 上海古籍出版社 2013 年版

清詩紀事 錢仲聯輯 鳳凰出版社 2003 年版

憶江南館詞 （清）陳澧撰 民國十五年（1926）陳之達石
　　印本

楞華室詞鈔 （清）沈世良撰 清咸豐四年（1854）刻本

留香小閣集 （清）楊懋建撰（清）楊鈞輯 清光緒抄本

粵東詞鈔 （清）許玉彬、沈世良輯 清道光二十九年
　　（1849）刻本

粵東詞鈔三編 （清）潘飛聲輯 清刻本

賭棋山莊詞話 （清）謝章廷撰 清光緒十年（1884）弢盦陳
　　氏南昌使廨刻本

陳垣來往書信集 陳智超編注 生活・读书・新知三联书店
　　2010 年增訂版

楹聯叢話 （清）梁章鉅撰 清道光二十年（1840）福州梁章
　　鉅刻本

楹聯述録 （清）林慶銓撰 清光緒七年（1881）廣州刻本

修本堂叢書 （清）林伯桐撰 清道光二十四年（1844）番禺
　　林氏刻本

人名索引

C

J

L

勞崇光　537，558，563，568

樂　鈞　63，72，74，88，109

黎　簡　28，50，51，95，105，134，229

黎如瑋　89

黎耀宗　56，345，346

黎應鍾　62，97，189

黎仲廷　117，118

李本仁　402

李秉禮　5，136，216，228，260，311，380

李秉銓　228，229

李秉綬　37，95，96，105，124，125，136，216，228，309，
311，315，316，317，318，319，321，355，356，
380，575

李長榮　4，98，103，344，345，351，352，374，376，379，
386，392，396，397，399，402，404，409，410，417，
419，423，434，436，437，443，444，449，450，456，
457，458，459，474，475，488，503，504，506，508，
509，510，511，516，519，520，521，523，526，527，
529，531，534，539，539，540，543，545，548，555，
556，557，558，559，563，578，579，580，583，
586，589

李成性　516

李成齋　498

李傳煒　404，405，589

李春伯　301

李　鼎　2，404，405，589

R

任　荃　415

融　公　38，39

阮常生　163，164

阮榕齡　466

阮　元　5，22，25，28，38，127，130，131，132，160，
　164，167，170，189，199，208，234，351，358，451，
　455，559，571，572

S

薩迎阿　211

僧浩瀾　383，384

僧月潭　383，384

莎彝尊　500

邵晉涵　22

邵懿辰　67

邵　詠　34，35，390

沈傳桂　133，148

沈化杰　379

沈欽韓　275

沈史雲　89，513，514

沈世良　119，181，189，367，376，377，378，379，440，
　490，514，515，516，520，526，541，542，548，559，
　579，580，581，593

沈維祺　2，404，405，589

沈　煊　291

沈毓蓀　278，279，367

盛大士　69，143，144，146，147，148，176，308，347，
　355，588

X

Y

俞文詔　539，543，567

俞洵慶　483

俞　樾　170

俞正燮　357

喻炳榮　503，506，540

喻福基　539，540，554，557，559

喻文鎣　127，460

喻元鴻　459

裕　謙　16，211，358，362，363，364，365

豫　堃　333

袁　杲　399，400，521

袁　灝　529

袁　枚　4，23，164，296，527

袁世凱　567

惲　敬　1，5，14，70，116，117，118，122，124，
130，202

Z

查　揆　48，58，88，250，254，289

查　禮　7

臧　庸　83

曾國藩　83，467，482，491，492，500，511，520，530

曾國荃　189

曾望顏　11，476

曾興仁　278

曾　燠　76，77，78，79，85，86，87，88，94，100，101，
114，115，247，248，255，256，266，312

曾在埏　312

張應秋　11，223，224，263，427，456

張玉堂　18，511，512

張元愷　171

張岳崧　82，151，152，257，286，375

張雲帆　506

張兆鼎　416，553，578

張兆甲　533

張　振　248，251

張之洞　331

招健升　504

招子懷　561

招子庸　11

趙國柱　270

趙懷玉　120，189

趙　念　504

趙慎畛　137，233

趙惟濂　518，520，548，557，559，578，580

趙魏卿　223，224

趙希璜　44

趙　翼　17，109，296

趙　鏞　518，520

鄭秉樞　401

鄭　菜　31，263，267，268，289，385

鄭灝若　95

鄭虎文　8

鄭　績　98，519，527，529，551

鄭士超　40，45，48，49，56，58，60

鄭獻甫　31，567

後　記

　　此乃吾師黃希翁函丈繼《陳澧先生年譜》後，所撰之又一份南粤先賢譜。愚隨侍得間，復遵其手稿，載筆佐登録之工，偶有所晉，亦荷希師酌予採納，問學之樂，有逾此乎。其事大抵起乙未止己亥，成已復藏篋中有年。今歲春季，嶺南文庫沈師展雲先生暨夏素玲、謝尚、饒栩元諸君推之乃出，亦可謂幸也與。卻憶廣東人民出版社家子戳永新先生嘗慨予其《張維屏詩文集》未刊稿，以爲參覈；廣州圖書館朱俊芳女史亦賜示相關資料五則，探入譜中，並受益匪淺。以上種種，感激莫名，惟與希師之厚愛藏之中心是矣。

癸卯孟夏嶺北愚人李福標修福氏再拜敬識